Rose Marie Gasser Rist

AMBER

Band II der Bernstein Saga
1986 - 2015

Roman

SHEEMA

Rose Marie Gasser Rist

AMBER

Band II der Bernstein Saga
1986 - 2015

Roman

Bibliografische Information der Deutschen Bibliothek
Die Deutsche Bibliothek verzeichnet diese Publikation in der Deutschen Nationalbibliothek; detaillierte Daten sind im Internet über http://dnb.ddb.de abrufbar.

1. Auflage 2018
Originalausgabe

Inh.: Cornelia Linder, Hirnsbergerstr. 52, D - 83093 Antwort
Tel.: +49 (0)8053 – 7992952, Fax: +49 (0)8053 – 7992953
https://www.sheema-verlag.de

ISBN 978-3-931560-67-6

Coverabbildung: © 2018 Rahel Joy Geyer
Buchrückseite: © JulietPhotography – Fotolia.com
Foto der Autorin: © 2018 Matthias Rist
Lektorat: Monika Stolina-Wolf
Umschlaggestaltung: Sheema Medien Verlag, Schmucker-digital,
Gesamtkonzeption: Sheema Medien Verlag, Cornelia Linder
Druck und Buchbindung: FINIDR, s.r.o., Český Těšín

Das Leben

will sich neu erfinden.
Es will sich durch uns
hindurch neu gestalten.

Wir sind Mitschöpfer.

Wer lauscht, in sich horcht
und die feine, leise Stimme
wahrnimmt, ernst nimmt,
weiß genau, was sie oder er zu tun hat,
und geht keine faulen Kompromisse mehr ein,
die nicht lebensdienlich und (menschen-)freundlich sind.

Die Schöpferkraft
hat keine Toleranz für Dogmen
und alte Riten, die nur wenigen dienen.

Die Schöpferkraft
ist mächtig,
nie kriegerisch;
sie ist liebend,
verbindend,
achtsam.

Schaffhausen
Auffahrt 10. Mai 2018

INHALT

Hinweis:
Schweizer Idiome, Fremdwörter und ungewohnte Ausdrücke werden im GLOSSAR erklärt.

PRÄGUNG

1986 – 1998

Ambers Kindheit und Schulzeit

1986 – April: Was niemand für möglich gehalten hat

„Es war ein Fehler, nach Zürich zu kommen!“, dachte Meilin und horchte auf, als sie etwas Metallisches an die hölzerne Wohnungstür schlagen hörte. Es war unverkennbar Walters schwerer Schlüsselbund. Meilin hatte die Schlüssel noch nie gezählt, aber es mussten gegen zwanzig sein, die Walter Zugang zu Hauseingang, Wohnung, Garage, Schulhaus, Lehrerzimmer und Turnhalle verschafften. Meilin atmete erleichtert auf.

Es war Montagabend, vier Tage vor der Kundgebung zum Ersten Mai, und sie trug das Baby, dessen Gesichtchen vom langen Schreien hochrot und verschwitzt war, durch die kleine Stadtwohnung. Die junge Mutter war mit den Nerven am Ende und mahnte sich, sich zu beherrschen, den brüllenden Säugling nicht zu schütteln. Es würde zum Glück nur noch ein paar Minuten dauern, bis Walter die Schlüssel sorgfältig auf die Kommode im Flur gelegt, die Jacke aufgehängt, die Schuhe abgestreift und die Ledermappe auf den Schreibtisch im Büro abgelegt hätte und sich wie immer auf der Toilette erleichtern, die Hände waschen, dann zu ihr ins Wohnzimmer treten und ihr die Kleine abnehmen würde.

Walter war zuverlässig und pünktlich wie die Schweizerische Bundesbahn. Er war der einzige Grund, warum Meilin überhaupt den Weg in dieses unterkühlte Land auf sich genommen hatte. Walter war der Vater der Kleinen und für Meilin die Entlastung und der ruhende Pol in ihrem Lebenschaos, das mit der Schwangerschaft und der Geburt des Kindes einen Höhepunkt erreicht hatte. Sie hatten in Südfrankreich nur ein wenig rumgemacht. Er war ein netter Kerl, er hatte ihr zugehört und keine Forderungen an sie gestellt wie die anderen vor ihm. Sie waren nie verliebt gewesen, das hatten sie beide immer klargestellt. Meilin hatte unsäglich Heimweh nach Australien und nach ihrer Großmutter. Doch sie wollte erst ihr verkorkstes Leben auf die Reihe bekommen, bevor sie zurückkehrte. Das war sie sich schuldig. Und Walter wertete nicht.

Dass aus dem bisschen Rumknutschen Amber entstanden ist, war einfach dumm gelaufen. Vor einer Abtreibung hatte sie zu viel Angst gehabt. Jetzt war sie mittellos, ohne Ausbildung und Job, ohne feste Partnerschaft und mit einem Kind an der Backe – in einer Stadt, in der es an acht von zehn Tagen bewölkt und kühl war, mit Nachbarn, die die Hausregeln und Ruhezeiten auf einem laminierten Blatt Papier unter der Tür hindurchschoben.

Walter stürmte ins Wohnzimmer und nahm Meilin den Säugling ab, der sich auf seinen Armen augenblicklich beruhigte. Meilin traten die Tränen in die Augen. Sie fand es ungerecht. Walter zuckte die Schultern und schaute die Mutter mit einem Blick an, der besagte, dass er ja auch nichts dafür konnte, dass das Kind bei ihm nicht mehr weinte. Er breitete den freien Arm aus und sagte auf Englisch: *„Hey, Meilin. Wir* *schaffen das! Mach dir einen schönen Abend! Geh aus! Ich schaue nach der Kleinen.“*

Meilin ließ sich kurz drücken, atmete tief durch. Dann stieß sie Walter von sich. Sie hatte Amber frisch gestillt und bis zu ihrer nächsten Mahlzeit Luft, um ins Kino zu gehen. *Out of Africa* mit Meryl Streep und Robert Redford lief im Roxy in Originalfassung mit deutschen Untertiteln. Kultur in ihrer Muttersprache würde ihr guttun! Hastig zog sie sich um. Als sie sich im Spiegel im Flur betrachtete, sah sie eine fremde Person. Sie trug Walters Hemden und Pullis und ihre einzige Jeans, weil es in Zürich im Gegensatz zum Maghreb und zu Südfrankreich, wo sie die letzten sechs Jahre verbracht hatte, empfindlich kalt war. Es war Zeit, dass sie sich eigene Kleider besorgte. Sie nahm sich vor, in den nächsten Tagen einen der Secondhandshops aufzusuchen.

Meilin strubbelte sich mit den Fingern durchs kurze Haar. *„Die Hennafärbung verblasst allmählich und könnte eine Auffrischung vertragen“*, dachte sie.

„Bye, thank you! Bin in drei Stunden zurück!“, rief Meilin über die Schultern und verschwand durch die Wohnungstür.

Walter hatte in der Zwischenzeit das Baby in einem Beutel aus braunem Manchesterstoff umgebunden. Er mochte es sehr, die Kleine herumzutragen. Und Amber gefiel es auch. Sie schlief stundenlang selig auf seiner Brust und er hatte die Hände frei, um sich Essen zuzubereiten, für die Korrektur der Klausuren oder die Hausarbeit. Wenn er alleine war und sich unbeobachtet fühlte, zog er das Oberhemd aus. Am liebsten lief er in seinen Boxershorts und mit seinem ärmellosen Unterhemd durch die Wohnung. Das kleine Wesen gab ganz schön viel Körperwärme ab. Er hatte es immer warm und konnte nicht verstehen, wie sich Meilin sogar in der beheizten Wohnung in dicke Schichten hüllte und sich zwei Paar Wollsocken überstreifte.

Meilin tat ihm leid. Doch mehr, als für ihr gemeinsames Kind zu sorgen, Meilin Unterschlupf zu bieten und sie zu unterstützen, solange ihr der Sinn danach war, vermochte er nicht für sie zu tun. Er würde sie nie und nimmer heiraten. Er hatte die Australierin als fröhliche, aber auch eigensinnige Person kennengelernt. Sie hatten im letzten Sommer ein paar ausgelassene Momente in Südfrankreich miteinander erlebt. Walter liebte ihren Abenteuergeist und ihre Unbekümmertheit. Aber mehr war nie. Ihre Abgründe hatten sich erst nach und nach offenbart. Walter stellte sich der Verantwortung, nachdem ein Vaterschaftstest, auf den er bestanden hatte, bestätigte, dass er Ambers Erzeuger war. Er würde das Kind nie im Stich lassen, das schwor er sich. Die Vaterrolle machte ihm Bange und brachte ihm manch schlaflose Nacht ein. Ungeplant, ungewollt hat ihm das Leben einen kleinen Menschen untergejubelt. Er war heilfroh, dass er in Zürich eine feste Anstellung als Lehrer hatte. Auch seine Eltern und sein Freundeskreis hatten zum Glück kein großes Tamtam darum gemacht. Alle sicherten ihm Unterstützung zu, falls sich Meilin entschließen sollte, Amber bei ihm zu lassen. Bei Meilin war alles unklar. Sie war zu keiner Entscheidung in der Lage. Es war für Walter in Ordnung, dass die Mutter mit dem Kind bei ihm lebte. Meilin hatte ihn nach der Geburt nach Zürich begleitet – zum Schein für die australische Verwandtschaft, die aus Sorge angereist war. Mutter Anne und Onkel Serge hatten plötzlich eines Tages in Ardenciel auf der Matte gestanden. Meilin zog es vor, zu ihm zu ziehen, statt mit der Familie zurück nach Brisbane zu fliegen.

Ganz nachvollziehen konnte Walter Meilins Wahl gegen die familiäre Absicherung und die vertraute Heimat nicht. Doch er war froh. Er hatte das kleine rothaarige Bündel, seine Tochter, ins Herz geschlossen. Mit Vorsicht hatte er sich Amber geöffnet, denn Meilins Unberechenbarkeit konnte sie ihm ja jederzeit entziehen. Doch jetzt war es inzwischen schon längst um ihn geschehen. Die unbändige Liebe zu diesem sechs Wochen alten Geschöpf hatte ihn einfach überwältigt.

Walter holte sich Emmentaler Käse, ein Paar Landjäger, Essiggurken, Senf und ein Bier aus dem Kühlschrank und richtete sich das Abendbrot auf einem Holzbrett an. Seine fürsorgliche Mutter hatte ihm beim Einzug in die erste eigene Wohnung ein Set Vesperbrettchen in Schweineform geschenkt. Er fand die Dinger bünzlig und er fühlte sich immer ein wenig schuldig, daran erinnert zu werden, wer das Leben für den Speck auf dem Holz hergegeben hatte. Aber Walter brachte es nicht fertig, die Holzteller ins Brockenhaus zu bringen und zu ersetzen. Praktisch waren sie ja.

Mit dem Bier in der einen Hand und der Mahlzeit in der anderen tapste er in Socken Richtung Wohnzimmer. Er grinste, als er beim Flurspiegel vorbeistreifte und sich betrachtete.

Ambers Schopf leuchtete aus dem braunen Stoff. Sie hatte definitiv seine Haare. Seine Kollegen nannten ihn manchmal Barbarossa, wenn er sich einen Bart stehen ließ. Das Brust- und Achselhaar quoll am Rand des weißen Trägerhemdes hervor, an den blauen Boxershorts hing ein loser Gummifaden. Es gab bestimmt schönere als seine dünnen, behaarten Männerbeine. Der linke, große Zehennagel guckte frech aus dem Socken. Mit dem Bier in der Hand sah er aus wie ein Grubenarbeiter aus dem Ruhrpott.

„Bin ich der richtige Vater für dich, Kleines? Warum nur hast du ausgerechnet mich ausgesucht?“, fragte er leise den Säugling auf seiner Brust und schnupperte zärtlich an seinem Köpfchen. Wie er diesen unschuldigen, süßen Duft, der von der pulsierenden Fontanelle ausströmte, liebte! Walter stellte sein Abendessen auf den Beistelltisch und machte es sich mit seiner kostbaren Fracht in seinem Lieblingsstuhl bequem. Er fischte nach der Fernbedienung.

Als Junggeselle gehörte es zu seinem lieb gewordenen Abendritual, beim Essen die Tageschau zu gucken und danach durch die Sender zu zappen. So hielt er sich auf dem aktuellen Stand und wusste, worüber am nächsten Tag im Lehrerzimmer diskutiert wurde. Meistens arbeitete er danach noch oder traf sich mit Kollegen zu einem Glas Wein. Das war, seit Amber und Meilin bei ihm wohnten, nicht mehr vorgekommen. Auch hatte er schon längere Zeit nicht mehr ferngeschaut. Er fand keinen triftigen Grund, aber es war ihm merkwürdigerweise unwohl, zusammen mit einer Frau vor der Glotze zu sitzen. Es war sein Hoheitsgebiet, das er nicht gerne teilte. Immer, wenn frühere Freundinnen, seine Mutter, ab und zu ein Date, jetzt Meilin im Haus waren, verzichtete er auf seine Fernseheinheiten. Jetzt freute sich Walter sehr über sein kleines, heiliges Ritual, bei dem er den Tag herunterfahren und den Abend einläuten konnte.

Sein Wohnzimmer hatte Walter diesen Winter, bevor er erfuhr, dass er Vater wurde, im skandinavischen Stil neu eingerichtet. Er hatte die Brockenhausmöbel, den bäuerlichen Eichentisch seiner Großeltern und das alte Sofa seiner Eltern ersetzt und sich hochwertiges Material gegönnt. Der Schwingstuhl mit hellem Leinenbezug und der passende Fußschemel wurden seine erkorenen Lieblingsstücke. Er mochte die schweren Wohnwände, das Beige und Braun der Polsterlandschaften, die jetzt in allen Wohnzimmern Einzug hielten, überhaupt nicht. Sein Geschmack war schon immer zeitlos und azyklisch. Walter mochte es hell und freundlich, für seine Bücher genügten schlichte Holzregale. Jetzt, als er sich in seinen Räumen umblickte, erkannte er, dass der leinenweiße Stoffbezug seines Sofas und seines Sessels mit einem Kind nicht verträglich waren. Bisher hatte sich Amber zum Glück nur in seinen Hals übergeben. Es war aber nur eine Frage der Zeit, bis sie oder Meilin Spuren auf seinen Möbeln hinterlassen würden. Walter zuckte mit den Schultern, streichelte über die Fingerchen des Säuglings und schaltete das Gerät ein.

„Nachdem die schwedische Atombehörde erhöhte Werte Radioaktivität in der Luft gemessen hatte, wurde eine europäische Untersuchung eingeleitet. Wie erst heute bekannt wurde,

hat sich vor zwei Tagen in der Region Kiew eine Explosion im Kernreaktor ereignet. Die sowjetische Nachrichtenagentur Tass schreibt in einem Pressecommuniqué: Im Atomkraftwerk Tschernobyl hat sich ein Unfall ereignet. Ein Reaktor wurde beschädigt. Maßnahmen zur Beseitigung der Unfallfolgen werden ergriffen. Den Geschädigten wird Hilfe geleistet. Eine Regierungskommission ist gebildet worden. Für die Bevölkerung besteht keine Gefahr."

Walter starrte auf die Tagesschausprecherin und traute seinen Ohren nicht. War jetzt das eingetreten, was Behörden und Wissenschaftler immer als unmögliches Szenario beschrieben hatten? Der atomare Super-GAU. Während Walter die möglichen Konsequenzen überschlug und welchen Freund er anrufen wollte, um die Beklommenheit mit jemandem auszutauschen, hatte die Nachrichtensprecherin bereits zum nächsten Thema übergeleitet. Walter zappte hektisch durch die Sender auf der Suche nach mehr Informationen und als kein anderer Kanal vom Vorfall berichtete, kehrte er zurück zur Tagesschau. Der Sportreporter berichtete inzwischen von Steffi Grafs Sieg in Wimbledon. Walter drückte entnervt auf den Ausknopf und knallte die Fernbedienung zornig auf den Tisch. Durch den Knall des Aufpralls erwachte Amber und begann zu wimmern.

„Sch-sch-sch, Kleines!", versuchte der Vater sein aufgestörtes Kind zu beruhigen. *„Aber du hast recht, mir ist auch zum Weinen! Ich habe immer gesagt, dass diese verdammte Kernenergie teuflisch ist!"*

Als Meilin zwei Stunden später beschwingt nach Hause kam, fand sie Walter im Wohnzimmer im Radius der Telefonschnur auf und ab gehen. Er war sichtlich außer sich. Meilin verstand nicht, worum es ging. Walter sprach empört und kämpferisch in seiner Mundart in den Hörer, während er die Kringel des Kabels um seinen Zeigefinger wickelte. Meilin schnappte die Wortfetzen *„Greenpeace", „Demonstration"* und *„Atom"* auf, konnte sich aber keinen Reim darauf machen. Walter sah zum Schreien aus, wie er in seiner Montur in der Stube herumtigerte. Beinahe hätte Meilin laut herausgelacht, aber sie spürte, dass das bei Walters Beunruhigung nicht angebracht war, und biss sich auf die Lippen. Mit einer schaukelnden Armbewegung fragte sie pantomimisch nach Ambers Verbleib. Walter zeigte beim Weitersprechen mit einer Kopfbewegung zum Schlafzimmer. Dort fand Meilin Amber mit wachem Blick im Graben des Doppelbettes zwischen zwei Wällen aus Daunendecken unter ihrer Babydecke aus Flanell auf dem Lammfell strampeln. Meilins Brüste waren schwer, die Milch tröpfelte bereits und hatte zum Glück erst auf dem Heimweg Büstenhalter, T-Shirt und Hemd durchtränkt. Der Film war fantastisch gewesen, hatte Meilin für einen kostbaren Augenblick in eine heile, abenteuerliche, romantische Welt verführt. Doch jetzt war sie froh, dass Amber die triefende, linke Brustwarze mit dem kleinen hungrigen Mund umschloss, ansaugte und die milchschwere Brust erleichterte. Meilin liebte das Stillen, es schenkte ihr Selbstbewusstsein und machte sie stolz. Wenigstens das gelang ihr, sie nährte ihre Tochter. Und diese schenkte ihr im Gegenzug bedingungslose menschliche Wärme.

Walter fand Mutter und Kind schlafend vor, als er mit dem Telefonieren fertig war. Er deckte beide fürsorglich zu, hauchte einen Kuss auf Ambers Köpfchen und berührte sachte Meilins Schulter, achtsam, beide nicht zu wecken. Nachdem er sich mit einem Schwall Wasser ins Gesicht erfrischt hatte, schnappte er den Schlüsselbund und schrieb eine kurze Notiz: *„Treffe mich mit meiner Clique. Kann spät werden. In Russland hat sich eine nukleare Katastrophe ereignet. Ich muss mehr herausfinden! Take care!"*

Zwei-, dreimal im Monat besuchte Walter am schulfreien Samstag seine Eltern im Zürcher Weinland. Manchmal brachte er seiner Mutter durchgescheuerte Jeans und löchrige Hemden, die Mutter Nelly durch ihre solide *Elna*-Nähmaschine zurrte und im Nu flickte, sodass Walter die ausgebesserten Kleider am Abend wieder in die Stadt mitnehmen konnte. Er legte Hand an, wo seine pensionierten Eltern Hilfe gebrauchen konnten. Es gab immer wieder kleine Arbeiten im Haus und um das alte Fachwerkgebäude herum, das die Familie seit vier Generationen bewohnte. Es war für die zwei Rentner seit dem Auszug der drei Kinder eigentlich zu groß geworden, aber solange es ging und bis geregelt war, ob und wer das Erbe antreten wollte, wollten sich die Eltern nicht verpflanzen lassen. Im Frühjahr wurde der Gemüsegarten umgestochen, im kleinen Rebberg wurden die ersten Triebe zurückgeschnitten, die

Doppelfenster, die im Herbst zur Kältedämmung angebracht worden waren, wurden wieder abmontiert, geputzt und in den Estrich getragen.

Die Mutter hatte Walter am Telefon gebeten, am arbeitsfreien 1. Mai hinauszukommen und ihr die zwanzig Geranienkisten, die für den Winterschlaf im Keller lagerten, heraufzutragen, damit sie diese unter dem Vordach, das vor dem Frost geschützt war, umpflanzen, düngen und an die Freiluftsaison akklimatisieren konnte. Sie hatte es von ihrer Mutter gelernt, dass die empfindlichen Blumen nicht vor den Eisheiligen auf die Fenstersimse gestellt werden durften. Auf ihren prächtigen Blumenschmuck am Haus, insbesondere auf die roten Geranien, war Nelly stolz. Nicht umsonst erntete das gepflegte Fachwerkhaus im Dorf viele anerkennende Blicke. Das Haus zur Linde war immer wieder in Zeitungen und auf Postkarten als schmuckes Sujet und Vorzeigeobjekt des Dorfes abgelichtet worden.

Walter vertröstete die Mutter. Denn den Tag der Arbeit hatte er sich reserviert, um zum ersten Mal an einer Kundgebung teilzunehmen. Walter war bisher zurückhaltend politisch aktiv gewesen. Er las Zeitungen, schaute Nachrichten, weil er als Lehrer informiert sein musste. Aber er hatte nie ein Feuer verspürt, sich für eine Partei oder eine Meinung zu engagieren. Er vertraute der Regierung, die vom Volk gut durchmischt vertreten war und sah keine Notwendigkeit, als Junglehrer die Stimme zu erheben und es sich mit der Schuldirektion oder den Eltern zu verderben. Er war damit sehr gut gefahren, politisch in grauer Enthaltsamkeit zu mauscheln.

Doch seit dem Reaktorunfall brachte jeder Folgetag immer mehr ans Licht, wie die Bevölkerung, sowohl von der russischen wie auch der Schweizer Regierung, über das Ausmaß der Katastrophe zuerst überhaupt nicht und dann falsch informiert wurde. Jetzt keimte in Walter ein zartes, aber doch aufmüpfiges Anarchieflämmchen auf, das sich von Tag zu Tag bis zu einem lodernden, heiligen Zorn entwickelte. Es kam ihm recht, dass die Gewerkschaften, die Sozialisten und die Umweltverbände zum Widerstand aufriefen. Meilin hatte Amber umgeschnallt und marschierte mit Walter an der Kundgebung zum Ersten Mai in einem großen Menschenzug durch Zürich.

Am dritten Samstag im Mai begleitete Meilin Walter zu seinen Eltern. In der Bahn saßen die drei wie eine Kleinfamilie in einem Viererabteil und ernteten zustimmende Blicke zweier grauhaariger Zugreisender und ein: *„Ach, wie süß, wie sich der Papi um die Kleine kümmert!“*, als Walter nach dem Stillen Amber für das Bäuerchen an seine Brust nahm und beherzt ihren vollen Strampler wechselte, nachdem sie einen Schwall über sich ergossen hatte. Die Milchflecken auf seinem eigenen T-Shirt hatte er nicht bemerkt.

Meilin saß auf der ganzen Fahrt in sich gekehrt am Fenster angelehnt. Ihre Pupillen schnellten in rasanter Geschwindigkeit hin und her, ihre Augen verfolgten die vorbeirasende Landschaft. Erst, als sie beim Dorf ausstiegen, sich Kind und Rucksack umgeschnallt hatten und den Fußmarsch zum Elternhaus antraten, brach Meilin ihr Schweigen: *„Mir geht das alles sehr unter die Haut.“*

Meilin schluckte leer, ihre Lippen zitterten: „*So eine verfluchte Scheiße. Ich habe mir mit dreizehn schon mal aus Angst in die Hose gepinkelt. In der Weihnachtsnacht hatte der Zyklon Tracy ganze Autos und Hausteile durch Darwin gefegt. Ich saß mit Trudy in einer Badewanne zusammengekauert, wir klammerten uns aneinander und ich habe uns beide vollgepisst. Wenn du nicht weißt, ob du die nächste Stunde überlebst, kannst du nichts mehr kontrollieren! Wir harrten stundenlang in dunkelster Nacht. Schon nach kurzer Zeit waren wir heiser, weil wir gegen das ohrenbetäubende, wütende Getöse mit den Stimmen nicht mehr ankamen. Am anderen Morgen sind wir aus der Ruine gekrochen. Ich habe darum gebeten, nie mehr in solch eine Hölle zu geraten. Was da in Russland hopsgegangen ist, ist eine Zeitbombe. Wir sterben nicht plötzlich, sondern krepieren langsam als Zombies. Ich kapiere nicht, wieso sich die Menschheit mit solchen Kräften anlegt.*“

Walter schwieg. Er hatte keine Argumente, Meilin zu beruhigen. Die Bevölkerung tappte nach wie vor im Dunkeln, wie gravierend die Strahlenbelastung war. Dass Meilin ihm so einen tiefen Einblick in ein Ereignis ihres Lebens gewährte, machte Walter betroffen. Doch da er nie wusste, wie viel Trost und Nähe sie zulassen mochte oder welche Worte angebracht waren, streifte er ihr nur flüchtig und wortlos über den Arm, um seine Anteilnahme auszudrücken. Meilins Gemüt war ein Minenfeld. Mit ihr auszukommen, war eine Herausforderung. Zum Glück hatten sie Amber als gemeinsames, sicheres Terrain, wo ihre Gespräch meistens landeten.

„Ich mache mir Sorgen um Amber. Du solltest, solange du stillst, keine Frischprodukte essen oder Milch trinken. Die Behörden haben entsprechende Empfehlungen abgegeben", sprach Walter.

Sie erreichten das Elternhaus. Nelly öffnete die Tür, begrüßte die Gäste und nahm als Erstes ihre Enkelin in Empfang. *„Chömed. Kommt herein. Es gibt grad frischen Kaffee und Apfelkuchen."*

Nelly überhäufte den Säugling mit zärtlichen Worten und Liebkosungen, während sich Walter und Meilin die Schuhe abstreiften und in die Wohnküche vorausgingen. Nelly trug Amber stolz in die Küche und brachte sie zum Großvater, der auf der Einbaubank vor dem gedeckten Tisch wartete. Er strahlte, als er die Enkelin auf den Armen seiner Frau erblickte, und verneinte, als Nelly ihm das Kind überreichen wollte.

„Nein, nein. Ist schon gut! Bei dir ist das Kind besser aufgehoben. Wie heißt sie noch mal?" Sepp konnte sich den seltsamen Namen der Enkelin einfach nicht merken. Die Umstände, wie das Enkelkind in Walters und auch ihr Leben gekommen war, entsprachen nicht den Vorstellungen der Großeltern. Sie sprachen kein Englisch. Wofür auch. In ihrem dörflichen Radius brauchten sie nicht einmal Hochdeutsch zu sprechen. Und mit den wenigen Brocken Schulfranzösisch konnten sie sich gerade über das Nötigste mit Meilin unterhalten. Meilin war bestimmt ein rechtschaffenes Mädchen, sie war höflich ihnen gegenüber, aus ihr könnte eine tüchtige Frau werden. Aber Walter war, da waren sich Sepp und Nelly einig, durch die

Lehrerausbildung in der Stadt und in seinem sozialistischen Umfeld viel zu sehr ein Softie geworden. Er diskutierte lieber stundenlang, statt geradeheraus seine Meinung zu sagen und den Tarif durchzugeben. Die Männer hatten sich in eine seltsame Richtung entwickelt. Verweichlicht waren sie geworden. Hätte Walter die Rekrutenschule nicht verweigert, hätte ihm spätestens dann das Militär den nötigen Schliff gegeben. Doch was wollten sie machen. Walter war ihr Sohn und sie waren die Letzten, die den Kindern das Haus verboten. Das kleine Ding konnte ja nichts dafür, dass ihre Eltern so eine merkwürdige, unverbindliche Partnerschaft lebten. Früher wäre das in der Schweiz nicht möglich gewesen.

Während Nelly Kaffee aus der Glaskaraffe der Filtermaschine in die moosgrünen Tassen füllte, platzte Sepp heraus: *„Jetzt haben die doch in Bern verordnet, wir sollen allen Salat unterpflügen und alle Beeren und Früchte vernichten!“* Sepp zeigte den Vogel und sprach weiter: *„Was meinen die denn, dass wir teuer importiertes Zeugs kaufen und unser eigenes Angebautes wegwerfen! Die spinnen doch! Dann ist es immer noch nicht sicher, ob das fremde Glump frei von Radioaktivität ist. Und überhaupt! Ich bin alt, mir wird das wohl nicht mehr so viel machen. Ob ich jetzt nachts an einem Herzinfarkt sterbe, von der Kirschenleiter falle oder wegen der verseuchten Wolke verrecke. Spielt doch keine Rolle. Ich esse meine Früchte! Punkt. Ich lasse mir doch von denen da oben nichts vorschreiben!“*

„Du magst recht haben, Vater. Aber was rätst du, sollen wir der Kleinen verfüttern? Oder wie können wir Kinder überhaupt schützen?“

Sepp schwenkte seinen Blick von seinem Sohn zu Nelly, die immer noch Amber in den Armen wiegte, legte die Stirn in Falten, spitzte den Mund und schien zu überlegen. Statt einer Antwort nahm er einen Schluck Kaffee und stellte die Tasse geräuschvoll auf den Unterteller zurück. Nelly, die es nicht ausstehen konnte, wenn der Vater mit den Kindern am Tisch politisierte, brach das Schweigen: *„Möchte jemand ein Stück Kuchen? Die Äpfel sind vom letzten Herbst. Den Schlagrahm können wir ja weglassen.“*

Nach dem Kaffee stiegen Vater und der erwachsene Sohn in den Keller, um die Geranien heraufzutragen. Vater Sepp waren die grauen Eternitkisten zu schwer geworden. Sein Kreuz machte nicht mehr mit, zehn Kilo Blumenerde im Topf hochzuhieven und in einer gebeugten Haltung auf den abgewetzten Holzstufen nach oben zu tragen. Doch er ließ es sich nicht nehmen, Walter genau anzuweisen und mit dem Stock zu dirigieren: *„Pass auf den Eternit auf, dass du mit den Kästen nicht anstößt und die Fassade beschädigst! Hei nein! Die kommen dorthin zum Brunnen! Mutter will sie dort haben. Lueg, jetzt hast du Erde ausgeleert! Jetzt muss ich hinter dir her kehren! Ja, lass das verwelkte Laub, Nelly möchte die Geranien nachher selber putzen.“*

Walter ließ sich geduldig herumkommandieren. Er wusste ja, dass der barsche Ton nicht ihm persönlich galt. Sepp tat sich schwer damit, sein Alter und seine Gebrechlichkeit anzunehmen. Dass diese unheimliche Wolke aus Russland nun auch noch seinen Ertrag der Gartenarbeit bedrohte, ging auch nicht spurlos an seinem bescheidenen Vater vorbei.

In der Zwischenzeit waren Nelly und Meilin mit dem Säugling im Haus geblieben. Nach dem schweigsamen Abwasch geleitete Nelly Meilin ins Wohnzimmer, wo die junge Mutter den Säugling stillen wollte. Während sich Meilin auf dem alten Sofa, dessen abgewetzter weinroter Stoff mit einer bunten Häkeldecke überdeckt war, einrichtete, setzte sich Nelly an die Nähmaschine, die auf einem Nussbaumtisch stand. Amber nuckelte zufrieden an der Brust und Meilin schielte immer wieder zu den gemusterten Stoffen, der ratternden Maschine und Walters Mutter, die ganz versunken einen Stoff durch die Maschine führte und mit dem Fuß ein Pedal drückte oder losließ.

„Was machst du?", fragte Meilin. Nelly hob den Kopf und strahlte. Sie hatte Deutsch gesprochen.

„Ich nähe ein Kleidchen für Amber und andere für den Kirchenbasar. Der Erlös geht an ein Hilfsprojekt in Afrika."

Meilin hatte nicht alles verstanden, nickte aber zustimmend. Als Amber eingeschlafen war, packte sie ihre Brust in den Büstenhalter und schob das verwaschene T-Shirt darüber, legte das Kind auf einem Flanelltuch an ihre Schulter, erhob sich und schritt auf Nelly zu. Beinahe wäre sie über den Flickenteppich gestolpert, der unter dem Stubentisch ausgebreitet lag und widerspenstig an einer Ecke aufstand. Als sich Meilin gefasst hatte, trat sie näher und betrachtete die Muster der Stoffe. Sie setzte sich auf den freien Stuhl und befühlte mit der freien Hand die Strukturen der Gewebe.

„Die sind alle sehr schön!" Mehr sprachen die beiden Frauen nicht. Das stille Einvernehmen über die soeben entdeckte

Gemeinsamkeit, die Freude an Textilien, genügte den beiden. Walter hatte mit dem Auto der Eltern in der landwirtschaftlichen Genossenschaft neue Torferde besorgt, war gerade im Begriff, den letzten zu den Geranienkisten zu schleppen, während der Vater mit dem Besen die Spuren der Aktion wegkehrte. In Walters Augen machte es keinen Sinn, jetzt schon zu wischen. Denn die Geranien mussten ja noch umgetopft und mit neuer Erde versorgt werden, was den Hofplatz erneut verschmutzen würde. Aber was sollte er widersprechen, wenn es dem Vater wichtig war.

Die Frauen stießen zu den Männern. Meilin präsentierte stolz ihre neue Errungenschaft. Mit Nellys Hilfe hatte sie sich in Windeseile aus einem Restposten Jerseystoff ein schlichtes T-Shirt-Kleid geschneidert. Das Rot brachte ihren Teint zum Strahlen, fand Walter. Der Ausflug zu seinen Eltern schien ihr überhaupt nur gut zu bekommen, dachte er. Dass sich Nelly und Meilin sichtlich gut verstanden, brachte sein Konzept durcheinander. Walter bückte sich erneut, wendete unverhältnismäßig viel Sorgfalt auf, um den oberen Sack Erde millimetergenau auf den unteren auszurichten, und gewann Zeit, seine Errötung, Verlegenheit und Erektion vor den anderen zu verbergen. Es passte ihm überhaupt nicht in den Kram, dass ihn aus heiterem Himmel Herzklopfen und andere körperliche Symptome heimsuchten, wenn er Meilin ansah.

„Gäll, ihr bleibt doch noch bis zum Abendessen. Ich wäre froh, wenn wir die Geranien noch heute umtopfen und du sie auf die Fensterbänke tragen könntest, Walter!“

„Hmh. Ja. Doch ...“, antwortete Walter seiner Mutter, richtete sich auf und verschwand ins Haus. Stirnrunzelnd blickte Nelly ihrem Sohn nach und schüttelte den Kopf. Meilin folgte Walter. Die Eltern lauschten, wie sich die Jungen in Englisch berieten. Kurz darauf kam Meilin, wieder in Jeans und fleckigem T-Shirt, zurück, zeigte auf die Pflanzen und die Plastiksäcke und am Schluss auf sich. Nelly lächelte. Später knieten die beiden Frauen auf gefalteten, ausgedienten Frottiertüchern, um die Knie zu schonen. Unter Nellys Anleitung nahmen sie sich Kiste für Kiste vor und trugen so langsam den Berg frische Erde ab, den sie zuvor aus den Plastiksäcken aufgehäuft hatten. Meilin vergaß sich, sie grub ihre Hände tief in den krümeligen, braunen Torf, roch dann und wann daran. Sie befüllte nach Nellys Vorgabe die geleerten und gereinigten Kisten mit einer Schicht, mischte Dünger darunter und setzte drei geputzte Geranienstauden ein, die sie mit weiterer Erde fürsorglich ummantelte. Walter trug die fertigen Kisten ab und Sepp folgte ihm mit dem Besen, wischte die Erde in Reihen, als Vorbereitung für die finale Kehraktion.

Seit Walter denken konnte, gehörte dieses Geranienritual nach den Eisheiligen, der „kalten Sophie“, in den Mai. Seit seinem vierzehnten Lebensjahr trug Walter Kiste für Kiste auf die Simse, platziert sie in die Metallhaken vor die Fenster, die die Mutter im Vorfeld auf Hochglanz geputzt hatte.

Als die letzte Pflanze angebracht, die welken Blätter auf dem Kompost entsorgt, die Plastiksäcke im Schuppen dem Abfall zugeführt waren, holte Nelly Bier für alle. Die Flaschen klackerten aneinander beim Zuprosten. Walter hatte sein Hemd ausgezogen und wischte sich damit den Schweiß von der Stirn, bevor er das wohlverdiente kühle Getränk hinunterstürzte. Walter lud Meilin vor dem Abendbrot zu einem Spaziergang durchs Dorf und zum Obstgarten seiner Eltern ein. Er wollte ihr die Schauplätze seiner Kindheit zeigen. Meilin schnallte sich Amber nach einer Stillmahlzeit im Tragetuch um. Vom Säugling war den ganzen Nachmittag kein Laut zu hören. Amber hatte friedlich auf Großmutters Häkelsofa in der Stube geschlafen.

Beim Dorfbrunnen tauchten Walter und Meilin ihre Hände in das kühle Wasser und bespritzten sich übermütig. Sie suchten die Schule auf, ein frei stehendes Sandsteingebäude aus dem späten 19. Jahrhundert. Als sie über den Pausenplatz schlenderten, schwelgte Walter in seinen Erinnerungen. Er erzählte Meilin von seinen Bubenstreichen, von seinem besten Freund, den er aus den Augen verloren hatte, und dem gestrengen Lehrer, der ihn faulen Schüler gepiesackt hatte. Meilin lachte.

Auf dem weiten Feld außerhalb des Dorfes waren die Hochstämmer von Weitem zu erkennen. Zwanzig Bäume gehörten Walters Vater, die er jedoch verpachtet hatte, weil er sie nicht mehr selber bewirtschaften konnte. Sie verließen den Kiesfeldweg, schritten durch wadenhohes Gras zu einem mit Kirschen prall gefüllten Baum. Ein blaues Nylonnetz spannte sich über die Krone, um die Früchte vor gefräßigen Krähen zu schützen. Die Kirschen glänzten schwarz, verführerisch reif. Walter blickte zum Himmel, der zwar bedeckt war, aber keinen Regen verhieß. Er schüttelte den Kopf und seufzte.

„Ich verstehe meinen Vater. Es ist deprimierend, die schöne Ernte vernichten zu müssen. Ich wüsste auch nicht, was ich tun würde.“

Walter streichelte über Ambers Köpfchen, dabei streifte er unabsichtlich Meilins Dekolleté. Wie elektrisiert zog er seine Hand zurück.

„Soll ich dir Amber abnehmen?“, bot er an. Er hatte das Bedürfnis, sich an etwas festzuhalten.

„Sure“, erwiderte Meilin.

Sie überreichte Walter das wache Mädchen, das mit großen Augen um sich blickte. Das Spucktuch, das Meilin zwischen Köpfchen und T-Shirt befestigt hatte, fiel ins Gras. Als sich Meilin bückte, um nach dem Stoff zu fischen, plumpste ein brauner Gegenstand aus der Jeanstasche ins hohe Gras.

„Shit!“, entfuhr es Meilin. Sie warf sich schnell auf die Knie und machte sich auf die Suche nach dem Objekt. *„Zum Glück!“*, rief sie und hielt das Fundstück, den Bernstein, an Ambers Köpfchen. *„Schau mal, die Farben. Ich finde die Idee mit dem Namen immer noch passend!“*

Natürlich erinnerte sich Walter an den Bernstein. Sie waren als frischgebackene Eltern nach der Geburt mit der neuen Situation so sehr überwältigt, dass sie sich Zeit gelassen hatten mit einem Namen für das Mädchen. Plötzlich hatten Meilins Mutter Anne und Onkel Serge auf der Matte gestanden. Die beiden waren eigens aus Australien angereist, um nach dem Rechten zu sehen. Was hatte die unerwartete Visite für Unruhe gestiftet! Doch das Familienerbstück, insbesondere dessen strahlendes

Rotgold, welches Anne beim Besuch Meilin schenkte, hatten Walter und Meilin schließlich inspiriert, ihre Tochter Amber zu nennen.

„Der Stein ist das Einzige, wirklich das Einzige, was mir neben Amber überhaupt wichtig ist. Ich trage ihn immer bei mir. Er wurde meiner Urgroßmutter um 1900 bei ihrer Migration von der Schweiz nach Estland an einem Ostseestrand vor die Füße gespült. Der Bernstein ist seither immer von Mutter zu Tochter weitergegangen. Ich bin es Amber schuldig, dass ich für ihn Sorge trage und ihn ihr eines Tages überreiche."

Walters Puls beschleunigte sich. Seine Ohren pulsten heiß. Er kaute auf seinen Lippen. Am liebsten hätte er Meilin in die Arme genommen, sie auf die Stirn, auf den Mund geküsst, sie an sich herangezogen. Meilin übte in diesem Moment eine unglaubliche Anziehung auf ihn aus. Stattdessen hauchte er einen Kuss auf Ambers Köpfchen und streichelte ihre Fingerchen, die seinen Zeigefinger reflexartig umschlossen. Er lehnte sich an den Stamm und ließ sich mit der Kleinen auf dem Arm auf den Boden gleiten. Nach einem kurzen Schweigen sagte er: *„Für dich ist es der Stein, für mich sind es die Obstbäume, die mich an meine Wurzeln erinnern."*

„Hmh ...", stimmte Meilin zu und reichte Walter das Tuch, um Amber, der ein Rinnsal Milch übers Kinn lief, abzuwischen. Sie seufzte: *„Ich habe Heimweh nach Australien. Doch glaube ich nicht, dass ich es dort packe. Auch möchte ich dir Amber nicht wegnehmen. Du bist so ein netter Kerl. Deine Eltern sind lieb zu mir. Ich mag sie total gern. Aber es macht*

doch keinen Sinn, dass wir zusammenbleiben oder ihnen etwas vormachen, wenn ich nicht in dich verliebt bin.“

Walter schluckte leer. Meilin hatte eine klare Ansage gemacht. Zögernd sprach er: *„Ein Leben ohne Amber kann ich mir nicht mehr vorstellen, obwohl die Kleine erst ein paar Wochen da ist. Ich helfe dir, Meilin! Komm, wir finden Lösungen! Vielleicht geht es dir besser, wenn du Arbeit und Anschluss findest. Du kannst so lange bei mir wohnen, wie du willst!“*

„Hmh, vielleicht ...“ Mehr brachte Meilin nicht hervor.

Das Abendessen fiel wortkarg aus. Als sich die Gespräche erschöpft hatten, drehte Sepp das Radio auf, das auf einem Schemel neben seinem Platz stand. Der Schweizer Sender lief den ganzen Tag als Hintergrundgeräusch in der Küche. Es passte Sepp, dass gerade sein Lieblingsvolkslied vom Jodelchörli Melchsee-Frutt durch den Äther drang. *„Luegid vo Bärg und Tal“* wurde jedoch vom Piep, der die Abendnachrichten ankündigte, unsanft unterbrochen: *„Tschernobyl: Wie die russische Nachrichtenagentur heute bekannt gab, wurden in den letzten Wochen 70 Ortschaften im Gebiet um Kiew evakuiert. Insgesamt wurden 330.000 Menschen umgesiedelt. Der Brand im Reaktor sei unter Kontrolle. Sogenannte Liquidatoren sind mit den Aufräumungsarbeiten betreut. Über Todesopfer liegen keine genauen Zahlen vor. Die internationale Gemeinschaft spekuliert noch über die Langzeitfolgen. Für die Schweiz könnte die radioaktive Wolke, die seit einer Woche über Mitteleuropa hängt, in den kommenden Tagen Konsequenzen haben. Es ist mit Niederschlag zu rechnen. Der Krisenstab des*

Bundes rät, die Wetterentwicklung zu verfolgen und den Empfehlungen des Bundes Folge zu leisten. Zum Sport ...“

Sepp drehte energisch den Lautsprecherregler auf stumm. Er blähte seine Nasenflügel auf, hob die Tasse und beruhigte sich mit einem Schluck Milchkaffee.

1986 – Juni: Menschenstrom

Bereits im Hauptbahnhof Zürich erkannte man sie an den gelben Fahnen mit der roten Sonne. Aus den Aufgängen, von den Zugängen, von den Perrons quollen sie, vereinzelt, in kleinen Gruppen, die zum Hauptstrom drangen, um sich von ihm verschlingen zu lassen. Die Schweizerische Bundesbahn hatte vorgesorgt. Auf Gleis 11 wartete der Extrazug in den Kanton Aargau. Es wurden ein paar Tausend Demonstranten aus der ganzen Schweiz erwartet.

Die Informationen zur Kundgebung hatte Walter über das Telefonradio bekommen. Es war eine geheime Nummer, die nur an Insider weitergegeben wurde und die Umweltaktivisten anwählen konnten, um stündlich aktuelle Nachrichten und Ankündigungen abzurufen. Es war erstaunlich, wie windig die Organisatoren immer wieder unter einem neuen Namen eine Telefonnummer bei der *PTT* registrieren und bei den Mitstreitern in den Umlauf bringen konnten. Denn kaum hatte der Bund die geheime Buschtrommel ausfindig gemacht, wurde die Konzession sofort wieder entzogen. Diese linke Propaganda war der Bundespolizei ein Dorn im Auge – genauso wie das illegale Radio, das vom Zürcher Uetliberg aus einem Versteck linkspolitische Informationen und Popmusik ausstrahlte.

Aber so einvernehmlich, wie die Staatsgewalt die AKW-Gegner gerne in eine linke Schublade steckte, waren die

Gruppierungen dennoch nicht. Innerhalb der Anti-AKW-Szene stritten die Zellen um Wortführung, Organisation und Medienpräsenz. Walter war es in den Wochen zwischen dem Reaktorunfall und der Kundgebung schlicht zu blöd geworden, sich für eine Fraktion zu entscheiden. Er hatte bei der Suche nach einer passenden Gruppe schweizweit an verschiedenen Informationsanlässen und kleineren Anti-Atomkraft-Kundgebungen in der Stadt teilgenommen. Aufgrund einer unterschiedlichen politischen Grundhaltung hatten sich Gruppierungen gegenseitig an den Karren gefahren. Umweltverbände, bei denen die Erhaltung des Lebensraums und der Lebensqualität im Vordergrund stand, und die in den Medien eher gemäßigt auftraten, wurden von den Sozialisten und Marxisten angegriffen, den Kampf nicht in aller Konsequenz zu führen. An den Kundgebungen stritten sich jeweils die Splitter um die Federführung. Walter war es unbegreiflich, wie es möglich war, sich in der gemeinsamen Mission gegenseitig zu schwächen. Der gefährlichen Kernenergie keinen Vorschub zu gewähren, sich mit den mächtigen Wirtschaftslobbyisten und dem Staatsapparat anzulegen, war an sich schon ein David-gegen-Goliath-Unterfangen.

Meilin und Walter hatten sich beim Treffpunkt mit Noldi verabredet. Meilin schwitzte. Ihr standen Schweißperlen auf der Stirn. Sie hatte Amber im Tragebeutel umgeschnallt. Es war so ausgemacht, dass sie die Kleine tragen wollte für den Fall, dass sie und Walter sich in der Menge verlieren sollten. Meilin war immer noch die ausschließliche Nahrungsquelle für das Baby. Es war ungewöhnlich heiß. Sie hatte sich erst kürzlich schwarz-weiße längs gestreifte Jeans geleistet. So wie *The Police* sie trugen. Nelly hatte ihr hundert Franken für neue Kleider zugesteckt, weil sie nicht mehr mitansehen mochte, wie Meilin in Walters abgeschossenen Hemden herumlief. Sie hatte die Hose etwas zu knapp gekauft, denn immer noch hatte sie ein paar Speckröllchen an den Hüften, die bis nach dem Stillen hoffentlich schmelzen würden. Nach der Schwangerschaft endlich wieder in Jeans zu passen, hatte ihr ein richtig gutes Gefühl gegeben. Die Vorstellung, den ganzen Tag in der Hose durchzuhalten, die jetzt schon am Morgen an den schweißfeuchten Beinen klebte, behagte Meilin nicht. Andererseits hatte sie in Australien und in der Wüste schon weitaus höhere Temperaturen ausgehalten. Meilin löste das schwarze T-Shirt aus dem Bund, zog es über den Schoß bis zu den Oberschenkeln, glitt darunter und öffnete Hosenknopf und Reißverschluss. Erleichtert bahnte sich das zusammengepresste Bäuchlein seinen Weg in die Freiheit unter dem Schutz des Stoffes. Meilin strich dem schlafenden Mädchen zufrieden über das rote Haar und griff danach zur Wasserflasche. Sie hielt sie, nachdem sie drei kräftige Züge genommen hatte, Walter hin. Er winkte ab, denn in diesem Moment trat Noldi mit seiner Frau hinzu.

Nachdem sich die beiden Männer mit Handschlag begrüßt hatten, stellten sie sich gegenseitig ihren Partnerinnen vor. Noldi wandte sich an Walter: *„Sag, bist du wahnsinnig! Deine Kleine zur Demo mitzunehmen? Weißt du nicht, dass die Bullen 1979 mit Tränengas auf uns los sind? Wir können von Glück reden, dass es damals keine Toten gegeben hat! Wir waren* *als friedlicher Zug vom Dorf Däniken Richtung Areal des im Bau begriffenen Kernkraftwerkes Gösgen unterwegs. Es hat wie aus Kübeln gegossen und dennoch haben wir getrotzt. Niemand von uns hat Gewalt angewendet oder dazu aufgefordert. Da sind aus dem Nichts Panzerwagen aufgetaucht! Polizeitruppen haben mit Wasserwerfern und Tränengas den Demonstrantenzug auseinandergetrieben. Wie Vieh haben sie uns in alle Himmelsrichtungen verscheucht und sogar über die Bahngleise getrieben. Stell dir vor, die haben auf der vielbefahrenen Hauptachse Zürich-Bern, Menschenleben riskiert, nur um uns einzuschüchtern!"*

Noldi schüttelte den Kopf und hing noch einen Moment seiner Erinnerung nach. Man spürte, dass ihm die Erfahrung in den Knochen steckte. Dann fuhr er fort: *„Ich weiß ja nicht, was uns heute erwartet. Die Polizei ist schon vor Ort, habe ich gehört. Ich würde das Baby nicht mitnehmen, wenn ich ihr wäre! Wir haben unsere Kinder bei den Großeltern gelassen."*

Meilin und Walter hatten im Vorfeld auch über die Gefahr für Amber spekuliert. Es war nicht abzuschätzen, wie gefährlich eine Demonstration mit einer unbekannten Anzahl Menschen sein würde. Meilin hatte darauf bestanden, mitzukommen. Meilin hätte Amber ohne Bedenken Nelly und Sepp anvertraut, hätte sogar eine Tagesration Milch abgepumpt. Doch Walter wollte nicht, dass seine Eltern erfuhren, dass ihr Sohn demonstrierte. Ambers Eltern blickten um sich, beobachteten den Menschenstrom, der zum Gleis 11 floss: Männer und Frauen aller Altersgruppen. Lila war eine vorherrschende Farbe bei den Frauen. Es waren kaum Kinder auszumachen.

„Sind wir zu leichtsinnig?“, fragte sich Meilin. Und als ob Walter ihre Gedanken erraten hätte, sagte er: *„Es ist in Ordnung, wenn du lieber heimkehren möchtest. Oder ich bleibe mit Amber in Zürich, wenn du mit den beiden fahren möchtest. Mir ist es nicht ganz wohl bei der Sache, wenn ich an unsere Kleine denke. Noldi hat recht! Wir müssen uns bloß beeilen, der Zug fährt in fünf Minuten.“*

Meilin überlegte scharf, wischte sich den Schweiß von der Stirn, bedachte die Hitze, die engen Hosen, die vielen Leute und das zärtliche Wesen an ihrer Brust, das inzwischen wach geworden war, keck aus dem Tuch guckte und sich reckte. Meilin teilte den anderen ihren Entschluss mit. Walter nickte zustimmend, reichte ihr umgehend den Schlüsselbund, verabschiedete sich mit einem flüchtigen Streicheln über Ambers Rücken und hechtete Noldi und seiner Frau nach, die schon zum Sonderzug aufgebrochen waren. Meilin schaute ihnen nach, wandte sich zum Ausgang. Die Bahnhofshalle war nach der Abfahrt des Sonderzuges wie leer gefegt. Meilins Blick schweifte zum Stahlgerüst unter der gewaltigen Kuppel. Durch die Glasbögen fiel das Sonnenlicht und durchbrach mit seinem Schattenspiel die riesige Fläche des Hallenbodens. Eine Frau in einem wiesengrünen Kleid, die die Halle durchquerte und hinter sich einen roten Trolley zog, setzte einen erfrischenden Farbakzent in das vorherrschende Grau von Stein, Beton und Stahl. Meilin hatte das Gebäude noch nie richtig wahrgenommen, war immer nur vorbeigeeilt. Das Licht- und Farbenspiel rührte in Meilin etwas an. Sie liebte es, Formen und Farben zu beobachten. Sie kniff die Augen zusammen und spielte mit der Sehschärfe.

„Diese Farbkontraste, die Linien und Bögen ergäben ein schönes Stoffmuster", schoss es Meilin durch den Kopf. Sie lächelte versonnen. Auch, weil sie sich jetzt traute zuzugeben, dass sie im Grunde froh war, nicht mitgegangen zu sein. Die Vorstellung, jetzt flugs in die Wohnung zurückzukehren, die Jeans von den Beinen zu streifen und sich etwas Lockeres überzuziehen, behagte ihr mehr, als unter der brütenden Sonne in einer Menschenmenge gegen Atomstrom zu ziehen. Meilin sinnierte beim Gehen. Die ganze Debatte war hochenergetisch. Sie selber hatte Schiss vor der Unberechenbarkeit der nuklearen Energie. Der Super-GAU hatte Befürchtungen bestätigt, dass der Mensch nicht in der Lage ist, damit umzugehen. Für Meilin stimmte der Vergleich, dass die Menschen sich mit etwas Übermächtigem anlegten, so, als hätten sie den Göttern heimlich das Spielzeug geklaut und würden nun unbedarft damit laborieren. Sie hatte im Fernsehen und in den Medien mitbekommen, wie die Emotionen hochgekocht wurden im Streit um die richtige Energieversorgung. Gäbe es eine Maschine, die diese Emotionen erfassen und transformieren könnte, wären manche Haushalte bestens versorgt. Meilin verstand herzlich wenig von Technik. Doch so, wie die Sonne treu und unablässig auf den Planeten niederbrannte, stünde diese Energie nicht frei und kostenlos einfach zur Verfügung? Sie wusste, dass in Australien seit Mitte der Siebzigerjahre das gesamte Telefonnetz im Outback mit Fotovoltaik betrieben wurde. Warum wurde auf diesem Gebiet nicht mehr geforscht und die Technologie vorangetrieben? Man könnte ganze Wüstenabschnitte in Australien und Afrika mit ungefährlichen Solarzellen ausrüsten!

„In der Schweiz gibt es bestimmt brache Flächen, die mit Solarmodulen bestückt werden könnten!“, überlegte Meilin, hielt inne und ihr Blick schweifte über die Dächer Zürichs. Von den einen oder andern Glasfenstern blinzelte das reflektierte Sonnenlicht. Meilin musste die Augen zusammenkneifen und den Blick wieder abwenden. Heute zeigte sich die Stadt von ihrer Sonnenseite. Es war schön, unter ausladenden Ästen der Platanen den Sihlquai entlangzuschlendern und den Schwänen bei ihrem eleganten Gleiten und ihrer Sanftmut zuzuschauen. Amber regte sich, streckte ihre Fäustchen aus dem Beutel. Meilin griff nach den kleinen Fingern, die sofort nach dem Mittelfinger ihrer linken Hand grapschten und ihn umschlossen. Die Mutter hauchte einen sanften Kuss auf das vom Schwitzen feuchte Köpfchen und nahm jetzt Kurs auf die Wohnung auf.

Zwei Stunden später machten sich Mutter und Tochter erneut auf den Weg. Meilin hatte sich frisch gemacht, eine Kleinigkeit gegessen und Amber auf dem Wohnzimmersofa gestillt. Wie so oft hatte sie das Nuckeln der Kleinen eingelullt und sie war eingenickt. Nach dem erquickenden Powernap lockte das fantastische Sommerwetter ins Freie. Meilin schnappte Wickeltasche und etwas Kleingeld, nahm das Baby auf den Arm und verließ die Wohnung. Im Erdgeschoss war der Kinderwagen unter der Treppe geparkt. Das mit moosgrünem Manchesterstoff ausgestattete Modell hatten sie im Brockenhaus erstanden. Für ausgedehnte Spaziergänge kam Meilin das praktische Gefährt sehr entgegen. Im Metallkorb ließ sich alles Mögliche verstauen und Meilins Rücken dankte, dass er nicht das Gewicht von Kind und Habseligkeiten zu tragen hatte. Auch

Amber schien das Wippen und Schaukeln zu lieben, sie weinte praktisch nie im Kinderwagen.

Amber war überhaupt ein äußerst zufriedenes Kind. Sie schlief nachts bereits mehrere Stunden durch, trank gut und beschenkte Walter und Meilin mit ihrem bezaubernden Lächeln, ihren schönen Augen und dem kecken roten Schopf. Es lag nicht an Amber, dass Meilin gelegentlich verstimmt war. Sie kam gut damit zurecht, dass sie dem Baby die vollen Windeln sauber machen musste oder öfters mal einen Schwall Milch in den Ausschnitt abbekam. Ihre Tochter machte sie stolz, wenigstens eine Sache im Leben richtig gemacht zu haben.

Zürich war bei Sonne eine schöne Stadt. Meilin liebte das Pulsieren, die Menschen, die Vielfalt. Es lag Aufbruchsstimmung in der Stadt. Am liebsten hielt sie sich im Freien auf. In der Wohnung fühlte sie sich eingesperrt, deshalb zog sie bei jeder Gelegenheit los. Jetzt hatte sie Lust auf ein Pistazieneis vom Lieblingsitaliener im Seefeld. Immer, wenn sie Tramgleise überquerten, federte der Kinderwagen auf und ab, was Amber ein Glucksen entlockte. Meilin trug das rote T-Shirt-Kleid, das sie mit Nellys Hilfe geschneidert hatte, und an den Füßen nur leichte Zehensandalen, die sie in Marokko auf einem Markt erstanden hatte. Beschwingt schob sie ihre Tochter über das Kopfsteinpflaster des Niederdorfs, einfach weil es eine Freude war, wie das Wippen Amber zum Jauchzen brachte. Außerdem waren sie beide auf dieser Route nicht dem Autoverkehr ausgesetzt. Beim Zähringerplatz stoppte sie kurz und hielt Ausschau, ob zufälligerweise ein bekanntes Gesicht unter den Gästen in der Straßenkneipe auszumachen war. Meilin kannte noch wenige Menschen in der Stadt. Walter verkehrte in diesem Kulturtreffpunkt und hatte Meilin oft mitgenommen, damit sie unter die Leute kam. Meilin wurde wie eine exotische Trophäe behandelt und herumgereicht. Die gebildeten Zürcher Kollegen sprachen mit ihr Französisch oder Englisch. Es kam ihr natürlich entgegen, um aus ihrer Isolation zu kommen und sich mit vollständigen Sätzen in eine Konversation einbringen zu können. Doch irgendwie wurde Meilin das Gefühl nicht los, dass insbesondere die weiblichen Kolleginnen sich mit der Australierin einfach gerne in der Öffentlichkeit zeigten und sich vor den anderen mit ihrer eigenen Weltoffenheit brüsteten – denn eine Einladung war nie erfolgt.

„Eigentlich habe ich gar keine Lust, diese Leute näher kennenzulernen?“, dachte Meilin zerknirscht. Ihre Stimmung kippte plötzlich. *„Was tue ich eigentlich hier? Ist Zürich der Ort, an dem ich mit der Kleinen bleiben möchte? Ich möchte nicht von Walter abhängig sein! Ich muss mir unbedingt klar werden, wo ich mein Zelt aufschlagen möchte. In der Schweiz? In Frankreich? In Australien?“*, grübelte sie und setzte so ihr Selbstgespräch fort.

Meilin hatte die Lust verloren, zum See zu spazieren, und blickte sich verloren um. Ihr Blick fiel auf den Kirchturm, der hinter den Giebeln der Gasse spitz in den Himmel ragte und dessen Dach auffallend mit Grünspan überzogen war. Es war eine Ewigkeit her, seit sie eine Kirche besucht hatte. Als Kind war sie jeden Sonntag unter Strafandrohung genötigt worden, die Eltern zum Gottesdienst in die anglikanische Gemeinde zu begleiten. Dies war unter anderem ein Grund, warum sie sich aus dem engen Korsett ihres australischen Elternhauses befreit und bei der erstbesten Gelegenheit von Australien nach Europa geflüchtet war. Seither hatte sie nie mehr einen Fuß in eine Kirche gesetzt.

Doch jetzt fühlte sich Meilin unerklärlich angezogen, das Gotteshaus aufzusuchen. Sie parkte den Kinderwagen neben der Treppe, gab mit dem rechten Fuß dem Bremshebel einen Stoß, der die Vorderräder blockierte. Amber blinzelte, plötzlich von der Sonne geblendet, als Meilin sie aus dem Wageninnern hob und sich auf den linken Hüftknochen setzte. Im Kirchenschiff nahm Meilin in der zweitvordersten Bankreihe Platz und bettete sich die kleine Tochter auf den Schoß. Amber zu halten und an ihrem roten Haaransatz zu schnuppern, schenkte Meilin Geborgenheit. Die Kirchenwände waren schlicht und schnörkellos in Weiß gehalten und wirkten kühl und beruhigend. Meilin war allein. Abgesehen von einer Mesmerin, die Dutzende Gesangsbücher in ein Regal einsortierte und schwarze Zahlen von einer Wandschiene löste. Meilin wunderte sich, wofür diese gedacht waren.

Meilin war als Baby getauft worden. Walter wahrscheinlich auch. Sie hatten sich noch nicht darüber ausgetauscht, ob sie Amber überhaupt und in welcher Form segnen lassen wollten. Meilin wusste, dass es an ihr lag, dass der Austausch zwischen ihnen beiden stockte. Walter machte immer wieder Schritte auf sie zu, versuchte, die Erziehung und Betreuung ihrer gemeinsamen Tochter zu regeln. Meilin bockte, blockte ab und wich ihm stets aus, weil sie sich nicht festlegen konnte. Die

Ruhe der Kirche wirkte besänftigend auf Meilin. Sie dachte an Walter und malte sich aus, wie er in einer Menschenkette in einem ihr unbekannten Teil des Landes den Kühlturm eines Kraftwerkes belagerte. Sie fragte sich, ob diese Aktion überhaupt Sinn machte. Meilin zog ihr Mädchen näher an ihren Bauch und strich ihr mit den Daumen unablässig über die Händchen. Ein Speichelfaden rann aus dem offenen Mund des Babys auf den geringelten Strampler. Allmählich begann Amber sich zu winden und leise zu quengeln.

„Süße, ich frage mich schon, was für eine Welt wir euch hinterlassen. Und ich frage mich, wie wichtig mein Engagement ist. Macht es einen Unterschied, ob ich jetzt hier sitze oder ob ich in Gösgen an der Kundgebung teilnehme? Ich weiß nur, dass dich das Leben oder der liebe Gott oder was auch immer es war, dich zu mir gebracht hat. Und dass ich jetzt das Beste aus meinem Leben machen muss. Wenn nicht mir, dann dir zuliebe. Wenn ich Spuren hinterlasse, dann werde ich es wohl in ein paar Jahrzehnten bei dir erkennen." Meilin hatte ihre Tochter bei der flüsternden Ansprache vom Schoß gehoben, umgedreht und sie angeblickt. Ambers grüne Augen ruhten in denen ihrer Mutter, als hätte sie jedes einzelne Wort verstanden. Meilin küsste das Mädchen zärtlich auf die Stirn, legte es an die Schultern und erhob sich.

„Uf Wiederluege!", schickte die Mesmerin Meilin hintennach, als die schwere Holztür hinter ihr zuschnappte. Amber ließ sich in den Wagen legen, es schien ihr aber nicht mehr so zu gefallen wie vorher. Ihr Gesicht verzog sich und sie hob ein Händchen an den Mund, an dem sie heftig nuckelte. Meilin

fischte den Schnuller aus der Wickeltasche und schob ihn dem Kind in den Mund. Angewidert wurde dieser sofort wieder herausbefördert. Es war ein Versuch. Eigentlich wusste Meilin, dass Amber keine Schnuller mochte. Nelly hatte ihr den roten Plastikschnuller besorgt und gemeint, dass es besser wäre, das Kind wegen der Zahnstellung nicht ans Daumennuckeln zu gewöhnen. Meilin zuckte mit den Achseln und löste die Bremse des Kinderwagens. Amber würde sich schon wieder beruhigen.

Mutter und Tochter setzten den Spaziergang über die Rosengasse und die Rathausbrücke fort. Meilin wusste bei der Schipfe ein Bänklein im Schatten, wo sie die Kleine, die nun unablässig weinte und sich nicht vom Schaukeln des Wagens besänftigen ließ, stillen wollte. Der Ort lag etwas abseits von den Hauptströmen der Spaziergänger. In der Öffentlichkeit dem Kind die Brust zu geben, war nicht überall gerne gesehen. Meilin setzte sich auf die grüne Bank, bemerkte erst jetzt, dass das wadenlange Kleid völlig unpraktisch war. Amber konnte die Brust nur von oben oder von unten durch den Stoffschlauch erreichen. Meilin verrenkte sich, verzog den Stoff am Hals, der Ausschnitt riss ein, doch endlich bekam das Baby die Brust zu fassen und wurde still.

Während die Kleine zufrieden saugte und Meilin dem Fluss nachsah, sann sie erneut über den Irrsinn des Atommülls nach. Was für eine Dreistigkeit dieser unbedeutenden Generation, so etwas der Menschheit als Erbe zu hinterlassen! Ihr Blick fiel auf den roten Schnuller im Kinderwagen. Wie lange würde er brauchen, um zu verrotten? Sie wollte es herausfinden! Als

Amber satt war, legte Meilin sie zurück in den Wagen und setzte ihre Idee in die Tat um. Sie schob den Kinderwagen bis zum Mühlesteg, parkte ihn auf dem Kiesplatz der Schanze, kletterte blitzschnell über das Geländer und balancierte auf den befestigten Steinen unter die Brücke. Sie fand tatsächlich einen Spalt im Mauerwerk des Brückenpfeilers, knautschte den Schnuller zusammen und schob ihn in das Loch. Das Rot des Plastiks leuchtete nach Meilins Empfinden zu sehr. Hastig suchte sie nach einem passenden Gegenstand und fand einen dünn geschliffenen Stein, den sie ebenfalls in die Ritze steckte und mit dem sie den Schnuller nach hinten verschob und bedeckte. Über Meilins Gesicht zog sich ein verschmitztes Grinsen, als sie sich auf den Rückweg machte und zu ihrer Tochter hechtete. Sie ignorierte den Passanten, der ihr zurief: *„Sie wissen schon, dass es verboten und gefährlich ist, über das Geländer zu steigen! Haben Sie die Tafel denn nicht beachtet? Man sollte Sie anzeigen!“*

.....

Als Walter am späten Abend an der Wohnungstür klingelte, dauerte es eine Weile, bis Meilin öffnete. Er hatte eine geschlagene Viertelstunde vor dem Hauseingang gestanden und besorgt zum Wohnzimmerfenster im dritten Stock gestarrt, in dem Licht brannte, und er hatte nicht verstanden, warum Meilin nicht herunterkam. Er war gerade im Begriff, den Nachbarn zu alarmieren, um nach dem Rechten zu sehen. Just in dem Moment ging das Licht im Flur an und Meilin tänzelte die Treppe herunter, wie Walter durch die Glasscheibe erkennen konnte. Meilin hatte das Läuten akustisch nicht wahrnehmen können, denn sie hatte sich über Kopfhörer mit lauter Musik zugedröhnt. Sie hatte, nachdem sie Amber zu Bett gebracht hatte, in Walters Schallplattensammlung gestöbert und war auf die LP *Hair* gestoßen. Bereits nach den ersten Takten war Meilin hin und weg. Um die Kleine nicht zu wecken, hatte sie die Kopfhörer aufgesetzt, wild drauflosgetanzt und sich die Last der schweren Gedanken und Anspannungen aus dem Körper geschüttelt. Es war dann mehr ein kleines Zucken, ein Gewahrwerden, dass Walter noch nicht heimgekehrt war. Zögerlich bremste sie ihren ekstatischen Tanz beim Lied *I got Life* und drosselte die Lautstärke herunter. Jetzt hörte sie das Klingeln und eilte unverzüglich zur Haustür.

„Du bist ja völlig verschwitzt und außer Atem!", bemerkte Walter und behielt den peinlichen Gedanken, dass er Meilin glücklicherweise nicht beim Sex mit einem anderen in seiner Wohnung ertappt hatte, für sich.

„Ja!", lachte Meilin und wischte sich eine Strähne aus dem Gesicht. *„Bitte entschuldige! Ich habe dich nicht gehört! Ich habe schon lange nicht mehr so ausgiebig getanzt! Herrlich!"* Walter ließ sie die Treppe vorausgehen und sich die Erleichterung nicht anmerken.

„Wie war es?", fragte Meilin über die Schulter.

Walter trat über die Wohnungsschwelle und streifte sich im Flur Rucksack, Schuhe und Socken ab. Meilin verkniff sich eine Bemerkung über die Duftschwaden die von Walters nackten, vom Schweiß schrumpeligen Füßen entwich.

„Ich erzähle nachher! Lass mich erst einmal ankommen und duschen! Ich bin ziemlich fertig! Schläft Amber?“

Später saßen sie in der Küche am kleinen Holztisch. Es war kurz vor Mitternacht. Da die Küche Richtung Hinterhof lag, drang kein Straßenlicht in den Raum. Die Hängelampe beleuchtete die Tischplatte mit einem Kegel und tauchte die beiden Gesichter in ein mildes Licht. Die Konturen der Einrichtung waren im Halbdunkel verschwommen und verkamen zu einer Theaterkulisse im Off. Walter stocherte im Teller der aufgewärmten Pasta. Sie tranken Bier aus der Flasche.

„Es herrschte eine apokalyptische Endzeitstimmung“, begann Walter. *„Man spürte, dass der Schock und die Unklarheit, was der Reaktorunfall in der Konsequenz bedeutet, den Menschen tief in den Knochen saß. Zum Glück gab es keine Ausschreitungen und kein Eingreifen der Polizei. Manchmal scharmützelten ein paar Aufgebrachte, die sich mit lautem Protest zu Wort meldeten und die Reden störten. Aber im Großen und Ganzen verhielten sich die 20.000 Menschen ruhig und besonnen. Die Wut auf die Politiker und Lobbyisten der Stromkonzerne, die auf Atomstrom setzen, ist ungebrochen groß. Die Parolen und Voten richteten sich ganz klar gegen die Vetternwirtschaft der Mächtigen. Doch vorherrschend war ein Gefühl der Betroffenheit über die tatsächlich eingetretene Katastrophe. Für die Warnungen recht bekommen zu haben, mag zwar für die politische Argumentation Genugtuung geben, in*

Anbetracht der katastrophalen Auswirkung fühlt es sich nur beschissen an. Es haben Bevölkerungsteile an der Kundgebung teilgenommen, die sich sonst nie politisch engagieren. Aber auch in ihnen steckt der tiefe Wunsch, aus dieser unseligen Atomenergie auszusteigen. Tatsächlich waren auch viele Kinder anwesend. Sogar Babys. Wir hätten es wagen können! Die Kinder, die bunten Ballons und Transparente, auch die Musik auf dem Gelände nahmen schließlich allem etwas die Schwere. Es gab Momente, da fühlte es sich wie ein fröhliches Happening an. Dieses Bild der Zusammengehörigkeit, dass wir für neue Lösungen zusammenstehen, gibt mir schließlich Hoffnung, dass sich jetzt etwas bewegen und bewirken lässt."

Walter setzte die Bierflasche an den Mund, trank den Inhalt aus. Während er die Flasche sachte auf die Tischplatte zurückstellte, schaute er Meilin fragend an. Diese hatte ihm, den Kopf zwischen beide Hände gestützt, schweigend zugehört und merkte nur an: *„Hmh, das wünsche ich uns allen!"*

Sie schwiegen lange, jeder in seinen Gedanken versunken. Die Stille wurde durch das kratzende Geräusch des Stuhles unterbrochen, als sie ihn zurückrückte, sich erhob, das Bier im Stehen austrank und sich zum Gehen abwandte. Walter sah Meilin gedankenvoll nach, nahm einen tiefen Atemzug und schickte ihr nach: *„Du solltest in der kommenden Woche den Wetterbericht verfolgen. Das Wetter schlägt um. Regen ist angesagt. Bitte tu mir den Gefallen und geh mit Amber nicht im Regen spazieren! Die radioaktive Wolke hat nun Mitteleuropa erreicht und wird sich über uns ergießen!"*

1987 – November: Eiermatsch

Amber blinzelte und räkelte sich, als sie erwachte. Sie hob ihre Fäustchen zum Gesicht und rieb sich mit den weichen Fingerchen den Restschlaf aus den Augen. Der Speichel ergab lustige schmatzende Laute, wenn sie ihn mit der Zunge in der Mundhöhle an den Wangeninnenseiten entlang und zwischen den wenigen Milchzähnen bewegte. Neulich hatte sie das Schnalzen entdeckt. Das erheiterte sie. Als ihr das Spiel zu langweilig wurde, strampelte das Mädchen die Decke weg, drehte sich vom Rücken auf den Bauch und drückte die Knie in die Matratze, um sich zu erheben. Sie überlegte kurz, ob sie sich laut bemerkbar machen sollte. Das bewirkte meistens etwas. Wenn sie weinte, kam immer jemand ans Bett gelaufen, um nach ihr zu sehen. Meistens die Frau mit der weichen Haut und der sanften Stimme. Oft auch der andere, der hatte zwar ein Gesicht, das kratzte, wenn es ihr zu nahe kam, aber er roch gut. Nach Papa.

Amber hatte gut geschlafen, war voller Tatendrang, beschloss, loszuziehen und selber nachzuschauen, ob jemand zum Spielen da war. Sie trug ein ursprünglich weißes, jetzt vom falschen Waschen dreckrosa verfärbtes T-Shirt, das mit orangefarbenen Flecken übersät war – Überreste von der Kürbissuppe – und darüber Strumpfhosen. An diesen ließ es sich bestens bäuchlings aus dem Bett gleiten. Einen kurzen Moment baumelten die Füßchen haltlos in der Luft, doch Amber vertraute, dass der Boden nicht weit sein konnte, und ließ sich in die Leere plumpsen. Das Mädchen fiel rückwärts auf den windelbepackten Hintern und die roten Löckchen federten nach. Sie rappelte sich unbeirrt auf, zog sich am hölzernen Bettrahmen hoch auf die Beine und tappte durch den Raum, der mit den gezogenen Vorhängen schummerig war. Amber orientierte sich am Licht, das durch den schmalen Türschlitz ins Zimmer fiel.

Es war still in der Wohnung. Als Amber auf den Flur glitt – ihre Füße machten auf dem Holzboden kein Geräusch – bremste ein klammes Gefühl die Abenteuerlust des Mädchens. So hastig die kurzen Beinchen es vermochten, huschte die Kleine in die Küche, in der normalerweise Musik aus dem blauen Kasten auf der Anrichte ertönte. Außer dem Surren des Kühlschrankes war aber auch dort kein Laut zu hören.

„Mama?!“, rief Amber bange, als sie der Ruhe nicht mehr traute.

„Amber, ich bin hier!“, kam die Antwort aus dem Wohnzimmer. Erleichtert folgte das Mädchen der Stimme ihrer Mutter. Doch froh machte der Anblick Amber nicht. Ihre Mama kauerte vor dem leinenweißen Sofa auf dem Boden und hielt sich ein enormes Kissen zwischen Knie und Bauch gedrückt, auf dem der vertraute Kopf auftauchte und in die Richtung des Mädchens blickte. Die Wangen der Mutter waren gerötet, die Augen seltsam verquollen. Amber tappte zu ihr hin. Ihre Lippen begannen unwillkürlich zu zittern.

„Komm, Kleines!“, lockte Meilin, als sie begriff, dass ihre Tochter gleich losweinen würde. Sie schob umständlich das Kissen weg, um Platz für ihr Kind zu machen. Die Kleine ließ sich nicht zweimal bitten, setzte sich auf den Schoß und vergrub die Nase im T-Shirt. Der vertraute Duft beruhigte das Kind. Amber stieß einen tiefen Seufzer aus, schob sich den Daumen in den Mund und wartete ab. Als etwas auf ihren Scheitel tropfte, schaute sie zu Mutter hoch und sah, dass aus deren geschlossenen Augen Tränen kullerten. Mit jedem Schniefen und Schluchzen wurde Amber mitgeschüttelt, weshalb sie sich noch fester an den Bauch ihrer Mutter schmiegte. Bloß nicht loslassen!

Meilin stammelte kaum hörbar: *„Ach, meine Süße, was soll ich nur tun? Es wird einfach nicht besser. Es tut mir unendlich leid für dich, meine Kleine! Ich weiß nicht, wohin ich gehöre! Zürich ist nicht mein Platz. Ich will nur noch hier weg!“*

Meilin umfasste mit der einen Hand den Rücken ihrer Tochter, die andere hielt sie auf ihre Augen gedrückt, als könnte sie die Verzweiflung zurückhalten. Amber lauschte und überlegte, horchte in sich, was nützen könnte. Sie hatte nicht verstanden, was ihre Mama von sich gegeben hatte, doch Amber begriff, dass ihr etwas wehtat. Plötzlich hatte das Mädchen eine Idee. Sie löste sich aus der Umarmung, rannte ins Schlafzimmer und kehrte mit ihrem Kuscheltier zurück. Meilin huschte ein zaghaftes Lächeln übers Gesicht, als sie Amber, die ihr ihren Plüschhund hinhielt, anblickte. Sie nahm das Felltier entgegen, schnupperte daran, strich zärtlich über die Wangen ihrer Tochter und machte eine einladende Bewegung, dass Amber sich wieder zu ihr setzen sollte. Doch diese schüttelte entschlossen den Kopf. Inzwischen hatte sich bei ihr Durst gemeldet.

„Tinken", informierte sie ihre Mutter. Meilin ermutigte das Mädchen, selber in der Küche nach der Trinkflasche zu suchen, sie wisse ja, wo sie stehe. So machte sich Amber erneut auf, fand den vollen Schoppen tatsächlich auf Anhieb, saugte gierig, um ihren Durst zu stillen. Mama hatte ihren Lieblingstee gemacht! Sie kehrte mit dem fast leeren Fläschchen, das sie am Silikonsauger zwischen ihren Zähnen festgebissen hatte und das lustig vor ihrer Brust baumelte, zurück ins Wohnzimmer. Auf der Türschwelle blieb Amber stehen und war zufrieden mit sich, als sie ihre Mutter, den Kopf auf dem Pelz des Kuscheltieres ruhend, vorfand. Sie jetzt noch um einen Zvieri zu bitten, würde Maman wecken. Sie hatte ihr Getränk selber gefunden, also würde sie auch etwas zu essen finden, traute sich Amber zu.

In der Küche kannte sie jedes Möbelstück. Hinter den Türen der niederen Schränke waren Töpfe, Pfannen und Geschirr verstaut, die hatte sie oft inspiziert. Sie hatte ihren Eltern oft beim Kochen und Einräumen der Einkäufe zugeschaut. Leider waren die wirklich interessanten Dinge wie Kekse und Cornflakes im Wandregal über der Anrichte aufbewahrt. Amber müsste den Küchenstuhl heranrücken und auf das Bord kraxeln, um sich Zugang zum Glück zu verschaffen. Der Kühlschrank war einfacher zugänglich. Es brauchte den Einsatz ihres ganzen Körpers, bis sich die widerspenstige Tür öffnen ließ. Doch endlich gab der Schrank seinen köstlichen Inhalt frei. Amber wusste nicht gleich auf Anhieb, wonach sie suchen sollte, um ihrem Bauch etwas Gutes zuzuführen. Ihr Blick wanderte über die Auswahl und blieb bei einer grünen Kartonschachtel hängen.

Verstohlen blickte sie über ihre Schulter zur Küchentüre und horchte, ob ihre Mutter vielleicht im Anmarsch war. Nein – aus dem Flur und Wohnzimmer kamen keine Laute. Sie hatte freie Bahn, endlich einmal die weißen und braunen Dinger, die wie schiefe Bälle aussahen und ein Innenleben hatten, selber in die Hand zu nehmen. Immer, wenn sie Mutter oder Vater gebeten hatte, eines zu betasten, wurde ihr Wunsch nicht gewährt. Ihre Eltern hatten ihr manches zugetraut, sie ausprobieren und in der Küche mithelfen lassen. Doch an die runden Dinger hatte sie nie gedurft.

Jetzt bot sich *die* Gelegenheit, ihrem Forscherdrang endlich stattzugeben und die vorenthaltenen Schätze zu untersuchen. Auf der Schachtel lagen mehrere Käse gestapelt – verschiedene Sorten in weißes Papier eingeschlagen. Amber überlegte kurz, die Käseklötze einzeln abzutragen. Aber sie hatte ja dann nicht die Hände frei für das Hauptobjekt. So umfasste sie kurz entschlossen mit beiden Händen die grüne Schachtel am einen Ende und zog daran. Sie saß fest. Etwas klemmte. Amber zog noch fester, lehnte sich mit dem Windelpaket zurück. Die Schachtel gab nach, löste sich aus der Käseklemme und lag plötzlich schwer und wuchtig in Ambers Händen. Die Kleine, überrascht vom Gewicht der Schachtel, ließ die Last zu Boden fallen. Zwölf Eier lösten sich im freien Fall aus der Verpackung, platzten mit dem Karton auf den Boden und ergossen sich über Fliesen und über Ambers Füße. Gelbe

Spritzer schafften es bis zum Sisalteppich unter dem Küchentisch. Amber stand in der offenen Kühlschranktür, blickte um sich und riss die Augen auf.

„*Ui!*“, kam es über ihre Lippen. Damit hatte sie nicht gerechnet. Eigentlich wollte sie ihre Mutter um Hilfe rufen, doch sie war wie gebannt von dem, was sich am Boden unter ihren Füßen ereignete. Gelbe und klare Flüssigkeit bahnte sich Wege zwischen braunen und weißen Eierbrüchen. Der Karton sog sich voll und wurde pampig. Hochspannend! Amber bückte sich und steckte einen Finger in die Matsche. Sie fühlte sich glibberig und lustig an. Die Schalen piksten. Eine Eierschale schwamm wie ein Schiff auf einem gelben See. Der Zeigefinger wurde zum Kapitän, er führte das Boot sicher zwischen den Eierschalenklippen über das Matschgewässer. Amber vergaß sich, fasziniert von den Möglichkeiten, die sich ihr zum Spiel boten. Einzig die Windel störte sie in ihrem Spaß, die seit dem Mittagessen an ihrem Po klebte und mittlerweile feuchtschwer zwischen den Beinen zu Boden zog und die Strumpfhose durchtränkte. Kurzerhand zog Amber die Strümpfe aus, fingerte ungeduldig am Klettverschluss, riss sich wonnevoll die Windel vom Hintern und schleuderte sie weit weg von sich. Jetzt stand sie barfuß in der Pampe, was den sinnlichen Genuss noch erheblich steigerte. Wie lustvoll war das denn! Mit den Zehen die Farben zu vermischen und Abdrücke auf dem Boden zu machen!

Als Walter vom Schulunterricht heimkehrte, die Wohnung merkwürdig still vorfand, sich auf direktem Weg in die Küche machte und die Bescherung sah, wusste er nicht, ob er lachen oder schelten sollte. Er fand seine kleine Tochter halb nackig mitten in der Sauce sitzen und vor Freude glucksen. Sie war gerade dabei, sich glibberige Masse zwischen die Finger glitschen zu lassen und sie anschließend in den Teppich zu verreiben. Walter griff kurzerhand nach der Kamera, die im Flur auf der Ablage ruhte, und schoss ein paar Bilder. Das Klicken des Apparates holte Amber aus ihrer Versunkenheit. Sie blickte hoch und schenkte ihrem Papa ein breites, unschuldiges Lachen.

„Amber! Amber!" Der Vater kehrte kurz in den Flur zurück, um hastig Mantel und Schuhe abzulegen, und eilte zu seiner Tochter zurück. Er war unentschlossen, wo er anfangen sollte, blickte sich ratlos um, gab der Kühlschranktür einen Schubs, griff nach dem Küchentuch, das am Backofengriff klemmte, und begann damit seine Tochter abzurubbeln, an der der Eiermatsch stellenweise bereits eingetrocknet war. Diese protestierte und strampelte wild mit Füßen und Händen gegen den Eindringling. Walter bekam Spritzer ab, machte aber unbeirrt weiter und fragte: *„Wo ist eigentlich Mama?"*

Amber hielt inne. Sie hatte ihre Mutter völlig vergessen und wurde vom Vater wieder an sie erinnert.

„Dött", antwortete Amber und deutete mit dem linken Arm Richtung Küchentür und Wohnzimmer. Walter hievte die Kleine ungeachtet der triefenden Sauce, die auf sein Hemd kleckerte, auf den Arm, nahm Kurs auf das Bad auf und wickelte dort die unterkühlte Tochter in das erstbeste Frottiertuch. Vater und Tochter fanden Meilin regungslos in dem Kuscheltier vergraben am Boden liegen. Amber wand sich mit aller Kraft aus

der Umklammerung. Walter ließ sie schließlich auf ihre Füße gleiten. Beide hasteten hin. Walter fasste Meilin an die Schulter und Amber rüttelte mit beiden Händen am Gesäß der Mutter. Diese regte sich, hob den Kopf, blickte die beiden mit verquollenen Augen verdattert an und brummelte mit belegter Stimme: *„Oh! Du bist schon da! Ich muss eingeschlafen sein!“*

Dann räkelte sie sich und sah die Bescherung: *„Amber, wie siehst du denn aus!“*

Amber klebten rote Haarsträhnen in der Stirn oder standen vom Eischnee zementiert wie Antennen vom Köpfchen ab. Sie war immer noch nur im T-Shirt bekleidet. Das Mädchen konnte anhand Mamas Gesichtsausdrucks nicht einschätzen, in welche Richtung sich die aktuelle, äußerst ungewohnte Situation entwickeln würde. Dass ausgerechnet jetzt auch noch warmes Pipi an ihren Beinen herunter auf den Wohnzimmerteppich rann, würde die Sachlage wohl nicht verbessern. Amber suchte schnell Zuflucht bei Walter, ließ gewähren, dass der sie umgehend wieder ins Tuch hüllte, das Paket zum Badezimmer trug und warmes Wasser in die Wanne einlaufen ließ.

Einiges später kniete Walter auf dem Küchenboden, um die Spuren des Nachmittages zu beseitigen. Der Regen prasselte im Intervall der Windstöße an die Fensterscheibe und passte zu Walters aufgewühlter Stimmung. Er hatte ziemlich einen sitzen. Das vorangehende Gespräch mit Meilin war zwar längst fällig gewesen, hatte ihm aber arg zugesetzt. Jetzt war eingetroffen, was ihm die letzten 21 Monate manch schlaflose, bange Nacht beschert hatte. Meilin war entschlossen, mit Amber nach Südfrankreich zurückzukehren. Walter schossen aufs Neue Tränen in die Augen und verschleierten ihm die Sicht. Er unterbrach das Schrubben der Fliesen, richtete sich auf, blähte die Nasenflügel und schmiss den nassen Schwamm mit Wucht in die schmutztrübe Seifenlauge im Plastikeimer.

Walter schenkte sich auf der Anrichte Wein nach, trank das Glas gierig leer, goss noch einmal nach und ließ sich mit dem Rücken am Küchenschrank entlang zu Boden gleiten. Es war ein billiger Spanier aus dem Discounter. Der kam ihm für den soliden Rausch gerade richtig. Walters Kopf war völlig benebelt. Er konnte nur noch unter Anstrengung klar überlegen. Er erinnerte sich an ein Gelübde, unter keinen Umständen den selbst gekelterten Wein seiner Eltern für ein Besäufnis zu entehren, und prustete los. Was er sich selber für Regeln auferlegte! Binnen Sekunden kippte das flüchtige Amüsement in Kummer. Er würde seine kleine Amber unendlich vermissen. Das wusste er jetzt schon. Walter sah an sich herunter, nahm das Jeanshemd wahr, das in den roten Manchesterhosen steckte, ebenso die geringelten Wollsocken und betrachtete seine vom Putzwasser aufgeweichten Hände. Aus Walters Brust bahnte sich hemmungsloses Schluchzen den Weg.

Walter hatte Amber nach der Eierschlacht gebadet, während Meilin die Spuren notdürftig mit Zeitungspapier aufgewischt und das Abendbrot zubereitet hatte. Ambers Schmiererei hatte sowohl Walter als auch Meilin mehr erheitert als erzürnt. Die Eltern hatten während des ganzen Essens gescherzt und ausgelassen Witze über den Zwischenfall gemacht. Walter hatte diesen unbeschwerten Moment sehr genossen, ihm war Meilins wirklicher Gemütszustand im Chaos entgangen. Deshalb traf es ihn wie eine Faust in den Magen, als sie ihn, nachdem sie Amber ins Bett gebracht hatten und er sich gerade in sein Arbeitszimmer aufmachte, die Korrekturen für den nächsten Tag zu erledigen, im Türrahmen zurückhielt und verkündete, dass sie Zürich verlassen wollte.

Es würde nicht an ihm liegen. Er habe alles richtig gemacht. Sie wollte sich nicht mehr länger in der Schweiz herumquälen. Sie hätte es versucht, hätte gejobbt, hätte sich mit Menschen getroffen, wäre ausgegangen. Aber sie wäre todunglücklich in diesem Vater-Mutter-Tochter-Ding, in dieser kleinen Stadtwohnung und vor allem in diesem verflucht kalten Land. Sie würde später zurückkommen, dann könnten sie regeln, wie sie es mit Amber halten wollten, doch jetzt bräuchte sie dringend frische Luft, hatte ihren Parka übergestreift und ihn förmlich im Regen stehen lassen.

Seither waren drei Stunden ohne ein Zeichen von ihr vergangen. Meilin spazierte wahrscheinlich planlos durch den peitschenden Novembersturm durch die Stadt, mutmaßte Walter. Er hatte keine Idee, in welchem Lokal oder bei welchen Bekannten Meilin Zuflucht gesucht hatte. Es stimmte, Meilin hatte kaum Anschluss gefunden. Seine Kollegen deuteten Meilins Schüchternheit und Sprachbarrieren als Zickengetue.

Überhaupt wäre das Arrangement zwischen Walter und Meilin seltsam. Die ursprüngliche Begeisterung für die exotische Ausländerin war irgendwann in Gleichgültigkeit umgeschlagen.

Walter fragte sich ernsthaft, ob er sich für Meilin zu wenig geöffnet hatte. Hätte er vehementer ihren Bann, den sie um sich gelegt hatte, durchbohren sollen, um zu ihrem Kern vorzustoßen? Dann hätten sie sich vielleicht füreinander öffnen können. Hätte er sie heiraten sollen? Einfach als Arrangement, wie es früher in der Schweiz und in anderen Kulturen heute noch üblich ist. Dann wäre ihr die demütigende Prozedur beim Amt und das Zittern um die Verlängerung der Aufenthaltsbewilligung erspart geblieben. In Frankreich könnte sie einfach untertauchen, hatte Meilin gesagt. Die Jobs, die Meilin ausgeübt hatte, hatten ihr kein freundliches Bild der Schweizer vermittelt. In den beiden Lokalen, in denen sie gekellnert hatte, wurde sie wie Freiwild behandelt. Die Intellektuellen des Stadtcafés, die ihr zweideutige Angebote gemacht hatten, waren nicht rühmlicher als die Hemdsärmeligen im *Rössli*, der Kneipe in seinem Heimatdorf, die Meilin ungeniert begrabscht hatten. Im Spital hatte sie mit Spanierinnen, Portugiesinnen und Italienerinnen geputzt. Sie hätte nach Maßstab der eingeschworenen Putzmafia, wie Meilin die Damenbande im rosa Kittel bezeichnete, nicht ordentlich genug gereinigt. Sie hatten sie von Anfang an nicht als ihresgleichen anerkannt und sie beim ersten frappanten Fehler verpetzt – sie hatte verschwitzt, bei der Zimmerreinigung nach beim Ableben eines Krebspatienten den Nachttisch zu desinfizieren. Die Vorgesetzte hätte sie nach der Abmahnung weiterbeschäftigt, doch

Meilin hatte darauf verzichtet und gekündigt. Vielleicht hatte Meilin bei Nelly heute Nacht Zuflucht gesucht? Es war Walter unerklärlich, doch Meilin und Nelly verstanden sich trotz Sprachbarrieren bestens. Bei seiner Mutter hatte sich Meilin gehen lassen und sich öffnen können. Wahrscheinlich ist Nelly die Person, die Meilin am meisten an ihrem Innenleben hat teilhaben lassen. Es war weit nach elf. Walter konnte unmöglich zu dieser Tageszeit seine Eltern aus dem Bett holen und nach Meilins Verbleib fragen. Er unterdrückte den Impuls anzurufen. Wenn sie mit dem Zug nach Thurtalen gefahren und in der Linde untergekommen war, würde Nelly ihn morgen sowieso anrufen und ihm eine Standpauke halten. Darauf konnte er sich verlassen.

Walter hatte Meilins Abgründe und ihr gestörtes Verhältnis zu ihrem Körper beobachtet. Entweder hatte sie wählerisch im Teller herumgestochert und kaum etwas gegessen oder sie verschlang Unmengen von Portionen, die sie mit Bier oder Wein nachschwemmte. Es konnte nur medizinische Gründe für ihre Gewichtsschwankungen haben. Anders konnte er sich keinen Reim darauf machen, wie ihr Körper in den zwei Jahren, seit sie sich kannten, zwischen rundlich und hager pendelte. Für ihn persönlich hatte es keine Rolle gespielt, wie Meilin aussah. Er hatte sich einfach Sorgen über ihre Verfassung gemacht. Aber sprich mal eine Frau auf ihr Aussehen an! Da hätte er geradezu ein Streichholz an ein Pulverfass halten können!

Walter richtete sich auf, konnte sich kaum gerade auf den Beinen halten. Ein Schwindelgefühl ließ in kurz schwanken, die Anrichte gab ihm Halt.

„Ich bin ein feiger Hund!“, bemitleidete sich Walter.

Er schielte nach der Weinflasche, erkannte, dass sie leer war. Er schniefte Rotze hoch, fingerte nach einem Taschentuch in der Hosentasche. Es war keines da. Sein Blick schweifte durch die Küche und blieb an einem vergrößerten Foto hängen, das mit transparentem Klebstreifen an der Wand befestigt war. Es zeigte Amber bei ihren ersten Gehversuchen im April dieses Jahres. Wild entschlossen war sie, nach jedem Umfallen wieder auf die Füße zu kommen. Sie hatte sich bei jeder sich bietenden Gelegenheit hochgezogen und die ersten freien Schritte an einem milden Frühlingstag auf der Josefswiese getan. Der Triumph strahlte aus Ambers Gesicht dem Betrachter des Bildes entgegen. Seine Tochter hatte ihm das Staunen zurückgebracht. Eine Magie war mit ihr zurückgekehrt, die er auf der Strecke zwischen Bubenträumen und sprödem Erwachsensein verloren hatte. Dass ihm der Zauber, der ihn erheiterte, beseelte, aufrichtete, wieder entrissen werden sollte, mochte Walter sich nicht ausmalen. Er würde nicht wie ein Kind seinem heißgeliebten, in den Himmel entschwindenden Luftballon nachschauen und in Bedauern erstarren.

„Ich werde um Amber kämpfen!“, proklamierte Walter und streckte seinen Rücken durch.

Er schritt zum Spülbecken und hielt seinen Kopf unter den Hahn, ließ eiskaltes Wasser über Nacken, Haare und Gesicht laufen, bis es auf der Kopfhaut prickelte. Mit einem der herumliegenden Putzlappen trocknete er sich ab und wischte die Spritzer auf. Das Eigelb hatte sich hartnäckig in der Struktur des Sisalteppiches festgeklebt. Die Flecken waren trotz seiner intensiven Schrubaktion nicht weg. Entschlossen setzte sich Walter in die Hocke, zog das Relikt unter Stühlen und Tischbeinen hervor, rollte und befestigte es mit Paketschnur, stellte es in den Flur für seine Endbestimmung, die Müllabfuhr. Danach klaubte Walter alle Zeitungsknäuel, die Meilin in eine Ecke geschmissen hatte, zusammen und füllte damit den Müllsack. Bei einem Papierklumpen stach ihm eine Schlagzeile ins Auge: *„Ein Jahr Schweizerhalle, was lernen wir daraus?“*

Walter fetzte das Zeitungspapier auseinander, es zerriss jedoch, weil die Eierpampe wie Leim wirkte. Egal! Weg damit! Schweizerhalle war nach Tschernobyl eine weitere Katastrophe, die die Schweiz 1986 traumatisiert hatte. Der fatale Brand am 1. November in einem Basler Chemiekonzern, die Vertuschungsversuche der Konzernleitung und der Politik hatten den Zorn der Öffentlichkeit angeheizt. Eine breite Bevölkerung war auf die Straße gegangen. Die Empörung war groß über die Verschmutzung des Rheins und der umliegenden Natur sowie über die Gefahr für die Bevölkerung durch die chemischen Ausdünstungen.

Und jetzt? Hatte sich etwas geändert? Wie nach Tschernobyl hatten sich die Menschen allmählich daran gewöhnt. Obwohl Walter sich weiterhin politisch engagierte und sein kritischer Geist unablässig ratterte, hatten sie sich in eine Alltagstauglichkeit reingeschickt. Sie aßen wieder wie vorher, kauften vorwiegend Bioprodukte, obwohl deren Erde so wenig von Radioaktivität geklärt war wie die aus konventionellen

Anbaubetrieben. Es fühlte sich jedoch gesünder an und sie unterstützten damit achtsame Landwirtschaft und Kleinbetriebe. Walter und Meilin hatten irgendwann entschieden, Amber im Sand spielen zu lassen, obwohl niemand garantierte, dass der Boden nicht verseucht war. Das Vertrauen in die Behörden war nach wie vor nicht wiederhergestellt. Doch mussten sie sich einen alltagstauglichen Pragmatismus zulegen. Hatten sie die Wahl? Wohin hätten sie auswandern können, um die gesunde Entwicklung der Kleinen zu garantieren? Zog Meilin jetzt die Unversehrtheit der südfranzösischen Pampa der emissionsreichen Großstadt vor? War er ihr mit seinem politischen Aktivismus auf den Sack gegangen? Sie hatte in den Monaten nie geäußert, wegzuziehen. Es war ihre gütliche Entscheidung gewesen, Amber gemeinsam großzuziehen – ebenso, wie der Angst nicht mehr zu viel Nahrung zu geben und mit dem fatalen Risiko einer Schädigung zu leben. Walter kam das Kotzen. Förmlich und reell. Sein Magen rebellierte und entledigte sich seines alkoholgesäuerten Inhaltes mit einem Schwall, den Walter geistesgegenwärtig mit dem Putzkübel auffing, der in Reichweite stand. Der säuerliche Gestank stieg dem Gebeutelten in die Nase und er erbrach sich ein zweites Mal.

Erschöpft setzte sich Walter seitwärts auf einen Küchenstuhl, hielt sich mit der einen Hand an der Stuhllehne. Kalter Schweiß rann ihm über die Schläfen. Er zwang sich nach einem Schluck Wasser, erneut aufzustehen und seine Mission zu beenden, die Küche zu säubern, bevor Meilin zurückkehrte.

1988 – Oktober: Die australische Sippe

Als das Flugzeug in Darwin endlich zur Landung ansetzte, fuhr sich Walter durchs Haar und erleichterte seine Anspannung mit einem herzhaften Atemzug. Die Quantas ruckelte, die Flügel zitterten, als das Fahrwerk auf der flickenreichen Bahn aufsetzte. Walter erstaunte es immer wieder aufs Neue, wie die kleinsten Räder, die in keinem Verhältnis zu der tonnenschweren Maschine standen, den Gesetzen der Physik standhielten. Walter streckte sich und berührte unabsichtlich Meilins Kopf, die im Nachbarsitz durch das Schütteln des abbremsenden Flugzeuges wach wurde. Sie hatte auf der beschwerlichen, zweitägigen Reise nach Singapur endlich Schlaf gefunden. Sie hatte Amber auf dem Schoß angeschnallt. Das Mädchen räkelte sich ebenfalls aus ihrer Traumwelt, blickte neugierig, unschuldig und erfrischt um sich. Ihm war keine Spur der Strapazen anzusehen. Nichts davon, dass sie während der letzten achtundvierzig Stunden ihre Mitreisenden mit ihrem trotzigen Weinen terrorisiert hatte. Entgegen allen Vorsätzen und Grundsatzregeln hatten die Eltern im kapitulierten Einvernehmen nach dem Start in Singapur, nachdem Amber, kaum in der Luft, ihren Schreimarathon fortgesetzt hatte, klammheimlich Rotwein eingeflößt. Danach war sie selig eingeschlafen. Und Meilin, die seit Zürich kaum ein Auge zugetan hatte, kurz darauf auch.

Walter zweifelte alle paar Stunden, seit er Meilin mit den Tickets überrascht hatte, ob die gemeinsame Reise nach Brisbane eine gute Idee gewesen war. Amber kam mit dem Fliegen überhaupt nicht zurecht. Bestimmt hatte sich Meilins Anspannung auf das Kind übertragen. Es war nach wie vor sehr kompliziert mit Meilin und ihrer beider Arrangement. Walter hatte ihr doch nur eine Gefälligkeit erweisen wollen. Ambers Mutter hatte die finanziellen Möglichkeiten nicht gehabt. Er war für die Reisekosten der zweieinhalb Personen aufgekommen und jetzt musste er sich ständig den Vorwurf gefallen lassen, er wollte Meilin kaufen. Sie ging ihm ganz gehörig auf den Wecker mit ihrer Borstigkeit. Die letzten drei Tage waren die reinste Hölle gewesen. Er wäre einfach außerhalb der abgemachten Besuchszeiten aufgekreuzt, wollte sich einschleimen und ihr die Kleine wegnehmen. Auch fände Meilin es blöde, dass er mit nach Australien wollte. Sie müsste sich jetzt vor der ganzen Familie zusammenreißen. In der Tat wusste keiner der Angehörigen, dass Meilin und Walter nicht zusammenwohnten. Im Schutz der räumlichen Distanz hatten sie den Eltern und Anverwandten die Idylle einer Kleinfamilie vorgegaukelt.

„Blöde, komplizierte Zicke! Du kannst mich kreuzweise!“, grummelte Walter. Ihm war die Freude auf die Auszeit gründlich vergangen. Er hatte keinerlei berechnende Hintergedanken gehabt. In einem ihrer Gespräche, die das Organisatorische rund um Amber zwischen der Schweiz und Frankreich regelten, hatte er beiläufig erfahren, dass Trude, Meilins allerliebste Trudy, im Herbst ihren achtzigsten Geburtstag feierte

und sie alle – in dem Fall auch Walter – eingeladen waren. Da Meilin für den Überseeflug aber kein Geld hatte, zu stolz war, die Familie anzubetteln, hatte sie umgehend zurückgefaxt, dass sie nicht zum Fest kämen. Er hatte Amber während der Sommerferien für drei Wochen zu sich nach Zürich geholt, lange darüber nachgedacht und Freude an der Idee bekommen, unbezahlten Urlaub zu nehmen und sich Australiens Westküste anzusehen. Natürlich wäre er nicht abgeneigt gewesen, Ambers australische Verwandtschaft kennenzulernen. Ihm war auch nicht daran gelegen, Meilin zu verstimmen und ihre Schwindelei auffliegen zu lassen. Walter wollte für die wenigen Tage der Familienfeier mitspielen und danach mit einem Mietauto der Westküste entlang nach Perth reisen. Mit oder ohne Meilin und Amber. Als er Meilin in seine Pläne einweihte, ihr die Tickets voller Freude – und ja, gönnerhaft, was war daran so schlimm? – überreichte, zeigte sie ihm eine weitere Nuance ihres komplexen Wesens.

Ein schlichtes Dankeschön hätte ihm durchaus genügt.

Walter machte keine Anstalten, Meilin mit Amber und dem Gepäck zu helfen, als die Signallämpchen ankündigten, dass das Flugzeug angedockt hatte und zum Aussteigen bereit war. Er war richtig sauer und wollte nur noch raus aus dieser beengten Kiste. Auch als sie in der Schlange anstanden und Amber erneut ansetzte zu protestieren, nahm er Meilin das Kind nicht ab. Er versuchte, seine Tochter zu ignorieren, um Meilin für ihre Undankbarkeit zu strafen. Dass er sich kindisch benahm, war ihm sehr wohl bewusst. Doch er blieb stur, auch dann noch, als er beinahe dahinschmolz, als ihm sein kleiner süßer

Rotschopf die Ärmchen entgegenstreckte und seine grünen Augen ihn flehentlich anbettelten, ihn bitte, bitte aus diesem verstörenden Gefängnis zu befreien.

Walter hatte keinen Plan, wie er die nächsten fünf Wochen überstehen würde.

Das Fließband der Gepäckausgabe kam in Bewegung und spuckte die ersten Koffer aus. Meilin pulte einen Haargummi aus ihrer Jeanstasche und band sich ihre blonden Haare zu einem Pferdeschwanz zusammen. Unter ihren Augen zeugten dunkle Ringe vom Schlafmangel. Sie hatte Amber beim Transfer vom Flugzeug zur Halle vom Arm genommen und sie an der Hand geführt, worauf diese sofort ihr Weinen einstellte. In dem kurzen Augenblick, als Meilin die Kleine losließ, um die vom Flug strapazierten, statisch geladenen Haare zu bündeln, büxte Amber aus, lief zu ihrem Papa und klammerte sich an sein linkes Hosenbein. Er lächelte unwillkürlich, ging in die Hocke auf Augenhöhe zu seinem Mädchen, schnupperte an ihrem Haaransatz und ließ es seine bockige Bastion durchbrechen.

Wie er dieses Geschöpf liebte!

Meilin trat auf die beiden zu. Walter wandte geistesgegenwärtig den Kopf ab und wischte sich mit dem Handrücken über die verräterisch feuchten Augen. Meilin räusperte sich, wartete, sog Luft durch den offenen Mund ein, atmete laut aus, räusperte sich erneut. Die Worte kamen nicht leicht von ihren Lippen: *„Danke ... für alles!“*

Walters Kopf drehte sich ihr zu, seine Nasenflügel bebten, eine Träne löste sich, ließ sich nicht zurückhalten. Er nickte, während er seine Lippen zusammenpresste. Verlegen nestelte er an Ambers Haar herum, strich dem Mädchen eine feuchte Strähne aus der Stirn.

„Ich möchte nicht abhängig sein von dir, von einem Mann. Und kriege es einfach nicht auf die Reihe! Ich möchte für mich selber sorgen können, selber einen Flug zu meiner Trudy bezahlen können. Es demütigt mich, dass mein Vater recht bekommen hatte, dass ich zu nichts imstande bin. Das Einzige, worauf ich wirklich stolz in meinem Leben bin, ist Amber. Ich war gemein zu dir. Es tut mir leid. Du bist okay. Und ich wünschte, ich könnte dir frei sagen, wie sehr ich dein Geschenk schätze, ohne mich dabei mies zu fühlen. Es bedeutet mir viel, Trudy zu sehen!" Meilins Stimme zitterte bei den letzten Worten. Ihre beiden Gepäckstücke tauchten durch den Lamellenvorhang des Zufuhrschachtes auf. Walter ließ für einen Augenblick seine Hand auf Meilins Schulter ruhen, eilte zum Förderband und hievte ihren ramponierten, orangefarbenen Tramperrucksack und seinen silbrigen Hartschalenkoffer auf den Gepäckwagen.

Als sie aus der klimatisierten Ankunftshalle durch die Pendeltür ins Freie traten, schlug die Hitze den drei Neuankömmlingen wie eine Wand entgegen. Amber blinzelte geblendet von der Sonne, Walter und Meilin schoss der Schweiß unmittelbar aus den Poren. Es war gegen drei Uhr am Nachmittag, die Tagestemperatur hatte ihren Höchststand mit 34 Grad erreicht. Am lichtblauen Himmel war keine einzige Wolke auszumachen. Dafür säuselte ein mildes Lüftchen durch die Palmen und erreichte auch die kleine Reisegruppe, die vom

Klimaschock wie angewurzelt beim Airportausgang stehen geblieben war. Der sanfte Windstoß erfasste Kleider und Haare und brachte kaum Erfrischung, doch zumindest Bewegung in die Körper. Walter schlug vor, im Schatten zu warten, bis sie abgeholt würden. Sie hatten Serge, den Bruder von Meilins Mutter Annie, kontaktiert, um ihre Ankunft anzukündigen. Der Onkel hatte zugesichert, dass er, seine Frau Lucy oder eines der Kinder sie vom Flughafen abholen würde. Doch es war kein Mensch in Sichtweite, der nach Ankömmlingen Ausschau hielt. Einzig die unterbeschäftigten Taxifahrer buhlten um die wenige, frische Kundschaft, die das Ankunftsportal des Flughafens ausspuckte.

„*Wann hast du deine Verwandtschaft das letzte Mal gesehen?*“, fragte Walter Meilin. „*Kennst du dich aus in Darwin, für den Fall, dass wir vergessen wurden und uns selber organisieren müssten?*“, fügte er an und schielte zu seiner Armbanduhr. Meilin schmunzelte verstohlen. Obwohl Walter kein typischer Schweizer war und in seinem Land eher als Freak durchging, konnte er wie die meisten seiner Landsleute Unpünktlichkeit und Unzuverlässigkeit nicht ausstehen.

„*Keine Angst. Es kommt schon jemand. Onkel Serge ist ein Ehrenmann. Auf ihn ist Verlass!*“, beruhigte Meilin Walter. „*Die Australier werden mit einem anderen Zeitverständnis groß. Du musst dir nur die Distanzen des Landes und die unzähligen Möglichkeiten eines Zwischenfalles vor Augen führen. Zwei-, drei Stunden Warten, was macht das schon!?*“, übertrieb Meilin bewusst, um Walter ein wenig zu sticheln und aus der Reserve zu locken. Ihr wurde bewusst, dass sie jetzt in ihrem Revier waren und dass sie damit klar einen Heimvorteil gegenüber Walter hatte.

Die Vorstellung, lange auf die Verwandten warten zu müssen, behagte ihr aber auch nicht. Vor allem in Anbetracht, dass Amber zappelig und übermüdet an ihren Eltern zupfte und nach Hause wollte. Meilin fischte den Plüschhund aus dem Rucksack, hielt ihn Amber hin und wandte sich erneut an Walter: *„Ja, klar. Ich kenne mich in Darwin aus. Ich habe die schönsten und schrecklichsten Momente meines Lebens hier verbracht! Ganz in der Nähe von Fanny Bay, wo das Hotel unserer Familienfeier ist, lebte Trudy in einem Appartement. Im Sommer 1974 hatte ich in meiner pubertären Not die Schule geschmissen. Meine Großmutter machte sich für mich stark und nahm mich bei sich auf. Es war für mich wie ein Befreiungsschlag aus den Klauen meiner Eltern. Zum ersten Mal in meinem Leben gestaltete ich den Tag unbeschwert und frei von Zwängen. Ich blühte richtig auf in der Obhut meiner Trudy. An Weihnachten – habe ich dir nicht schon davon erzählt?"*, unterbrach sich Meilin und blickte Walter fragend an.

„Doch natürlich!" Walter schlug sich mit der flachen Hand an die Stirn. *„Im ganzen Tschernobyl-Schlammassel hast du mir von der traumatischen Nacht im Zyklon Tracy berichtet. Du musst Todesängste ausgestanden haben!"*

Meilin versank danach in tiefes Grübeln. Tiefe Furchen pflügten sich auf ihrer Stirn ein. Amber beobachtete ihre Mutter, die schwer ein- und ausatmete, vor sich hinstarrte und sich auf die Lippen biss. Als die Kleine sich keinen Reim darauf machen konnte, es nicht mehr länger mitansehen wollte, bohrte sie der Mutter mit dem Zeigefinger in den Bauch und hielt ihr das Kuscheltier hin. *„Hund Durst! Ich auch!“*

Meilin musste unwillkürlich lachen, strich ihrer Tochter über das Köpfchen und stellte fest, dass ihre Haare schweißnass aneinanderklebten.

„Lass uns zum Warten in die kühle Halle zurückkehren und etwas trinken. Ich habe meine Verwandtschaft seit acht Jahren nicht mehr gesehen, um deine andere Frage zu beantworten.“

Just in dem Moment, als sie sich erhoben, Amber auf die Gepäckstücke setzten und den Trolley ins Airportgebäude zurückschoben, fuhr ein Pick-up durch die hochgefahrene Schranke des Umschlagparkings. Die Farbe des Autos war unkenntlich, weil es mit einer roten Staubschicht überdeckt war. Auf der Fahrerseite winkte eine füllige, rothaarige Frau aus dem Fenster überschwänglich und lachte breit.

„Das muss Lucy sein!“, dachte Meilin, die ihre Tante, die merklich zugelegt hatte, erst auf den zweiten Blick an ihrem fröhlichen Lachen wiedererkannte. Meilins Herz machte einen Freudenhüpfer. Sie gestand sich jetzt ein, dass sie sich wie ein kleines Kind auf Weihnachten auf das Wiedersehen mit der Familie freute. Wieder drauflosplappern, wie ihr der Schnabel gewachsen war. In Trudys Armen Geborgenheit wissen! Serge und Lucy würden souverän den Graben zwischen ihr und den Eltern überbrücken helfen. Onkel Philipp kam mit seinem Partner Angelo aus New York angereist. Er hatte als Schwuler

keinen einfachen Stand, war auch aus der Norm getanzt und hatte seinen Weg gefunden. Ach ja, und alle ihre Cousinen und Cousins wiederzusehen, das würde lustig werden und Peter, ihr Bruder, der Klugscheißer, konnte die unkomplizierten Vettern aus dem Outback überhaupt nicht beeindrucken und gleich einpacken. Meilin hob Amber auf den Arm, ließ den verdatterten Walter mit dem Gepäckwagen stehen, rannte Lucy, die inzwischen den Pick-up in einer Parklücke abgestellt hatte, mit feuchten Augen entgegen und schmiss sich der molligen, warmherzigen Tante an die Brust. Heimkommen!

Im überschwänglichen Hallo wurde es Amber unbehaglich. Sie quengelte und stemmte sich aus den zwei Frauen, die sich aneinanderklammerten und die Kleine im Freudentaumel fast vergaßen und quetschten. Walter trat hinzu und befreite seine Tochter kopfschüttelnd und milde lächelnd. Er freute sich für Meilin, die auf einmal eine neue Seite an den Tag legte.

„Meilin gehört nach Australien", ertappte sich Walter bei dem Gedanken. Doch er würde sich hüten, diesen auszusprechen. Nie und nimmer würde er seine Tochter widerstandslos auf der anderen Seite der Erdkugel zurücklassen! Diese Option, dass Meilin mit Amber in Down Under bleiben könnte, hatte er bei der Buchung des Fluges nicht zu Ende gedacht! Meilin wohnte seit zehn Monaten in Frankreich, hatte sich in der Kommune mit Amber eingelebt. Sie hatten das Sorgerecht arrangiert, das ihm ermöglichte, Amber alle drei Wochen für ein verlängertes Wochenende und während seiner Schulferien zu sehen. Für alle drei erwies sich diese Übereinkunft über

die Distanz praktikabel. Die Bindung zwischen Walter und Amber hatte nicht gelitten. Im Gegenteil, seine Kleine freute sich jedes Mal aufrichtig, ihn zu sehen und mit ihm die Reise in die Schweiz zu unternehmen. Sie machte auch keine Anstalten, wenn er sie in seiner Rostbeule nach Südfrankreich zurückchauffierte. Amber schien das Pendeln zwischen den zwei Eltern in keiner Weise zu stören. Ihrem Alter war zu verdanken, dass sie nicht verglich und nicht abwägte. Walter war überzeugt, dass er und Meilin einen wichtigen Beitrag dazu leisteten, weil sie selber ihr Kind auch nicht gegen den anderen aufwiegelten. Meilin war ihm gegenüber bis heute sehr loyal. Ihre Macht und seine Ohnmacht über das Arrangement waren jedoch Fakt. Diese Erkenntnis schlug ihm mit Wucht ins Bewusstsein. Walter hatte großes Interesse an Meilins Ausgeglichenheit!

Lucy begrüßte nun auch Walter überschwänglich, hieß ihn in Australien und in der Familie als neues Mitglied willkommen. Walter spürte mehr, als dass er sah, dass Meilin ihn scharf anschaute und ihm stumm zu verstehen gab, dass er sich gefälligst an die Abmachung halten sollte. Keiner der Verwandten durfte erfahren, dass Meilin und Walter getrennt lebten und nie ein Paar waren! Er legte den Kopf leicht schräg und schickte über Lucys Schultern hinweg einen Blick, der besagen sollte: *„Aber hallo! Auf mich kannst du dich verlassen! Was hätte ich davon, dir in den Rücken zu fallen!“*

Lucy mahnte zum Aufbruch, schenkte Amber ein herzliches Lächeln, lud das Kind mit einer einladenden Geste zum Huckepack bis zum Auto ein. Walter und Meilin trauten ihren Augen nicht, als ihre Tochter sich ohne zu zögern auf die Arme dieser ihr völlig fremden Frau warf. Lucy schwang ihre Großnichte auf ihre breiten Schultern, fasste sie an den Händchen, galoppierte mit der kostbaren Fracht die wenigen Meter zum Pickup und gab wiehernde Laute von sich. Die roten Schöpfe der beiden tanzten bei jeder Bewegung auf und ab. Amber gluckste vor Vergnügen. Walter und Meilin sahen sich an, schüttelten grinsend die Köpfe, als sie ihre Gepäckstücke aufhoben, den Gepäckwagen versorgten und dem Gespann folgten.

Die Fahrt vom Airport durch den Feierabendverkehr der City zum Beach-Hotel dauerte zwanzig Minuten. Lucy und Meilin schwatzten pausenlos. Walter hatte Mühe, dem englischen Wortschwall zu folgen, die Erschöpfung der langen Reise zog ihn nach unten. Er klinkte sich aus und kämpfte gegen den Schlaf. Amber hingegen war, kaum hatte Lucy den Motor gestartet, mit einem seligen Lächeln auf seinen Knien eingeschlafen. Das Radio spielte ein Lied, das Walter nicht kannte und das ihm auf Anhieb gefiel. Er horchte auf, wippte mit dem Fuß den Rhythmus mit. Er verstand nicht jede Zeile auf Anhieb. Es tönte wie ein Protestsong. Ein kraftvoller Protestsong mit Posaunen.

Als der Wagen in der Einfahrt des Hotels zum Stehen kam, gab sich Walter einen Ruck und fragte, ob sie den Song kannte, der vor ein paar Minuten lief. *„Natürlich! ‚Beds are Burning'. Das ist ein Chartstürmer. Er wurde in den letzten Monaten auf und ab gespielt. Mir ist er langsam über!"*

Walter schmunzelte und warf ein: *„Oh ja! Das ‚Übersein' kann ich gut nachvollziehen. Bei uns läuft ‚Happy' auf allen*

Kanälen. Die Kollegen pfeifen es im Lehrerzimmer. Im Schülerchor wird das Lied für die nächste Aufführung eingeübt. Und neulich habe ich unsere Krankenkasse angerufen, um die Reiseversicherung für Australien zu klären. Ich habe die Augen gerollt, als mir in der Warteschlaufe Bobby McFerrin weismachen wollte, dass ich die Stirn nicht runzeln sollte, weil es meine Mitmenschen hinunterziehe. Mir hängen das Lied und die aufgesetzte Fröhlichkeit im wahrsten Sinn des Wortes aus den Ohren heraus. ‚Beds are burning' ist jedoch eine ganz andere Liga!"

Lucy lachte: *„Mir gefällt ‚Happy', der Song macht mir gute Laune. Den habe ich noch lange nicht satt. Ja, du hast recht, ‚Beds are burning' ist ein starker Song. Es geht um die Landrechte der Aborigines. Die Band Midnight Oil setzte mit ihrer neuen Platte ein Zeichen für die Rechte der Aborigines und trat damit eine neue politische Debatte der Wiedergutmachung los. Ein heißes Thema hier."*

Lucy machte eine wegwerfende Handbewegung, öffnete entschieden die Autotür und signalisierte damit, dass sie nicht weiter darauf eingehen wollte. Durch die Glasfront waren drei Menschen in der Hotellobby auszumachen. In dem Moment, als diese das Auto erkannten, stürzten sie durch die Drehtür ins Freie.

„My God! My girl!" Eine adrette Frau mittleren Alters eilte, so schnell ihre königsblauen Stöckelschuhe es erlaubten, auf Meilin zu, die eben ausgestiegen war und im Begriff war, sich den Schweiß mit dem T-Shirt-Ärmel aus der Stirn zu wischen, zu. Walter erkannte Annie wieder, die er kurz nach Ambers

Geburt kennengelernt hatte. Sie war wie aus dem Ei gepellt. Die manikürten königsblauen Fingernägel passten zu dem Sommerkostüm mit Achselpolstern in derselben Farbe. Walter starrte fasziniert auf das blaue Schwarz der Haare, die kunstvoll mit Spray zu einer aufwändigen Frisur fixiert waren.

Meilin ließ sich von ihrer Mutter umarmen. Annie waren zwei Männer wie Schatten gefolgt. Der eine sah mit der Glatze aus wie siebzig. Die Pilotenbrille thronte im faltenreichen Gesicht. Die schmalen Lippen, das hochgereckte Kinn, der durchgestreckte Rücken und die Daumen, die er im Bund hinter dem Krokodilledergürtel versenkt hatte, deuteten an, dass er es gewohnt war, zu markieren. Der andere Mann war Mitte zwanzig und sah aus wie die jüngere Ausgabe des Glatzenträgers. Meilin stieß sich entschieden von der Mutter ab, die sich an ihrer Tochter festgekrallt und kein weiteres Wort von sich gegeben hatte. Meilin nahm einen tiefen Atemzug, schritt auf die Männer zu, streckte ihre Hand entgegen und sagte: *„Hi, Dad. Hi, Peter!“*

Mit einem Kopfnicken erwiderten die beiden den Handschlag der jungen Frau. Die steife Begrüßung drückte passend den Graben aus, der sich zwischen ihnen vor acht Jahren aufgetan hatte. Meilin war 1980 mit einem Backpacker nach Frankreich durchgebrannt. Vater und Tochter, Bruder und Schwester hatten sich nie nahegestanden. Ihre überstürzte Abreise, die in jugendlichem Übermut und aus purer Verliebtheit erfolgt war, hatte dem Vater bestätigt, dass bei seiner Tochter Meilin Hopfen und Malz verloren waren. Dass sie dann unverheiratet schwanger wurde, hatte dem gottesfürchtigen

Mann seine schlimmsten Befürchtungen bestätigt, dass sie zu einem Flittchen verkommen war. Ihm und seinem Gott sei Dank wohlgeratenen Sohn war es recht, dass die Abtrünnige nicht mehr auf dem gleichen Kontinent wohnte und somit die Kirche im Dorf blieb.

Walter machte sich zögernd bemerkbar. Er trug die verschwitzte, schlafende, schlaffe Amber auf dem Arm und stellte fest, dass er selber von der langen Anreise ranzig nach Schweiß roch. Ihm war nach einer Dusche und einer Kappe Schlaf. Er wünschte sich nichts sehnlicher, als dass sich dieses peinliche Begrüßungsprozedere nicht noch länger als nötig hinzog. Er wollte es schnell hinter sich bringen, schleunigst einchecken und dann aufs Zimmer verschwinden. Walter hoffte inbrünstig, dass der Rest der Familie ihn bis nach der Erfrischung verschonen würde.

Lucy sprang in die Bresche: *„Malcolm, Annie, Peter, das ist Walter, Ambers Dad. Ich werde die kleine Familie jetzt aufs Zimmer begleiten. Wie ihr seht, sind alle drei ganz fertig von der Reise. Sie stehen euch nach einer kurzen Erholungspause zur Verfügung. Und dann kann euch die Kleine wie mich um den Finger wickeln."*

Walter drückte Meilins nächsten Verwandten die Hand und warf Lucy einen dankbaren Blick zu, den sie mit einem Lächeln erwiderte. Er hatte Lucy bereits jetzt als Lieblingsmensch der australischen Verwandtschaft erkoren. So eine patente Frau aber auch. So eine hätte er auch gerne. Nach einer ausgiebigen Dusche, einem Clubsandwich und einem Gin

Tonic ließ Walter die Jalousien herunter und sah schmunzelnd zu Meilin. Der Jetlag hatte sie übermannt. Sie hatte nur kurz Amber hingelegt, war auf der Stelle, noch in Sandalen, mit der verschwitzten Reisekleidung und dem Stoffbeutel umgehängt auf dem Bettüberwurf neben der Kleinen eingeschlafen. Walter löste die Schuhe von Meilins Füßen, zog ihr behutsam die Bändel der prall gefüllten Tasche über den Kopf. Er wollte nicht wissen, was Meilin tagtäglich alles darin verstaute und mit sich schleppte. Dieser regenbogenfarbene Stoffteil war seit geraumer Zeit ihr heiliger Gral, ohne den sie keinen Schritt aus dem Haus machte.

Walter ging um das französische Bett, legte sich auf der rechten Seite neben Amber auf die Matratze und strich dem Mädchen sanft übers Köpfchen. Er rückte an sein Kind heran und beobachtete, wie ein loser Faden ihres Plüschhundes, den sie eng umschlungen hielt, bei jedem Atemzug hin- und herflog. Walter umschloss Kind und Kuscheltier schützend mit seinem ausgestreckten Arm, legte seinen Kopf darauf nieder, ließ sich von der zärtlichen Liebe zu seiner Tochter fluten und in einen traumlosen Schlaf wegtragen.

Amber erwachte als Erste. Als sie ihr Köpfchen hob und ihren vertrauten Gefährten neben sich erblickte, erinnerte sie sich dankbar, dass ihr Hund mit auf die große Reise gekommen war. Freudig schnupperte sie seinen vertrauten Geruch. Mama und Papa dösten links und rechts von ihr, stellte sie verwundert fest. Das hatte sie noch nie erlebt. Sie hatte aber auch noch nie in diesem Bett gelegen. Und sie war noch nie in einer Maschine gesessen, die fliegen konnte. Es geschahen viele neue, merkwürdige, aber auch spannende Dinge in letzter Zeit. Amber richtete sich auf und entschied, dass die Schlafenszeit jetzt vorüber war. Sie patschte mit ihren feuchten Händen Meilin und Walter auf die Wangen und verkündete:

„Wir sind jetzt wach!“

.....

„Vierzehn und die kleine Amber“, zählte Walter in Gedanken die Personen am Tisch, während er die Fasern der Lammkeule zwischen den Zähnen zerriss. Beim Hauptgang war der Lärmpegel zurückgegangen. Jeder war über seinen Teller gebeugt und niemand richtete in diesem Moment das Wort an ihn. Er gestand sich ein, dass es ihn anstrengte mit seinem Schulenglisch Konversation zu betreiben. Meilins Verwandte hatten ihn, den Fremden aus Übersee, zuvor beim Begrüßungsapéro belagert und mit Fragen bombardiert. Walter hatte bereitwillig Antwort gegeben, soweit sein Wortschatz es ihm ermöglichte. Ungemütlich wurde es nur, wenn er zur Lovestory und dem Endergebnis Amber interviewt wurde. Meilin und er hatten im Vorfeld ein paar Standardsätze vereinbart, die er unter der wachsamen Aufmerksamkeit der australischen Sippe mit Leben füllte, ohne dabei zu übertreiben.

Nach drei Bieren und dem Befragungsmarathon war er froh, sich setzen zu können und seinen Kopf, der den ganzen Abend auf Hochtouren übersetzte, Menschen und Geschichten verknüpfte und Eindrücke verarbeitete, etwas zur Ruhe kommen zu lassen. Es war ihm ein guter Platz am Tischkopf zwischen der patenten Lucy und Angelo zugeteilt worden. Der smarte Mann war von Anfang an aus den anderen herausgestochen. Alle Männer trugen Jeans und Hemd. Angelo erschien wie er im Sakko, um das Geburtstagskind zu würdigen. Doch nicht der elegante Anzug, der aus deutlich besserem Stoff gefertigt war als seiner aus Cord, machte ihn zu einem augenfälligen Mann. Er strahlte Charisma, Ruhe und Zurückhaltung aus, die Walter in Bann zogen. Erst bei Tisch hatten sie Gelegenheit, sich richtig vorzustellen. Angelo war der Lebenspartner von Meilins Onkel Philipp. Die beiden lebten schon seit über zwanzig Jahren als Paar in New York. Angelo und Walter hatten rasch ein gemeinsames Interessenterrain gefunden. Wenn Walter über Kultur und Politik sowie gesellschaftliche Entwicklung sprechen konnte, würde der Abend nicht langweilig werden.

Philipp saß direkt neben seinem Partner und umrahmte mit Meilin in der Tischmitte die Jubilarin Trude. Walter verstand jetzt, warum Meilin von ihrer Großmutter so angetan war. Neben Angelo war Trude mit Abstand die interessanteste Persönlichkeit der Anwesenden. Ein intensiv gelebtes Leben war an der faltigen Haut und am verlangsamten Tempo zu erkennen. Doch aus den graublauen Augen der Achtzigjährigen blitzten eine Frische und Lebendigkeit, die von der äußeren Erscheinung ablenkten und den Betrachter zum Abenteuer herausforderten. Walter musste an die Kinderheldin Pippi Langstrumpf denken. So würde diese wohl aussehen, wenn sie in die Jahre kommen würde. Walter, Meilin und Amber hatten sich am Strand vor der Feier die Füße vertreten und Steine in die Wellen geschmissen. Erst war Annie zu ihnen gestoßen, wenig später Trude, die völlig aus dem Häuschen gewesen war, ihre vermisste Meilin in die Arme zu schließen. Amber hatte nicht verstanden, warum die alte Frau geweint hatte und ihre Mama nicht mehr hatte loslassen wollen.

Amber war den ganzen Abend völlig aufgedreht. Sie wirbelte durch den Raum, scheute sich nicht vor den Fremden. Sie stahl zeitweise dem Geburtstagskind Trude die Show. Vor allem in dem Moment, als Annie ihrer Enkelin Amber eine reich geschmückte Schachtel überreicht hatte. Alle Augen der ganzen Sippschaft waren auf sie gerichtet, als sie mit Juchzern eine Barbiepuppe und eine Kenpuppe sowie eine Armada von passenden Puppenkleidern aus dem Karton hervorholte. Walter und Meilin hatten sich nur augenrollend angeschaut.

„Musste das sein?"

Annie, die den Blick der Eltern aufgefangen hatte, freute sich über die Freude der Kleinen und bemerkte: *„Mädchen brauchen Glimmer und schöne Sachen. Man kann nie früh damit anfangen."*

Niemand würde erfahren, dass sie mit Malcolm im Vorfeld deswegen heftig gestritten hatte. Für ihn waren die Geschenke, wie auch die Flugreise von Brisbane nach Darwin, herausgeworfenes Geld. Die abtrünnige Meilin war für ihn schon längst abgeschrieben. Und er war sowieso nicht erpicht darauf gewesen, den Geburtstag seiner Schwiegermutter zu feiern und die ganze Verwandtschaft zu ertragen. Er saß neben Annie und säbelte verdrossen an seinem Fleischstück. Hin und wieder wechselte er, ohne dabei aufzusehen, ein Wort mit Peter. Walter beobachtete Malcolm aus den Augenwinkeln und konnte sich keinen Reim darauf machen, was Meilins Vater durch den Kopf ging oder auf dem Magen lag. Ein unangenehmer Zeitgenosse, fand Walter und schätzte sich glücklich, dass er weder neben ihm noch neben Meilins Bruder zu sitzen gekommen war. Peter war dem Vater wie aus dem Gesicht geschnitten. Peter und Malcolm hatten Walter keine einzige Frage gestellt und saßen jetzt unbeteiligt an der Gesellschaft am Tisch. Es schien sie unendlich viel Überwindung zu kosten, sich mit Mitmenschen zu unterhalten. Die Cousinen und Cousins Greg, Tim, Elisa und Beth füllten dafür umso mehr den Raum mit Leben. Sie waren die erwachsenen Kinder von Lucy und Serge. Das Paar strahlte in dieser Konstellation an eigensinnigen Menschen und ungewöhnlichen Lebensläufen eine wohltuende Normalität aus. Meilins Onkel Serge war ein Typ Mann, der wie ein Fels in der Brandung wirkte

Nachdem die Teller abgeräumt waren, ging plötzlich das Licht im Saal aus, die Schwingtür zur Küche ging auf und ein Kellner schob auf einem Servierwagen eine riesige Torte mit brennenden Kerzen herein. Die Gäste standen auf und stimmten auf Knopfdruck *Happy Birthday* an, applaudierten laut nach dem Verklingen des Liedes und forderten Trude auf, die Kerzen auszublasen und sich ein langes Leben zu wünschen. Trude erhob sich, stieß den Stuhl zurück und schaute in die Runde. Der Kerzenschein ließ ihr Gesicht strahlen, als sie sagte: *„Ich freue mich, dass wir alle hier sind! Mehr brauche ich nicht!“*

Danach holte sie Luft, hielt inne und stieß den Atem wieder aus. *„Ich schaffe die achtzig Kerzen nicht alleine! Hat die kleine Amber nicht Lust, der Urgroßmama zu helfen?"*

Ja natürlich! Alle drehten sich nach Amber um. Das Mädchen saß im Spiel versunken inmitten ihres Geschenkberges, das bunte Papier in Kugeln oder Fetzen um sich verstreut auf dem grauen Teppichboden. Sie hatte den beiden Barbiepuppen die Kleider abgezogen und erforschte, was darunter war. Meilin hob sie auf und lenkte sie geschickt davon ab, Ken den Kopf abzureißen, indem sie sagte: *„Komm, wir helfen Trudy mit den Kerzen."*

„Was für ein schönes Bild!", dachte Walter, als er seine Tochter gehalten von Meilin, umrahmt von Annie und Trude betrachtete. *„Wie gut, dass wir hergereist sind! Für Amber ist es wichtig zu wissen, wo sie herkommt!"*

Er dachte dabei an seine Eltern in Thurtalen, die verstorbenen Großeltern mütterlicherseits und die hochbetagten Großeltern der Vaterlinie, die allesamt nie aus ihrem Radius der Nordostschweiz herausgekommen waren. Es gab da wohl eine eingeheiratete deutsche Großtante aus Stuttgart. Aber soweit er nachvollziehen konnte, waren seine Vorfahren und somit er und seine beiden Schwestern Susanne und Claudia bis tief zurück in die Ursprünge der Eidgenossenschaft reine Schweizer.

„Ha. Ich bin ein ‚richtiger' Schweizer! Ich könnte mich als Vorzeigepatriot profilieren!"

Es gab Kreise, in denen Menschen sich für ihre Abstammung brüsteten, ohne, dass sie selbst dafür einen Finger krumm machen mussten, und hielten dieses Privileg hoch und heilig, als sei es ihr Verdienst. Walter verzog amüsiert die Mundwinkel und bemerkte nicht, wie Philipp, der den ganzen Abend schon die Gesellschaft fotografierte, ihn just in der besonnenen Pose festgehalten hatte. Während um ihn herum der Lärmpegel beim Dessert stetig anstieg, sinnierte Walter über seine Wurzeln. Er schätzte die Stabilität und Besonnenheit der Schweiz, er liebte ihre unermesslichen Naturschönheiten. Und er hatte großen Respekt vor dem Willen der Bevölkerung und der Leistung der Demokratie, die mächtigen Einflüsse aus dem Ausland und die widerstreitenden Gesinnungen im Land zu einem Konsens zu bringen. Dies trug dazu bei, dass Walter, trotz Widerwillen gegen den Bankenfilz und die Vetterliwirtschaft zwischen Wirtschaft und Politik sowie trotz zunehmender Überbauung und Umweltverschmutzung, in der Schweiz leben wollte. Seine Eltern hatten ihm kürzlich zugetragen, dass sie „die Linde“ abtreten wollten, wenn sie ihr Haus eines Tages nicht mehr bewirtschaften konnten. Für Nelly und Sepp wäre es die entspannteste Lösung, wenn er oder eine seiner Schwestern das Haus übernähme. Ja! Warum nicht! Das wäre doch die Lösung! Meilin könnte mit Amber in Thurtalen bei den Großeltern leben! Meilin und Nelly hatten sich immer gut verstanden. Wenn er das Haus eines Tages erben würde, machte es Sinn, jetzt eine kleine Einliegerwohnung einzubauen. Darin könnten seine Tochter und ihre Mutter entspannt wohnen. Und später seine Eltern.

Walter war so begeistert von seiner Idee, dass er abrupt den Stuhl zurückstieß und um den Tisch eilte. Angelo sah im verwundert nach und rief besorgt, ob alles in Ordnung sei. Walter beschwichtigte und eilte zu Meilins Platz. Diese fischte in diesem Moment eine hölzerne Schatulle mit Intarsien aus ihrer Handtasche, öffnete sie und brachte den Bernstein zum Vorschein. Augenblicklich wurde es still im Saal und alle Augenpaare blickten gebannt auf das Objekt.

„Ist das der besagte Stein unserer Urahnin Marthe?"

Beth, die fünf Minuten nach Elisa Geborene, war die Keckere von Serges Zwillingen und durchbrach mit ihrer Frage das Schweigen. Meilin nickte und überreichte ihrer Nichte das Holzkästchen. Auf die Frage, ob sie den Bernstein in die Hand nehmen durfte, antwortete Meilin erneut mit einem Nicken. Walter stand immer noch in ihrem Rücken und zögerte. Er erkannte an der bedeutungsvollen Stille im Raum, dass er diesen nicht stören sollte, und bückte sich zu Amber, die es geschafft hatte, Ken nicht nur den Kopf, sondern auch die Gliedmaßen vom Torso auszukugeln. Barbie lag mit dem Gesicht nach hinten und mit akrobatisch verrenkten Armen und Beinen vor ihr auf dem Boden. Es sah so aus, als wäre sie das nächste Operationsopfer. Walter schüttelte den Kopf, ließ das Kind gewähren, begann die Unordnung am Boden, die das Mädchen angerichtet hatte, aufzuräumen. Er verpasste dabei den stolzen Blick in Meilins Gesicht und das Ausmaß der Szene, die sich am Tisch abspielte. Er hörte nur, wie Meilin, Annie und Trude abwechselnd vom Weg und vom Handwechsel des Steines erzählten. Da er die Geschichte schon kannte, schenkte er seine ganze Aufmerksamkeit Amber und wartete den günstigen Moment ab, Meilin in seine Idee einzuweihen.

Als seine Beine in der Hocke zu kribbeln begannen, richtete er sich auf und schnappte Meilins letzte Worte auf: *„... in Europa gesucht und noch nicht gefunden. Der Stein bedeutet mir unendlich viel, weil darin die Energien der Frauen, aus denen ich stamme, gebündelt sind. Ich trage Sorge für ihn, weil ich weiß, wo meine Wurzeln sind, und weil ich ihn an Amb weitergeben möchte. Ich bin noch lange nicht dort, wo ich hinmöchte ...“*, Meilin lachte gezwungen, hielt inne, betrachtete den Bernstein und schien die Frage für die anderen kaum hörbar an ihn zu richten: *„Weiß ich das jemals?“* Sie hob die Stimme an: *„Und jetzt, wo ich euch alle wiedersehe, merke ich erst, wie ihr mir, besonders du, Trudy, gefehlt habt! Ich überlege mir, hierzubleiben.“*

Im Klatschen und zustimmenden Johlen fiel nur Angelo auf, dass Walters Gesicht kreideweiß erblasste und er lautlos den Saal verließ. Angelo folgte ihm in die Lobby, durch den Garten, der zum Strand führte, und hielt neben ihm, als Walter sich auf einen der wuchtigen Steine setzte und sich aufs Meer ausrichtete. Der Strandabschnitt war wenig beleuchtet. Auch der schwache Strich des Mondes und die Sterne vermochten nicht viel Licht zu verbreiten.

„Darf ich mich dazusetzen?“, fragte Angelo leise. Walter nickte. *„Du liebst die Kleine.“* Walter nickte erneut. Ihm war nicht zum Reden zumute. Aber Angelo störte ihn auch nicht. Im Gegenteil, seine Anwesenheit tat ihm wohl.

„Du und Meilin, das ist nicht das, wonach es aussehen sollte, right?“ Walter fuhr erschrocken herum, brachte immer noch kein Wort heraus, kämpfte aber auch nicht gegen

die Tränen, die ihm plötzlich in die Augen schossen. Angelo war wie er ein Außenstehender des Clans. Wie er im Verlauf des Abends erfahren hatte, waren ihm seine Beziehung mit Philipp in Australien und in seinem Beruf zum Verhängnis geworden. Das Paar war mit Schimpf und Schande aus Darwin vertrieben worden und Angelo hatte seit seinem Outing sein Amt als Priester nie mehr ausgeübt.

Sie sprachen nicht, schauten in der milden Oktobernacht nur auf das nachtschwarze Meer hinaus. Walters Erschütterung flaute ab. Angelo sah aus den Augenwinkeln, wie Walters Körper dann und wann von einer Trauerwelle erschüttert wurde, und wich nicht von der Stelle. Dann streckte Walter seinen Rücken durch, nahm ein paar tiefe Atemzüge, schniefte ein letztes Mal und sprang auf die Füße in den Sand. Er hätte den Impuls gehabt, Angelo zu umarmen. Brüderlich. Er traute sich nicht, haderte mit sich, weil er nicht lockerer mit Angelos Schwulsein umgehen konnte. Walter streckte seine Hand zum Dank aus und wünschte sich, dass er in der verbleibenden Zeit mit Angelo und Philipp die Kurve kriegen würde, um aus der frischen Begegnung eine Freundschaft zu knüpfen. Er mochte die beiden. Angelo erwiderte den Handschlag, klopfte Walter aufmunternd auf die Schultern und lächelte.

„Ich gehe noch eine Runde. Frische Luft tut gut. Du kannst morgen mit mir oder Philipp reden, wenn du ein Ohr brauchst. Es bleibt unter uns. Versprochen! Du bist ein guter Dad!"

Walter sah ihm nach, setzte sich noch einmal auf den Stein. Er fuhr mit den Fingern den Kanten nach. Ja, ein Gespräch unter Männern würde ihm guttun!

Stunden später, Walter und Angelo waren längst wieder zur Gesellschaft zurückgekehrt, zwang sich Amber, die Augen offen zu halten, die immer schwerer wurden. Ihre Beine gehorchten ihr nicht mehr und so war sie auf Papas Schoß gekrochen. Noch vor wenigen Augenblicken war sie um die Tische und Stühle herumgetollt und hatte mit den vielen Menschen Verstecken gespielt. Die Stimmen der vielen Leute tönten jetzt viel weiter weg, als würde sich ein Vorhang dazwischenschieben. Nein! Sie wollte nicht einschlafen! Es war gerade so viel los, sie konnte sich unmöglich einfach an Papas Bauch kuscheln, obwohl der so einladend warm und gemütlich war. Amber seufzte, schob ihren Daumen in den Mund, blinzelte, riss die Augen ein letztes Mal auf, um sich dann vom Schlaf übermannen zu lassen.

Eine Woche später wurde Meilins und Walters Elternschaft auf die Probe gestellt. Amber fasste am Redwell Beach bei Broome während einer unachtsamen Minute der Erwachsenen einen *Box Jelly Fish* an, der mit den Wellen angespült worden war. Später sagte sie, dass das glibberige, transparente Ding lustig und ungefährlich ausgesehen hätte, wie Wackelpudding. Und den hätte sie halt anfassen müssen. Innerhalb von Sekunden brüllte Amber wie am Spieß, als würde sie bei lebendigem Leib verbrennen. Meilin und Walter hechteten sofort hinzu und sahen die roten Verbrennungen an Arm und Beinen, mussten zusehen, wie die Kleine innerhalb von Sekunden im Gesicht und an den Gliedern anschwoll. Panisch schrie Meilin um Hilfe, während Walter mit zittrigen Knien den Mietwagen holte, einen Abzäunungspfosten rammte und das Gefährt im Sand versenkte. Zum Glück hielten sie sich in einem überwachten Strandabschnitt auf und es waren sofort Lifeguards zur Stelle gewesen, eine Frau leistete Erste Hilfe und ein Mann fuhr die vor Angst gelähmten Eltern mit dem inzwischen bewusstlosen Mädchen ins Krankenhaus nach Broome.

Es folgten vier qualvolle Nächte, in denen sie nicht wussten, in welche Richtung es gehen würde. Walter und Meilin wechselten sich am Krankenhausbett ab. Am fünften Tag rüttelte Meilin Walter wach, der auf der Pritsche döste, die zusätzlich ins Krankenzimmer hinzugestellt worden war. Sie strich sich die strähnigen Fransen aus dem Gesicht, lächelte ihn aus erschöpften, mit dunklen Ringen umrandeten Augen matt an und sagte: *„Amber ist wach und plappert. Schau! Sie ist über den Berg!“* Walter war augenblicklich auf den Beinen und eilte zu Amber, herzte und liebkoste seine Tochter, die nicht recht verstand, was ihr geschah, als Meilin in seinem Rücken flüsterte: *„Wir kommen mit dir nach Europa zurück!“*

Ihr Vorhaben, mit dem Mietwagen gemütlich der Küste entlang Richtung Süden nach Perth zu tuckern, ließen sie danach reuelos sausen. Doch Walter und Meilin war die Lust auf Abenteuer gründlich vergangen. Sie fuhren nach Ambers Genesung umgehend zurück nach Darwin und nahmen Serges’ Angebot an, den Urlaub auf der Pferderanch im Outback hundert Meilen außerhalb der Stadt zu verbringen.

Einmal nahm Onkel Serge Meilin und Amber in den frühen Morgenstunden, um die sengende Hitze zu umgehen, mit dem Pick-up zu einer Koppel mit, um nach dem Pferdenachwuchs zu sehen. Lucy und Walter frühstückten alleine auf der Veranda, als sie ihn geradeheraus fragte: *„Läuft es nicht so gut bei euch? Ihr küsst euch nie! Ich habe euch noch nie kuscheln gesehen! Vor uns müsst ihr doch keine Hemmungen haben!"*

Walter mochte Lucy, Serge und die vier erwachsenen Kids, die auf der Farm mit ihren Partnern ein- und ausgingen. Es schien ihm unfair, den großzügigen Gastgebern noch länger etwas vorzumache,n und entschied sich, gegen Meilins Wunsch, die Katze aus dem Sack zu lassen: *„Wir waren nie ein Paar! Amber ist uns zugefallen! So quasi ein Geschenk aus dem Himmel!"*

Lucy prustete los: *„Jetzt komm mir nicht mit jungfräulicher Empfängnis! So fromm schaut ihr nicht aus!"*

Walter lachte befreit mit. *„Amber ist in einem glückseligen Rauschzustand entstanden. Meilin und ich hatten in Südfrankreich einmal gevögelt, als wir beide auf einem Trip waren. Amber ist mein ein und alles geworden. Ich würde sie nie als Unfall bezeichnen!"*

Walter nippte am Kaffee, dachte nach und druckste nach einer Pause heraus: *„... Meilin ist kompliziert ... und ein wenig strapazierend ..."*

„Hmh, ist mir auch schon aufgefallen", bestätigte Lucy mit einem Grinsen und blickte Walter aufmunternd an, damit er weiterfahren konnte.

„Ich finde sie auf ihre Art ganz hübsch und interessant. Irgendwie könnte ich mir schon vorstellen, dass wir uns aufeinander einlassen könnten. Es wäre wahrscheinlich nicht die ganz große Liebe. Doch ich finde, man kann sich arrangieren, wenn man will. Meine Eltern haben das auch getan. Und sie sind jetzt mehr als vierzig Jahre zusammen. Meilin gibt mir jedoch deutlich zu verstehen, dass sie mich langweilig und bieder findet. Ihre Wankelmütigkeit ist anstrengend. Sie lässt mich auch nicht an ihrem Innenleben teilhaben. Ich bin ihr völlig ausgeliefert, was Amber anbelangt. Zum Glück hat sie sich entschieden, wieder nach Europa zu kommen. Ich getraue es mich fast nicht zu sagen, aber irgendwie bin ich froh, dass Amber von der Qualle gestochen worden ist und es gut herausgekommen ist. Es hätte mir das Herz gebrochen, meine Tochter nicht aufwachsen zu sehen! Ich finde doch keinen Job als Lehrer in Australien. Und so schön das Land ist und ihr seid echt nett, aber ich gehöre nicht hierher!“

Walter fühlte sich erleichtert. Endlich hatte er sich jemandem anvertrauen können. Meilin machte später auch keine Szene, als sie erfuhr, dass Lucy und Serge jetzt Bescheid wussten. Ein paar Tage vor der Rückreise der Europäer stießen Philipp und Angelo, die eine Tour ins Landesinnere zum Ayers Rock und nach Melbourne gemacht hatten, auf die Farm zum Rest der Familie. Es war nun kein Geheimnis mehr, dass Meilin und Walter zwischen der Schweiz und Frankreich eine ziemlich schräge und unkonventionelle Elternschaft lebten. So what!? Niemand der australischen Sippschaft schien sich daran zu stören. Onkel und Tanten, Cousinen und Cousins freuten sich über den Familienzuwachs und die neue Generation, die Amber verkörperte. Alle bis auf Annie, Malcolm und Peter, die schon früher abgereist waren, wussten jetzt Bescheid. Es durfte ruhig auch so bleiben, beschloss die verschworene Gemeinschaft.

Es geschah dem bornierten Malcolm und der unterwürfigen Annie recht, wenn sie in ihrem Glauben belassen wurden, grummelte Meilin, die sich mit ihrer Mutter am Tag vor deren Abreise gestritten hatte. Die Großmutter hatte ihre Enkelin großzügig mit Röckchen und Kleidern eingedeckt. Einen ganzen Koffer voll mit Kleidern, die bis zum Kindergarten reichen würden, hatte sie bestückt, als sie erfahren hatte, dass Amber Kleider fremder Kinder aus dem Brockenhaus oder der Kleiderbörse nachtrug. Für Großmutter war die Vorstellung, dass Walter und Meilin dem Kind keine eigenen, neuen Kleider kaufen konnten, unerträglich. Ein Armutszeugnis. Walter hatte sich aus der hitzigen Debatte zwischen Annie und Meilin herausgehalten. Was sollte er sich seiner vermeintlichen Schwiegermutter widersetzen? Sollte sie doch ihren Willen haben, er würde sowieso in den kommenden Jahren nichts mehr mit ihr zu tun haben. Es war ja nicht so, dass sie als Ambers Eltern, insbesondere er, es sich nicht leisten konnten, das Mädchen im Wachstum stets neu einzukleiden. Doch er und Meilin waren sich zum Glück darin von Beginn an einig gewesen, dass es reine Ressourcenverschwendung wäre, alle paar Monate Neues zu kaufen – und zudem unnötig, denn das Allermeiste fand sich in Ambers Größe in tadellosem Zustand in der Secondhandbörse um die Ecke.

Meilin war fuchsteufelswild geworden, hatte Annie, als sie in der Mall von Darwin Souvenirs besorgt hatten, eine bitterböse Szene gemacht. Es hatte zuvor immer wieder Grundsatzdiskussionen zwischen Mutter und Tochter gegeben, in denen es um die Erziehung der Enkelin sowie um Meilins und Walters legere Beziehung ging, die nach Annies und Malcolms Meinung mit einer Heirat geregelt und abgesichert werden sollte. In der Mall hatte eine an sich nichtige Bemerkung der Tochter den Kragen platzen lassen. Meilin war nach dem Wortwechsel zwischen ihr und der Mutter wütend und stampfend davongeeilt und hatte über die Schultern zurückgeschrien: *„Das geht dich überhaupt nichts an, wie ich mein Kind einkleide! Halte dich endlich aus meinen Dingen raus und kümmere dich um dein eigenes verkacktes Leben!"*

Sie hatte Walter mit einer völlig aufgelösten Annie und einer Amber, die verstört am Ohr ihres Hundes kaute, einfach stehen lassen.

Amber wirbelte um Walters Beine herum, als sie am Gate in Darwin aufs Boarding warteten. Das Mädchen trug ein Kleidchen aus flauschigem rosa Jersey. Auf dem Bäuchlein prangte ein weißer Hello-Kitty-Aufdruck. Sie steckte barfuß in pinken Riemchensandalen, die beim Herumtollen auf dem Steinboden patschende Geräusche machten. Sie hatte darauf bestanden, etwas von den neuen Sachen anzuziehen.

Die freundliche Stimme einer Flugangestellten, knackte durch einen Lautsprecher und verkündete, dass die Quantas nach Singapur zum Einstieg bereit war. Walter warf einen letzten Blick auf sein neues Lieblingsbild und steckte es zurück in den Umschlag zu den anderen Fotos der Geburtstagsfeier, die Philipp ihm am Abend beim Abschiedsumtrunk überreicht hatte. Zum ersten Mal war ein Bild von ihm gelungen. Walter gefiel sich, wie er versonnen und zufrieden in die Kamera blickte. Er hievte Amber auf seine Schultern, stupste Meilin, die in Gedanken versunken an einem Daumennagel kaute und sich mit der anderen Hand an ihren Regenbogenbeutel klammerte, als Zeichen zum Aufbruch an. Die drei drehten sich um, um durch die Glasscheibe Lucy, Angelo und den so ungleichen Brüdern Serge und Philipp zuzuwinken.

„Es ist cool, Freunde in Australien und New York zu haben!“, dachte Walter beim Abschreiten der Gangway. Als er Meilin einen Seitenblick zuwarf und sah, wie ihr Tränen über die Wangen kullerten, fasste er sich ein Herz und hielt kurz inne. Er wischte mit dem Daumen seiner freien Hand liebevoll über die feuchten Wangen und bot diese danach Meilin zum Einschlag an. Sie lächelte zögerlich, nahm seine Geste an und sie gingen die letzten paar Meter Hand in Hand über das Rollfeld. Danach erklommen sie die Metallstiegen bis zur Einstiegstür des Flugzeuges, wo sie vom Piloten und einer Stewardess empfangen wurden.

1991 – Juni: Drecksuppen kochen

Von der Ardèche zweigten kleine abtrünnige Nebenflüsschen ab, die auf dem Weg in die karge Landschaft der Garrigue an Kraft verloren, zu kleinen Rinnsalen verkamen und unter der sommerlichen Hitze verdampften. Einen stärkeren Nebenarm der Ardèche hatten die Pioniere der Lebensgemeinschaft geschickt angezapft und ihn einem großen Retensionsbecken zugeführt, das sie künstlich ausgehoben hatten. Rund um den See war in der Folge ein grünes Kleinod in der Steppenlandschaft entstanden, das sich selbst speiste und der tückischen Trockenheit des französischen Südens trotzte. Seit der Gründung der Kommune in der Blütezeit der Hippiebewegung war rund um den See ein veritables Dorf entstanden. Steinhäuser hatten die improvisierten Zelte längst verdrängt. Eine Clique loser zusammengewürfelter Menschen hatte einst in dieser Wildnis, die versteckt zwischen zwei Hügelzügen lag und damals nur mit einem zweistündigen Fußmarsch erreichbar war, die Freiheit gesucht. Man erzählte sich, dass sich bei der Ankunft der ersten Tramper ein Regenbogen (ein Arc-en-ciel) über den Platz gespannt hatte. Dies inspirierte die Pioniere, dem Stück Himmel auf Erden bei der Ardèche den Namen *„Ardenciel“* zu geben. Die Siedlung, zu der heute eine Straße führte, hieß seit den Ursprüngen unverändert.

In der Nacht ging ein heftiges Gewitter nieder. Ein ohrenbetäubender Knall, der die Fenster zum Scheppern brachte, riss die kleine Amber aus dem Tiefschlaf. Sie schoss hoch. Der Wärme abstrahlende Körper neben ihr und das vertraute Atmen ihrer Mutter beruhigten ihr klopfendes Herz ein wenig. Als jedoch grelles Licht das Zimmer beleuchtete, dem weitere Explosionen am Himmel folgten, wurde es ihr richtig bange. Amber schüttelte ihre Maman heftig, bis sich deren verschlafene Stimme aus den Kissen meldete: *„Hmh. Was ist denn los?"* Nach einer Pause, als Meilin realisierte, dass sich ihre Tochter ängstlich an sie klammerte, fügte sie wacher an: *„Amber, das ist nur ein Gewitter!"*

„Es ist laut! Mir tun die Ohren weh und ich habe Angst vor dem Licht!", wimmerte Amber. Meilin zog ihre fünfjährige Tochter enger an sich heran und überlegte, so scharf es ihr in diesem noch nicht ganz wachen Zustand möglich war, wie sie dem Mädchen das Spektakel am Himmel erklären und ihre Angst nehmen konnte. Meilin streckte sich im Doppelbett aus, das sie, seit sie hier wohnte, mit Amber teilte, langte mit der einen Hand nach dem Plüschhund und achtete darauf, mit der anderen Hand den Körperkontakt zur Tochter zu behalten. Das Kuscheltier musste vom Knäuel aus Laken, Kissen und Klamotten verschlungen worden sein, wie ein Blitz, der das Schlafzimmer für Sekunden erhellte, verriet. Der nur wenige Sekunden später folgende Donnerknall ließ Möbel und Fenster erneut erzittern. Amber schrie auf. Meilin strich über Ambers Haare, löste sich von ihr, fischte nach der Streichholzschachtel und entzündete die Kerze auf der Kommode. Der Schein warf

ein sanftes Licht auf die Gesichter der beiden und das spärlich ausgestatte Zimmer. Der Wecker zeigte halb drei. Außer dem ausladenden Bett, das mit einer Seite zur Wand stand, gab es nur einen Schrank, einen Nachttisch und einen Flickenteppich auf dem kühlen Steinboden in dem Raum, der von einer Tür und einem Fenster ohne Vorhänge durchbrochen war. Meilin war bis auf die Unterhose nackt. Außer im Winter schlief sie immer so. Amber trug ein leichtes Trägerhemdchen. Auf ihren Unterarmen zeugten Gänsehaut und abstehender Flaum von ihrer Angst.

„Komm, hilf mir den Hund suchen!", munterte Meilin Amber auf. Froh, in Bewegung zu kommen, grub sich das Mädchen unter den Wust der Bettdecken, bis nur noch ihre Füße zu sehen waren. Meilin lächelte spitzbübisch und konnte sich nicht bremsen, die Kleine an den Sohlen zu kitzeln. Ein gedämpftes Glucksen drang aus dem Stoffberg, kurz gefolgt von einem Krachen. Ein Blitz musste in der Nähe eingeschlagen haben. Wenig später lugte der rote Wuschelkopf aus den Laken. Amber schälte sich aus den Decken und zog mit einer Hand triumphierend ihren Liebling nach.

Die Mutter hüpfte aus dem Bett, forderte Amber auf, es ihr gleichzutun. Meilin schmiss die Tageskleider ungeniert auf den Boden, schabte mit den Händen Krümel vom Unterlaken, das sie straff zog und unter der Matratze festzurrte. Danach klopfte sie die Kissen auf, schüttelte die Decken aus und strich sie in der Weise glatt, dass auf das weiße Baumwolllaken der selbst genähte Quilt folgte.

Inzwischen hatte Regen eingesetzt, der lautstark auf das Blechdach trommelte und das Donnern, das sich langsam zu einem Grollen verzog, übertönte. Im frisch gemachten Bett kuschelte sich Amber mit dem Rücken an den Bauch ihrer Mutter, zog ihren Hund fest an sich und schnupperte an seinem Fell. Sie liebte es, wenn Meilin mit ihren Haaren spielte und ihr über Kopf und Gesicht streichelte, während sie ihr Geschichten erzählte oder etwas vorsang. Meilin kringelte Ambers Locken um ihre Finger und versuchte, sie zu Minizöpfchen zu flechten, als sie improvisierte: *„Erinnerst du dich, was mit einem Kuchen im Ofen passiert? Erst ist er ganz flach und dann wächst er unter der Hitze. So ist es mit den Wolken. Es war so heiß in den letzten Tagen, dass aus den kleinen Miniwölkchen riesige Monster geworden sind. Die ringen um den Platz am Himmel. Wenn zwei Wolken aneinanderreiben, gibt es einen Funken, wie beim Streichholz, und eben auch ein enormes Getöse. Das ist, was wir sehen und hören auf der Erde. Wenn die Wolken aneinandergeraten, platzen sie auf. Das Wasser in ihrem Bauch wird zum Regen, der den Himmel und die Erde reinigt. Das ist gut für uns alle. Das Wasser sickert in die Erde und kommt aus einer Quelle wieder hervor – damit die Tiere, Pflanzen und Menschen nicht Durst haben müssen und wachsen können."*

Amber hatte den letzten Satz wahrscheinlich nicht mehr mitbekommen. Mamans sanfte Stimme und ihre Hände, die ihren Wuschelkopf kraulten, hatten das Herzklopfen und das blöde Gefühl im Bauch weggezaubert. Sie hatte sich noch vorgestellt, wie aus den Wolkenbäuchen Regentropfen auf die

Erde platschten, hatte dem lustigen Rhythmus gelauscht und war irgendwann weggedöst.

❧.....❧

An den Takt des Regens versuchte sich Amber am nächsten Tag zu erinnern. Doch es gelang ihr nicht. Er war verschwunden, wie auch das grelle Licht und das grässliche Knallen. Am Himmel war keine einzige Wolke im weiten Blau mehr auszumachen. Maman hatte also recht gehabt: Die Wolken hatten sich leer gemacht. Jetzt war wieder Platz für die Sonne oder für neue Wolken. Woher diese kamen, würde sie Maman noch fragen. Jetzt hatte Amber jedoch andere Pläne und wollte los. Sie hatte sich nach dem Frühstück die blau-lila getupften Gummistiefel übergestreift, weil der Blick aus dem Fenster zeigte, dass sich in den Straßen und ums Haus Pfützen gebildet hatten. Es war eine Abmachung mit Maman, dass sie nicht die Sandalen, sondern die Stiefel anziehen sollte, wenn sie bei oder nach Regen mit den anderen im Freien spielte.

Amber gefiel, dass es unzählige Kinder im Dorf gab. Immer war jemand zum Spielen da – wie ihre beste Freundin Angela, die sie heute im Kindergarten treffen würde. Immer, wenn Maman zu den anderen Frauen und Männern ging, durfte sie zum bunten Haus, wo Kinder den Tag miteinander verbrachten. Angela war ein wenig größer als Amber und sprach eine andere Sprache. Es klang ein wenig, als würde Walter mit ihr reden und doch irgendwie anders. Sie sprach mit Maman eine

Geheimsprache, nutzte andere Begriffe als die meisten im Dorf. Das, was sie mit Papa in Zürich redete, tönte wiederum ganz anders und nun kam Angela mit ihren neuen Wörtern. Amber war das egal. Bei Angela hieß die Frucht zum Beispiel *Apfel*, bei Maman *apple*, im Dorf *pomme* und bei Papa *Öpfel*. Am Ende war es egal, wie sie genannt wurde. Alle ihre liebsten Menschen verstanden, dass man in diese Frucht hineinbeißen konnte, bis der Saft spritzte, oder sie mit dem Messer, das sie mittlerweile auch schon benutzen durfte, schälen, teilen und für leckeren Kuchen verwenden konnte. Alles ohne Worte.

Sie hatte andere Kinder hier ihre Mütter rufen hören. Amber mochte ihre Meilin am liebsten *Maman* nennen. Das tönte kuschelig und sanft, wie das schöne Gefühl, das sie für ihre Mutter empfand. Es gefiel ihr am besten. Sie hatte keine Lust, wie andere, Meilin mit dem Vornamen anzusprechen, schon gar nicht mit *Mom, Mummie* oder *Mama*. Diese Vorschläge ihrer Eltern hatte sie gar nicht erst in Erwägung gezogen. Maman war *Maman*. Punkt. *„Wo bleibt sie denn nur? Ich möchte los!“*

Amber hüpfte ungeduldig von einem Bein auf das andere. Die weißen Kieselsteine, die sie gestern gesammelt und in die aufgenähte Tasche ihres moosgrünen Trägerröckchens gesteckt hatte, machten dabei lustige Geräusche. Sie wartete vor der Toilettentür am Ende des Flurs, auf den alle anderen Zimmer des Frauenhauses führten. Meilin und Amber belegten zwei Räume, ein Schlaf- und ein Wohnzimmer, hinter der Tür mit der Nummer, die wie der Schneemann, den sie mit Papa in Zürich gebaut hatte, aussah. In den anderen Räumen lebten Murielle, Carmen, Lucia und Gertrud. Sie waren ganz nett, doch alle hatten keine Kinder, aber auch keine Papas hier. Wie sie. Leider wohnte Angela mit ihrer Mutter, ihrem Papa und den beiden älteren Brüdern im großen Haus, neben dem *Coeur*, dort, wo sie im Saal alle Mahlzeiten mit den anderen einnahmen, die Großen sich versammelten und Dinge besprachen. Im Coeur befand sich Ambers Lieblingsraum, den die Kinder jedoch nie alleine betreten durften. Er roch darin wunderbar und in ihm thronte eine schöne, lilafarbene Glitzersteinhöhle, die so groß war, dass sie sie, auch wenn sie sich auf die Zehen stellte und die Arme weit hinauf streckte, nicht überragen konnte. Dort trafen sich die Erwachsenen, hockten auf bunten, reich verzierten Kissen, waren meistens ganz still, sangen oder lauschten Juliens Worten. Amber fand Julien seltsam, aber auch witzig. Er war ganz dünn, hatte keine Haare auf dem Kopf und trug immer weiße, weite Kleider. Er trug nie Schuhe und machte sich einen Spaß daraus, die Kinder im Vorbeigehen zu necken. Amber würde am liebsten auch im Familienhaus bei ihrer Freundin und den anderen Kindern leben. Doch Meilin sagte, dass es im Moment keine freien Zimmer mehr dort gab, dass aber ihre Namen auf einer Liste stünden.

Endlich erschien Meilin aus der Toilette. Sie wischte sich die feuchten Hände an den Jeans ab, fuhr sich mit dem Handrücken über gerötete Augen und schniefte. Während Meilin mit nackten Füßen in die Schuhe schlüpfte und ihren Regenbogenbeutel vom Boden aufhob, beobachtete Amber ihre Mutter besorgt. Heute hatte sie wieder diesen Weitwegblick. Amber zögerte und stellte dann doch die Frage: *„Bist du traurig?“*
„Nein, nein, alles gut, Liebes!“, erwiderte Meilin und hauchte

ihrer Tochter einen Kuss auf den Scheitel. Das, was aus dem Mund ihrer Mutter kam, und das, was im Bauch kniff, passte nicht zusammen. Doch Amber hakte nicht weiter nach, schob stattdessen ihre kleine Hand in Meilins. Als sie gemeinsam über die Hausschwelle ins Freie traten, stolperte Amber über ihre Stiefel, die sie falsch herum angezogen hatte, und fiel auf die Knie.

„Ach komm, lass die Stiefel hier! Du darfst auch barfuß gehen. So nass ist der Boden nun auch nicht und er wird sowieso bald abtrocknen", bemerkte Meilin, die ihrer Tochter, die nach dem Sturz keinen Mucks von sich gegeben hatte, wieder auf die Beine half. Dazu ließ sich Amber nicht zweimal auffordern. Mit Wonne streifte sie die Stiefelchen ab, stellte sie sorgfältig in ihr Fach ins Schuhregal und stieb mit ihren kurzen Beinen davon. Sie liebte es, mit nackten Füßen auf der blanken Erde zu gehen.

Nach dem Frühstück, zu dem sich alle Erwachsenen und Kinder zusammenfanden, stieben die Menschen auseinander. Meilin war diesen Monat in der Gärtnerei eingeteilt. Amber wusste, dass Maman die Arbeit in der Schneiderei mit den vielen bunten Stoffen am liebsten von allen Ateliers mochte. Mutter und Tochter verabschiedeten sich beim hölzernen Regenbogen, der sich über den Weg zum Kinderhaus spannte, wo Angela bereits auf ihre Freundin wartete. Meilin und Angelas Mutter Ute tauschten noch ein paar Worte über das nächtliche Gewitter aus, als die Mädchen sich an den Händen fassten und kichernd davonhüpften. Das *Maison des Enfants* war wie alle Häuser der Siedlung aus blassgelben, grob gehauenen Quadern aus den Steinbrüchen der Region gebaut. Die Hülle fügte sich organisch in die Naturtöne der Umgebung. Doch innen war jeder Raum in einer anderen fröhlichen Farbe gehalten. Im großen Gruppenraum versammelten sich alle Kinder, die Zahl schwankte je nach Neuzugängen und Gästen, derzeit hatte sie sich jedoch um vierzig eingependelt, zu einer kurzen Begrüßungsrunde. Manchmal stimmten sie ein Lied an, oft tanzten sie, klopften Rhythmen auf Perkussionsinstrumenten oder sie bekamen eine Geschichte vorgelesen. An zwei Morgen in der Woche setzten sich alle in einen Kreis auf den Boden. Ein geschnitztes Stück Holz wanderte im Kreis von Kind zu Kind. Immer das dasjenige, das den Sprechstab in den Händen hielt, hatte das Wort und durfte etwas von sich erzählen. Etwas, was es erfreute, erlebt hatte oder was ihm auf dem Herzen lag. Danach wurden die kleinen Kinder zum freien Spiel entlassen. Die Älteren gingen zu den Sprachlaboren, in denen sie in Französisch und Englisch schrieben, lasen und Rollenspiele machten. Am Nachmittag ging jeder zu seiner Werkstatt. Unter Begleitung einer erwachsenen Person vertiefte sich jedes Kind in sein selbst gewähltes Projekt, an dem es über mehrere Monate forschte oder werkelte.

Der Garten hinter dem Haus war zur Hälfte von Platanen mit weit ausladenden Ästen beschattet, an denen Schaukeln und Seilleitern befestigt waren. In den besonnten Parzellen hatten Kinder eigene Beete mit Gemüse und Kräutern angelegt. Ein Bach floss unmittelbar am Umschwung vorbei, der dadurch einfach zu bewässern war. Etwas höher gelegen, bachaufwärts, staute sich das Wasser unter einer Gruppe Steineichen wadentief zu einem größeren Becken. In der Mitte lag ein flacher Felsen wie eine Insel. Ein Brett, das vom Ufer zum Felsen führte, bildete eine Brücke, obwohl es ein Kinderspiel war, durch das Wasser zu waten. Dieser Ort war der erkorene Lieblingsspielplatz von Amber und Angela.

Der abenteuerliche Platz war immer heiß begehrt. Am Tag zuvor hatten die Mädchen Muster mit farbigen Steinen und Blütenblättern auf den Felsen gelegt. Dann waren die gleichaltrigen Martin und Jakob unverhofft aus dem Gebüsch aufgetaucht und waren mitsamt ihren Kleidern mit einer Arschbombe ins Wasser gesprungen. Wie wilde Elefanten wüteten die Knaben um sich, um die Mädchen zu ärgern. Amber hielt ihre völlig aufgelöste Freundin am Arm zurück, als diese flennend zu Carole, der Erzieherin, rennen wollte. Meilin hatte ihr eingebläut, dass Petzen uncool sei und sich Mädchen selber wehrten. Amber hatte zwar auch mit den Tränen gekämpft, doch die Wut hatte sie angstachelt und geistesgegenwärtig zum Teichboden greifen lassen. Dort hatte sie mit den Fingern Erde zusammengeklaubt und den frechen Jungen todesmutig mitten auf die Nase geschossen. Martins Rache war eine Handvoll grüner Schlamm gewesen, der sich wie Tintenfischtentakeln über Ambers Gesicht ergoss. Im Höllentempo flogen im Anschluss lehmige und pflanzliche Geschosse, was gerade in Griffnähe war, zwischen den Jungs und Amber hin und her. Als Angela eine Ladung abbekam, legte sie ihre Zurückhaltung ab und stieg ins feuchte Gefecht ein. Die Wut wich bald einem fröhlichen Spiel. Die vier Kinder kugelten sich vor Lachen beim Anblick der anderen Spielkameraden, die, von oben bis unten mit Dreck und Schlamm beschmiert, wie Monster aussahen.

„Das war total lustig gestern, nicht wahr!", bemerkte Amber, als sie mit ihrer Freundin an diesem Morgen den leichten Anstieg zur Wasserstelle bezwang. Der Weg war noch nicht abgetrocknet und etwas rutschig. *„Ich bin trotzdem froh, dass Jakob und Martin heute lieber basteln wollten. So sind wir für uns!"*, schickte Amber nach.

„Ich finde auch", nickte Angela. Als sie oben angekommen waren, machten sie große Augen: Vom Felsen war nichts mehr zu sehen. Das Becken war bis knapp unter den Rand mit trübem Wasser gefüllt und staute sich am Brett, das beim Abfluss feststeckte. Der Gewitterregen hatte den Platz völlig überschwemmt, was am niedergedrückten und noch immer feuchten Gras am Ufer auszumachen war. Sie hatten keine Lust, sich ins nasse Gras zu setzen, und beschlossen, Blätter ins Wasser zu werfen, um ihnen nachzusehen, wie sie beim Brett kurz innehielten und dann vom Wasserschwall hinübergetragen wurden. Nach einer Weile wurde ihnen das jedoch zu öde und sie beschlossen, sich Behälter zu holen, um auf einem trockenen Felsstück neben dem Pfuhl Köche zu spielen. Während Angela zum Haus zurückkehrte, um den Beutel mit dem Kindergeschirr zu holen, sammelte Amber Blätter, Rindenstücke, Hölzchen, Steine, Blüten. Der Regen hatte in der Nacht viele Schätze von Bäumen und Sträuchern gefegt.

„Das wird ein Festmahl für die Wichtel und uns!", frohlockte Amber. Angela und sie waren überzeugt, dass zwischen den

Wurzeln der Eichen Wichteln und Feen wohnten, die sich immer über Gaben freuten. Als später Amber in einem Blechnapf die Suppe, eine trübe Brühe aus Wasser und Erde, mit gelben Ginsterblüten und grünem Grasschnittlauch anreicherte, einen bunten Blattsalat auf einer Borke anrichtete und mit Steinbrötchen umrahmte, stellte Angela Amber endlich die Frage, die sie schon seit Langem mit sich trug, über die auch ihre Eltern schon gerätselt hatten: *„Hast du eigentlich auch einen Papa? Und warum wohnt der nicht bei euch?“*

Amber rührte ungeniert in ihrer Suppe weiter und antwortete: *„Mein Walter-Papa wohnt in Zürich. Manchmal bin ich hier und manchmal bei ihm. Maman hat mir mal gesagt, dass man keinen Mann im Leben braucht. Papa hat gesagt, moderne Familien leben halt so verstreut. Unsere Familie ist hier, in der Schweiz und der Rest auf der anderen Seite der Erde. In Australien.“*

„Mit wem schmust denn deine Maman? Mein Papa und Ute knutschen und kuscheln total viel und sagen, dass sie das brauchen, weil sie sich lieb haben“, bohrte Angela weiter.

Amber überlegte scharf und versuchte sich zu erinnern, wann sie ihre Mutter mit einer erwachsenen Person in einer Umarmung gesehen hatte. Sie selber zählte ja nicht. Mit dem eigenen Kind zu schmusen, war etwas anderes. Sie wusste schon, was Angela mit ihren deutschen Worten meinte. Wenn ein Mann und eine Frau ihre Lippen doll aneinanderpressten und dann nackt zusammenlagen, wurden Babys gemacht. Walter und Meilin hatten sich nie in ihrer Gegenwart geküsst.

Daran hätte sie sich erinnert. Ihre Eltern hatten wahrscheinlich nur ein Mal geknutscht, sonst hätte sie ja jetzt Geschwister, wie Angela. Ein paar Mal hatten Julien, später der schwarzhaarige Simon, der ihre Geheimsprache beherrschte und kurz im Dorf gewohnt hatte, bei ihnen im Bett gelegen. Als sie selber am Morgen erwacht war und Meilin gefragt hatte, warum denn die Männer hier schliefen, hatte Meilin nur gesagt, dass die sich einsam gefühlt hatten und nicht alleine schlafen konnten. Aber geknutscht hatten die auch nicht und nackt waren sie auch nicht. Kürzlich hatte sie Maman mit Carmen im Flur gesehen. Sie hatten sich lange im Arm gehalten und innig auf den Mund geküsst. Sogar die Zunge war zwischen den Frauen hin und hergewandert, was Amber sehr seltsam gefunden hatte. Sie hatte sich gefragt, ob die sich wohl einen Kaugummi austauschten. Aber zählte das? Nein, zwei Frauen waren Freundinnen, das galt nicht.

Amber zuckte mit den Schultern, wandte sich Angela zu und sagte: *„Nein, meine Maman schmust nicht. Sie möchte keine Kinder mehr. Ich bin ihr genug!“* Der letzte Satz überraschte Amber selber und bescherte ihr ein breites Grinsen. So hatte sie es noch gar nicht betrachtet. Fröhlich verkündete sie: *„Lass uns den Tisch decken, die Wichtel rufen und essen!“*

1992 – Silvester: Der Drachenzähmer

Die Vorbereitungen für die Silvesterfeier waren im Gange. Im großen Saal pusteten die Kinder Ballone auf, die von Silvie und Armand an Decken und Wänden befestigt wurden. Amber half eifrig mit. Das Aufblasen gestaltete sich etwas schwierig, bis der Gummi weich war, kosteten die ersten Luftstöße richtig viel Kraft. Sie musste tief aus dem Bauch Anlauf holen und aus den gefüllten Wangen mit aller Anstrengung die Luft in den kleinen Schlauch des störrischen Ballons blasen. *„Hihi, das sieht aus wie ein Knabenpimmel"*, hatte Angela leise gekichert. Es brauchte jeweils mehrere Anläufe, bis die Luft im Ballon verblieb. Das Verknoten schaffte Amber nicht. Dabei half ihr Silvie, die ihr den aufgepusteten Ballon abnahm und mit einem Knoten verschloss.

Amber trauerte jetzt nicht mehr den verpassten Geschenken und der Weihnachtsfeier in der Schweiz nach. Es war immer schön gewesen bei Nelly und Sepp. Amber hatte mit ihrer Großmutter den Weihnachtsbaum, der jeweils an der Wohnzimmerdecke anstieß, dekorieren dürfen. In den bunten Glaskugeln spiegelte sich ihr verzerrtes Gesicht. Die selbst gebackenen Guetzli, Äpfel, Walnüsse und die Tanne verströmten ein Duftpotpourri, das es nur an Weihnachten in Thurtalen gab. Nirgends sonst auf der Welt. Amber hatte weiße Kerzen in goldene Klemmhalter geschraubt, die Nelly an die Äste gesteckt hatte. Ganz andachtsvoll hatte danach die Großmutter weißes Feenhaar auf die Nadeln gelegt, als würde sie den Baum bei jeder Berührung segnen. Zum Schluss war Nelly in ihren dunkelblauen Filzpantoffeln auf den Küchenschemel gestiegen und hatte den Baum mit dem Engel gekrönt, den Amber in einer Bastelaktion geschaffen hatte.

Grosi, wie sie Nelly nannte, warf nie etwas weg. Sie bewahrte alles, was irgendwann wiederverwendet werden konnte – *„Man konnte ja nie wissen!"* – fein säuberlich in beschrifteten Karton sortiert in ihrem Arbeitszimmer auf, in dem sie nähte, bügelte und bastelte. Für Amber war das schon von ganz klein an ein wahres Eldorado. Wenn Grosi bei der volkstümlichen Musik ihres Lieblingssenders flickte, breitete sie sich am Boden aus und bastelte. Sie durfte sich aus den Kartons bedienen. So war aus Konfektpapier, Geschenkpapierfitzeln, Korkzapfen, Wolle und Alufolie irgendwann einmal in der Adventszeit der Engel entstanden.

Nelly hatte, während sie einen Stapel Geschenkpapier vom Vorjahr aus einer Schublade holte, diesen nach Farben sortierte, eingerissene oder vom Klebband dünne Kanten mit der Schere abschnitt und anschließend Bogen für Bogen mit dem Bügeleisen auf niedrigster Stufe glatt plättete, von Engeln erzählt. Es war das erste Mal, dass Amber von den himmlischen Boten etwas zu hören bekam und sie hatte die Ohren gespitzt. Aus Nellys Mund von Gabriel, Michael und anderen Erzengeln zu erfahren, die man zwar nicht sah, die aber ständig um einen herumwirbelten, hatte sie schön gefunden. Raphael wäre ihr Lieblingsengel, hatte Nelly erzählt, als sie einen orangefarbenen Papierbogen mit goldenen Sternchen auf dem Bügelbrett glatt strich. Raphael wäre der Engel der Heilung, er könnte kranke Menschen wieder gesund machen, wenn man ihn darum bäte. Amber kam nach Großmutters Schilderung zu dem Schluss, dass alle Himmelsboten mit *-el* aufhörten, also hatte ihr Engel auf der Christbaumspitze einen Namen mit dieser Endung gebraucht. Die Vorstellung, dass der Himmel vorwiegend von männlichen Boten bevölkert war, hatte ihr nicht gefallen, also hatte ihr Engel unbedingt eine Frau sein müssen. Spontan hatte sie ihren *Anniel* getauft. Der Name war ihr spontan gekommen, weil sie in dem Moment an die andere Großmutter gedacht hatte, die sie seit der Australienreise nie mehr gesehen hatte und die doch sehr präsent war. Denn Amber bekam ständig Briefe und Pakete von ihr. Und ein wenig erinnerte das schiefe, geschlossene Lächeln des Papierengels an sie. So, als würde er sich nicht ganz getrauen zu lachen – so wie Granny Annie in Australien.

Ihre etwas älteren Cousinen Jessica und Sarah, die Töchter von Tante Susanne, hatten über den kümmerlichen Geist gespottet, der seither auf der Tannenspitze thronte. Doch Nelly hatte Amber über das Haar gestrichten, sie getröstet und ihr gesagt: *„Weißt du, die sind nur neidisch, weil dein Engel dort oben sein darf. Ich finde Anniel prächtig in seinem glitzernden Kleid und mit seiner wilden Wollmähne. Er passt viel besser als die perfekten, geleckten Baumspitzen zum Weihnachtsfest.“*

Amber war dieses Jahr zum ersten Mal über den Jahreswechsel in Ardenciel geblieben. Sonst hatte sie Walter immer abgeholt und erst im neuen Jahr wieder zurückgebracht. Sie hatte lange vor dem schwarzen Apparat gestanden und gezögert. Dann hatte sie die Finger in die Scheibe bei den Zahlen gesteckt, der Reihe nach, wie sie auf dem Zettel standen, und hatte diese bis zum Anschlag gedreht. Als sie Papas Stimme in der Muschel gehört hatte, hatte sie *„Ich komme an Weihnachten nicht!“,* in den Hörer geschmettert, schnell aufgelegt und war zu Angela gerannt.

Großvater Sepp war merkwürdig geworden. Amber war richtig erschrocken, als sie ihn im Herbst mit Papa besucht hatte. Er war dünn geworden. Die Hosen schlotterten um seine dürren Beine, wenn er sich unter Geächze vom Sofa aufraffte und den kurzen Weg zum Tisch wankte. Sein Gesicht war bleicher als im Sommer, die Knochen zeichneten sich unter der fleckenübersäten, fast durchsichtigen Haut ab. Das schüttere Haar hatte sich noch mehr gelichtet. Ohren und Nase wirkten dadurch überproportional groß und flößten Amber Unbehagen ein in seiner Gegenwart. Er roch alt, ein wenig wie der angeschimmelte Apfel, den sie einmal im Keller beim Mostholen gefunden hatte. Aber es war nicht nur wegen Sepp, warum sie dieses Jahr an Weihnachten nicht nach Zürich und Thurtalen mochte.

Sie musste bei ihrer Maman bleiben, die offensichtlich Bauchschmerzen oder irgendetwas mit der Verdauung haben musste. Denn sie verbrachte ungewöhnlich viel Zeit auf der Toilette und kam nach dem Geschäft immer mit geröteten Augen heraus. Wenn Amber Pipi machte, ging das blitzschnell. Hinsetzen, laufen lassen, aufstehen, weiterspielen. Wenn sie groß musste, dauerte es auch nicht länger als ein, höchstens zwei Lieder. Sie hatte ja ständig eine Melodie im Kopf. Amber war ihr bis vor die Klotür gefolgt, weil sie es wissen wollte. Meilin schloss immer ab. Und Amber wartete. Fünf Lieder lang. Es waren auch schon sieben gewesen. Und immer sagte Maman: *„Alles gut, Liebes, ich brauche halt meine Zeit! Du musst mich nicht aufs Klo begleiten!“*, Meilin rang sich ein Lächeln ab, das Amber ihr nicht abkaufte.

Dann war vor zwei Tagen dieser Gérard aufgetaucht. Maman hatte sich sehr gefreut, als der Mann an der Tür ihres Studios geklopft hatte und sie ihn beim Öffnen als einen Bekannten von früher wiedererkannt hatte. Meilin hatte sich dem Mann um den Hals geworfen, ihn umklammert und sich an ihm festgehalten, als wäre er ein heiß ersehnter Retter. Amber trug in sich Bilder, seit sie Geschichten von Rittern, Prinzen und Helden, die todesmutig mit einem Ungeheuer oder gegen einen Feind kämpften, gehört hatte. Und Gérard sah mit seinen blonden, schulterlangen Haaren und seinem muskulösen Körper, der sich satt unter den Kleidern abzeichnete, aus wie ein Drachenzähmer. Ihr Vater Walter war eher der Tierdompteur in der Zirkusmanege. Er war stets entspannt und redete den Tieren gut zu. Aber wehe! Wenn es drauf ankam, ließ er die Peitsche knallen. Das war an sich ja auch nicht schlecht. Denn als Lehrer musste Papa auch Schüler bändigen. Gérard war ganz anders. Amber war sehr beindruckt von ihm. Es machte ihr nichts aus, wenn sie im Bett zur Seite rücken musste. Er fühlte sich wahrscheinlich auch einsam. Auch seinetwegen musste sie im Dorf bleiben. Sie durfte nichts verpassen. Denn auch Angela meinte, die die Ankunft des Neuen natürlich mitbekommen hatte, dass zwischen Maman und dem schönen Franzosen etwas am Laufen war. Am Abend war die Silvesterparty voll im Gang. Angela wirbelte mit Amber herum und spielte zwischen den Beinen der Erwachsenen Fangen zur lauten Musik, die aus den schwarzen Boxen dröhnte, die in den Ecken aufgestellt waren. Meilin tanzte mit Gérard, wild und ausgelassen, wie alle anderen. Manchmal hielten sie sich eng umschlungen. Manchmal drehten sie im Kreis umeinander, schmissen sich zu Boden und verdrehten ihre Körper zu akrobatischen Formen. Das machten andere im Saal auch. Amber beobachtete die beiden aus den Augenwinkeln. Meilin trug ein dunkelgrünes Trägerkleid, das bis zum Boden reichte. Amber mochte es. Gérard trug Jeans und war wie viele Männer oberkörperfrei. Sie war sich nicht ganz sicher, wie sie Mutters Aufgedrehtheit deuten sollte. *„Ging es Maman gut? War sie betrunken? Schmuste sie mit Gérard und würde er bei ihnen bleiben? Würden sie sogar ein Geschwisterchen machen?"* In Ambers Kopf kreiste ein Gedankenkarussel. Doch sie traute sich nicht, mit ihren Fragen zu Meilin und Gérard zu stürmen. Kein guter Zeitpunkt. Stattdessen versuchte sie, sich mit Angela abzulenken und nicht an Papa zu denken.

Es war heiß und feucht von den hundert Menschen, die den ganzen Abend im Raum getanzt hatten. Die offenen Fenster brachten wenig Erfrischung in die stickige Luft. Alle waren barfuß und einige hatten sich mehrerer Kleiderschichten entledigt. Anderen, die angezogen blieben, klebten die mit dunklen, schweißnassen Flecken übersäten Hemden, T-Shirts und Hosen an den Körperteilen. Amber selber hatte nicht so sehr geschwitzt, denn sie trug ihr momentanes Lieblingskleid, das ihr Großmutter Annie zu Weihnachten geschickt hatte. Es war aus weiß-lila geringeltem leichtem Stoff und hatte dünne Träger, die sie fast nicht spürte. Wenn Amber sich drehte, schwang das Röckchen weit und fächelte ihr Luft zwischen die Beine. Das Allerallerschönste war jedoch das aufgestickte Einhorn mit der silbernen Mähne, die so schön glitzerte, wenn sie die Brust herausstreckte und das Licht der Discokugel, die an der Decke hing und sich drehte, darauffiel. Amber hatte Angela versprochen, dass sie das Kleid an ihrem Geburtstag tragen durfte. Danach war ihre Freundin ein bisschen weniger verschnupft, die zu Weihnachten nichts oder wenn nur „Nützliches“ geschenkt bekommen hatte. Angelas Eltern hatten der Verwandtschaft erklärt, dass sie Weihnachten abgeschafft hatten und keine Geschenke erwünscht waren. Meilin hatte sich von dieser mutigen Idee begeistern lassen und beherzt einen Brief aufgesetzt, den sie an Walter, seine und ihre Eltern sowie an weitere Angehörige geschickt hatte, die in Versuchung kommen könnten, Amber mit unnützem Plastikspielzeug einzudecken. Bloß, die Großmutter in Australien scherte sich keinen Deut darum. Annie ließ sich doch nicht bevormunden, was sie ihrer Enkeltochter zu schenken hatte und was nicht! Walter, Nelly und Sepp hatten auch nur mild gelächelt und an Meilin vorbei Amber die Spielsachen geschenkt, die sie sich gewünscht hatte. Mit diesen konnte sie außerhalb von Meilins Dunstkreis in der Schweiz spielen.

Amber dachte an ihre Legolandschaft in ihrem Zimmer in Zürich, die von Jahr zu Jahr wuchs. Es versetzte ihr einen Stich ins Herz, dass sie bis im Frühling nicht damit würde spielen können. Auch dass sie erst dann Papa wiedersehen würde. Jetzt gelang es ihr nicht mehr, die Gedanken an Walter beiseitezuschieben. Amber wurde es schwummerig im Bauch und es brannte in den Augen. Sie hatte Sehnsucht nach ihrem Papa! Manchmal nicht so, aber jetzt gerade kniff es heftig an der Stelle, wo ihr Herz schlug. Es tat richtig weh, wie damals, als sie mit dem Knie auf dem Stein aufschlug und die aufgeplatzte Haut stach und hämmerte. Mit ihrem Papa inmitten dieser vielen Menschen herumzualbern, das wäre schön! Es war doof, dass Meilin und Walter nicht am selben Ort wohnten und sie immer so lange Auto fahren musste, bis sie im anderen Zuhause war. Amber spürte den dicken Kloß im Hals, rannte von Angela weg zum offenen Fenster und streckte ihre Nase zum Himmel. „Papa, ich denke an dich!", flüsterte Amber, schickte ein Handküsschen nach, schniefte und fuhr sich mit dem Arm über die feuchten Augen. Papa würde es jetzt gleich an der Nase zwicken, tröstete sich das Mädchen. Es war gut, dass sie beide einmal vereinbart hatten, was sie tun sollten, wenn sie einander vermissten. Angela stupste die Freundin von hinten mit einem lautem *„Ich hab dich!"* Amber ließ sich von ihrer Kameradin, die immer noch Fangen spielte, zum Fest zurückzerren.

Plötzlich wurde die Musik abrupt angehalten. *„Lasst uns alle nach draußen gehen, es ist kurz vor zwölf!"*, hörten sie die Stimme eines Erwachsenen. *„Nehmt eure Gläser mit. Es gibt Sekt und Punsch für die Kinder. Und zieht euch was Warmes an! Im Freien ist es ein paar Grad kälter!"*, schickte er hinterher.

Wenig später standen die Bewohner in Jacken und Stiefeln verpackt auf dem großen Platz. Auf den Gesichtern, die von unzähligen Fackeln und Feuern leuchteten, die in Blechfässern brannten, lag Festlaune und eine erwartungsvolle Stimmung. Als jeder ein Getränk in der Hand hielt, zählten Kinder und Erwachsene gemeinsam den Countdown von 10 auf 1. Darauf ertönte ein Gongschlag, dem Gläserklirren und ausgelassenes *„Happy New Year! Bonne Année! Gutes neues Jahr! Feliz Año Nuevo!"* folgte. Die Menschen fielen sich in die Arme. Es war ein fröhliches Durcheinander. Amber löste sich ein paar Schritte aus dem Gewühl. Es war ihr plötzlich alles zu viel. Angela war von der Masse verschluckt worden. Amber schenkte sich Apfelpunsch ein und knabberte an einer Salzstange. Meilin stürzte sich zu ihr und schlang ihre Arme um sie. Sie hatte sich nur eine dünne Kapuzenjacke übergestreift und schlotterte: *„Kleines, ich habe dich überall gesucht! Wo hast du denn gesteckt!? Alles Liebe im neuen Jahr!"*

Amber schmiegte sich an ihre Maman. Sie roch nach Zigarettenrauch und Alkohol. Aber wenn sie die Nase ganz dicht an Meilins Brust drückte, konnte sie den noch frischen Schweiß und den normalen vertrauten Mamanduft – eine Mischung aus Olivenseife, Holz und Honig – unter den Fremdgerüchen erhaschen. Amber entspannte sich sofort. *„Dir auch viel Glück im neuen Jahr, Maman! Ich wünsche dir ..."*, stockte Amber. Sie wollte sagen, dass sie wünschte, dass Meilin glücklich und gesund würde, dass sie eine normale Familie wären und alles weniger kompliziert wäre, dass Gérard zwar ein netter Kerl war, sie aber Angst hätte, dass Papa und Maman und sie gar nie mehr zusammenwohnen würden, wenn der Drachenzähmer jetzt dazwischenkäme. Doch stattdessen sagte sie: *„Ich wünsche dir, dass du weniger Bauchweh hast!“*

„Ach, wie süß! Ich habe dich so lieb, ma petite fille!“ Meilin küsste ihre Tochter auf den Kopf. Amber nahm allen Mut zusammen und platzte heraus: *„Bleibt Gérard? Ist er dein neuer Mann und ...“*, Amber kaute auf ihrer Unterlippe, zupfte am Rocksaum, der unter dem Wintermantel hervorlugte, und überlegte kurz, ob die brennende Frage, ob sie ein Geschwisterchen bekommen würde, auch noch Platz hatte. Meilin kam ihr zuvor. Sie kniete sich zu ihrer Tochter nieder, sah diese auf Augenhöhe an und stopfte ihr eine rote Locke, die über das Gesicht fiel, unter die Kappe. Meilin bemühte sich zu lächeln, doch es gelang ihr nicht, fand Amber. Meilin räusperte sich und sprach mit einer belegten Stimme: *„Nein, Liebes. Gérard war mein ‚Mann‘, bevor du geboren wurdest. Wir haben uns als Freunde gern, weil wir viel miteinander erlebt haben. Er besuchte uns nur und reist übermorgen wieder ab. Gérard wird selber bald Papa und wird im Frühjahr Giselle heiraten. Er ist gekommen, um uns einzuladen.“*

„Oh!“, entwischte es Amber. Der Klumpen im Hals löste sich auf und es wurde ihr leicht ums Herz. Sie warf ihre Arme so stürmisch um den Hals ihrer Mutter, dass diese nach hinten fiel und sich reflexartig mit den Händen abstützte.

„Magst du Gérard nicht? Hättest du denn etwas dagegen gehabt, wenn er und ich zusammengekommen wären? Oder möchtest du gar nicht, dass deine Maman einen neuen Mann

hat?", wollte Meilin nun wissen, die wegen Ambers spürbarer Erleichterung verblüfft war, und richtete sich mit ihrem Kindpaket umständlich wieder auf.

„Doch doch, Gérard ist lustig. Ich habe einfach Angst, dass ich dann Papa nie mehr sehe, wenn du und ein anderer ...", Amber zögerte, überlegte und traute sich, jetzt, da sie schon einmal dabei waren, die Frage aller Fragen zu stellen: *„Warum hast du Papa eigentlich nicht lieb?"*

„Die Wahrheit oder eine Kinderantwort?", überlegte Meilin und fuhr sich mit den Händen über Wangenknochen, Augen, Stirn und zum Mund. Jetzt erst bemerkte sie, wie klamm und eiskalt Hände, die nackten Beine unter dem feuchten Kleid und ihre Füße, die sie in der Eile barfuß in die Stiefel gesteckt hatte, waren. Sie war mit Gérard in das klärende Gespräch vertieft gewesen, als die Festgemeinde längst nach draußen geeilt war und sie realisierte, dass sie ihre Tochter einfach im Partygetümmel geparkt und in ihrer Gefühlsachterbahn vergessen hatte. Gérard wartete im Haus wohl immer noch auf ihre Rückkehr, um ihre Situation zu klären und das unfertige Gespräch zu beenden. Sie war überstürzt ins Freie geeilt, um nach Amber zu suchen. Meilin schüttelte den Kopf und schimpfte leise mit sich. Sie blendete aus, dass die anderen sich laut zuprosteten, um die Feuerfackeln standen und Lieder anstimmten. Die Mutter kniete erneut zu Amber hinunter und strich ihr über die Wangen. Amber zuckte zurück, Mamans Finger fühlten sich wie Eiswürfel an. Sie verfolgte mit den Augen die Raketen, die in den Himmel zischten und in der

Nacht über ihnen zu Lichtern explodierten, wartete aber immer noch gespannt auf die Antwort ihrer Mutter. Es kam nicht das, was sie hören wollte: *„Ich habe Gérard vergessen! Ich muss schnell zu ihm zurück. Kommst du mit? Oder wartest du hier?"*

„Ich schaue dem Feuerwerk zu und warte halt", schmollte Amber. Es hatte sie viel Mut gekostet und Maman hatte die Frage, die sie, seit sie denken konnte, mit sich herumtrug, einfach übergangen. Sie beschloss, nie mehr zu fragen, sich lieber selber Antworten zu suchen. Ein Böller zerfetzte die Luft mit einem lauten Knall. Amber zuckte zusammen. Kinder schrien schrill. Erwachsene grölten.

1993 – Januar: Pommes in der Raststätte

Amber drückte ihre rechte Wange an die Kopfstütze des Kindersitzes. Ein vertrauter Geruch stieg ihr in die Nase. Es roch *„nellig"*, wie in Grosi Nellys Arbeitszimmer; ein wenig nach Apfel, Lavendel und altem Stoff, der manche Jahre gelagert, umfunktioniert und umgenäht wurde. Das Wort hatte Amber selber erfunden. Sie erinnerte sich, als sie zum Fenster hinausstarrte, dass der marineblaue Autositz, den Walter im Brockenhaus vor zwei Jahren erstanden hatte, an manchen Stellen, wie eben auch an der Kopfstütze, vom Vorgängerkind zerschlissen war. Nelly hatte aus einem blau-weiß-karierten Kinderbettbezug, in dem Papa geschlafen hatte, Quadrate ausgeschnitten und auf die Scheuerstellen genäht.

Es regnete Bindfäden. Die nasstrübe Landschaft flog an Amber vorbei. Unzählige Tropfen zersprangen auf der Scheibe, vermengten sich mit andern zu Rinnsalen und flüchteten mit der Fahrtrichtung nach hinten. Dorthin, wo Amber herkam und wo sie Angela zurücklassen musste. Es tauchten Bilder und Geräusche von Silvester – der Riesenknaller und das Farbspektakel des Feuerwerkes – in ihrem Kopf auf. Amber zwang sich, an den Moment danach zu denken, an dem wollte sie sich festhalten. Nicht an das, was am Tag darauf folgte. Sie wollte sich festhalten an der Stunde weit nach Mitternacht, als alles noch gut war. Als sie sich ins Bett gelegt und noch lange im Dunkeln geredet hatten, als Maman das Licht noch einmal angezündet hatte, um den kleinen Stoffbeutel aus der Schatulle zu fischen – und ihr den Bernstein gezeigt hatte. Amber strengte sich an, sich an den roten Stein zu erinnern, der Maman ganz viel bedeutete und den sie einmal bekommen würde. Sie versuchte mit aller Macht, das danach zu verdrängen, sich nicht mehr an die Bilder und die hysterischen Stimmen vom ersten Tag des Jahres, die sich in ihrem Kopf festkrallen wollten, zu erinnern.

Amber pustete eine rote Strähne von ihrer Nase. Sie war fest entschlossen, nicht zu weinen. Sie hatte herausgefunden, dass sich Tränen bändigen ließen. In den letzten Tagen, als alles um sie herum tobte, war sie still geworden, hatte die Gummistiefel und ihren dunkelblauen Kapuzenmantel angezogen, war auf den Felsen im Bach geklettert und hatte etwas Erstaunliches entdeckt. In ihr hatten schon immer verschiedene Stimmen wie in einem Kasperletheater gesprochen, doch in diesen Tagen war eine neue dazu gekommen.

Germaine Grise seufzte, schniefte und jammerte gern. Sie fand alles entsetzlich traurig. Aber nie lange. Denn zum Glück flatterten ihr Rosy Butterfly und Lilla Papillon, die Zwillingsschwestern, um den Kopf und heiterten Frau Grise schnell wieder auf. Hartmut Harz war ein alter Griesgram, anhänglich und klebrig, ihn mochte Amber nicht. Er tauchte immer dann auf, wenn sie sich daran erinnerte, was sie falsch gemacht hatte, oder wenn ihr vor etwas bange war. Ihn wurde sie nie schnell los. Wenn Amber an Maman, Papa, Angela und ihre Großmütter Nelly und Annie dachte, strahlte eine milde Frühlingssonne in ihrem Bauch. Das war eindeutig ihr Lieblingswesen. Ein Kind, es war nicht ganz eindeutig ob es Junge oder ein Mädchen war, das Amber Ray nannte. Diese fünf Persönlichkeiten waren ihr längst vertraut.

Doch wie war Amber erst erschrocken, als sich plötzlich ein neues Ungetüm im Bauch breit gemacht hatte. Rot und feurig war der Kerl gekommen. Er war an dem Tag aufgetaucht, als die beiden Männer in schwarzer Uniform in Ardenciel aufgekreuzt waren. Sie hatten ihre beiden Zimmer durchwühlt, sich vor Papa, der zum Glück schon da war, hingestellt und erklärt, dass Maman und sie nach Australien fliegen mussten. Maman war zu diesem Zeitpunkt im Krankenhaus und konnte sich nicht einmal wehren. Und Amber hatte nichts verstanden.

Jetzt im Volvo war er wieder da. Robert Devil hatte sie ihn getauft. Er polterte und stampfte von innen gegen die Bauchwand. Die anderen Wesen hatten sich aus dem Staub gemacht. Auch wenn der Neue Amber unheimlich war, etwas Gutes brachte er mit: Er feuerte sie an, wenn sie sich vornahm, nicht zu weinen. Tränen, die sich bereits auf den Weg gemacht hatten, duckten sich und machten kehrt, wenn er im Bauch war.

Amber hatte sich in der Silvesternacht gewünscht, dass Maman, Papa und sie zusammenwohnen würden. Jetzt traf ihre kühnste Hoffnung tatsächlich ein. Doch Amber war sich nicht mehr sicher, ob sie sich ihren Wunsch gut überlegt hatte. Denn dessen Erfüllung machte sie nicht fröhlich. Amber schnaufte schwer und presste die Lippen aufeinander. Am Steuer saß Walter und auf dem Beifahrersitz Meilin. Sie war immer noch bleich und vergrub die Hände und die weißen Bandagen am Unterarm in den Ärmeln ihres schwarzen Strickpullovers. Keiner sprach ein Wort. Die Scheibenwischer kämpften nervös mit der Regenflut. Wasser sptitzte vom Vorderauto, einem Kleinlaster mit einer grauen Plane, auf dem etwas in gelben Lettern geschrieben stand. Amber versuchte, den Schriftzug zu lesen, der Regendunst verschleierte jedoch die Sicht. Walter stierte geradeaus, hielt das Lenkrad krampfhaft umklammert, sodass die Sehnen und Knöchel hervortraten. Er steuerte den bordeauxroten Volvo im Schritttempo. Eine Armada ungeduldiger Franzosen überholte und machte dem Lenker des Wagens mit dem Schweizer Kennzeichen mit klaren Handzeichen und Lichtsignalen deutlich, dass man auf französischen Autobahnen durchaus schneller fahren durfte als bei einer Alpenüberquerung.

Amber drückte ihren Hund an die Brust. Die erdrückende Stimmung und das Dröhnen der Lüftung, die wegen der beschlagenen Scheiben in Dauerbetrieb war, hielt sie fast nicht mehr aus. Zudem war ihr etwas flau im Magen. Amber holte tief Luft und sagte zaghaft: *„Papa, können wir bitte das Radio anmachen? Wir hören doch sonst auch immer Musik auf unseren Fahrten!“*

Walter und Meilin rissen gleichzeitig den Kopf zu Amber herum, als hätten sie vergessen und wären dabei ertappt worden, dass ihr Kind mit ihnen unterwegs war. Das Mädchen blickte in die fragenden Gesichter ihrer Eltern, in denen die letzten Tage sichtlich Spuren hinterlassen hatten, und wiederholte ihre Bitte. Walter drückte wortlos den Knopf und schraubte die Lautstärke hoch.

„Aiiiai, will aalweis lof juhuuuu ...“, schmetterte Whitney Houston durch den Äther. Walter verdrehte die Augen und langte zum Radioregler. *„Tut mir leid, aber diese Schnulze mag ich nicht mehr hören!“* Er nestelte erneut am Knopf und wechselte den Sender. Das nächste Lied schien ihm zu gefallen, denn er drehte den Volumenregler lauter. Amber kapierte den Text vom schlafenden Satelliten nicht richtig, aber ihr gefiel die Stimme der Sängerin und sie summte leise die Melodie mit. Sie war dankbar für die Zerstreuung. Papa hatte sie gebeten, auf der Fahrt keine Bilderbücher mehr zu lesen, nachdem sie im Herbst in einer Blitzaktion am Straßenrand anhalten mussten. Ihr war von einer Sekunde auf die andere speiübel geworden. Das Frühstück hatte sich ohne ihr Zutun vom Bauch zurück in den Mund befördert. Die Milch-und-Cornflakes-Pampe stank widerlich in ihrer Nase und sie konnte den Würgereflex einfach nicht unterdrücken. Der Fleck auf der Rücklehne vom Vordersitz zeugte noch heute von dieser Fahrt. Papa hatte lange scheuern müssen, um den ranzigen Gestank aus dem Auto zu kriegen. Als beim nächsten Song die Eltern kaum merklich mitwippten, Amber sah die roten und blonden Haarbüschel vor den Kopfstützen zittern, huschte dem Mädchen ein Lächeln übers Gesicht. Es kam endlich etwas Bewegung in die traurige Fahrgemeinschaft. Lilla und Rosy spannten freudig ihre Schmetterlingsflügel in Ambers Bauch.

„A la la la long, a la la la long – u yeah ...“, sang Amber wesentlich beschwingter mit. Walter drehte sich zu seiner Tochter um und zwinkerte ihr zu. Amber verstand das Zeichen sofort. Sie waren ein eingespieltes Team und hatten schon so viele Autofahrten zwischen Frankreich und Zürich überstanden. Sie würden auch diese hinter sich bringen. Meilin, die, seit sie losgefahren waren, kaum zwei Sätze gesprochen hatte, meldete sich, ihre Stimme klang immer noch heiser: *„Können wir bald eine Raststätte anfahren? Ich muss dringend aufs Klo!“*

Walter hatte Amber erklärt, dass die Ärzte Maman einen Schlauch durch den Mund in den Magen hatten legen müssen, um die Tabletten und den Alkohol herauszupumpen. Amber hatte lange bohren müssen, bis er schließlich nachgab und seiner Tochter alles erzählte, was er wusste. Doch für Amber ergab es keinen Sinn. Sie konnte auch nach langem Nachdenken nicht verstehen, warum ihre Maman hatte weggehen wollen. Weg aus diesem Leben und weg von ihr. Hatte sie ihr denn etwas vorgemacht die ganze Zeit? Obwohl Amber froh war, dass sie nicht tot war, war dennoch etwas gestorben. Sie traute ihrer Mutter nicht mehr. Ohne es zu steuern, versteifte sich ihr Körper, wenn Maman sie jetzt küsste. Was sollte sie denn jetzt davon halten, wenn Mama sie herzte? Es konnte ja sein, dass sie sich jederzeit wieder einfach davonschlich. Alle schönen Erinnerungen hatten einen schalen Beigeschmack bekommen.

Als sie in der Silvesternacht zu Bett gegangen waren, hatte Meilin sie an ihren Bauch gezogen, ihren Arm um sie gelegt und sich um sie herumgekuschelt. Der nahe Mutterkörper hatte wie ein Ofen Wärme und Liebe abgestrahlt. Amber hatte gerungen, wach zu bleiben, um diese Seligkeit mit jeder Faser auszukosten. Doch irgendwann mussten ihr die Augen zugefallen sein. Als sie am nächsten Morgen die Augen aufschlug, sah sie auf Mamans Bettseite Ute in Strümpfen sitzen, auf ihrem Schoß saß Angela, die in ein aufgeklapptes Bilderbuch vertieft war und mit den Lippen Buchstaben formte. Amber schlug empört die Decke zurück und richtete sich auf. Auch wenn Angela ihre Freundin war: In diesem Moment waren die beiden einfach nur Eindringlinge.

„Wo ist Maman?“, schoss es aus ihrem Mund, als sie einen Druck in der Brust spürte und sofort wusste, dass etwas nicht stimmte. Ute setzte diesen Ach-Kind-Blick auf und wollte sie in den Arm nehmen. Doch Amber verwehrte sich Angelas Mutter und fragte noch einmal eindringlich nach Meilin. Angela vermied es, ihre Freundin direkt anzusehen. Ute seufzte und berichtete schließlich. Sie rang sich eine kindgerechte Fassung ab: *„Gérard war viel später als ihr in eure Wohnung zurückgekehrt und wollte sich auf dem Sofa schlafen legen. Er hat die offene Schlafzimmertüre schließen wollen und nur dich im Bett vorgefunden. Von einem unguten Gefühl alarmiert, hat er Carmen geweckt und sie gebeten ihm bei der Suche zu helfen. Sie haben Maman in Gérards Wagen gefunden und sofort die Ambulanz alarmiert.“*

Amber rieb sich die Augen und runzelte die Stirn. Sie hatte von all dem nichts mitbekommen, weder von Meilins Davonschleichen noch von Gérards Suche, weder vom Blaulicht des

Krankenwagens noch vom Abtransport. Der Hausteil, in dem sie wohnten, lag auf der abgelegenen Seite des Parkplatzes und der Zufahrtstraße. Sie fühlte sich betrogen. Alle waren Zeuge des schrecklichen Spektakels in der Morgendämmerung gewesen, nur sie hatte man ahnungslos einfach weiterschlafen lassen.

„Warum habt ihr mich denn nicht geweckt?“, protestierte Amber trotzig. Ute antwortete sachte: *„Carmen weckte mich und bat mich, nach dir zu schauen, weil Gérard mit ins Krankenhaus gefahren ist und sie selber ...“* Ute stockte und behielt für sich, dass Carmen nach der Silvesterfeier zu betrunken war, um auf Amber aufzupassen, aber immerhin klar genug im Kopf, um sie als Unterstützung zu holen. *„... Nun, wir dachten, es sei das Beste, wenn du so lange wie möglich schläfst, bis dein Papa eintrifft!“*

„Ihr könnt gar nicht wissen, was das Beste für mich ist!“, fauchte Amber Ute an. In ihr tobte es. Sie musste an die gefleckte Katze denken, die sie bei einem Spaziergang mit Papa verwundet am Straßenrand gefunden hatte. Sie hatte aus den Ohren geblutet. Als Walter sie aufheben und zum Tierarzt bringen wollte, hatte die Katze sich mit Krallen, Bissen und einem markerschütternden Jaulen gewehrt. Amber fühlte sich wie diese Katze und wollte nur noch weg. Hastig zog sich Amber Pulli, Hose und Socken über, was gerade zu fassen war, schlüpfte in ihre Stiefel und hüllte sich in ihren Mantel. Die verblüffte Ute hetzte ihr nach und erwischte das völlig aufgelöste Mädchen gerade noch, als es die Türklinke in der

Hand hielt, um aus dem Haus zu stürmen. Angelas Mutter hielt Amber entschlossen am Arm fest. *„Lass mich in Ruhe! Ich möchte allein sein!“*, flehte Amber.

„Wo willst du denn hin? Es ist kalt draußen. Komm, lass uns erst frühstücken und dann warten wir gemeinsam auf deinen Papa. Angela spielt mit dir!“, versuchte Ute das Kind zu besänftigen.

„Nein! Ich möchte zum Bach. Der tut mir gut. Angela darf von mir aus mitkommen. Sie redet nicht so viel wie du“, entgegnete Amber.

Ute kniete sich auf Augenhöhe zu Amber, blickte sie besorgt an und überlegte. *„Also gut. Wenn Angela mitgeht, lass ich dich gehen. Kann ich mich darauf verlassen, dass du nicht weiter als bis zum Felsen gehst und dass ihr in Rufweite bleibt?“*

Amber suchte Angelas Blick und sah in den Augen der Freundin ein zustimmendes Zwinkern. Ihre Freundin war das Erste und Einzige an diesem Morgen, das vertraut und brauchbar war und Halt versprach, nicht von diesen Sturmböen, die sich ihr entgegenstemmten, fortgepustet zu werden. Auf Angela war Verlass. Sie würde durchhalten, bis Papa kam. Die Mädchen machten sich kurz darauf auf den Weg zum kleinen Wasserfall beim Felsen, warm eingepackt, mit Wolldecken, einer Thermosflasche Tee und ein paar Stullen, worauf Ute bestanden hatte. Walter sah Amber und Angela von Weitem. Die Mädchen hockten sich, in Wolldecken gehüllt wie Indianerinnen, am Boden gegenüber und klatschten sich zu einem Singsang die Hände ab. Er näherte sich, jetzt, da er erkannte, dass Amber in Sicherheit war, sehr behutsam den Kindern. Der Kies knirschte unter seinen Camel Boots. Der Nachtfrost hatte in Zürich die Autoscheiben des Volvos beschlagen. Es war hier in Südfrankreich nicht ganz so kalt, dennoch bewegte sich auch hier die Temperatur um den Nullpunkt. Walter fragte sich, ob die beiden auf dem kalten Boden nicht froren. Er war unendlich erleichtert zu sehen, dass Amber im Spiel abgelenkt sogar lächelte. Als ihn Gérard informiert hatte, war er sofort aufgebrochen. Es wurde die schrecklichste und längste Autoreise seines Lebens. Zum Glück waren die Straßen leer gefegt an diesem frühen ersten Januarmorgen. Die Menschen in Europa schliefen ihren Silvesterrausch aus und er konnte das Pedal durchdrücken. Er ignorierte Tempolimits, nahm Bußgelder in Kauf, strapazierte seine eigenen Grenzen und fraß Kilometer um Kilometer mit dem Volvo. Es war ihm dennoch nicht schnell genug. In seinem Kopf spulten sich Bilder und Dramen ab, die die wenigen Eckdaten, die Gérard ihm geliefert hatte, produzierten. Bevor er sich zu erkennen gab, hielt er einen Augenblick inne. Seine Knie gaben nach, die Anspannung fiel ab. Er musste sich kurz an der knorrigen Korkeiche festhalten, die den Weg säumte. Ein Beben durchfuhr seinen Körper und Tränen schossen ihm in die Augen. Schnell wischte er sie weg, nahm ein-, zwei tiefe Atemzüge und rief seine Tochter. Amber sah auf, schleuderte die Decke von sich und rannte ihrem Vater entgegen. Angela sah zu, wie ihre Freundin sich an den Bauch ihres Vaters drückte und ungehemmt schluchzte, während er sich über sein Kind beugte, ihr unablässig über das rote Haar streichelte und sich zwischendurch mit dem Handrücken über sein eigenes Gesicht fuhr. Die kleine Freundin klaubte währenddessen behutsam die Sachen zusammen, klemmte sie unter den Arm und huschte still an den beiden vorbei zurück zu ihrer Familie.

Eine Weile später wärmten sich Walter und Amber in der Teestube auf. Andere Eltern füllten mit ihren Kindern den Gemeinschaftsraum mit Leben und fröhlichem Geplapper. Vater und Tochter saßen an einem der Holztische und bildeten eine kleine Klause, die die andern respektvoll umkreisten. Die beiden unterhielten sich leise. Als es plötzlich still wurde, sahen sie auf. Gérard betrat die Stube und schloss mit Bedacht die Holztür hinter sich zu. Er blickte sich um und entdeckte Amber neben einem ihn unbekannten Mann, der ihr Vater sein musste, und trat auf die beiden zu. Es war Gérard anzusehen, dass er die Nacht durchgemacht hatte. Sein sonst gebräunter Teint war einer fahlen Farbe gewichen, unter den Augen zeugten dunkle Ringe von den Strapazen und die Haare fielen ihm wirr und ungepflegt ins Gesicht. Amber hielt den Atem an, traute sich nicht, sich zu rühren. Welche Neuigkeiten brachte Gérard aus dem Krankenhaus?

Gérard ließ sich mit einem Seufzer neben dem Mädchen auf die Holzbank nieder. Er legte ihm die Hand auf den Unterarm, lächelte es erschöpft an und gab Entwarnung. Meilin wäre über den Berg und sie könnte in zwei Tagen das Spital wieder verlassen. Ambers Lippen bebten, als sie viel Luft holte und sie geräuschvoll ausströmen ließ. Walter entfuhr ein erleichtertes: *„Gott sei Dank!“* Nach einer kurzen Pause fragte er den Franzosen, ob er einen Kaffee wollte. Dieser nickte zustimmend. Es war die erste Begegnung der beiden Männer. Jeder kannte die Geschichte des anderen aus Meilins Schilderungen. Jeder hatte auf seine Weise Meilins Lebensweg nachhaltig verändert und sie waren auf unfreiwillige Art, mit Meilins Suizidversuch noch mehr, miteinander verbandelt: eine nicht selbst gewählte Schicksalsgemeinschaft. Walter bereitete zwei Espressos und einen weiteren Kakao für Amber an der Selbstbedienungstheke zu. Verstohlen musterte er den attraktiven Franzosen aus den Augenwinkeln, der sich jetzt ungezwungen mit Amber unterhielt. Eine fiese kleine Kralle grub sich in seinen Magen. *„Was soll das? Das habe ich doch nicht nötig, da stehe ich doch drüber!“*, redete er mit sich selber in Gedanken.

Walter besänftigte seinen kurzen Eifersuchtsanfall, erkannte an, dass der Franzose trotz der Spuren der dramatischen Nacht verdammt gut aussah. Gérard war ohne Zweifel ein Gewinner, ein Macher, ein Sonnenkind. Die Frauen mussten ihm zu Füßen liegen. Walter scannte sein Äußeres vor seinem inneren Auge. Unbestritten, er schnitt schlechter ab. Ihn reizte ein gutes Buch immer mehr als körperliche Ertüchtigung. Walter fand das Abmühen und Schwitzen an Sportgeräten lächerlich, ja gar bemitleidenswert. Mit Mannschaftssport und Joggen hatte er sowieso nichts am Hut. Am ehesten lockte es ihn, im Sommer in natürlichen Gewässern zu schwimmen. Hallenbäder mied er wie der Teufel das Weihwasser. Es ekelte ihn vor dem mit menschlichen Ausscheidungen durchtränkten Chlorwasser und er bekam Wallungen in den überhitzten Hallen.

Im Winter die Skipisten hinunterzusausen, konnte spaßig sein. Einzig gemächlich in seinem Tempo über Land zu radeln, konnte ihn richtig begeistern. Diese Freude konnten ihm auch die Verbissenen, die in ihren geschmacklosen, grellen Trikots mit gesenktem Kopf auf ihren dünnen Rädern an ihm vorbeiflitzten, nicht nehmen. *„Alles gemächlich angehen lassen"*, war Walters Credo. Da war es nicht verwunderlich, dass ihm ein schlaffer Tonus beschert war. *„Was soll's! Ich habe andere Qualitäten!"* Unverhofft grinste Walter breit, ertappte sich dabei und verstand, dass dies in dieser Situation total unangebracht war. Schließlich hatten sie ernsthafte Dinge zu klären und so zwang er sich, aus seiner Gedankenwelt aufzutauchen und sich zu fassen. Er kehrte zur Tischgruppe zurück und eröffnete das Gespräch, nachdem alle an ihren Tassen genippt hatten. Amber zückte Block und Buntstifte, begann zu malen, während sie dem Männergespräch aufmerksam lauschte, und hoffte zu erfahren, was sie nun erwartete.

Gérard schluckte den letzten Bissen seines Croissants herunter, spülte mit einem Schluck Wasser nach und erzählte: *„Ich frage mich, ob das Gespräch vom Silvesterabend einen Einfluss auf Meilins ..."*, Gerard überlegte kurz, *„... Tat hatte. Sie war noch nicht ansprechbar, bis ich das Krankenhaus verlassen habe."* Wieder legte er eine Pause ein bevor er fortfuhr: *„Ich habe Meilin hier in Ardenciel besucht, um sie zu meiner Hochzeit im Frühjahr einzuladen. Meine langjährige Freundin Giselle, die die Silvestertage mit ihren Freundinnen verbringt, und ich werden Eltern. Weil Meilin und ich uns sehr nahegestanden hatten, war ich überzeugt, dass sie sich* *darüber freuen würde. Ich habe nicht mit ihrer heftigen Reaktion gerechnet. Sie hatte sich ja damals von mir getrennt, nicht umgekehrt. Meilin und ich hatten uns 1980 in Australien, als ich zum Tauchen im Barrier Reef war, kennengelernt. Sie hatte mit ihrer Großmutter Trude in einem Resort geweilt, wo ich untergekommen war. Wir hatten uns richtig ineinander verliebt. Meilin war sich unserer Liebe so sicher gewesen, dass sie mit mir nach Frankreich durchgebrannt war. Ich hatte zurückmüssen, weil mein Visum abgelaufen war. Kurz darauf sind wir nach Afrika aufgebrochen, um durch den Maghreb zu trampen und uns mit Gelegenheitsjobs durchzuschlagen.“*

Gérard hielt inne, schielte zu Amber und sann kurz darüber nach, ob und mit welchen Worten man einem Kind von den wilden Jugendjahren seiner Mutter erzählen durfte. *„Wir hatten eine ungestüme, schöne Zeit. Meilins Flatterhaftigkeit war unser ständiger Begleiter gewesen. Sie warf sich in einem Moment mit offenen Armen der Welt entgegen, um Sekunden später in tieftraurige Selbstzweifel abzustürzen. Ich hatte unzählige Male miterlebt, wie Meilin in ein tiefes Loch gefallen war. Obwohl ihre Instabilität nicht einfach zu handhaben war, hatte nicht ich Schluss gemacht. Ich hatte Meilin geliebt und sie eingeladen, mit nach Frankreich zurückzukehren, wo ich meine Zukunftspläne mit ihr realisieren wollte. Das Herumzigeunern war mir zu anstrengend geworden. Doch Meilin eröffnete mir eines Morgens, dass sie alleine weiterziehen wollte. Sie war noch nicht bereit für Ansässigkeit und eine Familienkiste. Dabei hatten wir gar nicht von gemeinsamen Kindern gesprochen ...“*

Wieder unterbrach Gérard seine Erzählung und reflektierte seine Worte. Walter nickte und seufzte nur. Ihm kamen die Schilderungen nur zu vertraut vor. Gérard führte die Kaffeetasse zum Mund und stellte fest, dass sie leer war. Als Walter ihm anbot, ihm einen weiteren Espresso zu holen, winkte er dankend ab und fuhr fort: *„Nun, unsere Wege trennten sich. Ich habe ein paar Jahre später erfahren, dass sie Mutter geworden war und sich in Ardenciel unweit von mir aufgehalten hatte. Ihre Großmutter Trude, mit der ich heute noch einen herzlichen, aber losen Briefkontakt pflege, schickte Meilins Mutter Annie und ihren Onkel Serge, die verzweifelt versuchten, Meilin ausfindig zu machen, zu mir. In den Jahren danach hatte ich sie vielleicht drei Mal in Ardenciel besucht. Es war aber nie mehr etwas zwischen uns gelaufen. Deshalb hatte es mich völlig überrumpelt, als sie mir gestern unter Schluchzen offenbarte, dass sie meinen Besuch so gedeutet hatte, dass wir wieder zusammenkommen könnten. Das Gespräch endete in Tränen und wir beschlossen, heute weiterzureden und noch zu klären, was es zu klären gibt, bevor ich abreise. Ich habe mir wirklich nichts dabei gedacht, als sie sich mit Amber zurückzog."*

Gérard drehte die leere Tasse ein paar Mal in den Händen, bevor er sich räusperte, den Kopf zu Walter streckte und flüsterte: *„Die Ärzte hatten zum Glück rechtzeitig bemerkt, dass die Unglückliche sich nicht nur Wunden an den Armen zugefügt, sondern auch ein Durcheinander an Medikamenten, Drogen und Alkohol im Magen hatte. An diesem Cocktail, nicht an den Schnitten, hätte sie sterben können. Wenn ich sie nicht gefunden hätte."*

Gérard schielte zu Ambers Zeichnung. Sie hatte in der linken unteren Ecke ein winziges Mädchen in einer blauen Fläche gemalt. Auf der Blattmitte standen zwei Männer links und rechts von einer Frau mit einem roten Kleid, die mit schwarzen, dicken Kreisen und Kringeln umrundet war, die das Mädchen mit geräuschvollem Nachdruck gezogen hatte. Ihre Zungenspitze lugte zwischen den Lippen hervor, als sie mit aller Kraft Funken und Blitze auf den schwarz schraffierten Himmel mit gelben Buntstiften hämmerte. Gérard spürte einen Kloß im Hals. Mit erstickter Stimme sagte er: *„Jetzt brauche ich doch noch einen Kaffee, bevor ich loswerden muss, was ich im Krankenhaus erfahren habe. Möchtest du auch noch etwas Walter? Amber?"*

Amber schüttelte die roten Locken. Sie war zu vertieft in ihr Werk und wollte nicht abgelenkt werden. Walter verneinte ebenso, stierte ins Leere und trommelte nervös mit seinen Fingern auf das Holz. Der Raum pulsierte immer noch von den Stimmen der Menschen. Die drangen nicht zu ihm durch.

Gérard berichtete nach seiner Rückkehr, dass die Fremdenpolizei im Spital aufgetaucht war. Weil Meilin nicht ansprechbar gewesen war, hätten sie ihn, als vermeintlichen Angehörigen, ins Gebet genommen. In der Notfallaufnahme hatte die Schwester nach den Personalien und Papieren gefragt, an die er in der Hektik – wie hätte er auch – nicht gedacht hatte. Die verständnisvolle Pflegerin versuchte, auf amtlichem Weg die nötigen Angaben ausfindig zu machen. Als Ausländerin wäre Meilin bestimmt bei der Fremdenpolizei registriert. Es stellte sich dann heraus, dass Meilin keine Aufenthaltsberechtigung besaß. Sie hatte sich und ihre Tochter im Mai 1986 beim französischen Ausländeramt abgemeldet und war seither nie mehr registriert worden. Der Gendarm hatte Gérard unterbreitet, dass Meilin und das Kind unmittelbar nach ihrer Genesung nach Australien ausgeflogen würden. Als Angehöriger möge er dafür sorgen, dass sie die Sachen geregelt bekäme. Wenn sie nicht kooperierte, müsste sie bis zur Auslieferung ins Gefängnis. Als Gérard den Schweizer Vater ins Spiel brachte, horchte der französische Polizist auf. Wenn sich die Schweizer Behörden damit herumschlagen wollten, sei ihm das egal. Mutter und Tochter müssten einfach aus dem Land.

Amber hatte mit einem Ohr mitbekommen, dass sie nach Australien fliegen würden. Das fand sie gar nicht so schlimm, denn so würde sie Großmutter Annie endlich wiedersehen. Doch ihr Papa, Walter, hatte seltsam reagiert. Er war weiß geworden im Gesicht. Wie damals, als er nicht mit ihr ins Schwimmbad gehen konnte, sondern sie den schönen Sommertag in der Zürcher Wohnung verbracht hatten. Sie durfte den ganzen Nachmittag Comics im Fernsehen schauen. Was auch nicht schlecht war. Doch er war immer zwischen Toilette und Bett hin- und hergeschwebt wie ein Geist. Grauslich hatte er ausgesehen. Und zwei Tage später hatte auch sie pausenlos erbrechen müssen. Das war nicht schön gewesen.

Sie fuhren am späteren Nachmittag ins Krankenhaus, um nach einem langen Marsch durch endlose Korridore, die seltsam rochen, eine wache Maman vorzufinden, die sich aus Kissen und

Decken schälte, sich aufrichtete und ihr matt zulächelte, als sie durch die Zimmertür traten. Das hatte ihr genügt, um in der Nacht gut neben ihrem Papa, der auf Mamans Bettseite lag, einschlafen zu können.

Von den Telefonaten mit Schweizer und französischen Behörden, mit dem Krankenhaus, seinem Hausarzt und Nelly hatte Amber nichts mitbekommen. Papa hatte ihr nur ein paar Tage später angekündigt, dass Amber und Meilin mit ihm für immer in die Schweiz fahren würden. Amber würde während der Woche bei Nelly und Sepp wohnen und in Thurtalen den Kindergarten besuchen. Am Wochenende holte er sie nach Zürich. Maman bräuchte Hilfe, hatte Papa gesagt. Sie käme in ein anderes Spital im Nachbarort der Großeltern. Dort gab es Ärzte, die Meilin helfen könnten, Freude am Leben zu finden und sich selber lieb zu gewinnen.

.....

Daran kaute Amber am meisten. „*Warum hat Maman sich nicht lieb? Genügte es nicht, dass ich sie lieb habe?*“, überlegte sie, als Walter den Blinker setzte, sich rechts einordnete und das Tempo verlangsamte, um die Raststätte Valence Nord anzusteuern.

Wenig später hob Walter zwei braune Servierbretter vom Stapel und reichte eines seiner Tochter, die gleichzeitig zwei Servietten aus dem Spender fischte und eine sorgfältig auf dem Tablett des Vaters anrichtete. Ein Teller Pommes mit

Ketchup und Mayo gehörte zu den festgelegten Ritualen auf der Autoreise zwischen Zürich und Ardenciel. Warum sollten sie es diesmal anders handhaben? Meilin hatte keinen Appetit und wollte nichts essen, hatte sie leise gesagt, bevor sie auf der Toilette verschwand. Ein älterer Franzose mit Pockennarben und feuchten, schwarzen Haaren, die unter der weißen Kochmütze an der Stirn klebten, fischte die Pommes aus der Friteuse in eine Metallschüssel, salzte die gebackenen Kartoffeln und richtete sie auf zwei Tellern an, die er Walter über die Theke reichte. *„Bon Appetit"*, wünschte er Vater und Tochter und zwinkerte Amber zu. Verdutzt drehte sie sich beim Abtreten noch einmal um und sah, dass der Mann ihr noch einmal zuzwinkerte und dabei seine ungepflegten Zähne mit einem breiten Grinsen freilegte.

„Warum blinzelt mir der Koch zu?", fragte Amber Walter, als sie sich an einen freien Fensterplatz setzten. Walter betrachtete seine Tochter zärtlich und wünschte sich, dass sie noch lange ihre Natürlichkeit bewahren würde. Sie war sich noch nicht bewusst, wie hübsch sie war mit ihrer roten Lockenpracht und den strahlenden Augen. Es war ihr offenbar immer entgangen, dass Menschen sich nach ihr umdrehten, wenn sie einen Raum betrat. In der Kommune hatte sie in einem geschützten Kokon gelebt. Als Lehrer wusste er zu genau, was auf den Schweizer Schulhöfen abging. Nichts wünschte er seiner Tochter mehr als einen sanften Einstieg in den Kindergarten und damit in die Schulkarriere. Er hoffte, sie wäre souverän genug, sich nicht unterkriegen zu lassen. Er wünschte ihr, dass sie nie ihre gewinnende Unbefangenheit verlieren

oder zumindest Werkzeuge finden würde, sich zu schützen. Er würde sie nicht immer vor Arschlöchern beschützen können.

„Ich glaube, er wollte dir einfach ein gutes neues Jahr wünschen!“, sagte Walter nur und steckte sich genüsslich drei mit Ketchup beladene Pommes in den Mund. Amber tat es ihm gleich und schaute sich kauend um. Sie sah Kinder und Eltern, Lastwagenfahrer, Pärchen, Menschen, die irgendwo herkamen und irgendwo hinreisten und hier in diesem Lokal mit den riesigen, schmierigen Fenstern Rast machten.

Meilin tauchte hinter einem Raumtrenner, einem langen, rechteckigen Pflanzkübel mit braunen Erdersatzkugeln und Überresten einer bemühten Weihnachtsdekoration, auf und sah sich nach ihren Angehörigen um. Sie hatte sich die Haare hochgesteckt. Gesicht und Hals lagen dadurch frei. Meilin wirkte frischer und zugänglicher. Amber warf einen Blick auf Meilins Handgelenke und sah, dass die Bandagen unter den schwarzen Ärmeln verborgen lagen. Sie war erleichtert darüber. Denn es wäre ihr irgendwie unangenehm gewesen, wenn die anderen Menschen anhand des leuchtenden Verbandes erkannt hätten, dass mit ihr etwas nicht stimmte.

Kaum war Meilin an den Tisch getreten, platzte Amber heraus: *„Maman, hast du denn jetzt Papa lieb, wenn ihr jetzt heiratet?“* Amber hatte sich bei der Abreise an Angela, in der Angst, dass sie sich nie mehr wiedersehen würden, festgeklammert. Alle Versuche der Erwachsenen, die Freundinnen zu trennen, fruchteten nicht, bis Papa den Satz wie einen Trumpf aus dem Ärmel ziehend fallen ließ: *„Meilin und ich* *werden, sobald wir in Zürich sind, heiraten, damit deine Maman bei uns bleiben kann!"* Sie hatte sich auf der ganzen Autofahrt daran festgehalten, dass sie nun endlich eine richtige Familie werden würden. Doch Maman war ihr immer noch eine Antwort schuldig. Deshalb fügte Amber an: *„Du hast mir am Silvesterabend versprochen, dass du mir eine ehrliche Antwort gibst!"*

Meilins Wangen leuchteten rot, als ihr Blick zwischen Walter und Amber hin- und herwechselte, um Zeit zu gewinnen. Sie fühlte sich in die Enge getrieben und suchte Walters Hilfe, die er ihr aber nicht anbot. Er hob nur fragend die Augenbrauen, war er doch selber neugierig auf ihre Antwort. Meilin rutschte nervös auf dem Plastikstuhl hin und her und langte über die Tischplatte. Dabei rutschten die Ärmel nach hinten und legten die Verbände frei.

Amber kam dem schüchternen Versuch ihrer Mutter, Kontakt aufzunehmen, entgegen. Sie streckte ihrer Mutter die von Salz, Fett und Sauce klebrigen, weichen Hände entgegen. Doch konnte sie es nicht unterlassen, den schwarzen Strickpulli wieder über die Handgelenke zu ziehen, bevor sie ihre Maman hoffnungsvoll anstrahlte. Meilin tauchte in das Kindergesicht ein, holte Luft und sprach zu Amber, als wäre Walter nicht anwesend.

„Ich mag Walter sehr. Er ist ein feiner Mensch und der beste Papa, den ich mir für dich wünschen kann. Ja, ich mag ihn sehr. Ich möchte nicht, dass du ohne ihn aufwächst, deshalb werde ich mit euch in die Schweiz kommen. Und ich liebe dich

über alles. Du bist das Beste, was mir passiert ist. Auch deshalb bin ich froh, dass ich deinen Papa getroffen habe.“

Walter stocherte in den letzten Pommes auf dem Teller, führte sie in seinen Mund und schleckte sich danach das Ketchup- und Salzgemisch von den Fingern. Amber schaute ihre Mutter unentwegt an und versuchte sich über das, was sie gesagt hatte, zu freuen. Doch Lilla und Rosy wollten nicht tanzen.

1993 – September
Bo, geh zurück in den Zoo!

Amber stapfte an diesem schulfreien Nachmittag in Gummistiefeln auf dem schmalen Gartenpfad zwischen dem Meer aus Astern, Dahlien, Gladiolen, Rittersporn, Ringelblumen, Ranunkeln und Sonnenblumen Nelly hinterher. An den Stiefeln klebten schon nach wenigen Metern feiste Dreckklumpen, die nach jedem Einsinken in der matschigen, lehmigen Erde festklebten. Zwei-, dreimal blieb das Mädchen stecken, denn statt Schritte voranzukommen, glitten ihre blanken Füße aus den Socken und den Gummitretern. Sie wäre gestolpert und der Länge nach in die Blumenrabatte gefallen, wenn sie nicht wild mit den Armen gerudert hätte, um sich auszubalancieren. Amber gelang es danach, durch Spreizen der Zehen die Stiefel an den Füßen festzuklemmen und die Großmutter, die weniger Mühe mit dem Vorankommen zu haben schien, einzuholen. Nach dem tagelangen Dauerregen wollte Nelly in ihrem Reich nach dem Rechten sehen. Sie hoffte, dass die Blumenpracht nicht zu sehr gelitten hatte. Der Garten war nebst dem schmucken Fachwerkhaus ihre Visitenkarte. Über das Dorf hinaus wurde sie für ihren grünen Daumen gerühmt. Das Winzerfest stand vor der Tür. Wie die Jahre zuvor sollte Nelly das Dorf mit den Blumenschätzen aus ihrem Garten beliefern. Die ganze Bevölkerung rückte am Freitag vor dem Festwochenende an, um ihr stolzes Dorf herauszuputzen. Männer und Burschen karrten mit den Traktoren Bretter und Metallgestänge an, hämmerten und zimmerten Buden und Schautafeln. Landfrauen, die Tage zuvor in den Backstuben gestanden hatten, schmückten Brunnen, Tröge und die Festbühne mit Buketts. Es war Ehrensache und unhinterfragte Pflicht, dass jeder seinen Beitrag für den Höhepunkt des Jahres leistete und damit für Zusammenhalt und Gemeinwohl sorgte.

Nelly war auf dem Land geboren und würde auf der Ackerscholle sterben, keine zehn Pferde würden sie lebend aus Thurtalen herausbringen. Nelly hatte schon alle Wetter erlebt und manche Ernten zerstört gesehen. Es tat jedes Mal weh, wenn die Mühen und die Hingabe, die ein Feld oder ein Garten nun einmal erforderte, mit einem einzigen launischen Gewitter, einer wochenlangen Trockenheit oder einem heimtückischen Frost zerstört wurden. Jetzt atmete Nelly erleichtert auf, als sie bei der Inspektion feststellte, dass sich abgesehen von wenigen faulen Knospen oder abgeknickten Stängeln der Schaden in Grenzen hielt. Der Wetterbericht hatte ein Zwischenhoch angemeldet, das bis Sonntag anhalten sollte. Bis dann würden auch die nassen Felder und Gehwege abgetrocknet sein.

„Komm, Bo. Wir putzen die Stauden sauber. Damit die Frauen morgen nicht so viel Arbeit haben und einfach die gesunden Blumen ernten können. Geh, hol uns schnell Gartenscheren und Kübel im Schuppen!“

Bo! Amber rollte die Augen, als sie auf dem Absatz kehrt machte und sich in Richtung Schuppen aufmachte. Als sie früher bei Nelly und Sepp nur zu Besuch war, hatte sie es nie gestört oder wahrscheinlich hatte sie es gar nicht richtig wahrgenommen: Ihre Großeltern sprachen nun einmal nur Schweizerdeutsch und hatten ihren englischen Namen nie richtig aussprechen können. Doch jetzt tat sie sich schwer damit, mit der Verhunzung ihres Namens gerufen zu werden. Seit Januar wohnte sie inzwischen bei den beiden. Sie war einfach vor vollendete Tatsachen gestellt worden. Der erste Satz und das Bild von Nelly, als sie nach der langen Autofahrt endlich angekommen waren, hatten sich Amber ins Gedächtnis gebrannt. Die Großmutter hatte bestimmt stundenlang auf die Ankunft der drei gewartet. Amber hatte nämlich gesehen, wie die Gardine am Stubenfenster in die Ausgangsposition zurückfiel, als sie mit dem Volvo auf den Hofplatz fuhren. Nelly hatte in Filzpantoffeln, Nylonstrümpfen, Küchenschürze über dem Tweedrock auf dem hölzernen Treppenabsatz des hinteren Hauseinganges gestanden, als Walter, Meilin und Amber aus dem Auto stiegen. Die gelbe, selbst gestrickte Wolljacke war hastig übergestreift, was Amber an den Knöpfen hatte ablesen können. Oben hatte ein verlorenes Knopfloch an der Leiste abgestanden und unten am Zipfel der Jacke ein brauner Knopf gebaumelt. Nelly rief: *„Wie schön, dass ihr endlich da seid! Wir werden es gut haben miteinander, gäll Ämbo!“*

Ämbo! Ambers Nackenhaare sträubten sich.

„Ich heiße AmbER! Mit einem englischen BR am Schluss, Grosi!“, wollte Amber aufbegehren, doch ihr blieben die Worte im Hals stecken, als sie mit unerwarteter Wucht realisierte, dass nun etwas Neues anbrach. Das Mädchen grub ihr Gesicht

in ihren Hund, um ihre geröteten Augen und die Empörung zu verbergen. Walter hatte mit ihr alles durchgesprochen. Unter der Woche würde Amber bei den Großeltern in Thurtalen wohnen und den Kindergarten besuchen. Am Wochenende holte er sie zu sich. Sie konnte nicht bei ihm wohnen, weil er in Zürich weiter unterrichtete und Maman in der geschlossenen Klinik im Nachbardorf gesund werden musste. Eltern und Großeltern hatten einfach entschieden, ohne sie zu fragen! Es leuchtete ihr schon ein, dass sie nicht alleine in Frankreich bleiben konnte und dass Maman, weil sie krank war, nicht auch noch auf Amber aufpassen konnte. In Ambers Vorstellung hätte sie sich doch einfach in der Zürcher Wohnung beschäftigen und auf Papa warten können, bis er mit der Schule fertig war. Er hätte ihr auch zeigen können, wie man kocht und putzt, dann hätte sie jeden Abend die Mahlzeiten zubereitet und ihm etwas Feines auf den Tisch gestellt, wenn er nach Hause kam. Auch den Einkauf traute sich Amber durchaus zu. Schließlich hatte sie schon zwei Mal Milch, Brot und Croissants beim Quartierladen eingekauft! Dass er sie jetzt beim kranken Großvater, vor dem sie sich ein wenig gruselte, und bei Nelly, die sie an sich schon mochte, die aber in manchen Dingen sehr pingelig und streng sein konnte, „parkte", nahm Amber ihrem Papa sehr übel.

„Du wirst sehen, wenn du im Sommer in die Schule kommst, wirst du neue Freunde gewinnen. Dann kommen neue Kinder hinzu. Und du wirst Angela bestimmt bald nicht mehr so vermissen!", versicherten Nelly und Walter immer wieder, als Amber am Anfang Heimweh nach Ardenciel und ihrer Freundin hatte. Nach dem Kindergarteneintritt hatte sie ins

Bett gemacht. Jedes einzelne Mal schämte sie sich, wenn sie am Morgen aufwachte und ihre Pyjamahose und die Matratze total durchnässt waren und sie es der Großmutter beichten musste. Sie hatte sich abends kaum getraut, einzuschlafen, denn im Schlaf hatte sie einfach keine Kontrolle über ihre Blase. Sie weigerte sich jedoch, Windeln anzuziehen, sie war doch kein Baby mehr! Nelly hatte es vorgeschlagen, weil sie zwar nicht laut wurde und Amber nie beschimpfte, aber doch müde war, jeden Morgen die Bettwäsche zu waschen. Aufgehört hatte das peinliche Einnässen dann von einem Tag auf den anderen, als Amber endlich einwilligte, Papa einzuweihen und nachdem er mit der Kindergärtnerin geredet hatte, die ihn um ein Gespräch gebeten hatte.

„Es gibt da zwei Jungs, Timo und Robin, die Söhne vom Gemeindepräsidenten Meier und dem einflussreichen Bauern Harzenmoser, der zugleich Parteipräsident der Bauernpartei und Vorstand der Schulpflege ist ...“, hatte Fräulein Kunz augenrollend und seufzend berichtet. *„Sie sind die Rädelsführer in meiner Kindergartenklasse. Ich bedauere sehr, dass ich in den ersten Tagen nach Ambers Einschulung verpasste, auf die beiden ein Auge zu werfen, obwohl sie mir einschlägig bekannt waren. Amber stand Tage später lustlos an ihrer Karotte knabbernd am Rand des Pausenplatzes. Das Mädchen hatte nur mit den Achseln gezuckt und auf meine Frage hin gesagt, dass sie halt lieber alleine sei. Fortan beobachtete ich die Klasse genauer und es hat mich richtig gefröstelt, als die eine Schar Kinder unter Anführung der beiden Jungs auf dem Heimweg in die Mittagspause hinter Amber herrief: ‚Pumuckl! Du Witz-*

figur, mach dich lieber unsichtbar, wir brauchen dich hier nicht! Bo, Bo, Bo – geh zurück in den Zoo! Zu den rotarschigen Affen, wo du hingehörst!' Amber hatte sich nicht umgesehen, doch ihre hängenden Schultern und schlurfenden Schritte sprachen Bände. Zum Glück hatten wir am selben Nachmittag Unterricht. Ich habe mit der Klasse Tacheles geredet. Die Kinder berichteten, dass sich das Bubengespann schon am ersten Tag auf das neue Mädchen eingeschossen hatte. Timo und Robin hatten den Klassenkameraden klargemacht, dass sich ja niemand getrauen sollte, sich mit der Rothaarigen, die so blöd fremdländisch sprach, anzufreunden. Sonst bekämen sie es mit ihnen zu tun oder würden nicht zu ihren Geburtstagen eingeladen werden."

Fräulein Kunz erkannte an den Gesichtern ihrer Schützlinge, dass sie erleichtert waren, endlich über die Gemeinheiten der beiden Anführer sprechen zu können, und dass ein Bann gebrochen war. Alle zwölf Kinder waren nämlich in milder oder härterer Form drangekommen. Luis, der Sohn des Bäckers, musste die beiden mit Pausenbroten bedienen. Als er, von Statur eher ein schmächtiges Bürschlein, es einmal gewagt hatte, es zu vergessen, war er mit einer verrenkten Schulter, die er sich angeblich beim Hinfallen zugezogen hatte, heimgekehrt und hatte seine Lektion gelernt. Lena und Sophie hatten sie abgepasst und ihnen Küsse abgezwungen. Fräulein Kunz ließ jedes Kind zu Wort kommen, auch Timo und Robin. Die hatten die ganze Zeit auf ihren Stühlen herumgezappelt und den Kasper gespielt, die Berichte schienen sie nicht zu beindrucken. Als sie an der Reihe waren, drucksten sie herum, zuckten mit den Achseln und waren wenig einsichtig. Die Lehrerin bat die Klasse, Amber mit einzubeziehen und Vorfälle ab jetzt sofort zu melden. Rebekka meldete sich und erklärte sich spontan bereit, Amber von jetzt an nach Hause zu begleiten und abzuholen und am nächsten freien Nachmittag mit ihr zu spielen. Was die Eltern der auffälligen Buben mit ihnen nach der Unterredung zwischen Fräulein Kunz und ihnen gemacht hatten, entzog sich den Kenntnissen der Kindergärtnerin.

„Apropos fremdländisch reden: Ich finde es bemerkenswert, dass Amber drei Sprachen spricht. Dass sie manchmal einen französischen und englischen Ausdruck verwendet, wenn ihr der Schweizerdeutsche nicht auf Anhieb einfällt, scheint mir in dieser Eingliederungsphase ganz normal. Wir müssen das zu diesem Zeitpunkt noch nicht logopädisch abklären lassen."

Danach machte Amber nie mehr ins Bett und Rebekka war tatsächlich ihre Freundin geworden. Dank Rebekka und deren Mutter hatte Amber sich sogar mit ihrem neuen Spitznamen Bo angefreundet. Als Rebekka sie tatsächlich zum Spielen abholte und ihre Mama Apfelschnitze und Cracker zu den auf dem Teppich Barbie spielenden Mädchen ins Zimmer brachte, sagte diese: *„Hallo, Bo! Wie schön, dass du da bist und mit Rebekka spielst! Mir gefällt übrigens dein Name sehr. Der ist außergewöhnlich. Ich kenne niemanden, der so heißt. Außer die eine Schauspielerin. Und die ist total cool!"*

An den Kindergarten dachte Amber, als sie mit dem Gartenwerkzeug zu Nelly zurückkehrte. Jetzt ging sie richtig gern zu Fräulein Kunz. Als ihr Rebekka, die sie später abholen wollte, und die Pläne für den Nachmittag in den Sinn kamen, bogen sich Ambers Mundwinkel nach oben.

„Na, was macht dich denn so fröhlich?", fragte die Großmutter. Sie hatte inzwischen alle vom Regen niedergedrückten Stauden neu hochgebunden und nahm Amber nun die Gartenschere mit dem roten Griff, diese war scharf geschliffen, und einen weißen Eimer ab. Der blaue Mayonnaiseschriftzug auf gelbem Grund war von der Witterung verblichen und nur noch zu erahnen. Diesen und drei weitere Plastikbehälter hatte Nelly vor einigen Jahren aus der Mülltonne gefischt. *„Sünd und schad ist's, gutwertiges Material wegzuwerfen!"*, hatte sie leise vor sich hin gewettert, als sie die Gebinde nach der Kartoffelsalataktion im Gemeindezentrum entdeckte. Einhundert Kilogramm Erdäpfel hatten die Frauen damals für den kantonalen Musiktag gekocht und verarbeitet. Ein schönes Fest war es gewesen. Und der Salat, der zu heißem Fleischkäse serviert wurde, wurde von den Blasmusikanten hoch gelobt.

„Ich freue mich, nachher mit Rebekka zur alten Lise mitzugehen. Flora, auf der Rebekkas Mutter reitet, hat am Samstag ein Fohlen bekommen! Ich hoffe, du hast nichts dagegen!", plapperte Amber fröhlich und schnitt die vermoderten Dahlienköpfe direkt in den Kübel. Sie machte sich einen Sport daraus, auf den Eimerboden zu zielen. Es war ein kleiner Triumph, wenn sie traf und eine selbst auferlegte Strafe, wenn sie danach den Blütenkopf von der Erde klauben musste. Sie

ekelte sich, die faulig-glitschigen Pflanzen in die Finger nehmen zu müssen. Nein, Nelly hatte keine Gummihandschuhe für sie. Wer im Garten arbeitet, muss spüren, was er in den Händen hält. Manchmal gab Nelly seltsame Dinge von sich. Aber Amber mochte ihre Großmutter. Besonders auch heute, da sie mit dem Ausflug einverstanden war und für die alleinstehende Lise sogar noch ein Stück vom Apfelkuchen mitgeben wollte.

Das Mädchen und die Großmutter schnippelten eine Weile schweigend, als sie durch ein schepperndes Klopfen aus ihren Gedanken gerissen wurden. Sepp stand beim Geräteschuppen, hielt sich mit einer Hand an den Planken fest und machte mit dem Gehstock in der anderen Hand auf sich aufmerksam. Die braunen, viel zu weiten Cordhosen waren mit Hosenträgern weit über dem Bauchnabel wie zum Trocknen an der Leine an den Schultern aufgehängt. Unter dem karierten, bis oben zugeknöpften Flanellhemd wirkten Sepps Hals und Kopf verloren. Alles wirkte verloren an diesem von der Krankheit gezeichneten Mann – an ihm, dem früher, wenn er einen Raum betrat, Wirkung und Aufmerksamkeit sicher waren wie einer stattlichen Eiche. Es schien nur noch die bröselige Rinde des einst würdevollen Baumes übrig. Der Krebs hatte ihn von innen ausgehöhlt. Gefräßig hatte er sich erst durch den Darm, dann durch die Milz und den Magen durchgefressen und hinter sich schwarze Spuren zurücklassen. Der Hausarzt hatte bei der letzten Konsultation im August gesagt, es wäre nur noch eine Frage der Zeit. Eine Erkältung oder eine Entzündung würde ausreichen. Es wäre nicht sicher, ob er den nächsten Frühling noch erlebte. „*Dummes Zeug!*“, hatte Sepp darauf erwidert.

„Was ist?“, rief Nelly, als sie alles stehen und liegen ließ und ihm entgegeneilte. Als sie sah, dass er in den Pantoffeln durch den morastigen Garten geschlurft war, holte sie kurz Luft, um mit ihm zu schimpfen. Sie ließ es aber bleiben. *„Ach, das bisschen Dreck an den Finken! Wer weiß, wie lange er überhaupt noch aufstehen mag ...!“* Nelly ignorierte den Stich, der durch ihren Magen fuhr.

„Walter hat angerufen!“ Sepps Stimme war leise und brüchig. Jedes Wort schien ihn unermesslich viel Anstrengung zu kosten. *„Du sollst ihn zurückrufen, wegen dem Wochenende und wegen Meilin.“*

Das Mädchen horchte auf. Aber mehr kam nicht vom Großvater. Amber sah, wie Nelly die Hände an der Schürze abwischte und Sepp, der sich auf den Gehstock und den Arm seiner Frau stützte, ins Haus zurückbegleitete. Wie es ihrer Maman wohl erging? Sie hatte sie seit zwei Wochen nicht mehr gesehen. Amber tat es Nelly gleich, legte die Schere in den Eimer und folgte ihren Großeltern, eine Dreckspur über den Hofplatz hinter sich legend und die Gummistiefel von den Füßen schleudernd, ins Haus. Sie musste dabei sein, wenn es Neuigkeiten aus der Klinik gab und Papa am Telefon war.

Sepp hatte sich gerade wieder auf dem Sofa ausgestreckt, die bunte Wolldecke aus gehäkelten Quadraten über die Knie gezogen und erschöpft die Augen geschlossen, als Nelly am schwarzen Wandtelefon die Finger in die Drehscheibe steckte und wählte. Danach ließ sie sich auf den Polsterstuhl sacken, der eigens zum Telefonieren an die Wand im Wohnzimmer gerückt war. Nelly pulte mit der linken Hand Fusseln von ihrem Rock, sammelte sie zu einem Bällchen und lauschte dem Wählzeichen, das durch den Hörer bis zu Amber drang, die sich ihr zu Füßen gesetzt hatte. Das Mädchen beobachtete fasziniert, wie Grosi die verformten Zehen in den Nylonstrümpfen durchbewegte und es knisterte und Funken stieb, wenn sie sich die Sohlen auf dem Teppich warm rieb.

„Walter geht nicht ran!“ Nelly strich ihrer Enkelin übers Haar, richtete sich auf und verließ das Wohnzimmer Richtung Küche. Amber folgte ihr und schaute zu, wie die Großmutter aus der hölzernen Küchenschublade, in der sie neben Papier und Schreibzeug Tüten und Verpackungsmaterial aufbewahrte, eine gefaltete Alufolie zückte. Nelly roch daran, legte den Bogen auf den Küchentisch, strich Falz, Dellen und Gebrauchsspuren glatt und packte ein Apfelkuchenstück hinein.

„Gäll, nimmst es mit, wenn du gehst, Bo. Und bestell der Lise einen schönen Gruß von mir. Sie soll doch wieder einmal ins Turnen kommen!“

Amber betrachtete das Alufolienpäckchen auf dem Küchentisch. Das Mädchen stimmte ihrer Großmutter zu, dass man gut erhaltene Sachen wiederverwenden sollte, solange sie intakt waren. Rebekka und sie freuten sich über jede leere Verpackungsschachtel, der ihren Verkäuferladen bereicherte. Auch ließen sich aus alten Büchsen und Pappkartons hübsche Möbel für die Puppenstube basteln und bemalen. Die freien Nachmittage verflogen im Nu, an denen sich die beiden Mädchen mit Leim, Papier und Glitzerstiften vergaßen. Amber wünschte sich nur, dass Grosi die Brote für den Kindergarten nicht mehr in ausgedienten Haferflocken- oder Mehltüten einpacken würde. Bis jetzt hatten es Timo und Robin zum Glück noch nicht entdeckt, wie sie den Znüni schnell auspackte und die Verpackung blitzschnell zerknüllte und im Abfalleimer entsorgte.

Am Abend lud Rebekkas Mutter eine strahlende Amber im Hof ab. In den Haaren des Mädchens steckten noch ein paar Strohhalme, als sie die Stiefel im Flur abgestreift hatte und die Küche betrat. Sepp saß gebückt über der Regionalzeitung, das ganze Gewicht auf den Ellbogen abstützend. Seine Brille war ihm bis zur Nasenspitze gerutscht. Nelly hatte sich neben ihm platziert. Die jahrzehntelange Übung machte es überflüssig, auf Hände und Messer zu sehen, sie schnippelte gekochte Kartoffeln in kleine Scheiben in die Schüssel auf ihrem Schoß, während sie die Schlagzeilen überflog. Präsident Clinton, einem amerikanischen Präsidenten schaute man im ersten Amtsjahr immer genau auf die Finger, plante eine Gesundheitsreform. Das südafrikanische Parlament beschloss die Einsetzung einer Übergangsregierung, an der auch Schwarze zugelassen waren, und die Olympischen Sommerspiele für 2000 würden in Sydney ausgetragen.

„Soso. Das sind ja mal schöne Neuigkeiten", dachte Nelly. *„Mich nimmt wunder, ob das Programm vom Herbstfest im Regionalteil drin ist. Ist die Todesanzeige von der Müller*

Friedel schon drin? Aber ich muss jetzt halt dem Sepp die Zeit lassen, bevor ich umblättern kann.“

Amber trippelte auf den Zehenspitzen zu den beiden hin. Nelly rümpfte die Nase, als das Mädchen näher kam und seinen Schopf zwischen die beiden schob, um zu sehen, ob es etwas Interessantes zu entdecken gab.

„Uhhh. Du stinkst Kind! Hast du im Mist gebadet?“, lachte Nelly und zupfte die Halme aus dem Haupt ihrer Enkelin. *„Es reicht gerade noch, vor dem Abendessen zu baden!“*

Während das Wasser in die Wanne einlief, Amber sich aus Jeans, Pulli und Unterwäsche schälte, plapperte sie unentwegt von ihrem Nachmittag im Pferdestall.

„Ich möchte so gerne reiten lernen! Bitte! Bitte! Bitte! Rebekka und ich könnten uns die Stunde teilen. Ihre Mutter findet es auch eine gute Idee“, sprudelte das Mädchen, dessen Kopf zwischen zwei Schaumbergen gerade noch sichtbar war. Nelly duschte Ambers Haare unter der Brause ab und schäumte sie mit Shampoo ein. Protest gegen die nervige Haarwäsche war bei Nelly zwecklos, das hatte das Mädchen schon längst begriffen. Bei Papa ebenso. Aber bei Maman war es immer einen Versuch wert, Ausdauer beim Zetern zu zeigen. Auf Nellys Hoheitsgebiet ergab sich Amber jedoch der mühsamen Prozedur, ohne aufzumucken, und hoffte, dass sie es schnell hinter sich bringen würden.

„Naja, ich kann das nicht alleine beurteilen. Das kostet bestimmt einen Batzen. Und hinfahren kann ich dich auch nicht zum Hof. Ich möchte Großvater jetzt nicht mehr alleine lassen.

Aber du kannst ja Mama und Papa fragen. Sie kommen nämlich beide am Sonntag zum Fest! Ich habe inzwischen mit Walter telefoniert. Deiner Mami geht es so weit wieder gut, dass sie bald aus der Klinik entlassen wird.“

„Jippieh!“, entfuhr es Amber. Sie schoss wie ein Pfeil aus dem Wasser und drückte sich an ihre Großmutter. Als ihr Schaum in die Augen geriet und sie grässlich brannten, sprang Amber mit einem Satz zurück in die Wanne, tauchte unter, um den Spielverderber wegzuwischen, und setzte eine Welle mit Schaumkrone frei, die über den Rand schwappte. Diese Aktion ging blitzschnell vonstatten. Die perplexe Großmutter schaute an ihrem Busen vorbei auf ihre durchnässte Kleidung hinunter und auf die Bescherung auf dem Badezimmerboden. Ein See breitete sich auf den bahamabeigen Fliesen aus, ihre Pantoffeln staken mittendrin wie zwei kleine Inseln heraus. Nelly schüttelte den Kopf und schmunzelte. Wie brachte das Mädchen Leben in ihr Haus! Sie hoffte insgeheim, dass es noch lange nicht still werden würde. Denn was würde aus ihr, wenn Sepp ...

„Entschuldigung Grosi, ich wische das Wasser nachher auf!“, beeilte sich Amber zu sagen, als sie aus dem Wasser auftauchte und sie ihre Großmutter sich mit einem trockenen Schürzenzipfel über die Augen wischen sah.

1994 – April: Barbies und ein Erzengel

Statt den Urlaub wie sonst in Zürich zu verbringen, war Walter nach Ostern nach Thurtalen gekommen. Weil Amber, seit sie bei den Großeltern wohnte, seine ehemalige Bubenkammer für sich nutzte und hier sogar die Wände rosa angemalt und mit ihren Büchern, Stofftieren, Legos und Barbies belagerte hatte, nächtigte Walter jetzt im früheren Mädchenzimmer, das seine Schwestern Claudia und Susanne geteilt hatten. Nelly hatte die Kinderzimmer so belassen, wie sie verlassen worden waren, in der Hoffnung, dass die Kinder oder Enkel sie öfters, auch gerne über Nacht besuchen würden. So streifte Walters Blick beim Einschlafen und Aufwachen über die Bravo-Starschnitte von *Smokie*, den *Bee Gees*, *Abba* und *Suzie Quatro*, die angeschmachteten Superhelden seiner Schwestern, während sich die Metallspiralen der ausgeleierten Federkernmatratze in seine Lenden bohrten. Ambers Zimmer war in eine Barbiewelt verwandelt worden. Die alten Gefährten von früher waren von einer rosa Welle verdrängt worden. Einzig am treuen, schlaffen, abgewetzten *Hund* hielt Amber fest. Nelly hatte manche Nähte geflickt, ihn mit neuer Watte in die Form gestopft. Doch es war dem Felltier anzusehen, dass er Amber durch dick und dünn begleitet hatte und ihm das Kürzertreten, das sich mit Ambers Schuleintritt wie von selbst ergeben hatte, zustand. Ihr Kuscheltier hatte sein wohlverdientes Ruheplätzchen beim

Kopfkissen bekommen, wartete jeden Abend geduldig auf die Heimkehr seines Frauchens und freute sich, wenn sie beim Einschlafen ihren Wuschelkopf ganz dicht heranrückte und sie sich eingelullt vom vertrauten Duft dem Schlaf ergab.

Großmutter Annie versorgte ihre Enkelin regelmäßig mit Paketen voll mit neuen Puppen und Kleidern. Aus den Versandkartons und anderen in allen möglichen Größen aus Nellys Fundus hatte sich das Mädchen mithilfe ihrer Freundin Rebekka eine begehbare Stadt erschaffen. Darin hätte der Vater keinen Platz für ein Nachtlager gefunden und ihm waren die Popidole seiner Schwestern dann auch lieber als die rosarote Glitzerwelt. Er ließ sich nie anmerken, dass es ihn fuchste, dass Amber nicht nur seine Skistars *Bernhard Russi* und *Vreni Schneider* von den Wänden geholt, sondern auch seine als Bub heiß geliebten *Rössli-Hü* und *Kasperli-Kassetten* in eine Schachtel auf den Estrich verdonnert hatte, um Platz für den Plastikschrott zu schaffen. Doch wie konnte er seiner Kleinen verbieten, mit diesem, nach seiner Ansicht, frauenverachtenden und ökologischen Unsinn zu spielen! Er sah doch, wie sich Amber jedes Mal unendlich über Nachschub, der einzigen Verbindung zur australischen Familie, freute und wie sie im Rollenspiel aufging. Die Schulpsychologin hatte ihm ins Gewissen geredet, dass es für Amber wichtig wäre, mit den Puppen die etwas verworrene Familiensituation nachzustellen und für sich darin eine Ordnung zu finden.

Meilin war immer noch nicht stabil genug, um aus der Klinik entlassen werden zu können. Der Versuch nach dem Herbstfest war kläglich gescheitert. Alle waren sie damals hoffnungsvoll, dass Meilin den Einstieg in einen normalen Alltag packen würde. Alle, auch Meilin selbst, dachten, es sei eine gute Idee, dass sie bei Nelly und Sepp mit ihrer Tochter wohnen würde und von ihrem Therapeuten weiterhin ambulant betreut werden könnte. Alle waren überzeugt, dass es ihre selbstzerstörerische Endlosschlaufe im Kopf unterbrechen und Seele und Denken aufbauen würde, wenn sie sich gebraucht fühlte und eine sinnvolle Tagesstruktur bekäme. Nelly hatte sich auf Meilins Gesellschaft gefreut, sie mochte Walters Frau sehr. Auch wenn die Hochzeit vor einem Jahr nur eine formelle Unterschrift auf dem Zivilstandesamt gewesen war, damit Meilin nicht ausgewiesen wurde, biss sich Nelly hartnäckig an der Idee fest, dass die beiden sich doch noch eines Tages ineinander verlieben würden. Nelly sah in Meilins schwerem Gemüt sowieso nur einen Mangel an Liebe. Man müsste diese junge Frau einfach mal gesund bekochen, herzhaft betüddeln und zeigen, wie gern man sie hatte, bis sie selber darauf kam, wie liebenswürdig sie wäre – so wie ein Rehkitz oder Kälblein, das man aufpäppeln muss. Es käme auch in der Natur vor, dass Mütter, aus welchen Gründen auch immer, nicht in der Lage waren, für ihren Nachwuchs zu sorgen. Da müsste man kein Tamtam drum herum machen und jemand anderes müsste halt dafür sorgen, dass ein Kind gut versorgt würde. Sie hatte nie verstanden, wieso Meilin nicht in Australien bei ihrer Familie geblieben war. Doch jetzt sei sie nun mal hier und Amber auch, was auch gut wäre. *„Und bis alles wieder im Lot ist, werden wir das Kind und Meilins Nervenkrankheit schon schaukeln!“*, teilte Nelly allen Angehörigen ihre Ansicht mit.

Doch Sepps von Woche zu Woche sich verschlechternder Zustand machte den hehren Plänen einen Strich durch die Rechnung. Statt dass Meilin in der Aufgabe für Amber zu sorgen und Nelly zu entlasten, erstarkte, nährte sich Meilins Todessehnsucht an Sepps langsamem Sterben. Nelly hatte Walter im Advent gebeten, die kranke Frau wieder in die Klinik einzuweisen. *„Walter, du weißt, wie ich Bo liebe und wie gerne ich sie um mich habe. Du weißt, wie sehr mir das Wohlergehen von Meilin am Herzen liegt. Aber ich schaffe es nicht mehr, dem kleinen Wirbelwind, der Pflege deines Vaters und deiner bodenlos traurigen Frau gerecht zu werden. Ich habe Sepp mein Wort gegeben, dass er, solange es mir möglich ist, zu Hause bleiben darf. Meilin bewegt sich bei uns wie ein Geist durch die Räume. Sie ist von den Medikamenten vollgepumpt, abwesend in irgendeiner unerreichbaren Welt. Neulich habe ich sie gebeten, Karotten zu schälen. Ich habe das Gemüse, den Sparschäler und eine Zeitung für den Rüstabfall vor ihr ausgebreitet. Eine Stunde später, als ich vom Einkauf zurückkehrte, saß das arme Kind mit hängenden Schultern auf dem Küchenschemel zusammengesackt, die Fransen klebten an Stirn und den tränennassen Wangen, in der einen Hand zitterte eine halb geschälte Möhre, in der anderen der Sparschäler. Ich bin nicht sicher, ob sie an den endlich verheilten Narben rumgemacht hätte, wenn ich nicht rechtzeitig nach Hause gekommen wäre. Sohn! Ich kann nicht auch noch auf Meilin aufpassen!“*

Nellys Schilderung und Ehrlichkeit erschütterten Walter tief in den Eingeweiden. Wie selbstverständlich hatte er die

Unterstützung der Mutter in seiner eigenen verkorksten Elternschaft ohne zu hinterfragen in Anspruch genommen. Natürlich leitete er danach sofort alles in die Wege, um Meilin erneut unter professionelle Obhut zu stellen. Doch das schlechte Gewissen seinen Eltern gegenüber wurde er seither nicht mehr los. Mutter und Vater waren alt geworden. Das hatte er nicht wahrhaben wollen.

Jetzt lag Walter wach, er hatte das Licht wieder angezündet und zählte die Nieten an den aufwändigen Kostümen der Abba-Frauen. Doch auch dies lullte ihn nicht wie erhofft ein. Ja, die blonde Agnetha war ein heißer Feger. Doch die Sängerin Sally Carr der schottischen Band *Middle oft the Road* war die Frau seiner Träume gewesen. Ihre Kurven hatten seine pubertären, erotischen Fantasien angeregt. Wie war er froh gewesen, dass er das Zimmer nicht mehr mit den Schwestern teilen musste. Wie peinlich wäre es ihm gewesen, hätte eine der beiden Tratschbasen oder – nicht auszudenken – seine Mutter (!) ihn bei seinen lustvollen Erforschungen erwischt! Die Menge an Samenflüssigkeit hatte ihn regelrecht überrascht. Doch seine erste Erektion und die lustvolle Detonation hatten ihn so sehr glückselig gemacht, dass er danach sofort eingeschlafen war. Wie war er erschrocken, als er am nächsten Morgen die eingetrockneten, weißlichen Flecken, als ob er in der Nacht Weißleim verschmiert hätte, entdeckt hatte. Auf der Stelle hatte er die Spuren an der Tapete weggebürstet und die Bettwäsche in die Waschmaschine geschmissen. Mutter hatte nie Fragen gestellt – und er hatte danach immer eine Rolle Klopapier oder ein altes T-Shirt griffbereit.

Es war zwei Uhr nachts und er sollte doch bis sechs Uhr, bis er die nächste Schicht übernahm und Nelly ablöste, wenigstens ein wenig Schlaf bekommen. Von unten drangen die dumpfen Schritte und Geräusche durch die schlecht isolierte Wohnzimmerdecke herauf. Die Stube war seit Monaten zum Krankenzimmer umfunktioniert. Sepp hatte sich schon wieder erbrochen, sein lebensmüder Körper mochte nichts mehr halten. Walter hörte, wie seine Mutter beschwichtigend sprach, wie Wasser in eine Schüssel plätscherte. Vermutlich wrang sie einen Waschlappen aus, um Vater frisch zu machen. Ungewohnt zärtlich waren seine Eltern zueinander geworden. Vater suchte immer wieder Mutters Hand, hauchte ihr unter großer Kraftanstrengung einzelne Worte zu. Nur sie verstand noch, was ihm mitzuteilen wichtig war. Diese Nähe, diese Vertrautheit war neu. Die Eltern waren immer tüchtig und umtriebig, beschäftigt, wenig auf sich als Paar bezogen. Es ging immer um den Hof, das Vieh, das Dorf, die Kinder und dann die Enkel. Natürlich hatte sich Walter, vor allem in der Pubertät, als sich bei ihm im Schoß das Neue geregt hatte, vorgestellt, dass seine Eltern Sex gehabt haben müssten. Diese Bilder wollte er aber nicht im Kopf haben und verscheuchte sie jeweils auf der Stelle. Sepp und Nelly waren ein eingespieltes Team und sehr selten unfreundlich zueinander. Aber Zärtlichkeit und Intimität waren den Kindern nie vorgelebt worden. Wie eng seine Eltern tatsächlich durch die Jahre aneinandergewachsen waren, kam jetzt in der Zeit des Abschieds zutage. Es brauchte den Mediziner nicht mehr, der die Tage voraussagte, die blieben. Der Scheißkrebs hatte gesiegt. Sepp verabschiedete sich mit noch nicht mal siebzig und die Angehörigen waren Zeugen. Die Armbanduhr zeigte halb drei. Noch immer kreisten Walters Gedanken. Er sinnierte weiter über seine Eltern und erinnerte sich wieder an diese eine Geste vor ein paar Tagen, die ihn so berührt hatte. Nelly hatte mit der Fingerkuppe ihres rechten Zeigefingers Sepps trockenen, rissigen Lippen nachgefahren. Der Kranke hatte ihr wie als Antwort den Kopf zugedreht und seine Gesichtshälfte in ihre bereite, offene Hand wie in eine Schale gelegt. Als Walter diese Szene noch einmal auf sich wirken ließ, spürte er in seiner Kehle plötzlich einen Kloß, der mit Druck nach oben drängte. Er löschte das Licht, drehte sich auf den Bauch, vergrub seinen Kopf und sein Schluchzen im Kissen und ergab sich im Schutz der Dunkelheit dieser Wucht, die sich einen Weg aus seiner Kehle suchte. Die Daunen schluckten geduldig: Bilder und Gefühlswellen seiner unverhofften Vaterschaft und die rohe Liebe zu Amber, das bodenlose Chaos um Meilin, die tiefe Verbundenheit mit seinem Vater, den er ausgerechnet jetzt loslassen musste, wo so langsam etwas wie Nähe keimte, und zuunterst die verdrängte, immer noch ungestillte Sehnsucht nach einer erfüllten Partnerschaft.

Um sechs Uhr holte ihn der Wecker von weit her. Walter räkelte sich und fühlte sich aufgeräumt wie nach einem langen Urlaub. Als er durch die Wohnzimmertür trat, um Nelly abzulösen, sah er Mutters Kopf auf Vaters Brust liegen, als würde sie seinen Herzschlag abhören. Ihre Augen waren geschlossen und Walter hörte sie sanft ein und ausatmen. Auf Sepps Gesicht ruhte ein Lächeln. Er atmete nicht mehr. Der

Sohn blieb stehen, lehnte sich an den Holzrahmen, um Halt zu suchen, und fuhr sich mit der Hand über Augen und Lippen. Er unterdrückte den Impuls hinzuzueilen. Er musste sich nicht vergewissern. Friede und Ruhe, die den Raum ausfüllten, waren zweifelsfrei. Walter ließ sich am Rahmen hinuntergleiten, um nahe zu bleiben, die Eltern aber noch nicht in der Eintracht zu stören. Ambers Tippeln auf den Stufen kündigte sie an. Als sie durch den Gang auf ihn zustürmte, legte Walter einen Zeigefinger an die Lippen und formte ein leises *„pscht ...“*. Das Mädchen begriff sofort und setzte sich in die Lücke zwischen Walters aufgestellten Beinen, bettete ihren Wuschelkopf an Papas Brust und flüsterte: *„Ist Großpapa jetzt im Himmel?“*

Walter drückte seine Nase an Ambers Haaransatz, schnupperte an diesem Parfum, das er unter allen Gerüchen auf der Welt herausfiltern und wiedererkennen würde, und nickte.

Die Beerdigung war für Amber befremdlich gewesen. All die dunkelgekleideten Menschen mit langen Gesichtern, die an Nelly, Papa, Tante Claudia und Tante Susanne vorbeiströmten und die Hand schüttelten. Nach dem Leidmahl hatten sich die Angehörigen der Familie in der Küche um Nelly herum zusammengefunden. Amber mochte nicht mit in die Klinik fahren, als Walter zum Aufbruch rief. Meilin hatte auch an der Trauerfeier teilgenommen. Amber hatte ihre Mutter in der Kirche und auf dem Friedhof an der Hand geführt, nicht umgekehrt. Unter Meilins hochgestecktem Haar tanzten Ohrringe aus Papageienfedern. Sie trug ein rotes Batik-T-Shirt über grüne, ausgeblichene Jeans unter dem Camouflageparka. Dies war Mamans Lieblingsmontur, die sie oft in Frankreich getragen hatte. Amber erkannte daran, dass ihre Mutter einen guten Tag hatte, und freute sich sehr darüber.

Wenn Meilin da war, war alles gut – auch wenn ihre Maman im Meer der Schwarzgewandeten als Farbtupfer hervorstach und sich einige irritiert nach der bunten Frau umdrehten. Die Abschiede hasste Amber. Sie ließ sich jeweils nur kurz umarmen und flüchtete danach in ihr Zimmer, um sich einzuschließen. An diesem Tag jedoch, als Meilin in den Volvo gestiegen und von Walter weggefahren wurde, hielt es Amber im Haus voller Menschen nicht aus. Sie trug immer noch ihre Sonntagskleider, wie Nelly zu sagen pflegte: weiße Nylonstrümpfe, Lackschuhe und das schwarze Samtkleid, das ihr Granny Annie zu Weihnachten geschickt hatte. Nelly hatte ihr verboten, in den guten Kleidern im Freien zu spielen. Doch heute war Ausnahmezustand und es achtete sowieso niemand auf sie. Amber holte das Mädchenvelo von Tante Claudia, das Walter im März für sie instand gesetzt hatte, aus dem Schuppen und türmte.

Es gab diesen Platz, den sie kürzlich entdeckt hatte. Einfach mit dem Rad in der Gegend herumzufahren, war, seit die Temperaturen wieder milder, die Feldstraßen nicht mehr matschig waren und sich die ersten Schlüsselblumen aus den grünen Wiesen wagten, zu ihrer Lieblingsbeschäftigung geworden. Während Rebekka nun viele freie Nachmittage mit den Pferden verbrachte, hatte Amber das Reiten sehr schnell wieder aufgegeben. Es hatte ihr überhaupt keinen Spaß gemacht, die Pferde vor dem eigentlichen Reiten erst striegeln und pflegen zu müssen. Rebekka hatte hingebungsvollst die langen Mähnen gekämmt und mit dem Werkzeug den Mist aus den Hufen gepult. Amber ging das völlig ab. Und als sie in der dritten Lektion immer noch verkrampft auf dem Pferderücken hockte und sie der sonst zahme Gaul abgeworfen hatte, weil ihn etwas erschreckt hatte, war ihr die Lust endgültig vergangen.

Der Drahtesel war weniger aufwendig und reagierte so, wie Amber es wollte, und er bescherte ihr ein ebenso großes Freiheitsgefühl wie das, wovon Rebekka immer beim Reiten zu schwärmen pflegte.

Amber trat in die Pedale und flog über den Feldweg. Im Fahrtwind wirbelten die roten Haare, die sie, bevor sie losgefahren war, von den Gummibändern befreit hatte. Sie legte Tempo zu, weil sie es liebte, ihren Herzschlag erhöht zu spüren und mit dem schnelleren Atem ihre Lungen mit frischer Luft vollzupumpen. Es machte sie lebendig! Genau das Richtige nach diesem schweren Tag. Warum waren die Menschen denn traurig über Großvaters Tod? Es ging ihm doch jetzt gut. Er hatte nun keine Schmerzen mehr und konnte im Himmel frei herumfliegen. Amber tat es leid für Nelly und ein wenig für Papa. Doch sie selber vermisste Sepp nicht. Sie fragte sich, ob sie den Erzengel Raphael hätte bitten sollen, Großvater wieder heil zu machen. Aber sie hatte es schlicht vergessen und Grosi hatte es bestimmt selber getan. In Ambers Augen war es nur logisch, dass ein alter Mann nach einem guten Leben zurückflog. Irgendwo musste es doch diesen einen Ort geben.

Amber zweifelte keinen Moment, dass das ein guter Ort war, und deshalb konnte Sepps Tod in ihren Augen auch nichts Schlimmes sein.

Was Amber wirkliche Sorgen machte, worüber sie sich fast jeden Abend mit Hund unterhielt, was sie mit sich Tag für Tag herumtrug und nicht verstand, das war warum ihre Maman nicht gerne lebte. Amber konnte schon verstehen, dass die Sehnsucht nach dem schönen Ort im Himmel wie ein Sog sein konnte. Aber war sie als Tochter denn nicht genug, um Maman Lust zu machen, auf der Erde zu bleiben? Oder all die schönen Flecken, die es zu entdecken gab? Amber platzte manchmal fast die Brust vor Freude, wenn die Frühlingssonne auf der Nase kitzelte oder die ersten Schneeglöckchen die Köpfe aus dem Boden reckten. Was gab es Schöneres, als mit Papa in der *Thur* zu baden? Sie klammerte sich an seinen Hals, spürte das kühle Wasser in ihr Gesicht spritzen, während er wie ein Held flussaufwärts gegen die Strömung ankämpfte. Und wenn sie sich beide dann klitschnass in den Badeanzügen auf die heißen Steine legten oder Holz sammelten und sich am Feuer ein Stockbrot brieten, versprühten in ihren Herzen Glücksfunken. Gemütlich war es mit Nelly beim Basteln und Werkeln an kalten Wintertagen. Mit Rebekka verging die Zeit im Flug, wenn sie sich in ihren Geschichten verloren. Doch nichts war so schön, wie wenn sie ihre kleine Hand in Mamans warme Hand spürte und sie beide nichts zu sagen brauchten – so wie heute auf dem Friedhof. Bei der Erinnerung an dieses Bild bekam das Mädchen einen Kloß im Hals und feuchte Augen.

Das Mädchen hatte inzwischen ihr Lieblingsplätzchen erreicht und lehnte das Rad an einen Baum mit furchiger Rinde. Sie rutschte die wenigen Meter auf dem Trampelpfad die Böschung hinunter zum Ufer, blieb an einer Wurzel hängen und konnte zum Glück das Kleid lösen, ohne dass der schöne Stoff einriss. Wie war Amber in diesem Moment froh, alleine zu sein! Die Cousinen hätten bloß wieder über sie getuschelt. Wie am zweiten Weihnachtsfeiertag, als sie die Tränen schnell wegwischte, nachdem Papa mit Meilin losgefahren war und sie mit den anderen in der Küche beim Dessert zurückblieb. Doch hier, wo zwei Bächlein zusammenflossen, die von einer Baumgruppe gesäumt ein Laubdach über der kleinen Insel in der Mitte bildeten, fühlte sich Amber beschützt, geborgen und wie in einer anderen Welt. Hier hatte sie noch keinen einzigen Menschen gesehen. Und manchmal bildete sie sich ein, dass nur sie diesen Ort kannte, dass er gar extra für sie geschaffen worden war und durch ein magisches Schutzschild für andere unsichtbar war.

Amber brauchte nur über den kleinen Holzsteg auf die Insel zu hüpfen, sich ins Gras zu hocken, nur dem munteren Blubbern und Plätschern, das sie links und rechts umschloss, zuzuhören und Leichtigkeit kehrte in ihr Herz zurück. Das Schwere und die vielen Fragen um Maman wurden vom fröhlichen Sprudeln aus ihr herausgekitzelt. Das Mädchen legte sich ins Gras und blickte durch das Blätterdach zum Himmel, an dem zwischen grauen Wolken ab und zu ein scheues, blasses Blau zum Vorschein kam. Amber fröstelte. Sie hatte in der Eile ihre Jacke vergessen.

„Ich versuche es jetzt einfach!“, gab sich Amber einen Ruck und sprach zu den Wipfeln über ihr. *„Lieber Raphael. Grosi hat erzählt, dass du Menschen heilen kannst. Ich nehme jetzt einfach an, dass du da oben irgendwo bist und mir zuhörst. Ich habe euch Engel noch nie gesehen, aber ich nehme an, dass ihr das seid, wenn manchmal im Raum noch etwas anderes da ist als die Menschen und Tiere oder Pflanzen, die ich sehe. Kannst du mir sagen, warum Maman so traurig ist? Und wie ich helfen kann? Oder würdest du sie bitte gesund machen? Du kannst das ja. Sagt Nelly! Obwohl Sepp ...“*

Amber hielt inne, zögerte kurz, schloss die Augen und fuhr mit inbrünstiger Stimme fort: *„Ihr müsst es wissen, warum Sepp gehen musste. Er war ja auch alt. Aber bitte, bitte, ich brauche meine Maman doch noch! Bitte hilf mir, ihr, dass sie wieder gesund wird im Herz und im Kopf!“* Als ihr dazu nichts mehr einfiel, fügte sie an: *„Und ja ..., ähm ..., bitte tröste Nelly ein wenig!“*

In Amber wurde es still, sie hatte nichts mehr, was sie unbedingt loswerden wollte, sie öffnete die Augen und richtete sich auf. In diesem Augenblick segelte eine kleine weiße Feder auf ihren Samtrock. Das Mädchen griff danach, blickte sich um, suchte die Wipfel nach einem Vogel ab. Doch außer den sich leise wiegenden Blättern konnte Amber kein Tier, kein Wesen erkennen. Sie lächelte breit, bis ihre Schneidezahnspitzchen zwischen den Lippen hervorblitzten, die in der Lücke, die die ausgefallenen Milchzähne zurückgelassen hatten, eben erst wieder nachwuchsen. Das Mädchen streichelte mit dem Flaum über den linken Handrücken und nickte versonnen.

Beschwingt sprang Amber auf, steckte die kostbare Gabe in die aufgenähte Tasche am Röcklein und peilte eine Weide an, deren tiefe Äste sie lockten. Das Mädchen folgte der unbändigen Lust, hoch hinaus bis zur obersten Gabelung zu klimmen. Sie war eine geschickte Kletterin und hatte es schon oft bis ganz oben in die Baumwipfel geschafft. Natürlich nur, wenn kein Erwachsener zugeschaut hatte. Und lieber ohne Rebekka als Zeugin. Die stand immer ganz ängstlich unten und wollte sie davon abbringen, noch höher zu kraxeln. Doch jetzt war sie alleine und hatte freie Bahn. Wie dumm nur, dass sie nicht bedacht hatte, wie sie angezogen war. Die Lackschuhe hatten kein Profil an den Sohlen, waren aalglatt und boten keinerlei Halt. Amber glitt bereits beim ersten Ast ab, der ersten Stufe, die eigentlich ein Kinderspiel für sie war, rutschte bäuchlings der groben Borke entlang und landete unsanft auf ihrem Hintern. Die aufgeschürften Handinnenflächen brannten höllisch. Blutstropfen drückten durch den bläulich-weißen Schorf, in dem kleine Holzsplitter steckten. Amber biss sich auf die Unterlippe und sah an sich herunter. Was für eine Bescherung! Was würde nur Nelly zu den zerschlissenen Strümpfen und den Kratzern an den Lackschuhen sagen! Zum Glück hatte sich das Kleid nach oben gerollt und war fast unversehrt. Dafür hatte sie Kratzer am Bauch abbekommen. Amber lief es nun kalt und warm den Rücken hinunter, als ihr bewusst wurde, dass sich Großmutter und Papa vielleicht Sorgen um sie machen würden! Sie wussten ja gar nicht, wo sie sich aufhielt!

Sie sprang schleunigst auf, ignorierte das Ziepen und Stechen in den Beinen, eilte zum Wasser, um wenigstens die Hände von

Blut und Splittern zu reinigen. Dort, wo sich einer der beiden Bachläufe über einen großen Stein wie bei einem Miniwasserfall ergoss, konnte sie sich auf einer kleinen Sandbank trockenen Fußes niederknien. Das Wasser kühlte die heißen, pochenden Handinnenflächen. Eine Wange brannte nun auch, sie musste wohl auch da eine Schramme abbekommen haben. *„Mist!“* Wie sie sich nun in Gedanken eine Erklärung zurechtlegte und die Augen über Wasser, Grasbüschel und dahintreibende Äste schweifen ließ, blieben sie an dem Steinbrocken hängen, über den Wasser ins Becken flutete. Amber kniff ihre Lider zusammen und meinte Knopfaugen, eine krumme Nase und einen schiefen Mund in dem moosigen Gestein zu erkennen. Ja! Da schien ihr ein alter, modriger Felszwerg entgegenzublicken, sogar unter dem Wasserstrahl zu blinzeln, der sich wie Fransen über das steinige Gesicht ergoss. Der zwinkerte ihr tatsächlich zu!

Amber fixierte den Stein. Aber es tat sich nichts mehr. Und der Stein ruhte ausdrucklos im Flussbett. Ambers Herz pochte bis zum Hals, in Kopf und Ohren rauschte es. Verwirrt erhob sich das Mädchen, schüttelte die Hände trocken, rieb sich vorsichtig mit dem Handrücken über die stechende Wange und betrachtete danach die rote Spur. Jetzt musste sie aber schleunigst zurück! Mit verkrampften Fingerspitzen hielt sie sich auf dem Rückweg an den Griffen fest, so gut es eben mit den wunden Händen ging. Sie war tapfer und schaffte es schließlich irgendwie bis zum Lindenhof. Als Papa in der Einfahrt stand, war sie heilfroh. Die Erleichterung stand ihm ins Gesicht geschrieben. Er umfing die am ganzen Körper zitternde Amber, zählte kopfschüttelnd die Schrammen und führte sie schließlich ins Haus. Dafür, dass er vorerst keine Fragen stellte, liebte ihn Amber noch mehr als zuvor. Ihn, der immer zur richtigen Zeit am richtigen Ort war.

1998 – Sommer: Freitagabend, 4. Juli: Mittelding

Molly scharwenzelte über den Hofplatz auf Amber zu, die auf der untersten Treppenstufe neben ihrem achtlos hingeworfenen Turnbeutel hockte und ihre Katze mit säuselnden Lauten heranlockte. Das Mädchen streckte den rechten Arm aus, rieb Daumen und Zeigefinger aneinander, um der Mieze eine Leckerei vorzutäuschen. Molly zierte sich, schnupperte erst noch am Grasbüschel, der sich aus einem der vielen Risse gereckt hatte, die sich im vor Jahrzehnten geteerten Platz durch die Erosion und Belastung der schweren Landmaschinen gebildet hatten. Die schwarz-weiß gefleckte Katze stolzierte weiter zur Pfütze, leckte ein-, zweimal vom abgestandenen Regenwasser, bis sie sich zum Mädchen hin bequemte, ihr um die nackten Beine strich und sich Katzenhaare und Ambers Flaum an den Unterschenkeln elektrisch aufluden und knisterten. Als es davon genug hatte, ließ sich das Tier vor Ambers Füßen auf den Boden plumpsen und sich opferbereit Bauch und Hals kraulen.

Amber hatte am Freitag in der letzten Lektion immer Turnunterricht. Ihr Lehrer der Mittelstufe, Franz Freuler, hatte dies mit Bedacht gewählt. Seine und somit Ambers Klasse hatte seit dem Kindergarten in unveränderter Konstellation Schuljahr um Schuljahr hinter sich gebracht. Es hatte Freuler erwischt, diesen friedlosen Klassenzug, der vom Duo Infernale, den beiden nicht nur im Lehrerzimmer einschlägig bekannten

Jungen, angestiftet und beherrscht wurde, beim Übertritt von der Primarschule in die Oberstufe zu begleiten. Die fünfzehn Kinder der Klasse waren am Freitagnachmittag zu nichts mehr zu gebrauchen, jetzt während der Fußball WM noch weniger.

Nach dem Sport hatte Ron seine Mitschüler zu sich nach Hause eingeladen. Sein niederländischer Vater war als Physiotherapeut für ein Praktikum am Kantonsspital Winterthur in die Schweiz gekommen und hatte sich in eine Schweizer Pflegerin verliebt, als sie sich am Bett eines Kreuzbandrisspatienten über den Weg gelaufen waren. In der Folge brachte die Krankenschwester Ron, Bess, Randy und Sam zur Welt. Der Holländer dachte nicht mehr an eine Rückkehr in seine Heimat, sondern eröffnete eine private Physiotherapiepraxis in Thurtalen, die seine Familie gut ernährte mit Beckenbodentraining, Fangopackungen und Rückengymnastik. Es gab kaum einen Bewohner des Dorfes, der nicht schon unter Vanderbommels Hände gekommen war.

Ron war sehr beliebt in der Klasse, war drei Mal in Folge zum Klassensprecher gewählt worden. Seine Eltern hatten ein offenes Haus, einen eigenen Fitnessraum mit unzähligen spannenden Sport- und Turngeräten. Ein großer Bildschirm und Spielkonsolen im Medienzimmer brachten Bubenherzen zum Schwärmen. Die unkomplizierten Eltern veranstalteten nie ein Brimborium, wenn etwas in die Brüche ging. Es war Amber ein Rätsel, wie Rons Mutter Katja mit vier Kindern im lärmigen Chaos immer gut drauf sein konnte und nie aus der Ruhe zu bringen war. Es verunsicherte sie, dass Meilin wegen des kleinsten Pupsens völlig aus dem Konzept fiel. Maman war, seit sie sich zur Schneiderin hatte ausbilden lassen, um Welten fröhlicher. Doch Amber konnte immer noch nicht mehr als ein Kind nach Hause bringen, ohne dass Meilin heillos überfordert war.

Amber war heimlich in Ron verknallt. Er war hochgeschossen und sportlich wie sein Vater. Immer trug er schicke Klamotten, meist ließ er lässig eine T-Shirt-Ecke im Jeansbund stecken, während der Rest des Jerseys lose heraushing. Blonde, glatte Stirnfransen fielen ihm ins Gesicht. Ron saß zwei Bankreihen vor Amber und Rebekka. Manchmal legte er den Kopf leicht schief und blickte sich keck im Klassenzimmer um. Wenn seine blauen Augen in Ambers Richtung zielten, wandte sie sich schnell zum Fenster ab oder steckte ihre Nase ins Mathebuch.

Amber hatte Molly inzwischen hochgehoben und über ihre Schulter gelegt. Sie streichelte ihre Katze ununterbrochen, strich ihre Wange über das flauschige Fell und dachte an Ron. Sie wusste nicht, ob sie sich ärgern oder ob sie froh über ihre Entscheidung sein sollte. Sie war den anderen nicht gefolgt, weil sie Fußball nicht mochte und ihr das Länderspiel Holland – Argentinien wirklich einerlei war. Während ihre Mitschüler, Mädchen, Jungen und Lehrer, in den Pausen alle Spiele analysierten, hatte sie heute Interesse vortäuschend Ron gefragt, wo denn die Weltmeisterschaft überhaupt ausgetragen wurde. *„Na, in Frankreich!"*, hatte er erwidert und sie mit seinen schönen Augen angestarrt, als hätte sie ihm soeben erklärt, sie hätte einen dreifachen Rückwärtssalto geschafft. Sie war sich so blöd vorgekommen, weil sie keine Ahnung hatte und sie sich keine weitere Blöße geben wollte. Jetzt bereute sie es, weil sich jetzt bestimmt Nathalie an Ron heranmachen würde. Diese Schleimerin.

Amber grub ihr Gesicht ins Katzenfell und schnupperte am vertrauten Duft. Molly hatte sie zu ihrem zehnten Geburtstag geschenkt bekommen. An diesem Sonntagmorgen vor zwei Jahren war sie von Meilin mit Küssen und Kitzeln geweckt und danach mit verbundenen Augen die Treppe hinunter in Nellys Küche geführt worden. Es hatte schon im Treppenhaus wunderbar nach frischen Pfannkuchen gerochen. Und richtig, als sie unter ihrer Augenbinde durchlinste, sah sie zwei goldgelbe Türme durch das Glasfenster der Backofentür im warmen Ofen warten. Papa hatte danebengestanden, den Pfannenwender noch in der Hand, als würde er sein Werk bewachen. Als Meilin ihr die Augenbinde abgenommen hatte, stand sie Nelly gegenüber, die am Küchentisch saß, der mit einer schönen Tischdecke, einem Strauß Frühlingsblumen und Schokoladenherzen in roter Glitzerfolie verziert war. Nelly winkte ihre Enkelin näher heran und überreichte ihr einen Schuhkarton mit Löchern.

Als Amber die Box anhob, tapste und rutschte etwas darin herum und gab ein kaum vernehmbares *„Maunz"* von sich. Der Puls des Mädchens beschleunigte sich, es sollte doch nicht etwa ... Doch tatsächlich! Als Amber den Deckel hob und hineinschaute, reckte sich ihr ein rosa Näschen entgegen, das mitten in einem schwarz-weißen fluffigen Knäuel steckte. Amber drückte das Kätzchen zärtlich an ihre Brust und war vom Fleck weg verzückt.

„Sie heißt Molly! Weil sie schön warm und flauschig ist!“, hatte Amber den anderen mitgeteilt. Sie hatte sich auf den Steinboden gesetzt und das Kätzchen mit der hellblauen Kordel der Pyjamahose zum Spielen eingeladen. Das ließ sich nicht zweimal bitten und rannte der Schnur, die sich immer wieder davonmachte, hinterher. Amber ignorierte Walters Ergänzung: *„Es ist ein kleiner Kater. Nur falls du doch noch einen anderen Namen suchen möchtest!“*

Jetzt war also die ganze Klasse bei Ron. Nur sie nicht. Das war doof. Doch noch doofer wäre es, jetzt einfach aufzukreuzen und so zu tun, als wäre nichts gewesen, oder noch unglaubwürdiger, dass ihr Vater sie nun plötzlich versetzt, sie nicht abgeholt hatte, wie Amber als Ausrede vorgab, nur um sich nicht ihrer Unsicherheit Ron gegenüber auszusetzen. Amber kannte sich selber nicht mehr. In einer Minute fühlte sie sich sicher und wusste genau, was sie wollte. In der andern stürzte sie in ein heilloses Durcheinander von Widersprüchen. Dann fand sie sich hässlich, zu groß, zu klein, zu doof, zu langsam. In letzter Zeit war alles doof geworden. Auf ihrem glatten Hügel zwischen den Beinen waren – oh Schreck – Haare gewachsen. Auch unter den Armen. Es nervte sie, dass an den

Oberschenkeln plötzlich die Jeans nicht mehr passten. Und es war ihr unendlich peinlich, dass alle sehen konnten, dass aus der flachen Brust plötzlich kleine Pölsterchen gediehen, und noch schlimmer, dass die Brustwarzen bei der minimalsten Reibung mit dem Stoff oder beim geringsten Lufthauch steif wurden und wie trockene Kichererbsen durch das T-Shirt stachen. Sie trug jetzt immer, wirklich immer, auch in der Hitze vor zwei Wochen, zwei Pullis übereinander. Nathalie trug bereits einen Sport-BH. Amber hätte Meilin oder Nelly auch darum bitten können. Doch ihr war im Moment noch nicht nach Frauengesprächen.

Ja, ihr Körper veränderte sich. Sie wusste aus dem Biologieunterricht, dass Mädchen in ihrem Alter ihre Tage bekommen können. Die erste Blutung wäre der früheste Zeitpunkt für ein Frauengespräch mit ihrer Mutter, hatte sich Amber vorgenommen.

Nicht nur der Körper veränderte sich, auch die Freundschaft mit Rebekka. Die Rollenspiele waren Amber langweilig geworden. Von einem Tag auf den anderen war ihr vollkommen die Lust vergangen, mit Barbie, Ken und ihrer Puppenclique Geschichten auszudenken. Sie war an einem Samstagmorgen erwacht, hatte sich die Augen gerieben und sich im Zimmer umgeschaut. Die Fantasiestadt in ihrem Zimmer war ihr über Nacht fremd geworden und es war ihr merkwürdig erschienen, als wäre es eine andere Person gewesen, die am Tag zuvor mit Rebekka noch auf dem Fußboden gesessen und Dornröschen nachgespielt hatte. Amber hatte an diesem Wochenende alle siebzehn Puppen angezogen, in eine Knorr-Schachtel, die sie mit einem schönen Stoff ausgelegt hatte, gestapelt. Die Häuser verschwanden in Bananenschachteln auf dem Dachboden. In den roten Spielkoffer mit den Metallbeschlägen, auch von Granny Annie, passten alle Puppenkostüme. Kleider und Puppen fanden Platz unter dem Bett. Im leeren Zimmer fühlte sie sich verloren. Sie schlenkerte darin herum wie in Nellys alten Kleidern aus der Theaterkiste. Langeweile sowie eine Welle von Traurigkeit und Rastlosigkeit übermannten sie. Auch der Hund schenkte ihr keinen Halt mehr.

„*Was war nur mit ihr los? Wurde sie jetzt auch krank im Kopf und in der Seele wie ihre Mutter?*“, fragte sich Amber und schritt im Zimmer auf und ab, um in Bewegung zu bleiben und um ein leises, panisches Etwas, das sich anschlich, nicht Raum in ihr nehmen zu lassen. Sie bekam Lust auf Musik, kramte den roten Fisher Price, auch von Granny Annie, aus dem Regal und durchstöberte ihre Kassettensammlung. Bei Bi-Ba-Butzemann und Häschen Hüpf verdrehte sie die Augen und packte die Kinderlieder in einen Karton. Auch diese verfrachtete der Teenager in eine Schachtel mitsamt dem Kinderrekorder und stolperte damit die Estrichtreppe hinauf. Auf der Suche nach einer Lücke in der Abstellkammer fiel ihr Blick auf eine Gitarre. Es musste eine alte aus Walters Jugendjahren sein, denn er hatte seine jetzige in der Schule. Amber stellte die Kindersachen auf den Bananenschachtelturm, griff nach der Klampfe, die an einer Schnur an der Wand hing. Die Saiten waren rostig und gerissen, das Holz von einer dicken, grauweißen Schicht bedeckt. Amber pustete auf das Instrument und die Staubpartikel tanzten im Sonnenstrahl, der durch die Dachluke einfiel.

„Ha! Da ist es wieder, das vertraute Pippi-ich-mach-mir-die-Welt-Gefühl!“, frohlockte Amber, hüpfte hastig die Holztreppe hinunter. Sie deponierte eilig die Gitarre in ihrem Zimmer, rannte weiter in den Wohnbereich zu Nelly und Meilin und stürzte zum Wandtelefon in der Küche. Sie wählte Walters Nummer und sprach in den Hörer: *„Du Paps, kannst du mir in Zürich neue Gitarrensaiten besorgen? Und hast du noch Liederbücher, aus denen ich die Griffe lernen kann? Und kannst du mir bitte meinen CD-Player heute nach Thurtalen bringen? Ich brauche dringend Musik! Daaanke! Bis später! Tschühüss!“*

Nelly und Meilin, die Teller abwuschen und abtrockneten, hatten das Gespräch belauscht und sich schmunzelnde Blicke zugeworfen.

An diesem Wochenende zog Walter dem Instrument neue Saiten auf, brachte seiner Tochter das Stimmen und fürs Erste die A-Moll-, D-Dur-, F-Dur- und E-Moll-Akkorde bei. Im Musikgeschäft hatte die CD *Spice* der englischen Girlband *Spice Girls* im Sonderangebot neben der Kasse gestanden, die er aus einer guten Laune heraus Amber als Geschenk mitbrachte.

Die Gitarre, Wannabe und andere Charthits aus dem Radio füllten von dem Tag an Ambers Kinderzimmer. Ein paar Wochen später überstrich Amber in einer Tagesaktion die rosa Wände in ein sattes, kühles Kobaltblau. *„Schwarz kommt mir* *nicht an die Zimmerwände!*", hatte Nelly deklariert. Rebekka bedauerte zutiefst die Wandlung, die ihre Freundin durchlebte, sie vermisste die alte Amber und das alte Spielzimmer. Sie konnte sich überhaupt nicht vorstellen, dass sie selber eines Tages der Puppen und Plüschtiere überdrüssig sein könnte. Ihre Spielsachen waren ihre Kameraden und die heile Welt, in die sie nach der Schule und nach den Nachmittagen mit den Pferden zurückzog. Befangen beobachtete Rebekka die körperliche Transformation ihrer Freundin. Bei ihrem Mädchenkörper tat sich rein gar nichts. Sie konnte sich noch so oft vor den Spiegelschrank im Zimmer ihrer Eltern hinstellen und sich verrenken – da spross nichts um den Vaginaschlitz, so wie bei Nathalie und Amber. So unbemerkt wie möglich beobachtete Rebekka nach jedem Sportunterricht unter der Dusche den von Woche zu Woche sichtbaren Wandel ihrer Schulkolleginnen. Sie kam sich wie abgehängt vor und fand das unfair.

Rebekka und Amber versuchten sich aneinander festzuhalten, klammerten sich an gemeinsame Erinnerungen, bis sie totliefen. Eine Zeit lang konnten die *Spice Girls*, Karaoke und selber ausgedachte Tanzchoreografien den sich langsam immer weiter aufreißenden Graben zwischen ihnen überbrücken. Doch auch *Posh* und die vier anderen Mädels der britischen Girlgroup verloren irgendwann ihren Reiz. Besonders als *Geri Halliwell* aus der Gruppe ausstieg, löste das nicht nur bei den Fans aus aller Welt, sondern auch bei den Mädchen in Thurtalen eine regelrechte Krise aus. *Spice Girls* nur zu viert ging gar nicht. Eine Freundschaft mit Amber ohne Barbie auch nicht, dachte Rebekka für sich. Mit *Den fantastischen Vier,* die

Amber aus dem Fundus ihres Vaters ausgegraben hatte, konnte Rebekka gar nichts mehr anfangen. Lautstärke, Rhythmus und Gesang von *Freddie Mercury* und seiner Band *Queen* und die Texte der Australienband *Midnight Oil*, die sie natürlich problemlos verstand, verzückten Amber und gingen Rebekka, die immer noch dem deutschen Schlager treu geblieben war, gründlich auf den Sack. Je näher die Sommerferien rückten, desto öfter stritten die beiden einst unzertrennlichen Freundinnen. Sie drifteten voneinander ab wie Afrika von Europa bei der Kontinentaltrennung. Ein letzter Versuch, die Freundschaft zu retten, war, als Rebekka Amber ins Kino nach Winterthur einlud. *Doktor Doolittle* sollte es richten. Amber fand den Tierarzt, der mit den Tieren sprechen konnte, und Eddie Murphys Hyperaktivität einfach nur doof. Sie wäre am liebsten von ihrer peinlichen Freundin, die sich im Kino laut kaputtlachte, zehn Sitzreihen abgerückt, um ja nicht mit ihr in Verbindung gebracht zu werden. Von diesem Mittwochnachmittag an fand Amber Ausreden, wenn sich Rebekka mit ihr verabreden wollte. Irgendwann drehte Rebekka mit Francine, einem Mädchen aus der vierten Klasse, die auf demselben Reiterhof ihr Pferd betreute, in der Zehnuhrpause Runden um das Schulhaus und steckte mit ihr kichernd die Köpfe zusammen. Bei der Erinnerung an das Bild von Francine und Rebekka auf dem Pausenplatz stach es kurz in Ambers Brust. Ein leises Bedauern überkam sie. Und doch, sie war nicht mehr das puppenspielende Mädchen. Was sie jetzt war, wusste sie auch nicht. Sie war nicht mehr da und noch nicht dort, irgend so ein Mittelding, was sich je nach Tagesform Scheiße oder großartig anfühlte.

Amber saß immer noch auf dem Treppenabsatz und dachte an die vergangenen Wochen. Sie hatte die Aufnahmeprüfung in die Sekundarschule A geschafft. Sie hatte noch keinen Plan für die Berufswahl, hatte den Schulstoff in der Primarschule immer gut bewältigt. Und sowohl Lehrer und Familie befanden, dass Amber in die erweiterte Oberstufe gehörte, damit der Weg für ein Studium frei läge. Die Oberstufe lag im Nachbardorf. Die Schüler aus Thurtalen fuhren sommers wie winters die fünf Kilometer mit dem Fahrrad ins Kreißschulzentrum. In einer familiären Lagebesprechung, der Walter als Protokollführer vorstand, waren sie übereingekommen, dass es für alle die beste Lösung wäre, wenn Amber und Meilin weiterhin bei Nelly wohnen blieben. Für Amber änderte sich nichts, Nelly bräuchte sich nicht nach einer kleineren Wohnung umzusehen und das Haus abzustoßen. Für Meilin, die mittlerweile sehr gut Deutsch sprach und einen Abschluss als Schneiderin in der Tasche hatte, war die stabile Wohnsituation die beste Grundlage, im Berufsleben Fuß zu fassen und ihre psychische Krankheit endgültig zu überwinden. Amber war allerdings gerne bei Papa in der Stadtwohnung. Sie liebte die Zweisamkeit mit ihm und das quirlige Stadtleben. Die Straßen waren von Menschen aller Couleur und Gesellschaftsschichten bevölkert, was Amber belebte.

In Thurtalen hingegen war irgendeinmal die Zeit stehen geblieben, so schien es Amber bei jeder Rückkehr von Walter. Schon am Bahnhof, wenn sie aus dem Zug stieg, verlangsamten sich ihr Schritt, ihre Lebensfreude und die Neugierde. Doch es war okay. Denn sie sah ihren Vater und die Stadt beinahe jedes Wochenende. Maman und Papa unter demselben Dach konnte sich Amber beim besten Willen nicht mehr vorstellen. Wie Essig und Öl konnte man sie zu einem höheren Zweck – wie eine Elternschaft beispielsweise – zusammenquirlen. Doch ließ man sie ruhen, erinnerten sie sich an ihre ureigene Substanz. Und so erschien ihr diese Stadt-Land- oder Frauenhaus-Papa-intensiv-Lösung sogar ziemlich glücklich. Denn wer hatte schon zwei Zuhause! Und so coole obendrein! Maman, Nelly und sie waren ein eingeschworenes Frauenteam. Da gab es keine Lücke für einen Mann. Amber hoffte sehr, dass Maman nicht eines Tages einen neuen Lover heimbrachte! Ihr passte das Arrangement, auch dass beide Eltern keine neuen Partner hatten, sehr gut ins Konzept.

Aus dem Dorf grölten Jubelschreie aus einem offenen Wohnzimmerfenster. Eine Mannschaft hatte wohl ein Tor geschossen. Amber seufzte und erhob sich. Sie setzte den Kater Molly auf den Boden, der maunzend protestierte. Sie bekam jetzt Lust, ein paar Takte zu klimpern. Vielleicht würde es ihr jetzt endlich gelingen, *Tears in Heaven* fehlerfrei zu spielen und Meilin, die diese Schnulze liebte, zu überraschen.

1998 – Samstag, 1. August: Auf dem Rütli

Walter hatte sich das nass geschwitzte, karierte Hemd umständlich aufgeknöpft, abgestreift und zum Trocknen auf den mit grünen und gelben Flechten bewachsenen Felsen gelegt. Amber verdrehte die Augen, als sie ihren Vater im dunkelblauen Unterhemd sich in der Sonne aalen sah, und rückte etwas von ihm ab. Er hatte es schon wieder getan, obwohl sie ihn mehrmals gebeten hatte, in ihrer Gegenwart in der Öffentlichkeit darauf zu verzichten. Es war ihr peinlich, wie er seine blasse mit Sommersprossen gesprenkelte Haut zur Schau stellte. Mit Sonnenschutzfaktor 100 wähnte er sich in Sicherheit. Wie konnte sie ihm nur deutlich machen, dass die weiße Schicht auf Ohren und Nase, eine Art Indianerkriegsbemalung, für einen Mitteleuropäer lächerlich aussah. Jetzt setzte er sich auch noch das rot-weiße Glarner Tuch auf, das er an den Zipfeln geknotet und zu einer improvisierten Kopfbedeckung umfunktioniert hatte. Wie konnte ihm sein Auftritt vor diesen unzähligen Pilgern, die dieselbe Idee hatten, an diesem Tag auf den Spuren der Schweiz zu wandeln, und die in Scharen an ihnen vorbeizogen, gleichgültig sein?

Sie hatte am Morgen gebettelt, nicht auf die Wanderung mitzumüssen. Doch Nelly war mit dem Nationalfeiertagsbrunch im Dorf beschäftigt, Meilin weilte in Südfrankreich und Walter hatte darauf bestanden. Er fand, es gehörte sich für jeden Schweizer und jede Schweizerin, mindestens ein Mal im Leben diese Reise zu machen. Die Muslime pilgerten nach Mekka. Die Schweizer zum Rütli. Im kommenden Schuljahr nahm er mit den Sechstklässlern Schweizer Geografie und Geschichte durch. Dazu gehörte ein Besuch zur Nationalwiese, der Geburtsstätte der Eidgenossenschaft. Er hatte auf der Hinfahrt, als sie auf dem Rücksitz statt auf dem Beifahrersitz des Volvos Platz genommen und vor sich hin geschmollt hatte, nach hinten geworfen: „*Töchterlein, es schadet dir nicht, wenn ich am Nationalfeiertag dafür rekognosziere und mit dir den Weg der Schweiz erwandere. Ich weiß, du teilst meine Begeisterung nicht, doch spätestens am Abend, wenn du alle Höhenfeuer rund um den Vierwaldstättersee sehen wirst, wirst du dich für die Wiege der Schweiz erwärmen. Bis jetzt hast du immer, wenn auch um Tage oder Monate verzögert, zugegeben, dass dir die Ausflüge gefallen haben! Stimmt es oder habe ich recht?*“

Amber hatte durchs Fenster die Häuserzeilen der Weststraße, durch die der ganze Transitverkehr der Stadt geleitet wurde, gemustert. Die Abgase hatten die Fassaden mit einem grauen Schleier überzogen. Gestalten in langen, schwarzen und dunkelblauen wallenden Gewändern eilten über den Gehsteig, hinter ihnen kleinere Ausgaben, Söhne, Neffen oder Schüler, die sich bemühten, Schritt zu halten. Die Männer trugen schwarze Hüte oder runde Käppis auf dem Kopf. An den Schläfen hüpften lange schwarze Locken. Die erinnerten Amber an die Kunstfertigkeit, die sie an Nelly bewunderte, aber selber noch nicht beherrschte: Bändel an einem Geschenkpaket mit einer Schere zu kräuseln. Statt ihrem Vater eine Antwort zu geben, streckte sie den schwarzen Gestalten die Zunge heraus und freute sich unbeobachtet über ihre Kühnheit.

Walter war unmöglich geworden! Wie er jetzt ein gekochtes Ei pellte, aus der Tube Mayonnaise draufdrückte, das ganze Ei in den Mund schob und – schmatzte! Amber ekelte sich neuerdings vor ihrem Vater. Sie behielt ihren langärmligen Kapuzenpulli an, obwohl es beträchtlich warm war. Sie wollte keinen Sonnenbrand riskieren. Und der Pulli kaschierte am besten ihre Auswüchse an der Brust, die sich in den Sommerferien noch stärker ausgebildet hatten. Amber trank die Wasserflasche leer und hoffte damit ihren Kohldampf zu stillen. Essen wollte sie um keinen Preis. Sie wollte dem Ausufern an Hüfte und Busen nicht noch Nahrungszufuhr geben. Walter blickte auf seine Armbanduhr und Amber schaute ins Tal. Das Entzücken über die Bergketten auf der anderen Seite des Vierwaldstättersees hielt sich bei ihr in Grenzen.

Walter informierte seine Tochter, dass sie in einer Viertelstunde weiterwandern würden und er sich dort unter der kleinen Fichte für ein kleines Nickerchen in den Schatten legen würde, als aus Walters Rucksack plötzlich eine roboterhafte Melodie tönte. Rons Spielkonsolen klangen ähnlich. Amber schaute ihren Vater verdutzt an. Walter machte sich an seinem Rucksack zu schaffen, breitete alles, was er vor wenigen Minuten fein säuberlich eingeschichtet hatte, auf der Gebirgswiese zwischen Enzian und Alpenarnika aus: Ersatzunterhose, Regenschutz, drei halb volle Tupperdosen in verschiedenen

Farben, eine Trinkflasche, eine Wanderkarte, ein rotes Armeetaschenmesser mit Schweizerkreuz, Geldbeutel, ein blaues Notizheft mit Eselsohren und ein Schlampermäppchen mit einem Anti-AKW-Sticker darauf. Darunter förderte er einen blau-grauen Gegenstand mit Tastatur und Antenne hervor.

„Das ist mein neues Mobiltelefon. Habe ich dir nicht davon erzählt?", beeilte er sich zu sagen, bevor er auf den Knopf mit dem grünen Strich drückte und Amber zuzwinkerte, die augenrollend den Blick abwandte. Sie hörte: *„Ui! Nein. Ja. Hmh. Wann? Ich versuche sie zu ... Ja. Hmh. Ja. Wir kommen ... Ja. Tschüss. Danke."*

Amber konnte sich keinen Reim darauf machen, ihre Neugierde überwog und sie wandte sich wieder ihrem Vater zu. Sie sah, wie er den Apparat in seinen Schoß sinken ließ und ins Leere starrte. Erst, als sich Amber bemerkbar machte und wissen wollte, wer denn angerufen hätte, sah er wieder auf. Während er die weiße Spur Sonnencreme von seinem Nokia wischte, das fettige Display im Wechsel anhauchte und polierte, berichtete er. Nelly hatte einen Anruf aus Australien erhalten. Amber runzelte die Stirn. Sie brachen die unvollendete Wanderung ab und stiegen auf demselben Pfad, auf dem sie hinaufgekommen waren, zur Schiffsanlegestelle zurück. Es waren nicht die Kieselsteine, die Amber beim Abstieg lustlos aus dem Weg wegkickte, die einen mittleren Felssturz verursachen würden, sondern die Nachricht, dass Meilins geliebte Großmutter in Brisbane verstorben war.

Meilin war schwierig zu erreichen. Walter hatte bereits im Zug zwischen Luzern und Zürich vom Mobiltelefon nach Ardenciel angerufen. Eine Michèle hatte den Anruf entgegengenommen und ihn in der Leitung hängen lassen, was das Guthaben der Prepaidkarte in zwei Minuten aufgefressen hatte. Danach hatte er von zu Hause aus bei Gérard angerufen, mit dem sie auf einer Kanutour war, wie Walter endlich in Erfahrung brachte. Walter zog in Betracht, in einer Nacht- und Nebelaktion hinzufahren und die Nachricht persönlich zu überbringen. Es graute ihm davor, dass Trudes Tod bei Meilin, die gerade erst richtig Fuß gefasst hatte, eine erneute Talfahrt auslösen würde. Im selben Moment verfluchte er sein Schicksal, das ihm diese Frau an die Backe geklebt hatte. Dann fiel sein Blick auf Amber, die sich mit beiden Ellbogen auf dem Küchentisch breitmachte, mit einer Hand Porridge und Apfelmus in sich hineinschaufelte und mit der andern in einem seiner alten Asterix- und Obelix-Comics blätterte. Die Abenddämmerung tauchte seine Tochter in ein mildes Licht und sein kurzer Groll verpuffte ins Nirwana. *„Komm, wir packen! In einer Stunde fahren wir los!“* Acht Stunden später knirschte der rote Volvo in einem Außenquartier von Uzès über den Kiesvorplatz von Gérards Haus und kam zum Stehen. Walter drehte den Zündschlüssel. Er drehte sich um und sah Amber mit offenem Mund an die Scheibe gelehnt schlafen. Die Kopfhörerbügel des Discmans, den sie noch aufhatte, war verrutscht. Der rote Schaumstoffkopf des Hörers klebte an ihrer linken Wange. Walter schnaufte aus, ließ sich zitternd in den Sitz zurückfallen und schloss die Augen.

„Nur noch eine Viertelstunde dösen, bevor die Sonne aufgeht und die Lawine losgeht“, dachte er gerade noch, als ihn die Erschöpfung übermannte.

Drei Stunden später pochte Gérard an die vom Atem der Schlafenden beschlagene Scheibe der Fahrerseite. Er konnte nicht einsehen, wer in dem Auto saß, erkannte aber das rote Auto mit dem Schweizer Kennzeichen.

„Hallô Walter! C'est toi? Alles in Ordnung?“, rief er schließlich laut und schlug nun heftig mit der flachen Hand auf die Karosserie. Davon wachten Walter und Amber gleichzeitig auf. Schlaftrunken krochen die beiden aus dem Wagen, reckten ihre tauben Glieder und blinzelten in die Morgensonne. Gérard führte die Ankömmlinge in die Küche, wo seine Frau Giselle am Frühstückstisch saß und auf zwei blonde, mit Marmelade um den Mund verschmierte Knirpse einredete, die sich wegen etwas in die Haare geraten waren. Sie drehte sich um und rollte verschmitzt und entschuldigend die Augen, stand auf und reichte Walter und Amber die Hand.

„Café? Croissants?“, fragte die Französin und wandte sich, ohne eine Antwort abzuwarten, barfuß und nur knapp mit einem ausgeleierten Schlaf-T-Shirt und Slips bekleidet ab und machte sich auf der Kochinsel zu schaffen. Amber taute auf und beobachtete die Szene, in die sie über Nacht geworfen worden war. Das alte Haus war wuchtig wie eine Burg. Amber sah Gérard und Giselle nach, wie sie sich über die rohen Fliesen der Wohnküche zwischen den Wänden aus rohen Steinquadern bewegten, um den Gästen das Frühstück zu reichen.

Sie ließen sich nicht durch die beiden sich balgenden Kinder aus dem Konzept bringen. Als sich die beiden Franzosen schließlich setzten, Giselle Amber aufmunternd zuzwinkerte, rang sich Amber ein Lächeln ab und räusperte sich, um den Kloß im Hals zu befreien.

Walter fragte nach Meilin und schilderte den Grund ihres Besuches zwischen zwei Schluck Kaffee. Giselle und Gérard erhoben sich gleichzeitig, doch Giselle gab ihrem Mann mit einem sanften Druck auf den Unterarm zu verstehen, dass sie Meilin wecken wollte. Nur kurze Zeit später schlurfte Ambers Mutter schlaftrunken, ebenfalls nur in T-Shirt und Slips, hinter Giselle in die Küche. Die beiden hielten in derselben knappen Schlafkleidung im Türrahmen kurz inne, um die Situation in der Küche zu überfliegen. Diese Szene erinnerte Walter an einen französischen Arthausfilm. Er genierte sich, dass er den Anblick der beiden Frauen sehr erotisch fand und sich bei ihm etwas regte. Meilin standen die blonden Haare wirr ab und sie hatte eine gesunde, gebräunte Gesichtsfarbe. Der Urlaub bei ihren Freunden in Südfrankreich war ihr gut bekommen. Oder war da noch mehr Sport im Spiel als Kanufahren auf der Ardèche? Walter strich sich mit der Hand durchs Haar, um seine Gedanken zu glätten. Meilin runzelte die Stirn und blickte fragend von Amber zu ihm und wieder zu Amber.

„Was führt euch denn hierher?“, fragte sie Walter verdattert, als sie endlich in die Gänge kam und auf Amber zueilte, sie auf den Scheitel küsste, sich auf die Fliesen kniete und ihre Tochter in die Arme schloss. Amber entspannte sich beim

vertrauten Geruch ihrer Mutter und erwiderte die Umarmung. Das Mädchen wagte den kühnen Gedanken, dass jetzt in dieser Küche, in der die Welt in Ordnung war, Meilin endlich Freude und Lust an diesem Papa-Mama-Kind-Ding hatte, wie alle anderen normalen Mütter auch. Sie und Papa waren doch extra angereist, um Meilin abzuholen, um ihr zu beweisen, dass sie beide nicht von ihr weichen und sie durch die nächste Talfahrt begleiten würden. Amber hoffte inbrünstig, dass Meilin endlich begreifen könnte, wie sehr sie geliebt und gebraucht wurde und dass sie zu dritt alles schaffen würden, ihretwegen auch mithilfe von Meilins französischen Freunden. Amber hoffte inbrünstig, dass mit dem Tod von Meilins Trudy, sich das Leck schließen würde. Amber hatte in Nellys Garten ein Bild dafür bekommen, worunter ihre Mutter litt. Sie war einfach nicht dicht. Aus ihrem System flossen Energie, Lebensfreude, Saft, was auch immer, ab. Nelly hatte Amber einmal gebeten, den Frühlingsflor in den Pflanzkübeln auf der Eingangstreppe zu gießen. Amber hatte nach dem erstbesten Behälter, der im Hof herumstand, gegriffen, ihn in den Brunnen getaucht, um ihn mit dem abgestandenen Regenwasser, worauf Nelly bestanden hatte, zu füllen. Als sie den vollen Kübel herauszog, wurde er schnell leichter in ihren Händen. Das Wasser floss aus einem Riss ab und durchtränkte Ambers geliebte Converse. Als sie ihre nassen Schuhe und den undichten Eimer in der Hand musterte, dachte Amber an ihre Mutter.

Amber hatte danach die Stoffturnschuhe – das Geburtstagsgeschenk von Granny Annie – und die Socken ausgezogen und zum Trocknen an die Leine gehängt. Sie überlegte, dass die undichte Stelle in Meilins System die Verbindung zu Australien, vor allem zu Trude, sein musste, die sie immer und immer wieder erwähnte und vermisste. Da flossen Meilins Kräfte ab, Meilin konnte sich anstrengen, soviel sie wollte, sie schaffte es nicht, das Loch alleine zu stopfen. Bei Amber lag es ganz anders. Das Leck zur australischen Verwandtschaft war eher eine Tür, die sie selber öffnen und schließen konnte. Sie dachte entspannt an ihre Vettern und Großeltern, da ging nichts verloren. Im Gegenteil, wenn Annie anklopfte, machte Amber gerne auf und nahm die völlig unbelastete Liebe, die die Großmutter in Form von angesagten Geschenken, für die sie von ihren Klassenkameraden beneidet wurde, ausdrückte, gerne in Empfang.

In der schweigenden Umarmung wuchs Ambers Zuversicht, dass sie es mit Papas Hilfe schaffen würde, anstelle des Lecks eine Tür zu Australien einzusetzen. Meilins Kniegelenke knackten, als sie sich von Amber löste und erhob. Ihr erschloss sich immer noch nicht, weswegen die beiden aus der Schweiz angereist waren. Und dass Amber jetzt über das ganze Gesicht strahlte, verwirrte Meilin noch mehr. Sie wiederholte ihre Frage. Walter kratzte sich das Kinn unter dem Dreitagebart und sprach bedächtig die Worte, die er sich während der Fahrt zurechtgelegt hatte: *„Trude ist vorgestern sanft eingeschlafen. Deine Mutter hat angerufen und bittet dich, mit Amber zur Beisetzung hinzufliegen. Deine Familie wartet auf dich.“*

1998 – Donnerstag, 6. August: Colarausch

Der Airbus hatte sich zwei Stunden nach dem Start in einer Höhe von 12.000 Meter irgendwo über der Türkei eingerichtet und schnurrte auf seiner Laufbahn Singapur entgegen. Die Passagiere waren verpflegt und eingerichtet in ihren Sitzen. Einzelne rutschten noch herum, um eine perfekte Position zu finden. Manche hatten sich bereits in die blauen Wolldecken der Airline eingewickelt, mit den Augenbinden für die Nacht in ihrem Polster eingenistet. Eine indische Mutter stand an der Nasszelle an, um ihren Fünfjährigen zum allabendlichen Töpfchengang vor dem Schlafengehen zu begleiten. Der Kleine hatte sich rückwärts an den Beinen der Mutter angelehnt und beobachtete die Passagiere, die entlang des Ganges platziert waren. Mit dem Daumen im Mund fest verankert, wehrte er sich gegen die zufallenden Augen und rutschte in Zeitlupe seitwärts am orangefarbenen Stoff des Saris ab und wäre um ein Haar umgefallen, wenn nicht Amber ihm zugeblinzelt und ihn aus seinem Halbschlaf gerissen hätte.

Der hübsche Inderjunge zwinkerte zurück und grinste verlegen. Er riss seine braunen Augen auf, als Amber die rote Dose an die Lippen setzte und in einem Zug das braune Getränk austrank. Er zupfte an Mutters Tuch und forderte umgehend ihre Aufmerksamkeit. Amber verstand nicht, was er seiner Mama zuflüsterte, vermutlich hatte er nach demselben Getränk wie die junge Frau, die ihm zugezwinkert hatte, verlangt. Denn als die Mutter ihm eine kleine Wasserflasche hinhielt, schüttelte er den Kopf, verschloss trotzig den Mund und setzte an zu weinen. Den Trotzanfall unterband die Inderin entschieden, indem sie den Sohn auf den Arm packte, ihn aus Schlitzaugen fixierte und mit ihm, kaum war die Toilette frei geworden, hinter der Tür verschwand. Was sich im Waschraum abspielte, entzog sich Amber, die gerne gelauscht hätte, wie die anmutige Asiatin diese Situation geregelt hatte.

Amber drückte den Knopf über ihr. Als sich die Stewardess nach ihren Bedürfnissen erkundigte, bestellte das Mädchen eine weitere Coke. Anstandslos wurde ihr Wunsch erfüllt. Es war ganz einfach gewesen und es verschaffte Amber eine neu gewonnene Kühnheit. Sie hatte sich tatsächlich getraut, gegen die Prinzipien der Eltern das verpönte Getränk zu bestellen! Ha!

Meilin war von Trauer um ihre Trudy völlig aufgelöst und hatte Ambers erste Bestellung nicht einmal wahrgenommen. Die Mutter hatte sich seit dem Nachtessen von Amber abgewandt, hatte ihre Ohren mit Kopfhörern zugestöpselt, aus denen dumpfe Bässe dröhnten. Meilin hatte sich in sich verkrochen und war nicht ansprechbar. Dann und wann schniefte sie, putzte sich die Nase oder tupfte sich mit dem feucht geschnäuzten Tuch die tränennassen Wangen ab.

Amber nippte an Dose Nummer drei, schielte kurz zu ihrer Mutter und stürzte das kühle, köstliche Getränk erneut in einem Zug herunter. Sie erschrak, als sich unmittelbar danach ein sonorer, dreister Rülpser aus ihren Eingeweiden löste. Erschrocken schlug sich Amber die Hand auf den Mund und schaute um sich. Eine ältere Passagierin warf dem Mädchen einen scharfen Blick zu. Der Sitznachbar am Fenster neben Meilin verzog die Mundwinkel zu einem Grinsen, unterbrach jedoch seine Lektüre nicht. Ihre Mutter blickte nur kurz und erstaunt auf, zuckte apathisch mit den Schultern und wandte sich wieder ihrem Schmerz zu. Amber liebte dieses ungeheuerlich süße Gesöff!

Bis Darwin hatte sie insgesamt acht Büchsen Cola intus. Aufgekratzt hatte sich Amber durch das gesamte Filmprogramm gezappt und alle Musiklisten rauf- und runtergespielt, weder bis nach Singapur noch auf dem Weiterflug nach Australien eine einzige Minute geschlafen. Es war wieder Lucy, die Mutter und Tochter am Gate in Empfang nahm. Die sonst unerschütterliche Australierin erschauderte, als die Ankömmlinge aus der Schweiz durch die automatische Glastür auf sie zutraten. Der schwarze Rollkragenpullover unterstrich Meilins Blässe, dunklen Augenringe und kraftlosen Haare und der bunt geringelte Sweater, den Amber trug, konnte nicht von den Spuren der strapaziösen Reise im Gesicht des Mädchens ablenken.

Lucy drückte Mutter und Tochter an ihren fülligen Busen, hieß die beiden in Australien willkommen und stellte keine Fragen. Sie beschloss, den Plan, den die Familie gemacht hatte, eigenmächtig über den Haufen zu werfen. Ambers Tante verfrachtete Meilin und ihre Tochter auf die Rückbank und hievte deren Reisetaschen auf den Beifahrersitz. Statt das Seabreeze-Hotel, wo sich die Angehörigen am Abend zusammenfinden wollten und ein Zimmer für die Frauen gebucht war, anzusteuern, nahm sie Kurs Richtung Süden auf.

„My God, Meilin! Du erinnerst mich an einen verwahrlosten, ängstlichen Streuner. Ich kann dich in dieser Verfassung unmöglich deinen Eltern aussetzen! ... Amber ..., Mädchen, du bist so groß und hübsch geworden! Du brauchst doch auch etwas Zeit zum Ankommen!", dachte Lucy, während sie sich eine Locke aus dem Gesicht pustete, bei der roten Ampel mit den Händen dem Steuer nachfuhr und sich überlegte, mit welcher Floskel sie das Schweigen brechen könnte. Drei Kreuzungen weiter drehte sich Lucy um, um nach dem Flug zu fragen, und sah, dass Amber auf Meilins Schoß eingeschlafen war. Meilin nickte Lucy müde zu, fuhr mit der rechten Hand zärtlich über den roten Schopf ihrer Tochter und schloss danach selber die Augen.

Lucy wandte sich wieder der Straße zu und wippte zufrieden mit ihrem Kopf. Sie hatte richtig entschieden, Serge würde es, wie alles, was sie für gut befand, unterstützen und Malcolms und Annies Meinung waren ihr einerlei. Auf der Farm würde sie sich ein-, zwei Tage um die beiden Gestrandeten kümmern. Und dann war immer noch genug Zeit bis zur Abdankungszeremonie.

1998 – Mittwoch, 12. August: Trudes Beisetzung

Amber hatte an Sepps Abdankung die Augen zusammengekniffen und die Trauergäste wie einen Zug schwarzer Ameisen zum Friedhof ziehen sehen. Schweigend, einer höheren Ordnung folgend. An Sepp, Nelly und Papa dachte Amber unentwegt, als sie mit Trudes Sippe und wenigen Aborigines, die mit Ambers Urgroßmutter befreundet gewesen waren, in einem Autokonvoi von Darwin ins Landesinnere fuhren. Meilen außerhalb der Stadt mündeten die planierten Straßen in ausgewaschene, holperige Wege. Amber fuhr mit Meilin, Philipp und Angelo im hintersten Wagen. Auf dem letzten Wegstück hüpften die Allradfahrzeuge vor ihnen auf und ab. Amber wurde heftig durchgeschüttelt und sie war heilfroh, dass sie nach mehreren Stunden endlich den von Trudes Kindern Annie, Serge und Philippe gewählten Platz im Outback erreicht hatten. Trudes Asche sollte am selben Ort beigesetzt werden, an dem ihre geliebten Männer Valentin und Juri 1942 ihre letzte Ruhe gefunden hatten. Mann und Sohn gehörten bei der Bombardierung von Darwin zu den Opfern.

Serge eröffnete als Trudes ältester Sohn die Beisetzungszeremonie. Er übergab eine Handvoll Asche der roten Erde und fuhr, als er sich aufgerichtet hatte, mit seinen Fingern gedankenvoll über eine Stelle am Felsen. Beim Nähertreten entzifferte Amber die Namen Valentin und Juri. Obwohl Jahre und

Witterung die eingemeißelten Lettern ausgewaschen hatten, waren sie deutlich zu lesen. An exakt dieser Stelle war also ihr Urgroßvater vor 56 Jahren bestattet worden. Und nun auch Urgroßmutter Trude. Beide waren ihr fremde Menschen. Ambers Haare an Nacken und Unterarmen richteten sich auf. Sie begriff mit plötzlicher Wucht die Dimensionen. Hierhin, auf die andere Seite der Weltkugel gehörte auch sie. Ihre Maman war hier geboren! Die Hälfte ihrer Familie stand in Fleisch und Blut wenige Meter um sie herum. Die andere Sippe, die aus Papa, Nelly, Tanten und Onkeln bestand, war auf der anderen Seite der Erdkugel.

„Ich bin auch Australierin!“, begriff das Mädchen und fuhr sich mit den Händen über die Gänsehaut. *„Und ich bin Schweizerin. Aber ich gehöre nicht nur da- oder dorthin. Ich bin ein Kind der ganzen Welt ...“*

Als Philipp mit der Urne in der Hand aufbrach, um den gelben Felsen zu erklimmen, holte sich Amber aus ihren Gedanken. Das Mädchen blickte ihm neugierig nach. Was mochte er da oben machen? Er und Angelo waren die Einzigen, die einen schwarzen Anzug, weißes Hemd und eine schwarze Krawatte trugen. Er hatte keine Fragen zu Papa und Maman gestellt. Amber hatte Philipp nicht gefragt, warum er mit einem Mann verheiratet war und nicht mit einer Frau. Obwohl sie es eigentlich schon gerne von ihm selber erfahren hätte, wie das so ist. Im richtigen Leben. Wie das so geht und sich anfühlt, das mit der Homosexualität. Franz Freuler hatte darüber im Sexualunterricht gesprochen, als würde es sich um ein Rezept aus dem Kochbuch handeln. Als würde ein einfaches Auswechseln von

Zutaten für ein fremdländisches Gericht genügen. Als würde aus einem Zürcher Geschnetzelten durch Weglassen von Pilzen und Sahne und der Beigabe von Curry so einfach eine asiatische Pfanne werden.

Nein, es war nicht so einfach. Denn davon, wie es einem Kind dabei geht, wenn die Eltern eine seltsame Ehe führen, hat auch keiner eine Ahnung, der es nicht selbst erlebt hat. Sie hatte mit Walter das Bücherregal für ihr Zimmer aufgebaut und kapierte jetzt den Unterschied von Gesagtbekommen und Selbermachen. Erkläre mal jemandem, wie ein IKEA-Gestell zusammengeschraubt werden muss. Er wird nicken, aber erst, wenn Schrauben fehlen oder am Schluss alles schief steht, wird er verstehen, was du meinst. Amber hatte auf Anhieb gespürt, als Philipp sich in die Hocke auf ihre Augenhöhe begeben hatte, um ihr zur Begrüßung die Hand zu geben, dass er ein Verbündeter war. Einer, der wusste, dass es für gewisse Dinge viel Zeit und den richtigen Moment brauchte, um darüber zu sprechen.

Philipp stand einen Moment regungslos am gewählten Punkt auf der Felskuppe, vier Meter über dem roten Sandboden, auf dem die anderen Angehörigen dem Bruder, Onkel, Schwager und Freund zusahen. Meilin stand in sich versunken neben Lucy. Amber nahm einen Schritt auf die beiden Frauen zu, ohne den Blick von Philipp zu wenden. Aufkommender Wind erfasste die Krawatte und blies sie ihm ins Gesicht. Er lächelte kurz und griff in die Urne. Danach hob er die geschlossene Faust in die Luft, schloss die Augen und bewegte lautlos seine

Lippen. Behutsam öffnete er die Hand und die darin freigelegte Asche wurde augenblicklich vom Windstoß davongetragen und zerstob.

Großmutter Annie nahm Philipp die Urne ab, als er sich wieder zur Trauerfamilie gesellt hatte. Alle folgten Annie zum Feuer, das inzwischen Pekeri, ein Freund der Familie, an einer windgeschützten Stelle zwischen den Felsen entzündet hatte. Als sich alle gesetzt hatten, leerte Annie die letzten Überreste in die Glut zwischen zwei züngelnde Äste und flüsterte: *„Danke für alles Mutter! Ruhe in Frieden."*

.....

Annie setzte sich in die Lücke links neben ihre Tochter. Amber hatte sich rechts von Meilin platziert, die unentwegt in die Flammen starrte. Das Mädchen wandte sich zu seiner Mutter und Großmutter, suchte abwechselnd Augenkontakt, um endlich das Schweigen zu brechen. Doch sie reagierten nicht und hatten beide ihren Blick dem Feuer zugewandt. Annie hatte eine makellose, edle, lange Königinnennase, befand Amber. Meilins, die an der Spitze in einen frechen Knubbel mündete, erinnerte das Mädchen an eine Räubertochter. Dazu passte das von der Brise zerzauste Haar. Amber gefiel es wesentlich besser, wenn ihre Mutter ihre Haare wachsen ließ und in ihrem blonden Naturton ließ. Sie hatte weder die Kurzhaarschnitte noch die experimentellen Farben gemocht, die Meilin durch die Jahre getragen hatte. Jetzt sah ihre Maman irgendwie normal oder vielmehr richtig aus. Richtig für sie. Und so mochte Amber ihre Mam. Es hätte nicht zu ihr gepasst, wie Annie gekleidet oder frisiert zu sein. Auch hier am Lagerfeuer hatte ihre australische Großmutter die Haare hochgesteckt. Der Wind schaffte es nicht, das Haar zu zerzausen. Sie trug Make-up, Mascara und Lippenstift, den sie sich von Zeit zu Zeit nachzog. *„Und das hier in der Wüste!"*, beobachtete Amber fasziniert. Sie bewunderte Annie insgeheim und genoss es sehr, auf eine ganz andere Art als von Nelly großmütterlich betüdelt zu werden.

Am Vortag hatte Amber Annie zum Großeinkauf in die Shoppingmall begleitet. Als diese erfuhr, dass Ambers Hygiene und Pflege aus Seife und Ringelblumenhautcreme bestand, griff sie beherzt in die Regale der Kosmetikabteilung: Deospray, Schminkzeug, Nagellack, ein Taschenspiegel und ein Beautytäschchen landeten im schon proppevollen Einkaufswagen. *„Ein Mädchen braucht Spielzeug!"*, befand Annie. *„Ich habe noch nie verstanden, warum sich Meilin nie schminkt und mehr aus sich macht! Ich zeige dir zu Hause, wie das geht, Amber!"*

Annie war auf ihre Art witzig. Sie machte keine derben Schenkelklopfwitze, wie sie Sepp oder manche Jungs in der Schule machten. Annie hatte ihrer Enkelin später in Brisbane als Erste anvertraut, dass sie heimlich Unterschriften von Promis sammelte und vor Malcolm versteckte. *„Schau, das ist mein meistgehüteter Schatz: eine Autogrammkarte von Elvis Presley! Von 1970. Ich war richtig verknallt in ihn"*, hatte

Annie gekichert, auf das Foto einen Kuss geschmatzt und es danach wieder zwischen zwei puderfarbenen Büstenhalter gesteckt. Der Schublade hatte sie mit der Hüfte einen Schubs gegeben und Amber angestrahlt. Amber hatte beschlossen, das Geheimnis für sich zu behalten und als einen Schatz ihrer Großmutter zu hüten. Vor allem würde sie es nie und nimmer Malcolm preisgeben, der ihr irgendwie unheimlich war. Seinem durchdringenden Blick konnte sie nicht standhalten. Sie hatte es versucht, hatte aber Angst bekommen, dass er ihre Gedanken lesen könnte, und schnell den Blick wieder abgewandt. Annie war ihre Verbündete geworden. Sie fand es zwar etwas gruselig, einen gekreuzigten Jesus in jedem Zimmer anzutreffen. Auch mit den gerahmten Bibelsprüchen konnte das junge Mädchen wenig anfangen. Und was Amber am allermeisten an ihrer Granny mochte: Sie roch unglaublich anders. Ihr Parfum umgab sie wie eine Aura. Eine Königin eben.

Und da saßen nun Königin und Räubertochter und fixierten die Flammen mit ihren Augen, als würden sie sie beschwören. Amber begann sich zu langweilen, traute sich jedoch nicht aufzustehen, weil alle in die Mitte auf das Feuer starrten und sich kaum bewegten. Sie begann, Grasbüschel aus dem Grund zu zupfen und in die Glut zu werfen. Plötzlich rückte Meilin mit dem Oberkörper nach vorn, hob ihre Faust und brachte einen rötlichen Gegenstand zum Vorschein. In dem Moment, als sie das Stück ins Feuer werfen wollte, regte sich Annie und hinderte ihre Tochter bei ihrem Vorhaben, die zurücksank und nickte. *„Bitte Meilin, tu es nicht! Er gehört Amber!“*

„Was gehört mir?“, wollte nun Amber wissen, die froh war, dass endlich wieder Bewegung in die Runde gekommen war.

Meilin sah auf, blickte Amber aus geröteten Augen an, tastete nach deren Handgelenk, drehte es um und legte ihrer Tochter den geheimnisvollen Gegenstand in die flache Hand.

„Ja, Granny hat recht. Ich darf den Bernstein nicht zerstören. Ich bin unendlich wütend auf mich, weil ich Trude nicht mehr besucht habe, als sie noch lebte. Ich habe sie enttäuscht und konnte es nie gut machen. Ich weiß nicht, wie ich meine Wut loswerde. Erst war nur dieses schwarze Loch ...“ Meilins Lippen bebten, reflexartig hielt sie sich die Hand vor den Mund. Es dauerte einen Moment, bis sie weitersprach.

„Ich vermisse Trudy so sehr. Und ... ich habe so vieles falsch gemacht ...“, die Worte ertranken im Schluchzen, das nun Meilins ganzen Körper erfasst hatte. Amber blickte ihre Großmutter ratlos an. Diese nickte ihr mit einem Augenaufschlag zu. Darauf rückten beide eng an die Weinende und umschlossen sie mit ihren Armen. Meilin sackte zusammen und senkte ihren Kopf in Annies Schoß. Als nach einer Weile Meilin wieder ruhiger atmete, flüsterte Annie sanft: *„Der Bernstein ist unser Familienstein, ein Frauenstein. Deine Ururgroßmutter Marthe hat ihn an der Ostsee auf dem Weg in eine neue Zukunft, sie ist ja mit ihrer Familie von der Schweiz nach Estland ausgewandert, gefunden. Sie hat ihn ihrer erstgeborenen Tochter überreichen wollen. Doch dazu ist es nie gekommen. Der Stein gelangte nach vielen Jahren auf dem Postweg zu Trude. Sie hat ihn mir, wenige Tage, bevor deine Mama zur*

Welt gekommen ist, überreicht. Es war für mich damals sehr schwierig, weil ich nicht wusste, ob das Baby gesund ist. Der Stein erinnerte mich daran, dass meine Großmutter und meine Mutter ihre Heimat verlassen und Kinder geboren hatten, dass sie viele Schicksalsschläge bestanden hatten und nicht daran zerbrochen waren und dass ich schließlich ...", Annie hielt inne und schmunzelte, *„... nicht die erste Frau war, die ein Kind bekommen sollte. Der Stein gab mir tatsächlich Kraft. Als deine Mama gesund zur Welt kam, war ich überglücklich. Als ich dann hörte, dass du da bist, habe ich mich ins Flugzeug gesetzt und bin zu euch geflogen. Es schien mir folgerichtig, dass Meilin nun als junge Mama den Familienstein – mit dem Wissen, der Liebe und der Kraft von Urgroßmutter, Großmutter und Mutter aufgeladen – weitertragen sollte. Als ein Sonnenstrahl auf deinen rötlichen Flaum und den Stein fiel, war für deine Mama und deinen Papa klar, dass du Amber heißen sollst, wie der Bernstein. Ich kann mir nichts Passenderes vorstellen."*

Meilin hatte sich inzwischen aufgerichtet. Sie strich sich die Haare aus dem Gesicht und lächelte Amber an, die den Ausführungen ihrer Großmutter gelauscht und währenddessen den Stein in ihrer Hand hin- und herbewegt, gestreichelt und beschnuppert hatte.

„Möchtest du ihn jetzt schon behalten, Tochter?", fragte Meilin mit klarer Stimme.

„Ich bin doch gar nicht schwanger!", protestierte Amber laut lachend. Wie kam ihre Mutter nur auf so eine verrückte

Idee? Annie und Meilin lachten mit und steckten die anderen Trauergäste an. Als wäre damit ein Bann gebrochen worden, begannen alle durcheinander und ausgelassen zu plaudern und sich Episoden aus Trudes und ihren eigenen Leben zu erzählen.

Einiges später, als sich alle zur Rückkehr aufmachten, war es Amber wichtig, die Sache noch einmal klarzustellen. Sie trat zu Meilin, schob ihr den vom Halten feuchten und warmen Bernstein in die Handfläche und sagte:

„Maman, ich weiß nicht, ob ich je eine Tochter oder überhaupt Kinder haben werde. Aber ich spüre, dass es jetzt noch nicht der Zeitpunkt ist, dass ich unseren Frauenstein trage. Ich glaube, du brauchst ihn mehr als ich. Gib ihn mir, wenn du meinst, dass ich Frau genug bin für ihn. Oder wenn du spürst, dass ich ihn dringend brauche."

Meilin küsste ihre Tochter auf die Stirn und sagte: *„So machen wir es!"*

SAMMELN und WIRKEN

2004 – 2011

AMBER MÖCHTE VERSTEHEN UND BEWIRKEN

2004 – Mai: Immer die Toten

Nachdem sie das Handgepäck im Klappfach verstaut hatte, presste sich Amber an Walter vorbei zum Fensterplatz, Bölls *Die verlorene Ehre der Katharina Blum* und Camus' *Pest* in der Originalsprache, beides Pflichtlektüren bis Pfingsten, unter dem linken Ellbogen, das Schlampermäppchen in der rechten Hand und ein arg mitgenommenes blaues Notizheft zwischen den Zähnen eingeklemmt. Walter zog den Bauch ein und grinste. Er zeigte sich gerne mit seiner nun erwachsenen Tochter in der Öffentlichkeit. Manchmal platzte er vor Stolz. Amber war nicht nur bildhübsch, sondern auch blitzgescheit. Sie argumentierte messerscharf und brillant und war ihm in den Wortgefechten bereits überlegen. Wie sie sich so an ihm zwischen diesen engen Sitzen in ihrer ganzen Präsenz vorbeizwängte, überkam es ihn, sie übermütig auf die Wange zu küssen oder sie, vor Glück ihr Vater zu sein, zu umarmen. Doch er unterband seinen Impuls. Sie mochte es nicht. Auch wenn sie sich neuerdings wieder aus dem tiefen pubertären Abgrund heraufrappelten, hielt Amber ihren Dad doch immer noch auf Abstand.

Amber verstaute das Schulmaterial im Netz des Vordersitzes, fuhr sich mit den Händen durch die schulterlangen Locken und kämmte die Strähnen mit den Fingern. Bevor sie sich setzte, klaubte sie ihren brandneuen iPod, der von weißen Kopfhörern umwickelt war, aus der Jeanstasche. Dieses Kleinod hatte als neue technische Errungenschaft Ambers im Vergleich dazu plumpen Disc-Man abgelöst und war wie so manch anderes auf dem Postweg als Großmuttergruß aus Australien zu ihrem achtzehnten Geburtstag im März gekommen. Niemand hatte damit gerechnet, dass sich Großmutter und Enkelin nur wenige Wochen danach persönlich gegenüberstehen würden.

„Warum sind es immer die Toten, die mich nach Australien bringen? Für uns Lebendige gibt es zu wenig gute Gründe zusammenzukommen, oder was?“, sinnierte Amber, als sie sich setzte, die Ohren verstöpselte und durch das ovale Fenster auf die regennasse Startbahn blickte. Ihre linke Hand streifte unabsichtlich Walters, die auf seinem Oberschenkel ruhte. Amber zog sie nicht zurück, sondern tänzelte mit ihren Fingerspitzen über den vertrauten Flaum auf Papas knöchernen Fingern, zupfte an den Härchen und schmunzelte, ohne sich umzudrehen. Sie hatte ihn stets damit aufgezogen, dass er Pelz auf Finger und Handrücken trug, wie ein Relikt aus der Steinzeit, das Jäger und Sammler vor abgefrorenen Gliedern bewahrt haben mochte. Walter bewegte seine Hand keinen Millimeter, schloss die Augen und entspannte sich in den Sitz, während sich seine Mundwinkel nach oben zogen.

Der Airbus war bis auf die letzte Reihe besetzt. Es war Walter äußerst recht, dass einer dieser kleinen, höflichen Zeitgenossen, ein japanischer Geschäftsmann, neben ihm Platz genommen hatte. So hatte er genug Beinfreiheit und musste sich nicht auf dem langen Flug nach Singapur der Prahlereien eines Globetrotters oder der Fotoflut einer Sippenglucke erwehren. Der Stewart bemühte sich, die Aufmerksamkeit der Passagiere für sich und seine Sicherheitsinstruktionen zu gewinnen. Doch auch Walter beachtete ihn nicht und war in seinen Gedanken versunken.

Er hatte sehr mit sich gerungen, mit Amber stundenlang abgewogen, die Reise zu Malcolms Beisetzung überhaupt anzutreten. Nach den neusten Klimaberichten gehörten Flugreisen mit zu den größten Übeltätern, die den CO_2-Ausstoß und den Treibhauseffekt vorantrieben. Walter war es sich und seinem ökologischen Gewissen schuldig, auf Fernreisen zu verzichten. Doch da Meilin und die australische Sippe nun einmal auf der anderen Seite der Erde lebten, konnte er Amber unmöglich verbieten, hinzureisen. Doch für einen Todesfall, für einen Menschen, dem die Zeit schon abgelaufen war, so viel Geld auszugeben und so viel schlechtes Gewissen auf sich zu laden, war Walter schon schwergefallen. Für Amber und sich Urlaub zu beantragen, war eine weitere Hürde gewesen. Ausschlaggebend für seine Kapitulation waren nicht Annies Zuschuss für Ambers Ticket, nicht das lange Telefonat mit Meilin, die ihn eindringlich um diese Chance gebeten hatte, um sich mit Amber zu versöhnen. Einer seiner fiesen Kopfzwerge fand sogar, es geschehe ihr ganz recht, im eigenen Reuesaft zu schmoren. Schließlich hatte sie es sich selber mit ihrer Tochter verbockt und er hatte den Schlamassel ausgebadet. Ziemlich gelungen sogar, fand er. Nein, es war die Erinnerung an die schrecklichen, schlaflosen Wochen, die er 1998 ausgestanden hatte, als Meilin und Tochter ohne ihn zu Trudes Beerdigung geflogen waren, die zu seiner Zusage zum Flug nach Australien geführt hatte, um an der Beisetzung von Ambers Großvater teilzunehmen. Sein rationaler Verstand begriff schon, dass er sein Mädchen nicht ein Leben lang beschützen oder sie an sich binden könnte. Ihre heftige Pubertät hatte ihn schon einsehen lassen, dass sein Mädchen denselben unabhängigen Geist und Freiheitsdrang ihrer Mutter eingepflanzt bekommen hatte. Er hatte einfach Angst um sein Kind, dass er sein Liebstes und Bestes, seinen Lebensinhalt verlieren könnte. Herzrasen, Schnappatmung, Panikattacken überwältigten ihn aus dem Nichts, nachts, in der Kaffeepause mit den Kollegen, beim Joggen, wenn er einer seiner Schülerinnen bei der Klausurarbeit zuschaute. Wann würden Mutter und Großmutter mehr Einfluss auf Amber haben als er und ihr Schweizer Umfeld? Meilins Launen und Willkür waren gänzlich unberechenbar. Annies Klotzerei waren auch für einen unbestechlichen Teenager reizvoll. Ganz abgesehen von den Naturschönheiten, der Weite, die der fünfte Kontinent für einen Freigeist bot, wie seine Tochter einer war. Für Walter war Australien ein schwarzes Loch, in dem seine Tochter für immer einfach entschwinden könnte. Die Möglichkeit hockte in seinem Nacken wie ein fieser kleiner Zwerg, der ihn verspottete: *„Du hast gar nichts unter Kontrolle, du armes Würstchen! Das Mädchen gehört dir nicht! Hähähä!“*

Dieser Giftzahn krallte sich fest, seit Meilin nach Trudes Abschied vor sechs Jahren nicht mehr nach Europa zurückgekehrt war. Sie hatte den Rückflug in die Schweiz, die Freunde in Frankreich, ihre Pläne mit dem Schneideratelier, das Arrangement mit ihm, Amber gemeinsam bis zur Selbstständigkeit zu begleiten, einfach gecancelt. Er wusste nicht, wozu er in der Lage gewesen wäre, wenn sie Amber in Brisbane zurückgehalten hätte. Nelly hatte Meilin heute noch nicht verziehen. Er und Amber hatten sich danach in Zürich gut arrangiert, ohne die Mutter auszukommen.

Paranoia hatte sich in Walters System gepflanzt, als just in den zwei Tagen, in denen sich Meilin und Amber auf dem Transit nach Australien in unzähligen Flughäfen und Fliegern befanden, zwei US-Botschaften in Tansania und Kenia in die Luft gesprengt wurden. Der August 1998 war der unseligste Monat seines Lebens. Während er in Zürich wie auf Drogenentzug den spärlich eintrudelnden Nachrichtenhäppchen seiner Frauen entgegenfieberte, verübte Amerika einen Vergeltungsschlag für die Toten und Verletzten in den US-Botschaften in Afrika und griff Ziele in Afghanistan und Sudan an, die als mutmaßliche Terrorzellen betrachtet wurden. Russland, die einzige Supermacht, die Amerikas Kriegsgelüste in Schach halten konnte, erklärte ausgerechnet in dieser Zeit seinen Staatsbankrott. Sein Kostbarstes war auf der anderen Seite der Erdkugel verschollen, während die Weltordnung auseinanderfiel wie am Jüngsten Tag. Walter war nächtelang in seinem Wohnzimmer im Kreis getigert, weil er keine Ruhe fand. Die Kollegen hatten ihn aufgezogen, er sähe aus wie ein Zombie, er solle nachts besser schlafen, als an der Konsole zu zocken. Sein Zustand hatte sich mit einem Schlag verbessert, als er Ende August seine Tochter endlich im Flughafengate in die Arme schließen konnte. In der darauffolgenden Nacht hatte er sein Kissen nass geweint und sich endlich einem tiefen Schlaf ergeben können.

Was er seither nicht mehr losgeworden war, was seinem Troll im Nacken Nahrung gab, war dass er den Amerikanern nicht mehr über den Weg traute. Überall auf der Welt, wenn es krachte, hatte die US-Regierung die Finger im Spiel. Sie spielte sich gerne als Polizei der Welt auf, doch glaubte Walter nicht mehr an die lauteren Absichten der Amerikaner. Seit der Republikaner Bush an der Macht war und den Terrorismus als seinen heiligen Krieg erklärt hatte, war aus Walters Sicht überhaupt nichts mehr im Lot. In seinen Augen war George Dabbelju, wie er den zweiten Bush-Präsidenten zu nennen pflegte, der gefährlichste Präsident in der amerikanischen Geschichte. Schlimmer konnte es nicht mehr kommen. Wenn man bedenkt, dass die Nachzählung der Stimmen in Florida eigentlich zur Wahl seines Gegenkandidaten Al Gore geführt hatte, dass diese aber von einem Gerichtshof für ungültig erklärt wurde, der von Republikanern dominiert wurde, konnte man nur zum Schluss kommen, dass da gemauschelt wurde. Amerikas Regierung, die NATO und ihre globalen Feldzüge waren Walter seither suspekt.

Er dachte gerade an die einstürzenden Türme und den elften September, als ihn Amber anstupste und aus den Gedanken riss. Die Stewardess hatte nach den Getränkewünschen gefragt. Walter bestellte ein Bier und verzog das Gesicht, als Amber eine Coke bestellte. *„Mädchen, bitte, hör doch auf, dieses Gift zu trinken! Das übrigens auch den Amis gehört* *und die Welt beherrscht ...*", dachte er, öffnete mit einem Klackern seine Büchse, riss sich den Fingernagel ein und spülte das Fluchwort, das ihm auf der Zunge lag, mit einem Schluck Bier herunter. Als er die grüne Dose abstellte, den roten Stern und den schwarzen Schriftzug las, begriff er, dass auch sein Getränk von einem globalen Multikonzern gebraut wurde. Jetzt schüttelte Walter den Kopf und ließ ein kleines *„Scheiße!"* in die Freiheit. Amber starrte ihn an.

„Was denn?", fragte sie.

„Ach nichts! Ich habe mich nur gerade über etwas aufgeregt. Lappalie. Nicht der Rede wert", erwiderte ihr Vater mit einer abwinkenden Handbewegung.

Amber ließ es dabei bewenden. Sie hatte im Moment keine Lust auf ein Gespräch. Das war etwas, was sie im Zusammensein mit ihrem Vater liebte. Sie konnten stundenlang nebeneinander schweigen, ohne etwas zu vermissen, jeder für sich in seiner Welt abgetaucht, sich sortierend. Und sie konnten streiten – oh ja! – debattieren, sich das Universum erklären. Ihr Papa war ein interessanter Gesprächspartner und hatte ihr nie, wirklich nie das Gefühl gegeben, er wisse als Erwachsener besser, was Sache ist. Immer hatte er an ihren Fragen und ersten Weisheiten Anteil genommen. Seine Freundinnen, die in den vergangenen Jahren an ihnen beiden vorbeigezogen waren, hatten mal mehr, mal weniger mithalten können in diesem eingespielten Rhythmus. Exzessives Quasseln und abgrundtiefes Schweigen – beides zu seiner Zeit. Das war ihrer beider höchste Errungenschaft und ein geizig geteilter Schatz.

Amber goss sich die Coke in den dünnen Plastikbecher und setzte ihn an die Lippen. Die Kohlensäure stieg ihr in die Nase und brachte sie unverzüglich zum Kichern. Sechs Jahre lagen zwischen dieser und der Coke und dem tiefen Rülpser. Amber blickte aus dem Fenster. Sie waren schon längst über der Wolkendecke und flogen der Dämmerung entgegen. Amber sinnierte über den damaligen Flug und über ihre jüngere, zwölfjährige Ausgabe. Sie hatte sich im Bordkino *Titanic* angeschaut und sich unsterblich in Leonardo di Caprio verliebt. Sie wäre zu gerne selber auf dem Bug des Ozeanriesen gestanden und von seinen Heldenarmen umarmt worden. Sie hatte nicht verstanden, warum die Scheiben des Wagens, in den das frisch verliebte Paar geflüchtet war, sich beschlugen, hatte geflennt, als Jack im eiskalten Atlantik sterben musste. Sie war empört über die Klassentrennung und dass die besser betuchte Rose gerettet wurde. Das Bild der Mutter, die sich mit ihren beiden Kindern aufs Bett gelegt hatte und sich dem Untergang des Schiffes ergab, ging Amber nie mehr aus dem Kopf.

Amber nahm einen weiteren Schluck von ihrem Getränk. Cola war immer ein Reizwort ihrer Eltern gewesen. Darin waren sich Meilin und Walter einig gewesen: Dieses Gesöff sollte verboten werden. Walter verrannte sich damit in seinem Weltverschwörungsdings und Maman hatte bis 1998 noch über ihren Zuckerkonsum gewacht – vermutlich, weil Meilin selber mit ihrem Körper, der Waage und allem, was mit Fett und Zucker in Zusammenhang hing, auf Kriegsfuß stand. Doch wahrscheinlich hatte sie damals einfach auch nur das Beste im Sinn für ihre Tochter. Damals. Es gab in Ambers

Zeitrechnung ein *vor* und ein *nach* August 1998. Es war zu jener Zeit ihre erste große, bewusst erlebte Reise außerhalb des Bermudadreiecks Ardenciel-Zürich-Thurtalen, in dem sie zwischen ihren Elternteilen und den Großeltern hin- und hergependelt war. Die Begegnung mit den fernen Verwandten und die Trauerzeremonie im Busch weiteten ihren Horizont für immer. Für Amber, die in der spirituellen Kommune ohne Fernsehen und Konsum, beim umweltbewussten Vater und bei den selbstversorgenden Großeltern aufwuchs, war die Begegnung mit den fernen Verwandten eine Offenbarung. Fasziniert hatte sie beobachtet, wie die Großeltern Anne und Malcolm und ihre Onkel Fleisch und Bier in Unmengen verschlangen. Sie ließen die Automotoren beim Warten immer laufen, auch wenn sie für eine Besorgung in einen Shop verschwanden. Großvater Sepp hätte Peter und Malcolm auf der Stelle die Ohren lang gezogen, wenn er dabei gewesen wäre, als die beiden die leeren Bierbüchsen bei voller Fahrt ins Gebüsch warfen. Die australische Familie führte nie Grundsatzdiskussionen über die Umwelt oder über ihr soziales Verhalten. Für Amber waren die vier Wochen in Darwin und Brisbane das reinste Eldorado gewesen.

Alles war prächtig – bis zwei Tage vor ihrer Abreise. Die Rückflugtickets waren gebucht. Es war klar, dass sie mit Meilin am 21. August zurück in die Schweiz fliegen würde. Keine Vorzeichen, kein Wort, keine lang geplanten Vorbereitungen waren damals zu erkennen. Einfach nichts. Wahrscheinlich war es die unselige Kiste aus dem Nachlass von Trude, die Meilin auf die Schnapsidee gebracht hatte. Sie hatte Maman und Großmutter Annie begleitet, das Zimmer der Verstorbenen im Altersheim zu räumen. Es war jetzt nicht das, worauf sie richtig Lust hatte, aber es war immer noch besser, mit im Altersheim ein Zimmer zu räumen, als in Malcolms Autowerkstatt das Werkzeug zu reichen. Alleine durfte sie sich nicht in Brisbane bewegen. Zuunterst in Trudes Kleiderkasten waren sie auf eine Kartonschachtel gestoßen, von der nicht einmal Trudes Tochter Annie etwas gewusst hatte. Darin befanden sich alte Erinnerungsstücke vom verstorbenen Urgroßvater Valentin, von Annies verstorbenem Bruder Juri, von dem Amber noch nie gehört hatte.

Während ihre Granny und Maman sich mit Entzücken über den unverhofften Schatz stürzten, langweilte sie sich zu Tode. Sie hatte vergessen, einen Comic mitzunehmen, und musste ausharren, bis die beiden Frauen „den Schatz" durchwühlt und eingehend erforscht hatten. Amber konnte nicht nachvollziehen, warum ihre Mutter bei diesem muffigen Kleid mit den blauen Blumen so sehr ausflippte. Meilin hingegen konnte nicht verstehen, dass sie überhaupt keine Begeisterung empfand für die gammeligen Tagebücher, die Trude ihr – ausgerechnet ihr – vermacht hatte. Die Urgroßmutter hatte in einem Abschiedsschreiben explizit darauf hingewiesen, dass Amber als jüngste Frau in der Familie die Aufzeichnungen erhalten sollte. Trude hatte in den Heften die Lebensgeschichte, die Reise ihrer Mutter Marthe von der Schweiz nach Estland, festgehalten. Das hatte sie zu diesem Zeitpunkt ganz und gar nicht interessiert. Heute ruhten die Tagebücher in Zürich auf Papas Dachboden – sofern er sie nicht entsorgt hatte.

Amber hatte all die Jahre nicht mehr an sie gedacht! Die schwarzen Hefte hatte sie tatsächlich erfolgreich aus ihrem Kopf verbannt. Nicht an ihre Mutter zu denken, gelang ihr nicht ganz so gut. Wenn Menschen, nachdem sie zurückgekehrt war, nach Meilins Verbleib fragten, antwortete sie mit einer vor dem Spiegel einstudierten Trauermine, ihre Mutter sei in einem Kleinpropellerflugzeug über der Wüste abgestürzt. Manchmal war sie auch von einem Dingo aufgefressen oder beim Surfen an der Goldcoast von Haien attackiert worden und im Meer verschollen. Das war ihre kleine Rache gewesen.

Nein, Amber hatte sich nicht über die Tagebücher ihrer Urahnin gefreut. Und sie hatte auch kein Interesse gehabt zuzuhören, als am selben Abend Annie und Meilin sich gegenseitig daraus vorgelesen hatten. Sie hatte sich währenddessen am Fernsehen MTV und fünf Folgen von *Sabrina – The Teenage Witch* angeschaut. Nein, Amber hatte sich auch nicht gefreut, als Maman zwei Tage später, nachdem sie die Kerzen auf ihrem Geburtstagskuchen ausgepustet hatte, verkündete: *„Ich habe in diesen Tagen beschlossen, in Australien zu bleiben! Ich habe es nicht geschafft, in Europa Fuß zu fassen. Die ganze Zeit wollte ich mir und Trude etwas beweisen. Und habe es nicht geschafft. Hier ist mein Land und hier bleibe ich. Es wird mir hier besser gehen. Und für dich, Amber, finden wir die beste Schule und Ausbildung, die du brauchst! Oder du kannst wählen, bei Papa in der Schweiz zu wohnen. Wie du willst!"*

Meilin war von ihrer Idee zu entzückt gewesen, um die betretenen Gesichter der anderen wahrzunehmen. Annie hatte sich schnell gefangen, sich geräuspert und die Anwesenden gefragt, wer etwas Sahne auf den Kuchen wollte. Granddad Malcolm hatte seine bescheuerte Pilotenbrille von der Nase genommen, sie lange mit der geblümten Papierserviette geputzt und danach gefragt: *„Und wie willst du für dich und Amber sorgen?“*

Amber hatte Meilins Antwort nicht abgewartet, sondern war aus der Küche gerannt und hatte die Tür hinter sich zugeschlagen, was ihr für einen flüchtigen Augenblick Erleichterung verschafft hatte. Meilin war ihr nachgerannt und hatte um ihre Gunst gekämpft, hatte um ihre Einsicht gerungen. Aber Amber hatte null Verständnis für den Verrat. Und sie hatte es nicht fair gefunden, dass sie selber die Wahl treffen musste, wo sie leben wollte. Eine Entscheidung für etwas, war immer gegen das andere. Sich für Walter zu entscheiden, war ein Nein zu Meilin. In der darauffolgenden Nacht hatte sie von Nelly geträumt. Die Großmutter hatte Todesanzeigen aus Zeitungen ausgeschnitten und in einen grauen Bundesordner geklebt. Amber im Kindergartenalter hatte am selben Tisch gesessen, hatte im Eifer die Zungenspitze zwischen den Zähnen festgeklemmt und einen neuen Engel für die Christbaumspitze gebastelt. Mit roten Wollhaaren. Am Morgen nach dem Traum hatte sie sich in ihrem geringelten Pyjama vor Meilin hingestellt und verkündet: *„Ich reise alleine zurück zu Papa und Nelly. Du kommst ohne mich zurecht.“*

Auf dem Rückflug hatte sie Momente, in denen sie ihre Entscheidung bitterlich bereute. Sie vermisste auf dem Flug von Brisbane nach Singapur ihren Kuschelhund, der nicht mit auf die Reise gekommen war, weil Amber beim Packen überzeugt gewesen war, dass sie ihn nicht brauchen würde. Claire, die Stewardess mit den schönen braunen Augen, hatte sich immer wieder zu ihr hingesetzt, ihr ein Taschentuch nach dem anderen hingehalten und zum Glück keine Fragen gestellt. Weil sie auf Cola überhaupt keine Lust mehr gehabt hatte, war sie irgendwann selig eingeschlafen. Kurz vor der Landung hatte sie die Augen aufgeschlagen, war auf der Stelle hellwach und hatte zum Fenster hinausgeblickt. Am Horizont zeichnete sich ein Streifen Orange ab, der von Minute zu Minute an Leuchtkraft gewann. Die Farben hatten zu ihrer Stimmung gepasst, zu der Energie, die sich in ihrem Brustraum ausbreitete.

Mit einer noch nie gekannten Entschlossenheit hatte sie ihren Vater wenige Tage später nach der Rückkehr gebeten, ihr das lange rote Haar zu schneiden. Tagelang hatte er gezögert. Er hatte es sich selber nicht zugetraut und sie dann schließlich zum Friseur begleitet. Fünfzig Franken hatte der rote Berg, der sich auf den gekachelten Fliesen getürmt hatte, gekostet. Amber hätte nie zugegeben, wie entsetzt sie über ihr eigenes Spiegelbild gewesen war und wie sie mit den Tränen gekämpft hatte. Sie hatte sich mit dem kurz geschorenen Kopf überhaupt nicht gefallen. Doch sie hatte ihre Schultern durchgestreckt und den über alle Maßen verstörten Vater getröstet: *„Merci Paps! Jetzt bin ich kein Kind mehr. Jetzt bin ich frei!“*

.....

Bei der Erinnerung an den Befreiungsschlag nickte sich Amber anerkennend zu. Sie schüttelte ihre vom langen Sitzen eingerosteten Glieder wach. Walter, der seine erwachsene Tochter neugierig beobachtet hatte, stupste sie und wollte wissen: *„Weswegen nickst du?“* Amber zog sich die Stöpsel aus den Ohren, behielt sie in den Händen auf Kopfhöhe und wandte sich um: *„Ach nichts. Lappalie. Nicht der Rede wert!“*, grinste Amber und verstöpselte ihre Ohrmuschel aufs Neue.

In die Stadt zu Papa zu ziehen hatte dem Teenager wenig Mühe bereitet. Sie hatte es als ein neues Kapitel in ihrem Leben betrachtet. In früheren Jahren war es nach den Sommerferien immer merkwürdig gewesen, wenn sie nach einer Zeit, die sie in Badehosen, Flatterröcken oder Shorts verbracht hatte, zurück in die Jeans schlüpfte. Der steife Stoff fühlte sich wie störrischer Karton auf der von frischer Luft und Freiheit verwöhnten Oberschenkelhaut an. Manchmal musste sie zu Schulbeginn ganz neu eingekleidet werden, weil sie in den fünf Urlaubswochen einen Wachstumsschub hingelegt hatte. So betrachtete Amber den Neuanfang in der Stadtschule wie ein sich Hineinzwängen und Hineinwachsen in neue, noch ungewohnte Kleider. Was ihr mehr Kummer bereitete, war, Nelly und Molly zurückzulassen. Nelly hatte versichert, dass sie schon zurechtkäme und es für Amber die beste Lösung sei, bei Papa in der Stadt zu wohnen. Am Abend vor Schulbeginn waren die Siebensachen im Volvo verstaut. Walter hatte bereits am Steuer Platz genommen. Amber hatte ihren Kopf in Nellys Wolljacke vergraben und tief ein- und ausgeatmet. Lavendel, Papier, ein Hauch von Bratbutter und Zwiebeln von der Rösti, die sie vorher gegessen hatte. Das Mädchen hörte ihren Vater durch die Wolle gedämpft zum Aufbruch rufen. Sie riss sich von ihrer Großmutter los, bückte sich zur Katze, die um ihre Beine gestrichen war. Sie strich kurz über Mollys Rücken und machte sich zum Wagen auf.

„Hast du nicht deinen Hund vergessen, Bo?“, rief ihr Nelly mit erstickter Stimme zu.

„Nein, nein, den lasse ich hier. Ich komme dich ja mittwochs und an den Wochenenden besuchen!“

Amber winkte Nelly, die Molly nun auf dem Arm trug und ihr Gesicht in das Fell gedrückt hielt, aus dem offenen Fenster bis zur Kurve und versuchte den Klumpen im Hals herunterzuwürgen. Als ihr dies nicht gelang, schlug sie mit der Faust auf ihre Segeltasche. *„Du bist für mich gestorben Maman!“*

In Zürich war sie von Beginn an Amber. Durch die neuen Klassenkolleginnen, die sie vom ersten Tag als exotische Halbaustralierin und spannenden Neuzugang willkommen hießen, wurde ihr bewusst, wie sie in den Jahren auf dem Land immer ein suspekter, fremder Fötzel geblieben war. Der Holländer Ron hatte es geschafft, sich den Eintritt in die erlauchte Landjugend mit coolen Konsolen zu erkaufen. An ihr war nie etwas interessant genug gewesen, um im Zentrum der Aufmerksamkeit zu stehen. Und jetzt, in Zürich, war sie plötzlich angesagt wie ein Atomkern umkreist von Elektronen. Waren es ihre Sprachkenntnisse? War es, weil sie jetzt beim Vater aufwuchs? Sie fand nie richtig heraus, warum sich ein Hebel umgelegt hatte und wie sie von einer tolerierten Randfigur zum beliebten Mittelpunkt geworden war. Plötzlich riefen am freien Nachmittag die Schulkolleginnen an, um sich mit ihr zu verabreden. Es waren auch die Mädels, die sie darauf aufmerksam gemacht hatten, dass die Jungs Amber nachschauten und Wetten abgeschlossen wurden, wer sie als Erstes rumkriegen konnte. Es gab schon den einen oder anderen, den sie nett fand. Doch meist fand sie die Jungs albern und peinlich, die sich aufführten wie Gladiatoren beim Einzug in die Arena, wenn sie mit ihren überdimensionalen geschulterten Ghettoblastern, aus denen die Bässe stampften, über die Badewiese marschierten. Mit Rülpsern und blöden Schwulensprüchen hatten sie bei ihr sowieso keine Chance.

Amber räkelte sich bei der Erinnerung in ihrem Sitz, lockerte ihre eingeschlafenen Glieder und fuhr sich mit beiden Händen durchs Haar. Vor dem Fenster war es stockdunkel. In der Kabine war das Licht gedimmt. Als sie zu ihrem Vater hinüberschielte, sah sie ihn mit offenem Mund schlafen. Sie riss die Kopfhörer aus den Ohren, band das Kabelgewirr unachtsam um den iPod und verstaute ihn im Netz des Vordersitzes. Jetzt drang sachtes Schnarchen vom Nebensitz. Amber schmunzelte und überlegte kurz, ob sie das Geräusch aufnehmen sollte, um ihrem Vater den ultimativen Beweis zu erbringen, dass er bei jeder sich bietenden Gelegenheit sägte – was er seit Jahr und Tag abstritt.

Sie sprachen nie über ihre Herzensangelegenheiten. Er hatte ein-, zweimal von seinen Dates erzählen wollen. Von einer Ruth oder einer Pia, die er in Onlinechats kennengelernt hatte. Wahrscheinlich hätte Papa gerne den Segen seiner Tochter gehabt, die ausdrückliche Erlaubnis, dass es okay wäre, die Tür für eine andere Frau zu öffnen. Doch da sie weder Ruth noch Pia je zu Gesicht bekommen hatte, da beide Romanzen nach dem ersten Date schon beendet wurden, bat sie ihren Dad, sie mit Halbpatzigkeiten und vor allem mit Details zu verschonen und sie bitte erst mit einer soliden Lösung zu konfrontieren. Sie würde schon nicht sperrig tun, wenn er eine Neue heimbringen würde. Doch das war nicht eingetreten, seit sie vor sechs Jahren ganz zu ihm gezogen war. Wenn man es genau betrachtete, noch nie. Amber war auch nicht erpicht darauf, sich vorzustellen, wie und mit wem ihr Vater im Bett mit jemandem rummachte.

Sie hatte schon genug mit sich zu tun. Für sie waren das Erwachsenwerden, die körperlichen Veränderungen, das andere Geschlecht und erst recht das Verlieben ein reines Minenfeld. Amber wurde es plötzlich heiß, ihre Ohren und Wangen glühten. Zum Glück schlief Dad. Amber schnupperte an ihrem Ärmel und an ihren Händen. Seltsam, sie hatte eben noch den Pfefferminzgeruch vom Kaugummi und den Duft seiner Haare in ihrer Nase. Als wäre es letzte Nacht gewesen, stand er unmittelbar vor ihrem geistigen Auge. Amber spitzte den Mund. Ausgerechnet Ron. Sie waren beide fünfzehn gewesen.

Wie jeden Mittwochnachmittag hatte sie auch diesen bei Nelly verbracht. Es hatte sich so eingespielt, dass sie alleine mit der Bahn hinfuhr, den Nachmittag in Haus und Hof etwas half und sich somit ihr Taschengeld aufbesserte. Nelly hatte darauf bestanden und hatte, nachdem Amber es zu Beginn verweigert hatte, eine rosa Zwanzigernote in alle möglichen Jackentaschen, Schulhefte, Schuhe, unter den Tupperdeckel der

Mittagessensreste, einmal sogar zwischen zwei Blätter eines riesigen Salatkopfes gesteckt. Die Großmutter hatte gedroht, sie würde es auf ihr Konto überweisen, wenn sie es nicht einstecken würde. Schließlich hatte sie kapituliert. Sie nahm das Geld mit der Zeit gerne, um ihre zunehmend anspruchsvollere Teenagergarderobe aufzumotzen und mit der Stadtjugend mitzuhalten. Und doch waren die Nachmittage für Amber mehr als eine Finanzspritze. Sie beruhigten ihr schlechtes Gewissen, Nelly sitzen gelassen zu haben. In Nellys Garten war die Zeit stehen geblieben. Die Erdbeeren schmeckten jeden Juni verlässlich gleich. Süß. Und immer war es ihr kleines Stück heile Welt, wenn sie am Stubentisch Hausaufgaben erledigte, Nelly eine neue Todesanzeige in den Ordner klebte und die einzigen Geräusche der Regen an der Scheibe oder das monotone Klackern der Wanduhr waren.

An einem Mittwoch im Frühling hatte Nelly zum Fensterputz geblasen. Amber streifte sich eine Küchenschürze ihrer Großmutter über – die mit den rosa-lila Blümchen und den transparenten Knöpfen. Es wäre jammerschade um ihr nagelneues Nike-T-Shirt gewesen. Ihre Mähne bändigte sie mit einem alten Fetzen aus Nellys Stofffundus. Amber hätte am Radio lieber einen Sender ihrer Generation, wie DRS 3 oder Radio 24 eingestellt, schickte sich jedoch in die Tatsache, dass auf Nellys Hoheitsgebiet zu *Ländler* und *Schottisch* geputzt wurde. Amber balancierte auf der hölzernen Bockleiter, knüllte gerade in gelben Gummihandschuhen eine Seite der Lokalzeitung zusammen, setzte an, die feuchte Scheibe abzutrocknen, als sie Ron durch die Schmieren auf das Haus zutreten sah. Sie runzelte die Stirn und wunderte sich. Hatte sie ihren ehemaligen Schulkollegen doch seit zwei Jahren, seit der sechsten Klasse, nicht mehr gesprochen. Sie hatte ihn, wie alle anderen Schulkameraden, mangels gemeinsamer Interessen aus den Augen verloren und sie hatten sich höchstens mal flüchtig auf dem Bahnhofperron begrüßt.

Ron winkte und lächelte verlegen, als er Amber hinter dem Fenster erkannte. Amber winkte mit dem Zeitungsknäuel zurück. Kurz darauf klopfte es an der massiven Holztür. Nelly und Sepp hatten nie eine Glocke montieren lassen. Amber war es recht, dass Nelly schneller an der Tür war. Sie hörte die höflichen Begrüßungsfloskeln der beiden, während sie sich in aller Eile der Schürze entledigte. Der gelbe Gummi zierte sich noch ein wenig und verklebte kurz beim ersten Versuch, die Handschuhe an den Fingerspitzen abzustreifen. Doch mit einem Ruck waren sie ab. Mit dem weißen Futter nach außen gestülpt flogen sie auf das Parkett.

„Hallo Bo“, begrüßte der Junge seine ehemalige Schulkameradin, während er zögerlich ins Wohnzimmer trat. Vanderbommels hatten bei Nelly gute Karten. Rons Vater hatte ihr einmal den Ischias wieder zurechtgemacht. Sie hatte Ron hereingebeten und ihn geheißen, die Schuhe anzulassen. Amber und Ron blieben wie angewurzelt stehen und musterten sich betreten. Ron trug die Haare jetzt kurz, er war in die Höhe geschossen, mindestens zwei Köpfe größer als Amber, auf dem Weg, ein typischer schlaksiger Holländer zu werden, trug er Jeanshose und Jeansjacke, darunter einen blutroten Pullover, dessen Kapuze leger herausragte.

„Ron. Lange nicht gesehen", brach Amber das Schweigen und sah Nelly nach, die sich in die Küche aufmachte.

„Hmh. Ja, ist eine Weile her." Auch Ron blickte Nelly nach, obwohl sie schon längst hinter der Küchentür verschwunden war. *„Wie geht es dir?"*

„Es läuft", erwiderte Amber und wollte eigentlich *„Und bei dir so?"* anfügen, doch sie sagte stattdessen, weil sie befürchtete, dass Nelly gleich wieder zurück sein würde und sich das kurzsilbige Gespräch noch lange so hinziehen würde: *„Was führt dich zu uns?"*

„Ich wollte dich fragen, ob du diese Tage Zeit hast ... Ich würde gerne mit jemandem quatschen. Ähm, mit dir reden, Bo ..., weil ..., du kennst dich ja damit aus ...", druckste der junge Bursche sichtlich gequält herum.

„Womit kenne ich mich aus? Und bitte nenne mich Amber. Irgendwie bin ich aus der Bo rausgewachsen", überraschte sich Amber selber.

In dem Augenblick kehrte Nelly mit einem Tablett in den Händen ins Wohnzimmer zurück, auf dem sie zwei Gläser mit Zoomotiven, eine Flasche mit Apfelsaft und ein paar Stücke aufgeschnittenen Marmorkuchens transportierte.

„Meine Eltern lassen sich scheiden", zischelte er Amber schnell zu und biss sich auf die Lippen, als Nelly auf ihrer Höhe angekommen war.

„Das ist aber schön, dass du Amber besuchen kommst! Kommt, esst ein Stück Kuchen, Kinder!", strahlte diese.

Nelly hatte sich wieder den Fenstern zugewandt und die Jugend alleine am Tisch zurückgelassen. Im Wohnzimmer war neben der tickenden Wanduhr nur rhythmisches Quietschen von Zeitungspapier auf Glas zu hören. Amber grübelte darüber, was Ron von ihr erwartete, drehte ihr Trinkglas mit dem blauen Elefanten in ihren Händen. Nelly wusste, dass es früher Ambers Lieblingsglas aus der Senfglasserie war. Für Ron hatte Nelly den goldgelben Löwen gewählt. Doch Ron rührte seinen Apfelsaft nicht an. Er sprach auch keinen ganzen Satz. Stattdessen widmete er sich hingebungsvoll seinem Kuchenstück und trennte mit Präzision die vanillegelbe von der schokobraunen Kuchenmasse. Als der letzte Krümel der richtigen Farbe zugeordnet war, betrachtete er für einen kurzen Augenblick sein Werk und schaufelte anschließend alles ohne Reue mit der Kuchengabel in seinen Mund. Danach erhob er sich unerwartet und verabschiedete sich mit dem Vorwand, dem Vater beim Fahrradputzen helfen zu müssen. Unter der Tür, als Amber Ron hinausbegleitete, verabredeten sie sich für den folgenden Samstag in Zürich beim Bürkliplatz.

.....

Amber wechselte erneut ihre Sitzposition im Airbus. Vom langen Sitzen kniffen ihre Jeans im Schritt. Doch Dad und die ganze Sitzreihe wecken, wollte sie auch nicht. Sie öffnete den Knopf und den Reißverschluss und lockerte den Hosenbund und den Stoff an den Oberschenkeln. Immer noch in Gedanken bei Ron begriff sie jetzt, dass es für ihn damals eine unglaubliche Überwindung gekostet haben musste, sie aufzusuchen. Oder ein Vertrauensbeweis.

Sie hatten sich beim Pavillon am See getroffen. Er hatte in der Hocke auf der Treppe gesessen, die Füße eine Stufe tiefer, die Beine breit gespreizt. Die Ellbogen lässig über die Knie gelegt baumelten die Hände lose im Leeren. Er hatte unglaublich große, schlanke Hände. Schöne Hände. Wieder trug er die Jeanskombination, dieses Mal mit einem schlichten weißen Shirt. Sie hatte sich vor dem Spiegel erst gegen den schwarzen Rock mit Spaghettiträgern entschieden, war schon in ihren schwarzen Jeans und dem neuen Nike-Shirt in der Eingangstür gestanden, hatte umgedreht und sich noch einmal umgezogen – sie hatte schließlich doch Rock und Stiefeletten übergestreift und darüber ihre Jeansjacke gezogen. Obwohl die Frühlingssonne sich ins Zeug legte, war es im Schatten der Häuser frisch. Beim Eilen fächerte der Rock kühle Luft um ihre Beine, bis der ganze Körper mit Gänsehaut übersät war. Als sie beim Treffpunkt eintraf, zitterten ihre Lippen. Sie war völlig durchfroren und bat Ron als Erstes, einen Sonnenplatz aufzusuchen.

Das war eine ungeplante, aber sehr gute Idee gewesen. Beim Bellevue und an der Seepromenade Richtung Seefeld wurde ihr allmählich wärmer in der Sonne. Und das ziellose Schlendern in eine Richtung hatte den Vorteil, dass sie sich nicht anschauen mussten und die Befangenheit nicht allzu unerträglich wurde. Amber hatte keine Ahnung, was sie mit Ron reden sollte. Es fiel ihr einfach nichts ein. Zum Glück stellten sich den beiden immer wieder Touristen, Wochenendzürcher auf ihren fahrbaren Untersätzen und Schwäne in den Weg. Das Ausweichen sorgte für erheiternde Auflockerung.

Auf der Höhe des chinesischen Gartens brach Ron endlich das Schweigen. Er sprach über die Schule, die anstehende Entscheidung, ob er eine Lehrstelle oder in die Kantonsschule gehen sollte, mit welchen Kollegen er am liebsten abhing. Als er mit der Aufzählung aller seine Lieblingsserien fertig war, atmete Ron aus. Nach einer langen Pause gab sich Amber einen Ruck. Sie griff endlich nach der Wolke, die die ganze Zeit neben ihr und Ron mitgetrabt war, und sprach es aus: *„Und was ist jetzt mit deinen Eltern?“*

Ron blieb stehen, drehte sich zum See und kehrte Amber den Rücken zu. Amber musste einen Schritt auf ihn zugehen und nachhaken, weil sie nicht verstanden hatte, was er leise gesagt hatte. *„Mein Vater zieht nach Holland zurück. Er hat dort eine andere. Scheinbar schon lange. Die bekommen jetzt ein Kind. Und dafür lässt er Mama und uns vier hier zurück auf dem Abstellgleis.“* Ron parkte seine zittrigen Hände in den Hosentaschen. Amber war inzwischen nur einen Fußbreit neben ihm zum Stehen gekommen und gehorchte ihrem Impuls, ihn irgendwie zu berühren. Ihre Hand fand den Weg zu seinem linken Schulterblatt. Mehr wäre zu viel gewesen.

„So eine Scheiße!“, zischte es leise aus ihrem Mund.

Sie setzten sich danach ins Gras und schauten lange wortlos auf die schaukelnden Boote und die schneebedeckten Berge am Horizont. Amber erzählte später, dass sie ziemlich gut zurechtkam mit Walter. Aber für sie stand fest, dass sie ihre Mutter nie mehr sehen wollte. Er sagte darauf, dass er das für eine gute Strategie hielte und für sich prüfen würde. Nach einer weiteren längeren Schweigepause schlug sie vor, eine warme Schokolade beim Imbiss zu trinken, und fragte, ob er schon Kaffee tränke. Ron trank Kaffee. Mit dem Take-away-Pappbecher in der Hand schlugen sie danach den Rückweg ein, denn Ron wollte den nächsten Zug erwischen. Amber verbrühte sich die Lippen an der heißen Schokolade, die sie aus dem Plastikaufsatz genippt hatte. Bei der Münsterbrücke berührten sich ihre Finger, Ron griff nach ihrer Hand. Amber fand es aufregend, Hand in Hand mit einem Jungen auf der Bahnhofstraße zu spazieren, und heimlich hatte sie gehofft, dass jemand aus ihrer Klasse ihnen über den Weg laufen würde. Irgendwann hatte sich Ron des Pappbechers entledigt und musste sich einen Kaugummi in den Mund gesteckt haben. Sie hatte es nicht mitbekommen. Auf dem Perron, als sie sich verabschiedeten, hatte sie ihren leeren Behälter immer noch in der linken Hand und die rechten Finger immer noch in Rons verhakt. Als er seine aus ihren löste, wandte Ron sich zu ihr, bückte sich, hielt kurz inne, um in ihren Augen etwas zu suchen. Ein Nein? Eine Antwort auf alle Fragen? Seine Augen waren von hellem Blau, um die Pupille wand sich ein grau-grüner Kranz. Dann presste er seine Lippen auf ihre. Etwas zu ungestüm für ihre frisch verbrühten. Als er seinen Mund öffnete, um mit der Zunge voranzutasten, roch sie den Kaugummi. Ihr Mund öffnete sich, weil sie unverhofft lächeln musste wegen der Überraschung, denn sie hatte nicht mit Pfefferminz gerechnet. Er verstand es als Einverständnis und drang forscher voran mit seiner Zunge.

Als er innehielt, um nach der Uhr zu schauen, war Amber irgendwie froh. Es war nicht unangenehm gewesen. Nur seltsam. *„Sollen wir uns am Mittwoch in Thurtalen treffen?"*, fragte Ron, als er sich in der Zugtür noch einmal umdrehte.

„Hmh. Nein, lieber in Zürich wieder. Von mir aus nächsten Samstag", erwiderte Amber spontan, während sich in ihrem Kopf die Gedanken abspulten: *„Nelly und Ron und die alte Schule und die alten Kollegen. Oh nein, das geht nicht zusammen! Was auch immer das hier werden soll. Zürich ist mein sicheres Territorium."*

Sie hatte ihn bis zum nächsten Treffen nicht vermisst und wunderte sich selber darüber. Ron war doch für viele Mädchen ein begehrter Schwarm. Ihre Mädchenclique hatte sie ermutigt, sich die Chance nicht entgehen zu lassen. So traf sie sich wieder mit Ron. Es blieb bei der Route Bürkliplatz-Seefeld-Niederdorf-Bahnhof. Es blieb schweigsam. Es blieb bei Schokolade und Kaffee. Wenn sie bis ins hohe Alter zusammengeblieben wären, hätten ihre Enkel blind auf den Kerben ihre Umlaufbahn verfolgen können. Das Einzige was sich von Treffen zu Treffen veränderte, war, dass sie sich auf Parkbänken Pause gönnten, um das Schweigen mit Knutschen zu unterbrechen. Amber hatte mit der Zeit mehr Spaß daran bekommen. Auch am Erforschen. Es machte ihr nichts aus, als Ron immer kühner wurde, ihr unter das T-Shirt griff und ihren Busen erkundete. Im Schatten einer Hecke waren sie vor den Blicken der Passanten geschützt, als sie sich in die Jeans vorantasteten. Mit seinen langen Fingern kein Problem. Auch wenn sie enge Hosen trug. Für Amber war alles ein harmloses Spiel, das ihr die Zeit vertrieb, worüber sie sich mit ihren Freundinnen unterhalten konnte. Es machte sie zur Mitwisserin im neuen sich eröffnenden Space des Erwachsenwerdens. Verliebt war sie nicht.

Im Juni hatte Ron plötzlich seine Forscherfinger zurückgezogen, innegehalten, am Knopf der Brusttasche an der Jeans genestelt, hineingegriffen und vor Ambers Augen zwei quadratische, lilafarbige Tütchen geschwenkt. Amber begriff und schluckte leer. Sie schluckte noch einmal, als er den Kopf neigte, sie spitzbübisch ansah, die Mundwinkel zu einem Grinsen verzog und zwei Sätze sagte: *„Ich habe mein Taschengeld gespart. Wir können uns ein Hotelzimmer nehmen.“*

Seine Ohren glühten rot. Amber wischte sich mit den Zeigfingern Speichelreste aus dem Mundwinkel und blickte zur Buchsbaumhecke. Sie brauchte ein paar Sekunden, um das nächste Spiellevel zu überdenken. Warum ihr jetzt ausgerechnet Meilin vor dem inneren Auge auftauchte? Maman in der Silvesternacht in Südfrankreich – fröhlich, aufgeräumt, unbekümmert, schön.

Amber drückte ihren Rücken durch, zupfte am Hosenbund, wandte sich wieder Ron zu und blickte ihm direkt ins Gesicht. Sie sah zum ersten Mal, dass sich in der grauen Korona kleine, gelbe Pünktchen verirrt hatten. *„Schade um die Pünktchen!“*, dachte sie und sagte knapp: *„Ich kann das nicht!“*

„Oh, schon gut. Muss ja auch nicht heute sein“, versuchte Ron abzuwiegeln. Schnell steckte der die Kondome wieder in die Jeans zurück. Ihm war die Farbe aus Ohren und Gesicht gewichen.

Sie versuchten, die Situation zu retten, indem sie wieder knutschten. Darin waren sie gut geworden. Es fühlte sich jetzt jedoch mechanisch an. Seltsamer noch als beim ersten, unbeholfenen Mal auf dem Perron. Ron erlöste sie beide, als er Halt machte und vermeldete, dass er einen früheren Zug nehmen werde.

Amber knubbelte am blauen Netz des Passagiersitzes vor ihr herum. Ein Nylonfaden hatte sich gelöst. Was passierte wohl, wenn sie den jetzt aufzog? Sie warf einen Blick auf die Armbanduhr und seufzte. Bis Singapur waren immer noch vier Stunden Flugzeit. *„Nimm noch einmal einen Anlauf zum Schlafen!"*, sprach sie sich selber zu. Sie zappte auf dem Bord-Entertainment durch die Kanäle und entschied sich für Meditationsmusik. Wenig später, die sphärischen Klänge hatten sie tatsächlich eingelullt, ging Amber kurz vor dem Hinübergleiten ein letzter Gedanke durch den Kopf: *„Hat sich Ron nun für die Lehre oder für ein Studium entschieden?"*

.....

Walter schrak auf, als der Airbus von Turbulenzen durchgeschüttelt wurde. Es dauerte einen Moment, bis er begriff, wo er sich befand. Sein Hemd klebte an seinem Rücken und war auch unter den Armen durchgeschwitzt. Verstohlen blickte er zu seinem schlafenden Sitznachbarn und schnupperte an seiner Achselhöhle. Es ging gerade noch durch. Beim Umsteigen in Singapur hatten sie drei Stunden Aufenthalt. Er würde sich frisch machen. Sein Blick schweifte zum Fenster, eine rote Linie am Horizont kündigte den neuen Tag und die baldige Landung an. Ambers Kopf klemmte in der Lücke zwischen der Polsterung der Rückenlehne und der harten Wand. Ihr Gesicht war verdeckt von Haarsträhnen und der blauen Polyesterdecke der Airline, die seine Tochter bis zur Nasenspitze hochgezogen hatte. Am liebsten hätte er ihr ein Kissen unter die rechte Wange gelegt, die auf dem Kunststoff platt gedrückt wurde. Andere sammelten Flugmeilen. Er die raren Momente, in denen er seiner Tochter beim Schlaf zusehen konnte. Wie schön sie doch war und wie sehr er sie liebte! Das war überirdisch. Und er zügelte sich immer, ihr seine unschuldige, aufrichtige Vaterliebe zu sehr zu zeigen. Amber war dies todpeinlich. Auch vor Publikum hielt er seine Begeisterung über sein Kind zurück. Die Öffentlichkeit war, seit in den Medien Geschichten kursierten, empfindlich geworden. Glücklicherweise zeugten die roten Haare eindeutig von ihrer Verwandtschaft. Fälschlicherweise als „Sugar Daddy“ bezeichnet zu werden, käme für ihn einer Höchststrafe gleich.

Auch als Lehrer musste er immer auf eine gesunde Distanz zu den Schülerinnen achten – was für ein heikles, hochexplosives Terrain! Es war doch natürlich, dass sich Sympathien unterschiedlich verteilten. Und es kam auch vor, dass ihm Vereinzelte mehr ans Herz wuchsen als andere. Mädchen waren in der Stufe, die er unterrichtete, nun einmal zugänglicher als Jungs, die ständig Grenzen herausforderten. Er konnte es sich jedoch nicht erlauben, zu viel Nähe und Vertrautheit entstehen zu lassen. Dies konnte sowohl von Schülern, von Eltern als auch von Boulevardpresse zu vorschnell interpretiert und ausgenutzt werden. Der Mord am Lehrerkollegen Spirig im November 1999, der seine Schülerin vor den sexuellen Übergriffen ihres Vaters schützte, hatte die ganze Schweiz erschüttert. Der Vater hatte sich am Lehrer gerächt, weil dieser Partei für seine Tochter ergriffen hatte. Zu Recht, wie die öffentliche Meinung übereinkam. Doch in den Medien wurde auch die heikle Gratwanderung der Erzieher thematisiert. Wie viel Vertrautheit darf zwischen einem Mentor und einem Schützling entstehen? Es muss in diesem Diskurs gewesen sein, weshalb Niklaus Hug, Ambers Lehrer, der Französisch und Geschichte am Gymnasium unterrichtete, ihm den Brief gezeigt und ihn um Rat gefragt hatte. Sie hatten sich vom Sehen gekannt. Beide verkehrten in denselben Gremien, die sich für den Ausstieg aus der Atomenergie engagierten.

Die Lichter im Airbus gingen an. Zwei Stewardessen bewegten sich durch die Gänge, um die Passagiere für das Frühstück zu wecken. Dann und wann wurden sie von einer Erschütterung aus dem Gleichgewicht gebracht. Sie stützten sich elegant an den Sitzen ab, als wäre es Teil der Performance. *„Sind wir in Singapur?"*, gähnte Amber, nachdem Walter sie sanft wach gerüttelt hatte.

In *Changi*, dem Singapurer Flughafen, gönnte sich Walter eine erfrischende Dusche und Amber unternahm einen Streifzug durch die Shoppingmall. Nach dem langen Sitzen war es eine Wohltat, sich zu bewegen. Am liebsten wäre sie über die spiegelglatten Böden gerannt, um ihren Puls hochzujagen, doch den Mut, die Ordnung der Asiaten zu stören, die in manierlichen Gruppen ihren Zielen entgegenströmten, brachte sie nicht auf. Später saßen Vater und Tochter in der Sitzgruppe am Abfluggate und blätterten lustlos in den mitgebrachten Zeitschriften. Für Böll brachte Amber in diesen frühen Morgenstunden noch keine Begeisterung auf. Sie hatte sich gerade entschieden, noch einmal aufzustehen, um sich während der verbleibenden dreißig Minuten bis zum Boarding noch einmal die Beine zu vertreten, als Walter so beiläufig wie möglich fragte: *„Sag mal, kommst du gut mit Hug zurecht? Wie ist er denn so?"*

Hätte jemand versehentlich die Toilettentür aufgerissen und ihr beim Tamponwechseln zugeschaut, sie wäre nicht weniger peinlich berührt gewesen. Ambers Herz hämmerte, in ihr Gesicht schoss Hitze, ihre Ohren pulsierten, als wollten sie eine Nachricht morsen. Amber zupfte hastig am Verschluss ihres Rucksackes. Sie brauchte dringend irgendetwas, um Ohren und die glühenden Wangen zu kühlen. War die Wasserflasche noch voll? Notfalls würden auch Intimtücher gehen. Oder ein Taschentuch, um die Nase zu putzen und Zeit zu gewinnen. Geht immer.

„Wie kam Papa ausgerechnet jetzt auf Niklaus? Hatte er etwas gemerkt?", überlegte die junge Frau fieberhaft. *„Das konnte nicht sein. Wahrscheinlich interessieren Papa einfach meine Noten in Franz und Geschichte."* Dieser Gedanke beruhigte Ambers Puls sofort. Endlich hatte sie sich bis zur PET-Flasche am Boden ihres Beutels durchgewühlt. Nachdem sie den letzten Schluck lauwarmen Wassers hinuntergestürzt hatte, hatte sich ihr Schreck wieder gelegt und sie antwortete: *„Du*

meinst meinen Pauker? Hmh, der ist ganz okay. Er ist ziemlich locker drauf. Ich mag, wie er uns Geschichte schmackhaft macht. Er hat es drauf, uns die Zusammenhänge zwischen früher und heute zu verklickern. Die französischen Klassiker sind jetzt nicht so mein Ding. Da muss ich etwas mehr büffeln. Aber ich denke, du kannst zufrieden mit meinen Noten sein, Herr Schulmeister!"

„Freut mich doch als dein Vater, wenn du im Gymnasium gut mithalten kannst und nicht auf dem Zahnfleisch nachschleifst. Mich interessiert aber mehr, wie Hug menschlich ist. Hast du mit ihm auch außerhalb der Schule Kontakt? Habt ihr Projekte? Kennst du seine Frau und Kinder? Ich meine, er ist ja immerhin für die nächsten Jahre dein Lehrer", hakte Walter nach.

Amber runzelte flüchtig die Stirn und stand auf. *„Wie gesagt. Er ist ganz okay"*, bemerkte sie kurz, wandte sich Richtung Recyclingstation ab und entsorgte die leere Getränkehülse mit Schwung in den Behälter, auf dem ein Flaschenpiktogramm klebte. *„Ich gehe noch einmal für kleine Mädchen, bevor wir starten"*, ließ sie ihren Vater wissen und setzte damit dem Verhör ein Ende.

Walter blickte Amber nach, strich sich mit der Hand über den Mund und bemerkte, als beim Kinn kratzende Geräusche zu hören waren, dass er vergessen hatte, sich zu rasieren. Dies hatte er für die Beerdigung, aus Respekt vor Meilins Mutter Annie, die auf die Erscheinung großen Wert legte, noch erledigen wollen. Er fragte sich, als er seine Tochter hinter der Toilettentür verschwinden sah, ob Niklaus mit Amber gesprochen hatte. Wahrscheinlich, wenn sie so trocken reagierte. Das Mädchen musste ihr Liebesleben alleine oder mit einer Freundin sortieren. Er konnte ihr nicht helfen. Er hatte ihr nur auf den Zahn fühlen wollen. Es wäre eine Katastrophe, wenn seine Tochter erführe, dass ihm Niklaus Ambers Brief gezeigt hatte. Die beiden Männer waren der Ansicht gewesen, dass Niklaus Amber einfach freundlich antworten und ihr die Grenzen klarmachen sollte. Er sollte sie auf keinen Fall in ihrer jugendlichen Schwärmerei verletzen, ihr nicht die Freude am Unterricht vergällen, an ihre Vernunft appellieren: Der neunzehn Jahre ältere, verheiratete Mann und Vater von zwei kleinen Buben war als ihr Lehrer keine Option.

Was Walter an diesem Morgen in Singapur nicht wusste und nie erfahren würde, ist, dass Niklaus Hug selber unzählige Briefe an Amber verfasst und verbrannt hatte. Walter wusste auch nicht, dass Amber am Tag vor dem Abflug nach Australien vor Beginn des Geschichtsunterrichts zu Hug ans Lehrerpult getreten war und ihm mit dem vom Vater unterschriebenen Gesuch für zwei Wochen Dispensation einen zweiten Umschlag aus Recyclingpapier auf dem schlicht *Niklaus Hug, persönlich* stand, zugesteckt hatte. In diesem steckte eine Postkarte.

Lange hatte sie den Stapel, den sie lose in einer Kartonschachtel unter ihrem Bett aufbewahrte, aussortiert, hatte vieles in Erwägung gezogen, verworfen und ausgewählt. Seit ihrem Einzug bei Walter hatte sie die Sammlung erst aus Langeweile, dann mit wachsender Freude, Inspiration und Schalk angelegt. Die ersten waren die Freiexemplare, die neuerdings in Kinos oder neben den Toilettenausgängen der Lokale auslagen. Die meisten dieser Sujets fand Amber platt oder unästhetisch. Doch gab es darunter ein paar künstlerische Trouvaillen. Sie ließ sich von der Auslage am Bahnhofskiosk überraschen und schweifte an freien Nachmittagen durch Papeterien. Auf dem Samstagsflohmarkt auf dem Bürkliplatz stöberte sie nach Motiven. Sie liebte die alten Postkarten aus Werbung und Tourismus als Zeitzeugen vor ihrer Geburt. Als besondere Schätze hortete sie Hochzeitsfotos aus allen Epochen. Es rührte etwas in ihrem Innersten an. Vielleicht eine romantische Seite oder eine Sehnsucht. Vielleicht, obwohl oder gerade weil sie Meilins Abgang unverzeihlich fand und sie ihrer Mutter die Krätze an den Hals wünschte und sie doch eigentlich gerne stinknormale Eltern und eine langweilige Familie gehabt hätte.

Sie wählte eine Karte mit gezackten Rändern. Ein Regenbogen spannte sich über die Kapellbrücke bei Luzern, der sich im See spiegelte. Sie erhoffte, dass Niklaus die Symbolik genauso verstehen und deuten würde, die Amber der Karte gegeben hatte. Möge er die Botschaft verstehen, dass ihre Begegnung eine Bedeutung hatte, sie einen Bogen über ihren Altersunterschied spannen wollte und es ihr nichts ausmachte, dass er fast zwei Jahrzehnte früher geboren worden war. Auf die Rückseite schrieb sie quer, unbeirrt über die feine Mittellinie, auf der der Name des Fotografen und das Jahr 1963 ersichtlich waren, mit schwarzem Faserschreiber:

Lieber Niklaus!

Ich danke Dir, dass Du geantwortet hast! Ja! Ein Treffen auf einem neutralen Terrain.

Samstag, 19. Juni 2004, 11.00 Uhr, Kapellbrücke, Zugang Bahnhofstraße

Einfach ein kurzes Nicken.

*Hug** ☺

Amber

**You know what it means Mr. Hug!* ☺

An die Regenbogenkarte dachte Amber, als sie zum Gate zurückkehrte. An seinen erhobenen Daumen und sein flüchtiges, scheues Lächeln, an das eine Augenbrauenhaar, das gegen die Richtung stand, und das Grübchen am Kinn. An seine Gute-Reise-Wünsche und Floskeln in Sarinas Anwesenheit, die mit dem Lehrer noch über die Note der verpatzten Klausur verhandeln wollte. An das Einräumen, dass der Augenblick mit der Schulkollegin als Zeugin nicht ausgedehnt werden konnte. An das Glück, das sich auf dem Nachhauseweg wie eine Glocke sanft über sie gestülpt hatte, die sich beständig einnistete und an der wie an einem Schutzschild alle Zweifel und möglichen Gefahren abperlten. Amber fühlte sich seither unverwundbar – und gewappnet für die Begegnung mit ihrer Mutter, die zu sehen sie sich sechs Jahre lang gewehrt hatte.

„Ready for take off?“, fragte sie Walter beschwingt, als sie beim Hinzutreten hinter ihrem Vater sah, wie eine Uniformierte der Airline zum Mikrofon griff, während ihr Kollege etwas hinter dem Desktop hantierte und das Gate fürs Boarding eröffnete.

Amber schnallte sich ihren Rucksack um und reihte sich mit Walter in die Warteschlange ein. *„So, die letzte Etappe* *bis Brisbane. Nur noch wenige Stunden, bis ich Maman gegenüberstehe!"*, wurde sie sich bewusst. Plötzlich spürte sie einen Druck in der Brust. Ihr Herz galoppierte, machte kurze Aussetzer, galoppierte weiter. Ihre Atmung war flach und schnell. Dass ihr jetzt Maya in den Sinn kam, fand Amber gleichzeitig witzig und erstaunlich. Ihre Schulkollegin fanden alle etwas verschroben mit ihrem eigenwilligen Kleiderstil. Wie konnte man nur Regenbogenwollsocken zu französischem Marinelook tragen? Maya war die Einzige, die keine Tampons benutzte, weil die mit Chemikalien belastete Zellulose das Scheidenmilieu stören würde. Alle wunderten sich, worüber sich Maya alles Gedanken machte! Neulich hatte sie im Sportunterricht beiläufig von ihren Yogalektionen berichtet. Ihre Mutter hatte sie dorthin geschleift, nachdem Maya die Probezeit im Gymnasium mit Ach und Krach geschafft hatte. Das dürfte kein Dauerzustand sein, hätte die Mutter deklariert. Die patente Frau, die für alles eine Lösung hatte, die ihre Familie mit Bio aus dem Reformhaus und ihr Umfeld mit selbst hergestellten Bachblütensubstraten versorgte, bestimmte, dass Maya Werkzeuge erlernen musste, um mit dem Druck, der mit dem Erwachsenwerden nicht weniger würde, fertig zu werden. Maya hatte sich nicht vom Tuscheln und Kichern der Mädchen, die sich im Umkleideraum der Turnhalle in Unterwäsche um sie scharten, irritieren lassen, als sie vorzeigte, wie die Bauchatmung funktionierte.

Amber erinnerte sich an Mayas Anweisungen und holte tiefe Atemzüge bis in den Bauchraum, der sich unter ihrem Pulli zu einer Kugel formte und den Bund dehnte. Ihre Nasenflügel weiteten sich wie die Nüstern eines Pferdes, als sie die verbrauchte Atemluft langsam wieder ausströmen ließ. Die Frau in der Schlange vor ihr warf ihr einen Blick über die Schulter zu und zog die Augenbrauen hoch. Demonstrativ trat diese einen Schritt nach vorn. Offensichtlich fühlte sie sich vom Schnauben der jungen Frau persönlich angegriffen. Amber zuckte mit den Schultern und atmete weiter. Es wirkte tatsächlich. Die kurze Panikattacke legte sich. Die Frau vor ihr wurde von der Hostess durch das Gate gewunken: *„Amber! Komm mal runter. Es ist nur deine Mutter! Und du willst es doch auch endlich hinter dich bringen“*, sprach sie sich Mut zu, als sie ihre Boardingkarte auf den Scanner legte.

.....

Eine Trauergesellschaft von etwa fünfzig Menschen hatte sich auf dem Kiesplatz vor der offenen Tür der St. James Chapel eingefunden, kondolierte stumm Witwe und Hinterbliebenen mit einem Handschlag und wartete, bis die kleine Glocke im Turm über der Kapelle verklang. Als das Orgelspiel anfing, setzte sich der Trauerzug, mit Annie, Meilin und Peter an der Spitze, in Gang. Als Amber mit Walter hinter Annies Brüdern Philipp und Serge über die Schwelle trat und sich umschaute, kam ihr spontan das englische Parlament in den Sinn. Sie hatte die Anordnung der Versammlung immer seltsam gefunden, in der die Männer in Überzahl über einen Gang hinweg über die britischen Geschicke debattierten. In der Schweiz waren die

Gottesdienstbesucher auf den Pfarrer und die Kanzel ausgerichtet. Hier in der St. James mussten sich die Menschen beim Beten und Singen ins Antlitz sehen oder den Kontrollblicken auf der anderen Seite ausweichen. Das war eine geschickte Art von Buße, die die Erbauer im letzten Jahrhundert ersonnen hatten, dachte Amber, als sie sich in die vierte und hinterste Reihe auf der rechten Seite setzte. Die Reihen waren in flachen Stufen angelegt, sodass sie von ihrer erhöhten Position die Hinterköpfe ihrer australischen Familie und auf der gegenüberliegenden Seite die ihr unbekannten Menschen aus dem beruflichen und kirchlichen Umfeld ihrer Großeltern Malcolm und Annie gut beobachten konnte.

Die zwei Tage nach der Ankunft waren geschmeidig verlaufen. Die australische Verwandtschaft hatte sich über die Anreise der beiden Schweizer gefreut, aber kein zu großes Tamtam gemacht. Ganz nach Ambers Sinn. Es hatte ihr nichts ausgemacht, dass Maman sie am Flughafen nach kurzem Zögern umschlungen hatte. Ihre Halskuhle verströmte immer noch denselben Duft. Meilin hatte ihr Zeit gelassen anzukommen und sie nicht bedrängt. Dafür dankte ihr Amber. Es machte alles etwas entspannter und ebnete den Weg für die fällige Aussprache, die wie ein Frühlingsputz anstand – Nelly hatte immer gesagt, trübe Fenster verhinderten Klarsicht – und vor dem Amber immer noch Schiss hatte. Doch unter dem Bammel, der wie die klamme Eisschicht ihren Lieblingsbach zu Winterstarre zwang, regte sich, seit sie in Brisbane war, eine neue Kraft: Neugierde. Wer war diese Frau? Meilin, wie sie sich jetzt bewegte, sich mit einer Selbstverständlichkeit um ihre trauernde Mutter Annie kümmerte, mit dem Pastor und dem Bestattungsinstitut Formalitäten regelte, hatte nichts mehr mit der Frau gemeinsam, der Amber vor sechs Jahren die Abschiedsumarmung verweigert hatte.

Die Orgelmusik verstummte. Meilin löste sich aus der ersten Bankreihe und trat mit ruhigen Schritten in den Mittelgang zum schlichten Altar. Die Pumps hatten kaum Absätze und machten kein Geräusch auf dem schwarzen Marmor. Meilin trug ein schlichtes, schwarzes Etuikleid mit Dreiviertelärmeln, das sie selber entworfen und geschneidert hatte. Die blonden Haare trug sie hochgesteckt, ein, zwei Strähnen hatten sich gelöst und umspielten ihre Ohren, an denen kleine Perlen steckten. Sie löste das Mikrofon aus der Halterung, entwirrte mit einem flüchtigen Lächeln das Kabel, positionierte sich, gab dem Organisten mit einem Kopfnicken ein Zeichen und schweifte mit ruhigem Blick über den Mittelgang des Kirchenschiffes und die Gesichter in den Bankreihen, während die ersten Töne erklangen.

Amber erstarrte und drückte ihren Rücken an die Lehne der Kirchenbank. Das Fleisch über den Wirbeln muckte auf, weil das kühle, harte Holz nicht nachgab und unter dem Gegendruck schmerzte. Jetzt war sie froh, dass sie in der hintersten Bankreihe saß und sich verkriechen konnte, denn als die glockenhelle Stimme ihrer Mutter den Kirchenraum ausfüllte, ihre Zellen erfasste und sie elektrisierte, sie um Jahre zurückwarf und sie sich plötzlich mit Maman im großen Bett in Ardenciel sah, schossen ihr Tränen in die Augen. Es kam Bewegung in die Sitzbänke, in der bis vor wenigen Augenblicken die

Menschen in Totenstarre verharrt waren, als dürften sie sich aus Rücksicht auf den Verstorbenen nicht mehr regen. Aus Taschen wurden hastig Taschentücher gezückt, hier und dort wurde laut geschnäuzt oder es wurden dezent die feuchten Augen und Nasenlöcher abgetupft. Amber fuhr sich mit ihren Ärmeln übers nasse Gesicht. Meilins Interpretation von Leonard Cohens *Halleluja* drang den Besuchern durch Mark und Bein. Walters Hand wanderte zu Amber und, ohne sich nach seiner Tochter umzusehen, drückte er ihre sanft – ließ sie aber sofort wieder los. Zwischen dem Pastor und Peter saß Annie. Ihre Schultern bebten, während sie auf den Boden starrte. Amber hätte sich am liebsten zu ihrer Großmutter gesetzt und sich mit ihr wie am Vorabend über die richtige Nagellackfarbe – Annie vertrat die Meinung, dass der falsche Farbton die ganze Garderobe verderben könnte – unterhalten, um sich selber und ihre Granny aus der Situation, die alles von ihnen abverlangte, zu erlösen.

„Trauerte Annie tatsächlich um Malcolm?", wunderte sich Amber. Es kursierten Geschichten über ihn, die ihn nicht in einem guten Licht dastehen ließen. Man munkelte, er hätte seine Frau betrogen. Sie hatte ihren Großvater kaum gekannt. Er war ihr immer ein rätselhafter Anverwandter geblieben, auch wenn sein Ruf bis in die Schweiz geeilt war. Sogar Nelly kannte Episoden aus seinem Leben. Sie bezeichnete Malcolm als trotziges Rumpelstilzchen und meinte, als sie von seinem tödlichen Herzinfarkt erfuhr, dass sie die Todesursache nicht verwunderte bei seinem hohen Blutdruck. Es war auch Nelly gewesen, die Amber von Meilins Flucht berichtete, die in

erster Linie ihres Vaters wegen mit Gérard nach Frankreich durchgebrannt war.

„Wie kommt es, dass Maman nach all dem für ihren verstorbenen Vater singt?“

Ambers Interesse an Meilins Wandel stieg immer mehr. Sie lauschte dem Gesang, ihr Blick schweifte zur Rosette aus farbigem Glas, die über dem Eingang thronte. Ein Sonnenstrahl fiel durch das Fenster und tauchte die Szene in grün-gelbes Licht, als Meilin zum Schlussakkord ansetzte. Jetzt erinnerte sich Amber, woher sie *Halleluja* kannte. Die Fensterrose hatte sie darauf gebracht. Shrek hatte sich gerade durchgerungen, Fiona seine Liebe zu gestehen. Die beiden wurden danach von Palastwachen festgenommen, weil sie die Pläne des Zwerges durchkreuzt hatten. Der Drache, der Verbündete der Oger, tauchte als Schatten hinter der Kirchenrosette auf, durchbrach das Glas, flog in die Kirche und verschlang den Wicht mit einem Happs. Amber grinste breit, als sie sich daran erinnerte, wie sie mit ihrer Mädchenclique im Zürcher Corso bei diesem Film gekichert und Popcorn beim Mitwippen der Lieder auf dem Boden verstreut hatten.

.....

Eine Stunde später trug Peter die Urne wie einen schweren Meisterschaftspokal auf beiden Händen vor seinem Bauch. Die Sonne blitzte auf dem makellos polierten Edelmetall auf, als er von Annie und dem Pastor flankiert den Trauerzug anführte und über den Friedhof zum Grab schritt. Das frisch ausgehobene Loch stach wie ein schwarzer Klecks aus dem Grün des Rasens hervor. Doch kurz darauf trampelten die Trauernden das Gras nieder, als sie sich um die Witwe und ihre erwachsenen Kinder scharten und den krummen Steinen und Kreuzen auf den Nachbargräbern auswichen. Sie zermanschten den Rasen und die Erde zu einer braunen Pampe. Die Beisetzung der Urne war ein kurzer Akt, der mit dem Segen des Pastors besiegelt wurde. Danach löste sich das schwarze Feld der Trauergesellschaft auf. Die Menschen unterhielten sich wieder laut, einige lobten Meilins Gesang als Höhepunkt der schlichten Feier, ein paar Männer lachten kurz auf, Autotüren wurden zugeschlagen und Reifen knirschten beim Abfahren im Kies.

Meilin gesellte sich, nachdem sie die letzte kondolierende Hand geschüttelt hatte, zu Amber und Walter, die etwas verloren auf dem Rasen herumstanden: *„Wir fahren jetzt zu Mam nach Hause. Es gibt dort einen Empfang. Kommt ihr zurecht mit den Leuten und all dem hier?“*

„Ja, doch. Ich habe ein paar Worte mit Philipp und Angelo gewechselt. Serge und Lucy haben sich um uns gekümmert. Alles gut. Oder, Amber?“, erwiderte Walter und fuhr fort, ohne die Antwort seiner Tochter abzuwarten: *„Dein Lied hat mich sehr berührt, Meilin! Kompliment. Ich hatte keine Ahnung, dass du so eine schöne Stimme hast! Überhaupt, du hast dich sehr verändert. Ich bin verblüfft. Es scheint dir richtig gut zu gehen!“*

Meilins Blick ruhte für einen Augenblick auf Amber, die Annie, Peter und seiner Frau nachsah, als sie einen silbernen

Audi bestiegen. Die Mutter hätte ihre Tochter, die sie inzwischen um einen halben Kopf überragte, gerne berührt, hätte ihr am liebsten über das Haar gestrichen, das in der Sonne rotgolden leuchtete. Stattdessen wandte sie sich zu Walter und sah ihm direkt in die Augen: *„Hmh. Ja, tatsächlich. Es geht mir ausgezeichnet ...“*

Meilin zögerte kurz, fasste sich ein Herz, tippte Amber am Oberarm an und sprach ruhig: *„Amber. My Girl. Liebes ... Bitte. Bitte lass uns reden! Alle drei. Uns alles von der Seele schwatzen, was in den letzten achtzehn Jahren auf der Strecke liegen geblieben ist. Ich würde gerne mit euch einen Ausflug machen. Wir könnten das Auto packen und ein Stück südlicher ein schönes Plätzchen an der Gold Coast suchen. Ich finde, eine Dosis Meer könnte uns allen guttun.“*

Am nächsten Tag weckte Meilin die beiden beizeiten. Vater und Tochter hatten sich nach längerem Abwägen gegen ein Hotelzimmer und für die Einladung Meilins und ihre kleine Stadtwohnung entschieden, wo sie für den zweiwöchigen Aufenthalt zusammenrückten. Die ersten Tage hatte Meilin Vater und Tochter sich selber überlassen, da sie oft mit ihrer Mutter Annie unterwegs war, um die Beerdigung zu organisieren. Sie hatte es nicht für möglich gehalten, welche Papiere es zu beschaffen galt, welche Personen informiert werden mussten, an welche Details gedacht werden musste. Zu allem zündelten zwischen Peter und ihr, die sich in den letzten sechs Jahren erfolgreich aus dem Weg gegangen waren, alte Geschwisterrivalitäten auf. Erst hatte er sich gegen die erstarkte Schwester aufgelehnt und sie wie zu Kindheitstagen mit Sticheleien kränken und erniedrigen wollen. Doch als die Bemerkungen über seine Vorrangstellung, weil er dem Vater mehr bedeutet hatte als sie, oder über ihre Beziehungsunfähigkeit auf keinen fruchtbaren Boden fielen und Meilin ihn auflaufen ließ, verstummte er. Die Trauer um seinen Vater, der Verlust der wichtigsten Instanz seines Lebens, zog ihm den Boden unter den Füßen weg. Das Vakuum, das Malcolms Tod eröffnete, fraß Peters Gedanken und Antriebskraft auf. Er realisierte mit einem Schlag, dass sein Vater unwiderruflich gegangen und nicht nur kurz zum Angelausflug aufgebrochen war. Von diesem Moment an löste sich sein Anspruch an sich selbst in Luft auf. Er dachte nicht mehr daran, das Gesicht vor der Familie zu verlieren, weil er als männlicher Nachfolger die Dinge nicht geregelt bekam. Er hatte genug mit sich selber zu tun und überließ Meilin das Feld.

Annie befand sich seit Malcolms überraschendem Tod in einer Schockstarre. Sie hatte ihn an einem Morgen leblos auf dem Badezimmerboden aufgefunden. Der Notarzt hatte nach dem Infarkt nur noch seinen Tod feststellen können. Annie wurde mit Medikamenten sediert, um die anstrengenden Tage um die Beerdigung gut über die Runden zu bringen. Meilin hatte Serge und Lucy gebeten, sich an diesem Tag um Annie zu kümmern. Diese hatten sich selbstverständlich dazu bereit erklärt, sogar angeboten, Annie mit nach Darwin zu nehmen.

Alles, was der Kleinstfamilie, die wie drei Schiffbrüche auf zwei Inseln in verschiedenen Ozeanen dahinvegetierten, diente, war ihnen unterstützungswürdig.

Walter belegte während der Nächte das zweisitzige Designersofa aus Känguruleder. Amber hatte sich auf einem ausklappbaren Schaumstoffwürfel im Nähzimmer einquartiert. Dieser passte präzise in den schmalen Gang zwischen Arbeitstisch und dem Regal, in dem sich Stoffballen nach Farben sortiert bis unter die Zimmerdecke stapelten. Amber war auf siebenundsechzig gekommen, bevor sie mit dem Kopf halb unter der Arbeitsplatte neben dem Nähmaschinenpedal und einem Stapel Schnittmuster eingeschlafen war.

Sie hatten sich Brote geschmiert, Getränke und frische Früchte im kleinen Laden um die Ecke besorgt und waren gegen acht losgefahren. Der Fahrtwind, der durch die heruntergelassenen Scheiben ins Wageninnere strömte, zerzauste die Haare der Frauen und streichelte den Restflaum, der links und rechts auf Walters Kopf verblieben war. Er überlegte sich mit knapp fünfzig beinahe täglich vor dem Spiegel, ob er beherzt zum Rasierer greifen und den spärlichen Kranz ganz abrasieren sollte, wie es bei den jüngeren Kollegen, die früh ergraut oder erglatzt waren, Mode geworden war. Bisher hatte jedoch immer die Stimme gesiegt, die sagte, er solle seine letzten Haare mit Würde tragen. Immerhin waren sie noch nicht grau. Er bewunderte die Haarpracht „seiner" Frauen von der Rückbank, als sie gemächlich über den Pacific Highway Richtung Süden tuckerten. Zum Glück hatte Amber die kräftigen Haare ihrer Mutter geerbt. Er konnte es immer noch nicht ganz fassen, welche Transformation Meilin vollzogen hatte. Er erinnerte sich an die eine traurige Fahrt von Frankreich in die Schweiz, auf der Ambers Mutter wie ein Schatten ihrer selbst in sich gekauert auf dem Beifahrersitz gesessen hatte.

„Es war zu ihrem besten Wohl, dass sie sich für ihre alte Heimat entschieden hat", dachte er anerkennend, *„auch wenn der Preis hoch war."*

Meilin drehte das Radio herunter, welches, seit sie Brisbane hinter sich gelassen hatten, das Schweigen erträglicher gemacht hatte, und platzte heraus: *„Ich sage es jetzt geradeheraus: Ich bin seit zwei Jahren mit einer Frau zusammen: Nathalie. Sie ist Französin. Dank ihr habe ich den Mut aufgebracht, mein eigenes Label zu lancieren. Wir hatten Pläne, nach Melbourne zu ziehen und dort eine Boutique mit einem Café zu eröffnen. Wir hatten schon eine Liegenschaft in Aussicht. Doch jetzt schiebe ich es auf, um Mam beizustehen, bis sie wieder zurechtkommt nach Dads Tod."*

Weder Walter noch Amber reagierten auf Meilins Worte. Eine Weile waren nur der Motor und der Fahrtwind zu hören. Meilin drosselte die Geschwindigkeit und blickte sich fragend zu ihren Mitreisenden um: *„Hat es euch jetzt die Sprache verschlagen? Kommt! Macht es mir nicht so schwer!"* Sie schlug mit der flachen Hand auf das Steuer und fluchte leise auf Französisch. Amber verstand nur *merde* und *vous m'f'chier.*

„Die neuen Kraftwörter hat sie wohl von ihrer Geliebten!", ging es Amber durch den Kopf. *„Mir ist es doch egal, mit wem sie zusammen ist. Solange sie mich mit Details verschont!"*

Plötzlich brach es aus ihr heraus: „*Was willst du denn hören? Willst du meinen Segen? Soll ich applaudieren? Dir etwas verbieten? Du hast doch immer nur das gemacht, was für dich stimmig war, und ich war dir doch nur im Weg! Ich war eh nur ein Unfall, der deine Pläne durchkreuzt hat! Was kratzt mich dein Liebesleben?!*“ Ambers Stimme hatte sich überschlagen. Als sie verstummte, schossen ihr Tränen in die Augen. Ihr Hals schmerzte, doch der Druck, der ihr vor wenigen Minuten die Kehle zugschnürt hatte, war weg.

Auch Meilin brannten die Augen, sie rang um Fassung. Walter suchte fieberhaft nach einer Antwort, sein Blick blieb beim Riss hängen, der längs des Fahrersitzes verlief und unter dem schwarzen Kunstleder ein graues Innenleben hervortreten ließ. Walter fuhr mit dem Zeigefinger fürsorglich den beiden Risskanten entlang, als wäre es eine Wunde, wog Sätze ab und verwarf sie wieder. Hätte er Textilklebeband dabeigehabt, hätte er die Spalte zugeklebt, damit niemand in Versuchung kommen könnte, den Schaumstoff herauszupulen. Bei dieser Vorstellung zog es ihm den Magen zusammen.

Plötzlich überraschte er sich selber, als er zu den Frauen sagte: „*Unser Familiending ist suboptimal verlaufen, das wissen wir alle. Doch sei bitte fair Amber, du hast keinen allzu großen Schaden abbekommen. Wir haben es ziemlich gut hingekriegt. Dass deine Mutter in der Schweiz nicht glücklich war, weißt du selber am besten. Ich wäre dafür, dass wir uns einmal richtig auskotzen, von der Leber reden, was sich in den letzten Jahren angesammelt hat. Dann ziehen wir ein für alle*

Mal einen Strich darunter und begegnen uns als drei erwachsene Menschen!"

Sowohl Amber als auch Meilin holten Luft, setzten an, um loszulegen. Doch Walter unterbrach sie und ergänzte: *„Du bist eine gute Autofahrerin, aber mir ist doch etwas mulmig, wenn du so aufgebracht bist. Lass uns bitte anhalten oder warten, bis wir am Ziel sind."* Meilin suchte seinen Blick im Rückspiegel und funkelte ihn an, als ihre Augen aufeinandertrafen. Amber verschränkte ihre Arme und streckte ihre rechte Hand unter ihrer linken Schulterhöhle nach hinten und zeigte ihrem Vater den Stinkefinger. Wenigstens war sie mit ihrer Mutter in der Sache einig, dass ihr Vater ein Klugscheißer wäre.

.....

Meilin stellte das Auto auf einer bewaldeten Klippe in einer Parknische ab. Der Motor lief noch, als Amber die Tür aufriss, sich hinauszwängte, die Tür hinter sich zuknallte und davonrannte – als würde der Wagen gleich hinter ihnen explodieren. Meilin folgte ihr wenig später und glitt auf dem schmalen Weg die Düne hinunter zum Strand. Sie riss sich die Schuhe von den Füßen, schmiss sie in den Sand und stolperte Richtung Meer.

Wut war ein seltener Gast in Walters Leben, doch jetzt nahm sie ihn wie eine Furie in Beschlag. Sein Hirn stammelte wirres Zeug und heiße Wellen stauten seine Zellen. Der Vulkan rauchte und stand kurz vor der Eruption. Am liebsten hätte Walter die Scheiben des Wagens mit einem Stein zertrümmert, laut gebrüllt, dem blöden dahergelaufenen Köter, der an seinen Füßen schnupperte und ihm den Weg versperrte, einen Tritt verpasst. Oder Meilin – endlich einmal – eine herunterhauen. Walter bäumte sich auf, schnaubte und rannte los. Langsam zunächst, doch er legte stetig an Tempo zu. Er musste sich auf dem unebenen Sand immer wieder ausbalancieren. Er nahm es jedoch mit dem widerspenstigen Untergrund auf und gebot sich, sich nicht von ein paar popeligen Sandkörnern aufhalten zu lassen. Er rannte. Seine Beine steuerten die Richtung. Sein Denken unterwarf sich dem Kommando des Körpers und gab endlich Ruhe. Walter lief. Kilometerlang. Bis ihn die brennenden Lungen abbremsten.

Er nahm sich alle Zeit für den Rückweg, um sich zu sortieren, und fand Meilin und Amber mit dem Streuner Stöckchen werfen.

„Was machen wir nun?“, fragte Amber, als Walter auf sie zutrat.

„Tacheles reden!“, meinte ihr Vater, steckte seine Hände in die Gesäßtaschen und suchte Zustimmung in den Blicken der beiden Frauen. Meilin schlug vor zu gehen, statt an der Stelle zu verharren. Es erleichtere das Reden. Sie schlenderten eine Weile wortlos nahe dem Meeressaum entlang. Ihre Füße bildeten Abdrücke, die von sanften Wellen überflutet wurden und mit Wasser gefüllt im Sand zurückblieben. Die ersten Worte fand Meilin. Sie bat um Nachsicht, sie hätte einfach nicht in der Schweiz bleiben können. Walter nickte stumm. Amber schwieg lang. Doch plötzlich nahm sie Anlauf und umkreiste ihre Eltern wie der Hund, der eben noch spielen wollte und

in der Zwischenzeit wieder abgezogen ist. *„Ich finde es nicht lustig, euch auf zwei Kontinenten zu haben!"*

Amber rannte in die Wellen, kehrte mit klatschnassen Jeans zurück und wiederholte das Spiel ein paarmal. Sie kämpfte um Worte, wollte nicht anklagen und doch diese Gelegenheit nicht verstreichen lassen, sich Luft zu machen. Sie liebte ihre Eltern und sie hasste ihre Eltern. Sie fing an zu schreien und zu fauchen, krümmte sich streckenweise, rannte davon und schnellte wieder zurück zu ihren Eltern. Diese schritten langsam mit einem Abstand nebeneinander her, beobachteten ihre Tochter und waren sprachlos. Jetzt beugte sich Amber vornüber, krallte sich Sand- und Steingemisch und schmiss alles fluchend um sich. Walter und Meilin bekamen einige Salven ab. Walter wollte eingreifen, als ein paar Kiesel seine Brille streiften. Doch Meilin trat auf ihn zu, hielt ihn zurück und kämmte sich eine Ladung nassen Sand aus den Haaren. Dann sprintete Amber davon, das Salzwasser spritzte unter ihren Füßen. Weit von den Eltern entfernt hielt sie inne, bückte sich vornüber, wahrscheinlich, um Atem zu holen, und ließ sich nach einer Weile in den Sand plumpsen, ohne sich umzusehen.

Walter und Meilin nahmen Kurs auf sie zu und sprachen sich aus. Schonungslos. Ihm half es sehr, den Fokus auf dem Horizont zu halten und mit bedächtigen Schritten der Tochter entgegenzugehen. Die Füße federten auf dem weichen Sand ab, der laue Wind und die Weite schliffen die spitzen Worte rund. Der Strand war praktisch menschenleer: einzelne Läufer, wenige Spaziergänger, der Streuner, der sein Herrchen gefunden hatte, dort und da Familien. Die Menschen verloren sich zu Punkten in der Landschaft. Meilin vertraute ihm ihren Leidensweg an, den Moment, als sie die Kurve gekriegt hatte, die ersten zögerlichen Erfolge, die Versöhnung mit ihren Eltern. Er war bewegt, erschüttert. Irgendwann gab er es auf, sich die feuchten Augen trocken zu wischen. Ihre schonungslose Offenheit, ebnete ihm den Weg. Meilin hörte ihm zu, als er von seiner bodenlosen Ohnmacht im Umgang mit Meilins Depression erzählte. Es war gut, sich die Gefühle der Unzulänglichkeit, die sich streckenweise mit erotischen Gedanken und leiser Hoffnung vermischt hatten, als Meilin bei seinen Eltern gewohnt hatte, von der Leber reden zu können. Endlich konnte er seine Kämpfe mit der pubertären Tochter teilen und spürte zum ersten Mal so etwas wie geteilte Elternschaft.

Meilin war stehen geblieben, als sie auf einen Steinwurf entfernt zu Amber aufgeholt hatten. Sie hatte ihre Zehen in den Sand gebohrt und sich zu Walter gewandt, um in seinem Gesicht zu lesen. Es war folgerichtig, dass sie sich danach einfach in die Arme schlossen. Alles war gesagt worden.

Amber hatte Muscheln zu einem Mandala ausgelegt und beobachtete ihre Eltern beim Näherkommen aus den Augenwinkeln. Ihr Atem hatte sich beruhigt, das Zittern am Körper gelegt. Sie zögerte erst einen Moment, doch dann stand sie auf und nahm neugierig Schritte auf die beiden zu. Ein wenig war sie auch von Hunger getrieben. Meilin blickte auf, einzelne Strähnen klebten auf den nassen Wangen. Als Meilin ihren rechten Arm von Walter löste und ihn Amber entgegenstreckte, brauchte es keine Anstrengung mehr, die letzten Meter zu ihnen zu eilen und sich unter ihren Flügeln zu verkriechen.

Später am Nachmittag richtete sich Walter unter dem mitgebrachten Sonnenschirm ein. Er hatte sich eine Badehose angezogen, sich mit Schutzfaktor 50+ eingecremt, ein *Four X* aus der Kühlbox gefischt und in den *Stubby Holder* gesteckt. Er rühmte in Gedanken die patente Erfindung der Australier. *„Ich werde meinen Kollegen solche Dosenkühler als Souvenir mitbringen"*, entschied er und sah den beiden Frauen nach, die den Strand entlang auf den Horizont zuliefen. Ambers nasse Jeans waren zum Trocknen im warmen Sand ausgelegt. Die junge Frau hatte stattdessen einen türkis-blauen Batikstoff um die Hüfte geschlungen, den ihre Mutter ihr soeben vermacht hatte. Das Tuch, das sie über alle Jahre wie einen Schatz gehütet hatte, hatte Meilin von ihrer Großmutter Trudy geschenkt bekommen. Mit dem Longshirt, das eng am Oberkörper anlag, und mit dem improvisierten Rock sah Amber femininer aus als in Jeans. *„Es steht ihr gut"*, dachte der Vater stolz. Die Frauen wichen tänzelnd dem Meeressaum aus und verschwammen immer mehr zu Schatten. Er konnte gerade noch erkennen, wie sich Amber bei Meilin einhakte, um das Gleichgewicht nicht zu verlieren. Walter hob sein Bier, prostete einem imaginären Partner zu und beglückwünschte sich.

Ein Windstoß erfasste den Hut auf Ambers Kopf. Sie konnte ihn gerade noch festhalten. Sie hatte keine Lust, ihn zu verlieren. Mit ihrem dichten Haar war ihr Kopfumfang beträchtlich und coole Hüte für Frauen zu finden eine Herausforderung. Sie mochte keine Schleifen, Blümchen und überhaupt keinen Firlefanz. Baseballkappen fand Amber sterbenslangweilig. In einem Brisbaner Shop hatte sie endlich ihre ultimative

Kopfbedeckung gefunden, einen australischen Farmerhut aus luftigem Stoff mit breiter, weicher Lederkrempe, der sowohl bequem, nützlich und auch nice genug für ihren Geschmack war. Keinen Sonnenschutz zu tragen, rächte sich bei ihr tagelang mit Kopfschmerzen und juckender Haut.

Amber hob die Sonnenbrille und blinzelte zu ihrer Mutter. Diese hatte trotz der blonden Haare offensichtlich keine Probleme mit der australischen Sonne. Im Gegenteil: Das besondere Licht von Down Under brachte ihren oliv-goldenen Teint erst richtig zum Schimmern. Kein Wunder, dass ihre Maman immer in der Wärme ihr Glück gesucht hatte. Südfrankreich, Marokko, Ägypten waren jedoch nur Fluchten und Umwege gewesen. Australien war immer ihre Heimat und ihr Klima gewesen. Das hatte sie leider erst bei Trudes Tod erkannt, hatte Meilin Amber anvertraut, als sie nebeneinander her schlenderten.

„Wenn ich auf meine Stimme gehört hätte, hätte ich es schon immer gewusst“, ergänzte Meilin. *„Als du zwei warst, wollte ich mit dir in Australien bleiben. Wir haben Trude zu ihrem Achtzigsten besucht. Ich war mir sicher, dass Walter es ohne dich schon irgendwie schaffen würde. Du warst ja erst zwei. Und er wäre frei gewesen für eine neue Partnerin oder andere Kinder. Ich habe damals schon gewusst, dass ich keine weiteren Kinder wollte. Ich liebe dich sehr, Amber. Aber ich war einfach nicht geschaffen für dieses Mutterding!“*

Amber lauschte, hielt jedoch inne, um mit den Zehen in den winzigen Löchern im nassen Sand zu scharren. Sie brachte die

Löcher und die unzähligen Sandkügelchen in Zusammenhang und fragte sich, ob wohl Würmer oder Minimistkäfer am Werke waren.

„Haben wir dir je erzählt, dass du beinahe an einem Quallenstich gestorben wärest?“, fragte nun Meilin. Amber hob den Kopf und sah ihre Mutter an. *„Äh, nein! Wie das?“*, brannte es Amber nun zu wissen, was passiert war.

„Nach Trudys Geburtstagsfeier sind wir – Papa, du und ich – von Darwin Richtung Süden gefahren, um die Gegend um Broome kennenzulernen. Du hast einen giftigen Jellyfish berührt, ein Glibberding, wie du es genannt hast. Danach hast du vier Tage in Lebensgefahr geschwebt. Es war eine Fahrt durch die Hölle und wieder zurück. Wir haben dich beinahe verloren! Ich habe begriffen, was es heißt, Eltern zu sein. Und so seltsam es tönt: Ich habe an dem Morgen, als ich ihm die Nachricht überbrachte, das du über dem Berg warst, verstanden, wie sehr du auch seine Tochter bist. Wie hätte ich dich ihm danach ‚wegnehmen‘ können? So sind wir zu dritt zurück in die Schweiz.“

Was danach kam, wusste Amber zu genau. Die Zeit der schwarzen Wolken, die Meilins Gemüt verdunkelten. An den Suizid wurde Amber nicht gerne erinnert. Bei Amber fiel ein Groschen: Meilin war ausschließlich Walter und Amber zuliebe nach Europa zurückgekehrt und hatte das Wohl von Tochter und Vater über ihre eigenen Bedürfnisse gestellt. Wie hätte sie als Mutter entschieden? Sie wusste es nicht. Richtig und falsch ist zu einfach.

„Gibst du mir noch einmal eine Chance, Amber? Ich möchte eine echte Beziehung, offene Kommunikation mit dir! Weißt du, als ich es das ‚Mutterding' nannte, meinte ich auch den Fluch, der auf uns Frauen in der Ahnenlinie liegt. Es hat durch alle Generationen immer Gräben gegeben zwischen uns Müttern und Töchtern. Trude ist ohne Mutter aufgewachsen, ihre Mutter Marthe ist bei der Geburt gestorben. Annie hat es mit Trudy nicht richtig gekonnt. Ich fand Mom in der Kombination mit meinem Dad zum Davonlaufen bieder. Ich glaubte, dass nur Flucht als Lösung in Frage kam, der Übermacht der beiden zu entkommen."

Meilin machte eine Pause. Sie beobachtete zwei Möwen, die sich in der Luft um einen Happen stritten. Ein Fisch? Ein Stück Brot, das die eine am Strand ergattert hatte? Als das Streitobjekt zwischen den Schnäbeln ins Wasser fiel, fuhr Meilin fort. *„Doch heute weiß ich, dass Davonlaufen keine gute Strategie ist. Ich habe gelernt, mich den Menschen, wie sie sich präsentieren, zu stellen. Vor allem habe ich verstanden, dass ich bei mir selber anfangen muss, mein Naturell, so, wie es sich präsentiert, zu erforschen und anzunehmen. Wahrscheinlich bin ich immer mehr auf Frauen gestanden. Ich fand Frauenkörper schon immer sehr erotisch. Nathalie hat mich gelehrt, was es bedeutet, wie befreiend es ist, radikal hinzuschauen und zu seiner eigenen Wahrheit zu stehen. Seit ich meine Schatten anschaue, seit ich in aller Konsequenz zu meinen Bedürfnissen stehe, bürde ich mir nicht mehr auf, was nicht zu mir gehört. Es ist viel Ballast abgefallen. Je klarer ich* *mit mir selber bin, desto mehr klären sich die Beziehungen zu anderen Menschen. Wer wichtig ist, hält die Ehrlichkeit aus. Was nicht Bestand hat, fällt wie welkes Laub ab. So habe ich auch deine Großmutter, meine Mom Annie wiedergefunden. Wir haben uns geschliffen aneinander. Ich verbringe jetzt sehr gerne Zeit mit ihr und möchte sie durch die Trauer nach Dads Tod begleiten. Bitte sei aufrichtig mit mir! Schone mich nicht! Lass uns miteinander an unserer Mutter-Tochter-Beziehung arbeiten, dranbleiben! Das schaffen wir! Mit den digitalen Möglichkeiten packen wir es auch über Kontinente hinweg!"*

Amber nickte, ging in die Hocke, streifte sich die Ärmel zurück, raffte den Stoff über die Knie zu einem Bündel und pulte nun mit dem rechten Zeigefinger in einem Loch. Meilin kauerte sich neben ihre Tochter und runzelte die Stirn.

„Hast du mir überhaupt zugehört, Amber? Und was stocherst du da im Sand herum?"

„Hmh, Maman, ich habe dich verstanden. Ich weiß nicht, was ich darauf antworten soll. Ist grad alles eine große Nummer. Lass mir Zeit."

Amber hob nun mit der ganzen Hand Sand aus.

„Und ich möchte herausfinden, welche Viecher diese Löcher buddeln!"

Meilin huschte ein Lächeln übers Gesicht. Sie wollte gerade ihrer Tochter erklären, dass Minikrabben auf Nahrungssuche die Löcher gruben und dabei Sandkügelchen formten, als es Amber entfuhr: *„Und ich habe mich in einen knapp zwanzig Jahre älteren Mann verliebt."*

2004 – Samstag, 19. Juni: Über die Brücke

Niklaus Hug überquerte den Bahnhofplatz und hielt bei der Ampel. Ein doppelstöckiger, weißer Bus mit dem pinkfarbenen Schriftzug *„Mit Siegenthaler reisen Sie sicher"* drückte sich am wartenden Passantenstrom vor dem Fußgängerstreifen vorbei. Erschöpfung stand in den asiatischen Gesichtern hinter den Scheiben. Niklaus war sich nicht sicher, ob sich die Reisegruppe aus Koreanern oder Taiwanesen zusammensetzte, Japaner schloss er auf jeden Fall aus. Einer schlief mit offenem Mund an die Scheibe gelehnt und verschwand aus seinem Blickfeld, als der Bus um die Kurve bog.

In wenigen Schritten würde er beim vereinbarten Ort sein. Er hoffte inständig, dass Amber noch nicht auf ihn wartete und er die halbe Stunde, die er zu früh dran war, noch für sich hatte, um sich zu sortieren. Im Schnellzug von Zürich nach Luzern, in dem er sich Zeit erhofft hatte, um sich in Ruhe auf das Treffen vorzubereiten, hatte ihn eine ältere Frau in Beschlag genommen. Er brauchte jetzt dringend frische Luft und ein paar Schritte Bewegung, um seinen Pulsschlag zu beruhigen. Er hatte seine Frau Nadja angelogen. Sie hatte gesagt: *„Ja klar, mach dir einen schönen Samstag in Luzern mit deinem ehemaligen Schulkollegen. Sei einfach um acht zurück. Ich wäre froh, wenn du mir hilfst, die Jungs ins Bett zu bringen, wenn Hanni und Lorenz zum Spieleabend kommen. Ich mache*

Lachsforelle zum Znacht.“ Und sie hatte ihm in der Tür einen Kuss auf den Mund gedrückt – Max mit Schnuller im Mund auf dem Arm.

Niklaus knetete seine Lippen. Die letzten neun Monate waren ein Alptraum gewesen. Und heute musste der ein Ende finden! Er schloss den Reißverschluss und stellte den Kragen seiner dunkelgrünen Softshelljacke auf. Für Juni war es empfindlich kühl. Die Meteorologen hatten alle Hoffnung auf Sonne zunichtegemacht. Das Wochenende würde bedeckt und bei frischen zwölf Grad bleiben. Solange es nicht regnete. Für den Grillausflug mit den Freunden und den Kindern würde das reichen. Nadja hatte gerne Leute um sich und verplante, seit sie mit den beiden Jungs zu Hause war, jedes freie Wochenende. Manchmal wäre ein arbeitsfreier Sonntag ohne volle Bude allerdings mal wieder schön. Oder einfach wieder einmal mit Nadja alleine im Bett kuscheln, in den Sonntag hineinschlafen, ohne Kinderfüße im Gesicht zu erwachen. Er würde seine beiden Racker um nichts mehr in der Welt hergeben! Aber manchmal würde er sie gerne irgendwo parken, um durchzuatmen.

„Ich werde heute Abend Hanni fragen, ob sie Max und Sam an einem der kommenden Wochenenden nehmen. Nadja und ich müssen unbedingt wieder einmal Zeit für uns haben!“, beschloss Niklaus, als er zügig unter der Baumallee voranschritt und aufpassen musste, die entgegenkommenden oder zum Fotografieren stehen gebliebenen Touristen nicht anzurempeln. Das Laub an den Kastanien war schon wieder in kräftigem Grün erstarkt. An Sonnentagen waren es bestimmt beliebte

Schattenplätze. Doch für Niklaus wirkte das Blätterdach wie ein Deckel, der auf seinen Kopf drückte und ihn beim Denken behinderte. Wenn er zu viel gearbeitet hatte oder aufgewühlt war, seine Gedanken ordnen musste, brauchte sein Kopf Freiraum und Weite. Er hielt es dann kaum in geschlossenen Räumen aus. Sein Vorschlag, Teamgespräche auf dem Pausenplatz oder bei einem Spaziergang abzuhalten, wurde wegen zu komplizierter Umsetzung abgelehnt. Er setzte sich in einem Biergarten nie unter einen Sonnenschirm. Sogar das war ihm zu eng. Lieber zog er sich eine Mütze und Sonnenbrille auf. Nadja war die Einzige, die seinen Spleen kannte. *„Ach Nadja, ich möchte das hier alles gar nicht!"*

Niklaus schaute auf die Armbanduhr und machte sich auf den Weg zum Treffpunkt. Gut. Er schritt weiter der Reuss entlang, am Treffpunkt vorbei zu einer baumfreien Stelle, wo er sich ans Eisengeländer lehnte und den Möwen im Sturzflug zuschaute. Seit letztem Sommer hatte er fünf Kilo verloren. Er griff in die Jackentasche, zog einen Proteinriegel heraus, riss die Verpackung weg und zwang sich, den Hafer-Nuss-Cranberry-Stängel zu essen. Kollegen hatten ihm, als sie ihn auf seine schlackernden Hosen angesprochen hatten, geglaubt, dass ihm das Arbeitspensum, die Umstellung des Lehrplans und seine Doppelbelastung als Vater, die er sehr ernst nahm, an die Substanz gingen. Nadja hatte ihm öfter nahegelegt, seine Engagements an den Nagel zu hängen. Es müsse schließlich nicht sein, dass unbedingt er die Welt mitretten musste. Es genüge, wenn er die Welt seiner Familie in Ordnung brächte. Niklaus fröstelte. Wahrscheinlich hatte der Hitzesommer letztes

Jahr sein ganzes Pulver verschossen und hatte für 2004 keine Energie mehr übrig. Letztes Jahr hatte es von Juni bis September nicht geregnet, die Temperaturen waren an Spitzentagen über 40 Grad geklettert. In der Schweiz. Vor den Geburten der Jungs war er mit Nadja oft im Rhein schwimmen gegangen. Sie hatten es geliebt, sich von Rheinau nach Eglisau in der Strömung hinuntertreiben zu lassen. Im Sommer 2003 war der Wasserstand so niedrig, dass sie fast trockenen Fußes vom Schweizer zum deutschen Ufer gehen konnten. Nie mehr aus dem Kopf würde er den Anblick der zappelnden Fische bringen, die in den lauwarmen Pfützen, die keinen Zu- und Abfluss mehr hatten, in der Hitze verendeten. Damals hatten erstmals auch die Boulevardmedien Klimaerwärmung in die Schlagzeile aufgenommen. Jetzt, ein Jahr später, war mit diesem kalten Vorsommer der Hype verflogen. Niklaus hoffte, dass auch seine Hitze, die Amber bei ihm auslöste, bald verpuffen würde. Was mit den bisherigen Strategien nicht funktionierte, sollte heute mit der Aussprache endlich gelingen.

Er hatte sich nach den Sommerferien auf die neue Klasse gefreut. Nach fünf Wochen Familienzeit, die sie in ständiger Flucht vor der Hitze in Schwimmbädern, in Wäldern und auf einer Alm verbracht hatten, war sein Bedarf an Planschen, Wickeln, Holzschwerterschnitzen gedeckt. Er freute sich auf seinen ruhigen Arbeitsplatz im Lehrerzimmer, wo jeder den anderen respektierte, wenn er in eine Arbeit versunken war, wo ihn niemand nach einem Schnuller, etwas zu essen oder Bespaßung anbettelte. Er freute sich auf stille Lektüre seiner Franzosen, wie er die klassischen Romanciers und französischen

Autoren der Neuzeit nannte. Er liebte die schier unerschöpflichen Möglichkeiten, im Internet nach Wissen zu forschen. Er lobte dieses Werkzeug, um den vorgegebenen Lehrplan mit Stoff aus der zeitgenössischen Politik anzureichern. Immer, wenn es ihm gelang, seinen Schülern Zusammenhänge zwischen Geschichte und der Gegenwart zu vermitteln, wenn er in Einzelnen Betroffenheit, gar Begeisterung wachkitzeln konnte, die sich in reger Beteiligung und einem Feuer in den jugendlichen Augen zeigte, machte ihn das glücklich. Dann wusste er, dass er den richtigen Beruf gewählt hatte.

Dann der erste Schultag. Es war ihm widersinnig vorgekommen, bei Tag die Deckenlampen anzuzünden. Doch die Jalousien mussten heruntergelassen bleiben, so hatten sie es im Kollegium vereinbart, um die Hitze aus den Schulräumen, die aufgrund der Lage schon ab acht Uhr morgens besonnt wurden, auszusperren. In seinem Rücken stand auf der Tafel in Großbuchstaben *Willkommen* und er hatte die Arbeitsblätter – Einführung in die Kolonialzeit – auf dem Pult sortiert gestapelt, der Hellraumprojektor war installiert. Zwanzig steife, gefaltete Kartonschilder, die die neuen Schüler mit ihren Namen beschriften sollten, standen aufeinandergestapelt wie eine jungfräuliche Tobleronetafel.

Er war bestens vorbereitet, hatte sich vorgenommen, die neuen Schüler erst ankommen zu lassen. Eine Vorstellungsrunde vielleicht, über Ferien und Freizeit erzählen lassen und dann langsam zum Geschichtsthema überleiten. Auf die Frage, mit welchen Kolonialwaren sie tagtäglich zu tun hatten, wussten die meisten eine Antwort. Neben der Schaubildtafel

Afrikas war ein Thermometer gehangen und hatte kurz vor acht bereits 25 Grad im Klassenraum angezeigt. Niklaus hatte das Hemd so früh schon am Rücken geklebt. Als er die Türklinke und Stimmen auf dem Gang vernommen hatte, hatte er sich noch einmal kurz im Raum umgesehen und ein Lächeln aufgesetzt. Sein Herz hatte vor Vorfreude leise gepocht.

Amber war damals als Erste durch die Tür getreten, sie hatte ihren Kopf Maya zugewandt, die einen Schritt hinter ihr gestanden war. Die beiden jungen Frauen hatten gerade über etwas gelacht, als Amber ihm den Kopf zudrehte und ihre weißen Zähne zwischen den Lippen aufblitzten. Eine rote Strähne war ihr auf der Wange kleben geblieben, die gesprenkelt war von Sommersprossen. Sie hatte die freie Hand gehoben, die Haare aus dem Gesicht gestrichen und ihn angestrahlt. Für einen kurzen Augenblick hatten ihre grünen Augen seine gestreift. Er war elektrisiert gewesen. Wie hatte er über den dichten Wimpernkranz, der das feenhafte Grün umrahmt hatte, gestaunt. Zum Glück war ihm nicht die Kinnlade heruntergefallen, zum Glück hatte er schnell die Besinnung wiedergefunden und sich erinnert, dass er Lehrer an einem Zürcher Gymnasium war und in wenigen Minuten zwanzig neue Schüler zu unterrichten hatte. Amber hatte sich in die zweitvorderste Reihe neben ihre Freundin Maya gesetzt. Bis die restlichen Schüler Platz genommen hatten und der letzte die Tür hinter sich geschlossen hatte, hatten die zwei munter weitergetratscht. Amber hatte immer wieder zu ihm hingeschielt. Und ihm hatte das Herz bis zum Hals geschlagen. Es war nicht nur die Sommerhitze gewesen, die in seinen Blutgefäßen wallte.

So etwas hatte er noch nie in seinem ganzen 37-jährigen Leben erlebt. Er hatte vor Nadja einige Liebeleien und eine feste Beziehung gehabt. Bei den kurzen Affären hatte etwas Alkohol, eine Tanzparty oder eine gemeinsame Skitour den Kickstart gegeben. Wie bei Nadja war aber auch bei den anderen Freundinnen erst eine wochenlange Aufwärmphase mit nächtelangen Gesprächen, Kino- und Konzertbesuchen vorausgegangen, bis sie miteinander geschlafen hatten – und er sich verliebt hatte. In der Reihenfolge. Nadja war eine treue Freundin, eine seelengute Gefährtin. Sie waren ein eingespieltes Team. Jeder konnte sich auf den anderen verlassen. Und er mochte sie gerne. Seit elf Jahren. Und er hatte nie im Sinn gehabt, etwas daran zu ändern.

Und dann war am 18. August 2003 Amber in sein makellos funktionierendes Leben getreten. Sie war wie durch eine magische Tür in sein innerstes, heiligstes Betriebssystem eingedrungen, das bisher hermetisch abgeriegelt war, hatte auf ein paar Knöpfen seines Bordcomputers herumgedrückt und ihn völlig aus dem Konzept gebracht. Er hatte sich Knall auf Fall in dieses Mädchen verliebt und wusste gleichzeitig, dass es das Falscheste und Blödeste war, was er nur tun konnte. Er schämte und verachtete sich deswegen zutiefst.

Die erste Strategie war gewesen, die Erregung einfach zu ignorieren. Die Pubertät mit ihren Anwandlungen und Wallungen hatte er schließlich auch erfolgreich überlebt. Jeden Freitag klopfte er sich auf die Schultern, weil er den Unterricht ohne Stottern und Verhaspeln überstanden hatte. Über das Wochenende gelang es ihm, dank der Zerstreuung durch seine Familie, die junge Frau zu verdrängen. Doch am Montag ging der Eiertanz von vorne los. Als ihn Amber im Traum heimsuchte und sie ihm nachts den Schlaf raubte, zog er eine zweite Strategie in Erwägung. Wenn er bei Amber unangebrachtes Verhalten nachweisen könnte, könnte er sie in eine andere Klasse versetzen oder die Probezeit nicht bestehen lassen. Lehrer Hug brütete über der Schulordnung und musste sich schließlich eingestehen, dass Kichern und gelegentliches Abschreiben während des Unterrichts für sein Manöver nicht ausreichten. An ihren guten Noten konnte er nicht herumschrauben. Ihre Zensuren lagen zu eindeutig über der kritischen Grenze, um sie für eine Zurückstufung zu manipulieren.

Er hatte die Herbstferien herbeigesehnt. Durch die Distanz würde bestimmt Ruhe in sein System einkehren. Doch während er mit Nadja und den Jungs im Engadin durch den Nationalpark wanderte, mit dem Fernglas die Felswände nach Steinböcken und Murmeltieren absuchte, ertappte er sich, wie er seine Schülerin vermisste: ihre grünen Augen, das alberne Kichern, ihre klugen Antworten, ihr dezenter Duft, den er sich im Vorbeigehen einzuprägen versuchte und den er am liebsten in einem Marmeladenglas eingefangen hätte, wie ein Schmetterlingsforscher sein flüchtiges, kostbares Objekt. Er konnte nicht einordnen, wonach sie roch. Sie benutzte keines dieser billigen Deos, mit denen ihre Altersgenossinnen die Umkleidekabinen der Turnhallen und Schulzimmer verpesteten. Sie verströmte etwas Klares, Unaufdringliches, Herbes, wie frisch getrocknetes Heu. Und doch wieder nicht. Er hatte den Duft in der Nase, er kam ihm bekannt vor. Es gab eine Pflanze, die wie Amber roch, doch der Name wollte ihm einfach nicht einfallen. Als er im Laden des Heimatmuseums an allen handgeschöpften Seifen – Bergfrühling, Arnika, Wilder Thymian, Kamille – schnupperte und Nadja ihn amüsiert an die Schulter tippte, überzogen sich seine Wangen blitzschnell mit verräterischem Rot. Wie früher am Bahnhofskiosk, als er über Dr. Sommers Seiten die Zeit vergessen hatte und die Verkäuferin von ihm wissen wollte, ob er die *Bravo* nun kaufen wolle oder nicht, denn sonst möge er sie bitteschön wieder zurücklegen.

„Was ist nur mit dir los?", lachte Nadja und hielt ihm zwei geschnitzte Tiere unter die Nase. *„Sollen wir die Ziegen kaufen? Wir könnten ja von allen Wanderferien ein Holztier mitbringen und den Stall der Buben ergänzen. Was meinsch?"*

Niklaus streckte seinen Rücken durch und öffnete den Reißverschluss seiner Softshelljacke. Es war ihm warm. Ja, natürlich. Er wollte nichts lieber als das, als mit den kleinen Kerlen den Tierpark ausbauen. Von ihm aus sollten die handgefertigten Kühe und Pferde, die gedrechselten Holzfiguren, die die Knaben Heidi und Geißenpeter nannten, geschnitzte Nachkommen bekommen, so viel sie wollten. Platz war genug auf dem Wohnzimmerboden für den stetig wachsenden Zoo. Da schoss ihm ein rettender Gedanke durch den Kopf. Strategie Nummer drei. Überraschend packte er Nadja an beiden Handgelenken, zog sie an sich und drückte ihr einen steifen Kuss auf den Mund. Danach wanderte er mit den Lippen zu ihrem Ohr und raunte: *„Ich habe gerade über uns nachgedacht. Unsere Racker hätten vielleicht Freude an einem Geschwisterchen. Ich fände es schön, noch ein Mädchen im Haus* *zu haben. Eine kleine Pippi Langstrumpf oder von mir aus auch eine rosa Prinzessin. Sollen wir uns heute Nacht eine kleine Tochter machen?"*

Als Nadja sich löste, hatte sie ein breites Grinsen auf ihrem Gesicht. Sie galoppierte mit einer der hölzernen Ziegen über seine Brust, über die rechte Schulter zum Ohr und meckerte leise mit dem hölzernen Kopf in die Muschel: *„Mähä! Und wenn es ein Junge wird?!?"*

Max und Sam schliefen am Abend selig in ihren Bettchen in der mit Arvenholz getäferten Kammer. Niklaus lag auf dem Rücken und Nadja kuschelte sich nahe an ihn heran, zog die rot-weiß karierte Decke über ihre Schultern. Es war nachts in den Bergen kühl. Nadja fuhr mit ihren Fingernägeln über Niklaus' glatten Brustkorb und flüsterte: *„Törnen dich neuerdings Seifen an? Das ist ja ganz was Neues! Darum hattest du so glühende Wangen. Erzähl mal, was hattest du denn für Fantasien im Laden?"* Niklaus seufzte. *„Psst. Ich möchte die Jungs nicht wecken."* Er drehte sich zu ihr um und küsste sie, um sich in Fahrt und sie zum Schweigen zu bringen. Als er später gekommen war, hatte er Ambers grüne Augen in seinem Kopf aufblitzen sehen.

Nach den Ferien setzte Nadjas Blutung pünktlich ein. Auf ihren Zyklus war Verlass wie auf eine Bahnhofsuhr. Niklaus las die SMS-Nachricht, die Nadja mit einem traurigen Smiley abschloss, während der Zehnuhrpause im Lehrerzimmer. Die Kaffeetasse knallte etwas zu heftig auf den Unterteller, als er sie erleichtert absetzte, bekräftigte aber seinen soeben gefassten Entschluss. Es war höchste Zeit, seiner Frau reinen

Wein einzuschenken. Er nahm sich vor, mit ihr am Abend zu reden. Sie würde die Schwärmerei wahrscheinlich gar nicht so dramatisch finden, es war ja nie etwas vorgefallen und sie würde ihn mit seiner verfrühten Midlife-Crisis aufziehen. Er würde erleichtert darüber sein, endlich mit jemandem, mit seiner Frau, reden zu können, dem Spuk ein Ende zu setzen und in ihr Gelächter einzusteigen. Im Idealfall würde das Geständnis ihrer Ehe sogar neue Vertrautheit schenken und sich zu einem Running Gag zwischen ihnen beiden entwickeln. Die vierte Strategie.

Nach dem Läuten stürmten die Schüler meistens aus dem Klassenzimmer. Darin unterschieden sich Gymnasiasten nicht von Primarschülern. Der Freiheits- und Bewegungsdrang liegt dem Menschen in den Genen. Wenn er zu lange eingesperrt ist oder still sitzen muss, ergreift er bei der erstbesten Gelegenheit die Flucht. Es gibt aber immer einzelne Schüler, die zurückblieben. Es waren die Schlendriane, die Gemobbten, die Streber oder Schleimer, die nach Schulschluss in den Schulbänken klebten, weil sie keine Eile, kein Ziel hatten oder den Schutz oder die Gunst des Lehrers suchten. Amber war nie bei den Letzten. Niklaus kannte inzwischen alle ihre Gewohnheiten, hätte sie aus dem Kopf frei niederschreiben können. Amber war ein Herdentier, mittendrin. Nie die Erste. Aber auch nie bei den Abgehängten. Jetzt blieb sie auf ihrem Stuhl sitzen, räumte in Zeitlupe Hefte, Bücher und das Etui in die Mappe, wartete, bis der letzte Schulkollege aus der Tür verschwunden war. Sie trug zu Jeans einen oliv-grünen Rollkragenpullover, der am Ärmelsaum etwas ausgefranst war. Langsam erhob sie sich, griff zur Jeansjacke, die über der Stuhllehne hing, warf sie sich über eine Schulter, krallte mit der anderen Hand die Schulmappe vor dem Bauch. Niklaus' Atem stockte, als Amber auf ihn zutrat, statt den Ausgang zu nehmen. Er schrieb die Notiz für die Folgelektion fertig und legte den Faserschreiber aufs Pult. Weil seine Hände innerhalb von Sekunden abkühlten und verräterisch zu zucken begannen, fing er an, sie wie besessen zu kneten.

„Amber?“, fragte er mit belegter Stimme und rief alle Instanzen in sich zusammen, autoritär zu wirken und ein entspanntes Lächeln zustande zu bringen, als die Schülerin an seinen Schreibtisch trat. Sie griff in die Schultasche und hielt ihrem Lehrer ein Kuvert aus Recyclingpapier entgegen. Der Brief zitterte in der Schwebe zwischen ihrer und seiner Hand, die er zum Empfang entgegenstreckte. Er starrte auf den grünen Wollfaden, der sich aus ihrem Pulloverbündchen gelöst hatte, als er den Umschlag entgegennahm.

„Ich habe Ihnen ein paar Zeilen geschrieben, weil mich etwas umtreibt. Darf ich Sie bitten, es für sich zu behalten und mir irgendwann eine Antwort zu geben?“, auch Ambers Stimme tönte wie von Schleifpapier aufgeraut. *„Hhm, ja, ähm, ja sicher“*, stockte Niklaus. *„Soll ich ihn jetzt lesen? Willst du warten? Ich habe noch eine halbe Stunde Zeit? Danach muss ich nach Hause.“* Die Sätze strengten ihn an. *„Ach nein, lieber nicht“*, beeilte sich Amber zu sagen, streifte ihre Jeansjacke über. Als sie das Lockenmeer aus dem Kragen befreite, schenkte sie dem Lehrer ein verlegenes Lächeln. Danach verabschiedete sie sich hastig und machte auf dem Absatz kehrt.

Das Quietschen der Gummisohle ihrer Sneaker hallte auf dem Gang nach. Als er Dicke und Haptik des verschlossenen Umschlages, auf dem mit der schwungvollen Handschrift, die ihm so vertraut war, schlicht *„Herr Hug“* stand, mit den Fingern abtastete, knarzte das Papier. Sein Herz galoppierte. Er hob den Umschlag zur Nase. Er roch nach Papier. Er verdrehte die Augen, schmiss den Brief auf seine Notizen, stand schwer schnaufend auf. Mit wenigen Schritten war er beim Waschbecken, hielt den Kopf unter den kühlen Strahl, wischte mit beiden Händen über seine Wangen und rieb die brennenden Augen trocken. Der Kloß im Hals ließ sich nicht so leicht wegspülen. Danach schloss er die Tür des Klassenzimmers.

Er bedauerte, dass er sie nicht mit einem Schlüssel verriegeln konnte. Am geöffneten Fenster stehend, schweiften seine Blicke über den verlassenen Pausenplatz, der im Nieselregen und in der einsetzenden Abenddämmerung finster wirkte. Er ließ die einströmende Novemberluft seine Gedanken kühlen. Dann schloss er das Fenster und setzte sich zurück an seinen Arbeitsplatz, schnappte sich den Umschlag und schlitzte ihn mit dem rechten Zeigefinger auf. Beim Entfalten des weißen Papiers erhaschte seine Nase Ambers Note, die sich aber sofort verflüchtigte, als die zwei handbeschriebenen, linierten Seiten ausgebreitet und verletzlich auf seinem Pult lagen. Er hatte sie zum Lesen niederlegen müssen. Er war nicht imstande gewesen, seine Hände ruhig zu halten.

Zürich, 12. November 2003

Grüezi Herr Hug!

„Man braucht vor niemand Angst zu haben. Wenn man jemanden fürchtet, dann kommt es daher, dass man diesem Jemand Macht über sich eingeräumt hat." (Hermann Hesse)

Sie ermuntern uns Schüler, für unsere persönlichen, sozialen und globalen Anliegen einzustehen und den Mut zu finden, Missstände anzusprechen. Denn nur in der authentischen Kommunikation könne Entwicklung stattfinden. Ich schreibe Ihnen heute, weil es mir leichter fällt, schriftlich in Worte zu fassen, was mich umtreibt. Ich habe Angst, mich im direkten Gespräch zu verhaspeln, in Nichtigkeiten zu verlieren oder falsch verstanden zu werden.

Ich mag Ihren Unterricht. Es gefällt mir, wie Sie uns für verstaubte Epochen begeistern können. Naja, begeistern weniger. Eher wachrütteln. Ich bringe die Bilder aus dem 19. Jahrhundert, der jungen Männer und Frauen aus Sansibar, die in wenige Lumpen gekleidet, mit Halsringen aneinandergekettet sind und auf die Verschiffung nach Amerika warten, nicht mehr aus dem Kopf. Es empört mich heute so sehr, dass unser Wohlstand auf Kosten anderer Kulturen erwachsen ist. Mein Vater hat mich in den letzten Jahren mit seiner moralischen Keule zu Tode gelangweilt. Doch heute, jetzt, da ich verstehe, wie und wann die Wirtschaft und die Globalisierung ins Rollen kamen, kann ich nicht anders, als mich auch zu regen und mehr in Erfahrung zu bringen.

Aber darüber wollte ich eigentlich gar nicht schreiben. Das, was ich eigentlich endlich loswerden möchte, ist:

Sie machen mich nervös! Ich spüre, wie Sie mich heimlich beobachten, wie Ihre Augen auf mir ruhen, wenn wir eine

Klassenarbeit schreiben. Es ist mir nicht unangenehm. Es verwirrt mich. Manchmal ignorieren Sie mich, stehen wie eine hölzerne Plastik vor der Klasse, nehmen die Antworten der Mitschüler entgegen und beachten meine Wortmeldung nicht. Ich weiß nie, woran ich bei Ihnen bin.

Mit dem Zitat von Hesse habe ich endlich die Worte gefunden, die mein Umgetriebensein seit dem Sommer umschreiben. Ich habe nicht Angst vor Ihnen, aber sie üben Macht über mein Denken und über meine Gefühle aus. Ich fantasiere beim Einschlafen von Ihnen, ich tagträume beim Tramfahren oder meine Blicke streifen beim Bummeln durch die Stadt über Menschengesichter, mein Puls beschleunigt sich, weil ich befürchte und gleichzeitig herbeisehne, Ihnen an einer Straßenecke über den Weg zu laufen. Ich habe Herzrasen, wenn ich das Klassenzimmer betrete. Wird er mich heute beachten? Wird er mich heute links liegen lassen? Dann stelle ich mich neben mich und betrachte die mir fremd gewordene junge Erwachsene, die sich wie eine Zwölfjährige aufführt und ihr Popsternchen anhimmelt.

Ich sage es geradeheraus: Ich habe mich bodenlos in Sie verliebt.

Und ich wünschte, es würde einfach wieder aufhören. Das Lieben. Das Gefühl soll dahin zurück, wo es hergekommen ist. Es macht überhaupt keinen Sinn. Denn unsere Rollen sind klar verteilt. Ich möchte die Macht über mich zurückgewinnen und mich nicht mehr so haltlos wie ein loses Blatt im Wind fühlen. Können wir reden und dem Spuk ein Ende setzen und zur Normalität zurückkehren?

Niklaus stützte beim Lesen seinen Kopf auf die Hände. Die Fäuste bohrten sich in die Backen. Als ihn das Muskelfleisch im Mundraum unter dem Druck an den Wangenknochen schmerzte, veränderte er die Position. Es tropfte etwas bei der Bewegung auf das Papier. Weinte er? Er fuhr sich mit dem Handrücken über die Augen. Tatsächlich. Er tupfte mit dem Pulli den Tropfen auf dem Brief ab, holte den zweiten Papierbogen darunter hervor und las weiter.

Mir hilft es, mich zu ordnen und den Kopf frei zu bekommen, wenn ich auf der alten Gitarre meines Vaters klimpere oder Musik höre. Mich hat ‚A Moon over Bourbon Street' elektrisiert. Sting singt von der Ungeheuerlichkeit und von der Ungebühr meiner Gefühle, als hätte er das Lied für mich geschrieben.

Vor zwei Wochen bin ich, weil ich nicht schlafen konnte, um drei aufgestanden, habe mich aus dem Haus geschlichen und bin durch die nächtlichen Quartiere gestreunt. Die Musik vom Discman hat mir vermeintlichen Schutz geboten. Sie hat mir die Angst vor der Nacht und vor dubiosen Gestalten genommen. In den Außenquartieren beleuchteten spärliche Lampen die Gassen. Ich habe mich außerhalb des Lichtkegels einer Laterne in die Thujahecke auf der anderen Straßenseite Ihrer Adresse gedrückt. Alle Fenster waren schwarz. Ich weiß nicht, was ich da wollte. Nachsehen, ob Sie schlafen? Oder wach liegen wie ich? Ich habe keine bösen Absichten, möchte niemandem schaden. Keine Familie zerstören. Wie unselig es ist, mit Eltern auf ‚verschiedenen

Planeten' zu leben, kann niemand besser beurteilen als ich. Ich kann aber auch nichts dafür, dass mich die Liebe zu Ihnen so umhaut und in Beschlag nimmt. Ich habe es nicht gesucht. Die Liebe hat mich angeschlichen wie eine Krankheit. Ich habe nur noch kein Heilmittel gefunden. Vielleicht ist es wie bei einer hartnäckigen Grippe einfach eine Frage der Zeit. Doch ich habe jetzt genug von Abwarten und Teetrinken. Ich nehme Sie beim Wort, packe den Stier bei den Hörnern und lege mein Innerstes auf den Tisch. Was ich mir davon erhoffe? Ich weiß es nicht. Vielleicht am ehesten, dass Fluch und Schwere weichen, wenn ich es teile?

Ich wünschte, wir könnten einfach darüber reden. So, wie man einen Kinofilm bespricht, Schwamm drüber und zurück zum daily Business!

Amber

Sie hatten geredet. Ein paar Tage später hatte Niklaus sie gebeten, nach der Stunde zu bleiben. Blöderweise hatte er davor den Brief Ambers Vater gezeigt. Er konnte später nicht nachvollziehen, warum es ihn dazu getrieben hat, seinen Kollegen anzurufen und ins Vertrauen zu ziehen. Hatte er von Walter eine autoritäre Schelte erhofft, die ihn wieder in den Senkel stellte, die ihm die Vernunft zurück ins Hirn und das Flattern aus dem Herzen hätte prügeln können? Doch wie hätte er von Walter, der durch und durch ein Softie war, preußische Zucht und Ordnung, diese autoritäre Instanz, die er selber nicht in sich hatte, erwarten können? Walter hatte ihn nur gebeten,

Amber nicht zu verletzen, aber schon dafür zu sorgen, dass zwischen Lehrer und Schülerin wieder Nüchternheit und Distanz hergestellt wurden.

Amber hatte am Gruppenarbeitstisch Platz genommen und abgewartet. Sie hatte gefasst gewirkt, hatte den Gesichtsausdruck einer Schülerin, die wusste, dass sie nicht versetzt wurde. Er hatte sich ihr gegenüber, zwei Tischbreiten zwischen ihnen, auf einen Stuhl gesetzt und hatte eine Weile Belangloses gestammelt, bis er die Fassung und den Einstieg gefunden hatte. Wer hatte nun Macht über wen, hatte er sich noch gedacht.

Niklaus dankte ihr für das Vertrauen und die Offenheit, drückte sein Geschmeicheltsein über ihre Gefühle aus, wies unnötigerweise darauf hin, dass er ihr Lehrer sei und sie seine Schülerin, dass er glücklich verheiratet sei und in diesem Zusammenhang die Frage nach einem privaten Austausch sich gar nicht stellte. Er hoffte, ihre Unsicherheit ihm gegenüber würde sich mit diesem Gespräch oder hoffentlich im Laufe der Zeit legen. Im Idealfall würde sie sich ja bald in einen netten Gleichaltrigen verlieben, dann würde sich aus seiner Erfahrung sowieso alles legen. Wenn nicht, rate er ihr mit der Schulpsychologin Strategien für den Umgang mit ihren Emotionen zu finden. Er sei nicht unbedingt die richtige Person dazu. Er rang sich dazu ein Lächeln ab und merkte im selben Augenblick, wie lächerlich und steif er wirkte. Und verlogen.

Amber sagte nur: *„Danke, dass sie mich ernst nehmen. Jetzt ist es ja auf dem Tisch und ich werde schon damit klarkommen. Ich wünsche mir einfach, dass es unter uns bleibt. Ja?*

Ich habe es auch keiner Kollegin erzählt. Es ist mir irgendwie zu peinlich."

Sie beschlossen das Gespräch und reichten sich die Hände. Die ihre war kalt, seine feuchtwarm. Sie ruhten einen Bruchteil einer Sekunde länger als angebracht ineinander. Die Berührung schoss wie ein Stromschlag durch seinen Körper. Er konnte jetzt unmöglich einen Kontrollblick zu seinem Schritt werfen. Dorthin, wo ihn sein Körper verriet. Amber wandte sich mit einer Abschiedsfloskel ab, schnappte sich ihre Schultasche und ging. Duftete sie nach Wald? Harz? Er hörte sie, wie sie sich im Gang schnäuzte, war aber nicht imstande, ihr nachzugehen, um sich zu vergewissern, ob sie klarkäme. Niklaus kämpfte mit seinen eigenen Tränen, ließ sich auf seinen Arbeitsstuhl plumpsen, drückte kurz seinen Schwanz, um ihn zur Raison zu bringen. Als er sich über seinen Tisch beugte, schüttelte er den Kopf. Es wollte sich im Brustraum einfach keine Erleichterung einstellen.

Es wurde Advent. Am Nikolaustag besuchten, wie es in Schweizer Stuben üblich ist, Samichlaus und Schmutzli die Familie. Sam und Max sagten artig einen Reim auf und wurden nicht in den Sack gesteckt. Am 13. Dezember wurde ein zerzauster und mitgenommener Saddam Hussein festgenommen und hingerichtet. Niklaus hatte fast ein wenig Erbarmen mit dem ehemaligen irakischen Herrscher. Er wusste nie so recht, was er von der Berichterstattung über ihn halten sollte. Ob er nun ein Guter oder Böser war. Die öffentliche Demütigung war auf jeden Fall gelungen. Tiefer kann kein Mann fallen. In ein

Erdloch, aus dem man ihn wieder herausfischte. Weihnachten und Neujahr rannen vorbei, begleitet von Glätte, Nieselregen, Schnee, Hochnebel, dem normalen Mittellandwetter eben. Niklaus verbrachte mit seiner Familie ein paar Tage über dem Grau in der bündnerischen Sonne. Tagsüber beim Schlitteln. Vitalisiert von der Bergluft übten Nadja und er nachts weiter an der Familienplanung. Seine Frau mit freudiger Hoffnung. Er missionarisch angestrengt. Es wollte sich kein Familienzuwachs ankündigen. Nach der Hysterie um SARS tauchte im nächsten Jahr die Vogelgrippe als neues Schreckgespenst auf. Im Februar gewann der Schweizer Nationalheld Roger Federer wieder einmal einen Grand Slam. Die Stimmbevölkerung lehnte den Bau einer zweiten Gotthardröhre ab, billigte dafür die Verschärfung des Strafrechtes, wonach nicht therapierbare Sexual- und Gewaltverbrecher lebenslang hinter Gitter müssen. George W. Bush gab irgendwann im Februar zu, dass im Irak doch nicht mit Sicherheit Massenvernichtungswaffen nachzuweisen waren, der Irakkrieg nichtsdestotrotz gerechtfertigt gewesen war. Am 11. März starben bei einem Terroranschlag in Madrid gegen 200 Menschen und am 14. März wurde Wladimir Putin als Russlands Präsident bestätigt.

Niklaus hatte zwischen November 2003 und März 2004 dreizehn Briefe an Amber angefangen und verworfen, eine Handvoll zu Ende geschrieben. Zweimal hatte er vor der Schülerin gestanden und ihr einen Umschlag zustecken wollen, sie am Ende doch wieder in die Mappe zurückgelegt. Am letzten Samstag im März stieg Hug auf den Züricher Hausberg, Uetliberg, hatte Nadja gebeten, ihn alleine gehen zu lassen, weil er eine offene Stelle am Züricher Unterländer Gymnasium für sich prüfen und in Ruhe darüber nachdenken wollte. Er entzündete in einem von Fußgängern wenig frequentierten, abgelegenen Waldstück ein Feuer. Aus dem Rucksack fischte er eine Flasche teuren Burgunder sowie sämtliche Briefe und halb fertigen Notizen. Alles warf er ungelesen eins nach dem anderen in die Flammen. Die Flasche entkorkte er mit seinem Schweizer Sackmesser und stürzte den Inhalt in einem Zug herunter. Danach legte er sich auf das frühlingsfeuchte Moos, blickte zu den Wipfeln. Es wollte sich im Brustraum keine Erleichterung einstellen. Er hatte noch gedacht, dass sich die zarten Blattspitzen ganz schön abmühten, sich aus dem Holz zu pressen, bevor ihn der Wein wegdämmern ließ und ihn vom Frühling mit seiner abstoßenden Lebensfreude und Aufbruchslust befreite.

„Und? Wirst du die neue Stelle antreten?“, fragte Nadja als Erstes. Er presste seine Lippen auf ihren Mund und antwortete mit einem wortkargen: *„Hmhm.“* Nadja stieß ihren Mann abrupt weg und meinte: *„Wäh! Du hast eine Fahne! Hast du deinen Entschluss gleich begossen? Also Bülach ab Sommer. Okay. Du weißt, ich stehe hinter dir. Aber du musst wissen, mich bringen keine zehn Pferde aus der Stadt! Dafür sind mir das Angebot und das Netzwerk zu wertvoll. Besonders, wenn wir dann noch ein Drittes haben sollten. Aber du kannst ja pendeln. Ist ja easy.“*

Als neuen Stoff nahm er nach den Frühlingsferien Völkerwanderung und Migrationsgründe durch. Am letzten Mittwoch Ende April führte er seine Klasse im Rahmen des

Geschichtsunterrichtes durch Wiedikon, ein Zürcher Quartier, in dem eine Synagoge und ein jüdischer Friedhof für eine Ballung jüdischer Anwohner gesorgt hatte. Die Durchmischung der Bevölkerung und der hohe Ausländeranteil waren im Wiedikoner Quartier besonders anschaulich. Der Lehrer schickte nach dem Besuch der Synagoge seine Schüler aus, Interviews mit Passanten, Ladenbesitzern und Stadtbewohnern anderer Kulturen zu führen. Als Treffpunkt zur Rückreise ins Klassenzimmer, in dem die Exkursion und die Befragungen ausgewertet werden sollten, bestimmte Niklaus die Eingangshalle des Bahnhofs Wiedikon. Die Fresken, die der Schweizer Plakatkünstler Otto Baumberger 1926 an die Wände gemalt hatte, zeigten ein romantisiertes Bild von Kolonialwaren eines großen Warenhauses, was er seinen Schülern unbedingt noch zeigen wollte.

Als Knirps hatte ihn seine Großmutter Claire immer wieder hierhin begleiten müssen, wo er den Neger – damals noch ein umgangssprachlicher Begriff –, den Araber und die Chinesin angegafft hatte, bis sein Genick steif wurde und geschmerzt hatte. Er hatte sich gewundert, warum der Schwarze und der Mann aus dem Orient keine Hosen trugen. Als seine Großmutter ihm erklärt hatte, dass es in den Heimatländern der Männer sehr heiß und für die Menschen angenehmer wäre, nur in weiten Kleidern oder Tücher gekleidet zu sein, pflanzte sich der Wunsch in seinen Kopf, als Erwachsener in diese Länder zu reisen. Er stellte sich als Knirps vor, er würde dann schwarze Menschen vorfinden, die in weißen Gewändern auf ihn zuwandelten und ihm auf einem Tablett köstliche Früchte anböten. Im

Orient würde er mit Ali Baba auf fliegenden Teppichen reisen können. Und in Asien würden ihm Menschen mit gelber Haut und Mandelaugen Tee servieren. Naja, als Kind mochte er Tee eigentlich gar nicht, aber als Erwachsener würde er bestimmt auf den Geschmack kommen. Er hatte ganz fest geglaubt, dass es allen Menschen auf der Welt richtig gut ginge, so wie ihm. Dass alle in Fülle und mit lieben Menschen zusammenlebten.

Auf seine Schüler wartend, studierte er aufs Neue die Wandmalerei und schüttelte sinnierend den Kopf. Alle seine kindlichen Bilder hatten sich mit dem Studium, mit dem Aneignen von Fakten, in Luft aufgelöst. Auf seinen Reisen hatte sich dann die nüchterne, erschlagende Realität ums nackte Überleben vor seinen Füßen ausgebreitet. Als Kind hatte man noch die Fähigkeit, sich eine heile Welt zusammenzuträumen. Wie der lesende Bub am linken Rand der Wandmalerei. Er fragte sich beim Betrachten des Freskos, warum diese fremdländischen Menschen, der Junge in seinem Alter und die elegante Frau mit Schirm, eine derart starke Faszination auf ihn ausgeübt hatten. Er fragte sich, ob der Junge, der jetzt gegen die Achtzig sein musste, noch lebte und sein Abbild im Bahnhof noch dann und wann besuchte. Und ob seine Enkel wussten, dass er dort verewigt war. Hug überlegte auch, ob dem Maler echte Ausländer Modell gestanden hatten. Und wenn ja, wie es für einen Schwarzen in den Zwanzigerjahren gewesen sein musste, in Zürich zu gastieren. Es waren damals kaum welche ansässig in der Stadt. Dass sich bei der Frau, deren Sommerkleid sich eng an den Körper schmiegte, eine sanfte Wölbung als Bäuchlein abzeichnete und der Schatten den Schritt der

Dame betonte, hatte er erst als Erwachsener begriffen. Auch jetzt wieder, in der menschleeren Halle auf seine Schüler wartend, fand er diese schöne Unbekannte sehr erotisch. Versunken in das Wandgemälde, schweiften seine Gedanken zu den wenigen Frauen in seinem Leben. Seine Kopfreise hörte nicht bei Nadja, sondern bei Amber auf. Er begehrte und liebte seine Schülerin in derselben Intensität wie am ersten Tag. Diese Einsicht bestürzte ihn. Als Ambers fünfköpfige Arbeitsgruppe als letzte durch die Eingangstür stolperte, trafen sich kurz Ambers und seine Augen. Sie schenkte ihm ihr schönstes Lächeln. Er nickte ihr zu, senkte den Kopf und wusste in dem Moment, was er als Nächstes tun würde.

Am Abend kam es ihm gelegen, dass eine Teamsitzung angekündigt war und er sich zu Hause sowieso schon abgemeldet hatte. Nach der Konferenz, es war schon weit nach Mitternacht, setzte er sich im Klassenzimmer an den Computer und formulierte zwei Nachrichten. Er atmete angestrengt, als er die Sätze im Kopf in die Tastatur tippte. Die erste Nachricht war die Bestätigung für das vorgeschlagene Bewerbungsgespräch am Bülacher Gymnasium. Die blaue Abstrahlung des Bildschirms war die einzige Lichtquelle in dem nüchternen Raum, in dem es nun still geworden war, und sie spiegelte sich in seinem Gesicht. Die Taste klackte nur kurz, als er auf den Sendepfeil drückte und die zweite Nachricht an Ambers Hotmailadresse schickte.

Liebe Amber

Ich möchte Dich treffen. Am besten an einem neutralen Ort

außerhalb der Stadt. Es gibt zwei Anliegen, die ich mit Dir klären möchte.

Herzlich

Niklaus H.

Mehrmals täglich checkte er den Posteingang. Im Unterricht war er unkonzentrierter denn je. Wie ein verkorkster Teenager wich er Ambers Blick aus. Jetzt hatte sie die Kontrolle über ihn endgültig bekommen und er verfluchte insgeheim seine feige Mail. Er hätte sie direkt ansprechen sollen. Wenige Tage später erreichte ihn die Nachricht vom Tod des Großvaters. Die Schülerin hatte den Rektor um eine Beurlaubung gebeten, um ihre australischen Verwandten, insbesondere ihre Mutter, zu sehen. Niklaus hatte erst zu diesem Zeitpunkt erfahren, dass Mutter und Tochter sich sechs Jahre lang nicht gesehen hatten. Selbstverständlich würde er das Gesuch bewilligen und mitunterzeichnen. Er hatte sich bereits damit abgefunden, dass sein Anliegen in der Priorität der Ereignisse hintenanstand, als ihn Ambers Postkarte mit der Kapellbrücke überraschte.

Und da stand er nun. Krallte sich Halt suchend am Eisengeländer fest, entschlossen, heute die Weichen richtig zu stellen. Niklaus' Augen schweiften über Fluss, Häuserzeilen von Luzern und die Menschen aus aller Welt, die links und rechts der Reuss flanierten und schwatzend über das hölzerne Wahrzeichen trampelten. Die Frühsommerluft erfrischte seine Lungen. Er blickte auf die Armbanduhr. Es war zehn vor, Zeit zum vereinbarten Ort zu gehen.

Er sah sie schon von Weitem. Ihr flammendes Haar wippte bei ihrem federnden, jugendlichen Gang mit. Sie trug über einen ockergelben Kapuzenpulli eine Jeansjacke, darunter einen schwingenden Rock über Leggings, beide in Schwarz. Die roten Converse-Schuhe zu dem Outfit fand Niklaus kess. *„Amber ist keine unauffällige Person"*, bemerkte er, wie sie außerhalb ihres gewohnten Schulterritoriums aus den Passanten herausstach. Die Leute würden sich nach ihnen umdrehen. War es ein Fehler, sich in der Öffentlichkeit zu treffen? Zu spät! Sie hatte ihn entdeckt, verlangsamte ihren Schritt, schaute kurz zu Boden, als würde sie sich sammeln. Als sie sich gegenüberstanden, versuchte er ein lockeres: *„Hallo, bist du gut gereist?"* Die belegte Stimme verriet seine Anspannung und Verlegenheit. Dass Amber plötzlich laut lachte, statt etwas zu sagen, verunsicherte ihn.

„Sorry, dass ich lache. Darf ich heute du sagen?" Ohne sein Einverständnis abzuwarten, fuhr Amber fort: *„Du hast eine Haferflocke auf den Schneidezähnen kleben."* Niklaus errötete. Blitzschnell zückte er ein Taschentuch und wischte sich hinter vorgehaltener Hand damit über seine Zähne. Wie er so mit dem Papier hantierte, musste er an den Nudelsketch von Loriot denken, in dem ein feiner Herr einer Hildegard Avancen macht und mit der Serviette eine Nudel in seinem Gesicht

wandern lässt. Niklaus betrachtete das Relikt des Müsliriegels kurz im Tempo in seiner Hand, knüllte es zusammen und zielte auf den metallenen Mülleimer, der in Reichweite positioniert war. Nicht daneben. Gut! Als er zu Amber aufsah, hatte auch er ein Grinsen im Gesicht.

„Sollen wir ein paar Schritte gehen?“, schlug Niklaus vor und wies mit dem Kopf zur Holzkonstruktion. Aus Erfahrung redete es sich in Bewegung leichter und er musste auf diese Weise nicht dauernd ihren Augen ausweichen. Dem Blick standzuhalten war ihm ein Kraftakt. Ihr Nicken nahm er als Einverständnis, den Weg über die überdachte Brücke zu nehmen. Da sie beide Sportschuhe mit Gummisohlen trugen, verhallten ihre Schritte beinahe lautlos auf den Planken, wurden zumindest vom Gepolter der anderen Passanten übertönt. Sie mussten sich durch einen Strom von Touristen kämpfen. In der Mitte der Brücke blieb Amber stehen, blickte um sich und meinte: *„Schon krass, was der Brand 93 angerichtet hat. Hier sieht man, bis wohin das Feuer gewütet hat. Schau, da sind noch angekohlte Balken, zwischen den alten und den neu errichteten.“* Nach einer kurzen Pause fuhr Amber fort: *„Was hast du damals gemacht?“*

„1993? Hm. Da war ich Mittelstufenlehrer in einem kleinen Kaff in Schaffhausen, habe viel Sport betrieben in der Freizeit und wohnte in einem alten Bauernhaus mit einer Holzheizung.“ Über Niklaus' Gesicht huschte ein versonnenes Lächeln. Nadja hatte damals schon mit ihm zusammengewohnt und sie hatten immer von einem großen Haus voller

Kinder und Tiere geträumt. Doch irgendwann hatte die Realität die Romantik ausgeknockt. Nach drei Wintern hatten ihnen Schimmel und Beinaherauchvergiftungen, weil sie den Ofen nicht richtig einheizen konnten, sowie die vollbusige Witwe Hallauer, die tagein und tagaus über das junge Paar wachte, allen Reiz am Landleben genommen. Was hatte Nadja mit der Nachbarin, die außer sonntags immer in abgelatschten Pantoffeln und einer fleckigen Schürze über ihr Gelände watschelte, gestritten oder giftige Blicke ausgetauscht!

Niklaus drehte sich ab, lehnte sich über das eichene Geländer. Amber stellte sich neben ihn, rückte wieder einen Schritt ab, um nicht den Anschein zu geben, sie wolle ihm auf die Pelle rücken. Sie schauten beide Richtung Stadtzentrum, beobachteten Möwen im Sturzflug und den Autostrom auf der Seebrücke. Amber zupfte an den herabhängenden Geranien und schnippte sie ins Wasser. Sie gab sich einen Ruck: *„Worüber wolltest du mit mir reden?“*

Niklaus stieß sich ab, wandte sich zu Amber und holte Luft: *„Also gut. Ich nehme im Sommer eine Stelle in Bülach an. Und ..., weil ..., ach ... Ich finde, du sollst wissen, dass ich mich in dich verliebt habe, und ich ... bringe dich nicht aus meinem Kopf. Ich wollte es dir einfach sagen. Es dünkt mich unfair, dich im Unklaren zu lassen. Aber ich habe eine Familie. Deswegen wechsle ich meine Arbeitsstelle.“*

Amber schossen Tränen in die Augen, während sie Niklaus anstarrte. Sie hatte den Jackpot gewonnen und im selben Augenblick wurde er für ungültig erklärt. Sie taumelte und glaubte, ihre Beine würden jeden Augenblick einknicken. Nach Halt suchend griff sie nach Niklaus. Dieser, völlig perplex, blickte um sich, zögerte kurz und legte dann doch seine Arme wie zwei Flügel um den zitternden Frauenkörper. Amber nahm dies als Zeichen, um sich fester an ihn zu klammern. Niklaus schloss die Augen und war plötzlich wie benommen. Plötzlich verstummte der Richter im Kopf und sein Körper übernahm die Führung. Dieser wollte wenigstens diese eine Umarmung mitnehmen. Daran war schließlich nichts Verwerfliches. Ambers Körper an seinem fühlte sich stimmig an. Da war nichts Sperriges oder Unbequemes. Sie so nahe zu spüren, behagte ihm, entspannte ihn. Er spürte sein Blut in den Schläfen und in den Lenden pulsieren. Er wollte sich diesen einen Moment einprägen. Niklaus schnupperte. Da war sie wieder, Ambers unverkennbare Note. Seine Finger strichen über ihren Rücken, tasteten sich die Wirbel hinauf zu ihrem Haar. Er gehorchte seinem Impuls, nach so vielen Nächten der Fantasien, endlich in die Fülle hineinzugreifen. Amber legte den Kopf in den Nacken, um den wandernden Händen entgegenzukommen, und öffnete ihre Augen. Die Blicke der beiden trafen sich, hielten sich stand und entspannten sich ineinander. Sich jetzt aus dem Gang des Spieles loszureißen und sich nicht zu küssen, wäre wie eine abrupte Regieintervention gewesen. Es war jedoch weit und breit kein Regisseur. Niklaus' Zensor hatte sich bereits vorher vom Acker gemacht.

Erst sanft, schüchtern, abwartend, dann mit immer selbstsichererem Druck erforschten sich die Lippen und Zungen der beiden, während Dutzende von Touristen an ihnen vorbeidefilierten. Manche lächelten wissend, andere schauten diskret weg, koreanische Teenager kicherten. Zwei, drei Dreiste getrauten sich, das verliebte Pärchen mitten im Luzerner Wahrzeichen zu fotografieren und den Schnappschuss als Trophäe ins Heimatland zu simsen.

Irgendwann lösten sich die Lippen und Niklaus drückte seine Nase in Ambers Haar. Mit weicher Stimme flüsterte er: *„Ich versuche seit geraumer Zeit herauszufinden, wonach du riechst.“* Amber, deren Kopf auf Niklaus' Brust ruhte, stieß sich nur ungern von ihm ab, um seine verunsichernde Frage zu beantworten. Sie löste eine Haarsträhne und schnupperte daran.

„Was meinst du genau? Ich benutze kein Parfum. Stinke ich?“

„Oh nein! Du riechst wie eine Pflanze. Hölzern. Herb. Ich mag es. Ich kann es einfach nicht zuordnen.“

„Ah. Du meinst wahrscheinlich Salbei. In Ardenciel in Frankreich, wo ich geboren bin und mit meiner Mutter gelebt habe, wurde oft weißer Salbei angezündet, um zu räuchern. Sei es bei einem speziellen Anlass oder um die Räume zu desinfizieren. Man sagt dem Salbei eine reinigende Wirkung auf allen Ebenen zu. Ich habe denselben weißen Salbei letztes Jahr in einem Zürcher Schamanengeschäft entdeckt. Jetzt räuchere ich mein Zimmer von Zeit zu Zeit. Wahrscheinlich ist mein ganzer Kleiderschrank durchdrungen. Ich rieche es selber gar nicht mehr. Der Duft erinnert mich an die unbeschwerten Kinderjahre und ich glaube, dass das Räuchern mir hilft, gesund zu bleiben.“ Sie verschwieg ihm, dass sie damit auch meinte, nicht nur körperlich, sondern auch im

Kopf gesund zu bleiben – dass sie sich an den Zauber des Räucherns klammerte, bei dem sie gute Geister beschwor, die Schwermütigkeit ihrer Mutter bitte nicht auf sie zu übertragen. Sie hatte noch niemandem anvertraut, wie sehr sie sich davor fürchtete in dieselben Abgründe abzustürzen wie ihre Maman in den schlimmsten Zeiten. Nie, nie im Leben wollte sie in diese Welt abdriften. Sie glaubte, je weniger sie darüber sprach, desto weniger Raum gäbe sie den dunkelgrauen Schwaden Gelegenheit, sich in ihre Gehirnwindungen und ihr Leben zu schleichen. Die Gedanken an ihre Mutter und die schweren Jahre, die nach Meilins Suizid folgten, ernüchterten Amber wie ein Guss kaltes Wasser. Sie löste sich abrupt von Niklaus.

Niklaus streckte seine Hand nach ihrer Wange aus, doch sie wandte sich ab, lehnte sich wieder an die Brüstung und zupfte erneut am Blumenschmuck. Während sich Niklaus Worte zurechtlegte, warf Amber über ihre Schulter: *„Und jetzt?“*

Niklaus zuckte die Achseln. Er wusste es wirklich nicht. Der Richter, der auf seiner Großhirnrinde hockte, hatte sich wieder eingeschaltet. Der drängte ihn, die Übung abzublasen. Es sei ja alles gesagt, der Kuss musste genügen. Der könne eingepackt und für schlaflose, sehnsüchtige Nächte in der Erinnerung konserviert werden. Los, Abschied nehmen. Schlussstrich. Fertig. Sein Herz widersetzte sich der Obrigkeit im Schädel: *„Wir können das Mädchen doch jetzt nicht einfach so stehen lassen. Und ich liebe sie. Was ist daran falsch?“* Vollends um den Verstand brachten Niklaus die körperlichen Symptome. Alles an ihm wollte zurück in ihre Arme. Die Hände wollten weiterwandern und forschen. Seine Lippen sehnten sich nach ihren, sie hatten noch nicht zu Ende gekostet, fühlten sich betrogen. Sein Unterleib war von Sinnen und sandte eindeutige Signale. Zum Glück war seine Jacke lange genug.

Eine über die Holzplanken polternde Gruppe Österreicher brachte ihn zur Besinnung. Er fühlte sich erst jetzt vor den Menschen, die an ihnen vorbeiströmten, exponiert. Er schlug vor: *„Lass uns irgendwo ein Eis oder eine Kleinigkeit essen und ein bisschen plaudern. Oder wir bummeln noch etwas an der Seepromenade entlang. Und in einer Stunde fahren wir zurück nach Zürich. Was meinst du?"*

Da Amber keinen Appetit hatte, zog sie den Spaziergang vor. Beim Bummeln hatte Niklaus von seiner Kindheit erzählt. Er wäre schon eher ein Stadtkind und hätte immer lieber im *Migros* statt im *Coop* eingekauft. Seine Leibspeise waren selbst gemachte Spätzli mit Sauerkraut. Und Fußball mochte er nicht so sehr. Über Nadja und die Kinder hatte er kein Wort verloren. Amber hatte auch nicht gefragt. Es hatte sich einfach ergeben, dass sie ihm anvertraut hatte, dass sie noch nie mit einem Mann geschlafen hatte, weil es nie gepasst hätte. Danach hatte eins zum anderen geführt. Ein flüchtiges Streifen der Finger, bei der beide zusammenzuckten, führte dazu, dass sie sich einander zuwandten, sich ansahen und sich aufs Neue umarmten. Diesmal war es ein Klammern, ein Nichtloslassenwollen und ein forderndes Verlangen. Amber war überwältigt, wie eindeutig ihr Körper, alle Sinne, Heißhunger hatten. Die Hitze und Feuchtigkeit zwischen ihren Beinen waren neu, erschreckend schön. Sie war erleichtert, als Niklaus sich löste, sie mit fragenden Augen ansah und flüsterte: *„Möchtest du es auch? Ich möchte dich. Ganz. Spüren und kosten. Wir haben nur diesen einen Nachmittag."*

Kurz zögerte er. Über seine geröteten Wangen huschte dann ein Lächeln, als er fortfuhr: *„Sollen wir uns ein Hotelzimmer nehmen? Da sind wir vor Blicken geschützt und gehen so weit, wie es für beide stimmt. Ja? Möchtest du es auch?"*

Ron schoss ihr durch den Kopf. Der Gedanke an ihn brachte sie zum Lachen. Wie mutig der Teenager doch gewesen war. Doch wie gut, dass sie nicht darauf eingegangen war. Jetzt war sie so weit. Jetzt wollte sie nichts anderes, als sich der Lust und dem Mann, den sie vom ersten Augenblick an unschuldig und absichtslos liebte, hinzugeben. Es erfüllte sie ein unerschütterliches Vertrauen in ihn, in den Moment. Es hatte seine Richtigkeit. Jetzt und hier.

„Ja, ich möchte es auch", antwortete sie ihm.

Wenig später hatte Niklaus am Empfang des Hotel Schwan eingecheckt und gleich bezahlt. Sie hatte den Blick des Rezeptionisten in ihrem Rücken gespürt, als sie Niklaus' entschlossenen Händedruck in ihrer Hand spürte und sie beide vor dem Aufzug warteten. Es war ihr einerlei, dass der erfahrene Hotelier wahrscheinlich grinste.

Niklaus und Amber nahmen später den Zug um zehn nach vier.

.....

Am Abend hörte Walter Amber durchs Treppenhaus hinaufpoltern und mit dem Schlüsselbund, beim Versuch, den passenden Schlüssel ins Loch zu stecken, an der Tür anschlagen. Dabei war die Tür unverschlossen. Amber merkte es unverzüglich und ließ ein grummeliges *„Aach!"* verlauten. Ohne ihren Vater zu grüßen, schoss die junge Frau in ihr Zimmer, knallte die Tür zu und drehte ihren Ghettoblaster laut auf. *„Nicht schon wieder Die Toten Hosen!"*, schimpfte Walter. Er erhob sich aus seinem Sessel, rollte genervt die Augen, als er zur Wohnzimmertür schritt und dieser ebenfalls einen heftigen Stoß gab. Er wollte in Ruhe Nachrichten schauen. Wenn Amber so drauf war, hatte es sowieso keinen Sinn anzuklopfen. Er musste es nicht einmal versuchen. Zu dieser Erkenntnis war er irgendwann einmal in der heißesten Phase der letzten Jahre mit seiner Pubertierenden gekommen.

Währenddessen hatte sich Amber in Vollmontur aufs ungemachte Bett geworfen. Über jede Wange rann eine Mascaraspur, als sie zum Mobiltelefon griff und eine SMS tippte: *„Maman, bist du schon wach. Muss mit jemanden reden!"* Noch während sie die Nachricht schrieb, prüfte sie die drei identischen IKEA-Uhren an der Wand. Auf jeder klebte ein provisorisches Post-it. Irgendwann wollte sie schöne Schilder gestalten. Auf den gelben Zetteln stand: Zürich, Brisbane und New York. In Zürich war es bald neun. An der Ostküste Australiens war es jetzt kurz vor sechs Uhr morgens, das hieß, dass Meilin bestimmt nicht auf war. Sie arbeitete nachts, wenn ihr die Ideen für ihre Designs zuflogen. Inspiration und Kreativität ließen nicht mit sich verhandeln. Die kamen, wenn sie wollten, hatte Meilin einmal gesagt. Deshalb schlief Ambers Mutter bis spät in den Mittag hinein.

„Jetzt, wo ich dich echt brauchen könnte!“, murmelte Amber. In ihren vertrauten Wänden erschien ihr das Erlebte wie ein kühner Nachttraum, aus dem sie gerade erwacht war. Langsam zog sie sich aus, beschnupperte Kleider, Arme, Beine, Haare. Nein, sie hatte nicht fantasiert. Sein Geruch klebte noch an ihr. Sie seufzte und strich sich über den Bauch, fasste zum Schamhügel und spielte mit den Fingern an den Schamhaaren, so wie Niklaus es am Nachmittag gemacht hatte. Noch einmal roch sie an ihren Armen, beschloss, nicht zu duschen, und streifte ihren Pyjama über. Sie erhob sich, drosselte die Musik, schritt zum Schreibtisch und schnappte sich ihren Laptop. Im Spiegel über dem Tisch erhaschte sie einen Blick auf ihr verschmiertes Gesicht. *„Kann warten“*, sagte sie zu ihrem Spiegelbild. Niklaus und sie hatten sich noch im Hotelzimmer in Luzern verabschiedet und es unabhängig voneinander verlassen. Unabgesprochen hatten sie sich noch einmal auf dem Perron getroffen, sich kurz lächelnd zugewinkt und sich danach in verschiedene Zugabteile gesetzt. Bis nach Zürich hatte sie eine Stunde lang Zeit zum Heulen gehabt. Jetzt war sie leer geweint, brannte aber darauf, über diesen verrückten Nachmittag zu reden. Niklaus und sie hatten sich zwar Stillschweigen versprochen. Was in Luzern passiert war, sollte in Luzern bleiben. Aber wenn sie sich nicht sofort jemandem mitteilen könnte, würde sie gleich platzen. Maya kam nicht infrage. Meilin war am anderen Ende der Welt und ihre Mutter – irgendwie zählte Amber sie nicht als Vertrauensbruch.

Amber setzte sich aufs Bett an die Wand, stopfte sich ein paar Kissen in den Rücken, klappte auf den Knien ihren weißen Rechner auf und schrieb drauflos: „*Maman, es ist heute passiert. Als ich dir von Niklaus erzählte, hast du mir gesagt, dass an Liebe nichts Böses und nichts Falsches sei. Du hast mich ermutigt, jede Liebe zu prüfen, zu leben aber nie an ihr festzuklammern. Liebe sei ein Ausdruck des Lebens. Liebe sei frei. Das geht mir jetzt nach und hilft mir, Niklaus loszulassen. Er ist tatsächlich zum Treffen gekommen. Du glaubst nicht, wie erleichtert ich war, als er mir offenbarte, dass es ihm seit letztem Sommer genau gleich ergangen war. Mir tat es gut zu hören, dass diese starke Anziehung nicht nur eine One-Way-Sache war und ich mich in etwas verrannt hatte. Die Liebe kommt, wenn sie will, und fragt nicht. Ich habe jetzt eine neue Form kennengelernt. Ich mag Maya, Papa, Nelly und Dich (... jetzt wieder ..., ☺☺☺... du weißt schon!), liebte meinen Flauschehund. Doch jemanden körperlich zu erfahren, ist ..., ich kann es nicht in Worte fassen. Dieser Nachmittag war wie eine Blase außerhalb von Raum und Zeit. Es war Mindblowing! Das unbeholfene Fummeln mit Gleichaltrigen war wie Currywurst in der Imbissbude. Niklaus hat mich wie eine Lady behandelt und zu einem Mehrgangmenu an einer weißen Tafel ausgeführt. Ich habe geweint vor Glück. Mehr Details erzähle ich nicht, es bleibt Niklaus' und meins. Ich bin total happy – und traurig. Logisch, oder? Er gehört mir nicht. Gehört ein Mensch überhaupt einem anderen? Aber ich finde es richtig, dass er sich um seine Familie kümmern möchte. Er wechselt die Schule im Sommer. Können wir später, wenn du wach bist, quatschen? Ruf mich an! Ich kann sowieso nicht schlafen. Wir könnten ja auch mal dieses Skypeding ausprobieren: Telefonieren mit Bild. Habe neulich etwas darüber gelesen. Doch jetzt habe ich einen höllischen Kohldampf. Mal schauen, was der Kühlschrank hergibt.*

*Love & Hug**

Your durchgeknallte daughter Amber

PS: Grins..., er heißt tatsächlich Hug mit Nachnamen, ich werde nie mehr so unterschreiben können, ohne an ihn zu denken.*

*PS**: Und JA, wir haben Kondome benutzt!*

*PS***: Ich finde es im Fall echt schön, dass wir uns wieder nahe sind wie früher! Du hattest mir sooooo gefehlt!*

Als sie die Nachricht abgeschickt hatte, erhob sie sich und tappte barfuß in die Küche. Sie riss die Kühlschranktür auf und war für einen kurzen Moment enttäuscht, als sie, wie sonst üblich, keine Reste vom Tag vorfand, die sie sich hätte aufwärmen können. Beherzt schnappte sie sich eine Packung Milch, griff im Vorbeigehen am Regal zur Müslimischung. Bei der Anrichte tauchte sie die Hand in das Glas, ließ sich einzelne Haferflocken durch die Finger gleiten und lächelte schelmisch. Dass Zähne nicht nur zur Nahrungsaufnahme taugten, wusste sie nun spätestens seit heute Nachmittag. Es hatte sie dem Wahnsinn entgegengetrieben, als Niklaus an ihren Lippen, Ohren und Fingerspitzen geknabbert und mit der Zunge geleckt hatte. Willkommen bei den Erwachsenenspielen! Sie wäre vorher nie im Traum auf die Idee gekommen, dass Menschen erregt werden, wenn sie sanft gebissen und abgelutscht werden.

„Vielleicht sollte ich mir nun doch einmal im Netz Nachhilfe in Erotik holen?“, überlegte Amber. In ihrem Magen donnerte es, als mahnte er, vorwärtszumachen. Sie gab einen Schwall Flocken und eine Handvoll Rosinen in eine kleine Schüssel, schnappte sich Messer und Löffel aus einer Schublade und legte alles mit einem Apfel, einer Banane und einem Glas Wasser auf ein Tablett. Das balancierte sie Richtung Wohnzimmer, drückte mit dem Ellbogen die Klinke nieder, steuerte aufs Sofa zu und ließ sich daraufplumpsen. Walter drückte auf eine Taste der Fernbedienung. Die Stimme des bärtigen Nachrichtensprechers von *10vor10* verstummte, während sich sein Mund auf dem Bildschirm weiterbewegte. Walter zog die Augenbrauen hoch und starrte Amber an: *„Was ist denn mit dir passiert? Du siehst aus wie Alice Cooper mit roter Mähne!“* Er grinste und machte eine abwinkende Handbewegung. *„Ach, den kennst du ja wahrscheinlich gar nicht! Hast du dich im Spiegel angeschaut? Ist etwas passiert?“*, fragte er nun mit etwas mehr Fürsorge in seiner Stimme.

„Nein, nein! Es ist nichts passiert! Ich hatte heute einen durchgeknallten Tag und habe nur etwas geheult vor Glück! Kann ja vorkommen, oder?“ Amber wich dem Blick ihres Vaters aus und linste zum Fernseher. Sie unterbrach das Apfelschnippeln und wies mit der Messerspitze auf den Bildschirm. *„Mach den Ton wieder an. Die berichten über die UNO-Resolution 1325, die sie neulich, als ich mit der Klasse im*

Parlament war, behandelt haben. Nationalrätin Häring hatte dem Bundesrat Fragen zum UN-Beschluss gestellt, bei denen es um Frauen, Frieden und Sicherheit ging. Schnell. Mach doch. Das interessiert mich!“, hieß Amber ihren Dad, der seinen Blick nicht von ihr abgewendet hatte.

„Ende der Durchsage! Ich habe verstanden“, grummelte Walter und drückte auf den Lautstärkeknopf der Fernbedienung.

Bis zu den Sommerferien waren nur noch drei Wochen durchzustehen. Amber und Niklaus tauschten während des Unterrichtes so unauffällig, wie es ihnen möglich war, Blicke aus. Wenn die Klasse eine Klausur schrieb und jeder in seine Arbeit versunken war, spürte sie dann und wann seine Augen auf ihr ruhen. Dann ergriff eine warme Welle ihren Körper und wie von selbst zogen sich die Mundwinkel zu einem Lächeln nach oben. Ohne aufzuschauen, wusste sie, dass er dann auch lächelte. Manchmal schaute sie aber auf und sie betrachteten sich, erinnerten sich, nährten sich noch einmal aneinander, im Wissen, dass es genügen musste.

Es war endgültig, es würde kein nächstes Mal geben. Die Vereinbarung hatten sie beide vor dem letzten Kuss im Hotelzimmer getroffen. Die Ratio hatte entschieden. Ambers Kopf hatte im Anschluss die Aufgabe, Herz und Körper zu überzeugen, dass dies für das ganze interne Betriebssystem die dienlichste Lösung war. In der Folge hatte sich an der Stelle in ihrer Herzgegend, bei der bis dahin die Emotionen für den Geliebten auf Hochtouren liefen, ein Zahnrad im Kranz eingerastet und den Betrieb eingestellt. Es ließ sich nicht mehr bewegen. Tatsächlich half das Bild vom stillgelegten Zahnrad Amber, bis zu den Ferien zu funktionieren. Ein Teil ihres Herzens ging frühzeitig in Pension und durfte jetzt vor sich hin rosten, wie eine Eisenplastik, die sie als Denkmal für ihren ersten Liebhaber errichten würde. Es würde nie mehr einen Niklaus geben. Amber war erfahren und klug genug zu wissen, dass ihr Herz kräftig und groß genug war, um sich mit dem stillgelegten Teil zu arrangieren und wieder irgendwann jemanden zu lieben. Es brauchte nur etwas Zuspruch. Und Zeit. Mit Unbehagen kannte sie sich schließlich aus. Amber wusste, dass es sogar über Jahre auszuhalten war.

Am letzten Mittwochnachmittag vor den Ferien trafen sich Amber und Maya im Seefeld. Die Temperaturen erlaubten endlich ein erstes Bad im See. Die beliebte Wiese war schon gut besetzt und wie üblich in Zonen aufgeteilt. Da waren Mütter mit den Kinderwagenarmadas, mitten auf der Wiese bildeten junge Männer um die zwanzig einen lockeren Kreis, jonglierten auf ihren Füßen gehäkelte und mit Reis gefüllte Bälle und kickten sich diese zu, da und dort knutschten Pärchen, am Rand hockten die Ausländer nach Kulturen sortiert. Rentner auf den Bänken befanden über die freizügigen Körper der Zürcherinnen oder über die verhüllten Gesichter der Musliminnen. Nachdem die Freundinnen ein freies Stück Wiese ergattert hatten, rollten sie die Badetücher aus und cremten sich gegenseitig den Rücken ein. Sie streckten sich danach bäuchlings aus, legten ihre Köpfe auf die verschränkten Unterarme und schlossen die Augen. Ihre beiden Ellbogen berührten sich vertraut. Wie immer.

„*Hast du Lust auf Musik? Ich habe mir neue Songs heruntergeladen*", nuschelte Maya in ihre Armbeuge.

„*Hmh. Nein. Ich mag lieber einfach etwas chillen*", antwortete Amber und drehte den Kopf auf die andere Seite.

Maya runzelte die Stirn, lauschte, ob noch mehr käme, und sagte dann nach einer längeren Pause: „*Ich finde, du hast dich irgendwie verändert. Hast du dich verliebt? Wehe, du erzählst es mir nicht!*"

Zum Glück hatte sie ihr Gesicht abgewandt, sodass die Freundin Ambers Errötung nicht bemerkte. Amber atmete ein paar Mal tief durch und überlegte scharf. Sie entschied sich, dichtzuhalten und zu pokern: „*Hej! Das würde ich dir doch sagen! Nein, da ist keiner weit und breit. Aber du hast recht, es hat sich in mir etwas verändert. Ich weiß jetzt endlich, in welche Richtung ich mich beruflich bewegen möchte!*"

Maya horchte überrascht auf, drehte sich zu ihrer Freundin in die Seitenlage und stützte ihren Kopf auf: „*Erzähl!*"

Amber räkelte sich, setzte sich auf, zog die Knie an den Brustkorb und umschloss sie mit ihren Unterarmen. Sie schweifte mit ihrem Blick über die bevölkerte Wiese, die vertäuten Boote am Seeufer und die Bergkette am Horizont. Ein milchiger Dunst verschleierte die Fernsicht. „*Erinnerst du dich an unseren Besuch im Bundeshaus?*"

„Logisch! Er ist ja erst ein paar Wochen her! Vor allem erinnere ich mich, wie du die ganze Klasse aufgehalten und einen Stau beim Security Check verursacht hast. Bloß weil du dem Beamten gesagt hast, er könne deinen Rucksack noch lange untersuchen, es gäbe keine absolute Sicherheit und wie er darauf eine Kollegin gerufen hat, um bei dir einen Bodycheck zu machen. Wir haben alle deinetwegen den Kopf geschüttelt. Deine unnötige Bemerkung hatte aber in der Klasse eine heftige Debatte über Sinn und Unsinn von Sicherheitskontrollen, Terroranschlägen und Amokläufern losgetreten, bevor wir überhaupt im Nationalratssaal waren. Ich muss ehrlich gestehen, ich verstehe nicht, was du gegen schärfere Bewaffnung der Beamten und Sicherheitsschleusen bei wichtigen, öffentlichen Einrichtungen hast, die nach 9/11 und dem Zuger Attentat installiert worden sind", schloss Maya. Ihre Stimme verriet, dass sie Ambers Haltung missbilligte und sie am liebsten das Thema wechseln würde, bevor sie mit ihrer Freundin auf dem unsicheren Terrain abrutschte.

„Ich habe nichts gegen die Security Checks. Aber ich glaube, das ist erst ein Anfang. Wir werden immer mehr kontrolliert und in unserer persönlichen Freiheit eingeschränkt werden. Ich habe nächtelang mit meinem Paps die Flugzeuganschläge auf die Twin Towers erörtert. Walter ist fast etwas paranoid deswegen, aber ich muss ihm recht geben, dass es bis heute nicht eindeutig geklärt ist, ob es wirklich islamische Terroristen oder ein amerikanischer Inside-Job war. Fakt ist, dass Bush seither die Legitimation hat, arabische Staaten anzugreifen. Alles unter der Fahne, einen heiligen Krieg gegen

den Terrorismus zu führen. Wir Normalbürger erfahren einfach zu wenige Hintergründe, bekommen nur das zu hören, was uns die Medien auftischen. Mich treiben einfach zu viele Fragen um!" Ambers Augenbrauen zogen sich zusammen und bildeten auf der Stirn eine lange Furche. Sie atmete ein paar Mal tief durch und fuhr fort: *„Ich muss sagen, dass finde ich an der Schweiz schon cool, dass wir so nahe an die Politiker rankommen. Persönlich einem aus dem Fernsehen bekannten Gesicht in der Wandelhalle zu begegnen, hat mich beeindruckt. Doch als wir später im Nationalratssaal auf der Zuschauertribüne den tagenden Räten zugeschaut haben, hat es mich regelrecht wachgerüttelt. Ich fand es erschreckend, dass die Hälfte der Stühle gar nicht besetzt war und die andere überwiegend von Männern. Der Blick von oben hat es gezeigt. Da unten hockten Anzugträger in Dunkelblau, Grau, Braun, Schwarz, dazu weiße Hemden. Als trügen sie alle Uniformen. Die einzigen Farbtupfer waren Schlipse. Und Frauenkleider. Hast du gezählt, wie viele Frauen im Saal waren? Ich konnte sie mit beiden Händen zählen. Und der Blick auf die Zahlen hat ergeben, dass auf eine Frau drei Männer kommen. Von den 200 Nationalratssitzen sind 52 von weiblichen Parlamentarierinnen besetzt. Das darf doch nicht wahr sein! Als die Zürcher Nationalrätin den Bundesrat zum Stand der Umsetzung der UNO-Resolution 1325 befragte und sie aus dem Saal kaum Aufmerksamkeit bekam, hörte ich in meinem Brustkorb eine Stimme deutlich zu mir sprechen: ‚Amber, du müsstest eigentlich da unten in den Reihen sitzen und dieser Politikerin den Rücken stärken!' Die stand völlig auf einsamem*

Posten. Bei der Resolution geht es um Fraueneinbindung in die Friedensarbeit und um die Sicherheit von Kindern und Frauen in Kriegsgebieten. Es wundert mich eigentlich nicht, dass die Rüstungslobbyisten wenig Interesse an diesem UNO-Beschluss haben und nur gelangweilt in ihren Zeitungen blätterten und vor sich hin gähnten. Ich möchte, nein, ich muss in die Politik! Ich möchte verstehen und etwas bewirken. Und ich werde Soziologie studieren."

Als ihre Freundin lange nichts erwiderte, weil sie zu überlegen schien, während sie Gräser aus der Wiese zupfte und wegschmiss, schob Amber nach: *„Und was hältst du davon? Traust du es mir zu?"*

Maya lachte plötzlich: *„Und wie ich mir das vorstellen kann! Du mit deiner Neugier, deinem Feuer und Gerechtigkeitssinn. Ich denke, du bist auch schlagfertig genug. Labern kannst du unbestritten! Ich finde die Politik einfach ein Drecksgeschäft. Eine Vetternwirtschaft, wo jemand mit guter Absicht sehr schnell verheizt oder verbogen wird, weil er sich der Mehrheit anpassen muss. Da frage ich mich, ob du dafür nicht zu schade bist. Du bist doch ein Sprachtalent. Mit deinem Background würde ich Sprachen studieren, irgendwas im Tourismus machen. Oder wenn's politisch sein soll, in die Diplomatie. Aber in die frontale Politik?! Ich habe ein wenig Angst um dich."*

„Ach, das brauchst du nicht! Unkraut vergeht nicht!", scherzte Amber. Maya war die Erste, der sie ihren kühnen Plan anvertraut hatte. So schlecht war Mayas Reaktion nicht gewesen. Amber grinste und fuhr mit den Händen über die aufgeheizten

Körperstellen. Sie sollte langsam ins Wasser oder in den Schatten gehen. *„Gehen wir eine Runde schwimmen? Oder in den Schatten der Büsche? Du weißt ja, meine Haut ...“*

Maya erhob sich zum Zeichen ihrer Zustimmung und klaubte kleben gebliebene Grashalme von ihren Unterarmen ab.

„Weißt du denn, was du nach dem Gymi machen möchtest?“, wollte nun Amber von ihrer Freundin wissen.

Maya schüttelte den Kopf, als sie beim Gehen ihren blauweiß gestreiften Bikini zurechtrückte. *„Meine Eltern meinten, ich sollte Medizin studieren. Aber ich weiß noch nicht so recht. Wir haben ja noch Zeit. Im Moment hängt mir das Pauken ziemlich aus dem Hals heraus. Ich bin reif für die Ferien. Ich freue mich auf den Urlaub in Schweden. Schade, dass du nicht mitkommst.“*

Als die beiden Freundinnen wenig später auf den Bollersteinen am Ufer die Zehen zur Temperaturprobe in den See stippten, sagte Maya beiläufig: *„Ich finde es übrigens schade, dass Hug geht. Ich verstehe es auch nicht so ganz, was der in dem Kaff Bülach will. Er war echt ein cooler Lehrer. Hoffentlich bekommen wir nicht den Vollpfosten aus der Parallelklasse.“*

Als von der Freundin nichts kam, stichelte sie: *„Ich hatte immer das Gefühl, dass Hug auf dich gestanden ist. Ich habe ihn ein paar Mal erwischt, wie er dich mit glänzenden Äuglein angeschaut hat.“*

Wie aus der Pistole geschossen wehrte Amber ab: *„Du spinnst doch. Bestimmt nicht! Der hat doch immer so einen Hundeblick drauf.“*

Das war einer der zum Glück seltenen Momente, in denen ein plötzlich aus dem Nichts auftauchender fieser Schmerz ihren Brustraum fast zum Bersten brachte und sie alles in sich mobilisieren musste, um die aufsteigenden Tränen zurückzustemmen. Ambers Hände schnellten zu den Augen. Sie rieb sie sich mit den Knöcheln und verlor beinahe das Gleichgewicht auf dem nassen Stein. Sie ruderte kurz mit den Armen, stieß sich dann mit den Füßen ab und sagte noch: *„So ein Mist! Mir ist eine Mücke ins Auge geflogen!“*, und hechtete danach kopfüber in den See. Sie schaffte es, sich drei Minuten unter Wasser zu halten. Das reichte.

IIIIIII 2004 – Sonntag, 26. Dezember: Die Welle

Walter

„Der Tod kam schnell und er kam gierig." Die Nachrichtensprecherin hatte den letzten Satz kaum beenden können, als Walter den Fernseher ausschaltete. Er hatte genügend Bilder gesehen. Auf allen Kanälen wurden die wackeligen Amateurbilder der Touristen ausgestrahlt, die alle dasselbe zeigten. Idylle, endlose Sandstrände, Palmen unter kitschigem Himmel und dann plötzlich eine wütende Welle, die sich am Horizont aufbäumte, sich zum Land walzte und alles verschlang und mit ins Meer zurückzog, was sich ihr in den Weg stellte.

Amber übernachtete ein paar Tage bei Maya. Er war alleine. Nach der gestrigen Weihnachtsfeier in Thurtalen hatte er sich auf die Tage zwischen den Jahren gefreut. Endlich wieder einmal nach eigenem Rhythmus aufstehen, essen, lesen, sich berieseln lassen. In Unterhosen und T-Shirt, auch ungeduscht das ganze Sofa für sich alleine belegen. Das Geschirr stehen lassen, bis der saubere Stapel im Schrank abgetragen wäre, was ihn vielleicht zum Abwasch motivierte. Aber nur vielleicht. Den puren, ungestörten Schlamperfrieden zelebrieren. Keine Zensur, keine Vorbildfunktion, kein Teenagernasenrümpfen. Doch die Bilder aus Thailand, Indonesien und Sumatra verstörten Walter zutiefst. Seine Idylle fühlte sich plötzlich schal an. Er sah sich im Wohnzimmer um, schweifte mit seinen Blicken über die Möbel, die Bücherwand, die Fotos an der Wand zurück zum Sofa und zum Salontisch, auf dem eine leere Tüte Paprikachips, ein Glas, in dem eine letzte einsame Gurke in der grünen Essigtunke schwamm, und das aufgeschlagene Programmheft lagen. Sie hatten nur ein Mal Meilin zuliebe einen Weihnachtsbaum. Er hatte damals alles getan, um sie irgendwie heiterer zu stimmen. Doch auch der Baum hatte es nicht geschafft. Und Walter fand seither noch mehr, dass es, wie so vieles, eine blöde Konsumerscheinung war, Bäume nur für Dekorationszwecke zu fällen.

Über den einst weißen Vorhängen und dem Sofabezug lag ein schmutziger Schleier. Er, das Mädchen und Gäste hatten Spuren hinterlassen. Und die Zeit. Seit dem Winter vor Ambers Geburt hatte er das Wohnzimmer nie verändert. Es durchfuhr ihn wie ein Blitz, als wäre er vorher noch nie darauf gekommen: Kein Wunder, dass keine seiner Freundinnen Lust gehabt hatte, bei ihm einzuziehen. Er war ein totaler Langweiler. Ein Spießer. Einer dieser faden Pauker, die er früher verspottet hatte. Und er war einsam. Wenn er jetzt von der Welle um eine Palme gewickelt worden wäre und an einem Lungenriss verendet wäre – wer würde um ihn trauern? Nelly. Vielleicht. Seine Schwestern? Kaum. Die würden ihn höchstens wie eine Trophäe als eine lebenslange Anekdote weiterreichen. Auch wir haben ein Opfer des Tsunami in der Familie! Seine Schüler bestimmt nicht. Amber?

„Was ist nur aus mir geworden?“, bemitleidete sich Walter und fragte sich, was er mit sich anfangen sollte. Alle Kollegen waren mit ihren Familien unterwegs. Einfach in einen Zug

steigen und irgendwo hinfahren? Und dann irgendwo ankommen, alleine vor einem Glas Wein anderen bei ihrem Leben zusehen? Nein danke. Lustlos tappte er durch die Wohnung, machte eine Inventur seiner Durchschnittlichkeit. Er zog an dieser und jener Schublade und zuckte mit den Schultern, zog kurz in Erwägung, in alten Fotoalben zu schmökern, verwarf aber auch diese Idee. Seine Laune verschlechterte sich kontinuierlich. Walter schlurfte in sein Arbeitszimmer, pflanzte sich auf seinen Stuhl und als er den Computer bemerkte, kam er auf die Idee, sich auf Youtube ein paar Pornos anzuschauen. Um Strom zu sparen, beließ er Geräte nie auf Stand-by, sondern zog immer die Stecker. Deshalb musste Walter unter den Holztisch kriechen, um den Rechner an den Strom anzuschließen. Prompt schlug er sich den Kopf an. Und fluchte. Im Indischen Ozean versoffen Menschen in den Fluten und er in Selbstmitleid. Na Bravo!

Als er in die Suchmaske von Youtube das Wort *Porno* eingeben wollte, vertippte er sich. Statt O, schrieb er U und bevor seine Finger den Fehler korrigieren konnten, hatte die Maschine bereits *Purple Rain* und *Deep Purple* vorgeschlagen. Diese unverhoffte Empfehlung erheiterte Walter sehr und ein breites Grinsen zog sich über sein Gesicht. Bilder schwirrten durch seinen Kopf. Schnappschüsse von verregneten Open-Air-Konzerten, von Menschenzügen auf AKW-Demos. Wildes Abtanzen und Kuschelrock in nebligen Discos, in denen früher noch geraucht werden durfte. Zu *Deep Purple* hatte er seinen ersten Joint geraucht. Sie alle, die Jungs seiner Clique, hatten sich die Bäuche gehalten vor Lachen. Damals. Eine halbe Stunde später tanzte Walter zu *Child in Time* durch das Wohnzimmer. Er trug immer noch seine Boxershorts und das weiße Schlaf-T-Shirt, das einen rosa Stich hatte, weil es aus Versehen in die Buntwäsche geraten, aber zum Schlafen allemal noch nützlich war. Es wurde gar mit dem Abnutzen immer behaglicher und es gab für Walter somit keinen Grund, es in die Altkleidersammlung zu geben. Walter hatte seinen Plattenspieler von der Staubschicht befreit, seine Lieblingsalben hervorgeholt und sie wie wertvolle Kunstbilder am Boden sowie entlang den Wänden und Regalen aufgestellt. Seine Freunde, seine Halbgötter, seine Seelenklempner, seine Rockmusiker, wie hatte er sie vergessen können! Walter drehte den Lautstärkeregler noch lauter, zog am Joint, an den er sich erinnert hatte und den er tatsächlich noch in seinem mit politischen Pins bestückten grünen Parka, den er immer auf Demos trug, gefunden hatte. Walter musste kurz husten, die Kippe war staubtrocken. Doch das spielte keine Rolle. Er war selig. Es war noch da, das geile Lebensgefühl. Unbesiegbar, unverbiegbar, voller Visionen für sich und die Welt war er gewesen. Genau das hatte er jetzt gebraucht! Und morgen würde man weitersehen.

Amber

Maya und Amber hatten sich Popcorn gemacht und sich in Wolldecken gehüllt vor dem Fernseher eingerichtet. Amber wusste nicht, zum wievielten Male sie *Drei Nüsse für Aschenbrödel* schon sah, doch der Film gehörte zu den Weihnachtstagen wie Nellys Kartoffelsalat und der Erzengel auf der Christbaumspitze. Aschenbrödels Stiefmutter schüttete in dem

Moment Linsen in die Asche, als Breaking News das Fernsehprogramm unterbrachen. Maya hatte sofort ihre Eltern aus dem Nebenzimmer gerufen, als die ersten Wellen des Tsunami über den Bildschirm schwappten. Zu viert starrten sie danach mit offenem Mund auf die davonschwimmenden Autos, die umknickenden Bäume und Halt suchenden Menschen. Als Amber aus den Augenwinkeln und ohne den Blick vom Fernseher zu heben Mayas Mutter ihre Tochter in den Arm nehmen sah, verspürte sie plötzlich das Bedürfnis, Walter und Meilin kurz Hallo zu sagen. Sie erhob sich, huschte auf den Socken in Mayas Zimmer und griff zu ihrem Handy. *„Mann, Dad! Warum gehst du nicht ran?"*, dachte Amber beunruhigt. Ungeachtet der Uhrzeit, es war mitten in der Nacht auf der anderen Seite des Globus, wählte sie danach die Nummer ihrer Mutter.

Meilin

„Hi, Girl! Rufst du wegen der Welle an?", verblüffte Meilin ihre Tochter, die damit gerechnet hatte, das Mobiltelefon mindestens zwanzigmal läuten lassen zu müssen, bis ihre Mutter im Tiefschlaf das Klingeln hören würde.

„Hmh, ja, ich wollte nur schnell Hallo sagen! Bist du denn wach? Krass, was!", seufzte Amber und war froh, die vertraute Stimme zu hören.

Meilin strich ihrer Partnerin eine Strähne aus dem Gesicht, deutete mit den Lippen einen Kuss an und richtete sich dann an ihre Tochter. *„Ja wir sind wach. Nathalie und ich hocken vor der Kiste und sind fassungslos. Draußen gießt es aus Kübeln.*

Merkwürdigerweise war ich den ganzen Tag schon sehr unruhig, als hätte ich etwas gespürt. Vorhin haben sie ein Amateurvideo gezeigt, wie Menschen eine Helferkette bildeten, um zwei Rentner, die sich durchs Wasser watend aneinanderklammerten, auf die Erhöhung zu hieven, als eine weitere Flutwelle die beiden erfasste und ins Meer riss. Ich weiß nicht, warum ich mir das antue. Ich werde seit Tracy eigentlich bei jedem Sturm halb hysterisch. Ich harrte doch damals 1974 eine Nacht lang mit meiner Großmutter Trudy im Badezimmer das Ende des Zyklons aus. Wir wussten nicht, ob wir das überleben. Ich habe mir damals ein paarmal in die Hose gemacht, ich sage es dir! Ich fasse es nicht, was die Natur für Kräfte entwickelt! Es ist schön, deine Stimme zu hören, Liebes! In solchen Situationen verfluche ich es, so weit weg von dir zu leben! Alles gut bei dir? Walter? Nelly?"

„Ja, alles auf Kurs. Wir hatten gemütliche Weihnachten bei Nelly. Wie immer. Paps ist alleine zu Hause. Wie immer. Ich verbringe ein paar Tage bei Maya. Lümmeln rum. Das Beste bei diesem Wetter", berichtete Amber knapp. Sie wollte noch wissen: *„Wie geht es Annie? Ihre ersten Weihnachten ohne ihren ... äh ... Mister."*

Meilin lächelte. Amber hatte nie richtig gewusst, wie sie ihren Großvater nennen sollte, und dachte kurz an die Namensfindungsdiskussionen zwischen ihr und ihrer Tochter. Granddad? Malcolm? Grosätti war von Sepp besetzt gewesen und sowieso nur in der Schweiz passend. „Annies Mann" und „Mister" hatten sich eingeschliffen.

„Annie blüht richtiggehend auf! Ich darf es fast nicht sagen. Sie verbringt die Weihnachtstage mit zwei Freundinnen in einem Wellnessresort nördlich von Cairns. Peter hat sie nicht dazu überreden können, die Festtage bei ihm und seiner Familie zu verbringen. Stell dir vor, Annie spricht davon, tauchen zu lernen! Mir gefällt es!" Nach einer kurzen Pause fragte sie sanft: *„Hast du wieder etwas von Niklaus gehört?"*

Amber schoss Wasser in die Augen. Sie schielte zur offenen Zimmertür. Aus dem Wohnzimmer berichtete der Nachrichtensprecher immer noch von der Katastrophe. Die Opferzahlen waren auf über 100.000 Tote gestiegen. Amber holte Luft und tuschelte in den Hörer: *„Ich kann nicht über ihn reden, Maya weiß nichts von ihm. Habe außer dir keinem was erzählt. Vermisse ihn. Aber komme schon klar. Seit Sommer unterrichtet er ja nicht mehr bei uns. Das passt ganz gut."* Als ihr die Tränen über die Wangen rannen und ihre Nase triefte, klaubte sie das zerknüllte Tempo aus ihrer Gesäßtasche, schnäuzte sich und hörte Meilin sagen: *„Schatz! Ist okay. Lass es raus. Dann heilt es schneller! Irgendwann ist es dann gut. Glaub mir!"*

Als Amber Mayas Stimme im Flur hörte, sagte sie schnell: *„Mam, ich muss jetzt Schluss machen! War gut, dich zu hören!"* Sie formte ihre Lippen, schmatzte in den Hörer und hörte gerade noch: *„Ich liebe dich, meine Große!"* Maya trat ins Zimmer, sah ihre aufgelöste Freundin, vermutete, dass sie ein Telefonat mit Australien geführt haben könnte, und trat auf Amber zu: *„Ach du! Komm her! Du vermisst deine Mam, gäll! Komm, ich bin jetzt halt deine Ersatzmami. Okay? Ich nehme* *dich jetzt ein wenig unter meine Gluckenflügelchen. Und heute Abend koche ich dir was Feines!“*

Niklaus

Aus dem Kinderzimmer hörte Niklaus die Stimmen seiner Buben, die mit den Playmobilrittern, die sie zu Weihnachten geschenkt bekommen hatten, Schwertkämpfe ausfochten. Er lächelte und fuhr fort, im Internet nach neusten Meldungen zu forschen. Niklaus war sich noch nicht sicher, ob er die Katastrophe tatsächlich nach den Weihnachtsferien im Unterricht behandeln wollte. Er seufzte und schüttelte unmerklich den Kopf, als er mit der Maus den Text auf dem Bildschirm hinunterscrollte. Er las: *„Die freigesetzten Wassermassen hatten eine Kraft von sieben Millionen Hiroshima-Atombomben. 230.000 Menschen sind getötet worden. Der Landteil um Phuket wurde um 27 cm verschoben. Die Erdachse wurde um 8 cm verschoben.“* Er musste sich sehr anstrengen, seine neue Klasse in Schwung zu bringen. Die Mädchen und Jungs, die ihm zugeteilt waren, waren erschreckend lahm! Kein Vergleich zu seinen Schülern in Zürich! Niklaus’ Puls beschleunigte sich. Er verspürte ein glühendes Ziehen im Brustraum, als hätte er einen Eimer heißes Wasser getrunken. Da war es wieder! Er ließ es brennen und atmete weiter. Er wusste mittlerweile: Ablenkung half am besten. Oder Zeit. Es ging wieder vorüber und dann konnte er zum Tagesgeschäft übergehen. Den Schulwechsel bereute er. Die Entscheidung für seine Familie nicht. Die Familie war sein Commitment. Und jetzt noch viel mehr. Sein Blick schweifte zum Ultraschallbild, das er sich mit Klebstreifen an den Rand des Computerbildschirms geklebt hatte. Der amorphe, weiße Klecks in der schwarzen Blase war inzwischen zu einem fünfunddreißig Zentimeter langen Menschlein herangewachsen und würde ab Januar im Gräbli zwischen ihm und Nadja liegen. Das hatten sie beschlossen, damit das kleine Kerlchen, solange Nadja stillte, der Familie so wenig wie möglich den Nachtschlaf raubte. Ja. Noch ein Junge. Niklaus war, als der Arzt das Geheimnis lüftete, kurz, wirklich nur ganz kurz enttäuscht gewesen. Ein Mädchen hätte schon etwas anderen Wind ins Haus gebracht. Mit Nadjas Idee, den Jungen statt Pippi Pippo nach ihrem Lieblingssänger zu taufen, konnte er sich jedoch bis jetzt nicht anfreunden. Sie hatten ja noch Zeit.

Wie es Amber wohl ging? Reflexartig betastete er mit dem rechten Zeigefinger die zwei Zentimeter lange Narbe an seinem linken Mittelfinger. Sie war jetzt im Winter nur für ihn sichtbar. Jetzt, da die Sommerbräune auch an den Händen verschwunden war, fiel der weiße Strich, das verheilte Überbleibsel der Wunde, kaum auf. Er glaubte nicht an Fügung und all den übersinnlichen Hokuspokus, an dem sich viele festhielten, um ihrem Leben einen Sinn zu geben. Er hielt sich an die Fakten: Der Mensch kam zur Welt und der Mensch starb. Dazwischen war ihm eine Lebenszeit geschenkt, die er optimal mit seinen Talenten und Fähigkeiten füllen oder wie eine verpasste Chance vertun konnte. Doch als er nach dem besagten Nachmittag mit Amber im Zürcher Hauptbahnhof eingetroffen war und sich beim Aufschließen der schweren Kette, die sein Rad an der Eisenstange des Unterstandes gesichert hatte, am vorstehenden Ende des Bremskabels den Finger aufgeschlitzt hatte und das Blut auf den Asphalt geronnen war, als wäre ihm der ganze Finger abgetrennt worden, hatte er sich kurz den Gedanken erlaubt, dass ihn das Schicksal mit Absicht verletzen und ihm ein Mahnmal hatte anhängen wollen. Ein Passant war hinzugeilt, hatte ihm sein Stofftaschentuch zugesteckt und ihm angeboten, ihn zur nächsten Apotheke oder zum Arzt zu begleiten. Doch Niklaus hatte dankend abgelehnt. Am Ende war er mit dem behelfsmäßig mit Tempos und dem Taschentuch des Herrn dick verbundenen Finger nach Hause gefahren und hatte ihn mit der Hausapotheke versorgt. Die Wunde war nicht so tief wie ursprünglich befürchtet. Als er später mit Nadja über den Zwischenfall lachte, glaubte auch er, dass die Bagatelle auf seine eigene Dummheit und Unaufmerksamkeit zurückzuführen war.

Er liebte und hütete die Narbe seither. Heimlich. Sie erinnerte ihn daran, dass er vielleicht einen fatalen Fehler begangen hatte, dass er berechtigterweise Nadja gegenüber dann und wann Schuldgefühle haben musste, dass seine Entscheidung für seine Frau und seine Familie aber mehr wog und sie deshalb nie von Amber erfahren sollte. Die Verletzung bezeugte aber auch, dass er nicht geträumt hatte und dass in ihm nicht nur ein Pragmatiker, sondern auch ein romantischer und entfesselter Liebhaber steckte. Er hatte diese Seite an sich eigentlich gemocht, sie hatte sich einfach zu einem denkbar ungünstigen Zeitpunkt gezeigt. Es kam vor, dass Niklaus die Narbe küsste, das Unerhörte zuließ und sich erlaubte, Amber für einen gestohlenen Moment immer noch zu lieben.

Ganz kurz war Niklaus versucht, auf der Homepage des Zürcher Gymnasiums nach den aktuellen Klassenfotos zu googeln. Doch er unterdrückte den Impuls, massierte stattdessen seinen Brustkorb, als wollte er die Hitze in ihm ausstreichen, atmete tief und sprach in Gedanken: „Ich wünsche dir von Herzen ein gutes Leben, Amber! Du bist eine umwerfende Frau!" Danach stieß er sich mit den Händen vom Tisch weg. Sein Stuhl rollte mit dem Schwung rückwärts bis er vor der Tür stoppte, genau so, wie er es mit Präzision eingeübt hatte. Er drehte sich um die Achse und rief den Kindern und Nadja, die sich hingelegt hatte, durch den Gang zu: *„Jungs, Nadja, habt ihr Lust auf einen Waldspaziergang? Wir könnten ein Feuer machen!"*

Nelly

Am zweiten Tag nach der Katastrophe räumte Nelly den Küchentisch frei. Sie hatte zum Mittag die letzten Reste vom Weihnachtsessen verzehrt. Es waren gerade noch eine Portion Kartoffelsalat und eine Scheibe Beinschinken übrig geblieben, dazu ein Schälchen Feldsalat. Weil noch Wein übrig war, hatte sie sich ein Gläschen gegönnt. Alkohol bescherte ihr, ungeachtet der Menge, seit Jahr und Tag rote Wangen und jetzt reichte bereits ein Glas, um unsicherer auf den Beinen zu stehen. Doch das kümmerte sie nicht weiter. Sie musste ja diese Tage nichts tun. Sie freute sich, wie jeden Nachmittag nach dem Essen bei einem schönen Tässchen Kaffee in aller Ruhe die Lokalzeitung zu lesen und sich zu informieren. Seit Sepp verstorben war, hatte sie sich angewöhnt, sich auf dem Laufenden zu halten.

Walters Ansporn, mit Lesen und Gedächtnistraining ihre zunehmend fauler werdenden Hirnzellen fit zu halten, war gar keine so schlechte Idee gewesen. In der Regel legte sich Nelly nach der Lektüre etwas hin und dachte bei geschlossenen Augen über das Gelesene nach. Normalerweise war dann das Weltgeschehen bis zum Abend verdaut und wieder vergessen, auch damit am nächsten Tag wieder Platz für Neues war.

Die Nachrichten aus dem Indischen Ozean trieben auch Nelly um. Als sie auf dem alten Sofa die Beine ausstreckte und die Pantoffeln abstreifte, fragte sie sich, ob sich denn jetzt die Natur rächte oder ob Gott zürnte. Vielleicht war es am Ende doch einfach nur mechanisches Zusammenknallen von Erdplatten, die das Seebeben ausgelöst hatten. Sie hatte großes Erbarmen mit den überlebenden Einheimischen, die nicht nur Angehörige, sondern auch Hab und Gut verloren hatten. Aber diese Touristen! Nelly hatte noch nie verstanden, warum in Herrgotts Namen Menschen um die halbe Welt reisten, um dort ihr Glück zu suchen? Früher hatte man sich mit dem, was man hatte, abgefunden und sich dort Pausen gegönnt, wo man wohnte. Vielleicht eine kleine Reise in die Berge. Es bringt doch nichts als Unheil, wenn Familien über den Globus ausschwärmten. Meilin und Walter schossen ihr durch den Kopf. Nelly öffnete kurz die Augen, um sich zu vergewissern, ob Ambers Bastelei noch auf dem Christbaum thronte. Sie seufzte und ihre Hände verkrampften sich zu Fäusten. Wie würden denn jetzt die Hinterbliebenen von den Tsunami-Opfern Abschied nehmen, waren die letzten Gedanken, bevor Nelly wegdöste.

2006 – März: Angst vor den Schatten

Am Mittwochnachmittag, zwei Wochen vor ihrem zwanzigsten Geburtstag, saß Amber an ihrem Schreibtisch, das Gesicht in ihre Fäuste gestützt, und starrte auf den Bildschirm des Rechners. Eine Strähne fiel ihr über das Gesicht, die sie gelegentlich wegpustete. Links und rechts stapelten sich Bücher: obligatorischer Schulstoff und ungelesene Biografien aus der Schulbibliothek, für die bereits eine zweite Mahnung eingegangen war. Bunte Haftnotizen klebten wie lose Blüten am Computer. Der Tee, den sie sich, weil sie gefröstelt hatte, aufgebrüht hatte, war längst erkaltet und stand unangerührt neben der Tasse mit der australischen Flagge, in der ihre Stifte griffbereit aufbewahrt waren. Immer wenn der Schnappschuss von Maya und ihr im Gummiboot, den sie als Bildschirmschoner installiert hatte, auftauchte, schnaubte sie durch die Nase und drückte die Entertaste, um auf das angefangene Worddokument zurückzukehren. Sie steckte fest.

Seit ein paar Wochen schlief sie nicht mehr durch, erwachte morgens zerschlagen und unausgeruht. Sie schleppte ihren bleiern schweren Körper durch den Tag, ersehnte jeden Abend ihr Bett in der hoffnungsvollen Zuversicht, dass auf die knochentiefe Erschöpfung doch tiefer Schlaf folgen müsste. Das Einschlafen gelang wie ein kleiner Triumph. Doch nach drei Stunden fand sie sich hellwach in nass geschwitzten Laken und das Gedankenkarussell raste aufs Neue. Ein halbes Jahr vor der Matura bekam sie einen Geschmack davon, wie sich eine Depression anschleichen konnte. Sie fühlte sich, als würde sie über ein Minenfeld balancieren und aufpassen müssen, nicht über eine Tretmine zu stolpern, die das Hirn zur Detonation und in der Folge zu einer Amokhandlung führte. Sie bekam eine Ahnung davon, wozu ein Mensch in der Lage sein konnte, wenn sein gesundes seelisch-geistiges Gleichgewicht gestört war. Sie traute sich plötzlich zu, einem Gegenstand, auch sich selber, Gewalt anzutun. Nur, damit dieser kaputte Zustand endlich ein Ende fand.

Sehr bald war Amber Meilin in den Sinn gekommen und hatte Panik bekommen. Sollte sie womöglich ihre psychische Labilität nun doch geerbt haben? Der Rat ihrer Mutter war pragmatisch gewesen: *„Hole dir sofort Hilfe! Akzeptiere auch Medikamente, um die Panikspitzen zu mildern. Wirf alles über Bord, das dir keine Freude macht! Geh aus und mach Party!"* Amber hatte die Anweisungen zur Kenntnis genommen, hatte auf der Suche nach einem in Reichweite liegenden Notizblock kurzerhand die Rückseite der letzten Physikarbeit genommen und die knappen Tipps ihrer Mutter in Schlagworten festgehalten. Sie hatte während des Skypens die Notizen mit Männchen, Kringeln und Schnörkeln verziert. Es waren nicht nur die brauchbaren Ratschläge ihrer Mutter, neue Zuversicht auf einen Ausweg erwuchs Amber besonders aus Meilins Tonlage. In der Stimme ihrer Mutter war kein Fitzelchen mehr übrig von der zerbrechlichen, erschütterten Frau von früher. Ihre Mutter hatte – trotz Verzögerungen und Störungen bedingt durch die Technik des Rechners – gefestigt, fürsorglich, völlig zweifelsfrei und unerschütterlich geklungen.

Amber hatte sich bei der Schulpsychologin Hilfe geholt. Diese hatte ihr geraten, Ordnung im Kopf zu bekommen, indem sie zuallererst eine Bestandsaufnahme von allem machte. Sie sollte sich ein kleines Heft zulegen, in das sie alle Gedanken und Gefühle unzensiert aufschreiben sollte. Dazu hatte sich Amber jedoch noch nicht durchringen können. Sie hatte mit der Bestandsaufnahme begonnen, die nun in *Avenir Book* in *Schriftgröße 14* auf dem Bildschirm stand. Mehr kam nicht, sie fühlte sich immer noch genau gleich platt wie vorher. Sie klickte mit der Maus das Printsymbol an, wartete, bis das Papier ausgedruckt war, überflog noch einmal die Notizen und fuhr den Computer herunter. Danach rief sie Maya an und verabredete sich mit ihr für die Nachmittagsvorstellung im Kino Central.

Klären:

– Geburtstagsparty ja oder nein?
– Matura
– Frederik ja oder nein?
– WG-Zimmer, wenn Christine zu Papa zieht?
– Studium: welche Richtung?
– Sabbatical in Australien, jobben?

Warum will ich in die Politik?

– Weil Politik von Männern und Lobbyisten der globalen Konzerne gemacht wird.
– Weil Macht ungerecht verteilt ist.
– Weil Kriege von Männern eingefädelt und gerechtfertigt werden.

- Weil Hausarbeit und Kinderziehung zu 90 % von Frauen in unbezahlter Arbeit verrichtet werden.
- Weil Monokultur in der Landwirtschaft die Böden und Lebensgrundlagen zerstört.
- Weil unsere Energieressourcen nur noch bis Mitte des 21. Jahrhunderts reichen.
- Weil es mir physisch wehtut, wenn Menschen ausgegrenzt werden.
- Weil ich die Arroganz des Westens, dessen Reichtum auf der Ausbeute der Entwicklungsländer fußt, kaum mehr aushalten kann.
- Weil Plastik im Pazifik einen Teppich gebildet hat, der so groß ist wie ein Kontinent.
- Weil die Treibhausgase den Klimawandel herbeiführen.
- Weil in (arabischen) Staaten im Namen der Religion Frauen immer noch beschnitten, verstümmelt und zwangsverheiratet werden.
- Weil nicht alle Frauen und Männer denselben Zugang zu Bildung, Wissen und Macht haben.
- Weil Religionen/Dogmen* Andersdenkende ausgrenzen, Frauenabwertung legitimieren.
- Frauen/Gleichstellung
- Gemeinwesen
- Ökologie
- Bildung
- Klima
- Migration (Krieg/Existenz)
- Ernährung/Landwirtschaft

– Energie
– Frieden/Aktivismus
– Arbeit
– Globalisierung
– Welche Partei: Grüne? Sozis? Alternative? Piraten? Parteilos?
– Ist Politik überhaupt mein Weg?

***Woran glaube ich eigentlich????**
März 2006

.....

Walter schnitt Weißbrot in kleine Würfel und schielte zu Christine, die neben ihm stand und im Caquelon im Käsefondue rührte. Sie war barfuß, trug dunkelblaue Leggings und eines seiner T-Shirts. Sie hatte gesagt, dass sie seine Note gerne auf ihrer Haut hatte. Aber er wusste auch, dass sie, wenn sie über die Türschwelle geschritten war als allererstes Pumps und die Arbeitsuniform abstreifte und zu Hause, genau wie er, am liebsten in bequemen Kleidern herumlümmelte. Unter seinen T-Shirts konnten sich ihr gemütliches Bäuchlein und die prallen Brüste, auf die er völlig abfuhr, frei bewegen und herrlich entspannen, wie sie ihm schon sehr bald anvertraut hatte. An Ostern waren sie ein Jahr zusammen, Christine und er. Was für ein unspektakuläres Glück! Unkompliziert war sie in sein Leben marschiert und einfach geblieben. Er hatte sein *GA* am Schalter verlängert, sie hatte amüsiert darauf aufmerksam gemacht, dass sie am selben Tag Geburtstag hatten. Sie hatten über ihr Sternzeichen Jungfrau gescherzt, das gerne Schönes und Solides hatte, und er hatte aus einer Laune heraus gefragt, ob sie Lust hätte, irgendwann einen Kaffee in einem schönen Lokal mit ihm zu trinken, und hatte schon mit einer fadenscheinigen Ausrede gerechnet, als sie erwiderte: *„Ja, warum eigentlich nicht?"* Und daraus hatte sich peu à peu eine Romanze entwickelt. Nie in den vergangenen zwölf Monaten hatte Christine Anstalten gemacht, ihn infrage zu stellen, ihn zu einer Therapie zu schleppen oder an ihm herumzumäkeln. Christine liebte ihren Job als Kundenberaterin bei den Schweizerischen Bundesbahnen. Sie war mit sich, ihren fünfundfünfzig Jahren und ihrem kinderlosen Leben im Reinen und darauf ruhte die ganze Beziehung. Er, der wenig Übung mit Partnerinnen und mit Meilin eine schwierige Referenz hatte, fühlte sich zu Beginn unsicher, wie ein Kind, das Laufen lernte. Er traute ihr die ersten Wochen nicht über den Weg. Es fiel ihm nicht leicht, seine Schmetterlinge im Bauch zu befreien. Erst, als sie im Sommer immer noch mit ihm ausgehen wollte, ihn immer noch liebenswürdig und den Austausch mit ihm erfrischend fand, als sie ihm beteuerte, dass es genau die schüchterne, sensible, unschuldige Art, wie er ihren Körper erforschte, erregte, erst dann konnte er sich richtig gehen lassen. Und seither feierte er jeden Augenblick, den sie zusammen verbrachten. Walter schenkte sich und seiner Freundin – ja, er hatte jetzt eine Freundin! – Weißwein nach. Mit einem seligen Grinsen trat er auf Christine zu, reichte ihr ein Glas, das sie entgegennahm. Sie prostete ihm fröhlich zu, während sie weiter in der Käsetunke rührte. Als Walter sich in die Lücke zwischen dem Herd und sie zwängen wollte, wehrte Christine ihn ab und schäkerte: *„Wir wollen doch nichts anbrennen lassen, oder?“*

In dem Moment war durch den Flur vertrautes Klimpern und Rascheln am Eingang zu hören. Die Wohnungstür öffnete und schloss sich leise, Ambers Schritte waren kaum zu vernehmen. Walter runzelte die Stirn. Er kannte seine Tochter und konnte ihre Gemütslage an den Geräuschen, die sie verursachte, deuten. Er stellte sein Weinglas ab, fuhr Christine beim Abdrehen mit der Hand sanft über ihren unter den hochgesteckten Haaren freien Nacken und trat zu seiner Tochter in den Flur.

„Na, alles klar?“, fragte der Vater und musterte Amber, auf deren Mütze und Haaren, die darunter hervorkringelten, ein sich auflösender Schneeflaum lag. *„Magst du dich dazusetzen und mit uns essen?“*

Amber schnupperte und kurz erhellte sich ihr Gesicht. *„Hmh! Fondue! Hatten wir ja schon ewig nicht. Und bei der Saukälte genau richtig!“* Amber riss sich Wollkappe und die Stiefel von den Füßen und warf alles achtlos auf den Boden.

„Mir hat es zwar vorhin den Appetit verschlagen! Ich war mit Maya im Kino. Wir haben uns ‚Die Wolke‘ angeschaut. Es geht um ein Teenagerpärchen, das in den Strudel einer Reaktorkatastrophe gerät. Der Film macht total betroffen, weil er zeigt, wie schwierig es ist, eine dicht besiedelte Gegend zu evakuieren, und was es für Einzelne bedeutet, die Haut zu retten. Mir ist der Film total eingefahren. Ich finde die ganze

Atomenergie so eine Sauerei. Ich weiß nicht, ob ich wütend oder traurig sein soll! Ich verstehe es einfach nicht, wie man auf diese brandgefährliche Technologie setzen kann! Die Politiker gaukeln uns Sicherheit vor, dabei stehen unzählige, zum Teil marode Kraftwerke in Europa herum, die bei einem menschlichen Versagen, einem Erdbeben oder Flugzeugabsturz hopsgehen könnten. Und dann die ganze Entsorgung. Es ist überhaupt noch keine Lösung dafür da. Und wir produzieren seit Jahrzehnten radioaktiven Müll. Es ist doch nackter Wahnsinn, unseren nachfolgenden Generationen diese Hypothek zu hinterlassen! Ich fasse es nicht!"

Amber hatte sich beim Berichten den vom Schneeregen durchtränkten Mantel abstreifen wollen. Der hatte sich aber an den nassen Pulloverärmeln verheddert, was sie noch mehr ereiferte. Als es ihr endlich gelang, sich des schweren Stoffes zu entledigen, überschlug sich ihre Stimme und sie schmiss das nasse Bündel energisch zu Boden auf die hingeworfenen Schuhe, die bereits eine Pfütze auf dem Parkett gebildet hatten.

Christines Kopf erschien kurz aus der Küchentür. Sie informierte knapp: *„Hinsetzen. Umrühren. Essen. Der Käse klebt fest. Ich habe für dich mitgedeckt, Amber."* Und verschwand sofort wieder in der Küche. Amber eilte ins Bad. Walter blickte ihr nach, bückte sich, hängte den Mantel und die Mütze an einem Kleiderbügel an die Heizung. Die Stiefel stellte er in Position davor, huschte in die Küche, kehrte mit einem Lappen zurück, ärgerte sich kurz, dass er ohne Hausschuhe mittenhinein latschte und sich seine Wollsocken vollsogen. Danach streifte er sie ab, hängte sie über den Heizkörper, kniete sich auf den Boden und wischte die Lache auf. Bei Tisch wirkte Amber wieder gefasst. Sie spießte ein Brotstück auf die Fonduegabel, rührte damit in der Käsesauce, wuchtete das angereicherte Paket routiniert, ohne Käsefäden zu hinterlassen, auf ihren Teller und streifte es mit dem Messer ab. Dies wiederholte sie zehnmal wie ein einstudiertes Ritual, bis sich auf ihrem Teller ein ansehnlicher Klumpen aus Brot und Käse erhob. Auf den streute sie großzügig Curry und Paprika und trug erst dann nach und nach den Berg mit Messer und Gabel ab. Christine beobachtete Amber fasziniert, während sie selber ihr Brot tunkte und vorsichtig zum Mund führte. Sie schielte zu Walter und suchte seinen Blick, um ihn auf das seltsame Gebaren seiner Tochter hinzuweisen. Doch dieser schien von Ambers Art, Fondue zu essen, unbeeindruckt.

Plötzlich durchbrach Amber das Schweigen: *„Dad, du bist doch jetzt schon seit zwanzig Jahren, seit Tschernobyl, in der Anti-AKW-Bewegung. Ist es nicht frustrierend, dass ihr nichts bewirkt habt? Warum tut sich nichts auf politischer Ebene? Warum werden die alternativen Energien nicht gefördert?“*

Walter verschluckte sich an seinem Brotstück, das ihm im Hals stecken blieb, lief rot an und bekam einen Hustenanfall. Als es ihm endlich gelungen war, wieder frei zu atmen, spülte er seine Kehle mit Weißwein. Er rang um Fassung und um Worte. Dass er und seine Mitstreiter nichts hatten bewirken können, hatte gesessen. Er legte sich einen Augenblick zu lang eine passende Antwort parat, denn plötzlich mischte sich Christine in die Diskussion: *„Also ich finde Atomstrom nicht so schlimm. Wie sollen wir denn sonst unseren ständig* *steigenden Strombedarf decken? Die Schweiz will doch souverän bleiben. Unsere Wasserkraftwerke reichen längst nicht aus. Und dreckige Braunkohle aus dem Ausland importieren kann doch nicht die Alternative sein. Erdöl und Erdgas sind begrenzt. Neuste Zahlen sprechen davon, dass die Rohstoffe nicht mal mehr bis Mitte des Jahrhunderts reichen. Solaranlagen sind extrem teuer in der Herstellung und der Rückbau der Batterien ist auch nicht wirklich nachhaltig. Ich vertraue den Politikern und den Experten. Es kann ja nicht in deren Interesse sein, uns in die Luft zu jagen."*

Walter starrte seine Freundin aus immer noch geröteten und feuchten Augen an. Sie hatte soeben ihr erstes politisches Statement in seiner Anwesenheit abgegeben. Jetzt war er gefordert, Amber zu antworten, ohne seine Freundin zu verscheuchen. Es wurde ihm plötzlich sehr unbehaglich. Wieder fehlte ihm die Erfahrung. Wie viel Meinungsverschiedenheit mochte eine noch junge Partnerschaft aushalten? Am liebsten hätte er geschwiegen oder das Thema gewechselt, doch er sah an Ambers funkelnden Augen, dass sie von ihm Zivilcourage und Position erwartete. Amber war auch schneller als er und fauchte: *„Du bist aber schön blauäugig, Christine! Tschernobyl ist immer noch nicht dicht! Da leckt trotz Sarkophag, den sie über das Kraftwerk gestülpt haben, immer noch Radioaktivität in die Umgebung. Da sind keine umsichtigen Wissenschaftler und Politiker, die die Bevölkerung und die Natur beschützen! Und stell dir mal vor, es würde ein geologisch sicherer Ort für den Abfall gefunden – was bis heute nicht gelungen ist! –, wie tief muss er verscharrt werden und wie soll* *denn die Stätte beschützt und bezeichnet werden für unsere Nachfahren? In hundert Generationen nach uns werden die Menschen unsere Sprache vielleicht nicht mehr sprechen oder die Piktogramme unserer Zeit nicht mehr verstehen. Wenn irgendein Forscherteam auf den radioaktiven Müll stößt, ihn unsachlich behandelt und beschädigt, dringt alles an die Oberfläche und weil er immer noch tödlich ist, verstrahlt er alles. Es sind nicht nur Umweltkatastrophen, wie Erdbeben, es ist auch der Faktor Mensch, der keine Sicherheit garantieren kann. Ich finde es unverantwortlich, wie uns die Entscheider besänftigen und für dumm verkaufen! Ich finde, wir müssen in Prioritäten denken. Ja, für die graue Energie, die Beschaffung und Entsorgung der Batterien der Solaranlagen ist noch keine glückliche Lösung gefunden. Aber meinst du nicht, dass ein Akku, der für die Verrottung 1000 Jahre braucht, das geringere Übel ist als Radioaktivität, die erst in Millionen von Jahren ungefährlich wird?"*

Christine legte ihr Besteck auf den Tellerrand, schwenkte ihr Weinglas, nahm daraus einen kräftigen Schluck und holte Luft, als das Glas unsanft auf der Tischplatte landete. Walter hatte seine Christine noch nie mit aufgeblähten Nasenflügeln gesehen. Er machte sich auf eine scharfe Antwort gefasst, die prompt folgte: *„Ich halte mich im Fall nicht für dumm. Ich kann sehr wohl selber denken und lasse mich nicht von Meinungen manipulieren, wenn du das damit sagen willst, Amber. Ich bin einfach pragmatisch. Wir brauchen Strom für unseren hohen Lebensstandard. Der wird mit Kernkraft sauber, klimafreundlich und günstig im Inland produziert. Würdest du* *auf dein Handy, deinen Computer, auf ausgiebiges, warmes Duschen verzichten? Du bist doch auch die, die nie das Licht löscht, wenn sie aus dem Zimmer geht. Also, ich möchte nicht verzichten. Ich habe mir als Kind den Hintern abgefroren auf dem ungeheizten Klo. Und ich glaube, dass unsere Forscher eine sichere Lösung für den radioaktiven Abfall finden werden. Irgendwann ist die Technologie so weit, dass wir den Abfall im All oder auf einem unbewohnten Planeten entsorgen können. Ich vertraue dem Faktor Zeit und dem Faktor Wissenschaft. Und bis dahin mache ich mir keine Sorgen. Das Leben ist zu kurz."* Christine nahm die Gabel wieder auf und bestückte sie mit einem Brotwürfel. Walter beobachtete die beiden Frauen am Tisch, die sich nicht ansahen, jedoch die Stirn in Falten legten, als würden sie Argumente zurechtlegen und angriffslustig in ihren Tellern scharren. Nelly hatte gesagt, dass früher Milch, als es noch keine Kühlschränke gab, zur Rahmgewinnung ungekocht aufbewahrt wurde und durch die aufgeladene Atmosphäre, die es vor einem Gewitter geben konnte, kippen und sauer werden konnte. Daran dachte er jetzt und fragte sich, ob der geschmolzene Käse in der halb leeren Pfanne auch gerinnen könnte. Amber legte nach: *„Ja, du hast recht, ich verbrauche Energie mit meinen Geräten. Aber weißt du, dass die Fleischfresser die größten Stromverschwender sind? Was in die Tierhaltung und Fleischproduktion an Energie fließt, geht auf keine Kuhhaut!"*

Er musste sich jetzt einbringen, er durfte den beiden Frauen auf keinen Fall das Feld alleine überlassen. Er gab sich einen Ruck und redete los: *„Als die Kernkraftenergie nach* *dem Krieg als neue Technologie eingeführt wurde, wollte die Schweiz vorne mit dazugehören und ihren eigenen Reaktor bauen. Die Kernenergie war während des Wirtschaftsaufschwunges für eine breite Bevölkerung die Versinnbildlichung des technischen Fortschrittes schlechthin. Erst in den Siebzigerjahren gab es erste kritische Stimmen zur Gefährlichkeit der Technologie. Das Kühlwasser wurde damals in die Flüsse geleitet und erste Messungen bestätigten, dass Radioaktivität ins Wasser gelang. Die Anti-AKW-Bewegung hat zur Aufklärung der Bevölkerung beigetragen und die Politik aufgefordert, Stellung zu beziehen. Wir Kritiker haben die Diskussion in die Bevölkerung gebracht und dank der unbeugsamen Beharrlichkeit neue gesetzliche Grundlagen für die Nutzung der Kernenergie geschaffen. Die AKW-Gegner sind das unbequeme Gewissen der Gesellschaft. Denn das Bewusstsein der Menschen hat wie die Radioaktivität eine Halbwertszeit. Der Mensch vergisst sehr schnell. Ein Jahr nach Tschernobyl haben 1987 noch 47 Prozent der Bevölkerung für einen Atomausstieg gestimmt. Zwölf Jahre später, 1998, waren es nur noch 33,7 %. Die Kernenergie war lange Zeit ein Investitions- und Prestigeprojekt. Da steckt viel Geld drin. Politiker sitzen zum Teil selber in den Verwaltungsräten der Stromgesellschaften, die die Kernkraftwerke betreiben, und haben wenig Interesse, auf andere Technologien zu setzen. Tschernobyl ist aus den Augen aus dem Sinn. Insgeheim finden einige Westler sogar, es geschähe den Russen recht, dass ihnen das passiert war. Die hätten geschlampt mit ihrem hinterwäldlerischen Wissen und seien nicht geschaffen, mit dieser anspruchsvollen Technologie umzugehen. Kein fortschrittsgläubiger Politiker hält es für wahrscheinlich, dass sich so ein Zwischenfall in einer westlichen, hochzivilisierten Gesellschaft ereignen könnte. “*

Walter bat Amber, ihm die Salatschüssel zu reichen, und fügte an: *„Ich wünsche uns allen, dass sie sich nicht täuschen!“*

Walter teilte Salat aus, schaute in die Runde und war mit sich zufrieden. Seine Worte hatten tatsächlich ein wenig zur Entschärfung beigetragen. Weder Christine noch Amber machte Anstalten, sich erneut zu Wort zu melden. Beide stocherten in ihren Salatblättern, falteten die großen Blätter mit Messer und Gabel zu kleinen mundgerechten Päckchen, als wäre es eine Königsdisziplin. Der Abend war gerettet. Es machte ihm Mut, noch einen draufzusetzen: *„Ich habe neulich einen interessanten Bericht gelesen: Tüftler in Japan haben einen „Quantum Energie Generator“ nachgebaut. Nikola Tesla ist Mitte des vorletzten Jahrhunderts in Kroatien geboren worden und hat als Physiker und Elektroingenieur unzählige Geräte erfunden und in einigen Ländern Patente angemeldet. Eines davon ist der Generator, der aus der frei verfügbaren Umgebungsluft Hochspannungsstrom erzeugt und in für unseren Gebrauch nutzbaren Wechselstrom transformiert. Tesla wollte seine Ideen allen Menschen zugänglich machen. Spannend und bezeichnend ist, dass das FBI nach seinem Tod alle Arbeiten und Baupläne beschlagnahmt hatte und bis heute dafür sorgt, dass seine Erfindungen nicht genutzt werden können. Militär und die Automobil- und Stromindustrie würden mit einer Verbreiterung seines Wissens auf einen Schlag Monopole, Glaubwürdigkeit und Macht verlieren. Ich werde das weiterverfolgen.*

Es tauchen Baupläne im Netz auf, die aber immer wieder verschwinden. Wenn ich einen zu fassen kriege, baue ich mir auch so eine Maschine. Und wenn sie tatsächlich funktioniert, bringe ich das Know-how meinen Schülern bei."

Amber tunkte mit den letzten Brotstücken die Salatsauce in ihrem Teller auf. Sie hatte ihrem Vater aufmerksam zugehört, betrachtete ihn, wie er nun mit einem zufriedenen Grinsen aufstand und die Teller einsammelte, und fragte sich, warum er plötzlich so gut gelaunt war. Ihr waren überraschend die Argumente ausgegangen und sie rang mit sich. Energie und Stromgewinnung hatten sie nicht wirklich interessiert und sie hatte sich die technischen Fakten nicht gemerkt, weil sie ihr Hirn nicht gerne mit Zahlen vollstopfte. Es war ein innerer Widerstand gegen die Atomenergie, alles bäumte sich in ihr auf, wenn sie daran dachte, was diese Menschheitsgeneration der Nachwelt hinterließ. Amber realisierte, dass sie wenn sie tatsächlich in die Politik wollte, mit Fakten und nicht mit Emotionen argumentieren musste. Insgeheim dankte sie Christine für das Übungsfeld, das sie ihr heute Abend angeboten hatte, auch wenn Dads Freundin in ihrer Gunst gesunken war.

Als Walter den Stapel zur Spüle balancierte und ein Messer vor dem Absturz bewahrte, dachte Amber zerknirscht: *„Ach, Dad! Du bist in Ordnung. Aber warum musst du dich immer mit solchen ignoranten Tussen herumschlagen!"*

Christine setzte eine gekünstelt versöhnliche Stimme auf und fragte in die Runde: *„Will noch jemand Fruchtsalat zum Dessert?"* Als Amber dankend verneinte und sich erhob, stieß Christine einen unmerklichen Seufzer aus, sah der jungen

Frau nach, als sie die Küche verließ, und beschloss auf der Stelle, heikle Themen am Tisch zu meiden. Sie wollte es sich mit Walter nicht vergraulen. Nach zwei Scheidungen war es in ihrem Alter nicht mehr so einfach, einen Partner zu finden, der einerseits ungebunden war und andererseits einigermaßen gesund im Kopf und körperlich noch kein Wrack. Sie hatte keine Lust mehr, die Seelsorgerin für einen gestrandeten, unselbstständigen Mann zu sein. Sie war keine Feministin, aber für Pantoffelhelden, die eine Ersatzmutti suchten, hatte sie keinen Nerv mehr. Walter war patent, einfach, humorvoll und strotzte vor Gesundheit. Dass er einen Zacken zu sehr Sozi und eine grüne Socke war, konnte sie durchgehen lassen, weil alles andere mit ihm passte. Sie stand auf, nahm das weiß-blau karierte Geschirrtrockentuch vom Haken, griff nach einem frisch gespülten Teller und bemerkte: *„Du, Schatz, können wir diese heiklen Themen außen vor lassen? Ich bin nicht dafür geschaffen, die Welt zu retten! Mir genügt es vollkommen, mit mir selber klarzukommen und für andere eine angenehme Zeitgenossin zu sein. Ich mag dich und möchte die Zeit, die uns bleibt, einfach genießen. Da ist doch nichts Falsches daran, oder?“*

Walter fuhr herum, streifte sich eilig die Gummihandschuhe ab, schmiss sie, ohne genau zu zielen, auf den ungewaschenen Geschirrberg. Er zog Christine an sich und küsste sie leidenschaftlich auf den Mund. Mit seiner linken Hand löste er das aufgesteckte Haar, das sofort wie ein Vorhang über ihren Nacken auf ihre Schultern fiel. Christine erwiderte seine Küsse, ihr Körper erwachte und begann sich seinem entgegenzuräkeln, als er mit der anderen Hand unter das T-Shirt fuhr und ihren weichen Bauch und die Brüste liebkoste. Walter stieß einen wohligen Laut aus, als Christine in seine Jeans glitt und seinen Schwanz fest umschloss. Sie löste ihre Lippen von seinen, hob die Mundwinkel zu einem breiten Lächeln und entblößte dabei ihre makellosen Schneidezähne. Ihre Augen funkelten, als sie seine suchten. Sie hob fragend ihre Augenbrauen. Walter antworte, indem er nickte, seinen Kopf als Zeichen zur Küchentür neigte. Als Christine mit den Lippen die Buchstaben Amber formte und die Stirn runzelte, zuckte Walter die Schultern, legte den Zeigefinger auf seinen Mund und schmunzelte dabei. Während sich die beiden aus der Küche an Ambers Zimmertür vorbeischlichen, aus der eine deutsche Punkband wütende Worte schmetterte, glitt einer der beiden Gummihandschuhe müde in die Spüle, füllte sich mit Wasser und sank blubbernd auf den Boden des Beckens.

Amber bekam von dem, was im Schlafzimmer nebenan abging, nichts mit. Sie brütete über dem Blatt, das sie am Nachmittag ausgedruckt hatte. Was die Band aus dem Lautsprecher brüllte, drang nicht zu ihr durch. Fakten! Keine Emotionen! Immer wieder tauchte das Bild der Parlamentarierin im Kopf auf, die im Nationalratssaal ihre Anfrage vorbrachte und der niemand zuzuhören schien. Eine Frau in einem Feld von grauen Männern, die gelangweilt in ihren Zeitungen blätterten. In

Amber bäumte sich aufs Neue ein Widerstand auf. Man durfte denen doch nicht einfach das Feld überlassen! Doch reichte Empörung aus?

Amber seufzte. Sie wusste schlicht nicht weiter. Niklaus hatte in ihr einst ein Feuer angezündet. Nicht nur im Schoß, sondern auch in ihrem Herzen. Er hatte ihr Orientierung gegeben, vermittelt, was richtig und falsch war. Sie hatte Lust und Mut gewonnen, ihren Beitrag für die Welt zu leisten. Doch er war nicht mehr da, niemand war da, der mit ihr das Unbehagen, die Unruhe, die Wut auf die Ungerechtigkeit auf dem Planeten teilte. Walter, einst ein wachsamer Wolf, war zu einem Schoßhündchen mutiert. Doch Amber konnte es ihm nicht einmal übel nehmen. Er, der so lange gebraucht hatte, nach ihrer Mutter, nein, überhaupt an die Liebe zu glauben. Amber konnte ihren Vater nicht einmal dafür verachten.

Amber ließ den Kopf hängen, den Rotstift fallen. Nachdem sie eine Weile regungslos dagesessen hatte, piepste ihr Mobiltelefon. Lustlos griff sie danach. Die Nachricht des Telefonanbieters, dass sie nur noch ein Guthaben von 10 Franken hätte, nahm Amber zur Kenntnis, löschte sie aber sofort. Sie drehte das Handy gelangweilt in ihren Händen, bis sie plötzlich einem Impuls folgend tippte: *„Mam, wie und wann hat das bei dir angefangen? Hast du den Zeitpunkt gemerkt? Kam es schleichend?“*

Innerhalb von Sekunden meldete das Gerät einen Posteingang: *„Was angefangen?“*

Amber zögerte erst, dann tippte sie: *„Na, deine Depression?“*

Die SMS war kaum fertig abgeschickt, als das Mobilgerät vibrierte. Meilins Nummer erschien auf dem Display. Amber nahm den Anruf entgegen und hörte ihre Mutter ohne Umschweife und Floskeln sagen: *„Hey, Liebes. Was ist mit dir los?"*

Die Stimme war Balsam in ihren Ohren. Amber sackte in sich zusammen wie eine Sandburg am Strand, die von einer Flutwelle unterspült wurde. Es war zwecklos, Meilin etwas vorzumachen, und Amber ließ es einfach geschehen. Unter Tränen stammelte und schluchzte sie in den Hörer, wie nutzlos und unterbegabt sie sich fühlte, wie lustlos sie sich durch den Tag stemmte und dass sie am liebsten einfach nur einschlafen und nie mehr aufstehen wollte. *„Und ..."*, Ambers Stimme wimmerte leise: *„und ... ich habe Panik, dass ich jetzt zu diesem grauen Zombie werde, wie du einer warst damals!"*

„Mädchen! Nein! Hör sofort auf, dir so etwas einzureden! Stopp! Erstens tickst du ganz anders als ich! Und zweitens lag es bei mir daran, dass ich nach einer unschönen Vorgeschichte in der Schweiz einfach nicht Fuß fassen konnte. Mach kein Durcheinander! Ja? Ich glaube, du bist einfach unter Druck mit dem Abschluss, hast Angst, es zu vergeigen. Das ist normal. Jeder hat doch einmal Phasen der Überforderung. Oder ist sonst noch etwas?"

Amber zögerte, rückte dann aber damit heraus, dass sie sich im Schlagabtausch mit Christine unzulänglich gefühlt und überhaupt keine blasse Ahnung mehr hatte, was sie nach dem Gymi machen sollte. Sie las ihrer Mutter ihre Liste vor.

„Wer ist Frederik?", wollte Meilin wissen und Amber

wunderte sich eigentlich nicht darüber, dass ihre Mutter ausgerechnet ihn aus allem herausfischte, aber sie hätte ihn ja auch verschweigen können, wenn sie gewollt hätte.

„Ach der ...“, versuchte Amber hinauszuzögern. Ihre Ohren waren inzwischen rot angelaufen und ihr Puls hatte sich beschleunigt. *„Er hat beim Bahnhof für Amnesty International Unterschriften gesammelt und wir sind ins Gespräch gekommen. Wir haben uns danach zwei-, dreimal getroffen. Ich bin ihm eine Antwort schuldig. Weiß nicht, was er mir bedeutet.“*

„Aha“, meinte Meilin und überlegte kurz: *„Kann er bis Sommer warten? Oder verpasst du eine gute Chance? Was sagt dein Bauchgefühl?“*

„Das weiß ich eben nicht ..., ich spüre mich nicht mehr“, Amber traten erneut Tränen in die Augen.

Nach einer Pause sagte Meilin: *„Darf ich dir einen Rat geben?“* Als Amber nichts erwiderte, fuhr Meilin fort: *„Denk in Prioritäten. Was ist das Wichtigste? Dein Abschluss! Alles andere kann warten. Du wirst klarer sehen, wenn du die Matura geschafft hast und über den Berg bist. Frederik wird im Sommer noch da sein, wenn du ihm wichtig bist.“ Als Amber immer noch schwieg, fügte Meilin an: „Und feiere deinen Geburtstag! Sei es dir wert. Zwanzig ist ein herrliches Alter! Du solltest im Sommer eine richtig große Sause machen!“*

Amber schniefte. Ihre Mutter hatte es tatsächlich geschafft, mit wenigen Worten ihren Druck von der Brust zu lösen und den Kopf zu klären. So, als hätte sie einfach nur die Fenster geöffnet und mit der einströmenden frischen Luft abgestandenen

Mief beiseitegeschoben. Sie tauschten danach noch ein paar belanglose Informationen aus, bis Meilin das Gespräch beendete: *„Gibst du mir bitte noch Walter? Ich muss mit ihm noch ein paar Sachen besprechen! Tschüss, Lieblingstochter!"*

Amber tappte mit ihrem Mobiltelefon aus dem Zimmer in die Küche. Dort fand sie Walter im Bademantel in der offenen Kühlschranktür stehen. Er war gerade im Begriff, sich zu bücken und nach einer Flasche Apfelsaft zu langen. Er hatte Amber nicht kommen hören, zuckte zusammen, als er sie beim Umdrehen erblickte. Hastig zurrte er mit der Flasche in der Hand den offenen Gürtel des dunkelblauen Bademantels zu. Amber zog die Augenbrauen hoch und reichte ihm ihr Telefon.

„Maman möchte dich sprechen!"

Beim Verlassen der Küche streifte ihr Blick über den halb erledigten Abwasch. Zurück im Zimmer zog sie die oberste Schreibtischschublade auf, griff blind hinein und ertastete das Feuerzeug an seinem Platz – das aus Schweden, das ihr Maya aus den Ferien als Souvenir für ihren ersten Joint, den sie noch in der Pipeline hatten, mitgebracht hatte. Mit der anderen Hand zerknüllte sie das Notizblatt. Sie machte auf dem Absatz kehrt, schlurfte ins Bad und zündete über der offenen Kloschüssel mit dem schwedischen Elch das Papierknäuel an, das sofort lichterloh brannte und schwarze Rauchschwaden entwickelte. Das Zündeln entlockte ihr ein Lächeln. Sie fixierte die Flammen, bis sie erstarben, in brüchige Ascheteilchen zerfielen und auf das Toilettenwasser in der Schüssel niederschwebten.

Walter, der sich nach dem kurzen Gespräch mit Meilin, in dem sie ihn in die Pflicht genommen hatte, Amber im Auge zu behalten, und ob er denn nicht gemerkt hätte, dass sie völlig aus dem Gleichgewicht war, wie ein gescholtener Hund fühlte und angestrengt darüber nachdachte, was er übersehen hatte, war zu Amber ins Bad gestürzt, als er Rauch witterte. Sie starrten sich an, als Amber in Zeitlupe die Spülung drückte.

„Bist du sauer, weil ich den Abwasch nicht gemacht habe?“, durchbrach Amber endlich das Schweigen.

„Was? Hmh?“ Walter stutzte, überlegte und machte danach mit der Hand eine abweisende Bewegung. *„Quatsch! Sicher nicht! Meilin hat mich vorhin wie einen Schuljungen gerügt, der seine Hausaufgaben nicht gemacht hat. Sie sorgt sich um dich. Mir ist nicht aufgefallen, dass du durchhängst. Muss ich etwas wissen, Große? Sollen wir uns in die Küche setzen? Ich mache uns Tee. Oder magst du ein Glas Rotwein?“*

„Wo ist Christine?“, wollte Amber wissen.

„Sie schläft. Das Käsefondue hat sie ausgeknockt.“

Als Amber zaghaft lächelte und in die Küche steuerte, folgte ihr Walter, holte zwei Gläser aus der Vitrine und den entkorkten Rioja vom Vorabend von der Anrichte und schenkte sich und seiner Tochter ein. Außer dem gluckernden Geräusch, das der Wein beim Einschenken machte, war es still in der Küche. Die Wanduhr zeigte kurz vor halb zwölf. Zwei leere Flaschen später tippte Amber um viertel vor zwei ihren Vater am Unterarm an und deutete mit einer Kopfbewegung zur Uhr. Walter schreckte auf: *„Mann, Mann. Da haben wir ganz schön die*

Zeit vergessen! Und in ein paar Stunden ist Schule! Komm, lass alles stehen, wir machen das morgen Abend!"

Der Vater stieß sich vom Tisch ab, bei der abrupten Bewegung verschob sich der Frottierstoff unter dem Gürtel und entblößte seine knochigen, behaarten Oberschenkel. Amber sah weg, erhob sich ebenfalls und streckte ihrem Dad die Arme entgegen.

„Nacht, Paps! Ich erledige den Abwasch, damit Christine sich nicht zu ihrem heiligen Morgenkaffee durcharbeiten muss."

„Sicher? Danke! Dafür und für das Gespräch! Bedeutet mir viel!"

Amber zog den Stöpsel und ließ das kalte Spülwasser ablaufen, fischte den vollgesogenen Handschuh aus dem Becken, leerte ihn, stülpte ihn um und hängte ihn zum Trocken über eine Stuhllehne. Danach ließ sie frisches, warmes Wasser einlaufen, gab ein paar Tropfen Spülmittel dazu und stellte das Radio auf der Anrichte ein. Sie ließ Papas Sender und dimmte die Lautstärke. Sie räumte die leeren Flaschen, die Olivenkerne und Zahnstocher, die sie auf einer Papierserviette gesammelt hatten, vom Tisch und wischte mit dem Lappen eingetrocknete Käsefäden, Brotkrümel und Rotweinringe weg. Aus dem Gerät rollte der nächste Song an. Bei dem beschwingten Beat und den Keyboardrhythmen begannen Ambers Beine und Hüften unwillkürlich zu wippen. Sie griff zum Abwaschbesen, tunkte Teller um Teller und befreite diese von Essensresten, während sie von einem Fuß auf den andern tänzelte. Als

Gesang einsetzte, drehte sie am Lautstärkeregler. Sie wollte verstehen, worum es im Song ging.

„Higher, higher won't you come with me?
Baby gonna get my soul free"

Es musste ein Song aus den Achtziger- oder Neunzigerjahren sein. *„Gar nicht so schlecht, die alten Heuler!"*, billigte Amber. Als sie den Refrain erkannt hatte, hob sie die Spülbürste wie ein Mikro zum Mund und sang mit: *„Baby gonna get my soul free!"*

Sie bekam nicht mit, dass Walter nach dem Zähneputzen noch einmal in die Küche zurückgekehrt war, um Amber für den Abwasch zu danken. Er war im Türrahmen stehen geblieben, hatte seiner Tochter, die ihm den Rücken zugewandt hatte, für einen verstohlenen Augenblick zugesehen. Weil er ihren unbeschwerten Zauber nicht zerstören wollte, warf er ihr einen Handkuss zu und wandte sich Richtung Schlafzimmer ab.

2008 – Juni: Boden gut gemacht

Amber fragte sich schon manchmal, ob es so etwas wie Schicksal gab und ob diese höhere Instanz sich einen Scherz mit ihr erlaubte. Denn es reichte offensichtlich Frau Fügung nicht, dass sie an einem 19. Juni zum ersten Mal mit einem Mann geschlafen hatte. Wie könnte sie diesen halben Tag in Luzern mit Niklaus je vergessen! Die Maturitätskommission des Gymnasiums hatte ausgerechnet auf den 19. Juni 2006 die letzte Prüfung angesetzt. Und an diesem 19. Juni, als sie trotz der brütenden Frühsommerhitze ihre Französischklausur mit einer überraschenden Leichtigkeit hingelegt und frühzeitig abgegeben hatte, als sie am liebsten schreiend vor Erleichterung aus dem Gebäude gerannt wäre, was sie sich aber aus Rücksicht auf die anderen untersagt hatte, fand sie Frederik, der mit einem Picknickkorb im Schatten des Fahrradunterstands an den Betonpfeiler gelehnt auf sie wartete.

In dem Moment, als er sie erblickte, ging ein Ruck durch seinen Körper, er griff nach dem Stück Stoff, das auf einem Gepäckträger lag, faltete es auseinander und breitete es sorgfältig auf dem Beton aus. Aus dem Korb beförderte Frederik Leckereien und arrangierte sie auf dem Tuch: eine Flasche Champagner, Gläser, Servietten, Spießchen, Antipasti, Chips, Essiggurken, Guacamole, Hummus, Cracker, Popcorn und Marshmallows. Amber konnte nicht anders, sie überlegte nicht, sie rannte aus purer Erleichterung, Entzücken und einem unbändigen Freiheitsgefühl zu ihm und presste ihre Lippen auf seinen Mund. Frederik erwiderte den Kuss, zärtlich und fest zugleich. Es schmeckte ihr und dies alles war jetzt nach all der Anspannung möglich und richtig.

Sie beschlossen später, den 19. Juni als ihren Jahrestag festzulegen. Im ersten Moment zögerte Amber. Sie schlug als Alternative den Tag im Februar vor, an dem er sie um eine Unterschrift für die Befreiung eines inhaftierten chinesischen Widerstandskämpfers angebettelt hatte, dann das zweite Date im März, als sie sich zu einer warmen Schokolade im *Tibits* getroffen hatten. Doch irgendwie zählte das unverbindliche Vorgeplänkel nicht richtig, fanden sie dann beide. Amber war einverstanden, dass es vier Jahre nach Luzern an der Zeit war, die Spuren zu überschreiben. Und vielleicht würde sie irgendwann Frederik von Niklaus erzählen.

Nach den Prüfungen und dem Bescheid, dass sie die Reifeprüfung tatsächlich geschafft hatte, war Amber im Sommer 2006 für ein paar Wochen nach Brisbane gereist. Meilin, Walter, Annie und Nelly hatten ihr die Reise zum Zwanzigsten und zur bestandenen Matura geschenkt. Dass Amber sie bestehen würde, hatte außer ihr selber niemand angezweifelt.

Im September hatte sie sich jedoch ehrlich gefreut, zu Frederik zurückzukehren. Auf die Distanz hatten sie sich regelmäßig SMS geschickt, dann und wann geskypt, sich vermisst und geahnt, dass aus ihnen beiden tatsächlich eine ernsthaftere Kiste werden könnte. Frederik war einen Kopf größer als sie und war ein bekennender Velofahrer. Ein Fahrradhelm, der aussah wie eine halbierte schwarze Billardkugel war sein ständiger Begleiter. Den Helm trug er entweder unter dem Arm geklemmt, an seinem Rucksack baumelnd oder auf seinem Haupt. Eine schwarze Acht prangte auf einem weißen Kreis prominent auf der Helmvorderseite und die blonden Locken suchten sich irgendwie zwischen Ohren und Helm einen Platz.

Frederiks Wangen waren stets gebräunt oder mit einem gesunden Rot vom Aufenthalt an der frischen Luft überzogen. Alle Distanzen bis zu 100 Kilometer legte er auf seinem Drahtesel zurück. Kein Wunder klebte kein Gramm Fett zu viel an seinen Knochen. Frederik hatte erst Kunst studiert, war aber im ersten Semester wegen mangelnder Originalität aus der Fachhochschule geflogen. Er hatte dies jedoch nicht als Debakel in seinem Lebenslauf betrachtet, sondern war noch am selben Abend, als er vom Durchrasseln erfahren hatte, mit seinem Rad zum Genfer See aufgebrochen und drei Tage später wieder zurück nach Zürich geradelt. Noch verschwitzt hatte er in der Eingangstür den Eltern verkündet, dass er jetzt eine Lehrstelle als Schreiner suchen würde, um ein gutes Handwerk zu erlernen, das ihm überall in der Welt dienen könnte.

Frederik war witzig und unkompliziert. Er war nie beleidigt, wenn sie lieber mit Maya einen Mädelsabend machen wollte. Er war ein Mensch mit goldenem Herzen und einem sicheren Gerechtigkeitssinn. Er war sich nie zu schade, auch im strömenden Regen an den freien Samstagen Unterschriften für Amnesty International oder Greenpeace zu sammeln und den eiligen Passanten in der Bahnhofstraße unbequeme Fragen zu stellen.

An Frederiks Seite gewann Amber eine neue Ausrichtung. Er unterstützte sie, als sie verschiedene Möglichkeiten auslotete und sich schlussendlich dafür entschied, sich für das Frühjahrssemester bei der Uni Zürich in Soziologie einzuschreiben. Es machte ihm nie etwas aus, dass er „nur eine Lehre" absolvierte, während sie studierte.

Bis zum Studienbeginn im Winter jobbte sie in der *Migros* an der Stockerstraße. Im Supermarkt bestückte sie leer gekaufte Gestelle, wurde später in die Frischgemüseabteilung versetzt und stieg danach zur Kassiererin auf. Amber staunte, wie körperlich anstrengend es war, Tag für Tag so viel Material zu stemmen, und wie sie gefordert wurde, das Tempo beim Einkassieren einzuhalten, die Geduld nicht zu verlieren und auch dem größten Arsch nicht unfreundlich zu antworten. Sie bekam großen Respekt für die Damen und Herren in den orangefarbenen Kitteln, die sie vorher nie wirklich beachtet hatte. Mit der Zeit hatte sie den Dreh raus, wie sie sich aus dem Getratsche über Kolleginnen heraushalten konnte. Denn das war das Einzige, was ihr mächtig auf den Keks ging. Kaum war sie mit einer Angestellten alleine im Pausenraum, wurde sie in ein vertrauliches Gespräch über die andere, die gerade eben den Raum verlassen hatte, verwickelt. Ausnahmslos jede lästerte im Rücken über die anderen. Amber vermutete, dass eine fehlende Lohntransparenz und eine willkürliche Beförderungs- und Beurlaubungspolitik im Betrieb die Frauen verunsicherte und jede in der anderen eine suspekte Konkurrentin sah, was das Arbeitsklima vergiftete. Sie hielt sich heraus und ergriff für niemanden Partei, was ihr als temporärer Angestellten zugestanden wurde.

Amber war schließlich froh, als der Marktleiter sie als Springerin behielt. Damit konnte sie während des Studiums an den Wochenenden dazuverdienen und ein Stück unabhängiger von ihrem Dad werden.

Christine war während ihrer Australienreise eingezogen. Walters Wohnung war für zwei lebhafte Frauen und ihren Revieranspruch definitiv zu klein geworden. Alle drei waren schließlich erleichtert, als Amber im März 2007 zu Lea und Fabienne in die WG zog. Es war ein Glück, dass Amber in der legendären Frauenwohngemeinschaft im Kreis vier, die schon seit den Siebzigerjahren unter der Hand weitergereicht wurde, ein Zimmer fand. Lea arbeitete als Sekretärin bei der *Zürcher Frauenzentrale* und ihre Freundin Fabienne war nach ihrer Lehre als Landschaftsgärtnerin in die Stadt gezogen, um Umweltwissenschaften zu studieren.

2008 – Juni: Bread and Roses

Amber klappte den Laptop zu und streckte sich. Die Halswirbel dankten es ihr mit befreitem Knacken und aus ihrem Brustraum löste sich ein tiefes Gähnen. Amber langte zum Printer und fischte das Papier hervor, auf dem sie das Gedicht von James Oppenheim, auf das sie bei ihrer Recherche gestoßen war, ausgedruckt hatte. Der Amerikaner hatte 1911, inspiriert von Parolen streikender Textilarbeiterinnen, die nicht nur für einen gerechten Lohn (Brot), sondern auch eine menschenwürdige Arbeits- und Lebensumgebung (Rosen) auf die Straße gingen, die Zeilen verfasst. Die deutsche Übersetzung von *Peter Maiwald* aus dem Jahr 1978 druckte sich Amber aus.

Amber hatte neugierig nach den schlichten Worten *Bread and Roses*, die eine eigenartige Faszination auf sie ausübten, weiter gegoogelt und herausgefunden, dass die Schwester von *Joan Baez*, die Singersongwriterin *Mimi Fariña*, das Gedicht in den 1970er-Jahren vertont hatte. Eine Interpretation von *Judy Collins* hatte Amber schließlich auf Youtube aufgestöbert. Der Studentin hatten sich die Nackenhaare aufgestellt, als sie den Song abspielte. Sie lud ihn sich sofort auf ihre Playlist des iPod herunter.

Sie war um sieben aufgestanden, hatte eine halbe Stunde gejoggt, sich Kaffee gebrüht und danach fünf Stunden lang für ihre Semesterprüfung ermittelt und unter dem Arbeitstitel *„Frauen & Bewegung"* unzählige Artikel in einem Sammelordner abgelegt. Sie hatte Material über die Suffragetten in Großbritannien vor dem ersten Weltkrieg, den Grimké-Schwestern, die sich zu Beginn des 19. Jahrhunderts in den Vereinigten Staaten für die Abschaffung der Sklaverei, gegen die Rassentrennung und für Frauenrechte eingesetzt hatten, den Textilarbeiterinnenstreik von 1912 in Lawrence/Massachusetts und den Abstimmungskampf über die Einführung des Frauenrechts in der Schweiz 1971 zusammengetragen – und dies war erst eine lose, unübersichtliche Sammlung, die ergänzt und geordnet werden wollte!

„Was für ein Glück und was für ein Fluch, dass wir im Zeitalter der Internetsuchmaschinen leben! Die Fülle an Informationen inspiriert und erdrückt mich zugleich! Wie sind die Frauen vor einhundert Jahren an Informationen gekommen, wenn Väter und Gatten ihnen den Zugang zu Bildung unmöglich gemacht hatten? Wissen ist Macht!", sinnierte Amber und zog kurz in Erwägung, den letzten Satz als Titel der Arbeit zu verwenden.

Aus dem Inland gab es auf der Gleichstellungsebene wenig Rühmliches zu lesen. Die Schweizerinnen brauchten einen sehr langen Atem bis zu ihrem Ziel – der politischen Teilhabe. Erst im zweiten Anlauf, nach dem ersten im Jahre 1959, gewährten die Stimmbürger 1971 als eines der letzten westlichen Länder den Frauen das Wahl- und Stimmrecht. Aber auch danach kamen die Gleichstellungsbemühungen nur sehr zäh voran, was die Schweizerinnen veranlasste, einen landesweiten

Frauenstreik im Juni 1991 zu organisieren. Amber empörte sich über die Sturheit der männlichen Eidgenossen und die Trägheit der direkten Demokratie, wie sie sich bis zur Jahrtausendwende dargestellt hatte. Verstört hielt sie inne, unterbrach ihre Online-Recherche, hob den Kopf und bemerkte erst jetzt, dass ihr der Schädel brummte. Sie sollte sich dringend eine Pause gönnen, dem ihr knurrender Magen unüberhörbar zustimmte. Er begehrte auf, weil er außer eines koffeinhaltigen Getränkes am Morgen noch nichts Handfestes bekommen hatte. Sie aß selten etwas vor elf Uhr. Sie hatte in der Früh einfach keinen Appetit. Zudem wurde ihr nach einer Mahlzeit, sobald die Verdauungsmaschine in Gang gesetzt war, alle Energie aus dem Kopf in den Bauch abgezogen. Gründliches Denken konnte sie dann gleich vergessen.

Amber liebte es, in Berichten zu graben, sich Wissen anzueignen, anderen Denkern auf die Spur zu kommen und selber ihre Schlüsse zu ziehen. Sie liebte ihr Studium, das ihr Futter fürs Hirn schenkte. Manchmal hatte sie richtig Party im Kopf. Immer wenn sie eine Erkenntnis hatte, prosteten sich die Neuronen unter der Schädeldecke zu und entzündeten Raketen. Doch jetzt musste sie die Partytruppe im Oberstübchen, die sie von einem Rausch zum anderen peitschte, zur Raison bringen, indem sie energisch für Feierabend sorgte.

„So Leute! Schluss für heute! Jetzt geht nichts mehr.“

Amber speicherte die geöffneten Webseiten ab, um am nächsten Tag – insbesondere interessierte sie den landesweiten Frauenstreik von 1991 – wieder anzuknüpfen. Sie erhob sich, riss das Fenster auf und ließ frische Luft einströmen.

Geplapper von Schülern und das Geknatter einer Vespa drangen zur ihr in den vierten Stock. Zwei Häuserblocks weiter rollte eine Autoarmada über eine Hauptachse der Stadt. Das Dröhnen vieler Motoren verschmolz zu einem einzigen Klangteppich, gehörte zur Geräuschkulisse wie ein gelegentliches Martinshorn oder ein Presslufthammer. Manchmal vermisste Amber einen Balkon, um sich unkompliziert in die Sonne zu setzen. So wie bei Nelly. Da hatte es zu jeder Tageszeit ein Sonnenplätzchen rund ums Haus. Jetzt musste sie, um ein paar Sonnenstrahlen abzubekommen, aus dem Haus, sich aufs Rad schwingen und zum See fahren.

Erneutes Rumpeln im Bauch brachte Amber in Bewegung, den Kühlschrank nach Essbarem zu inspizieren. Auf den weißen Gitterstäben fand sie außer einer halben Butter, die halb entblößt in der Alupapierverpackung lag, nur einen kümmerlichen Lauch in der Gemüseschublade. Amber stieß Luft durch die Nase, erhob sich und gab der Kühlschranktür einen Schubs. Der Blick auf den Ämtliplan, den die drei immer am Ersten des Monates anhand der bevorstehenden Vorlesungen und Jobs austüftelten und über den Küchentisch pinnten, neben den Flyer vom Lieblingsinder, der Pizzaliste von Marios Lieferservice, kulturellen Veranstaltungen und Postkarten, verriet, dass sie diese Woche mit Einkaufen dran gewesen wäre und es vergessen hatte.

Also gut, Einkaufen war angesagt. Dann konnte sie gleich noch bei Bedas Laden vorbeigehen und das T-Shirt besorgen, dass sie in der Auslage gesehen hatte und Fred zum Jahrestag schenken wollte.

„Morgen sind wir zwei Jahre zusammen! Das finde ich beachtlich“, dachte Amber, als sie eine leere Einkaufstasche in ihren Rucksack stopfte, sich aus der Gemeinschaftskasse einen Fünfziger schnappte, in ihren Geldbeutel steckte und zum Bad schlurfte. Noch immer brachte sie der Engel, der an der kugeligen Lampe im Eingangsbereich an einer Lichterkette befestigt war und der bei jedem Luftzug beim Betreten des Flures in Bewegung kam, zum Schmunzeln. Sie hatte vor dem Einzug Nelly Anniel abgeschwatzt und ihre Roommates davon überzeugen können, dass der Bastelkitsch überirdische Kräfte besaß und jeden, der durch diesen Flur ein- und ausging, unter Schutz stellte.

Sie freute sich, Nelly am Wochenende mit Frederik zu besuchen und mit ihm das Erdbeerfeld, das jetzt in voller Reife stand, abzuernten und Nelly beim Einmachen zu helfen. Wenn sie danach mit einem Dutzend gefüllter Einmachgläser und dem ausgedienten Mayonnaiseeimer von der Dorfmetzgerei voller frischer Erdbeeren für beide WGs in die Stadt zurückkehrten, wenn sie sich auf der Zugfahrt auf den Bänken ausstreckten und über ihre vollen Bäuche strichen, weil Nelly sie wieder einmal gemästet hatte und Frederik, statt zu stöhnen, einfach nur selig grinste, dann mochte sie ihren Weggefährten nicht mehr hergeben. Das Leben war so einfach mit ihm. Manchmal fantasierten sie, wie es nach ihren Ausbildungen weitergehen könnte.

Es waren luftige Ideen, wie eine Reise zu Ambers Verwandten oder ein Auslandsjahr in einem Entwicklungsprojekt in

Madagaskar oder Nicaragua. Vielleicht würden sie auch zusammenziehen, sich erst einmal etwas in ihren Berufen einleben. An Kindern hatten beide kein Interesse. Frederik war ein Einzelkind wie sie und ihnen beiden war das Jotütü anderer befreundeter Pärchen in ihrem Alter, die sich über einen Kinderwagen beugten und über eine eigene Familie fantasierten, suspekt. Die Verhütung hatten sie vor dem ersten Sex mit einem mündlichen Vertrag geregelt. Frederik war im ersten Jahr dafür zuständig. Im zweiten Jahr ließ sie sich Dreimonatsspritzen injizieren. Sie musste so nicht täglich daran denken und sie vertraute darauf, dass der Hormoncocktail ihrem Unterleib unmissverständlich zu verstehen gab, dass er nicht auf die Idee zu kommen brauchte, einen Zellklumpen einnisten zu lassen. Im Folgejahr würde Fred wieder Pariser besorgen. Dieses Arrangement fanden sie beide fair und verträglich. Und sooo wichtig war ihnen beiden Sex nun auch wieder nicht. Es war schön, wenn sie zusammen waren. Sie kam gelegentlich. Er jedes Mal. Kuscheln, Knutschen und eine gute Zeit zusammen zu haben, sich Freiräume zu lassen, war ihnen beiden viel wichtiger, als ehrgeizige, ausgeklügelte Sexpraktiken auszuprobieren. Sie mussten sich nichts beweisen. Gelegentlich dachte sie an Niklaus. So entfesselt wie mit ihm hatte sie ihren Körper nie mehr erlebt. Doch Amber führte es darauf zurück, dass es das erste Mal war und dass sie für Niklaus sowieso nur eine unschuldige pubertäre Begeisterung empfunden hatte, die sie so intensiv nie mehr in ihrem Leben erfahren würde, weshalb sie gar nicht darüber zu grübeln oder etwas nachzutrauern brauchte.

Amber betrachtete sich im Flurspiegel, tuschte sich ihre Wimpern, band die Haare zu einem Pferdeschwanz zusammen und streifte sich den Fahrradhelm über den Kopf. Er war melonenförmig und mit der australischen Flagge überzogen. Frederik hatte ihn ihr zum 21. Geburtstag geschenkt. Er war ein feiner Weggefährte. Und sie liebte ihn, sanft und unspektakulär. Sie konnte sich ein Leben ohne ihn nicht mehr vorstellen – so wenig, wie sie sich ein Leben ohne Nelly und Walter und ihre Verwandtschaft auf der anderen Seite der Erdkugel vorstellen konnte.

Sie sah heute ein, dass für Meilin das Arrangement mit ihrer Tochter, auch über die enorme Distanz, das beste war. Ja klar, sie vermisste dann und wann ihre Mutter. Aber Nelly, Paps und ihre Freundinnen hatten alles wettgemacht. Man konnte sich mit vielem, was nicht zu ändern war, jedoch einen höheren Sinn ergab, einrichten. Wenn allerdings Missstände und Ungerechtigkeiten zum Himmel schrien, wenn man Wissen und Fähigkeiten geschenkt bekommen hatte, stand man in der Pflicht, aufzuklären und Benachteiligten bei der Verbesserung ihrer Umstände beizustehen. Seit sie mehr Zusammenhänge verstand, seit sie begriff, wie Kolonialismus und Religionen den weißen Mann in eine Vormachtstellung geführt hatten, die er freiwillig nicht loslassen mochte, fühlte sie sich als privilegierte weiße Frau dazu gerufen, aufzustehen und mitzumischen. Auch wenn sie noch nicht wusste, wie genau.

Amber schloss die Tür hinter sich zu, stieg in den Keller und holte Nellys violettes *Mondia*-Dreigangfahrrad, das sie fuhr, seit ihr eigenes gestohlen wurde. Auf dem Fahrradstreifen vor der Haustür stöpselte sie sich Kopfhörer in die Ohrmuscheln, drückte auf die Playtaste und schwang sich auf den Sattel. Auf dem Weg zum Coop, der zehn Blocks weiter lag, ließ sie sich erneut mit dem Lied der Widerstandskämpferinnen berieseln. Wellen von Gänsehaut liefen ihr über die Haut bei der glockenhellen Stimme und den Worten. Bei der Textpassage *„As we go marching, marching/We battle too for men."* bremste sie abrupt, stieg ab, zerrte das Rad auf den Gehsteig neben einem mit Mohn und irgendwelchem Grünkraut üppig bestückten Pflanzkübel, pulte den iPod aus der Gesäßtasche ihrer Jeans, um die Zeile erneut abzuspielen. Ja genau, darum ging es! Wenn wir zusammen marschieren, kämpfen wir auch für die Männer. Wenn Frauen ermächtigt werden und in der Gesellschaft auf allen Ebenen mitspielen dürfen, gewinnen auch die Männer. Es gab immer mehr, die auf Lohn verzichteten, um mehr Lebenszeit und -qualität zu gewinnen, die sie mit Freunden und Familien verbringen konnten.

Sie dachte an ihren Dad, der keine Lust auf die patriarchalen Machtspiele hatte, an Frederik, der lieber Zivildienst als Militär leistete, und an Niklaus, der für seine Kinder keinen Vaterschaftsurlaub bekommen hatte. Wenn Frauen gut bezahlte Jobs hatten, konnten die Väter bei der Erziehung und Hausarbeit mitanpacken. Wenn Frauen in den Wirtschaftsetagen mitbestimmten, würden Prozesse nachhaltiger. Das war belegt. Wenn Frauen in der Führungsriege mitmachten, würde mit großer Wahrscheinlichkeit mehr in Bildung, Sozialwesen und Frieden investiert statt in die Rüstungsindustrie und ins Investmentbanking.

Würden nicht viele Anzugträger, die, gefangen in ihren 60-Stunden-Jobs, sich eine Linie Koks auf dem blank polierten Ring des Designerklos reinzogen, sich zu Höchstleistungen pushten und immer haarscharf in Kollision um das Kap des bösen Burn-outs schipperten, am liebsten ihren Schlips weit von sich schmeißen und ein gechillteres Leben führen?

Beim Gedanken an den Bankenplatz Zürich stampfte Amber wütend auf den Boden. In dieser Stadt war eine unglaubliche Dichte an Managern, die ihre Portefeuilles füllten, indem sie Zahlen von einem Konto auf das andere verschoben, im richtigen Moment mit den richtigen Papieren jonglierten. Und jetzt drohten die Spekulationsblasen zu platzen – oder waren schon geplatzt. In den USA waren einige Banken Pleite gegangen, weil sie falsch investiert hatten. Die Finanzkrise drohte nun nach Europa hinüberzuschwappen. Amber hatte gelesen, dass es vor allem die kleinen Anleger betraf, die ihre Renten, Ersparnisse und Häuser verloren, weil sie die Hypotheken nicht bezahlen konnten.

Amber gestand sich ein, dass sie viel zu wenig von den Geldströmen verstand und die Lust, mit Fonds und Investitionen zu spielen, nicht nachempfinden konnte. Aber sie wusste, dass Spekulationen, Rohstoffhandel, Geldwäscherei, Waffenexporte über den Finanzplatz Schweiz liefen und einen Löwenanteil des Schweizer Wohlstandes ausmachten. Durfte man als Eidgenosse stolz darauf sein? Der Lohn und der Reichtum des Westens hatten einen schalen Beigeschmack. Nelly pflegte zu sagen, dass diejenigen, die in einem Dorf krumme Dinge drehten, die aber nie ganz richtig ans Tageslicht kamen, Dreck am Stecken hatten. Sie machte den iPod aus, umwickelte ihn mit den Kopfhörern und versorgte ihn in der Außentasche des Rucksackes. Dann stieg sie erneut aufs Rad und reckte ihre Nase der Frühsommersonne entgegen. Den Kühlschrank zu füllen, war auch ein Plan.

Beim Gedanken an den heutigen Mädelsabend huschte ein Lächeln über ihr Gesicht. Maya hatte sich angemeldet und sie hatten für den Abend ein Pancakefestival geplant. Bei Omelettes handelte es wie bei Kartoffelsalat um ein heiliges Relikt aus der Kindheit. Sie hatten vor ein paar Wochen richtiggehend darüber gestritten, welche Variante als wahrer Pfannkuchen durchging. Es fing ja schon bei Konsistenz, Größe und Bezeichnung an! Amber fand als Puristin, Ameletten, wie Nelly zu sagen pflegte, gingen nur mit Erdbeermarmelade aus dem Garten, als Pancakes ließ sie es mit Schlagsahne und Ahornsirup durchgehen. Maya mochte Spinat oder Roquefort mit Birnen dazu. Lea plädierte für Champignons an einer Zwiebelrahmsauce und nannte ihre Eierspeise Crêpes. Fabienne war die Karnivore in der WG. Sie wurde fuchsteufelswild, wenn man ihr heimlich Tofuwürstchen im Chili unterjubelte. Sie hatte es tatsächlich bisher jedes Mal gemerkt. Für Lea gehörten eine fette Bolognese und geriebener Parmesan in einen Pfannkuchen. Amber war, weil sie nur das Glas mit der Konfitüre zu öffnen brauchte, das Zubereiten der Pancakes zugeteilt worden. Die anderen wollten ihre Lieblingssauce zubereiten und hatte dafür die Zutaten aufgeschrieben. Das würde cool werden. Sie freute sich riesig auf ihre Girls. Jetzt fiel ihr ein, dass sie den Einkaufszettel in der Küche hatte liegen lassen. *„So ein Mist! Das bringe ich niemals aus dem Kopf zusammen!"*, schimpfte Amber leise, bremste ab, wechselte die Straßenseite und fuhr zurück in ihr Quartier.

Amber hatte vor Ankunft der anderen zwei Türme Pfannkuchen, siebeneinhalb pro Person, angebraten und im Gasofen auf tiefer Stufe warm gestellt. Durch die sechs Räume der WG, wenn man Küche und Bad mitzählte, waberte eine Dunstwolke, die nach Bratfett und leicht Verbranntem stank. Ambers Wohngenossinnen kehrten praktisch gleichzeitig von ihren Vorlesungen nach Hause. Fabienne riss als Erstes alle Fenster auf und Lea entzündete ein Räucherstäbchen, mit dem sie andachtsvoll durch die Räume schritt.

Maya läutete kurz vor sechs. Amber warf ihr den Haustürschlüssel hinunter und als die Freundin wenig später die Wohnung betrat, rümpfte sie die Nase über das seltsame Duftpotpourri, während sie ihre Schuhe im Flur abstreifte. Sie fand die anderen in der Küche auf engem Raum zusammengepfercht. Fabienne hatte sich die rot-weiß karierte WG-Schürze umgebunden und brutzelte am Herd Hackfleisch an. Amber schnippelte auf einem riesigen Holzbrett, das über die Spüle gelegt war, Champignons und Lea hackte Zwiebeln, Petersilie und Knoblauch am kleinen Küchentisch. Im Radio wurde der angesagte Sommersong gespielt, den niemand mochte, der aber von jedem mitgeträllert wurde. Auch von den drei jungen

Frauen. Maya grinste, zauberte aus der Umhängetasche eine Flasche Rotwein, einen Roquefort, ein Netz mit Birnen, eine Tüte Baumnüsse hervor und wischte mit dem Handrücken die Zwiebelschalen auf dem Tisch zur Seite, um ihren Beitrag zu platzieren. Maya verteilte überschwänglich Wangenküsse an alle und fischte danach zielsicher Gläser und den Korkenzieher aus dem Küchenschrank. Sie lebte noch bei ihren Eltern, war aber häufig hier zu Gast.

„Du glaubst es nicht, Amber, wen ich getroffen habe! Rate Mal! Ich soll dich herzlich von ihm grüßen!“, platze Maya heraus, als sie sich an der Weinflasche zu schaffen machte. Amber drehte sich zu ihrer Freundin und überlegte, während ihre Hände weiterhin Pilze klein schnitten. Es kam ihr spontan niemand in den Sinn, den sie beide kannten. Denn seit Maya in St. Gallen studierte, hatten sie außer den WG-Mädels kaum noch gemeinsame Bekannte – und Frederik war jetzt auch nicht die Überraschung, die Maya einen solchen Triumph übers Gesicht jagen würde. Ein Promi?

„Roger Federer?“, riet Amber aufs Geratewohl. Kaum hatte Maya den Namen Niklaus Hug fertig ausgesprochen, war es bereits geschehen. Die Spitze des japanischen Messers hatte einen sauberen Schnitt am zweitvorderen Glied des linken Mittelfingers hinterlassen. Amber starrte auf den klaren, feinen Strich im Fleisch, stellte fasziniert fest, dass sie blonde Härchen an ihren Fingern hatte, spürte nur ein leises Pochen, bis sich plötzlich ein Schwall reinen Blutes auf das Holzbrett und über die Champignons ergoss.

„Holy Shit!“, stieß Amber aus. Maya hatte noch nicht mitbekommen, dass sich Amber in den Finger geschnitten hatte, und freute sich, dass ihre Freundin ihrer Ankündigung Anerkennung zollte. Doch sehr schnell merkte auch sie, dass Bewegung in die Küche gekommen war. Fabienne stellte das Fleisch zur Seite, würgte die Gasflamme ab und eilte ins Bad. Indessen drückte Amber mit dem Küchentuch, das in Reichweite gehangen hatte, die Wunde ab. Lea bedauerte leise die Pilze in der roten Flüssigkeit, die sie lieber in einer Rahmsauce hätte schwimmen sehen. Dann überlegte sie, ob das Gemetzel nun in die Biotonne gehörte, beschloss dann aber, alles im Schwarzmüll zu entsorgen. Anschließend spülte sie das Schlachtbrett und das Becken sauber.

Maya starrte auf das weiße Küchentuch, das sich allmählich rot verfärbte. Als Fabienne mit dem Verbandskasten eintrudelte, löste Amber den Druckverband. Alle vier begutachteten den sauberen Schnitt, aus dem es unablässig tropfte, und beratschlagten, ob ein Gang zum Notfallarzt geboten war. Die deutlich blass gewordene Amber schüttelte energisch den Kopf: *„So tief ist der Schnitt nicht! Das wird schon. Schenk mir ein, Maya. Ich brauche jetzt einen Schluck!“* Die vier stießen an, wünschten Amber ein gutes Verheilen und sich allen einen schönen Abend.

Amber wurde sofort vom Dienst suspendiert und auf den Sitzplatz am Tisch verwiesen, während die anderen drei die Mahlzeit fertig zubereiteten. Maya erzählte unbeschwert weiter, wie sie Lehrer Hug am Hauptbahnhof mit einem Baby, einem Mädchen im Tragetuch, angetroffen hätte. Er hätte erzählt, wie er mit seiner Familie aufs Land gezogen wäre. Sie hätten ein herziges Haus gefunden. Hug hätte sein Pensum reduziert und wäre an zwei Tagen Hausmann, während seine Frau wieder berufstätig wäre. Hug hätte nach Amber gefragt. Wie es ihr erginge und so. Amber hörte zu und schenkte sich selber vor den andern nach. Maya wusste bis heute nichts vom 19. Juni 2004. Bald entkorkte Amber eine zweite Flasche. Die anderen führten ihre Wortkargheit auf ihre Verletzung zurück und ließen sie in Ruhe, während sie über die Sommerferienpläne und Semesterarbeiten plapperten. Von Zeit zu Zeit wechselte Amber das Druckpflaster, bis die Blutung irgendwann gestillt war – und sich der blöde Klumpen im Magen im Alkohol aufgelöst hatte.

Beim Essen taute Amber wieder auf. Sie probierte sich durch alle Varianten durch. Die Pilzsauce wurde kurzerhand durch eine Spinatimprovisation aus dem Tiefkühler ersetzt. Amber blieb dabei und krönte ihre Mahlzeit mit ihrem Liebling: Sie beschmierte einen Pfannkuchen dick mit Nellys Erdbeermarmelade, setzte obendrauf einen Klacks Schlagsahne, führte sich die triefende Rolle zum Mund und biss mit ihren Zähnen in die weiche Masse. Dass Marmelade über Kinn und Finger tropfte, gehörte zum Ritual. Göttlich!

Lea öffnete sich den Hosenbund und sagte: *„Ich platze gleich!“* Die anderen kicherten betrunken. Fabienne legte sich auf den Fußboden, streckte alle viere von sich und strich mit der Hand über ihren Bauch. Maya stand auf und öffnete den Reißverschluss ihrer Jeans, zögerte kurz und fragte in die Runde: *„Hat jemand etwas dagegen, wenn ich die jetzt ausziehe?“* Albernes Gelächter war die Antwort. Ambers Blicke streiften über das Gelage und die beschwipsten Gesichter ihrer Freundinnen.

„Es gibt Momente im Leben, die sind einfach zu köstlich und möchten nicht mit einem Mann geteilt werden. Wenn jetzt nur einer unserer Freunde hier wäre, säßen wir alle artig am Tisch und würden unsere Bäuche einziehen!“, befand Amber und prostete laut: *„I love you girls!“*

„Wir dich auch!“, antworteten die Freundinnen unisono.

„Wann kommt eigentlich Frederik?“, fragte Lea Amber und fügte lachend an: *„Ich hätte jetzt gerne einen Diener, der uns den Abwasch macht! So wie früher die Frauen die Männer bedienten. Ich bin grottenfroh, dass wir nicht mehr in den Sechzigern leben! Meine Mutter hat mir erzählt, dass es damals ganz normal war, dass die Frauen den Männern die vollen Aschenbecher putzten und die leeren Bierflaschen nach einem Jassabend entsorgten. Meine Mutter hat ein-, zweimal etwas an die Ohren bekommen, als sie sich geweigert hat, ihrer Mutter in der Küche zu helfen, weil sie es unfair fand, dass ihr Bruder nichts tun musste!“*

Amber brachte sich ein: *„Ich finde es immer noch einen Skandal, dass die Schweizer Frauen erst 1971 nach mehreren Anläufen das Stimmrecht auf nationaler Ebene bekommen haben! Viele Männer waren damals überzeugt, dass Frauen an den Herd und zu den Kindern gehörten, dass sie in der Politik* *nichts verloren hätten, weil sie nicht dazu geschaffen wären! Das muss man sich mal vorstellen!"*

Lea meinte: *„Schau dir doch mal gewisse Politiker von heute an. Oder setz dich auf dem Dorf mal in eine Beiz und höre den Stammtischgesprächen zu. Die glauben immer noch, Arbeit, Politik und Weltgeschehen wären Männersache! Die tätscheln der polnischen Serviertochter immer noch auf den Hintern, weil sie glauben, sie hätten das Recht dazu und der Frau gefalle das als Anerkennung. Von den Zuständen in anderen Ländern müssen wir gar nicht reden!"*

Maya mischte sich ein: *„Meint ihr denn, dass es in der Welt besser wird, wenn mehr Frauen mitmischen? Ist die Frau per se besser als der Mann? Ich fand Margaret Thatcher jetzt nicht so prickelnd. Die war ja an vorderster Front beim Falklandkrieg dabei!"*

„Diese Frage habe ich mir gerade diesen Morgen gestellt. Ich weiß nicht, ob es die Frau per se ist. Ich finde schon, dass wir anders ticken als Männer. Wir können vielleicht eher zuhören, denken eher für das Wohl der Gemeinschaft, machen uns eher Gedanken, welche Konsequenzen eine Entscheidung für die weiteren Generationen hat. Frauen sind Rudelmenschen, sind tendenziell eher beschützend und verbindend. Männer, so sagt man, können sich tendenziell eher auf ein Ziel fokussieren und sind Einzelkämpfer. Aber so einfach kann es nicht sein." Amber dachte kurz nach und ergänzte: *„Wie gesagt, ich mäandere noch herum, ich habe überhaupt noch keinen soliden Standpunkt darüber, was Männer und Frauen anbelangt.*

Aber es stinkt einfach zum Himmel, dass Frauen nicht dieselben Startbedingungen, dieselbe Partizipation und denselben Machtanteil an der Gesellschaft haben, nur weil sie einmal im Monat bluten und Kinder gebären können.“

Fabienne, die ziemlich einen sitzen hatte, unterbrach Amber und kicherte: *„Vielleicht ist es der Gebärneid der Männer, dass sie uns klein halten wollen. Hast du eigentlich schon herausgefunden, warum wir jetzt fast alle gleichzeitig menstruieren, seit wir zusammen wohnen?“*

„Noch nicht! Ja, das ist tatsächlich erstaunlich! Hast Du das mitbekommen Maya? Unser Zyklus hat sich auf den der anderen eingespielt. Wir haben es neulich am überquellenden Toiletteneimer festgestellt. Ich frage mich, ob es darüber eine wissenschaftliche Studie gibt!“ amüsierte sich Amber. *„Frauen können und könnten mehr bewirken, wenn sie sich solidarisierten. Mich hat es sehr beeindruckt, wie sich die Engländerinnen organisiert haben und schließlich 1918 das Stimmrecht bekommen haben – ein halbes Jahrhundert vor der Schweiz! Sie wurden als Suffragetten von Medien und Lobbyisten beschimpft und herabgewürdigt, wurden in Gefängnisse gesperrt und zwangsernährt. Man versuchte, sie mit Gewalt zu unterdrücken, doch sie haben sich ihren Wunsch mitzubestimmen nicht austreiben lassen. Die lokal organisierten Gruppen sind in Sternmärschen nach London gepilgert. Sie hielten am Wort „Pilgern“ fest, denn sie wollten ursprünglich nie Gewalt anwenden. Erst, als die friedlichen Märsche nicht fruchteten und als sich die Arbeiterpartei gegen das Frauenstimmrecht wehrte, splitterte sich eine Gruppierung von den Suffragetten*

ab und wurde militant. Dann kam der Erste Weltkrieg. Die ganze britische Bevölkerung, auch die Frauen, ordnete sich dem Kampf gegen Deutschland unter. Nach dem Krieg zündelte die Frage nach dem Frauenstimmrecht wieder hoch. Am Ende war es die Russische Revolution, die den britischen Frauen den Durchbruch erbrachte. Die anarchistische Welle, der aufmüpfige Arbeiterkampf, der von Russland aus über Europa rollte, machte den Männern im britischen Abgeordnetenhaus Angst. Statt die Frauen erneut gegen die Männerbastion im Parlament aufzubringen, war es ein strategischer Zug 1918, die Frauen mit dem Stimmrecht zu besänftigen und die Kräfte zum Wiederaufbau des Landes zu bündeln. In den Staaten haben Ende des 19. Jahrhunderts Weberinnen in der Baumwollindustrie viel bewirkt, indem sie sich formierten und gegen die Missstände auf die Straße gingen.“

Amber erhob sich vom Tisch und schwankte kaum merklich. Sie stemmte ihre Füße in den Boden, streckte sich durch und erhob die Faust gegen die Decke. Mit kämpferischer Stimme sprach sie: *„Hey, die Schweizer Feministinnen und Gewerkschafterinnen waren auch nicht ohne. Die haben es geschafft, 1991 eine halbe Million Frauen zu einem landesweiten Streik – dem größten in der Geschichte der Eidgenossenschaft – zu mobilisieren. Die Schweizerinnen haben gegen die Diskriminierung und die schleppende Umsetzung des Gleichstellungsartikels protestiert. Die Frauen haben sich solidarisch in lila gekleidet und den Bundesplatz und viele Schweizer Straßen mit der Farbe geflutet. Ich war damals in Frankreich und habe von all dem nichts mitbekommen. Wenn je wieder so eine Aktion* *ins Leben gerufen wird, bin ich sofort an vorderster Front mit dabei! Wenn Frau will, steht alles still.“*

Amber war in Fahrt gekommen, wiederholte mehrmals den Slogan des Streikes und steckte damit ihre Freundinnen mit ihrem kämpferischen Geist an. Alle jungen Frauen hatten sich inzwischen erhoben und marschierten hinter Amber in einer Polonaise um den Tisch und skandierten: *„Wenn Frau will, steht alles still!“*

Dann hielt die Anführerin abrupt inne, drehte sich um und warf in die Runde: *„Ich habe übrigens heute bei der Recherche ein Lied entdeckt, dessen Melodie und Text mich völlig aus den Socken hauen. Darf ich es euch vorspielen?“*

„Logisch! Spiel es vor! Lass hören!“, riefen die anderen durcheinander und beklatschten Ambers Vorschlag in ihrem erwachten Kampfgeist.

Eine Stunde später hatten sie das Lied unzählige Male auf- und abgespielt. Amber war mit ihrem dick eingebundenen Finger wieder vom Abwasch befreit, hatte sich auf den Stuhl am Fenster platziert und filmte die Küchenszene. Maya, immer noch im Slip, spülte. Lea trocknete ab und Fabienne versorgte das Geschirr, während sie allesamt lauthals zu *Bread and Roses* sangen. Die helle Fabienne konnte schnell alle Zeilen auswendig. Maya hielt Lea zwischen zwei Tellern die Spülbürste wie ein Mikrofon hin und diese improvisierte mit Worten, die ihr gerade einfielen, und Maya krümmte sich deswegen vor Lachen.

Später rückten sie den Esstisch beiseite, um sich auf dem Boden von Lea die Karten legen zu lassen. Alle WG-Frauen warfen sich in ihre Pyjamas, um auf den Bodenkissen bequemer zu lümmeln. Amber borgte Maya eine Jogginghose. Ein Dutzend Kerzen und Räucherstäbchen sorgte für eine mystische Stimmung. Weit nach Mitternacht zückte Amber ihr Handy, weil Maya vor dem Gehen das Video noch einmal anschauen wollte. Als Frederik Amber zum Jahrestag mit einem unangemeldeten Besuch überraschen wollte und angezogen vom Lärm durch den Spalt in der Wohnzimmertür linste, sah er die vier Freundinnen sich im rauchgeschwängerten Kerzenschein am Boden zwischen Tarotkarten kugeln. Sie bemerkten ihn nicht, als er auf dem Absatz kehrtmachte, Amber eine Karte mit einem Rad fahrenden Känguru aufs Bett legte und sich vom Acker machte.

2009 – Januar: Sich mit den Mächtigen anlegen

Nelly trat ins Wohnzimmer und trug das Tablett mit einem Krug frisch gebrühten Pfefferminztees – ab fünf Uhr abends gab es bei Nelly keinen Kaffee mehr – und den letzten Weihnachtskeksen zum Salontisch. Amber schaute ihrer Großmutter zu und stellte fest, dass sie seit den Feiertagen wieder ein Stück gebückter ging und bedächtig einen Pantoffel vor den anderen setzte. Nelly hatte ihre Hilfe borstig abgelehnt und erwidert, dass sie sich, solange es noch ginge, selber bewegen und Dinge von A nach B tragen wollte. Man könnte sie dann im Altersheim im Rollstuhl herumschieben und ihr Brei einflößen. Nein, nein. Solange ihre Beine sie trügen, wollte sie das selbler. Bei diesem Wort hatten sich Großmutter und Enkelin nur in die Augen schauen müssen, um loszukichern. *Selbler* ist eine eigene Wortschöpfung und gehörte zu Ambers Kleinkindphase wie die verkehrt herum angezogenen Gummistiefel, das verschmierte Gesicht, der versaute Essplatz und ihre spannenden Kleiderkombinationen. Nelly hatte irgendwann begriffen, dass die alte Schule bei der Enkelin nicht griff und weder Schimpfen noch Strafen das Trotzkind beeindruckten. Amber hatte außer beim Haarewaschen einfach mehr Ausdauer gezeigt.

„Ja, liebste Grosi, ich sorge dafür, dass du, solange du willst, selbler darfst!“, hatte Amber zu Nelly gesagt und sie auf die Wange geknutscht.

Seit Amber im letzten Oktober den Job als Springerin und Ferienvertretung bei der Asylstelle Thurtalen bekommen hatte, kam es vor, dass sie wieder öfter bei Nelly übernachtete und von dort den Weg zu ihrem Arbeitsplatz oder zu den untergebrachten Flüchtlingsfamilien im Kreis mit dem Rad fuhr. Die Stelle war ein Glücksfall. Dank ihrer Sprachkenntnisse hatte sie den Job unter der Hand bekommen. Nelly äußerte zu Beginn Bedenken, wenn ihre Enkelin alleine zu den afrikanischen Männern, der hochtraumatisierten kurdischen Familie oder zu der somalischen Sippe radelte. Doch die Freude, ihre Enkelin wieder wöchentlich um sich zu haben, überwog und besänftigte die besorgte Großmutter.

Dass Nelly insgeheim mit der Migrationspolitik des Bundes und der Unterbringung der unzähligen Asylbewerber, wie übrigens alle im Dorf, nicht einverstanden war, behielt sie für sich. Sie wollte es sich mit der Enkelin nicht verscherzen, die sich so sehr ins Zeug legte für die Fremden. Natürlich waren Krieg und Hunger ein Fluchtgrund. Schließlich hatten sie und Sepp in den Kriegsjahren selber viel entbehren müssen und manche Nächte mit knurrendem Magen verbracht. Sie erinnerte sich noch zu gut, wie sie alle vor den Nazis gezittert hatten, die nur wenige Kilometer entfernt der Landesgrenze gelauert und auf Befehl aus Berlin gewartet hatten, um das Land einzunehmen. Nie waren sie sich sicher gewesen, wie lange die kleine Schweiz dem übermächtigen Nachbarn standhalten konnte. Wie hatte sie mit ihrer Mutter und den Geschwistern für den Vater und die Onkel an der Front gebetet. Doch jeder Krieg ging irgendwann vorbei und dann war jede Hand für den Wiederaufbau dringend notwendig. Die Menschen mussten sich doch dort, wo sie geboren werden, dem Schicksal stellen und dem Vaterland dienen. Das war und blieb ihre Devise. Und jetzt hatten sich die Amerikaner tatsächlich einen schwarzen Präsidenten gewählt, wenn das nur gut ging! Ihr Pfarrer hatte früher in der Sonntagsschule von den Schwarzen in Afrika erzählt. Der Bruder des Pfarrers hatte in der Mission gearbeitet und berichtet, dass die Schwarzen nicht einmal lesen und schreiben konnten. Die afrikanischen Männer hätten lieber im Schatten gedöst und die Feldarbeit ihren Frauen überlassen. Zum Glück wären die Christen gekommen und hätten denen ihren heidnischen Voodoozauber ausgetrieben!

Daran dachte Nelly, als sie sich umständlich neben Amber setzte, die inzwischen den Fernseher eingeschaltet hatte und Abendnachrichten schaute.

„Schau! Die vielen Menschen! Zwei Millionen Amerikaner bejubeln auf der National Mall vor dem Kapitol den neuen Präsidenten“, stupste Amber ihre Großmutter am Arm und holte diese aus ihren Kindheitserinnerungen. *„Das ist ein wichtiger Tag für Amerika und die ganze Welt, Grosi! Obama ist ein Hoffnungsträger! Du hättest Papa sehen sollen, wie er am 15. Dezember bei seiner Wahl gejubelt hat. Ich bin mit ihm einig: Nach zwei Amtsperioden Bush kann es nur noch besser werden. Ich finde Obama und seine Frau Michelle smart. Wir werden sehen. Mit seinem multinationalen Hintergrund ist er zumindest ein Symbol für alle Migranten der Welt. Und das nächste Mal ist eine Frau dran!“*

Nelly seufzte und schenkte Tee nach. Der Kommentator sprach von der größten Party der Welt, während Bilder von Menschen auf allen Kontinenten eingeblendet wurden, die Obamas Amtseinführung beklatschten. Sein Wahlkampfslogan *„Yes, we can!“* prangte omnipräsent auf Bannern und Schildern. Ein anderes Plakat *„O-Ba-Ma – alles wird gut“* sprang Nelly ins Auge. Sie hob die Teetasse, spitzte die Lippen, blies Wellen in das heiße Getränk und bemerkte zwischendrin: *„Dein Großvater Sepp hatte im Winter im Wald Holz zum Anfeuern geschlagen und pflegte zu sagen: ‚Läng es Stück Holz a und alles wird guet.‘ Wir waren früher mit wenig zufrieden.“*

Amber drehte sich zu ihrer Großmutter um, legte ihr die Hand auf den mit hellen Härchen und braunen Altersflecken übersäten Unterarm. Nellys Haut fühlte sich erstaunlich weich an. Amber sah im Gesicht der Großmutter, dass sie sich in Gedanken bei Sepp verloren hatte, und verkniff sich die Bemerkung, dass die Zeiten sich geändert hatten. Sepps und Nellys Welt war überschaubar gewesen.

Amber dachte an den kurdischen Vater Karwen. Er hatte ihr seine Narben gezeigt. Brand- und Schnittwunden, die nie medizinisch versorgt und schlecht verheilt waren, liefen längs und quer in Fleischwülsten über seinen Rücken. An die Male hatten er, seine Frau Evin und die Kinder sich gewöhnt. Aber die Nacht für Nacht wiederkehrenden Albträume waren nur mit Medikamenten und drei Päckchen Zigaretten am Tag zu bewältigen. Evin hatte ihr unter der Tür bei vorgehaltener Hand mit ihrem kargen Deutsch beschämt zugeflüstert, ob es möglich wäre, eine weitere Bettwäschegarnitur zu beziehen, weil ihr Karwen sich Nacht für Nacht einnässte und sie die Wäsche in der kleinen 2-Zimmer-Wohnung fast nicht trocken bekäme. Das Sozialhilfebudget für die Familie war jedoch bereits ausgeschöpft wegen der Extras für die Bahnkosten, Deutschunterricht, Zahnarztkosten, Windeln und die Pille: kein weiteres Kind, solange die Familie noch keinen sicheren Aufenthaltsstatus hatte. Karwen kannte das Übereinkommen von Evin und ihren Betreuerinnen nicht. Amber hatte auf Nellys Dachboden, wo sie alle brauchbaren Stoffe in einem Mottenschrank aufbewahrt hatte, zwei Spannbettlaken und Bettbezüge entwendet. Falls Nelly es je bemerken sollte, würde sie ihr sagen, dass sie die Garnituren in die WG mitgenommen hätte, weil sie knapp bei Kasse war. Sie bekam plötzlich ein schlechtes Gewissen bei dem Gedanken, dass sie selber nicht freiwillig in diesen altmodischen, dreißigjährigen Stoffen schlafen mochte und sich stattdessen billige neue bei IKEA besorgt hatte, die womöglich in Bangladesch von Frauen und Kindern unter fragwürdigen Bedingungen hergestellt worden waren. Dafür musste sie vor sich selbst Rechenschaft ablegen.

Die tschetschenische Ärztin Valentina hatte nun endlich ein Praktikum als Hilfspflegerin bekommen! Nachdem ihr Mann als Intellektueller bei einer Razzia verhaftet worden war, war sie mit ihren beiden Söhnen geflüchtet und hatte, um den Kindern den Anschluss in der Schule und das Gymnasium in der Schweiz zu ermöglichen, als Putzfrau in einer Metzgerei gearbeitet. Von ihrem Mann fehlte bis heute jegliche Spur. Valentina passte sich an, nahm jede Brotkrume, die ihr in der Schweiz hingeworfen wurde. Alles war ihr lieber, als zurück zu müssen in ein Land, in dem ihre Söhne entweder vom Militär eingezogen wurden oder, schlimmer noch, in dem sie alle drei als Familie eines Regimekritikers im Gefängnis landen würden. Und was ihnen da blühte, wollte sich Amber nicht ausmalen.

Amber arbeitete nur zwei halbe Tage in der Woche im Viererteam, das insgesamt einhundert Menschen aus zwanzig Nationen betreute. Jeder einzelne Mensch, jede Sippe, jedes Paar hatte eine unglaubliche Odyssee hinter sich. Die erfahrenen Teamkollegen rieten ihr, sich nicht zu sehr mit Personen anzufreunden, sich die Schicksale nicht zu nahegehen zu lassen und sich in Acht zu nehmen vor solchen, die einem dreist ins Gesicht logen. Denn die gab es auch. Und die Jammerlappen, die bei jeder Föhnlage mit Leidensgesicht ins Büro platzten und einen Notfalltermin im Spital verlangten. Oder diejenigen, die glaubten, dass jeder Schweizer eine Million auf dem Konto, zwei Autos in der Garage und mindestens in jedem Zimmer der Villa einen Flachbildschirm hätte und somit automatisch in der Pflicht stünde, alles zu teilen. Manchmal fragte sich Amber schon, wie und welches Bild sich ein nigerianischer Hirte von der Schweiz gemacht haben musste, bevor er sich zur Flucht vor dem Militär nach Norden aufgemacht hatte.

Für Amber war die Begegnung mit den Asylsuchenden inspirierend und eine willkommene Abwechslung zur reinen Kopfarbeit des Studiums. Aber es frustrierte sie auch, weil das, was sie für die Frauen tun konnte, die ihr am meisten am Herzen lagen, nur ein Tropfen auf einem heißen Stein war. Die

Kurdin und die Tschetschenin waren nicht aus freien Stücken ausgewandert und würden sich ein Leben lang als Fremde in einem Land und System abstrampeln müssen. Valentina wäre bestimmt gerne Chirurgin geblieben. Evin hatte Amber das Foto des Elternhauses in Amadiya an der türkisch-irakischen Grenze gezeigt, das sie und ihre Schwester geerbt hatten. Es hatte genug Platz für zwei Familien mit vielen Kindern und einer Ziegenzucht gehabt. Das Haus war von Militärs erst beschlagnahmt und später in Gefechten zerbombt worden.

„Wohin sollten wir je zurückkehren?“, hatte Evin Amber gefragt. Ihre Hände hatten gezittert, Kristalle sind daneben auf den Unterteller gerieselt, als sie der Schweizerin Zucker aus der silbernen Dose, einem Erbstück ihrer Mutter, in das kleine türkische Teeglas löffelte. Amber trank selber nie Schwarztee und in der WG wurde aus Prinzip kein raffinierter Zucker angeschafft. Nur bei Halsschmerzen gab es mit Honig gesüßten Kräutertee, deshalb kostete es Amber Überwindung, das gefärbte, leicht bittere Zuckerwasser, das ihr Evin reichte, zu trinken. Und doch – es war eine Eintrittskarte in Evins und Karems Welt, die sie nicht verweigern mochte.

Des Nachts trug Amber Bilder hinüber in den Schlaf. Wenn sie die Augen schloss, tauchten schwülstige Betten und immense Schränke in weißem Furnierholz mit Goldrändern verziert auf, ebenso wie rosa Volants, künstliche Blumen, Teppiche aus Kunstfasern, die bei jedem Schritt knisterten. Kitsch vom billigen Orientmarkt, Möbel aus dem Brockenhaus, ein zu jeder Tages- und Nachtzeit laufender Fernseher, der mit Disneyfilmen oder Al Jazeera die unerträglichen Stimmen und

Gewehrsalven im Kopf übertönten. Im Traum verfolgten Amber gehetzte, misstrauische, dunkelbraune Kinderaugen, immer wieder das eine bildhübsche Mädchen, dem beim zaghaften Lächeln schwarze, traurige Stummel an der Stelle steckten, wo weiße Schneidezähne zwischen den Lippen blitzen sollten, weil ihre Eltern aus überzeugtem Glauben, dem Kind etwas Gutes zu tun, seinen Durst mit Süßgetränken löschten und mit Schleckzeug ruhig stellten. In jenen Welten herrschten andere Ansichten von Glück und Wohlstand.

Manchmal weinte Amber. Nicht wegen der Menschen, die sie betreute. Nein, die hatten es ja irgendwie geschafft, herauszukommen, klammerten sich an einen Fitzel Hoffnung oder eben an raffinierten Zucker. Es rollte sie meist aus dem Nichts an. Eine tiefe Trauer, ein Entsetzen, eine Ohnmacht über die Feuersäulen, die über den Dächern von Bagdad aufstiegen, Bilder der ausgebombten Häusergerippe, die links und rechts eine Straße in Gaza säumten, auf der sich Kinder mit einem zerknautschten Fußball Normalität zukickten und dabei feinen Zementstaub aufwirbelten, die ausdruckslosen Gesichter der befreiten Mädchen in Nigeria, die von Terroristen als Geiseln gehalten worden waren. Amber zwang sich dann aufzustehen, das Licht anzuzünden, um die Szenen mit Vehemenz zu verscheuchen. Ihre Fantasie vermochte das und tat ihr keinen Gefallen; Amber sah vor ihrem geistigen Auge die gierigen, grabschenden, schwieligen Männerhände, die Körperöffnungen suchten, Soldaten, die ihre feisten Schwänze in zarte Mädchenvaginas bohrten. Sie malte sich die schwellenden Bäuche, die höllischen Schmerzen und die Demütigung in allen Facetten aus. Und es tat ihr nicht gut. Es tat ihr verdammt nicht gut. Es tat auch den Mädchen nicht gut. Und dies brachte Amber in Rage. Über die Männer an der Macht und die Kriege.

„Wer Kriege sät, erntet Flüchtlinge", hatte sie neulich auf Facebook aufgeschnappt. Die gut gemeinten und mit emotionalen Bildern hinterlegten Sprüche, die in den Social-Media-Kanälen kursierten, die gelikt und geteilt wurden, fand Amber in solchen verzweifelten Momenten geradezu zum Kotzen. Die Verfasser, die Liker und Teiler saßen irgendwo genährt in einer warmen Stube vor ihren Rechnern und hatten mit Bestimmtheit noch nie um ihr nacktes Leben bangen müssen. Das Herumreichen solcher Sprüche mochte einem vielleicht ein gutes Gefühl, eine Solidarität oder fadenscheinige Bereitschaft zur Veränderung vorgeben. Doch über die Unmutsäußerung hinaus den Arsch hoch zu kriegen und in Aktion zu treten, brachte kaum einer zustande – und genau dies machte Menschen zu Mittätern. Amber kochte innerlich.

Sich selbst zuliebe zwang sie sich, aus ihrer Gedankenreise aufzutauchen, und sah am Meteo-Logo-Bildschirm, dass sie nach der Amtseinführung des neuen amerikanischen Präsidenten die restlichen Nachrichten verpasst hatte. Eine fröhliche Wetterfee stand auf dem Dach des Schweizer Fernsehens und kündigte gut eingepackt in einen Wintermantel und mit einer Pudelmütze das morgige Wetter an.

„Ich wünsche es der Welt, dass Obama Zeichen setzt und eine neue Ära einläutet!", dachte Amber noch und drehte sich dann zu ihrer Großmutter um. Diese hatte den Kopf auf dem Rückenpolster zur Ruhe gelegt und war tief in die Sofakissen

eingesunken. Aus ihrem offenen Rachen drang ein sanftes Schnarchen. Amber griff nach der leeren Teetasse in ihrem Schoß, zog Nelly zärtlich die Häkeldecke über die Knie und griff zur Fernbedienung. Sie zappte sich durch den Hamburger Krimi mit einer Wasserleiche, eine Doku über die ersten Schweizer Bergbahnen, eine Quizsendung, bei der die Kandidatin ihren Telefonjoker zu Hilfe nahm, weil sie nicht wusste, ob Kamchatka in Russland, Chile oder Irak lag. Beim Beitrag über Bitcoins erwachte Nelly, gähnte und verkündete, sie mache jetzt Feierabend, Amber solle doch hinter sich alle Lichter löschen. *„Klar doch, Großmütterchen!“*, lächelte Amber und schickte Nelly ein *„Schlaf gut!“* nach.

Eine Stunde später legte sie sich ins Bett in ihrem früheren Kinderzimmer und tauchte innerhalb von Sekunden weg, von der schweren Daunendecke und den urvertrauten Gerüchen eingemummt. In ihrer Armbeuge lag ihr treuer alter Plüschgefährte, der, wenn er könnte, vor Zufriedenheit seufzen und sich noch enger an seine Freundin schmiegen würde. Weit nach Mitternacht ruhte Ambers junger Frauenkörper in der Festung aus Daunenfedern, Sicherheit und Geborgenheit. Doch ihr Geist machte sich auf für eine weite Reise: *Sie schritt barfuß durch die Wüste der untergehenden Sonne am Horizont entgegen. Sie wusste nicht, wohin sie ihre Füße trugen. Sie spürte nur den Herzschlag, der ihr wie ein Kompass bestätigte, dass die Richtung stimmte. Einmal griff Amber nach ihrer Wasserflasche, die sie sich umgehängt hatte, und blickte an sich herunter. Es erstaunte sie, dass sie als Westlerin eine Burka trug, dass ihr ganzer Körper mit schwarzem Tuch umhüllt war. Als sie bei einbrechender Nacht einer Lichtquelle folgend zu einer Oase kam, begriff sie, warum sie die Burka trug. Während sie ihre Wasserflasche auffüllte, belauschte sie eine Gruppe von Männern, die im Schneidersitz um ein Feuer saßen und sich unterhielten. Es waren Araber in weißen Dschallabijas und roten Kopftüchern, uniformierte Männer, deren hoher Rang an den Patten abzulesen war, Soldaten in Tarnanzügen, mit schweren Stiefeln und schwarzen Mützen. Ihre Gesichter darunter waren nicht erkennbar. Einer trug eine Kippa auf seinem ergrauten, schütteren Haupt. Zwei hellhäutige Herren in Maßanzügen und italienischen Lederschuhen führten das Gespräch an. Dies vermutete Amber am Nicken und der leicht geduckten Kopfhaltung der anderen. Es wurde in Englisch geflüstert. Als Amber einen Schritt näher trat, um besser zu verstehen, worüber sich die Männer unterhielten, fragte einer der Anzugträger in breitem Amerikanisch, was diese Chick hier zu suchen hätte. Darauf antwortete der Scheich: „Das ist doch nur eine Frau, sie hat keine Relevanz. Das ist eine meiner Dienerinnen."*

Amber schaute sich um, sah aber weder andere Frauen noch Behausungen. Es gab nur die Wasserstelle, unzählige Palmen, Offroader und Kamele, das Feuer und die Männer. Sie beschloss, weil sie Gefahr witterte, ihre Wanderung, die sie wie eine innere Mission verspürte, fortzusetzen. Nur wenige Meter entfernt, als sie den Lichtkreis des Feuers verlassen und sich in der Dunkelheit in Sicherheit wusste, hörte sie Gesang, ein Meer von Frauen, einzelne glockenhelle Solostimmen, die sich vom sonoren Klangteppich abhoben. Amber fragte sich, ob die

Männer das auch hörten, und schlich ein paar Schritte zurück. Da wurde ihr gewahr, dass sie den Wohlklang nicht über ihr Gehörorgan, sondern im Inneren des Kopfes vernahm. Seltsam! Sie wollte die Quelle der bezaubernden Melodie finden, nahm die Spur auf, reckte ihren Kopf in die vermutete Richtung, ihr ganzer Körper richtete sich auf die Stimmen aus, und als könnte sie den Radarschirm vergrößern, breitete sie die Arme aus und streckte sich in ganzer Größe dem Absender des Klanges entgegen. Plötzlich lösten sich ihre Füße vom Boden und sie flog! Amber wurde durch eine Macht in die Luft gehoben und fortgetragen. Sie sah von oben das immer kleiner werdende Feuer der Männer, bis es nur noch als roter Punkt glimmte. Über ihr und vor ihr erstreckte sich ein Sternenmeer. Millionen von Brillanten funkelten am nachtblauen Firmament. Amber flog immer weiter und ließ die Ekstase ihr ganzes Sein erfassen. Wellen von Glück und Freiheit bebten durch sie hindurch. Die Frauenstimmen wurden lauter und Amber nahm am Horizont eine Lichtquelle wahr. Sie hatte die Macht, sich mit den Gedanken zu steuern, blitzschnell erkannt. Sie wusste, dass sie mit Kraft des Willens und der Vorstellungskraft rund um den Globus fliegen konnte, wenn sie das wollte. Doch sie hielt jetzt auf dieses Licht und die Stimmen zu, die sie riefen.

Als sie beim Hinuntergleiten auf die Erde ein Heer von Frauen in schwarzen Gewändern in Gruppen um einzelne Feuer herum singen und sich wiegen sah, schossen Amber Tränen in die Augen und rannen ihr im Sinkflug aus den Augenwinkeln über die Schläfen. DAS hatte sie gerufen! DAS war die Quelle! Da unten ballte sich eine Kraft zusammen, die überirdisch war. Aus dem Klangmeer löste sie eine Sprecherinnenstimme und richtete das Wort an sie: „Komm! Du bist eine von uns. Wir wecken und stärken uns für den großen Marsch! Komm! Tauche ein und nähre dich!"

Als Amber am nächsten Morgen erwachte, schlug sie die Decke zurück, rieb sich den Schlaf aus den Augen, bettete den Kuschelhund sanft auf das Kissen, sprang aus dem Bett und riss das Fenster auf. Die eisige Januarluft weckte die allerletzte schlaftrunkene Zelle und brachte ihre nächtliche Vision auf den Punkt: *„Es ist Zeit für den großen Marsch der Frauen. Es ist Zeit für eine neue Weltordnung!"*

Die Tage nach ihrem Traum trieben sie Fragen um:

„Welchen Stellenwert haben die Frauen weltweit?

„Warum halten Männer an ihrer Vormachtstellung fest?"

„Was wird für die Gleichstellung getan?"

Amber war unruhig, zerstreut und wusste nicht richtig, wo sie in der erschlagenden Fülle an Büchern und Internetseiten ansetzen sollte, um Antworten zu finden. Sie trug die Fragen wie befruchtete Eier mit sich herum, für die sie ein sicheres, warmes Nest zum Ausbrüten brauchte. Als ihr die Politikerin im Nationalratssaal wie ein Geistesblitz durch den Kopf schoss, hatte sie den roten Faden in die Hand bekommen. Die UNO Resolution 1325 war ein Anfang.

In den Folgetagen zog sich Amber nach den Vorlesungen in die Zentralbibliothek der Stadt zurück. Die Internetverbindung war zuverlässig. Die Bibliothek verfügte über mehrere Stockwerke verteilt über reichlich Nischen und Arbeitsplätze und das kollektive Commitment der Besucher, ungestört zu arbeiten und zu lesen, verlieh den Räumen ein konzentriertes, fast sakrales Ambiente, das das eigene Denken verschärfte. Und weiter war es in ihrer Lieblingsecke um einige Grade wärmer, als in der Altbau-Genossenschaftswohnung aus den Fünfzigerjahren, was bei diesen Außentemperaturen nicht unwesentlich war.

Auch am Freitagnachmittag zog sie sich in die Bibliothek zurück. Ihren Kommilitonen, die sich wie jeden Freitag im *Capriccio* zum Vorglühen des Wochenendes trafen, sagte sie, dass sie sich in ein Thema verbissen hätte und sie nächste Woche wieder mitkommen würde.

Amber richtete sich mit ihrem Laptop in ihrer Lieblingsecke in der Bibliothek ein und checkte kurz ihren Facebookaccount. Danach kramte sie ihre Notizen zusammen und nahm den Faden vom Vortag wieder auf. Sie besuchte die Homepage der Vereinten Nationen. Als ihr beim Öffnen der Seite fröhliche Farbquadrate und Piktogramme entgegenstrahlten, die die Millenniumsziele zusammenfassten, zuckte Amber unwillkürlich zusammen. Die dringendsten Fragen der Weltlage derartig zu verdichten und auf kleine bunte Kärtchen zu reduzieren, fand sie völlig daneben. Auf einer Cornflakespackung hätten die Piktogramme zum fröhlichen Ausschneiden und Basteln einladen können. Hatten sich die PR-Menschen ernsthaft dabei gedacht, dass das Kindergartenbunt das Kind im Mann ansprechen könnte und die Diktatoren und Konzernchefs dazu veranlassten, ihre Ratgeber zum heiteren Brainstorming zusammenzutrommeln? *„Ach, lass uns doch was zur Senkung der Kindersterblichkeit machen! Oder wir organisieren einen Workshop zur Bekämpfung von HIV, Malaria und anderen schweren Krankheiten.“*

Amber schüttelte den Kopf und fragte sich, ob die UNO mit ihren 193 Mitgliedstaaten, mit solch einem Auftritt überhaupt eine ernst zu nehmende Organisation wäre. Sie las sich ein und notierte sich die Millenniumsziele, die, das ankerkannte sie, Orientierung gaben, um die Brandherde auf dem Planeten zusammenzufassen. Okay, bunte Piktogramme waren doch nicht so schlecht: Punkt drei von den acht der MDG's, der Millennium Development Goals, wie die Ziele weltweit in englischer Sprache genannt werden, sprang Amber ins Auge. Die Vereinten Nationen hatten im September 2000 die Gleichstellung der Geschlechter und die Stärkung der Frauen als Ziel bis 2015 erklärt.

„Sehr gut! Das war doch schon einmal ein Anfang!“, dachte Amber und blätterte weiter. Sie fand endlich die Resolution 1325 Women, Peace & Security, von der die Nationalrätin gesprochen hatte. Am 31. Oktober 2000 hatte der 15-köpfige Sicherheitsrat beschlossen, Frauen zur Wahrung des Weltfriedens und der internationalen Sicherheit vermehrt einzubeziehen. In achtzehn Punkten war ein Maßnahmenpaket aufgelistet. Amber gefiel die Erkenntnis des Rates, dass der

Einbezug der Frauen in einen dauerhaften Frieden nachhaltig war. Den einen Abschnitt musste Amber mehrere Male lesen, bis sie endlich begriff, warum sie darüber stolperte: „... *welche wichtige Rolle Frauen bei der Verhütung und Beilegung von Konflikten und bei der Friedenskonsolidierung zukommt und betonend, wie wichtig es ist, dass sie an allen Anstrengungen zur Wahrung und Förderung von Frieden und Sicherheit gleichberechtigt sind und in vollem Umfang teilhaben und dass ihre Mitwirkung an den Entscheidungen im Hinblick auf die Verhütung und Beilegung von Konflikten ausgebaut werden muss.“*

Die Studentin stampfte empört auf. Die dicken Winterstiefel und der Teppichboden – grauer, pflegeleichter Filz – dämpften die Wucht ab und ihre gläserne Trinkflasche fiel vom Tisch, die aber, weil sie leer war, weder Pfütze noch Scherben auf dem Flor bildete, wovon die anderen in ihrer Lektüre vertieften Nutzer der Bibliothek nichts mitbekamen. „*Das kann es doch nicht sein, dass die Frauen bei der Konfliktbewältigung erwünscht und gefördert werden sollen! Nach dem Moto: Lasst uns fröhlich Krieg spielen, alles kaputt machen und dann rufen wir unsere Mamis, die unsere Scherbenhaufen wieder aufräumen und unsere Wunden versorgen. Oh nein, meine Herren! Wir Frauen wollen die Teilhabe auf der ganzen Ebene, überall, in allen Gremien, Berufen, Schalthebeln! Und bevor es brennt!“* Als ihre Wut nach einiger Zeit verpufft war, las Amber das ganze Resolutionspapier erneut mehrmals durch, befand, dass der Beschluss auch einen guten Ansatz hatte, nämlich den nachdrücklichen Schutz von Frauen und Kindern sowie die Konfliktprävention. Es war ein Ansatz, jedoch noch nicht eine befriedigende Strategie. Im Gegenteil, es eröffnete sich in Amber eine neue Frage: *„Wer hatte denn überhaupt Interesse an Kriegen?"* Als Amber den Begriff *„Kriegsursachen"* ins Suchfenster am Computer eingab und Wikipedia als erster Vorschlag auf dem Bildschirm erschien, hörte sie die Stimme ihres Dozenten Barschel im Kopf poltern: *„Wikipedia ist keine haltbare Quelle für Wissenschaftler! Jeder kann in dieses Kompendium hineinschreiben, was er will. Also für unsere Analysen verboten!"*

Amber ignorierte Doktor Barschels Belehrung, weil sie fand, dass der eingebildete Akademiker Forschung und Wissenschaft sowieso zu dogmatisch und trocken anging. Für einen ersten Eindruck genügte Wikipedia allemal. Sie wollte ja keine Doktorarbeit über den Krieg schreiben. Sie las die Liste der Kriegsursachen durch – stirnrunzelnd – ab und zu schwer schnaufend. Sie schrieb sich die Begriffe *„Mangelnde Wehrhaftigkeit"* und *„Militarismus"*, die sie vertiefter erforschen wollte, in ihr Notizbuch. Den Begriff Militarismus hatte Amber noch nicht vollständig verstanden und missachtete Dr. Barschel aufs Neue. Wikipedia äußerte sich dazu: *„Als Militarismus wird die Dominanz militärischer Wertevorstellung und Interessen in der Politik und im gesellschaftlichen Leben bezeichnet, wie sie etwa durch die einseitige Betonung des Rechts des Stärkeren und die Vorstellung, Kriege seien notwendig oder unvermeidbar, zum Ausdruck kommen."*

„Hier ist er wieder, der alte Darwin! Das Recht des Stärkeren, The Survival of the fittest, die natürliche Selektion, die

alles rechtfertigt", interpretierte Amber. Sie hatte dem Naturforscher, der die Evolutionstheorie im 19. Jahrhundert begründet hatte, nie dieselbe Euphorie entgegenbringen können, wie es andere zu tun pflegten. Denn genau in diesem alten Zopf, in diesem Dogma lag der Fluch der modernen Gesellschaft, eine Art Legitimation der Scheuklappen, nur für sich und seine Sippe zu sorgen und Andersdenkende, eine andere Spezies zu bekämpfen und Schwächere als lästiges Anhängsels abzuhängen. Darwin legitimierte die selbsterkorene Eliten (körperlich Stärkeren, wirtschaftlich Mächtigen, Akademiker und Wissenschaftler, die aus ihrer Filterblasendenke zu ihrem eigenen Vorteil agierten ...), sich wie Arschlöcher zu benehmen.

Das war Ambers These, die sie noch mit kaum jemandem geteilt hatte. Sie war zu simpel und zugegeben nicht wissenschaftlich. Amber wusste, spürte, erhoffte, dass weder Menschheit noch Natur nur nach dem Prinzip der natürlichen Selektion funktionierten. Es gab im Menschen noch weit andere Instanzen, wie Nächstenliebe, Gerechtigkeitssinn und Achtsamkeit. Diese waren jedoch nicht messbar und nicht politisierbar. Amber lehnte sich zurück in den Stuhl, legte die Stirn in Falten und grübelte, kam aber nicht weiter. Sie erhob sich, um sich zu strecken und das Fenster zu öffnen. Sie brauchte jetzt dringend frische Luft. Amber schüttelte ihre Glieder, beugte sich mit gespreizten Beinen kopfüber, um den Rücken zu dehnen. Sie traute ihren Ohren nicht, als sie ein Insekt dicht über ihrem Kopf summen hörte. Als sie sich aufrichtete, sah sie sich von einer Hornisse umkreist. Woher um alles in der Welt kam das Tier mitten im Januar angeflogen?

Nun, auf Insektenstiche konnte Amber verzichten, griff zu einem Mäppchen und beförderte das Insekt wieder ins Freie. Just in dem Moment, als sie das Fenster verriegelte, realisierte sie, dass sie sich jetzt genau nach Darwins Maxime verhalten hatte: Sie war physisch überlegen und hatte ohne einen Moment des Mitgefühls aufkommen zu lassen, die Kreatur in den sicheren Erfrierungs- oder Hungertod zurückgeschickt. Sie hatte einen Flüchtling an der Grenze abgewiesen.

Obwohl es sich ja „nur" um ein popeliges Insekt handelte, traf Amber die Erkenntnis. Sie ließ sich mit einem Plumps auf den Stuhl zurücksacken. Sie griff zum aufgeklappten Laptop, starrte erneut auf den Bildschirm und versuchte den Faden wieder aufzunehmen. Die Hornisse ging ihr nicht aus dem Kopf. Sie blieb beim Begriff *„Mangelnde Wehrhaftigkeit"* hängen. Das besänftigte ihr schlechtes Gewissen. Natürlich, sie hatte sich ja nur gegen einen Angriff gewehrt! Und das war legitim. Denn so, wie der Verfasser es meinte, könnte eine mangelnde Wehrhaftigkeit geradezu einladen, überrollt und eingenommen zu werden. Das Schicksal der Schweiz, sozusagen. Amber sah ein, dass ein Land ohne bewaffnete Macht keine ernst zu nehmende Instanz war, und begriff, warum in gewissen Kreisen für Schweizer das Militär einer heiligen Kuh gleichkam, und sie sah ein, dass Landesverteidigung in der aktuell geltenden Weltordnung unabdingbar war.

Amber googelte weiter und fand auf dem Portal der Schweizer Regierung das Militärgesetz der Bundesverfassung zusammengefasst. Wieder machte sie sich Notizen und hielt die für ihr Verständnis wichtigsten Essenzen fest.

Das Militär hatte einen klar umrissenen Auftrag, der demokratisch abgesegnet worden war. Daran konnten sich Staat, Bürger und Justiz orientieren, dachte Amber und fand, dass es daran eigentlich nichts zu rütteln gab. Doch da die Schweiz aktuell in keinen Krieg verwickelt war, in absehbarer Zeit keine Invasion der Wehrmächte von den Nachbarstaaten Deutschland, Österreich, Frankreich oder Italien zu befürchten waren, konnte Amber nicht ruhen. Sie wollte und musste herausfinden, wie die Schweizer Regierung die hohen Rüstungs- und Militärausgaben rechtfertigte und welche Rolle der Wirtschaftsstandort Schweiz bei internationalen Konflikten spielte.

Weltweit waren die Ausgaben für das Militär markant gestiegen. So waren es noch 2004 1.315 Milliarden, 2007 1.476 Milliarden und 2008 bereits 1.561 Milliarden US-Dollar, die für die Rüstung ausgegeben wurden. Ein schöner Batzen, der dem Klimaschutz und der Welternährung fehlten. Die Schweiz hatte Rüstungsgüter im Wert von rund einer Milliarde Franken in über siebzig Länder exportiert, vor allem in den Nahen Osten. In der Schweiz produzierte Splitterbomben wurden aus PC-9 Flugzeugen über dem Tschad abgeworfen. Radschützenpanzer *Piranha* waren im Afghanistan-Krieg im Einsatz. China, Iran und der Pakistan wurde mit Flugabwehrkanonen und Munition mittleren Kalibers aus Schweizer Fabriken ausgerüstet. Die Waffenschmiede des Bundes Ruag war die größte Kleinwaffenmunitionsproduzentin in Europa. Die weltweit eingesetzten 650 Millionen Kleinwaffen forderten täglich 1000 Todesopfer. Es gab nichts zu beschönigen: Waffen töteten und sie wurden immer intelligenter und teuflischer. Rüstungsgüter waren ein Wirtschaftszweig. Wenn man bedenkt, dass Amerika weltweit – vor allem bei den Chinesen verschuldet war – erstaunte es nicht, dass das Land in Kriege investierte.

Amber las und forschte, sie durchkämmte Seite um Seite nach Hintergrundmaterial. Die Zahlen und Fakten türmten sich über ihr auf. Wer war mit wem im Geschäft? Welches Land hatte mit welchem Konzern ein Abkommen? Sie sprang von einem Link zum anderen, hangelte sich daran wie an Lianen durch einen schwarzen, tiefen Dschungel, durchforstete ein Geflecht von Fachjargon, Paragrafen, geopolitischen Begriffen, die sie nicht alle verstand und immer wieder nachschlagen musste. Oft begann sie in Juristendeutsch oder mit komplizierten Begriffen verfasste Absätze zu lesen und beim Ende angelangt hatte sie vergessen, was am Anfang gestanden hatte. Ihr Kopf rauchte und drohte zu explodieren. Plötzlich hatte Amber einen Black-out – als hätte ihr Hirn die Arme verschränkt und seinen Dienst verweigert. Und tatsächlich hörte sie im Kopf eine Ansage: *„Sorry, da gehe ich nicht mehr weiter. Ich streike. Und sei ehrlich Mädchen, deine Stärken liegen woanders. Du verrennst dich in Details. Es ist nicht dein Busineß. Überlasse das Leuten, die sich für Zahlen und Wirtschaft interessieren."*

Amber klappte den Laptop zu und hob ihn zum Verstauen an. Erst da merkte sie, wie ihre Oberschenkel brannten. Auch das Notebook glühte. Sie wartete lieber noch einen Moment, bevor sie es in den Rucksack gleiten ließ. Amber fuhr plötzlich eine bleierne Müdigkeit in die Knochen. Es war definitiv zu viel des Guten gewesen. Und es stimmte, sie war in einen

Bereich abgedriftet, der sie im Grunde schon interessierte, für den sie aber zu wenig Passion empfand. Und in Anbetracht ihrer beschränkten Zeit und ihrer Fähigkeiten, machte es Sinn, den Militärkram nur an der Oberfläche zu verstehen. Es musste genügen. Doch eine Haupterkenntnis zog Amber aus dem Exkurs in die Rüstungsindustrie: In der Konsequenz bedeutete ein humanitäres und ökologisches Engagement nichts anderes, als sich mit den Mächtigen der Welt anzulegen, die nichts am System verändern wollten und kein anderes Interesse daran hatten, als an ihrem Monopol festzuhalten und die Regeln zu bestimmen.

Der Blick durchs Fenster verriet, dass der angesagte Regen noch nicht eingesetzt hatte. Es war nach sechs Uhr und der Himmel über den Dächern war finster. Amber verstaute Bücher, Notebook, Schlampermäppchen und Wasserflasche in ihren Fjällraven-Rucksack, stülpte sich ihren Anorak über. Sie fluchte leise, weil sich in der Eile ihre Haare schon wieder in den Reißverschluss auf Halshöhe verhedderten. Sie wollte schnellstmöglich an die frische Luft, hatte keine Lust, sich aufhalten zu lassen, und zerrte unwirsch an der gefangenen Strähne. Über das Haarbüschel, das im Verschluss stecken geblieben war, warf sie ungeniert ihren Strickschal, streifte Mütze und Handschuhe über, schnappte sich die Tasche und stürmte hinaus. Die kühle Abendluft dampfte vor ihrem Gesicht, als

Amber auf den Zähringerplatz trat und tiefe Atemzüge nahm. Sie hatte für den Abend noch keine Pläne und überlegte, ob sie ins *Capriccio* zu den anderen oder zu Frederik gehen sollte oder ob sie sich einen gemütlichen Lümmelabend zu Hause machen wollte. Sie war unschlüssig und blickte sich in der Gasse um. Auf dem Treppenabsatz der Predigerkirche lag eine weißhaarige Frau in mehrere Schichten Kleider und in Schweizer Militärdecken gehüllt auf ihrer Matratze. Neben ihr stand eine Thermosflasche, wahrscheinlich voll mit Tee, und ein halb volles Glas Honig. Sie war ein stadtbekanntes Phänomen, über das sich die Gemüter erhitzten. In den Zeitungen war zu lesen, dass sich einige empörten, eine Obdachlose im Stadtbild anzutreffen, andere fanden es eine Zumutung, dass der Frau nicht geholfen wurde. Die Frau lebte freiwillig auf der Kirchentreppe, tat niemandem etwas zuleide und genoss das Gastrecht der Kirche, bis sie wieder eine feste Bleibe fand. Amber trat näher und fragte, ob sie sich dazusetzen dürfte. Die Frau, deren Alter im fahlen Laternenlicht schwer einzuschätzen war, lächelte breit, nickte und deutete Amber mit einer Handbewegung an, dass noch reichlich Platz auf der Kirchentreppe wäre. Amber nickte wortlos und lächelte zurück.

Trotz dickem Anorak und Winterstiefeln drang die Kälte des Steins sofort durch ihren Körper. Amber erschauderte. Sie fragte sich, was die fremde Frau dazu bewegte, seit Wochen jeder Witterung standzuhalten. Warum hatte sie andere Sozialeinrichtungen ausgeschlagen und ausgerechnet diesen exponierten Ort für ihren Aufenthalt ausgesucht? Ambers Kopf brummte so sehr, dass sie zu keinem Gespräch, das vielleicht im Uferlosen enden könnte, bereit war. Auch die Obdachlose machte keine Anstalten zu reden. So schwiegen die beiden auf den Stufen im Schutz des Vordaches. Als die Kirchenglocken zum Abendgeläut einsetzten, stützte Amber ihre Ellbogen auf die Knie, presste die behandschuhten Handballen auf die brennenden, trockenen Augen und atmete die klare Luft ein. Sie lauschte den Glocken, filterte jede einzelne Stimme heraus. Die sprachen ja miteinander! Meist fand Amber Kirchenglocken bedrohlich. Doch jetzt hüllte sie der Mehrklang ein. Es tat wohl, einfach nur dazusitzen. Auch in oder vielleicht gerade wegen der Anwesenheit dieser fremden Person. Es war ein kleines Glück, wenn man sich bei jemand anderem ausruhen konnte. Das konnte sie sonst nur bei ihrem Vater.

„Dad, bist du zu Hause? Ich habe gerade an dich gedacht!“, tippte Amber ins Handy.

„Ja. Schön ☺!“, kam die Antwort postwendend.

„Gibt es bei dir etwas zu essen?“, fragte Amber.

Als ein Daumen, ein Smiley mit Lachtränen und ein Herz auf dem Display aufleuchteten, wusste Amber Bescheid und grinste. Papa war ein sicherer Wert. Sie stand auf, legte der Obdachlosen ein Zweifrankenstück in den Plastikbecher, der neben dem gelben Schild mit der Aufschrift *„Kafe Kasse Danke“* stand, hob die Hand zum Gruß und sagte: *„Alles Gute Ihnen. Danke, dass Sie den Platz mit mir geteilt haben!“*

Nach Bratkartoffeln und einer Schüssel Feldsalat mit gehacktem Ei und Croutons erhob sich Christine. Sie wollte ihre Lieblingsserie im Fernsehen nicht verpassen. Vater und Tochter blieben am Tisch sitzen. Ein Teelicht flackerte und warf durch das Kristallglas ein schönes Lichtspiel auf das blaue Tischtuch. Walter goss Wein nach, während Amber ein Stück Brot in die restliche Salatsauce der Schüssel tunkte und diese mit der Zunge sauber leckte, sodass sie eigentlich wieder zurück in den Schrank gestellt werden konnte. Amber grinste Walter über den Schüsselrand an. Vor Christines Zeitrechnung hatte sie das gelegentlich getan, wenn sie keine Lust hatte, den Abwasch zu erledigen. Doch die neue Frau im Haus hasste sowohl das Saucetunken, das Leerschlecken wie auch das unordentliche, unhygienische Versorgen, bei dem sie Amber ertappt hatte. Frederik im Übrigen auch. Nicht das mit dem Wegputzen der Salatsauce, das liebte er. Frederiks Dressing schmeckte auch lecker. Anders lecker.

Vater berichtete von seiner Klasse und den Plänen für die Sportferien, einer Schneeschuhtour mit Christine in den Glarner Alpen. Amber erzählte ihrem Vater von ihrem Traum und der Unruhe, die sie antrieb, die Hintergründe über die UNO, die Nato und die internationalen Kriege zu erforschen. Sie wischte sich mit dem Handrücken über den Mund, lehnte sich zurück und zog die Augenbrauen hoch. Nachdem sie am Glas genippt hatte, bemerkte sie: *„Da ist so viel im Argen. Wenn ich nur wüsste, wo ich ansetzen soll! Ich möchte verstehen, worum es geht, damit ich mich positionieren kann. Neben den Rohstoffkriegen sind es immer Glaubenskriege. Wie kommt* *es, dass islamistische Gruppierungen so einen Hass auf den Westen haben? Die Christen sind doch keine Gefahr mehr im Orient. Wie konnten Al Kaida, die Taliban und die Terrormiliz IS überhaupt gedeihen und erstarken? Sind die islamistischen Terroranschläge immer noch die Rache für die christlichen Kreuzzüge im Mittelalter?"*

„Phhhhffff...", entfuhr es Walter. *„Das ist ein weites Minenfeld, mein Kind! Willst du meine Ansicht hören? Du weißt, dass ich sehr kritisch bin, was die öffentliche Meinungsbildung angeht!"*

„Logisch Dad, sonst würde ich dich ja nicht fragen!", erwiderte Amber.

„Die Nato, insbesondere die USA und England, treten in den Medien immer als die Guten, die Helden auf. Sie schaffen es, uns Normalsterblichen ein verzerrtes Bild zu vermitteln. Jedes Land und jeder Staatsmann, der nicht in ihrem Interesse kooperiert, wird dämonisiert, als böser Herrscher oder Diktator dargestellt, damit die Menschen glauben, dass ihre Militärstrategien gerechtfertigt sind. Paradebeispiele ist Gaddafi, Libyens Präsident. Was denkst du über ihn?", wollte der Vater wissen.

Amber zuckte mit den Schultern: *„Nun, ich habe gelesen, dass er ein brutaler Diktator ist, der das eigene Volk ausgenommen hat. Er sei mitverantwortlich für den Terroranschlag von Lockerbie von 1988, bei dem 290 zivile Menschen getötet wurden. Aber genau weiß ich es nicht, weil ich mich mit dem Regime noch nicht auseinandergesetzt habe."*

„Siehst du! Und woher hast du die Idee, dass er ein Schlächter ist? Aus dem Fernsehen? Aus der Zeitung? Ich habe unabhängige Berichte gelesen. Darin wird er als straffer Führer geschildert, der für Stabilität und Sicherheit in Libyen, einem von verschiedenen, zum Teil zerstrittenen Ethnien und Stämmen bevölkerten Land, gesorgt hatte. Gaddafi hat Frauen als Stützen der Gesellschaft in Libyen stark gefördert. Sie haben Recht auf Arbeit, Scheidung, Eigentum und Einkommen und müssen sich nicht verhüllen. Libyen war einst ein armes Land und erblühte unter Gaddafi zu einem der reichsten Afrikas. Die Bewohner haben kostenlosen Zugang zu Bildung und Krankenversicherung und müssen weder Strom noch Wasser bezahlen. Und woher stammt Libyens Reichtum? Vom Öl! Und das ist für Erdölkonzerne interessant. Wie kommen die zu dem kostbaren Rohstoff? Mit nett fragen?"

Amber zuckte mit den Schultern und Walter fuhr fort: *„Ich glaube, islamistische Terroristen finden im Glauben ein Werkzeug, ein Auffangbecken für ihren Unmut, weil westliche Länder und Konzerne sich über Jahrzehnte mit Korruption, angezettelten Kriegen und Destabilisierung von Regimen an ihren Bodenschätzen bereichert und ihre Kultur zerstört haben. Ayatollah Chomeini hat es 1979 geschafft, islamistische Fundamentalisten um sich zu scharen, um den verhassten Schah, der mit dem Westen kooperierte, im Iran zu stürzen. Dieser war 1953 bei einem von den USA und England angestachelten Putsch an die Macht gekommen. Die Vorgeschichte dazu: Mossadegh, der damalige, demokratisch gewählte Premierminister hatte per Gesetz das iranische Erdölvorkommen*

1951 verstaatlicht, das zuvor von zwei britischen Erdölfirmen kontrolliert worden war. Die Briten verloren damit ihre Erdölkonzession und haben die USA um Unterstützung gebeten. Mit Segen von Präsident Eisenhower hat die CIA eine Million Dollar investiert, um eine penible Strategie auszuarbeiten: Mossadegh musste weg um jeden Preis. Journalisten wurden bestochen, die den Premier über eine Zeitspanne in den Medien verunglimpflichten. Unruhestifter wurden angeheuert, um im Volk gegen ihn Stimmung zu machen. Am Tag des Putsches zettelten bezahlte Akteure einen Aufstand in einem stark frequentierten Markt an, der eine Militärintervention erforderte. Dies führte zum von langer Hand geplanten Putsch, bei dem der gewählte Premierminister als Landesverräter hingerichtet wurde und der Schah an die Macht kam. Das war am 19. August 1953! Kritische Journalisten sprechen von DEM Sündenfall, dem die ganze Instabilität im Persischen Golf zugrunde liegt. Die Islamische Revolution, Chomeinis Machtübernahme 1979 war die unheilvolle Retourkutsche, die verzögerte Antwort auf den vom Westen inszenierten und finanzierten Putsch 1953, die jahrzehntelange Ausbeute der Bodenschätze und die „Cocacolasierung" des Orients. Meiner Meinung nach hat das alles nichts mehr mit Glauben zu tun, sondern der Osten ist ein unübersichtlicher Schauplatz von Rache, Sühne, Macht und Korruption geworden. Es folgten seit 1979 Schlag auf Schlag, ein Interessen- und Ressourcenkrieg nach dem anderen. Die Kriegstreiber: die USA und ihre Verbündeten, die Sowjetunion, Saudi-Arabien und nun auch China. Die Akteure sind Machthaber in den jeweiligen Ländern, religiöse

Fanatiker, die je nach Kapitalstärke und militärischer Ausrüstung von den Kriegstreibern unterstützt werden. Wer jetzt noch die Übersicht hat – Chapeau! Die Leidtragenden sind die Bevölkerung.“

Walter seufzte, wollte sich erheben, blieb jedoch mit einem an seiner Wampe vorstehenden Knopf an der Tischkante hängen und warf mit dem Ruck das leere Weinglas um. Amber nahm das Geschepper nicht wahr, sie kaute versunken auf ihrer Unterlippe herum. Erst nach einer Weile erhob sie sich auch, griff zu Geschirrtuch und einem nassen Teller, den Walter gespült und auf das Trockengitter gestellt hatte, und bemerkte nur: *„Am 19. August ist Mamas Geburtstag.“*

.....

Walters Ausführungen und ihre weiteren Recherchen im Internet gärten bei Amber tage- und nächtelang. Sie fand es ungeheuerlich, unglaublich, empörend. Ihr Verstand konnte die Dimension der Intrigen und Machenschaften kaum begreifen. Wie konnten Menschen so unanständig sein! Es war ihr unbegreiflich. Und doch waren die Rohstoff- und Rüstungsindustrien eine Wirtschaftsmacht und wie die Kriegsopfer eine nackte Realität. Dies bestätigte sich, wenn sie bei Karwen und Evin durch die Wohnungstür trat und ihr der ranzige Uringeruch, den, das wusste Amber, Evin mit Javelwasser zu neutralisieren versuchte, in die Nase stieg, wenn sie bei der kurdischen Familie nach dem Rechten sah.

Sie musste etwas tun! Sie musste, ihrem Gewissen zuliebe, ihr Know-how und Feuer einbringen. Auch wenn es nur einen Tropfen auf einem heißen Stein bedeuten sollte. Sie wollte nicht mehr länger tatenlos zusehen, wie Geld und Wirtschaft wie eine heilige Kuh über allem standen, das humanitäre Zusammenleben und am Ende auch das Ökosystem gefährdeten. Sie wollte am Ende ihres Lebens sich selber ins Gesicht sagen können, sie hätte es wenigstens versucht. An einem Morgen im März erwachte Amber und spürte mit absoluter Klarheit, dass Gleichstellung, Kriegsgeschäfte, Ausstieg aus der Atomenergie und Ökologie die Themen waren, für die sie brannte und die sie sich auf das Banner schreiben würde. In dieser Klarheit war sie jetzt bereit, die passende Partei zu suchen. Denn alleine brauchte sie sich gar nicht erst aufzumachen. Wer sich mit den Mächtigen anlegte, musste sich verbünden und Mitstreiter finden.

Sie beriet sich mit Frederik, ihren WG-Frauen, Klassenkommilitonen und mit ihrem Dad. Amber las im Netz Parteiprogramme, studierte die Profile der Parteimitglieder, analysierte Statistiken, durchkämmte Social-Media-Einträge und wog für sich ab, zu wem sie besser passen würde. Sie besuchte Parteiveranstaltungen und wurde allerorten als junge, engagierte Frau mit weiten Armen empfangen. Quotenfrauen waren inzwischen überall willkommen.

Amber besuchte eine Erste-Mai-Kundgebung, lauschte den Reden und beobachtete die Zuhörer. Der Sprecher der Kundgebung, der mit Eifer aufrief, sich mit den Mächtigen anzulegen, die in einer unerhörten Unverfrorenheit die Privilegien unter sich aufteilten, befeuerte nicht nur Ambers Flämmchen und Gerechtigkeitssinn. Es gelang ihm, den Menschen auf dem Platz eine Stimme zu geben, die den Sprecher mit Klatschen und zustimmenden Zwischenrufen würdigten. *„Mit solchen flammenden Reden musste es den Vorkämpferinnen der Suffragettenbewegung gelungen sein, Mitstreiterinnen im Kampf für die politische Teilhabe zu gewinnen"*, anerkannte Amber. Einige Zaungäste der Kundgebung mokierten sich jedoch über die Roten auf dem Platz. Amber kamen Wortfetzen zu Ohren: *„Die Sozialschmarotzer würden gescheiter arbeiten gehen, als große Reden zu schwingen." – „Diese Sozis ruinieren den Staat! Machen nur die hohle Hand und tun selber nichts dafür." – „Ach, die sollen doch mal aufhören mit ihrem marxistischen Klassenscheiß! Mir hilft es auf jeden Fall nicht!" – „Die lassen das Ausländerpack ins Land, die unsere Arbeitsplätze wegnehmen. Pfui! Da wähle ich lieber die anderen, die für uns Einheimische einstehen!"*

In den abschätzigen Anmerkungen schwang so viel Verdruss, Resignation und Frustration mit, die Amber körperlich schmerzten. Sie beobachtete die Männer und Frauen, die sich über die Sozialisten beschwerten, und fragte sich, was falsch gelaufen war. *„Vertraten nicht die Sozialisten die Anliegen der Arbeiter und Verlierer der Gesellschaft? Warum gelang es dem Redner nicht, diese Menschen abzuholen, und würde es ihr dereinst gelingen?"*, fragte sich Amber.

Das Parteiprogramm der Grünen, die den Klimawandel und die globale Stabilität als übergeordnete Priorität betrachteten, sprach Amber an. Denn wenn die global agierenden Mächte nicht heruntergebremst und zur Vernunft gebracht würden, könnte die ganze Menschheit zusammenpacken. Kriege, Lebensmittel- und Rohstoffknappheit sowie die ansteigenden Temperaturen steuerten das Ökosystem und den humanitären Zusammenhalt auf dem Planeten früher oder später, eher früher, in einen Kollaps. Dazu mussten alle mit ins Boot geholt werden. Man musste die Moguln zur Verantwortung ziehen.

Mit dem Abschottungs- und Ausschlussprogramm der Rechtsaußenparteien konnte sie als Kosmopolitin definitiv nichts anfangen. Sie hätte es mit ihrer binationalen Herkunft und ihrem Welt- und Menschenbild schlicht nicht vereinbaren können. Alle Parteien, die sich eine Religion auf das Banner geschrieben hatten, kamen für sie als Atheistin sowieso nicht infrage. Sie könnte nur den Himmelsboten Anniel auf ihrem Parteibutton akzeptieren.

Sie stimmte den Mitteparteien zu, dass es für Stabilität im Land sichere Arbeitsplätze und ein gesundes Wirtschaftssystem brauchte. Doch sie hatte zu wenig wirtschaftliche Interessen und in erster Linie sah sie darin nicht die brennende Priorität für das Überleben auf dem Planeten. Was nützten gesunde Firmen, wenn der Klimawandel ganze Bergdörfer unter ihren instabil geworden Hängen begrub oder Städte wie Amsterdam und Hamburg mit dem ansteigenden Meeresspiegel ersäufte? So kamen in der Parteienlandschaft Schweiz schließlich für Amber nur zwei Parteien infrage: die grüne oder die sozialistische Partei. Am Ende entschied ein australischer Dollar, den sie als Erinnerung an ihre anderen Wurzeln stets im Portemonnaie trug, über ihre politische Zukunft: Kopf, respektive fünf Kängurus ebneten Ambers Weg zu den Grünen.

Am vierten Juni hielt Präsident Obama in Kairo eine Rede vor der islamischen Welt, in der er die Beteiligung der USA beim Putsch im Iran 1953 einräumte und sich für eine Annäherung zwischen der westlichen und muslimischen Welt einsetzen wollte. Amber betrachtete das als gutes Omen. Zwei Tage später suchte sie auf der Homepage der Grünen das Onlineformular, füllte die Kästchen aus, überflog die Angaben und schickte ihr Beitrittsgesuch mit einem Mausklick ab. Und wartete ab.

2009 – Juli: Es geht um das Feuer

Für den Radcrack Frederik war die gewählte Route natürlich Pipifax. Doch um Amber überhaupt für Radtourferien begeistern zu können, musste er Zugeständnisse machen. Amber war nicht unfit, doch es reichte ihr völlig aus, in der Stadt mit ihrem Citybike zwischen ihren Hotspots Uni-WG-Frederik-Walter-See-Lieblingscafé-Shops hin- und herzukurven. Frederik hatte sich für ihren dritten gemeinsamen Sommerurlaub Radferien gewünscht. Die Freundin war einverstanden, hatte aber Bedingungen gestellt: Es durfte nur talwärts oder geradeaus gehen und sie durften auf keinen Fall denselben Weg hin- und zurückfahren. Denn das konnte sie nicht ausstehen. Es musste eine Rundreise sein oder eine lange Strecke mit einem Fernziel. Da war eigentlich nur die Rheinroute infrage gekommen, die von der Rheinquelle in den Alpen bis zur Mündung ins Meer führte. Für Amber waren die 1233 Kilometer von Andermatt bis nach Rotterdam ambitiös. Doch sie wollte Frederik unbedingt beweisen, dass sie nicht aus Zucker war.

Amber hatte sowieso Semesterferien, in der Asylstelle war sie abkömmlich und konnte ihre Überstunden einziehen. Frederik hatte sich vier Wochen für die Radferien freigeschaufelt. Im Juni hatten sie über Karten gebrütet, Routenvarianten und Übernachtungsmöglichkeiten ausgelotet, Material getestet und Listen geschrieben. Perfekt vorbereitet und ausgerüstet fuhren sie mit dem Zug nach Andermatt, starteten bei besten Wetterbedingungen und radelten los. Amber trat wacker in die Pedale, spürte in den ersten Nächten Waden und Hintern während Frederik am Tagesende längst nicht seine Grenzen erreicht hatte. Am dritten Abend, als Amber sich nach der ausgiebigen Dusche auf dem Bett in der Jugendherberge ausstreckte und wohlige Laute von sich gab, während sie sich die Beine mit Bodylotion massierte, tigerte Frederik wortlos im Zweierzimmer herum, nestelte an den Packtaschen, faltete Kleider neu, sortierte Karten und machte keine Anstalten, duschen zu gehen. Amber kannte ihn nun doch schon gut genug, um sein Verhalten zu deuten. Er brauchte Anlaufzeit, um Unmut oder Frust auszusprechen, und durfte in dieser Gärungsphase nicht angesprochen werden, das konnte sehr ungemütlich werden. Deshalb beobachtete sie ihn weiter aus den Augenwinkeln, während sie sich weiter um ihren Körper kümmerte. Sie lag nur im Slip auf dem Rücken auf der karierten Bettwäsche, streckte abwechslungsweise Beine und Arme der eincremenden Hand entgegen.

Ihr war nach dem sportlichen Tag an der frischen Luft nach körperlicher Nähe. Sie fühlte sich trotz müder Beine energetisiert und verspürte Lust, mit Frederik zu spielen. Sie liebte es, mit ihm zu balgen, herumzualbern und daraus ihr vertrautes Liebesspiel entstehen zu lassen. Forschend und neugierig, zärtlich gingen sie aufeinander ein. Amber hatte Frederik noch nie grob oder fordernd erlebt. Er war beim Vorspiel und Akt beinahe schüchtern. Aber sie mochte das an ihm. Und sie hatte ja kaum Vergleichsmöglichkeiten. Es gelang ihr meisterhaft, meistens zumindest, Niklaus aus der Erinnerung zu verbannen. Amber wusste von ihren Freundinnen und aus Filmen, wie es beim Sex zur Sache gehen konnte, dass manche Menschen Schmerz antörnend fanden. Ihre beiden Körper spielten, erforschten sich wie unschuldige Kinder. Manchmal hatte sie einen Orgasmus mit Frederik und manchmal halt nicht. Dann half sie sich selber nach. Das fand sie, was sie Frederik nie gestehen würde, sowieso viel ekstatischer.

Plötzlich riss Frederik sie aus ihren Gedanken: *„Ich fahre noch schnell nach Frauenfeld. Soll ich uns etwas zu essen mitbringen? Magst du so lange warten? Ich bin vor neun zurück.“*

Amber richtete sich rasch auf und starrte ihren Freund an. Nach Frauenfeld waren es fünfundzwanzig Kilometer!

„Äh, nein. Ist gut. Ich lege mich aufs Ohr und warte auf dich. Ist alles in Ordnung?“, wollte Amber wissen.

„Alles gut. Ich muss mich nur noch etwas mehr bewegen, sonst explodiere ich“, bemerkte Frederik noch, packte seinen kleinen Tagesrucksack, verschwand aus der Tür und ließ seine Freundin verdattert zurück. Einiges später, währenddessen sie auf dem Bett Pizza Margherita mit bloßen Fingern direkt aus der Schachtel aßen und Bier aus der Flasche tranken, kamen sie überein, dass er von nun an eine tägliche Zusatzschlaufe machen würde. Die bisherigen Etappen hatten ihn zu Tode gelangweilt. Noch einiges später rollte sich Frederik nassgeschwitzt von Amber, drückte ihr einen Kuss auf den Mund und legte seinen Kopf in ihre Armbeuge. Amber atmete noch

immer heftig, strich sich eine feuchte Strähne aus dem Gesicht und lächelte.

Papa Walter vertrat eine drollige Lebensweisheit: Er war nach jahrelanger Lagererfahrung zur Erkenntnis gelangt, dass Krisen zum dritten Tag gehörten wie das Amen in der Kirche, deshalb achtete er immer darauf, dass dann das Tagesprogramm leicht zu verdauen war. Unfälle, Gezänke oder Missverständnisse könnten dadurch und mit erhöhter Achtsamkeit der Leiter massiv reduziert werden. Amber hatte ihn gefragt, ob seine These je wissenschaftlich untermauert worden war, doch Walter hatte gesagt, es läge doch auf der Hand, dass nach der Aufbrucheuphorie vom ersten und der Neugierde am zweiten Tag, die Hormone absackten und der Körper dann begriff, dass er sich den neuen Umständen anpassen musste. Und dass deshalb alle am dritten Tag etwas dünnhäutiger, verlangsamt und weniger belastbar waren.

Amber dachte an ihren Dad, nachdem sie von der Jugendherberge am Bodensee aufgebrochen waren und rheinabwärts Richtung Schaffhausen fuhren. Abgesehen von einem Platten an ihrem Vorderreifen hatten sich nach Frederiks Minikrise keine weiteren Zwischenfälle ereignet. Das Paar hatte einen guten Rhythmus gefunden, der beiden passte, sie radelten schweigend oder scherzten sich zu, manchmal ergab sich ein längeres Gespräch über ein Thema, das einem der beiden durch den Kopf gegangen war. Aber nichts, was ihre entspannte Grundstimmung ankratzte. Während sie über Feldwege und asphaltierte Straßen durch Wälder, Dörfer und offene Felder der malerischen Ostschweiz radelten, blickte

Amber erwartungsfroh den kommenden Wochen entgegen und war sich siegesgewiss, dass sie es locker bis nach Rotterdam schaffen würden. Innen und außen war die Welt vollkommen in Ordnung.

Wenige Kilometer vor Schaffhausen querte das Paar ein Waldstück, das ans Rheinufer grenzte und von Ausflüglern belagert war. Vom Rhein drang fröhliches Lachen und Plätschern. Dies lockte Frederik, eine Pause einzulegen. Seine Freundin sprang auf den Vorschlag sofort auf, denn die Temperaturen hatten angezogen und sie und ihre Haut, die sie unter langen T-Shirts und Hosen versteckte, waren immer dafür, die Mittagssonne zu meiden und sich im Schatten auszuruhen. Amber und Frederik ketteten ihre Fahrräder aneinander, fanden ein hübsches freies Stück Wiese im Schatten, wo sie sich einrichteten. Gummiboote und Holzschiffe waren an den Ufern vertäut, Kinder bauten Sandburgen oder spielten Federball, Erwachsene stürzten sich kopfüber in den trägen, grünen Fluss und ließen sich von ihm ein Stück weit mittreiben. Amber riss sich die verschwitzten Kleider vom Körper, streifte sich ihr Badekleid über, wartete auf ihren Freund und dann sprangen beide übermütig ins Wasser.

Der Platz war trotz der vielen Menschen so idyllisch, dass sie sich entschieden, hier zu rasten und die Nacht im Zelt zu verbringen. Sie lagen so gut im Zeitplan, dass sie sich einen halben Tag Rast gönnen konnten. Immer und immer wieder kühlten sie sich im Nass ab, ließen sich zwischendurch auf dem großen Tuch, das Meilin Amber geschenkt hatte, von der Wärme durchtrocknen, knutschten unverhohlen, schmiegten sich aneinander und dösten. Besser konnte der Sommer nicht schmecken. Frederik entfernte sich für zwei Stunden, um in Schaffhausen Bier, Würste und Kartoffelsalat zu besorgen und sich seinen Tageskick an Adrenalin zu geben.

Vor dem Eindunkeln sammelten sie Holz, stapelten es um eine Feuerstelle, die andere zuvor angelegt hatten. Amber, nur mit einem leichten Trägerkleid über der Badehose gekleidet, schweifte mit den Augen über das Gelände, während sie dürre Äste und Hölzer wie ein Tipi-Gerüst über eine zusammengeknüllte Seite Zeitungspapier in der Feuerstelle zum Anzünden schichtete. Immer noch zählte Amber rund vierzig Leute, die über das Gelände in Gruppen und Paaren verstreut waren. Jetzt dominierten die Jugendlichen, die mit Rollern angefahren waren. Die Tagesausflügler mit ihren Kleinkindern hatten sich allmählich verzogen. In diesem Moment hätte sie platzen können vor Glück. Was waren sie und Frederik doch für ein gutes Gespann und was für einen schönen Flecken Erde hatten sie beide gerade für sich entdeckt! Man sollte Glück und Wonne in einem Weckglas als Notration für frostige Zeiten einmachen können, sinnierte sie gerade, entfachte das Zündholz an der Schachtelseite und hielt es ans Zeitungspapier. Als sie Frederik mit einem weiteren Bündel Feuerholz auf dem Arm herbeieilen sah, strahlte sie ihn an. Doch als er seine Fuhre achtlos zu Boden fallen ließ, ihr das brennende Hölzchen aus der Hand riss und auspustete und sie vorwurfsvoll anschaute, erlosch auch ihr Frohsinn abrupt.

Frederik schrie beinahe: *„Geht es noch! In der heutigen Zeit wird nicht mehr mit Papier voller Druckerschwärze angefeuert.*

Und schau mal deinen Haufen an! Das ist ja erbärmlich, wie du das Holz gestapelt hast! Gib mal her, ich zeige es dir!"

Als hätte sie ein Schwall eiskaltes Wasser übergossen, stand sie da und verstand nicht, was sich gerade eben abspielte. Sie sah zu, wie ihr Freund Holz für Holz von ihrem, nach ihrer Ansicht liebevoll aufgeschichteten Indianerzelt abtrug und beiseitelegte. Danach wischte er die freigelegte Feuerstelle mit einem Scheit flach, ordnete den Steinkreis neu an und schichtete das Holz auf. Natürlich verwertete er seine eigene Steckensammlung zuerst. Jeden einzelnen Ast brach er über dem Knie in die passende Länge. Amber zwang sich, nicht in Tränen loszubrechen. Frederik baute einen Turm auf, so wie sie früher im Kindergarten Bauklötze aufgeschichtet hatte, und erklärte seiner Freundin, dass man heute Feuerholz wie einen Kamin anlegte, damit der Rauch schlank abzog und weniger Partikel in die Luft ausstieß. Zum Anzünden, sofern man es denn fachmännisch beherrschte, fügte er an und warf ihr einen süffisanten Blick zu, brauchte es lediglich furztrockenes Reisig. Er hielt das entfachte Zündholz an die dörren Splinte, die sofort Feuer fingen und innerhalb von Sekunden brannte der Turm lichterloh. Amber stand daneben und schnaubte durch ihre Nasenlöcher. Frederik bemerkte es nicht. Er war zufrieden mit sich in die Flammen vertieft und legte bereits einen Stecken nach.

Es war dieser Ausdruck in seinen Augen gewesen, der den schlafenden Drachen geweckt hatte. Er schnellte aus ihren Eingeweiden heraus und donnerte mit heiligem Zorn los: *„Verdammt noch mal! Ich möchte mein eigenes Feuer machen! Ich* *möchte selber herausfinden, wie das geht und was es braucht! Ich möchte Fehler machen und meine Erfahrungen machen dürfen! Scheiße! Ja! Du magst Holzexperte sein, du magst recht haben. Das bestreite ich nicht. Doch ich habe meine ureigene Vorgehensweise. Ich mache es nicht nach Plan und Konzept, sondern nach Intuition. Ich wähle die Hölzer nach Gefühl und Ästhetik. Ich rede mit den Flammen, mit den Scheiten, mit dem Luftzug und lasse mich leiten. Einen Schritt nach dem anderen. Und das ist nicht falsch. Dass die Luft verunreinigt ist, weiß ich auch, dass wir Sorge tragen müssen, ist mir sonnenklar. Aber lass mich selber machen, lass sogar zu, wenn es sein muss, dass ich mir auch die Finger verbrenne! Lass mich scheitern und meine Lehren selber daraus ziehen."*

Frederik starrte sie erst an, versuchte ihren Worten zu folgen. Amber sah ihm an, dass er nicht wusste, was er darauf erwidern sollte, räumte ihm Zeit ein. Doch als lange nichts kam, er nur die Augen rollte und sich danach achselzuckend wieder den Flammen zuwandte, gingen die Pferde mit Amber durch. In ihr brodelte ein Kochtopf über, sie hätte am liebsten nach dem nächsten Scheit gegriffen und es dem Begriffsstutzigen über seinen Schädel gezogen. Doch sie besann sich eines anderen. Barfuß stampfte sie zum Rhein, riss sich das Kleid über den Kopf und schmiss es ans Ufer, machte einen Kopfsprung ins Wasser und tauchte ab ins Grün. Sie kraulte gegen die Strömung flussaufwärts, die Wut in ihrem Bauch war der Motor.

Amber fasste es immer noch nicht; Frederik war völlig überzeugt, dass er im Recht war. Sie kämpfte weiter Meter für

Meter gegen den Strom, rieb sich am Widerstand und spürte dabei ihre eigene Kraft. Plötzlich schoss ihr ein Gedanke durch den Kopf: Das ist der springende Punkt. Männer sind durch Jahrtausende konditioniert worden, dass sie, das stärkere und intelligentere Geschlecht, den Frauen einen Schritt voraus waren und ihnen die Welt erklären und sie beschützen mussten! Dabei beriefen sie sich auf die Religion, Kultur, Tradition und wenn alle Argumente nicht fruchteten auf Darwin. Die Natur selektioniere die Stärksten und Überlebensfähigsten zu Führern. Doch jedes System funktionierte nur, wenn alle Kräfte zusammenspielten. Dem Kopf nützt es nichts, wenn sich der Darm verschließt. Wo kämen wir denn hin, wenn nur die Stärksten überleben würden.

„Das führt dahin, wo wir jetzt sind“, sinnierte Amber weiter. „Zu einer Wettbewerbsgesellschaft, die ihr humanitäres Ge*wissen immer mehr verliert. Wird die Gesellschaft solidarischer und menschlicher, wenn mehr Frauen an die Macht kommen. Margaret Thatcher ist definitiv herrschsüchtiger und maskuliner als mein Papa. Was muss sich ändern? Und warum rege ich mich so über Frederik auf?“* Amber grübelte weiter und kam nicht vom Fleck. Im Kopf nicht und im Wasser nicht.

Die Wut verpuffte allmählich und mit deren Schwinden ließen auch die Kräfte nach. Amber bewegte sich langsamer und hörte schließlich ganz auf zu schwimmen. Sie legte sich auf den Rücken und augenblicklich wurde sie die wenigen Meter zurückgetrieben, die sie gegen den Strom gewonnen hatte. Amber war beeindruckt von der Wucht der Strömung, entspannte sich und ließ sich davontragen. Sie musste unwillkürlich lächeln. War Wasser nicht ein urweibliches Prinzip? Konnte es sein, dass es gar nicht um das Geschlecht, um Mann und Frau ging, sondern darum, die femininen Eigenschaften, die weiblichen Kräfte, die vom jahrtausendealten Patriarchat unterdrückt worden waren, wieder zu befreien? Das war ein spannender Ansatz, den Amber bei nächster Gelegenheit wieder aufgreifen und weiterspinnen wollte. Doch jetzt musste sie Boden unter die Füße bekommen, wenn sie nicht in Schaffhausen landen wollte.

Sie blickte sich um und sah Frederik am Ufer stehen und mit den Armen rudern. Ihr Zorn war weg, doch sie konnte unmöglich jetzt schon zurück zu ihm. Sie wollte ihn noch etwas schmoren lassen und sie musste auch noch ihre Gedanken ordnen. Allmählich drang die Kälte des Wassers durch ihre Glieder und kühlte sie ab. Kurzentschlossen schwenkte sie nach rechts ab und steuerte das gegenüberliegende deutsche Ufer an. Es kostete sie jetzt, wo die Wut, die Energie in ihren Körper gepumpt hatte, sich verzogen hatte, Entschlossenheit und Kraft, sich quer zur Strömung über Wasser zu halten. Nach einer Viertelstunde erreichte sie, einen geschätzten halben Kilometer flussabwärts getrieben, die andere Rheinseite. Sie umklammerte Halt suchend Ufersteine und jeden sich anbietenden Grasbüschel und zog sich aus dem Wasser. Auf allen Vieren tastete sie sich auf der Wiese voran und ließ sich erleichtert auf dem Rücken ins Gras fallen, wo sie einen Moment regungslos ausgestreckt liegen blieb. Sie begann erst leicht zu zittern, dann plötzlich heftig zu schlottern, sodass sie sich aufrichten musste und ihren Rumpf mit den Armen umschlang. Sie wiegte sich selber wie ein Kleinkind, um ihre bibbernden Glieder zu beruhigen, und plötzlich löste sich ein Glucksen in ihrer Brust, das zu einem lauten Lachen anschwoll. Sie konnte sich kaum noch halten. Eine Anwohnerin, die wie jeden Abend seit dreißig Jahren ihre Abendrunde drehte, pfiff ihren Dackel von der irren Fremden weg, die sich in der Dämmerung auf der Uferwiese wälzte, schüttelte kaum merklich den Kopf und freute sich, ihrem Mann etwas berichten zu können: *„Stell dir vor, da lag so ein junges Ding in der Badehose im Gras und hat wie blöd gelacht. Mutterseelenallein. Die hat sich bestimmt zu viel eingeworfen!"*

Amber beruhigte sich allmählich. Sie war jetzt glasklar im Kopf. Ihr Körper fror weiter. Es half nichts, sie musste zurück. Sie musste ihre letzten Reserven zusammenkratzen, sich in der Dunkelheit erneut in die kühlen Fluten stürzen, um zu ihren Sachen zu kommen, wenn sie sich nicht in den nassen Badehosen auf deutschem Boden den Erfrierungstod holen wollte. Beim Überqueren des Rheins hatte sie nicht nur ihre eigenen Grenzen, sondern auch die Landesgrenze überschritten. Frederik zu sehen, hatte sie keine Lust. Sie hatte mit dem Zwischenfall plötzlich jegliche Freude verloren, die Reise fortzusetzen. Bevor sie sich auf den Rückweg machte, legte sie sich die Worte zurecht, die sie ihm sagen wollte. Er solle alleine bis nach Rotterdam weiterfahren, sie würde für diese Nacht ein Zimmer nehmen, am nächsten Tag zu Nelly nach Thurtalen radeln und die Ferien bei ihr verbringen. Sie brauchte dringend eine Auszeit von ihm und ihrer Beziehung.

Ihre Zähne klapperten, als sie sich ins Wasser gleiten ließ. Unter aller Anstrengung stemmte sie sich erneut gegen die Strömung und gegen ihre sich anschleichende Angst. Es war inzwischen dunkel geworden. Der Himmel war sternenklar und noch ohne Mondlicht. Der Rhein, der vor wenigen Stunden noch in süffigem, freundlichem Grün träge durch sein Bett geflossen war, war jetzt zu einem finsteren, unheimlichen Strom geworden, der sie verschlingen, abdriften oder unterkühlen konnte. Sie hatte keine Wahl, sie musste sich der Schwärze hingeben. Sie orientierte sich an den Feuern und an den Konturen der Menschen am anderen Ufer. Sie zwang sich, nicht zurückzublicken, nicht an die möglichen Tiere unter ihr zu denken, das Frieren zu ignorieren, die Panik nicht zuzulassen und jeden einzelnen Meter, den sie gewann, wie einen Triumph zu feiern.

Als sie endlich das Schweizer Ufer erreicht hatte, zog sich Amber aus dem Wasser, erlaubte sich jedoch nicht, einzuknicken. Denn durch die Strömung abgetrieben, hatte sie noch ein beträchtliches Wegstück zu Fuß zurückzulegen. Jetzt begrüßte sie die Panik, die ihr einen Energieschub durch Beine, Lungen und Herz pumpte. Sie rannte flussaufwärts, während ihr Tränen über ihre Wangen rannen und sich mit den nassen Haaren vermischten. Amber spürte den Schmerz längst nicht mehr, wenn sie in die Stacheln von Brombeerhecken trat oder sich die Zehen an einer Wurzel oder einem Stein anstieß. Sie hielt erst an, als sie Frederik erkannte, der in sich zusammengesackt ein Gluthäufchen bewachte. Schwer atmend trat sie zu ihm, begrüßte ihn knapp und steuerte als Erstes zu ihren

Sachen. Amber riss sich das Badekleid vom Leib, rubbelte sich die tauben, schrumpeligen Glieder und nassen Haare. Frederik stand auf, trat zu ihr und legte ihr sein trockenes Frottiertuch über die Schultern.

Amber brachte nur ein *„Hmh“* heraus. Jetzt gaben die Beine nach und mit knapper Not schaffte sie es noch, sich frische Unterwäsche, warme Socken, Jogginganzug und Wollpullover aus dem Rucksack zu pulen und sich überzustreifen. Unter letzter Anstrengung raffte sie sich zum Feuer und ließ sich zu Boden gleiten. Mit zitterigen Händen schmiss sie alle greifbaren Hölzer in die Glut, blies mit bebenden Lippen hinein, bis Flämmchen hochzüngelten und das dörre Kleingeäst erfassten. Amber rollte sich wie ein Kätzchen zusammen, zog Frederiks Badetuch über sich, bettete den Kopf auf ihre Hände und schloss die Augen. Fredrik fragte sie, ob sie noch etwas vom Kartoffelsalat wollte, er hätte die Hälfte für sie übrig gelassen. Doch Amber gab keine Antwort mehr. Sie war eingeschlafen.

Frederik hatte von einer Gruppe Jugendlicher Holz abgekauft. Diese hatten sich angeheitert nach einem geselligen Abend auf den Heimweg gemacht und waren happy, den Reststapel Holz, den sie an der Tankstelle gekauft und in ihrem Anhänger mitgebracht hatten, für zwei Dosen Bier wieder loszuwerden. Frederik hütete das Feuer bis weit nach Mitternacht, immer darauf bedacht, den Zeitpunkt nicht zu verpassen, falls Amber erwachte, weil er befürchtete, dass sie sich einfach aufs Rad schwingen und aus dem Staub machen könnte. Doch irgendwann hatte auch ihn die Müdigkeit übermannt.

Am nächsten Morgen pflückten Frederik und Amber ihre Beziehung in einer mehrstündigen Grundsatzdebatte auseinander, als hätten sie erkannt, dass sie wie bei einem Hausprojekt das Fundament vergessen hatten. So trugen sie Stein um Stein der gemeinsamen drei Jahre ab, durchleuchteten Episoden, wogen ab und gelangten irgendwann zur erleichternden Erkenntnis, dass es doch ganz gut mit ihnen beiden passte. Sie erörterten ihre Wünsche und Bedürfnisse für eine gemeinsame Zukunft und notierten sie auf einer herausgerissenen Seite aus Ambers Tagebuch. Amber schwor, nie mehr wortlos und überstürzt aus einem Streit davonzurennen, sondern dranzubleiben, bis es ausgestanden wäre. Frederik gelobte, Amber nicht zu bevormunden, sondern sie in ihrer Art, wie sie an etwas heranging, zu respektieren. Sie versprachen sich, sich treu zu sein, sich gegenseitig zu unterstützen und sich die Freiräume zu lassen, die jeder für sich brauchte. Das Kinderthema wurde für mindestens zehn Jahre auf Eis gelegt. Aber eine gemeinsame Wohnung konnten sich beide vorstellen.

„Mir ist ganz heilig“, bemerkte Amber, als sie alle wichtigen Anliegen aufgelistet hatten und sich gegenseitig noch einmal vorlasen. Frederik schoss auf, stapfte zur Hecke und kehrte mit einem Brombeerzweig zurück. Mit einem Dorn ritzte er die Fingerkuppe des Daumens auf, drückte den Blutstropfen auf das Papier, reichte es Amber, hob die Augenbrauen und schaute sie erwartungsvoll an. Sie grinste breit und tat es ihm gleich. Sie blieben noch eine Nacht am Rhein. Sie liebten sich im Schutz der Dunkelheit und erkoren es als ihre Hochzeitsnacht. Die zwei Tage wurden zu dem Meilenstein in

ihrer Partnerschaft, den sie als *„am Anfang war das Feuer“* bezeichneten.

Amber und Frederik erreichten Rotterdam am Dienstag, dem 28. Juli 2009, drei Tage später als geplant. Ab Colmar goss es vier Tage wie aus Kübeln. In der Jugendherberge in Wiesbaden klaute jemand ihr ganzes Bargeld, zum Glück jedoch nicht die Ausweise. In Arnhem stürzte Frederik so schlimm in einer steilen Rechtskurve, dass er sein aufgeschlagenes und geschwollenes Knie für einen Tag schonen musste. In Koblenz zofften sie sich noch einmal, denn sie konnten sich nicht über die Route einigen. Frederik war überzeugt, dass sein Vorschlag sie schneller nach Rotterdam voranbrachte. Amber mochte nicht um jeden Preis schneller sein, ihr Gefühl sagte, dass ihre Strecke über schönere Wege führte. Und sie wollte nicht nachgeben. Nach einer einstündigen, ergebnislosen Diskussion zückte Amber die Kängurumünze und streckte sie ihrem Freund hin. Frederik nahm sie, sagte, er nehme Zahl und warf Zahl. Damit konnte Amber leben.

2009 – August: Grüne Secondos

An einem Dienstag Mitte August folgte Amber der Einladung zur Mitgliederversammlung der Grünen. Sie hatte den Mitgliederbeitrag gleich nach der Rückkehr, als sie die Eintrittsformulare mit einem netten Begrüßungsschreiben erhalten hatte, überwiesen. Seltsamerweise machte sie die Tatsache, dass sie sich jetzt zu einer Partei bekannte und ihr angehörte, nervöser als damals, als sie sich an der Uni immatrikuliert hatte. Sie stellte sich ein paar Stunden vor Versammlungsbeginn vor ihren Kleiderkasten und fragte sich ernsthaft, welche Garderobe angebracht war. Sie konnte doch unmöglich für ihren ersten Auftritt ein T-Shirt von *H&M* tragen. Amber grübelte, ob sie denn ab jetzt nur noch Secondhand- oder ökologisch korrekte Fair-Trade-Kleider tragen konnte, was ihr Studentenbudget sprengen würde. Streng genommen durfte sie jetzt nicht mal mehr nach Australien zu ihrer Zweitfamilie jetten, weil erwiesenermaßen Fliegen mit zu den größten Umweltsünden gehörte. Und wie liebte sie die *„Überraschungs-Care-Pakete"* von Großmutter Annie, die ungebrochen seit ihrer Kindheit zwei- bis dreimal im Jahr eintrudelten. Wie hätte sie sich sonst ihr iPhone leisten können, ihre geliebten *Gumbies* oder *Blundstones*, das heiß geliebte Schuhwerk von *Down Under*, das bestimmt nicht Fair Trade produziert wurde? Nur Insider und eben Annie wussten, dass sie als Fast-Vegetarierin für *Just*

Jerkey, den getrockneten Rindfleischsnack, starb. Sie liebte es, ihre Reißzähne in das salzige, harte Stück Fleisch zu graben, es zu zerreißen und zu zermalmen, als wäre sie ein Raubtier – und sie liebte all den schnuckeligen Große-Mädchen-Kram, der ihr einfach das Dasein versüßte und ihr einen Geschmack von ihrer stylishen, leider viel zu weit entfernten Granny in die Schweiz brachten. Wie widersprüchlich sie doch war! War das eine gute Ausgangslage als Politikfrischling?

Sie wählte einmal mehr ihre in die Jahre gekommene Jeansjacke, die sie über ein grünes Sommerkleid zog. Grün passte. Zu ihrem Haar und zum ersten Date mit den neuen Menschen. Sie fühlte sich tatsächlich so, als würde sie sich zu einem Rendezvous verabreden. Was, wenn ihr die Leute unsympathisch waren? Was, wenn die Frauen und Männer fanden, sie wäre zu wenig geeignet, gebildet, medienwirksam oder konsequent?

Amber verzichtete auf Lippenstift und auch darauf, mit Make-up die Sommersprossen abzudecken, doch sie tuschte ihre Wimpern, um ihre Augen zu betonen. Frederik hatte irgendwann in ihrem Zusammensein beiläufig gesagt, wenn ihre schönen grünen Augen hervorstachen, würde es vom omnipräsenten, roten Schweif ablenken. Sie hatte ihn damals gefragt, ob sie sich zur Abwechslung mal einen Kurzhaarschnitt machen sollte. Doch Frederik hatte sofort mit den Händen gewedelt und ausgerufen: *„Um Himmels willen, nein! Was wärst du ohne deine wilde Mähne! Ein Löwe mit gezogenen Zähnen!“* Amber hatte damals die Augenbraue hochgezogen, ihn durchdringend angeschaut und überlegt: *„Ja, wer bin ich denn ohne mein Markenzeichen?“* Sie blieb sich bis heute die

Antwort schuldig und vertröstete sich auf einen Moment der Erleuchtung.

Es hatte schon einmal einen Mann gegeben, der auf ihre Haare und grünen Augen abgefahren war. Amber lächelte sich verschmitzt im Spiegel zu, senkte anschließend ihren Blick, drehte den Verschluss auf den Wimperntuschestift und legte ihn auf die Ablage. Sie betrachtete die Narbe am linken Mittelfinger. Wie es Niklaus wohl erging? Wie war es nur möglich, dass sie sich in fünf Jahren nie mehr über den Weg gelaufen waren? Sie spürte ihr Herz klopfen und bedankte sich still bei wem auch immer für die Barmherzigkeit, dass es nie zu einer verkorksten und peinlichen Begegnung auf der Straße, womöglich noch mit seiner Frau, gekommen war.

Später betrat Amber den Gasthof und fragte die Kellnerin nach dem Sitzungszimmer, in dem die Partei zu tagen pflegte. Die Tische waren schon zu zwei Drittel besetzt, der Lärmpegel verriet, dass sich die Männer und Frauen der Partei schon jetzt in regem Austausch befanden. In der Tür zögerte Amber einen Moment, weil sie nicht wusste, an wen sie sich wenden sollte. Amber hatte auch keine Lust, jemanden aus einer Diskussion zu reißen. Sie vergrub ihre Hände in den Taschen der Jeansjacke und wartete ab. Die Erlösung kam von einer Frau mit hochgesteckten dunklen Haaren und auffälligen Creolen, die Amber verloren auf der Türschwelle stehen sah. Sie eilte auf Amber zu, streckte ihr die Hand entgegen und sagte in breitem Zürcher Dialekt: *„Grüezi! Du musst Amber sein! Sei willkommen! Ich bin Cinzia Caminada. Magst du dich zu mir setzen? Dann kann ich dir alles erklären. Was magst du trinken?“*

Es gab so seltene Wohlfühlmenschen, an deren Eingang ein unsichtbarer Kleiderständer stand, an dem man Anspannung, Unsicherheit oder welch menschliches Ungemach auch immer wie einen dicken Wintermantel ablegen konnte und bei denen man unbesorgt in die behagliche Stube eintreten konnte. Cinzia gehörte zu dieser kostbaren Spezies. Nicht nur am ersten Abend, sondern in den kommenden Wochen, gar Jahren wich die Spätdreißigerin nicht von Ambers Seite und führte den Grünschnabel in die politische Gesellschaft ein. Cinzia war eine Secondo. Ihre Eltern waren in den Sechzigerjahren aus Italien in die Schweiz gekommen. Die Mutter Peppina arbeitete heute noch als Kassiererin bei der Migros-Konkurrenz. Der Vater bezog frühzeitige Rente, weil Tausende von Zementsäcken seine Rückenwirbel unwiderruflich zusammengestaucht hatten. Dies kam Cinzia und ihren Kindern zugute, die ihre schulfreien Nachmittage und Wochenenden in Nonnos Schrebergarten zwischen zwei Bahngleisen am Stadtrand verbrachten. Die Migrantensippe durfte Amber im darauffolgenden Frühjahr kennenlernen, als Cinzia schon längst zu mehr als einer Parteikollegin geworden war. Giuseppe und Peppina waren in Güte und Schalk nicht zu überbieten. Als hätten Ausgrenzung – *„Huere Tschingge und Spaghettifresser!"* waren die milderen Schimpfwörter, die sie sich hatten anhören müssen – die Geldsorgen, der knappe Wohnraum für sechs Personen, das beißende Heimweh und Giuseppes Invalidität nur als Telenovela im Fernsehen und nicht in ihrem richtigen Leben stattgefunden. So lebten die beiden Genüsslichkeit und Dankbarkeit, in der man am liebsten baden würde. Wie hätte so ein gesundes Klima nicht auf Cinzia abfärben können. Die Italienerin, die ihren Jugendschatz Paul Rüdisühli geheiratet, aber ihren Mädchennamen behalten hatte, weil Giuseppe Pauls Nachnamen nicht aussprechen konnte und jemand der vier Töchter schließlich den stolzen Familiennamen Caminada weitertragen musste.

Amber bewunderte Cinzia wie selten eine Frau vorher und erkannte sie als ihre Mentorin an, ohne mit der Wimper zu zucken, ja, sie betrachtete es als einen Glücksfall, dass ihr diese kompetente und souveräne Politikerin zur Seite gestellt wurde. In parteiinternen Workshops lernte Amber, wie medienwirksame Aktionen initiiert wurden, wie bei einer Unterschriftensammlung Menschen angesprochen und für die Anliegen gewonnen werden konnten, sie lernte rhetorisches Handwerk, wie Abstimmungskampagnen geführt und Twitter und Facebook sinnvoll eingesetzt wurden – doch das eigentliche Handwerk lernte sie von Cinzia.

Amber war nicht nur in den Medien, auch innerhalb der Partei aufgefallen, dass sich Männer häufiger und selbstbewusster zu Wort meldeten als die weiblichen Parteikolleginnen. Einmal, als sie sich nach einer Sitzung in der Tram gegenübersaßen und Richtung Hauptbahnhof fuhren, sprach Amber Cinzia darauf an. Sie wollte von ihrer älteren Kollegin wissen, was sie davon hielt. Diese rutschte ein Stück heran und antwortete: *„Ich glaube, das ist ein uralter Zopf aus der Antike, der uns immer noch in den Zellen hockt und unser Verhalten prägt. Damals war Frauen das Reden in der Öffentlichkeit* *untersagt. Vielleicht liegt ein Grundstein bereits in der griechischen Mythologie, als Penelope vor einer Zuhörerschaft eine Bitte vortrug und von ihrem eigenen, grünschnäbligen Sohn Telemachos zurechtgewiesen, gar abgewürgt wurde, sie solle weggehen und sich um ihren Kram, sprich um den Haushalt kümmern, denn die Rede sei Sache der Männer. Über Jahrhunderte galt die Fähigkeit, öffentlich zu sprechen, gar als Attribut der Männlichkeit. Einerseits war dies durch die tiefere, sonore Stimme begründet, der mehr Autorität zugeschrieben wurde, andererseits wurden Männer in Rhetorik und intellektuellem Diskurs geschult. Heute noch gilt Cicero, der einflussreichste römische Redner, als Vorbild für die heutigen Rhetoriker. Man geht davon aus, dass sich sogar Obama an ihm orientiert.*

In den vergangenen zwei Jahrhunderten wurde den Frauen allmählich zugebilligt, über Frauenrechte, Anliegen, was Haushalt, Gesundheit, Ernährung oder Erziehung betraf, zu sprechen. Aber niemals über das Gemeinwesen, über Finanzen, Steuern und Besitz. Damals und auch heute noch werden mutige Rednerinnen, wenn sie etwas vortragen, als quengelnd, fordernd, schrill und winselnd herabgewürdigt. Wen entmutigt das nicht, sich öffentlich zu zeigen! Der weiblichen Stimme wird auch heute wenig Autorität zugeschrieben. Die öffentliche Rede und wie sie zu sein hat, ist eine über Jahrhunderte gefestigte Bastion und ist wie die Hegemonie der Männer sehr schwer zu durchbrechen. Hast du dich je mit dem Abstimmungskampf zum Frauenstimmrecht 1971 auseinandergesetzt? Es ist hanebüchen, was Ehemänner über ihre

Gattinnen gedacht und sogar vor laufender Kamera geäußert haben. Die sprachen ihren Frauen jegliche Kompetenz und Intelligenz ab. Was bin ich froh, leben wir doch heute und haben die Chance, die alten Dogmen einzustampfen und Macht neu zu verteilen.“

Amber, die Cinzia schweigend zugehört hatte, fragte geradeheraus: *„Wie hast du dir Gehör verschafft und wie gelingt es dir, öffentlich zu sprechen?“*

Cinzia strich sich eine losgelöste Strähne hinters Ohr und fuhr fort. *„Ich stelle mein Recht zu sprechen schlicht nicht infrage, weil ich mich auf Augenhöhe mit den Männern sehe. Die Gesellschaft braucht die Sicht und die Kompetenzen der Frauen. Es ist eine Vergeudung meines Talents, am Herd in der Minestrone zu rühren und zu warten, bis mein Gebieter heimkommt.“* Cinzia entblößte ihre makellosen Schneidezähne, als sich ihr Mund zu einem breiten Grinsen verzog. Amber lächelte mit. Sie hatte Paul kennengelernt und wusste, dass er nichts mit einer italienischen Glucke hätte anfangen können.

„Was bin ich gesegnet, haben mich Giuseppe und Peppina, die beide immer gearbeitet haben, nie gebremst oder zurechtgebogen. Sie haben meine Lust, mich zu zeigen und mitzuteilen, gesehen und nie getadelt, sondern es als mein natürliches Wesen erkannt. So wie sie meine Schwester Barbara, die ihre Bestimmung darin sieht, ihre Familie zu umsorgen und für die Nachbarschaft eine gute Seele zu sein, nie zu etwas anderem gedrängt haben. Und was das öffentliche Reden anbelangt: Ich übe. Ich übe bei jeder Gelegenheit. Ich nehme jede Kritik

und jedes Scheitern als ein Schleifen, das nächste Mal klarer und präziser zu kommunizieren. Die Erfahrung zeigt auch, dass für mich die rhetorischen Techniken nicht taugen, weil ich meinen Stil und meine ureigene Stimme habe. Ich habe gemerkt, ich erreiche die Menschen, wenn ich authentisch bin, wirklich meine, was ich sage. Die Sache, die ich vertrete, muss in mir brennen. Dann fällt es leicht, den Kontakt zum Publikum herzustellen und gehört zu werden. " Cinzia hatte sich bei ihrem letzten Satz mit der rechten Hand zum Herzen gefasst, um das Gesagte zu betonen.

Amber nickte, formte mit ihren Lippen ein „*Wow!*", das sie leise und mit Nachdruck flüsterte. Sie hatte keine Ahnung, wie sie besser ihre bedingungslose Bewunderung für ihre Gefährtin hätte ausdrücken können.

Amber und Cinzia rutschten in ihre Bankpolster zurück, betrachteten sich wohlwollend, während vor dem Fenster in der Abenddämmerung Passanten vor beleuchteten Geschäften vorbeizogen sowie eine stockende Autokolonne, die von Radfahrern überholt wurden. Es stellte sich ein ruhiger, einvernehmlicher Moment zwischen ihnen ein, in dem beide die Worte sacken ließen. In der Kurve vor dem Bahnhofplatz büschelte Cinzia ihren Poncho, die roten Strickhandschuhe und die graue Laptoptasche aus einer recycelten LKW-Blache und war im Begriff, sich zum Aussteigen zu erheben, als ihr noch etwas durch den Kopf zu gehen schien. Denn sie setzte sich noch einmal hin, diesmal direkt neben Amber, und berührte ihren Unterarm. „*Darf ich dir noch einen Rat geben? Ich habe dich in den letzten Monaten beobachtet und erlebe dich als sehr aufgeweckt und engagiert. Doch kann ich noch nicht so richtig erkennen, wofür du brennst. Wofür genau möchtest du dich mit Haut und Haaren einsetzen? Oh ja, es gibt so viele Brandherde, die gelöscht werden wollen. Doch du solltest dich entscheiden, dir einen Schwerpunkt zulegen, sonst bist du nicht greifbar, verzettelst dich und brennst aus. Überlege dir, welches Thema dir wirklich am Herzen liegt, und dann go for it! Lege deinen Fokus darauf, wie ein Brennglas. Dann wirst du darin eine Expertin und am meisten bewirken können."*

Die Tram ruckelte und hielt an. Cinzia hauchte ihrer jüngeren Kollegin hastig einen Kuss auf die Wange, raffte ihre Sachen zusammen und eilte davon. Sie schaffte es gerade noch auszusteigen, bevor die Türen sich hinter ihr schlossen und die Tram wieder anfuhr. Amber hob die Faust mit ausgestrecktem Daumen und Kleinfinger ans Ohr und deutete mit dieser Geste durch das Fenster Cinzia an, dass sie telefonieren würden. Sie blickte ihrer Kollegin nach, die in ihrem Poncho im Getümmel des Zürcher Feierabends wie eine winkende Statue ruhte und aus allem herausstach, bis Amber sie aus den Augen verlor. Warum musste sie jetzt an Pocahontas denken, fragte sich Amber, während sich zeitgleich ihre Mundwinkel nach oben bogen und sie ihren vom Tag an der Uni, von der Sitzung und nun von Cinzias Ideen glühenden Kopf an die kühle Glasscheibe legte.

„Wofür brenne ich wirklich?"

Die Frage hakte sich in ihrem Kopf fest wie früher Songzeilen auf Walters zerkratzten Schallplatten. Amber hatte den heiligen DUAL-Plattenspieler nie anfassen dürfen und sich *Wait for the Ricochet* in Endlosschleife anhören müssen, bis sich Papa endlich aus dem Sofa bequemt hatte, den Tonabnehmer angehoben und die Nadel einen Millimeter versetzt wieder heruntergelassen hatte, um sein Lieblingslied *Child in Time* von *Deep Purple* weiterzuspielen.

Als Amber nach dem langen Tag durch den WG-Flur stolperte, auf ihr Zimmer zusteuerte und Lea sie in der Küchentür stehend fragte, ob sie mitessen mochte, winkte sie mit einer Handbewegung und einem matten *„Danke, vielleicht später"* ab. Sie verspürte nämlich das dringende Bedürfnis, alleine zu sein und sich Papas alten Protestsong gegen den Vietnamkrieg, der jetzt perfekt zu ihrer Stimmung passte, reinzuziehen und dazu abzutanzen, danach das angestaute Tagessammelsurium der Uni und der Parteisitzung abzuduschen, noch nach *Pocahontas*, die auch noch irgendwo im Kopf herumschwirrte, zu googeln und sich danach Cinzias Rat zu Herzen zu nehmen. Wofür brannte sie wirklich?

Als sie *Child in Time* digital und ohne Kratzer über die Lautsprecherboxen abspielte, bewegte sie sich langsam und geschmeidig wie eine Katze zu den anrollenden Synthesizerklängen. *Wait for the Ricochet* entlockte ihr ein breites Grinsen und wohlige Kindheitserinnerungen. Ihr Dad, die coole Socke, wie er sich hingebungsvoll zum Lied verrenkte und mit Sänger *Ian Gillian* inniglich verbunden *„Aaaah"* in ein imaginäres Mikrofon schrie. Sie war das Kind in der Zeit und hatte den coolsten Dad, den sie sich hätte wünschen können. Sie spielte das Lied noch mal und noch mal ab, bis sie es satthatte und sich ihr Kopf freier anfühlte. Frisch geduscht huschte sie barfuß in ihren neuen Jogginghosen – wie könnte es anders sein: ein neues Lieblingsstück aus Australien, lila mit roten Rosen – kurz in die Küche, küsste Lea auf den Scheitel und schöpfte sich eine Suppenkelle lauwarmes *Chili senza Carne* in eine Müslischale, streute Reibekäse darüber, klaubte einen Löffel aus der Schublade und verschwand wieder. Sie streckte ihren Kopf noch einmal durch den Türspalt und rief: *„Danke, Schätzli! Ich mache nachher die Küche!"* Lea blätterte weiter in ihrer Illustrierten und schmunzelte. Eingespieltes Team, eingespielte Routine. Alles gut.

Ins Zimmer zurückgekehrt, steuerte sie direkt auf den Schreibtisch zu, um zu arbeiten und nebenher zu essen. Sie schaufelte sich gierig Bohnen in den Mund, während ihr Blick über die Wand hinter dem Schreibtisch schweifte. Zwischen all den Postkarten und Fotos stach ihr einsamer gelber Post-it ins Auge, den sie vor Monaten dort hingeklebt hatte und den sie als einen Bestandteil des Interieurs vergessen hatte. Sie stand auf, stellte die Schüssel ab, klaubte den vergilbten Zettel von der Tapete und las ihre eigene Schrift: *„Nicht links, sondern logisch."* Amber schmunzelte über ihre Schrulle, sich Dinge, die sie aufschnappte, auf dem nächstbesten Wisch zu notieren und den für irgendwann irgendwo abzulegen. Es war oft vorgekommen, dass die Zettelwirtschaft, wie sie ihr System nannte, ihr manch schöne Überraschungen und die perfekten Inspirationen zur richtigen Zeit lieferte. Lea legte Tarot. Amber streute Inspirationszettel. Dieser kleine gelbe Fötzel frischte ihr Gedächtnis auf. Er erinnerte sie an ihre

Lust, in die Politik zu gehen, und daran, warum sie Umwelt- und Sozialpolitikerin werden wollte: Weil es logisch war, dass man, wenn die Welt aus dem Lot gekommen war, sie wieder zurechtrücken musste. Und weil es nicht nur um Emotionen, sondern um Fakten ging.

Amber klappte den Laptop auf und haute aus der Erinnerung die Punkte, die sie vor drei Jahren geschrieben und verbrannt hatte, erneut in die Tasten:

Warum will ich in die Politik?

– Lobbyisten, globale Konzerne regieren die Welt
– ungerechte Machtverteilung, Männer beherrschen die Welt
– Kriege, Männerbusiness
– Hausarbeit und Kinderziehung zu 90 % von Frauen in unbezahlter Arbeit verrichtet wird
– Landwirtschaft, Monokultur, Raubbau Ressourcen, zerstörte Lebensgrundlagen
– Atomenergie ist unverantwortlich, raus aus der fossilen Energie, Energieressourcen wie lange noch?
– Ausgrenzung, Migration, Arroganz des Westens, Reichtum ist Ausbeute der Entwicklungsländer
– Plastik im Meer, Umweltverschmutzung
– Treibhausgase / Klimawandel
– Beschneidung der Frauen, Zwangsverheiratung, Vergewaltigung, Abwertung im Namen der Religion
– Zugang zu Bildung für alle, Wissen und Macht haben

Was sind meine Schwerpunkte?

– Frauen / Gleichstellung
– erneuerbare Energie / Ausstieg aus der Atomenergie

– Klima
– Migration (Krieg / Existenz / Friedensarbeit)
– Ernährung / Landwirtschaft
– Globalisierung

Amber druckte das Blatt aus, las sich Zeile um Zeile vor und stellte sich anschließend die Frage erneut: *„Wofür brenne ich wirklich? Wenn ich das Umgetriebensein auf ein Wort oder einen Begriff reduzieren müsste, wie würde es lauten?“* Amber legte die Notizen ab, griff zur Schale und löffelte Chili, immer noch stehend und ohne den Blick vom Blatt zu lösen. Kurz verzog sie das Gesicht, weil die Bohnen in der Sauce kalt waren, doch sie kaute weiter und überlegte.

Lose Wörter ploppten auf: Würde, Ungleichheit ausgleichen, Gerechtigkeit, Schöpfung, Menschenbild, Respekt, Macht richtig verteilen. Amber schrieb sie unzensiert auf, wie sie es in Workshops gelernt hatte, um Gedanken zu fischen und später zu einem brauchbaren Faden zu knüpfen, an dem sie sich entlangtasten konnte. Beim Wort „Schöpfung“ überlegte sie lange. Sie glaubte nicht an einen Schöpfergott, weshalb der Begriff „Schöpfung“ ihr sperrig vorkam. Doch welcher allumfassende Begriff war stimmig für den Planeten Erde, die Natur, die Tiere, den Kosmos, die Menschheit, das Ganze, dem sie sich verpflichtet fühlte? Nein, nicht nur verpflichtet. Sie liebte *das alles*. Es ging ihr einfach nicht am Arsch vorbei, was aus dem allem, dem Lebendigen – doch Schöpfung? – wurde. Wie wäre es mit der englischen Version „Creation“?

Plötzlich hörte sie sich selber sagen: „*Ich liebe die Schöpfung mit allen Fasern und möchte nicht tatenlos mitansehen, wie der Mensch das ihm Anvertraute an die Wand fährt. Ich brenne für das Lebendige und das Leben, das alle und alles einschließt.* “

Diesen Gedanken musste sie unbedingt mit jemandem teilen. Um Cinzia anzurufen, war es zu spät. Frederik war nicht empfänglich für philosophische Diskurse und neulich hatte er auf ihre häufigen Sitzungen und zunehmenden Ämter mürrisch reagiert. Sie tappte erneut zu Lea in die Küche, die immer noch am Küchentisch über eine Zeitschrift gebeugt saß und mit der rechten Hand ein Glas Rotwein umklammerte. Amber holte sich auch ein Glas, schenkte sich ein, stieß ihres leicht an Leas an und fragte ihre Freundin, ob sie für ihre Erkenntnis ein offenes Ohr hätte. Als Lea zustimmend lächelte, setzte sich Amber an den Tisch, auf dem zwei Teller mit eingetrockneten Chiliresten und Besteck sowie Illustrierte in verschiedenen Sprachen lagen. Annie, die von Leas Zeitvertreib, Illustrierte in verschiedenen Sprachen zu lesen, Wind bekommen hatte, legte inzwischen den Carepaketen jeweils die neuste Ausgabe eines angesagten Hipstermagazins bei. Amber fuhr mit den Fingern über das australische Deckblatt, dachte an ihre Großmutter auf der anderen Seite der Erde und teilte Lea ihre Erkenntnisse von eben mit.

Leas Antwort war: „*Du gibst immer vor, nicht spirituell zu sein. Doch was du da von dir gibst, hat etwas Heiliges. Es tönt in meinen Ohren, als hättest du deine Mission gefunden. Ich find's total schön. Doch bist du dir sicher, dass du so politisieren willst? Im Politdschungel, in dem es um Einfluss, Geld und Schlagfertigkeit geht, nimmt dich doch damit niemand ernst! Du wirst niedergetrampelt, während die Rechthaber mit der Machete vorwärtsdringen und die Schätze, die sie finden, an sich reißen. "*

„Lea, wie immer fadengerade und ehrlich! Du hast natürlich recht, damit werde ich auch nicht in die Schlacht gehen. Aber es beschreibt mein Feuer. Es ist tatsächlich, so kitschig es tönt, die Liebe, die mich antreibt. Ist das schlimm?", wollte Amber wissen.

Lea griff Ambers Unterarm, schaute ihrer Freundin tief in die Augen und sagte: *„Nein Schatz, Liebe als Motor ist sicher nicht ‚schlimm', sondern würdevoll. Du bekommst damit einfach kein Gehör und diese Liebe ist nicht fass- und messbar. Das rechte Lager beschimpft etablierte Linke ja jetzt schon als Gutmenschen. Hüte das ‚Feuer der Liebe' einfach für dich, wie einen heiligen Gral, zu dem du nur ausgesuchten Menschen, einem ‚holy inner Circle', Zugang gewährst. Aber finde die richtigen Schlagworte, die richtige Taktik für dein Wirken im Außen."*

Amber nickte und schwieg lange. Dann stand sie auf, räumte den Tisch ab und weichte die verklebten Teller ein. Zum Tisch zurückgekehrt fragte sie Lea, ob sie auch Lust auf einen Kaffee hätte, und fügte an: *„Ich habe dir doch von meinem Traum mit den arabischen Frauen erzählt. Das ist mir eben in den Sinn gekommen. Ich nehme den jetzt ernst, als ein Zeichen meines Unterbewusstseins oder meines Schicksals. Whatever. Mein Engagement wird für die Frauen sein, für die Gleichstellung* *und die Umverteilung der Macht. Ich werde mich dafür einsetzen, dass sie sich solidarisieren und sie ihren rechtmäßigen Anteil an der Macht zurückbekommen. Und ich werde mich dafür einsetzen, dass wir retten, was noch zu retten ist, um die Ressourcenausbeute zu stoppen und das Ökosystem wieder ins Gleichgewicht zu bringen. Ja, ich glaube, das wird mein politischer Marschplan sein"*, schloss Amber ihre Ausführungen, wandte sich der italienischen Espressomaschine zu und setzte Kaffee auf.

.....

Mit Fakten, nicht mit Emotionen zu argumentieren, wurde Ambers Credo. Die Männerbastion konnte nur mit Tatsachen zerlegt werden. Deshalb brauchte sie Hintergrundmaterial, sie musste weiterforschen, um zu belegen, dass die Macht und Privilegien, die sich die Männerseilschaften aufgebaut hatten und nun bis zum Äußersten verteidigten, kein Naturgesetz waren, sondern über Jahrhunderte von Kirche, Wissenschaft und Staat institutionalisiert wurden.

Sie kam nicht umhin, sich mit dem Begriff „Patriarchat", der Väterherrschaft, auseinanderzusetzen. Der Soziologe Max Weber (1864 – 1920) definierte den Begriff als eine persönliche, auf Gewalt und Gehorsam beruhende Form der traditionellen Herrschaft, dem ein Autoritätsglauben und die Überlegenheit der physischen und geistigen Spannkraft des Mannes zugrunde lagen.

Die Britin Sylvia Wallby (*1953) bezeichnete das Patriarchat als komplexes Phänomen als ein System gesellschaftlicher Strukturen und Praktiken, in dem Männer dominierten und Frauen im Familienhaushalt mit männlicher Gewalt, in der Haltung zur Sexualität, durch (un-)bezahlte Arbeit ausbeuteten. Männer profitierten von der unbezahlten Arbeit der Frauen. Männliche Gewalt gegen Frauen war so alltäglich, dass sie zur gesellschaftlichen Struktur geworden war.

Amber befasste sich mit den Lehren der Australierin R. W. Connell (*1944), die Werke über das Patriarchat als Machtsystem und das hegemoniale Männerbild verfasste. Ihr zufolge wurde „männlichen" Männern ein höherer Rang zugebilligt als solchen, die „feminine" Eigenschaften aufwiesen. Männlichkeit sei keine biologische und zu verändernde Verfassung, sondern vielmehr eine angenommene Identität. Sie sagte, dass Patriarchat und die hegemoniale Männlichkeit Machtsysteme waren, die Frauen und Homosexuelle, als verweiblichte Männer – Amber hatte in einem anderen Kontext den Begriff „Mangelwesen" gelesen –, geringschätzten. Söhne übernahmen die vorgegebenen Rollen des Patriarchates von ihren Vätern, um nicht zu den Verlierern des Systems zu gehören, auch wenn sie sich selber nicht als Patriarchaten fühlten. Amber kam zu der Schlussfolgerung, dass es dem Systemwechsel diente, Männer darin zu bestärken, ein neues authentisches Eigenbild, eine neue Identität zu finden.

Hochspannend fand Amber die Betrachtungsweise vom Franzosen Michel Foucault (1926 – 1984), der sagte, dass Macht keine Sache, sondern ein Verhältnis wäre. Macht entstehe in der Beziehung. Sie fand die Idee, dass Macht keine gegebene, institutionalisierte, sondern eine überlassene Angelegenheit wäre, zündend. In der Konsequenz bedeutete das, dass Frauen den Männern Macht über sie erlassen hatten UND es in ihrer eigenen Entscheidung lag, Macht zurückzuholen, in die eigene Ermächtigung zu kommen. Darüber brütete sie tagelang und dies führte sie zur Frage, welche Rolle die Frauen selber im System hatten.

Amber stieß bei ihren Recherchen auf die schwarze Feministin bell hooks (*1952) und las den unrühmlichen Diskurs über die Mitschuld der weißen Frauen an der globalen, weißen Vorherrschaft, die vom imperialistischen und kapitalistischen Patriarchat geprägt war. Weiße Bürgerinnen profitierten im 19. und 20. Jahrhundert vom System und hatten Interesse, die Klassenprivilegien aufrechtzuerhalten. Statt sich mit schwarzen Frauen zu solidarisieren, erhoben sie sich über sie und blockierten damit die Gleichstellungsbestrebungen. In der internationalen Vernetzung und Solidarität, die dank den sozialen Medien zunehmend einfacher waren, sah Amber eine große Chance der Ermächtigung von Frauen und der Aufhebung von Rassendiskriminierung. Und da war er wieder: ihr Traum von den Frauen, die sich in der Wüste versammelten und sich bereit machten.

Amber fand Gefallen an der Vorstellung, dass sich Frauen überall auf der Welt erhoben, sich solidarisierten und ihren Machtanteil zurücknahmen. Es ging jetzt nicht mehr darum zu bitten, sondern darum, sich auf Augenhöhe zu positionieren und die Teilhabe einzufordern. Amber fand auch Gefallen an dem

Satz, den sie aufgeschnappt hatte: *„Macht ist, die richtigen Fragen zu stellen und in den Köpfen der Menschen richtige Fragen anzuregen."* Fragen regten zur Mitwirkung an. Auch darin sah Amber einen Schlüssel, den Frauen die Lust an der Beteiligung zu wecken und sie aus der Komfortzone zu locken. Denn auch dieser Tatsache sollten sich Frauen stellen: Sie waren nicht nur Opfer des Systems. Sie hatten auch davon profitiert, die Männer in die Schlachten zu schicken und zu Hause im Trockenen die Kriegsbeute auszuschlachten.

Zum Systemwandel gehörte unbedingt ein neues Geschlechterverständnis, eine Begegnung auf Augenhöhe, kam Amber zum Schluss.

2011 – April: Weichen

Am ersten Sonntag im April 2011 wartete Amber mit ihren Parteikollegen im Restaurant *Anker* auf die Wahlergebnisse. Sie lümmelte gemütlich mit Cinzia am Buffet, das mit Fingerfood aus verschiedenen Kulturen bespickt war, und stapelte sich Häppchen auf ihren Teller. Die indischen Teigtäschchen waren göttlich! Die beiden Frauen plauderten über den bevorstehenden Umzug, um die Wartezeit zu überbrücken. Für Amber war die Vorstellung, nach nur zwei Jahren politischer Tätigkeit als Grüne ins Kantonsparlament gewählt zu werden, so abwegig und kühn, dass sie den Nachmittag im Stammlokal verbummelte, als würden sie den runden Geburtstag der Vizepräsidentin feiern und sie würde der Anlass nur als Gast etwas angehen.

In einer Mischung aus Übermut und Lust, sich auf die Erfahrung eines Wahlprozederes einzulassen, hatte sie im Vorjahr zugestimmt, sich auf die Liste eintragen zu lassen. Eine junge, weibliche Kandidatin würde sich noch gut machen, hatte die Wahlkommission befunden und sie statt ihrem wenig älteren Parteikollegen Silvio nominiert. Silvester hatte sie mit Frederik in Prag verbracht. Sie hatten im Hotelzimmer angestoßen und sich auf ein gechilltes Jahr gefreut. Amber hatte ihren Bachelor in der Tasche und wollte nach dem jahrelangen Büffeln endlich alles einmal in Ruhe angehen lassen. Sie hatte bei der Asylstelle ihr Pensum erhöhen können. Im bestehenden Team und mit der gewohnten Klientel weiterzuarbeiten und sich erst nach und nach beruflich zu positionieren passte Amber. Auf der Wahlliste der Grünen zu stehen, würde das „Friedliche-durchs-Jahr-Schippern“ nicht tangieren, sie würde einfach mit der Partei weiterziehen und ihre Erfahrungen machen. Amber rechnete mit keiner Faser, dass sie in den Rat, der mit 180 Sitzen den Kanton Zürich vertrat, gewählt werden würde. Dazu war sie zu jung und zu unerfahren. Sie war zu Beginn des Jahres sehr zufrieden mit sich und ihrem Leben und freute sich, keine wilden Veränderungen vor sich zu haben. Doch da irrte sie sich, wie sie schon nach wenigen Wochen des jungen Jahres erfahren musste.

Vielleicht lag Umbruch wie eine elektrische Ladung vor dem Gewitter im Äther. Es gab ja Leute, die daran glaubten, dass Sonneneruptionen oder Planetenkonstellationen den Menschen beeinflussten. Vielleicht konnte man anhand der geladenen Luft erklären, dass sich in der arabischen Welt die Menschen versammelten und gegen die Herrscher protestierten. Im Januar und Februar wurde täglich von neuen Demonstrationen berichtet. Amber verfolgte die Nachrichten gebannt. Konnte es sein, dass ihr Traum eine Weissagung gewesen war? Hatten die arabischen Frauen die Bewegung, die von Ägypten nach Algerien, Irak, Bahrain, Jemen, Dschibuti, Libyen, nach Palästina und in andere arabische Staaten überschwappte, angestoßen? War es der Anfang einer Demokratisierungswelle im Orient?

Im Februar kündigte sich eine große Veränderung in ihrem Privatleben an. Frederik hatte in Schwammendingen ein Haus gefunden. Innerhalb von zwei Tagen hatte er mithilfe seiner Eltern die Finanzierung gesichert, den Kaufvertrag unterschrieben und Amber gebeten, mit ihm zusammenzuziehen. Es war *die* Liegenschaft, von der er immer geträumt hatte, es gab deshalb nichts zu fackeln und es galt zuzugreifen. Das Haus lag an der Stadttangente in machbarer Velodistanz zum Zentrum und war in den Nachkriegsjahren gebaut worden. Weil es renovierungsbedürftig war und in einem kaum angesagten Quartier lag, war es für Zürcher Verhältnisse ein Schnäppchen. Doch das Sahnehäubchen war die Remise, die in den Sechzigerjahren eine kleine, florierende Velowerkstatt gewesen war. Darin fand Frederik endlich die passende Location für seine Pläne. Der Schuppen bot ausreichend Platz zum Tüfteln, Schreinern und sogar für einen winzigen Ausstellungsraum seiner Kollektion. Frederik hatte mit seinen eigenwilligen Möbeldesigns den Nerv und Geschmack der Zürcher getroffen und war in gewissen Kreisen als gut gehüteter Insidertipp für exklusive Stühle und Tische weitergereicht worden. Doch seit ein Geschäft im Niederdorf seine *FredS* ausstellte, ging es mit seinem Business steil aufwärts und er konnte endlich die ungeliebte Auftragsarbeit abhaken. Badezimmerschränkchen aus gepresstem Eichenfurnier gehörten endlich der Vergangenheit an. Amber hätte noch lange in der Frauen-WG wohnen bleiben mögen, doch es sprach auch nichts dagegen, mit Frederik einen Schritt weiterzugehen.

Am 11. März bebte in Japan die Erde, in der Folge hob ein Tsunami die Region Fukushima und im übertragenen Sinn die ganze Welt aus den Angeln. Die alles niederwalzenden

Flutwellen drangen in die Atommeiler und brachten meterdicke Betonwälle zum Zerbersten. Die Naturgewalt überflutete die hochgelobte Ingenieurskunst wie ein gemeiner Wasserschwall die im Sandkasten sorgsam geschichteten Hölzchen. Plötzlich war die Sicherheit von Atomkraftwerken wieder in aller Munde. Die Angst vor kontaminiertem Fisch, verseuchtem Meer und radioaktiven Wolken umrundeten den Erdball. Zeitzeugen von Tschernobyl erinnerten sich plötzlich wieder an die Geister von damals, die in den Jahren dazwischen in den Schubladen der Atomlobbyisten verschwunden waren. Fukushimas Ausläufer spülten Amber mit Wucht in die Öffentlichkeit.

Und genau das wurde der Fünfundzwanzigjährigen just in den Sekunden bewusst, als sie nach der Bekanntgabe der Wahlresultate mit einem Schlag von einer Traube Menschen, Parteikollegen und Journalisten umringt und bedrängt wurde. Sie hatte vor Schreck Wein über ihr zum Glück schwarzes Kleid verschüttet und noch schlimmer, das letzte Pakora war vom Teller gefallen. Es hatte keine Chance und wurde unter unzähligen Turnschuhen und Pumps zermalmt. Die erste Frage, die der Reporter des Zürcher Lokalfernsehens, der ihr ein gelbes Mikrofon hinhielt, an sie richtete, war: *„Wie können Sie sich diesen sensationellen Sieg als Newcomerin erklären?“*

Amber blinzelte wortringend in die Kamera und stammelte etwas von dringenden Lösungen in der Energiefrage, dass die Grünen schon immer den Daumen darauf gehalten hatten und mit Fukushima leider genau das befürchtete Szenario eingetroffen war. Dann hatte sie plötzlich ein schwarzes Mikro vor dem Gesicht und kaum Zeit, Luft zu holen oder sich adäquat für die wie Salven von allen Seiten auf sie einschießenden Fragen zu wappnen. Und irgendwann war es nicht mehr sie selber, die sprach. Eine Instanz hatte übernommen und Amber hörte sich selber zu. Die Antworten waren zum Glück nicht unklug. Wahrscheinlich rief die Instanz ihr Unterbewusstsein ab, das alle die brennenden Themen, mit denen sie sich in den vergangenen Jahren auseinandergesetzt hatte, abgespeichert hatte. Sie sprach vom Zeitgeist, vom Anspruch der Frauen in der Regierung, von der jungen Generation, die die Konsequenzen der politischen Entscheidungen am meisten zu tragen hätte, vom Bewusstsein, dass der Klimaschutz alle etwas anging und an ihm kein Weg mehr vorbeiführte. Sie erinnerte an das Versprechen des Bundesrates, die AKWs abzustellen, wenn bis 1985 keine Lösung für den Atommüll gefunden wäre. Sie betonte, dass die Wirtschaft in die Pflicht genommen werden musste und die Konzerne endlich ihre Verantwortung für die Ressourcenländer übernehmen und Transparenz schaffen mussten. So stand Amber eine gefühlte Stunde Rede und Antwort. Zwischendrin reichte ihr Cinzia ein frisches Glas Wasser und ein Taschentuch, damit sie sich den Schweiß von der Stirn tupfen konnte, und ließ sie mit zustimmendem Kopfnicken, Augenzwinkern oder alternierend einem erhobenen Daumen wissen, dass Amber ihren Job gut machte. Dann, wie auf Kommando, verzogen sich die Journalisten auf ihre Redaktionen. Amber wurde von ihren Parteikollegen in Beschlag genommen und mit Glückwünschen überhäuft. Amber staunte, als Frederik plötzlich auftauchte und die Freundin mit einem Strauß Schlüsselblümchen überraschte. Weil das Wetter zu schön gewesen war, um in einer Parteistube ein Resultat abzusitzen, das auch am Abend noch aktuell war, und weil er einfach kein Socialiser war und sich, wann immer es ging, vor Großveranstaltungen drückte, war er mit Ambers Segen auf seinem neuen Bike Richtung Schwarzwald aufgebrochen. Sie hatte nicht mit ihm gerechnet. So wenig wie mit dem Wahlsieg. Und so löste sie sich aus der Menschentraube und stürzte sich ihrem treuen Gefährten in die Arme.

Sein T-Shirt roch vertraut nach Frederik und nach frischem Schweiß. Seine Haare waren flach gedrückt vom Helm und klebten stellenweise noch an der Stirn. Mit einer Wucht kehrte mit Frederik ein Stück Normalität zurück. Wie auf Knopfdruck reagierte Ambers Körper, der seit der Resultatverkündigung unter Adrenalin gestanden hatte, mit sofortiger Tiefenentspannung. Ihre Beine drohten nachzugeben und ihre Augen füllten sich mit Wasser. Sie spürte, wie sich ihre Contenance auflöste, und bevor sie gänzlich in Frederiks Armen zu erschlaffen drohte, sagte sie: *„Ich muss mich dringend setzen und etwas essen, meine Blutzuckerreserven nachfüllen! Du hättest die Paparazzi sehen sollen, die haben mir meine Pakora vom Teller gefegt!“*

Frederik wischte ihr mit der Hand über die nassen Wangen und sagte leise: *„Ich bin mächtig stolz auf dich! Auch wenn ich keine Ahnung habe, was das alles bedeutet!“*

Ambers Wahl bedeutete, dass sie in der Folge jeden Montag eine ganztägige Ratssitzung hatte, dass sie stapelweise Dossiers mit nach Hause brachte, die sie pflichtbewusst studierte. Es bedeutete, dass Frederiks Freundin neben der üblichen Parteiarbeit zusätzliche Kommissions- und Fraktionssitzungen, die meistens abends stattfanden, besuchte. Es bedeutete, dass Ambers Handy um einiges häufiger als sonst dingdongte, pfiff, läutete, vibrierte oder ein Song aus Ambers Playlist ertönte, je nachdem, von wem sie kontaktiert wurde. Bei *Child in Time* wusste er, dass es Walter und kein dienstlicher Anruf war. Mit allem konnte Frederik umgehen. Auch die Berichte, die in der ersten Woche nach der Wahl des *Shootingstars* in allen Papier- und Onlinemedien erschienen, waren für ihn okay.

Aber Ende Mai platzte ihm die Hutschnur. Er hatte sich daran gewöhnt, dass seine Freundin nun eine öffentliche Person war, hatte aber auch nichts dagegen, als er seine Wohnung und Amber ihr WG-Zimmer auflösten, dass der Hype endlich abgeflacht war und die beiden sich in den neuen Lebensabschnitt zu zweit stürzen konnten. Er freute sich sehr auf das Haus, das für alle seine Träume Platz hatte, auf die gemütlichen Sonntagmorgen mit seiner Amber, auf endlose Spieleabende mit seinen Kollegen und endlich, endlich sein eigenes Geschäft. Er war in Gedanken beim Anstrich des Badezimmers, als er die Bananenschachtel voller Kram aus seiner Jugend, die er für das Brockenhaus aussortiert hatte, im Fahrradanhänger festzurrte, als ihn von hinten ein Mann an die Schulter tippte. Als er sah, dass der Typ eine Kamera umgeschnallt hatte, bekam er einen dicken Hals. Gut, der Kerl hatte ihn in einem ganz blöden Moment erwischt. Denn es blieben nur noch zehn Minuten bis Ladenschluss. Aber er hätte ihm vielleicht nicht einfach davonfahren sollen. Denn der Mann hatte sich höflich als Journalist des populären *Schweizer Magazins* vorgestellt und gesagt, er sei zufällig in der Gegend gewesen und hätte ihn als Partner der grünen Newcomer-Politikerin erkannt. Und er hatte Frederik gefragt, ob er und Amber nicht Lust hätten, dem Magazin eine exklusive Homestory in ihrem neuen Haus zu liefern. Nein, darauf hatte Frederik keinen Bock, hatte es dem Journalisten aber nicht gesagt, sondern war in die Pedale getreten und hatte sich, ohne sich umzudrehen, aus dem Staub gemacht. Und Amber nie davon erzählt.

Am Umzugstag regnete es in Strömen. Doch die zehn Umzugshelfer verzogen keine Miene, trugen die Kisten, Möbelstücke und Lampen brav die Altstadtstufen hinunter, verfrachteten sie in die verschiedenen Fahrzeuge, reihten sich in den Stadtverkehr, drückten mit gelegentlichem Hupen ihren Übermut aus und stellten alles unter Frederiks und Ambers Choreografie an die Zielorte. Das Paar hatte noch wenig Habseligkeiten. Kartons und lose Gegenstände standen beinahe verloren in den frisch gestrichenen Zimmern herum. Amber und Frederik wollten sich Zeit lassen für die Möblierung und jedes Stück mit Bedacht wählen oder selber zimmern. Fürs Erste mussten Paletten, die Frederik bei einem Getränkehändler besorgt hatte, genügen: als Bettgestell, als Sofalandschaft, als improvisierter Küchentisch, an den sie Barhocker aus dem Brockenhaus stellten. Am frühen Nachmittag war die Arbeit bereits erledigt. Amber bot den Umzugshelfern Bier und Wein in Wassergläsern an. Weingläser besaßen sie noch nicht. Während Frederik als erste Handlung die Musikboxen aufstellte und sie mit seinem Handy verkabelte, erwärmte sein bester Freund Sven einen Topf mitgebrachtes Chili auf dem Herd. Lea schnitt von ihrem Brot auf, Fabienne suchte Suppenteller und Besteck in einem der Kartons. Mangels Sitzgelegenheiten hockten sich alle im Wohnzimmer, das an die offene Küche angrenzte, auf den Boden und stießen auf Ambers und Frederiks Wohl an. Als bereits alle anderen die Party verlassen hatten, bat Frederik seinen Buddy Sven, der begonnen hatte, mit einem Löffel Chilireste aus der Pfanne zu kratzen und abzuschlecken, nun auch nach Hause zu gehen. Unter der Tür legte er seinem Freund die Hand auf die Schulter und sagte mit schwerer Zunge: *„Du verstehst schon, dass ich als Hausherr die erste Nacht mit meiner Frau alleine mein Eigenheim einweihen möchte, oder?"*

„Aber sicher, Kumpel! Aber sicher. Verstehe doch, dass du verkappter Kapitalist deinen Besitz für dich alleine genießen möchtest", lallte Sven, klopfte Frederik ebenfalls auf die Schulter und torkelte zum Taxi vor dem Gartentürchen, das Frederik für ihn bestellt hatte. Als er die Treppen hoch ins Schlafzimmer eilte, sah er, dass Amber in den Kleidern auf der großen Matratze – der bisher einzigen Neuanschaffung – wie ein Kätzchen zusammengerollt eingeschlafen war. Er löschte das Licht, eine nackte Birne, die lose aus der Decke baumelte, setzte sich an den Rücken seiner Freundin, strich ihr sanft eine Strähne aus dem Gesicht. Ihre Züge schimmerten im Mondlicht, das durch das gardinenfreie Fenster drang, weich und

natürlich. Wie er sie doch liebte! Und sie hatten doch noch gar nicht ausgemacht, wer auf welcher Seite schläft, lächelte Frederik noch, als er sich hinlegte, sich an Ambers Rücken schmiegte und einen Arm über sie legte.

.....

An einem Samstagmorgen im Juli verabschiedete sich Frederik, um für das Wochenende einzukaufen und noch etwas zu erledigen. Amber kam es gelegen, denn sie hatte sich vorgenommen, Informationen zum Rohstoffhandel zusammenzutragen und bestehende Wissenslücken zu füllen. Sie war angefragt worden, bei einer Initiative mitzuwirken. Amber wollte für sich prüfen, in welchem Umfang sie sich eingeben wollte und konnte. Und dies machte sie am liebsten ungestört. Auch wenn es ihr Freund nicht direkt aussprach, spürte Amber, dass es ihn störte, wenn sie sich zu häufig in ihren Dossiers vergaß. Sie schaute Frederik durchs Küchenfenster zu, wie er den Fahrradanhänger aus dem Unterstand holte und an sein Bike koppelte. Sie wunderte sich ein wenig darüber, denn üblicherweise reichte das Volumen seines Rucksackes für ihren Wochenendbedarf. Amber zuckte mit den Schultern und drehte sich um, um Wasser aufzusetzen und sich Tee mit frischen Pfefferminzblättern aus dem Kräutergarten aufzugießen, den sie angelegt hatten und der gut gediehen war. Leichtfüßig sprang sie ins Schlafzimmer und tauschte die Jogginghose gegen ein leichtes Trägerkleid aus. Der Tag war im Begriff, heiß anzurollen. Sie drehte schnell eine Runde durch die fünf Zimmer und ließ überall die Rollläden an den Fenstern herunter, um die Hitze auszusperren.

Mit einem Krug voll heißem Wasser, einer Tasse auf einem Tablett, einem Ordner und einem iPad je in eine Achselhöhle geklemmt tappte sie barfuß zum Tisch im Garten. Es war der erklärte Lieblingsplatz im Sommer. Die Vorbesitzer hatten eine Pergola im italienischen Stil errichtet und an den Pfeilern Reben gepflanzt. Nach den vielen Jahren bildeten die Weinblätter ein dichtes Laubdach und Schutz vor der Sonne. Frederik und Amber waren beide glücklich darüber, dass sie die alten Weinstöcke nicht in ihrer Neubeginneuphorie herausgerissen hatten, sondern die Gartengestaltung auf das Folgejahr verschoben hatten, denn jetzt verbrachten sie praktisch jede freie Minute in ihrem sechsten Zimmer. Sie hatten auch schon zwei laue Nächte die Matratze in das Gartenzimmer geschleppt und unter dem grünen Schirm nicht nur den Grillen gelauscht.

Amber schmunzelte, als sie sich daran erinnerte, und bereute bis heute nicht, dass sie den Schritt des Zusammenziehens gewagt hatten. Es lief ganz gut mit ihnen. Sie hatten die Finanzen und Hausarbeit fair geregelt. Wenn Frederik schnarchte und sie deswegen nicht schlafen konnte, zog einer der beiden alternierend aus aufs Sofa. Wenn sie sich nicht noch mehr Mandate zulegte und beim Tisch auch Mal andere Themen als eidgenössische Vorlagen, die Weltpolitik oder die Ratssitzungen anschnitt, dann war alles in Butter. Manchmal, wenn sie freitags keine Lust hatten, auszugehen, und sich lieber in ihre Lümmelklamotten schmissen, sich aufs Sofa fläzten und bei

Popcorn und einem Glas Wein einen Film reinzogen, kamen sie sich vor, wie ein altes Ehepaar.

Sie stritten fast nicht mehr seit dem 19. Juni. Sie hatten den Termin rot auf dem Kunstkalender angestrichen, der an der Klotür hing. Sie wollten ihren fünften Jahrestag, der zwei Wochen nach ihrem Einzug auf einen Sonntag fiel, mit einer kleinen Wanderung auf den Uetliberg begehen. Es hatte in einem Desaster und um ein Haar mit ihrem Auszug geendet. Völlig unvorbereitet hatte Frederik im Gartenrestaurant um ihre Hand angehalten und Amber anvertraut, dass er mit ihr eine Familie gründen wollte. Sie hatte ihn entsetzt angestarrt und verlegen um eine Antwort die Hand vor den Mund geschlagen. Ihre körperliche Reaktion hätte eindeutiger nicht sein können. Als sie Frederiks verstörten, wässrigen Blick und endlich die Sprache wiedergefunden hatte, hatte sie gestammelt: *„Liebster. Ich bin überwältigt. Und ich freue mich, dass du mich so sehr liebst, dass du mit mir so weit in die Zukunft planen möchtest. Aber ..., ich kann nicht. Ich bin noch nicht bereit für Kinder. Und ich möchte nicht auf Reserve heiraten. Genügt es dir denn nicht, dass wir eine gute Zeit zusammen haben? Seit fünf Jahren schon!"* Hastig fügte sie an: *„Ich liebe dich doch auch!"*

Ihre letzten Worte waren nicht mehr zu ihm durchgedrungen. Er hatte dichtgemacht. Hatte sich in sich zurückgezogen, um sich die Wunden zu lecken. Sie konnte nur erahnen, wie es sich anfühlte, in der Anwandlung von tiefster Hingabe den einen Herzenswunsch zu offenbaren und zurückgewiesen zu werden. Doch wie hätte sie sich anders verhalten sollen? Sie war doch nur ehrlich gewesen. Den Rückweg hatten sie zwei Schritte versetzt angetreten, jeder in sich versunken. Ihr war jedes weitere Wort zu viel vorgekommen und er machte keine Anstalten, über seine Enttäuschung zu sprechen. Zu Hause hatte sich jeder in sein Arbeitszimmer verkrochen. Nur kurz hatte sie an seiner Tür geklopft, den Kopf durch den Türspalt gesteckt und leise gefragt, ob er wollte, dass sie ausziehe. Sie hatte es einfach wissen müssen. Als er stumm den Kopf geschüttelt hatte, hatte sie erleichtert genickt und seinen Blick gesucht, um herauszufinden, ob er jetzt bereit wäre zu sprechen. Doch als er seine verweinten Augen abgewendet hatte, hatte sie die Tür wieder leise ins Schloss gedrückt und sich in ihr Zimmer zurückgeschlichen. Seither umschifften sie die Themen Zukunft, Heirat, Kinder wie mit Fähnchen markierte Tretminen. Es gelang ganz gut.

Amber zupfte Pfefferminz-, Zitronenmelisse- und Eisenkrautblätter von der Kräuterspirale, spülte sie kurz unter dem Wasserhahn ab und tunkte sie ins heiße Wasser, als sie zum Tisch zurückgekehrt war. Sie richtete sich innerlich auf. *„Mir gefällt unser Arrangement so. Ich bin doch erst fünfundzwanzig! Ich möchte noch reisen, noch ein Stück weiterkommen in Beruf und Politik. Wir können doch in fünf Jahren noch einmal darüber reden, Fred! Es ist doch alles gut so, wie es ist!“*

Amber rückte einen Gartenstuhl heran, setzte sich, klappte den Ordner mit den gesammelten Unterlagen auf und begann zu lesen. Verschiedene Hilfswerke, Frauen-, Menschenrechts- und Umweltorganisationen wollten sich zusammenschließen, um eine eidgenössische Initiative zu lancieren, die beim börsencodierten Handel mit Rohstoffen die Transparenz der Geldflüsse, den Schutz der Menschenrechte und der Umwelt einforderte. Vom Sklavenhandel bis heute hatte sich kaum etwas an der Tatsache geändert: Die Rohstoffgewinne flossen in die Taschen der Händler und blieben selten im Förderland. Amber las und staunte: Sechs Glencore-Manager verdienten mit ihren Börsengängen mehr als die Bevölkerung von 96 Ländern, aus denen die Rohstoffe stammten und die ein Jahr lang hart dafür arbeiteten. Zwei Drittel aller Energie- und Metallressourcen und ein Großteil der Agrarrohstoffe stammen aus Entwicklungsländern. Trotz Bodenschätzen blieb ein Großteil der Bevölkerung arm. Das Geld fehlte vor Ort für die soziale und wirtschaftliche Entwicklung. Daraus resultierten fehlende Bildung, Arbeitslosigkeit, Korruption, Umweltschäden und Abwanderung. 300 Millionen Menschen in diesen Ländern lebten in Armut, von maximal 2 Dollar pro Tag. „Wirtschaftsflüchtlinge" wurden die Menschen beschimpft, die mangels Perspektiven in westliche Länder, auch in die Schweiz, migrierten. In der rohstoffarmen Schweiz waren sechs der zehn umsatzstärksten Unternehmen Rohstoffkonzerne. Zwanzig Prozent des globalen Rohstoffhandels liefen über die Schweiz. Käme der Rohstoffreichtum der Bevölkerung in den Entwicklungsländern zugute, könnten bis 2030 gegen 540 Millionen Menschen aus der Armut finden.

Es mussten gegen zwei Stunden vergangen sein, als sie Frederik durchs Haus pfeifen hörte. Amber horchte auf, rieb sich die Augen und klappte das Dossier zu. Er war sichtlich guter Laune. Denn es kam äußerst selten vor, dass ihr Freund pfiff. Erkannte sie die Melodie? Amber erhob sich neugierig und freute sich aufrichtig über Frederiks Rückkehr. Sie fühlte sich selber aufgeräumt, denn sie war ein beachtliches Stück vorangekommen und hatte jetzt genug Kopfarbeit geleistet. Es überkam sie eine launige Stimmung. Mal schauen, wie ihr Liebster drauf war. Vielleicht wäre er für ein wenig Kuscheln unter der Laube zu haben? Bevor Amber zur Verandatür gelangt war, war Frederik bereits in den Garten getreten. Er trug einen mittelgroßen Karton auf dem Arm und strahlte über das ganze Gesicht.

„Hast du uns eine Küchenmaschine gekauft?", wollte sie von ihm wissen, nachdem sie den Schriftzug der bekannten Marke, auf die Nelly vertraute, gelesen und Frederik auf den Mund geküsst hatte. Frederiks Mundwinkel schienen festgefroren. Amber zog eine Augenbraue hoch.

„Mach's nicht so spannend! Ich finde deine Überraschungen mittlerweile beängstigend", rutschte es ihr heraus und bereute es sofort, weil sie damit unbewusst auf seinen Antrag anspielte. Frederiks Freude nahm keinen Abbruch, sondern er stellte den Karton sachte auf den Rasen und öffnete langsam den Deckel. Als er Amber mit den Augen zu verstehen gab, dass sie einen Blick hineinwerfen sollte, folgte sie seiner Aufforderung. Ein leiser Schrei des Entzückens löste sich aus ihrer Kehle. Amber griff nach dem schwarzen Samtknäuel, aus dem nur zwei nachtblaue Augen und ein rosa Flecklein Zunge hervorstachen, und förderte es aus dem Karton. Das Ding gab leise, wehklagende Protestlaute von sich. Ambers Herz schmolz dahin. Sie kniete sich ins Gras, hob das Kätzchen, um

es zu beruhigen, an ihre Brust und strich mit der Nasenspitze sanft über das flauschige Fell. Frederik setzte sich neben Amber und beobachte, wie sie dahinschmolz. Er streckte seine Finger aus und streichelte das zarte Geschöpf ebenfalls. Dann berichtete er: *„Gestern hat mir ein Kunde aus Wollishofen berichtet, dass seine Katze überfahren worden war. Sie hatte im Mai fünf Junge geworfen. In einer Blitzaktion hatte er vier Kätzchen unterbringen können, doch dieses Schwarze wollte niemand haben. So bin ich heute Morgen hingefahren und habe mir das kleine Ding angeschaut. Es hat mich um den Finger gewickelt, als ich ihm aus einem Spielzeugschoppen Milch gegeben habe. Ich konnte nicht anders ...“*

Frederik biss seine Lippen zusammen, konnte aber sein verschmitztes Lächeln darunter nicht verbergen. Amber näherte sich mit dem Mund seinem Gesicht, versicherte sich, das Büsi gut zu halten und es nicht zu zerquetschen, und knutschte ihren Freund mit Inbrunst ab. Außer Frage, *Mümi* blieb.

2011 – August: Hornissen

Das Erste-August-Komitee Thurtalen hatte sich schwer damit getan, einen Festredner zu finden. Man konnte doch nicht schon wieder den eigenen Gemeindepräsidenten ans Rednerpult stellen. Populäre, unterhaltsame Redner waren auf Monate ausgebucht und für eine kleine 2000-Seelen-Gemeinde nicht zu gewinnen. Dazu kam, dass Zugezogene sich beschwert hatten, dass am Schweizerischen Nationalfeiertag immer nur Vertreter aus bürgerlichen oder volksparteilichen Lagern zu Wort kämen, die der guten alten Zeit der Eidgenossen nachtrauerten. Das musikalische Rahmenprogramm bestünde Jahr für Jahr aus Alphorn- und Handörgelifolklore. Die moderne Schweiz wäre frech, aufgeschlossen und mutig. Mutig wäre es, einmal eine junge Frau einer linken Partei zum Nationalfeiertag sprechen zu lassen. Selbstbewusst wäre es, eine lokale Rockband zu engagieren und die Jugend zu unterstützen.

„Die Zugezogenen" waren die Schweizer Neubürger und neuerdings die Deutschen, die in der Gemeinde auf dem günstigen Bauland ihren Traum vom Eigenheim erfüllt hatten. Die pendelten mit ihren SUVs nach Zürich, traten weder Gesangs-, Turner- noch Schützenverein bei, zahlten lieber Steuern, als dass sie der freiwilligen Feuerwehr beitraten. Sie beschwerten sich aber über die Kirchenglocken am Sonntagmorgen und das bisschen Gülle, das die Bauern, um ihre Jauchegrube zu leeren, vor dem Regen ausfuhren. Und sie beschwerten sich über das Festprogramm am ersten August.

Nach diversen Absagen (die Präsidentin des Landfrauenvereins meinte, sie könne nicht vor so vielen Menschen sprechen, der Gemeindepräsident der Partnergemeinde im Waadtland fühlte sich der deutschen Sprache zu wenig mächtig und Max Frischknecht, der Inhaber der größten Sägerei in der Region, hatte einen Burn-out erlitten und weilte für unbestimmte Zeit zur Kur), zog das Festkomitee in Erwägung vielleicht doch ein Experiment zu wagen. Hildi Frauenfelder, die mit Nelly im Backkomitee des Herbstfestes und früher, als beide noch rüstig gewesen waren, im Frauenturnverein verkehrt hatte, erinnerte sich, dass Amber, die Rothaarige, die einst in Thurtalen in den Kindergarten gegangen war und heute noch ab und zu im Dorf gesehen wurde, doch im Frühjahr überraschenderweise in den Kantonsrat gewählt worden war. So kam Amber zu ihrer ersten Erstaugustrede.

Sie war völlig überrascht, als sie die unbekannte Nummer entgegennahm und sich Hildi meldete. Natürlich kannte sie die Frau aus Thurtalen, doch als diese ihr Anliegen vorbrachte, blieb Amber erst einmal der Mund offen stehen. Amber wusste, wie die Veranstaltungen zum 1. August in Thurtalen vonstatten gingen. Die Bevölkerung fand sich bei schönem Wetter auf dem Gemeindeplatz, bei Regen in der Turnhalle ein. Es gab Darbietungen von der Damenriege, dem Jodelchörli, vielleicht einmal vom Kindergarten. Darin eingebettet war die Festrede. Die Menschen saßen an den mit Blümchen und Schweizerfähnchen dekorierten Festbänken, aßen

Bratwurst oder Servelat und tranken je nach Temperatur Bier, Most oder Wein. Je nachdem, wer am Mikrofon stand und wie kurzweilig die Person reden konnte, hörte man zu oder eben auch nicht. Applaudiert wurde an den richtigen Stellen, der Beifall wurde von denen initiiert, die zugehört hatten. Die anderen folgten artig. Beim Eindunkeln wurden die Lampions der Kinder angezündet und die Festgemeinde folgte dem Kinderzug zum traditionellen Höhenfeuer, das im Vorfeld von tatkräftigen Bauern aufgeschichtet wurde, die, so munkelte man, Restmüll und behandeltes Holz unterschmuggelten, um Sondermüllgebühren zu sparen. Was aber toleriert wurde.

„Bin ich denn die Richtige? Habt ihr euch das gut überlegt?“, wollte Amber von Hildi wissen. Die Thurtalerin zögerte, überlegte und beschloss, nicht von der mühseligen Suche zu berichten, sondern Amber, die schon fast zugebissen hatte, nicht mehr von der Angel zu lassen.

„Jaa sicher, Bo! Wir sind doch stolz auf dich, dass du als ehemalige Thurtalerin im Kantonsrat bist! Es ist uns eine Ehre, wenn du ein paar Worte an die Festgemeinde richtest“, bekräftigte Hildi übertrieben und fügte schnell an: *„Weißt du, es muss auch nicht lange sein. So zehn bis fünfzehn Minuten reichen. Länger ist die Aufmerksamkeit der Zuhörer sowieso nicht da.“*

Amber fragte nach, worüber sie denn reden dürfe, und als Hildi meinte, was immer von öffentlichem Interesse wäre, sagte Amber, dass sie es sich überlegen wollte.

Sie sagte schließlich mit einer Mischung aus Gebauchpinseltheit, Vorfreude und Schiss zu. Sie redete sich ein, dass es eine Art Versöhnung mit ihrer Schulzeit und den ehemaligen Schulkameraden, die es nicht über den Dorfrand hinaus geschafft hatten, sein könnte. Es wäre eine weitere Übung, vor Publikum zu reden und an ihrem Rhetorikstil zu feilen. Und schließlich ginge es um ihre politischen Anliegen, für die sie eine Plattform bekam. Sie verbot sich den Gedankenfetzen vom Propheten im eigenen Lande und legte sich ins Zeug, eine schmissige Rede zu schreiben.

Nach einem Hitzetag saßen die Männer in Shorts, die Frauen in leichten Sommerkleidern das aufkommende Abendlüftchen begrüßend in den Bankreihen. Treue Patrioten trugen rote T-Shirts mit einem weißen Kreuz oder sogar die regionale Tracht. Amber hatte sich zwischen Nelly und Frederik in die Festbank gepfercht, sich eine Apfelschorle bestellt und wartete auf ihren Einsatz. Auf der Bühne tanzte die Damenriege zu Jennifer Lopez' Lied *On the floor* eine moderne Choreografie. Amber fand die knappen Hotpants und Bustiers für die Damen mutig. Auch die gewählte Musik hatte sie der Riege nicht zugetraut. Vermutlich holte sich die Instruktorin die neusten Trends aus der Stadt. Immer wieder fiel eine der Tänzerinnen aus dem Takt, orientierte sich mit einem verstohlenen Seitenblick an der Gruppe und fügte sich blitzschnell wieder ins Gesamtbild ein. Wie überall waren die Molligen und weniger vorteilhaft Proportionierten in die zweite Reihe verwiesen worden, auch wenn diese ihren Job richtig gut machten. Sie bewegten ihre fülligen Bodys mit viel Freude und Anmut. Amber freute sich, dass sich Thurtalen offensichtlich für Neues öffnete.

Sie überflog noch einmal ihr Skript, das sie unzählige Male überarbeitet, Frederik und den WG-Mädels vorgetragen hatte, bis sie es, obwohl sie die Rede toll fanden, satthatten. Sie hatte die Stichworte im Text, an denen sie sich orientieren wollte, gelb markiert, für den Fall, dass sie den Faden verlieren sollte.

Fukushima, Atomendlager Thurtalen, nächste Generationen, Zukunft, Jugend, Gesellschaft muss zusammenstehen, nicht zerschlagen lassen, Außenseiter nicht ausgrenzen, sondern integrieren (erwähnen: Breivik, Anschlag Jugendcamp in Norwegen im Juli), gemeinsame Lösungen, alle in einem Boot.

Rot am Rand stand geschrieben: ***Pausen machen! Atmen! Eine Person im Publikum als Verbündeten fixieren.***

Amber stieg, nachdem die Damen mit Schweißperlen auf der Stirn, einem glücklich-verlegenen Grinsen im Gesicht und nach Atem ringend die Holzstufen der Tribüne hinuntergeeilt waren und Hildi sie angekündigt hatte, zum Mikrofon und legte das Skript auf das Rednerpult. Ihre Augen schweiften über das Publikum. Sie hatte leichtes Herzklopfen. Als Erstes sah sie zu Fredrik, der ihr zuzwinkerte und damit zusicherte, dass sie es gut machen würde. Dann wanderte sie zu Nelly, die stolz und erwartungsvoll lächelte, weiter zu altbekannten Gesichtern, die seit jeher zum Dorf gehörten und mit ihm in die Jahre gekommen waren. Sie erblickte neue Menschen, neutrale Zugezogene, zu denen sie keine einzige Geschichte zu erzählen wusste. Und dann erkannte sie Timo Meier und Robin Harzenmoser nebeneinander plötzlich aus den Reihen leuchten, als wäre ein Scheinwerfer auf sie gerichtet. In Timos Gesicht stand ein gerader Strich wie ein Minuszeichen. Amber grübelte in der Erinnerung und versuchte sich zu erinnern, ob er schon immer keine Lippen besessen hatte. Aus Robins Augen blitzte es. Beide hatten die Arme vor der Brust verschränkt, den Kopf leicht nach hinten gelegt und signalisierten deutlich, was sie von der Festrednerin hielten. Ihre beiden ehemaligen Schulkollegen, die sie damals bis aufs Blut gepiesackt hatten, standen wie eine Wand, die klarstellte, dass sich gar nichts geändert hatte und sie als fremder Fötzel auf abgestecktes, einheimisches Territorium vorgedrungen war und auf der Hut sein musste, was sie von sich geben würde.

Amber wurde schlecht. Ihr schoss plötzlich durch den Kopf, dass Nelly neulich erzählt hatte, dass der junge Harzenmoser, der den Hof und beachtliche Hektar Land seines Vaters übernommen hatte, mit der *NAGT* verkehrte. Die Genossenschaft NAGT (Nukleare Abfälle in geologischen Tiefenlagern) suchte im Auftrag des Bundes Land für ein Atomendlager der radioaktiven Abfälle. Und der junge Meier, der ins Baugewerbe eingestiegen war, war mit dem Harzenmoser ungebrochen dicke. Amber bemühte sich, ruhig und tief zu atmen, und trank zwei Schluck Wasser aus dem bereitgestellten Glas. Das Publikum wurde unruhig, wie sie an den fragenden Blicken, einem nervösen Herumrutschen auf den Bänken und einem langsam anschwellenden Raunen bemerkte. Sie musste jetzt loslegen! Ein letzter Blick zu Frederik. Er hob den Daumen. Amber richtete ihre Lippen zum Mikrofon aus, holte Luft und setzte zum Sprechen an. Doch es kam kein Ton heraus. Es hatte ihr die Stimme verschlagen. Nicht einmal ein Krächzen brachte sie hervor. Der Druck in der Brust wurde immer größer, der Hals immer enger. Fieberhaft suchte sie in ihrem Gedächtnis nach Techniken und Hilfsmitteln, die anschleichende Panik zu umschiffen. Je heftiger sie atmete, desto mehr schnürte es ihr die Kehle zu. Aus ihren Lungen drangen jetzt pfeifende Töne. Amber versuchte erneut, sich mit Wasser die Trockenheit und Enge in der Brustgegend zu erleichtern. Nichts half. Hildi eilte jetzt herbei, klopfte Amber, deren Gesicht sich bläulich verfärbte, auf den Rücken. Amber klaubte ihre letzten Instanzen zusammen und hastete vom Podest hinunter, raste an Frederik, dem Publikum und dem hämisch grinsenden Duo Infernale vorbei zum Toilettenwagen. Dort erbrach sie sich unschön, fand darin Erleichterung und endlich wieder zu tiefem Atem.

Hildi war gnädig und schwafelte dem irritierten Publikum etwas von einer Kreislaufschwäche und kündigte den nächsten Programmpunkt an. Die Rede wurde ersatzlos gestrichen.

Amber schlich sich im Schutz der Dunkelheit zu Nelly nach Hause. Sie war nicht in der Lage, alleine nach Zürich zurückzufahren, was sie eigentlich am liebsten getan hätte. Immer noch zitterte sie am ganzen Körper. Ihr Magen fühlte sich an wie ein umgestülpter Handschuh und die Kehle brannte von der Gallensäure. Sie tastete sich in der Nacht durch Nellys Garten und fand sicher und schnell die Kräuter, die Linderung versprachen: Kamille, Dill und Pfefferminze. In der Küche setzte sie Wasser auf, hockte sich auf einen Holzschemel, lehnte Rücken und Kopf an die Wand und sackte innerlich zusammen. Der Spuk war vorbei. In Nellys Hochburg war sie vorerst sicher und geborgen. Wenig später hörte sie das vertraute Knarzen der Holztreppe am Hintereingang und Frederik mit Nelly gedämpft reden. Amber war dankbar, ihren Gefährten und ihre Großmutter in die Küche kommen zu sehen. Sie bot ihnen eine Tasse Tee an. Zu dritt saßen sie danach am Tisch, den Nelly mit einem neuen Wachstuch bestückt hatte. Amber fuhr mit den Augen und dem rechten Zeigefinger den lindgrünen Ranken nach. Frederik gab einen Löffel Honig in seine Tasse, rührte stoisch um und legte seine rechte Hand auf Ambers linke, die neben ihrer unberührten Tasse ruhte. Nelly beobachtete das Paar und unterdrückte ein Gähnen. Das Geschwätz der Leute nach Ambers fluchtartigem Abgang war ihr nicht entgangen. Oh, wie sie das Dorf kannte! So ein Zwischenfall war gefundenes Fressen für die Schwatzbasen, der ihrem langweiligen Alltag Würze gab. Das Geschwätz perlte sowieso an ihr ab wie Regen an ihrer patenten Pelerine. Es würde sich irgendwann totlaufen, wie alles in den letzten sechzig Jahren. Sie machte sich mehr Sorgen um ihre Lieblingsenkelin.

Nelly suchte nach den richtigen Worten des Trostes, einer nächsten Chance, ihr zu sagen, dass so etwas menschlich war und passieren konnte, und fragte schließlich nur: *„Na du. Wie geht es dir?“*

Amber seufzte, löste ihre Hand aus Frederiks und blickte auf. Sie umfasste ihre Teetasse mit beiden Händen, hob sie an und blies hinein, bevor sie einen Schluck nahm.

„Es gab schon bessere Momente“, sagte sie danach eine Spur zu bissig, wie sie sofort bereute, und ergänzte: *„Ich mag*

grad überhaupt nicht reden. Bin froh, dass ihr beide mit mir einfach am Tisch sitzt und mich nicht zulabert mit Floskeln. Es ist völlig Scheiße gelaufen und ich muss mich erst einmal sortieren." Ihre Augen glänzten nass.

So saßen sie schweigend, bis alle ihren Tee ausgetrunken hatten.

Amber erwachte in der Morgendämmerung. Sie schälte sich aus Frederiks Armen. Ihrer beider Haut klebte aneinander. Sie hatten wegen der schwülen Nacht nur in Unterhosen und mit einem dünnen Leintuch bedeckt geschlafen. Nun, geschlafen war übertrieben. Sie hatte sich die ganze Nacht unruhig gewälzt, war zwischen flachen, verwirrenden Träumen immer wieder aufgewacht. Sie war versucht, in der kühleren Stube auf dem Sofa das Ende der Nacht abzusitzen. Doch sie mochte nicht auf Frederiks ruhige Nähe verzichten und blieb.

Aber jetzt hielt sie nichts mehr im Bett. Sie tappte zum geöffneten Fenster, aus dem frische Morgenluft einströmte. Am Himmel zeichnete sich ein satter roter Streifen ab. Erste Vögel zwitscherten ihren Morgengruß. Amber lockte es ins Freie. Plötzlich überkam sie der Drang, ihren Lieblingsplatz aus der Kindheit aufzusuchen. Sie war schon seit unendlichen Zeiten nicht mehr dort gewesen. Als sie angezogen und mit den Turnschuhen in den Händen aus dem Zimmer schlich, um ihren Freund nicht zu wecken, stieß sie sich mit dem rechten großen Zeh an der Türschwelle an und jaulte auf.

Frederik fuhr hoch, blinzelte verschlafen aus dem weißen Laken, orientierte sich kurz und fragte schließlich Amber, die sich an den Türrahmen gelehnt den wunden Zeh rieb, verwundert, wo sie denn in dieser Herrgottsfrühe hinwollte.

„Sorry! Ich wollte dich nicht wecken. Ich hätte dir noch eine Notiz hingelegt. Hab ich dir je von meinem Lieblingsplatz erzählt? Da gehe ich hin, um nachzudenken. Und komme zurück zum Frühstück. Danach möchte ich in die Stadt zurück. Aber schlaf ruhig noch eine Runde. Ich bin etwa eine Stunde weg.“

Frederik sprang mit einem Satz aus dem Bett, streifte sich Jeans und das T-Shirt über – das mit dem röhrenden Hirschen, das sie eigentlich doof fand und das sie nach so langer Zeit hinnahm, weil er es mochte und weil er ihren rosa geblümten Morgenmantel auch noch nicht klammheimlich in den Altkleidersack gesteckt hatte –, schlüpfte in seine Sneaker und sagte: *„Ich komme mit.“*

Sie pumpten die Reifen der zwei alten Fahrräder auf, die immer im Schuppen standen, und radelten durch das noch schlafende Dorf. Beim Festplatz beschleunigte Amber. Die Bestuhlung war schon weg. Zum Glück war kein Mensch schon so früh unterwegs. Früher lagen Praxis und Wohnhaus der Vanderbommels am Rand der Landwirtschaftszone inmitten von blühenden Wiesen. Jetzt war darum herum innerhalb von zwei Jahren ein neues Quartier aus dem Boden gestampft worden. Amber schmunzelte, als sie am Haus ihres ersten Freundes vorbeikamen, und stupste Frederik leicht an. *„Hier hat Ron gewohnt“*, erklärte sie.

Im Weiterfahren fragte sich Amber, welche Familien hinter den Mauern lebten und wie diese mit den Einheimischen wohl zurechtkämen. Grässlich fand sie den neuen Trend in den Vorgärten: Der zementgraue, scharfe Schotter, der auf einer schwarzen Plastikfolie ausgebreitet war, garantierte einen unkrautfreien und pflegeleichten Garten. Schlimmer noch fand sie die *„gefangenen Steine“*, wie Walter sie nannte, die nun anstelle von Miststöcken und farbenprächtigen Bauerngärten das Dorfbild prägten. Inflationär hatten die Metallgittertürme, die mit Steinen gefüllt als Trennmauern oder Gestaltungselemente dienten, die Vorgärten erobert. Amber fand es nicht nur langweilig und an der Grenze zur Geschmacklosigkeit, sondern betrachtete all das auch als einen ökologischen Blödsinn. Die Billigsteine wurden auf riesigen Frachtern aus China angeschifft und in den sterilen Gärten gedieh praktisch kein Unkraut oder Pflänzchen mehr für die Insekten. Wen wunderte es, dass sich die Bienen vom Acker machten.

Wie früher lehnte Amber ihr Rad an den Baum, der wie ein Wächter am Eingang ihres Kinderparadieses stand – unerschütterlich, zerfurcht und alt. Frederik tat es ihr gleich und folgte seiner Freundin, die bereits die kleine Böschung hinuntergeschleift war, gleich die Hose hochkrempelte und ihre nackten Füße ins Bächlein steckte. Sie bückte sich, grinste übermütig und rief: *„Komm, wenn du dich traust!“* Frederik traute sich, war aber innerhalb von Sekunden pitschnass, nachdem er an den Bach getreten war. Sie spritzten sich ausgelassen mit dem kühlen Nass ab, erfrischten ihre von der Nacht klebrige Haut, legten sich ins wadentiefe Wasser und balgten sich. Bald zogen sie sich gegenseitig die triefenden Kleider vom Leib, küssten sich, ließen sich von Übermut und der anrollenden Leidenschaft mitreißen, fanden tastend einen stabilen Untergrund an der Grasböschung und liebten sich. Frederik hatte die Kondome im Zimmer gelassen. Jeder hatte kurz an die Verhütung gedacht, beide hatten sich aber nicht aus dieser geschenkten, perfekten Welle herausreißen lassen wollen und mit dem stillen Einverständnis des andern sich hingegeben. Frederik ergoss sich in ihr und löste in ihr zum selben Zeitpunkt eine Supernova aus.

Später lagen sie nackt im Gras auf der Insel, zu der die inzwischen brüchige Holzbrücke führte, und trockneten sich im Halbschatten. Die Kleider lagen ausgebreitet auf einem der Felsen und die beiden wärmten sich in den ersten Sonnenstrahlen. Sie vergeudeten keinen Gedanken an mögliche Passanten. Amber war geplättet vom Orgasmus, den sie in dieser Intensität noch nie erlebt hatte. Ihr war, als hätte ihre Beziehung einen Quantensprung gemacht. Sie grinste, als sie, an die Sprache der Computerspiele angelehnt, flüsterte: „*... The next level ...*“ Frederik schien es nicht gehört zu haben, denn er sprach das andere aus, das in der Luft lag: „*... Wenn jetzt vorhin etwas entstanden worden wäre – du weißt, wie sehr ich dich liebe ...*“

Amber rollte sich zu ihm, fuhr mit dem Zeigefinger über sein Profil und sagte: „*Ich liebe dich auch! Und das eben war ... einfach nur geil.*“ Sie machte eine Pause, überlegte, pustete sich eine Strähne aus dem Gesicht und fuhr fort: „*Ich möchte mit dir zusammenbleiben. Du wärst bestimmt ein Superdad. Ich fühle mich immer noch nicht so weit, Mutter zu werden. Ich wäre mit einer Schwangerschaft völlig überrumpelt. Aber heute ist etwas passiert zwischen uns. Das war einfach nur magic. Ich habe das Gefühl, dass heute etwas anderes im Spiel gewesen war. Und wenn es denn so sein sollte – dann soll es wohl so sein, oder?"*

Frederik drehte sich zu ihr hin, betrachtete sie zärtlich an und küsste sie. Sie liebten sich, im Schutz des Blätterdaches und des munteren Geplätschers, das ihre Stimmen übertönte, ein zweites Mal.

.....

Am Abend, als sie nach Zürich zurückgekehrt waren, verabschiedeten sich die beiden albern und neu verliebt schon im Bahnhof. Sie hatte das Bedürfnis, ihre Freundinnen zu sehen. Sie hatte sich angekündigt. Lea und Fabienne, die immer noch in der WG wohnten und die inzwischen offiziell ein Paar geworden waren, begrüßten ihre ehemalige Dritte im Bunde stürmisch unter der Tür. Die Wiedersehensfreude war groß, fand doch die Treffen, seit Amber in Schwammendingen wohnte und ihr Leben durchgetaktet war, nur noch selten statt.

Amber berichtete beim üppig angerichteten Tisch von der verpatzten Rede. Lea und Fabienne nahmen Anteil, fanden tröstende Worte, zogen mit ihrer erfrischenden Städterinnenmanier über den Bauernpöbel her, bei dem Amber doch schon längst nichts mehr verloren hätte. Amber erzählte vom Sex am Bach, nicht zu ausführlich, denn der Zauber gehörte nur ihr und ihrem Freund, aber doch von der Tatsache, dass sie es zweimal bei dem Dorf, *dem* Dorf, in freier Natur getrieben hatten. Die Freundinnen klatschten, freuten sich mit und erzählten ihrerseits von ihren Hotspots. Eigentümlicherweise drehte sich das Frauengespräch jedoch am längsten um die Hornisse und füllte den Rest des Abends.

Denn als Amber und Frederik sich gerade die noch feuchten Kleider angezogen hatten und im Begriff waren, sich auf den Rückweg zu machen, war eine Hornisse angeflogen und hatte Ambers Kopf umkreist. Frederik hatte das große Insekt als Erster entdeckt und seine Freundin geheißen, ruhig stehen zu bleiben. Was Amber auch getan hatte. Doch als sich das Monster in Ambers Haar niedergesetzt und das nahe Summen in ihren Ohren gedröhnt hatte, hatte sie es mit der Angst zu tun bekommen. Das Tier hatte sich immer tiefer in ihr rotes Gewöll vergraben. *„Mach was, Fred!“*, hatte Amber gebettelt.

Frederik hatte vorsichtig Strähne um Strähne ihrer langen Haare zur Seite gehoben, um das imposante Insekt freizulegen. Dann war Amber ein Gedanke durch den Kopf geschossen. Sie hatte sich erinnert, dass sie vor rund zwei Jahren schon einmal eine ungewöhnliche Begegnung mit einer Hornisse gehabt hatte. Und dann hatte sie sich selber zugehört, wie sie in ihrem Kopf mit dem Insekt kommuniziert hatte: *„Willst du dich für deine Schwester rächen, die ich damals im Winter in den Tod geschickt habe?“*

Amber hatte vernommen: *„Nein!“*

Amber hatte gefragt: *„Nein? Was möchtest du dann von mir, so dicht an meinem Schädel? Du machst mir Angst!“*

Die Hornisse hatte geantwortet: *„Ich tu dir nichts, aber denk nach!"*

Amber hatte gestutzt, die Stirn in Falten gelegt und immer noch regungslos am Platz verharrt. Und dann, so schnell sie aufgetaucht gewesen war, so schnell hatte sich die Hornisse auf Ambers freigelegtem Haar abgestoßen und war mit Getöse davongeflogen.

Die Begegnung mit dem Insekt bewegte Amber auch noch, als sie ihren Freundinnen davon berichtete. Lea, für die es keine unerklärlichen Phänomene gab und die sowieso mit einem Fuß in der übersinnlichen Welt lebte, hatte mit großem Interesse gelauscht. Dann erhob sie sich auf einmal, verließ für einen Augenblick das Zimmer und kehrte mit einem Paperbackbuch zurück. Amber konnte vom Titel nur die Worte *„... Tieren lernen"* ablesen, weil ihre Freundin mit der linken Hand das Cover bedeckte, während sie laut daraus vorlas:

„Kommt eine Hornisse in dein Leben geflogen, zeigt sie dir deine Ängste auf. Über Hornissen werden zu Unrecht viele falsche Behauptungen aufgestellt. Wenn das Tier in dein Leben tritt, ist das Thema ‚üble Nachrede oder was andere über dich denken' brandaktuell. Möglicherweise hast du selber Vorurteile oder du hast große Angst, in deine Kraft zu kommen, weil dich die Macht dessen, wie andere hinter deinem Rücken über dich urteilen könnten, ausbremst. Die Hornisse kommt als Krafttier in dein Leben, um dir beizustehen, dich den Ängsten zu stellen und sie zu meistern. Sie rät dir jedoch, den Stachel behutsam einzusetzen, um Neider und Konkurrenten

in Schranken zu weisen. Sie rät dir, mit deiner Präsenz und inneren Größe aufzutreten, statt mit wildem ‚Umdichstechen' und Austeilen. Selbstsicherheit beeindruckt mehr als Arroganz und Gewalt. Die Hornisse gehört mit zu den Naturpolizisten. Sie kämpft für die Wahrheit und Ausgewogenheit. Sie geht unrechten Dingen auf den Grund. Die Hornisse rät dir, dich nicht zu verbeißen. Wenn du für Gerechtigkeit brennst, nimm verschiedene Warten ein, höre zu, mache dir ein umfassendes Bild. Richte nicht, bevor du dir nicht ein umfassendes Bild gemacht hast und höre auf dein Herz. Damit vermeidest du, dass über dich übel gerichtet wird und du ermutigst andere, vorurteilsfreier zu werden."

Lea machte nach dem Vorlesen eine Pause und beobachtete Amber, wie sie über das Gehörte nachdachte. Um ihrer Freundin auf die Sprünge zu helfen, fragte sie: *„Worüber hast du denn in der Bibliothek damals im Januar gebrütet? Und worüber wolltest du denn in deiner Ersten-August-Rede sprechen?"*

Amber riss die Augen auf und klatschte mit der flachen Hand auf den Tisch: *„Das macht ja alles total Sinn! Ich habe im Winter über Rüstungsindustrie, Exporte und deren Berechtigung recherchiert. Bei den Kriegsgründen bin ich am Thema der mangelnden Wehrhaftigkeit hängen geblieben. In dem Moment kam die Hornisse angeflogen. Gestern bei der Ersten-August-Rede haben mir Timo und Robin mit nur einem Augenkontakt, mit ihren siegesgewissen, giftigen Blicken, allen Wind aus den Segeln genommen. Ich habe mich wehrlos geschlagen gegeben! Und heute Morgen ist mir die Hornisse an meinem Kraftplatz erschienen und hat mit mir geredet.*

Ihr haltet mich wohl für meschugge, aber die hat in meinem Kopf mit mir geplaudert! Sie tue mir nichts. Ich solle nachdenken ...“

Amber legte eine Pause ein. Lea und Fabienne lachten und schüttelten gleichzeitig den Kopf. Nein, sie hielten ihre Freundin nicht für verrückt. Jede nippte an ihrem Glas und hing ihren Gedanken nach. Als Amber sich mit der Hand an die Stirn schlug, kehrte die Aufmerksamkeit wieder zu ihr zurück.

„Mann! Frauen! Die Botschaft der Hornisse ist eine Punktlandung! Es geht um das Dorf, es geht um die Übermacht von Interessengruppen, von Zugehörigen, die sich gegenseitig protegieren und Andersdenkende ausschließen, es geht um die Angst vor den Mächtigen, um die Angst vor der Wahrheit, um Vorurteile und Gerede. Es geht um mangelnde Wehrhaftigkeit des kleinen Mannes ... Ich meine ... der kleinen Frau ... von mir ...“

Die Niederlage am 1. August, die beiden Hornissen und deren Botschaften, die Amber sehr ernst nahm, ließen die junge Frau auch in den Folgetagen nicht in Ruhe. Sie brütete darüber, als würde sie etwas austragen. Es erschien ihr logisch, dass ihre versagte Stimme dramatisch auf die tief sitzende Angst hinwies. Objektiv betrachtet fand sie es jedoch nicht als die optimale Strategie ihres Systems, denn wie konnte sie als Politikerin agieren, wenn ihr, sobald sie über Missstände sprechen wollte, ihr Körper den Dienst verweigerte. Sie wollte doch für Frauenanliegen, für den Planeten, für die sozial Schwächeren und für die Ungerechtigkeit eine Stimme sein! Amber wollte sich mit den Mächtigen anlegen und erkannte, dass sie selber zu wenig wehrhaft war, um sich zu positionieren. Diese Erkenntnis und die Ohnmacht, nicht zu wissen, wie sie ihre Angst überwinden konnte, bereiteten ihr Übelkeit.

Zwei Wochen später bat sie Cinzia um Rat. Dieser fiel pragmatisch aus: *„Mach einen Schwangerschaftstest! Für die Angst: Nimm sie als Herausforderung an. Stell dich ihr, tanze mit ihr, wachse mit ihr und werde belohnt mit Energie und Überzeugungskraft, wenn du sie als deine Gefährtin gewinnst. Oder du lässt es bleiben. Dann musst du aufhören mit Öffentlichkeit und Politik."*

Dass die kluge Cinzia gleich auch die andere tief sitzende Angst an die Oberfläche spülte, erstaunte Amber dann nicht wirklich. Sie hatte eine mögliche Schwangerschaft meisterlich verdrängt und sah jetzt ein, dass es nichts brachte, Scheuklappen anzulegen. Ihre Tage waren tatsächlich ausgeblieben. Obwohl Frederik sie gebeten hatte, den Test zusammen zu machen, besorgte sie sich auf dem Weg zur Ratssitzung heimlich einen im Automaten. Sie hatte genügend Zeit einberechnet für alle Eventualitäten. Der Franken, den sie für einen garantiert sauberen Toilettensitz im Bahnhofsklo investieren musste war es ihr allemal wert. Sie schloss sich in einer Kabine ein, setzte sich mit heruntergelassenen Hosen auf den Toilettenrand. Fahrig riss sie die Cellophanhülle und den Karton auf und hielt den Tester in ihren Urinstrahl. Beim Warten zählte sie leise auf Tausend und kniff dabei die Augen zu. Bei 999 hielt Amber den Atem an, linste vorsichtig, und als sie einen schlichten grauen Strich im Display erblickte, streckte sie die Fäuste zur Decke und stieß ein gedämpftes *Halleluja* aus.

Sie beschloss, Frederik nie vom Test zu erzählen und abzuwarten, bis ihre Regel wieder einsetzte, und sie entschied, von nun an die Verhütung wieder selber in die Hand zu nehmen. Ihre Erleichterung war zu eindeutig gewesen. Die neue Klarheit versetzte Amber einen Energiekick, der ihr für ihre Hauptbaustelle wie gerufen kam. Sie riss die Kabinentür auf, wusch sich Hände und Gesicht, schmiss den Plastiktester mit dem Restmüll in den Abfalleimer und tänzelte ins Freie auf den Bahnhofplatz mitten ins Menschengetümmel. Am liebsten hätte sie ihre Arme ausgebreitet und laut herausgeschrien: *„Ich bin ein freier Mensch! Und ich bin jetzt bereit! Komm, Angst, zeig dich, du Höllenhund. Ich nehme es jetzt auf mit dir!“*

Doch stattdessen schwang sie sich auf ihr Rad, trat in die Pedale und nahm es mit dem Zürcher Alltagsverkehr auf. Ihre rote Mähne wallte unter dem australischen Helm im Fahrtwind mit, Sonne und Stöße hatten Spuren hinterlassen. Sie fühlte sich wie Jeanne d’Arc, die in die Schlacht gegen die Engländer zog. Weil ihr noch Zeit bis zum Sitzungsbeginn blieb, fuhr sie zum Seefeld, schloss das Rad ab, zog sich ihr Badekleid über, das sie in den Sommertagen immer in ihrem Fahrradkorb dabeihatte, stürzte sich mit einem Kopfsprung in den See und fühlte sich, als sie aus dem Wasser stieg, wie neugeboren. In den wenigen Minuten, die ihr noch blieben, sich von der Morgensonne trocknen zu lassen, ploppten zwei Ideen in ihrem Kopf auf. Statt in der Angststarre oder der Niederlage festzustecken, sollte sie ins Handeln gehen, hatte ihr Cinzia geraten. In der Tat, das wollte Amber.

2011 – August: Besuch aus Australien

Frederik war nicht enttäuscht, dass Ambers Blutung eine Woche später wieder einsetzte, sondern darüber, dass seine Freundin darauf bestand, erneut gründlich zu verhüten. Ihr Fokus lag bei ihren Projekten und ihrem neu erstarkten Willen, sich für Unrecht zu erheben. Ihre Augen glühten vor Begeisterung, als sie ihn in ihre neuen Pläne einweihte – in denen ein gemeinsames Kind keinen Platz hatte. Nach dieser Bekanntmachung räumte Frederik die schön gemaserten Kirschbaumplanken unters Dach der Remise. Er hatte in heller Vorfreude ein Bettchen entworfen, bei einem Freund das schöne Holz mit dem warmen Rotton aufgestöbert und seine Schwangerschaft als Vater zimmernd antreten wollen. Danach stürzte er sich tagelang in seine Aufträge und versuchte Amber aus dem Weg zu gehen. Frederik brauchte Zeit, um sich neu auszurichten.

Sein Ausweichen fiel Amber gar nicht erst auf. Denn ihr Terminkalender füllte sich mit einem Schlag und das Paar gab sich in der Folge die Klinke in die Hand. Amber hatte für ihre Idee, eine Kundgebung auf dem Gemeindegebiet von Thurtalen, das der Bund inzwischen als favorisiertes Endlager für die radioaktiven Abfälle bestimmt hatte, zu veranstalten, in Windeseile Mitstreiter gewonnen. Atomgegner aus Südbaden waren sofort bereit, eine länderübergreifende, medienwirksame Veranstaltung mit zu organisieren. In den Nachwehen von Fukushima war die breite Öffentlichkeit sensibilisiert und wund. Diesen Moment galt es zu nutzen, um die unverantwortliche Technologie als Energiegrundlage neu zu diskutieren.

Mit ihrem Parteikollegen Silvio gründete sie ein Organisationskomitee und bald lag der erste Novembersamstag fest, wenn alle Herbstfeste vorüber und die Felder geräumt worden wären. Neben ihrer Arbeit mit den Flüchtlingen, dem wöchentlichen Ratsgeschäft, den Parteiaktivitäten waren Ambers Tage nun prall ausgefüllt. Urlaub wollte sie sich erst im Advent wieder gönnen.

Meilins Anruf platzte aus dem Nichts herein und sprengte Ambers penibel durchgeplante Agenda wie eine Streubombe.

„Hallo Liebes", kündigte sich Mutters Stimme sanft an einem Mittwochabend Mitte August durch das Mobiltelefon an. Amber hatte Meilins Klingelton *Beds Are Burning* gehört und sich fürs Entgegennehmen entschieden, obwohl sie mitten in einem Pressetext zur Energiestrategie des Bundes feststeckte. Fakten unemotional zu formulieren gehörte mit zu den Herausforderungen ihrer politischen Arbeit. Sie übte. Und nun also Meilin. Gut. Sie speicherte das Dokument unter Entwürfe und lauschte in den Hörer, nachdem sie *„Oh hoi, Maman!"*, gesagt hatte. Mümi lag auf ihrem Schoß und schnurrte.

„Wir kommen in die Schweiz nächste Woche!" Meilin klang euphorisch und machte eine erwartungsvolle Pause. Amber spürte, dass von der anderen Seite Begeisterung ihrerseits erwartet wurde, doch da rührte sich vorerst keine Freude, sie hörte nur Alarmglocken bimmeln. Amber fragte vorsichtig:

„Oh. Nice ... Wer denn wir? Und wann genau? Und ... weshalb so spontan? Ist etwas passiert?“

Sie hörte ihre Mutter atmen, bevor sie antwortete: *„Ähm – ich werde fünfzig am neunzehnten. Annie schenkt mir eine Europareise und begleitet mich und Nathalie. Deine Großmutter vermisst dich. Sie ist heute aufgetaucht mit den Tickets.“*

Amber erstarrte kurz, hob danach das Kätzchen behutsam auf die Tischplatte. Es öffnete die Augen und miaute erstaunt, über das, was ihm geschah. Dann sprang Amber mit einem Satz von ihrem Schreibtischstuhl auf, um nicht nur körperlich in Bewegung zu kommen. Sie hatte den Geburtstag ihrer Mutter schlicht vergessen! Dazu den Fünfzigsten. Wie kam sie jetzt heil aus dieser Nummer? Immer noch das Smartphone am Ohr biss sie an ihrer Unterlippe herum und legte sich eine Antwort zurecht. Meilin war schneller: *„Hey, alles gut. Ich habe Annies Geburtstage auch oft verschwitzt. Machen wir kein Drama daraus. Natürlich hätte es mich gefreut, hättest du dich von dir aus gemeldet. Dafür hast du doch eine Erinnerung auf deinem iPhone, nicht?“*

Amber hörte ihre Mutter am anderen Ende lachen und entspannte sich ein wenig. Sie nahm sich vor, gleich nach dem Telefonat alle Geburtstage mit Jahrgang ihrer wichtigsten Mitmenschen abzuspeichern. Endlich fand sie ihre Sprache wieder: *„Ich freue mich natürlich sehr, dass ihr kommt!“* Und das war ungelogen. Amber freute sich tatsächlich auf die großzügige, smarte Granny Annie und ihre Maman. Und auch ein wenig auf Nathalie, die als Trabant halt einfach zu Meilin gehörte. Doch das Trio kam ihr einfach überhaupt nicht gelegen.

Sie hatte schlicht keine Kapazitäten – wie lange überhaupt? – Fremdenführerin für ihre Sippe zu spielen.

„Ich freue mich ehrlich! Wirklich. Wie sind denn eure Pläne?“, tastete sich Amber voran.

Im Zuge des Telefonates erfuhr Amber, dass die drei Australierinnen für drei Wochen nach Europa kamen. Sie würden in Zürich starten und ein paar Nächte bei Amber und Frederik übernachten, sofern es okay für das Paar wäre. Sie wollten Nelly einen Besuch abstatten. Anschließend brächen Meilin und Nathalie für eine Frankreichtour auf – Südfrankreich, Paris, in die Normandie zu Nathalies Familie, die dann erführen, dass Meilin nicht ein Kerl war – und wollten Annie in London treffen, die nach einem Zwischenstopp in Amsterdam dort auf sie warteten würde. Danach kehrten sie zurück in die Schweiz, würden vielleicht noch Abstecher nach Luzern oder an den Rheinfall machen, je nachdem, wie viel Zeit ihnen blieb. In Ambers Ohren tönte das wunderbar. Denn das bedeutete, dass sie außer den Tagen, an denen sie Gastgeberin für die Reisegruppe war, keinen Ferientag eingeben musste.

„Und was wünschst du dir von mir zu deinem halben Jahrhundert, Maman?“, wollte Amber doch noch kurz vor Ende des Gespräches gefragt haben. Die Antwort kam blitzschnell: *„Am allermeisten wünsche ich mir, dass wir Annie und Nathalie irgendwo parkieren und du einen ganzen Tag lang mit mir alleine verbringst und du mir deine Plätze zeigst.“* Für ihren eigentlichen Herzenswunsch, Frieden in ihrer Zerrissenheit zu finden, fand sie keine Worte und wusste auch, dass Amber nicht dafür zuständig war, sie von ihren Schuldgefühlen

freizusprechen. Amber grinste erneut erleichtert: *„Das lässt sich einrichten!“*

Frederik und Ambers Haus bot genug Platz für alle. Doch wenig Zeit verstrich nach der Ankunft und einem erfrischenden Imbiss, als Großmutter Annie höflich, aber klar um ein gepflegtes Hotelzimmer in der Nähe gebeten, sich ein Taxi bestellt und sich zurückzogen hatte. Sie sagte es nicht explizit, doch alle folgerten stillschweigend daraus, dass sie nicht mit Meilin und ihrer Geliebten auf einem Matratzenlager schlafen mochte. Meilin und Nathalie brauchten etwas, um mit der Zeitverschiebung klarzukommen und verließen das Haus kaum. Sie kochten gemeinsam für alle, belagerten in bequemen Hausanzügen das Wohnzimmer und studierten Landkarten und Reisebücher. Oder sie schliefen verkeilt auf einer Decke unter der Laube den Jetlag aus. Amber beobachtete die zwei unbemerkt. Ihre Mutter trug das Haar wieder schulterlang in sanften Wellen, die von silbernen Fäden durchzogen waren. Ihre Gesichtszüge waren weicher geworden. Noch nie waren Amber die schönen, vollen, rosa Lippen ihrer Mutter aufgefallen wie in diesen ersten Tagen des Ankommens. Sie brauchte gar keinen Lippenstift zu tragen. Nathalie war unaufdringlich präsent im Raum. Sie war schlank, elegant und entsprach jedem französischen Klischee. Beim Reden sprangen sie und Meilin zwanglos zwischen Französisch und Englisch hin und her. Amber konnte mühelos folgen. Ihr bereitete es sogar richtig Spaß, wieder einmal in diesen beiden Sprachen ausgelassen zu planschen wie in einem Urlaubsvergnügen. In Frederiks Gegenwart, der sich mit Fremdsprachen unwohl fühlte, bremste sie sich ab, um ihn nicht auszuschließen.

Amber anerkannte, dass ihre Mutter glücklich war mit der Frau an ihrer Seite. Es war seltsam, sich die beiden intim vorzustellen, auch wenn Amber es sich verbieten wollte: Die Bilder ließen sich nicht wegwischen. Zwischen den Frauen floss so viel Zärtlichkeit und Verbundenheit, was auf Amber eine große Faszination, beinahe schmerzliche Sehnsucht ausübte. Sie empfand neuerdings das Zusammenleben, auch die Sexualität mit Frederik wie ein ständiges Aushandeln, Suchen, Finden und Grenzensetzen. Da war nichts Einvernehmliches, Einfaches, Fließendes mehr. Amber dachte an Lea und Fabienne. Auch die beiden hatten die gleichgeschlechtliche Liebe gewählt und führten schon längere Zeit eine harmonische, liebevolle Partnerschaft. Amber ertappte sich dabei, wie die natürliche Erotik zwischen ihrer Mutter und Nathalie ihre Fantasie anregte und sie plötzlich Frauen auf der Straße, bei der Arbeit in der Ratssitzung mit anderen Augen betrachtete.

Wenn Annie zu den Mahlzeiten zu ihnen stieß, straffte sich die Energie im Haus wie Soldaten beim Morgenappell. Die Großmutter erschien immer perfekt gestylt, genauso wie Amber sie in Erinnerung hatte. Das Haar ohne einen grauen Ansatz perfekt geföhnt, frisches Puder im Gesicht, ein dezenter Lippenstift passend zur Garderobe. Eleganz und Würde waren die Attribute, denen Annie schon, seit Amber sie kannte, treu geblieben war. Neu war, dass Annie nicht nur mit ihrem gepflegten Äußeren souverän wirkte, sondern von innen heraus eine Ruhe ausstrahlte, die Amber fremd war oder für die sie vielleicht als Jugendliche nie die Antennen gehabt hatte. Sie fragte sich seit der Ankunft ihrer Großmutter, was anders an ihr war seit Malcolms Beisetzung. Sie hatte im Rat mit manchen uniformierten Frauen zu tun und Annie hätte genauso gut eine bürgerliche Politikerin abgegeben. Doch ihre Kontrahentinnen wirkten im Gegenzug gehetzt und in ständiger Kampfbereitschaft. Amber beobachtete andere Frauen sehr genau, um zu lernen, um zu verstehen und nach möglichen Verbündeten Ausschau zu halten, und ihr blieben die Blicke, rastlose, misstrauische, undurchdringliche, nicht verborgen. Müsste sie den Ausdruck in den Augen der meisten Politikerinnen auf ein Wort reduzieren, würde Amber „Unfriede" wählen. Ja, und das war es! In den dunklen Augen ihrer Großmutter erkannte Amber die Veränderung. Sie ruhten. Und nicht nur die Augen, ihr ganzes Wesen ruhte in sich. Wie ein tiefer, kristallklarer Bergsee. Die Großmutter hatte sich äußerlich in keiner Weise verändert. Doch hinter der Uniform verbarg sich neu ein geheimnisvoller Schatz. Annie selber schien sich dessen bewusst zu sein. Denn sie wirkte wie eine Königin, die sich ihres Wertes und Reichtums bewusst war, ohne daraus ein Spektakel zu machen.

Am dritten Abend nach ihrer Ankunft hatte Frederik noch etwas zu erledigen. Die vier Frauen fielen über die göttliche Lasagne her, die Nathalie zubereitet hatte, und schmiedeten Pläne. Amber langte nach ihrem intensiven Arbeitstag kräftig zu, hielt dann und wann inne, stützte das Kinn auf die Hand und ließ die Gabel verspielt baumeln, während sie ihre Gäste beim angeregten Austausch beobachtete. Insbesondere die Profile ihrer Mutter und Großmutter musterte sie eingehend. Annie und Meilin hätten unterschiedlicher nicht sein können. Dann stellte Amber in Gedanken Nelly zusätzlich neben ihre Mutter und ihre australische Großmutter. Was für Persönlichkeiten! Eigentlich konnte sie sich beglückwünschen, von solch starken Frauen abzustammen. Plötzlich brannten ihre Augen und wie um den Tränen zuvorzukommen, platzte Amber heraus: *„Es war eine prächtige Idee, dass ihr nach Europa gekommen seid! Es fällt mir jedoch erst durch eure Anwesenheit auf, wie sehr ich euch vermisse und wie Scheiße es ist, dass ihr auf der anderen Seite der Erdkugel wohnt."*

Annie legte ihr Besteck akkurat auf den Tellerrand, tupfte sich die Lippen ab und nickte ihrer Enkelin zu und sagte: *„Ja, das finde ich auch!"* Meilin legte ihre Hand auf Ambers. Sie rang sichtlich mit sich und um die richtigen Worte, während sie ihre Tochter ansah, die mit gesenktem Kopf und feuchten Augen in ihrem Teller weiterstocherte.

Es war eine weise Ahnung, dass Amber sich ausgerechnet den Folgetag frei genommen hatte, um ihrer Mutter den Geburtstagswunsch zu erfüllen. Eine Aussprache stand an. Meilin hatte am Vorabend kaum mehr einen vollständigen Satz zustande gebracht und Amber selber hatte das dringende

Bedürfnis, ihre Maman ohne den Nathalieschatten in Begleitung für sich alleine zu haben. Sie war die längste Zeit eine unabhängige, eigenständige Tochter gewesen, hatte ihr Leben ohne Mutter meisterlich auf die Reihe bekommen und nun wurde mit dem Besuch der Ahninnen ihr gut funktionierendes Konstrukt von einer Heimwehwelle unterspült und drohte einzubrechen. Sie war sich bis zum Vorabend sicher gewesen, dass es eine nette Bereicherung war, Verwandte in Australien zu haben. Aber dass sie diese nicht zum Überleben brauchte. Und nun überrollte sie mit einer Wucht die Tatsache, dass sie ihre Mutter und Granny mehr vermisst hatte, als ihr lieb war, und sie beide gerne um sich hätte. Sie wünschte ihren Rat, ihre Souveränität, ihre Lebenserfahrung, ihren Schalk, ihre Unvollkommenheiten ganz nahe, um sich an ihnen zu orientieren. Besonders jetzt, da sie sich immer mehr in die Öffentlichkeit wagte, brauchte sie die Wurzeln ihrer Frauenlinie. Diese Zugehörigkeit konnten ihr weder Cinzia noch Fabienne und Lea ersetzen.

Mutter und Tochter wollten ausschlafen und sich dann gemütlich aufmachen, um in Ambers Lieblingscafé zu frühstücken. Gegen acht Uhr klopfte es sachte an die Schlafzimmertür. Frederik war ein Nestflüchter und oft schon um sechs in der Werkstatt. Amber grub sich einen Weg aus dem Laken-, Daunen- und Kissenwust, sie brauchte nachts für alle Temperatur- und Komforteventualitäten alles griffbereit, und antwortete: *„Ja? Come in! Ich bin wach."* Im Türspalt erschien erst der blond-graue Schopf, dann der Rest von Meilin. In weißem Träger-T-Shirt und langen Pyjamahosen tappte sie mit zwei dampfenden Tassen ins Zimmer, setzte sich auf den Bettrand und reichte ihrer Tochter ein Getränk. Der Geruch von frischem Pfefferminz stieg Amber in die Nase. Wie aufmerksam. Amber richtete sich auf, lehnte sich an die Wand, zog das Laken über ihren nackten Busen und bedankte sich. Als sie in ihren Tee blies und grüne Wellen produzierte, nestelte Meilin in der Nahttasche ihrer karierten Hose und beförderte ein kleines, königsblaues Stoffsäckchen heraus, das sie Amber hinhielt.

Amber nahm es entgegen, stellte die Tasse auf die Holzumrandung des Bettes und sah Meilin fragend an.

„Mach auf!", ermunterte Meilin ihre Tochter und setzte ein schiefes Lächeln auf. Amber steckte ihre Finger in die Beutelöffnung, dehnte sie und zog an einem silbernen Kettchen einen braunen, gefassten Stein heraus. *„Der Bernstein!"*, entfuhr es Amber. *„Hm"*, brachte Meilin nur hervor, nahm Amber den Schmuck aus der Hand, öffnete den Verschluss, legte ihrer Tochter Kette und Anhänger um, sicherte die offenen Enden und küsste Amber auf die Stirn.

Das Laken hatte sich gelöst und rutschte in den Schoß. Nun ruhte der Bernstein in der seichten Spalte zwischen den baren, blassen Brüsten. Amber senkte den Blick, um das Geschenk zu begutachten, sodass sich einzelne Strähnen lösten und ihr über Dekolleté und Brust glitten. Meilin betrachtete den Familienschmuck und Amber unverhohlen. Sie sah, wie sich der ganze Körper ihrer Tochter mit Gänsehaut überzog, sich an ihren Unterarmen die blonden Härchen und am Busen die rosa Knospen aufrichteten. Amber bedeckte sich nicht, sondern ließ diesen intimen Moment zu. Sie griff nach dem Stein und betastete ihn. Meilin lächelte gütig und sagte sanft: *„Ich finde, es ist Zeit, dass du ihn jetzt trägst.“* Amber nickte. Ganz langsam hob sie die rechte Hand, legte sie sich auf den Stein und schloss die Augen. Sie atmete ruhig und versank.

Ob es ein Gebet, eine Meditation oder ein Filmriss war, konnte Amber nachher nicht sagen. Sie mochte auch nicht mit Worten diesen intimsten, heiligsten Moment der Verbundenheit mit was auch immer zerreden und war dankbar, dass ihre Mutter, die stille Zeugin, ruhig aufstand und ins Bad ging.

Einige Stunden später, sie hatten ausgiebig gefrühstückt, waren sie zu einer neuen Heiterkeit zurückgekehrt. Sie schlenderten durch Zürich und zeigten sich gegenseitig ihre Lieblingsplätze von früher und heute. Der Sommer hielt ungebrochen an und bescherte bereits schon um Mittag Temperaturen über dreißig Grad. Der Nachmittag verhieß noch einmal richtig brütend zu werden. Mutter und Tochter beschlossen deshalb, den heißen Asphalt und die aufgeheizten Mauern der Stadt schnellstmöglich zu verlassen, und steuerten den Schiffssteg am Bürkliplatz an. Sie schlenderten vom Bahnhof der Limmat entlang, als Meilin Amber beim Mühlesteg am Arm zurückhielt und ihr gebot zu warten. Ungeachtet der Touristen kletterte Meilin beherzt über die Absperrung und verschwand aus dem Blickfeld ihrer Tochter. Amber trat zum Geländer und blickte ihrer Mutter stirnrunzelnd nach, die nach wenigen Sekunden mit einem breiten Grinsen wieder auftauchte und die Steinquader emporkraxelte. *„Du weißt schon, dass es verboten und gefährlich ist, über das Geländer zu steigen!“*, ermahnte

Amber schmunzelnd und staunend über die Kühnheit und die offensichtlich immer noch beachtliche Fitness ihrer Mutter. Meilin lachte und zog Amber zur nächsten Sitzgelegenheit. *„Exakt denselben Satz hat vor fünfundzwanzig Jahren ein älterer Herr zu mir gesagt, als ich diese akrobatische Nummer schon einmal durchgezogen hatte. Holy! Da war ich so alt wie du!"* Amber glotzte ihre Mutter an und forderte sie auf zu erzählen. Meilin öffnete ihre Faust und brachte einen roten Schnuller zutage. Der Kautschuk vom Beißteil war mit Rissen durchzogen und klebte zusammen. Doch das Rot des Plastiktellers und des Rings leuchtete unversehrt in der Mittagshitze. *„Willst du ihn noch einmal in den Mund nehmen?"*, scherzte Meilin und hielt ihrer Tochter den in die Jahre gekommenen Schnuller hin. *„Es war deiner!"* Amber übernahm den Nuggi mit spitzen Fingern und verzog den Mund. Sie war gleichermaßen angewidert und fasziniert und lauschte schließlich Meilin, die die Ereignisse vom Frühjahr 1986 schilderte. Von Tschernobyl, von der Wolke, von der Anti-AKW-Demonstration, an der sie aus Angst vor Ausschreitungen mit dem Säugling nicht hatte teilnehmen wollen. Meilin berichtete beschwingt von ihrer Neugierde, wie lange Plastik bräuchte, um zu verfallen und wie sie sich damals kühn über die Vorschriften hinweggesetzt hatte, um ihre Idee umzusetzen.

Meilins Gesicht verfinsterte sich und sie fuhr fort: *„Warum sollte ich nicht selber darüber entscheiden können, ob ich es mir und meinen Fähigkeiten zutraue, über das Geländer zu steigen oder nicht. Warum braucht es Waschpläne, wenn man miteinander reden kann. Die Schweiz ist ein Spinnennetz aus*

Gesetzen und Regelungen. Überall lauern die Gesetzeshüter wie schwarze Witwen und ergötzen sich, wenn jemand einen Fehler macht. Ich bin weit gereist, doch nirgends fühlte ich mich ständig beobachtet und kontrolliert wie hier. Ich fühlte mich als Fremde wie Freiwild auf der Flucht, ständig darauf bedacht, nichts falsch zu machen, nicht abgeschossen zu werden, und unsicher, wem ich vertrauen konnte. Ich hatte das Gefühl, ich müsste mich ständig schützen vor Übergriffen. Nicht körperlichen Übergriffen. Aber vor dem Gegeifer, den bösen Worten, den Verurteilungen, den giftigen Blicken, den Herabwürdigungen, der in Beton gegossenen Moral, wie man als Mensch in der schweizerischen Gesellschaft zu funktionieren hat. In der Klinik sagten sie mir, ich sei paranoid.

Nelly und Walter sind feine Menschen, ohne Zweifel. Aber das genügte mir nicht. Deshalb war die Rückkehr nach Australien die einzige Möglichkeit für mich, um in der Seele gesund zu werden und zu bleiben. Und du wolltest nicht bei mir bleiben. Glaube mir, ich habe mir jahrelang fast die Haare vom Kopf gerauft, habe mich verflucht, die Schuldgefühle dir gegenüber haben mich beinahe aufgefressen. Doch ich wusste, ich konnte um keinen Preis zurück in die Schweiz. Das Land und ich passen nicht zusammen. In Australien ist auch nicht alles nur fein. Wahrscheinlich ist am Ende jede Regierung korrupt. Doch in Australien kann ich wenigstens atmen. Die Natur ist dort immer noch mächtiger als der Mensch und sorgt dafür, dass es noch Freiräume genug gibt für Freigeister wie mich, die in zu engen Korsetten ersticken. Du hättest mich hier verloren und du hast mich nach Australien verloren. Das ist unser Schicksal. Damit muss ich zurechtkommen. Und damit musst du zurechtkommen, so leid es mir tut.“

Amber umschloss mit einer Hand das Amulett. Sie sagte ruhig: *„Ich verstehe dich. Und ich vermisse dich.“*

Sie saßen noch eine Weile schweigend, jede ihren Gedanken nachhängend, auf der roten Bank. Dann erhoben sie sich zeitgleich, ohne sich ein Zeichen zu geben, und nahmen wieder Kurs auf Richtung See.

Eine Stunde später standen sie an der Reling des Kursschiffes Richtung Rapperswil und ließen die Gischt ihre Gesichter erfrischen. Amber hob den Arm, holte aus und schmiss den Schnuller in den See.

„Sorry See und Fische, das ist nicht korrekt, ich weiß. Doch das muss jetzt sein! Ich bin meinem Nuggi einen würdigen Abschied schuldig. Auf dem Seegrund soll er ruhen und von Algen besiedelt werden. Ich gelobe, nie mehr unnötigen Plastik zu verwenden und in Zukunft immer artgerecht zu entsorgen.“ Zu ihrer Mutter gewandt konnte sie ein Schmunzeln nicht verkneifen: *„Ich verstehe jetzt immer mehr. Mit so einer Mutter und so einem Vater konnte ich nicht anders herauskommen. Ich bin ja in diesem gesellschaftskritischen Milieu praktisch produziert und herangezüchtet worden. Und dies sogar über die Distanz der Weltmeere.“* Sie rückte nahe an ihre Mutter heran. Die Haut ihrer nackten Arme berührte sich und es fühlte sich nicht unangenehm an. Beide blickten dem Schweif weißer, kräuselnder Wellen nach, den das Schiff hinter sich herzog und der sich am Horizont im Blau auflöste.

2011 – September: Meilins Party

Nelly hatte sich mit Händen und Füßen gegen den Überfall gewehrt. Natürlich hatte sie die andere Großmutter wieder sehen wollen. Auch wenn schon von Anfang an klargestanden hatte, dass sie sich nur höflich anlächeln können oder mit Übersetzungshilfe zueinander finden würden. Über das Wetter und Lieblingsrezepte ließ sich immer reden. Es hätte ihr vollauf genügt, wenn lediglich Meilin sie mit ihrer Mutter in Thurtalen besucht hätte, sie war ja nicht mehr gut zu Fuß und hatte nicht mehr in die Stadt reisen mögen, die sie heillos überforderte. Ihretwegen hätte auch Nathalie mitkommen mögen. Merkwürdig genug, dass Ambers Mutter jetzt eine Frau zur Seite hatte. Doch nun, so war nun mal der Lauf der Zeit und sie musste ja auch nicht alles gutheißen. Sie hatte sich aufrichtig über Meilins Ankunft gefreut. Schade immer noch, wie es herausgekommen war. Sollte die Französin halt auch mit. Aber die ganze Horde! Nein, um Himmels willen! Nelly hätte nichts zu tun, die Jungen würden alles selber anschleppen und einrichten. Nelly bräuchte einzig den schönen Wiesenplatz im Garten zur Verfügung zu stellen und sie selber könne sich dann einfach in den Liegestuhl setzen und Anweisungen geben. Falls nötig. *„So weit kommt es noch!“,* hatte Nelly ausgerufen und die Hände über dem Kopf zusammengeschlagen, als Walter am Telefon angekündigt hatte, dass er und Christine, seine

Schwestern mit Familie, der australische Besuch und Amber mit Frederik und ihren Freundinnen ein Sommerfest in Nellys Garten veranstalten wollten. Grund zum Feiern gab es genug: Meilins 50. Geburtstag, der seltene Besuch, Ambers Wahl und überhaupt sei die Familie abgesehen von Weihnachten und Todesfällen noch nie einfach so zusammengekommen. Es war beschlossene Sache. Der Samstag nach der Europareise der Australierinnen war fix und das Einzige, was Nelly beitragen durfte, war eine Schüssel Kartoffelsalat für die achtzehn Gäste.

Jetzt, am Montag nach dem Fest, saß Nelly an ihrem Küchentisch und betrachtete das Familienfoto. Die heutige Technologie ist schon ein Teufelszeug. Alle hatten ständig ihre Handys gezückt und Fotos geschossen, Filmchen gedreht und sich gegenseitig gezeigt. Claudia hatte einen transportablen Drucker bei sich gehabt und ihr einen Abzug, der wie aus dem Nichts aus dem Gerät geflutscht war, in die Hand gedrückt. Als Erinnerung. Das Fest war schön gewesen. Es war auch schön, jetzt ein Andenken zu haben, gestand sich Nelly ein. Annie und Meilin und diese Nathalie saßen jetzt bereits wieder im Flieger. Ihr Besuch und das Fest waren wie ein Fingerschnippen vorbei gewesen und würden irgendwann im Nebel der Vergangenheit verschwinden. Wie alles andere. Nelly zog an der Küchenschublade und holte ihre Lupe hervor. Sie fuhr mit der Lesehilfe über das Foto, blieb bei einzelnen Gesichtern hängen. Bei Meilin seufzte sie tief und sprach ihre Gedanken laut aus. Das hatte sie sich schon seit einer geraumen Zeit angewöhnt, seit sie herausgefunden hatte, dass es ihr sehr wohl dabei war, eine Stimme in der leeren Küche zu hören, und dass sie niemand dafür tadelte, dass sie mit Sepp Zwiesprache hielt.

„Ach, Meilin, was bist du nur für eine sonderbare Frau. Dabei hast du so ein gutes Herz. Ich hätte dich gerne um mich herum gehabt. Nathalie ist schon recht. Sie hat sogar Deutsch mit mir gesprochen und meinen Kartoffelsalat gelobt. Aber Walter war doch auch ‚kein Leidiger' ..."

Amber hockte in der Mitte des Bildes im Gras neben ihr selber, die für das Bild auf einen Stuhl platziert worden war, und hatte eine Hand auf ihren Oberschenkel gelegt. Die Idee für das Familienfoto war von Annie gekommen. Sie hatte für sich selber eine Erinnerung mitnehmen wollen. Und sie wollte es ihrem älteren Bruder Serge zu seinem achtzigsten Geburtstag schenken. Annie hatte erzählt, dass er sie damals begleitet hatte, um Meilin in Südfrankreich zu suchen. Er hatte die kleine Amber als Säugling noch vor ihr kennengelernt.

„Und ja, jetzt erinnerte ich mich an ihn! Das war doch dieser gemütliche, rundliche Farmer. Ich hatte zwar wie immer kein Wort von den Gesprächen verstanden. Aber er hatte mir gefallen. Jetzt kommt es mir wieder in den Sinn. Sepp, ach Sepp! Du hattest doch den Narren an dem ‚Rösseler' gefressen. Du hast Walter bedrängt, alles über seine Ranch und seine Pferde zu erzählen. Du hast doch noch wochenlang davon erzählt, dass du wenn du je eine Reise machen würdest, zu ihm auf die Farm gingest. Wenn nur das Fliegen nicht so blöde wäre, hast du gesagt, Sepp. Ach du! Warum musstest du schon gehen! Du hättest Freude an Amber! Schau mal, was für eine tolle junge Frau sie geworden ist!"

Nelly blickte versonnen auf ihre Enkelin und schweifte ab zu ihrem eigenen Porträt. Dann schnalzte sie: *„Ach, warum hat mir niemand gesagt, dass meine Frisur völlig zerzaust ist! Ich mache ja gar keine Falle auf dem Bild. Und mein Rock sieht ja schon etwas schäbig aus, neben den anderen schön gewandeten Frauen. Es war halt nie wichtig. Und ich hatte ja auch keine Zeit, mich herauszuputzen wie die Herrschaften. Annie ist wahrlich eine noble Dame. Im ersten Augenblick habe ich mich schon sehr unwohl gefühlt, wie sie so aufgetakelt in meinem Garten herumgestöckelt ist. Aber als Amber mich hinzugerufen hat und Annie alles über die Schweizer Blumen – die stehen ja wirklich in voller Pracht – und das Gemüse wissen wollte und meinen Garten lobte, bin ich ein Stücklein gewachsen. Es war fast der schönste Moment des Abends, als wir zwei Großmütter durch die Dahlien und Astern gestrichen sind mit unserer klugen Enkelin in der Mitte. Und als Annie ihre Pumps auszog und barfuß über die Wiese lief, sich noch einmal zu mir umdrehte und mich spontan umarmte und mir ‚thank you for everything' ins Ohr flüsterte und ich es verstand, während mir Amber zuzwinkerte, hatte ich Herzklopfen. Ich habe ihr Parfum immer noch in der Nase. Feine Annie. Schade, dass wir uns nie mehr wiedersehen!"*

Nelly betrachtete ihre Töchter und deren Partner. Bei Claudia hatte sie aufgehört zu zählen. Sie nannte sich „Businessfrau" und hätte keine Zeit für ernste Geschichten. Der Jetzige hieß gerade Mario. Oder so. Susanne und Lorenz waren patent. Wie ihre Töchter auch. *„Ich glaube, Susanne wird wohl die sein, an die ich mich wenden kann, wenn es denn gar nicht* *mehr geht hier im Haus. Oder Walter. Ich muss mich, glaube ich, nicht sorgen. Wir haben doch einfach das getan, was uns möglich war. Und das war, glaube ich, nicht so schlecht. Oder was meinsch, Sepp?*", fragte Nelly in die leere Küche. Ohne eine Antwort abzuwarten, legte sie das Foto und die Lupe auf den Tisch und wischte sich mit dem Handrücken über die Augen.

Ein Krachen riss sie aus ihren Gedanken. Sie sah auf, erhob sich ächzend und schlurfte zum Fenster. Ein Windstoß hatte den angelehnten Fensterflügel aufgerissen und Regentropfen mitgebracht, die auf dem Küchenboden dunkle Kleckse bildeten. Sie schloss das Fenster, machte jedoch keine Anstalten, das Wasser aufzuwischen. Nelly zog sich die gelbe Wollstrickjacke, die seit Jahr und Tag am Haken neben der Schürze, dem Handtuch und dem Geschirrtuch hing, über, ging langsam zum Herd und setzte in einer Pfanne Wasser auf, um sich ein Paar Wiener Würstchen zu erwärmen, die sie zu den Salatresten als Mittagessen verzehren wollte.

.....

In der Zehnuhrpause am Montag checkte Walter die neusten SMS-Nachrichten. Seine Schwestern spamten seinen digitalen Eingang mit noch mehr Bildern vom Samstag zu. Sie lobten ihren Bruder für die gute Idee und wie schön es gewesen war und dass man es unbedingt wiederholen müsste. Seinem Argument, dass es eine gute Gelegenheit wäre, weil man ja auch nie wisse, wie lange es Großmütterchen Nelly es noch machen würde, hatten Claudia und Susanne sofort zugestimmt und er hatte ihnen damit eine gut getarnte Möglichkeit geboten, Annie, Meilin und ihre Geliebte in Augenschein zu nehmen. Er überlegte sich, ob er den Schwestern zurückschreiben und sie bitten sollte, die Bilder lieber in einer Dropbox zu sammeln, als ihn mit der zigsten Aufnahme des Buffets zuzumüllen. Er und Susannes Mann hatten sich am Grill abgewechselt. Auf den Fotos sah man Servelats eingeschnitten, noch roh, Bratwürste mit akkuraten schwarzen Rillen, braunen Halloumi-Grillkäse mit Zucchinischeiben, Lorenz mit Grillzange, Walter mit Bier in der Hand, Susanne mit einer Schüssel grünen Salat, Jessica, die sich Ketchup vom T-Shirt leckte, Nelly, die sich mit der Zunge angestrengt Essensreste aus den Backenzähnen pulte. *„War das für die Nachwelt dringend zu erhalten?"*, fragte sich Walter und entschied, Susannes Eifer nicht zu bremsen. Irgendwann würden ihr die Fotos ausgehen. Walter löschte indessen die Schnappschüsse und behielt nur drei Bilder. Das Gesamtfoto, auf dem dank Annies Wunsch tatsächlich alle abgebildet waren, war ein Zeitzeugnis. Das von sich und Christine beim Tanzen war eines der wirklich Gelungenen. Es war eines der seltenen Bildjuwelen, die er als Momentaufnahme seines Lebens behalten wollte. Christine wirbelte in ihrer prallen weiblichen Wonnigkeit herum und flirtete mit ihm. Sie trug dieses rote Kleid mit dem kessen Ausschnitt, das er besonders mochte, vor allem, wenn sie ihre Haare hochgesteckt hatte und die Ohrstecker dazu trug. Er gefiel sich mit seinem sommerlichen Teint, der durch das weiße Leinenhemd richtiggehend strahlte, und wie er ausgelassene Faxen in die Kamera machte. Auf dem Bild konnte er locker unter fünfzig durchgehen. Christine tat ihm gut. Sie hatte das Beste aus ihm herausgeholt.

Diese Versöhntheit mit seinem Leben ermöglichte es ihm, das dritte Bild mit Stolz und ja mit Liebe zu betrachten. Tatsächlich, er hegte keinen Groll mehr Meilin gegenüber. Warum sollte er? Amber war in ihre allerbeste Version hineingewachsen. Er wüsste nicht, welcher Mangel an ihr zu finden wäre. Sie war klug und erfolgreich, war auf dem besten Weg, eine solide Karriere hinzulegen. Nicht, dass ihm das wichtig gewesen wäre. Aber für sie schien es das Richtige. Und welchen Vater würde es nicht mit Stolz erfüllen, die eigene Tochter etwas bewirken zu sehen, was er selber nicht zuwege gebracht hatte. Sie war zudem einfach schön in ihrem grün-roten Trägerkleid, das ihre Augen zum Funkeln und ihre Mähne zum Leuchten brachte, barfuß – down-to-earth –, wie sie zwischen Meilin und ihm posierte und Frederik, der das Foto schoss, keck zulächelte. Er war ein feiner Kerl. Wie froh war Walter, dass seine Tochter zum Glück in Liebesdingen nicht nach ihrer Mutter kam, eine treue Seele war und den zuverlässigen Hafen, den Frederik ihr bot, schätzte. Ganz kurz streifte Niklaus Hug durch seinen Kopf. Walter dachte sich nichts dabei und betrachtete stattdessen Meilin. Die Mutter seiner Tochter. *„Wir hätten uns den Rest sparen können, gäll, Meilin. Doch wie gut, dass wir uns in dieser Nacht in Südfrankreich vergessen haben! Sonst wäre unsere Prachtstochter nie entstanden und ich wüsste nicht, was mich so mit Sinn und Freude erfüllte wie sie!“*

Als ihm jemand auf die Schultern tippte und ihn aus den Gedanken riss, drehte er sich um und nahm die Tasse Kaffee, die ein Kollege ihm hinstreckte, mit einem Dank entgegen. Im Gegenzug hielt er Bruno sein Mobiltelefon hin und sagte: *„Schau, Ambers Mutter. Sie war diese Tage zu Besuch!“*

Amber betrachtete die Bilder am Montagabend an ihrem Computer. Sie hatte sich lange überlegt, was sie ihrer Maman zum Geburtstag schenken wollte, und war dank glücklicher Fügung auf einem der Flohmärkte der Stadt auf Stoff aus den Fünfzigern gestoßen. Meilin liebte die Textur und die Designs dieser Zeit und hatte sich unbändig über das Geschenk gefreut. Das Fest hatte Amber auf eine weitere Idee gebracht. Meilin und Annie sollten beide ein Fotobuch bekommen. Amber wusste, es würde einige Stunden Arbeit am Rechner für sie bedeuten, die sie eigentlich nicht hatte. Das hieß Nachtschichten einlegen. Doch die Tage mit Mutter und Großmutter hatten sie so sehr genährt und erfüllt, es war auch für sie selber wichtig, sich die gemeinsam verbrachte Zeit als Essenz für die Ewigkeit oder für schwache Momente dingfest zu machen.

Es war vor allem dieses eine Bild, das Amber immer und immer wieder betrachtete, weil es sie in ihrem Tiefsten berührte. Sie hatte es aus dem großen Foto herangezoomt und herausgeschnitten. Als Jüngste der Frauen hockte Amber zwischen Meilin, Annie und Nelly. Großmütter, Mütter und

Töchter wirkten auf dieser Aufnahme vereint wie Ikonen. Das Zauberhafteste aber war, dass auch Trude, Annies Mutter, mit auf dem Bild war. Ihre Präsenz war nicht zu leugnen.

Sie hatten am Morgen des Festes auf Meilin gewartet. Getränke, Salate, Dekoration, alles war schon im Leihwagen verstaut, um nach Thurtalen abzufahren. Als die Mutter dann endlich die Treppe ins Wohnzimmer hinuntergeschritten kam, ja, sie ging nicht, sie schritt erhaben wie ein Star auf die Bühne, gafften sie Annie, Nathalie, Frederik und sie selber mit offenem Mund an. Amber erkannte es sofort, obwohl sie das Kleid nur ein Mal gesehen hatte. Meilin trug Trudes Kornblumenkleid. Sie hatte es für ihre Größe zurechtgeschneidert. Meilin ging darin aufrecht, erhaben, würdevoll, nahm sich Raum, schlicht und ohne Pomp, als wäre sie in eine Rolle geschlüpft – in die Rolle einer Königin. Und es stand ihr gut.

Amber verstand jetzt, nach dem Besuch der Ahninnen, beim Betrachten des Fotos: Eigentlich spielten Distanz und Zeit keine Rolle. Die Wurzeln und die Verbundenheit mit den Ahnen waren immer da und blieben für immer, um zu nähren und zu erinnern, wenn man sich ihrer bewusst ist. Als sie die Züge ihrer Großmütter studierte und zu Meilin schweifte, den würdevollen Ausdruck in ihrem Gesicht betrachtete, das in dem Kornblumenkleid richtiggehend blühte, erkannte Amber, dass jede ihrer Ahninnen auf ihre Art immer ihr Bestes gegeben hatte, es nie die Absicht gab, jemandem zu schaden. Und wie hätte sie sich als Fünfundzwanzigjährige anmaßen dürfen, über die Wege ihrer Mutter und Großmütter zu urteilen. Auch sie versuchte stets, das nach ihrem Gewissen und ihren

Bedürfnissen Richtige zu tun. Was aber nicht heißen musste, dass ihre Wahrheit für den anderen ebenso galt. Diese Einsicht saß und stimmte sie nachdenklich, ja, fast demütig.

Amber lehnte sich in ihren Bürostuhl zurück, fasste sich an den Hals, umschloss den Bernstein mit der Faust und lauschte dem Herzschlag in ihrer Brust. *„Ich bin die vorerst Letzte einer uralten Frauenlinie. Wenn das nicht groß und würdevoll ist! Und ich dachte immer, ich sei der Nabel des Universums!“*, schmunzelte Amber. *„Dabei bin ich doch nur ein Glied in einer unendlich langen Kette. Eigentlich unbedeutend. Wenn ich jetzt keine Kinder möchte oder haben kann, versiegt dann unser Strom? Oder lebt die Essenz der Ahnen in meinen geistigen Kindern oder Taten weiter?“*

Amber brütete weiter: *„Christine hat doch auch keine eigenen Kinder. Doch ohne sie wäre Papa vertrocknet und ein griesgrämiger alter Sack geworden. Sie steckt sogar mich an mit ihrer ansteckenden Unbekümmertheit. Nein! Kinder zu zeugen muss nicht zwingend der Weg sein, dem eigenen Leben Sinn und Wert zu geben.“*

Amber richtete sich auf, lauschte, ob Frederik noch wach war. Vielleicht sollten sie das Kinderthema noch einmal angehen, das sich immer noch unausgesprochen wie zäher Nebel zwischen sie beide legte und hartnäckig kleben blieb, sodass sie die Sicht füreinander verloren. Ein Blick auf das Smartphone verriet, dass es schon um Mitternacht war, und sie wusste aus Erfahrung, dass er, der frühe Vogel, so spät in der Nacht für tiefschürfende Themen nicht empfänglich war. Nun gut. In diesem Augenblick erschien ein Nachrichteneingang auf dem Display. Walter hatte geschrieben: *„Gute Nacht, Tochter! Habe mit Christine eben noch ein Glas Wein getrunken und über das Fest gesprochen. Sie findet die Australierinnen ziemlich cool. Auch Meilin! (Zwinkersmiley) Christine hat Lust bekommen, nach Australien zu reisen! (Smiley mit erstaunten Augen) Sie lässt dich herzlich grüßen. Kuss, Papa"*

Das war jetzt schräg, fand Amber. Lea hatte ihr während der WG-Zeit ständig in den Ohren gelegen mit dem Synchronizitätszeugs, dass Menschen telepathisch verbunden wären und so. Und jetzt grüßte sie Christine, an die sie soeben zeitgleich gedacht hatte. Nun ja, nach all ihren Einsichten über Ahnen und Wurzeln erstaunte es Amber nun doch wieder nicht.

„Paps, bist du noch wach? Telefonieren? Ich habe Lust, mit jemandem zu philosophieren ...", tippte sie in die Tastatur des Telefons. Wenige Sekunden später erklangen die Synthesizerakkorde von Child in Time. Amber streifte sich Wollsocken und einen Pulli über, sie wusste, es könnte länger dauern, und nahm den Anruf lächelnd entgegen: *„Hoi, Dad. Na?"*

Um halb zwei hauchte sie ihrem Vater einen Kuss durch den Äther und stellte das Mobiltelefon ganz aus. Wenigstens nachts wollten sie die Strahlenbelastung reduzieren, waren Fred und sie übereingekommen. Sie tappte in die Küche, brühte einen Krug Tee, fischte sich, während das Wasser im Kocher brodelte, Cracker aus der Dose auf einen Teller und kehrte anschließend zurück in ihr Arbeitszimmer.

Als die Morgendämmerung einsetzte, fuhr sie den Rechner herunter, flog noch einmal über die letzten Sätze und nickte zufrieden. Sie hatte soeben ihre Rede für die Aktion im November zu Papier gebracht. Die Reflexion über ihre Ahninnen und das Gespräch mit ihrem Vater hatten sie so sehr angeregt und inspiriert, dass sie unmöglich hatte zu Bett gehen können. Die im Raum schwebenden, schwirrenden, flackernden Gedanken musste sie unbedingt einfangen, bevor sie sich verflüchtigten. Sie waren zu kostbar, um sie ungenutzt weiterziehen zu lassen. Inspirationen waren launisch und verspielt. Wie Geistwesen, die auftauchten und verschwanden, wann immer sie dazu Lust und Spaß verspürten, ließen sie nicht mit sich verhandeln. Wenn sie da waren, musste ihnen auf der Stelle gelauscht werden, man musste sie regelrecht beim Schopf packen und ihre Weisheit aus ihnen heraus aufs Papier schütteln. Amber gähnte, zurrte ihr Haar mit dem Gummi, das in ihrer Jogginghose steckte, zusammen und schlich sich ins Bad, um zu duschen. Sie würde frische Croissants holen und wieder einmal mit Frederik frühstücken.

2011 – November: Finger in die Wunde

Am Samstag nach Allerheiligen wärmten sich Amber, Silvio, Walter und Frederik bei einer Gerstensuppe in Nellys Stube auf, nachdem sie am Morgen mithilfe des Biobauern Keller Strohballen auf sein abgestecktes Gelände gebracht und Stroh auf die von Regen und Nebel durchtränkten Wiesen und umgepflügten Acker gestreut hatten. Alle Bewilligungen waren eingeholt, Pro- und Kontraredner hatten zugesagt, die Polizei hatte das Sicherheitsdispositiv abgesegnet. Alles war bestens eingefädelt. Nur das Wetter spielte nicht mit. Die ganze Woche hatte sich der Himmel über dem Weinland entleert und die Felder überflutet. Die Aktion *AtomEnd&Lager* hätte auf dem betroffenen weitläufigen Gelände stattfinden sollen. Das Organisationskomitee hatte die Menschen die Größe abschreiten lassen wollen, um ihnen die Dimension des Landverlustes, der zu erstellenden Infrastruktur, der Ab- und Zufahrtswege plastisch vor Augen zu führen. Doch nun war landunter und die Landwirte, die anfänglich zugesagt hatten, befürchteten Verluste, wenn Hunderte in Gummistiefeln über ihr kostbares Kulturland latschten, und zogen sich zurück. Was für eine Logik, dachte Amber. Die Bauern sahen in einer Armada Gummistiefeln die größere Bedrohung als in radioaktivem Abfall und tonnenschweren Lastern. Sie hatten sich am Freitag besprochen und beschlossen, die Aktion auf dem verbliebenen

Gelände des Biobauern durchzuführen und dem Wetter und allen Widerständen zu trotzen.

Der Regen hatte, wie die Wetterapp vorausgesagt hatte, tatsächlich nachgelassen. Wenn sie dem Bericht trauen konnten, hatten sie ein Zeitfenster von zwei Stunden, von halb zwei bis halb vier Uhr, bis die nächste Feuchtfront, die sogar ein paar erste Schneeflocken mit sich bringen konnte, über das Land kam. Amber mahnte zum Aufbruch, zog sich über mehrere Schichten Pullover den olivgrünen englischen Wachsparka. Der war alles andere als billig gewesen, aber ihre Investition hatte sich bei genau solchen unwirtlichen Outdoorevents schon hundertfach amortisiert und Amber hatte das Geld nie bereut. Die Jacke hatte inzwischen Kultstatus. Sie würde ihre Demojacke ihrer Tochter weitervererben, hatte sie einmal scherzend zu Cinzia gesagt. Strumpfhosen, Jeans und zwei Paar Wollsocken sowie die unerlässlichen Gummistiefel sorgten dafür, dass ihr auch unten herum warm war. Oben, in der Brust, glühte es!

Nelly hatte noch zu bedenken gegeben, dass Allerseelen, der Tag nach Allerheiligen, nicht unbedingt ein guter Zeitpunkt für eine Demonstration wäre. Die Leute auf dem Land sähen eine solche Aufruhr sowieso nicht gern und an einem heiligen Tag noch weniger. Und man müsse aufpassen, dass man die Toten, die an diesen beiden Tagen zwischen den Welten aktiv wären, nicht zu sehr aufscheuchte. Man wisse nie, welche Konsequenzen dies zur Folge hätte. Amber staunte wie immer über Nellys Aberglaube, der dann und wann und zu den unmöglichsten Zeiten aus ihr hervorbrach, und nahm die Aussage lächelnd zur Kenntnis. Sie nahm Nelly auch nicht übel, dass sie nicht zur Veranstaltung kommen mochte.

Eine Stunde später betrat Amber das improvisierte Podest aus Paletten, legte ihr Skript auf das Rednerpult, das Frederik aus solidem, rohem Tannenholz gezimmert hatte, und stellte sich ans Mikrofon. Ihr Blick schweifte zum Horizont. Der Himmel würde dicht halten. Vor sich sah sie in erwartungsvolle Gesichter, ein Meer aus bunten Regenjacken. Gegen tausend Personen hatte Silvio geschätzt. Parolen von Rückbau, Umdenken, Besinnen, Zukunft waren auf Stoff gesprayt oder in professionellem Layout auf Blachen gedruckt. Einzelne Kinder hockten auf den Schultern ihrer Väter und schwenkten gelbe Fähnchen mit der roten Atomstrom-Nein-Danke-Sonne. Viele waren aus Zürich, Winterthur, Schaffhausen und dem benachbarten Grenzland angereist. Die Presse war anwesend. Lokale Persönlichkeiten, die sich seit jeher für grüne und soziale Anliegen engagiert hatten, erkannte Amber. Doch kaum Einheimische aus Thurtalen. Es erstaunte Amber wenig. Sie räusperte sich, klaubte die Notizen zusammen, holte Luft und setzte an. Dann, für einen kurzen Augenblick, beschleunigte sich ihr Puls und damit kam die Erinnerung an ihre verpatzte Rede im August zurück. Kurz stieg Panik auf. Nein! Das durfte nicht wahr sein. Dann blickte sie zu Frederik, zu Silvio, zu ihrem Papa. Er schaute sie seelenruhig an. Er hatte diesen „Zehn-Meter-Sprungturm-Blick“, der nie an ihrem Können und Willen zweifelte. Dann atmete sie erneut tief und sprach ruhig und gesetzt ins Mikrofon:

„Liebe Mitmenschen,

ich stehe hier als fünfundzwanzigjährige Frau. Ich habe einen Teil meiner Kindheit in dieser schönen Gegend verbracht. Ein paar wenige Lebensjahre. Für mich wesentlich und prägend. Für das Land, das sich seit Urzeiten dem Wetter und dem Klima anpasst, sich von Sonne und Regen speist, das seit Generationen von Menschen bestellt wird und wiederum diese nährt, sind fünf oder auch zehn Jahre ein Klacks. Es ist alles eine Frage der Perspektive. Der Zeitperspektive.

Atomstrom bringt uns jetzt eine sofortige Lösung für die Energiefrage. Im Vergleich zur ebenso umstrittenen fossilen Energie zugegeben eine saubere Lösung. Doch es ist eine kurze, engstirnige und für alle, die vor uns waren, und für alle, die nach uns kommen, fatale und unverantwortliche Denke.

Ich stehe hier mit meiner ganzen Person, nicht, weil ich finde, dass wir den Atommüll nicht in Thurtalen vergraben sollten. Politiker, Wissenschaftler und Unternehmer – ja, es waren lauter Männer – haben sich in den Fünfzigerjahren für diese Technologie entschieden und wir als Gesellschaft müssen die Konsequenzen gemeinsam tragen und eine Lösung für den Sondermüll finden.

Ich stehe hier, weil ich es unverantwortlich finde, einfach weiterzumachen, Atomstrom zu erzeugen, unendlich viel radioaktiven Endmüll zu produzieren, Scheuklappen anzuziehen und so zu tun, als hätten wir die Lösung längst gefunden. Haben wir nicht!

Ich stehe hier, weil der Bund uns ein Versprechen gegeben

hat, das er nicht einhält (die Atomstromproduktion 1985 zu prüfen und einzustellen, wenn keine Lösung für den Endmüll da ist).

Ich stehe hier, weil ich es nicht in Ordnung finde, dass Atomstromkonzerne Gewinne einfahren, sich aber beim Rückbau davonschleichen und die Kosten auf den Steuerzahler abwälzen.

Ich stehe hier, weil Tschernobyl, Fukushima und leider viele unbekannte Zwischenfälle beweisen, dass der Mensch diese Technologie nicht unter Kontrolle hat.

Ich stehe hier, weil wir unseren Nachfahren eine Hypothek hinterlassen, die es in der Geschichte der Menschheit noch nie gegeben hat. Für die Lagerung der mittel- und hochradioaktiven Abfälle gibt es bis heute keine gesicherte Lösung. Wegen der Halbwertszeit der verschiedenen radioaktiven Substanzen (z. B. Plutonium-239: 24.000 Jahre) fordert das Gesetz eine sichere Lagerung von über einer Million Jahren. Das heißt, dass sich 40.000 Generationen nach uns noch mit unserem verseuchten Müll herumschlagen müssen.

Ich stehe hier, weil ich den Finger in die Wunde legen möchte. Ich möchte an unser Gemeinwesen appellieren. Ich möchte unsere Generation, die jetzt politisch entscheidet, in die Pflicht nehmen, in der Energiepolitik Lösungen zu finden, die der Gesellschaft dienen, das Erbe der Vorfahren, die uns eine intakte Lebensgrundlage hinterlassen haben, zu würdigen und den Nachfahren im Einklang eine Existenz auf diesem Planeten überhaupt zu ermöglichen. Es ist nicht nur unanständig, die Ressourcen bis zum Ausbluten auszuschöpfen und daraus Kapital zu machen, es ist auch blind und kurzfristig gedacht.“

Während Amber Atem holte, schoss ihr ein Bild durch den Kopf. Warum kam ihr ausgerechnet jetzt ihr Lieblingsplatz in den Sinn, den sie am Tag von Sepps Beerdigung aufgesucht hatte? Als sie an den zwinkernden Stein dachte, zogen sich ihre Mundwinkel nach oben.

„Was wäre, wenn Erde, Luft und Wasser nicht nur Rohstoffe, sondern Wesenheiten wären, von deren Gunst wir abhängig sind? Wir tun gut daran, für diese Wesen, die uns nähren, Sorge zu tragen. Wir sollten die Forschung dahin vorantreiben, Technologien zu entwickeln, die MIT der Natur gehen, die keinen Raubbau betreiben, sondern mit den Zyklen des Planeten und der Bewohner gehen. Wir müssen umdenken, unsere ganze Beziehung zur Schöpfung überdenken. Wir sind nicht losgekoppelt von ihr, wir können uns der Erde nicht bedienen. ‚Macht euch die Erde untertan!' ist ein fataler Denkfehler des Patriarchats. Es steht uns gut, einen Schritt zurückzutreten und gründlich nachzudenken, was schiefgelaufen ist."

Amber hielt inne, sah in den Gesichtern, dass ihr die volle Aufmerksamkeit geschenkt wurde. Entspannt sprach sie weiter: *„Ich habe neulich mit meinem Vater darüber diskutiert, was Menschen dazu bringt, etwas in ihrem Verhalten zu verändern. Er vertritt die Meinung, dass nur Katastrophen (wie Fukushima) und Gesetze und in der Umsetzung Bußen und Strafen Menschen zur Einkehr oder Einsicht bringen. Als Kind der neuen Zeit und einer rebellischen Mutter plädiere ich auf Freiwilligkeit. Doch ich muss einsehen, dass freiwilliger Verzicht zugunsten der Nachwelt in unserer Konsumgesellschaft, die mit all den Versuchungen, die uns Werbung und Medien* *im Sekundentakt vor die Nase halten, eine Königsdisziplin ist. In einem Test wurden Kindern Marshmallows angeboten und sie wurden vor die Wahl gestellt: Nimm eines jetzt sofort oder zwei in zwei Stunden. Neunzig Prozent der Kinder haben sich für jetzt entschieden. Darin sehe ich einen Schlüssel. Wir sollten wieder lernen, auf eine kurzfristige Befriedigung unserer Gelüste zu verzichten. Wir sollten wieder lernen, innezuhalten und zu überlegen, welche* ***Werte****, welche Perspektiven uns wirklich wichtig sind. Dann erwächst daraus die Kraft, einer kurzfristigen Versuchung zu widerstehen und langfristig auf ein Ziel hinzuwachsen.*

Einen weiteren Schlüssel sehe ich darin, uns als ***Schicksalsgemeinschaft*** *anzuerkennen. Wenn unsere Lebensgrundlage zerstört wird, hat niemand etwas davon. So sehe ich mich in der Pflicht, bei Unrecht und Ausbeute aufzustehen und darauf hinzuweisen. Und ich appelliere an das Gewissen, an die kindliche Seele jedes Politikers und mächtigen Konzernchefs: ‚Weißt du denn nicht, spürst du nicht, dass du mit uns allen andern im selben Boot sitzest und mit untergehst, wenn es kentert?' Fukushima scheint weit weg. Doch Fukushima kann jederzeit in jedem Land passieren.*

Ich habe neulich in einem Bericht gelesen, dass neuste Forschungen ergeben haben, dass Bäume über Pilze kommunizieren, sich nähren und vor Gefahren warnen. Bäume hätten sogar einen Herzschlag, der so langsam ist, dass er lange nicht gemessen werden konnte. Dies und viele andere Erkenntnisse der letzten Zeit, lassen mich zum Schluss kommen, dass Darwins Theorie ‚The Survival oft the fittest', das Elitedenken ‚der

Auserwählten' nicht mehr zeitgemäß ist und wahrscheinlich in der Konsequenz gar nie stimmte. Es hat dem Patriarchat in die Hand gespielt, hat dem Mann, dem physisch Stärkeren, die Legitimation gegeben, die Gesellschaft und die Natur anzuführen und den schwächeren Gegenspieler zu eliminieren. Doch zeigt es sich jetzt nicht, dass das System der Konkurrenz, des Stärkeren, nur wenige begünstigt und dass es viele Verlierer, zu denen ich die Natur und die Nachkommen zähle, gibt? Es fehlt allerorten an Empathie, Verbundenheit, Verständnis für Zyklen, Nachsicht, Geduld und Vergebung. Ich möchte diese Attribute nicht explizit den Frauen zuschreiben. Aber ich glaube, es steht der Gesellschaft so oder so gut, den Frauen Mitsprache, Mitwirkung und Wertschätzung in monetärer oder anderer Form zurückzugeben, die den Frauen zusteht."

Amber machte eine Pause, um zum Schlusswort auszuholen, und ihre Blicke schweiften erneut über die Zuhörer. Dann sah sie Timo und Robin mit verschränkten Armen am äußeren, linken Rand der Menge. Amber hielt ihren kritischen Blicken stand, nickte. Unbeirrt fuhr sie fort und richtete die letzten Worte an ihre ehemaligen Schulkollegen:

„Ich bin eine Frau. Ich bin eine Schweizerin UND ich bin eine Ausländerin. Ich stelle Fragen und ich möchte mitwirken. Und ich stehe dazu, dass ich nicht alles weiß. Vielleicht schichte ich das Holz nicht so, wie man es sollte und wie man es immer gemacht hat, denn ich habe meine eigene Art, ein Feuer anzuzünden. Ich habe weder eine Lösung für den Atommüll noch für den Klimawandel noch für die Welternährung noch für die Kriegsschauplätze in der Tasche. Aber ich glaube

zutiefst, dass alle diese Herausforderungen uns zu Solidarität auffordern, uns eines Tages sogar zwingen, wenn wir es nicht freiwillig schaffen. Und! Ich habe in mir eine unerschütterliche Zuversicht, dass wir Lösungen finden können. Wenn jeder seine Talente eingibt und dem Gemeinwohl zur Verfügung stellt, können sich die verschiedenen Geistesblitze ergänzen und zu etwas Neuem bisher Unbekanntem führen. Wenn wir aufhören, uns nur zu unserem Eigenzweck zu bereichern, wenn wir uns verschenken, werden wir alle gewinnen. Es geht beim Atommüll, wie bei allen anderen Brandherden auf der Welt, nicht mehr um Schuldzuweisung. Sondern es geht darum, aus den Fehlern der Vergangenheit zu lernen und es in Zukunft weiser anzugehen.

Ich bin überzeugt: Wir können das!"

ZÄSUR

2015

Amber wird geschliffen

2015 – Ostern: Was juckt es die Eiche?

Frederik war Karfreitag alleine aufgebrochen, um die Ostertage in der Steiermark zu verbringen. Amber war erleichtert, dass er keinen großen Schuh daraus gemacht hatte, weil sie in Zürich blieb. Es hatten sich in den letzten Monaten Berge von Dossiers angehäuft, die sie sichten wollte. Nun, da sie überraschenderweise für die Nationalratswahlen im Herbst aufgestellt war, wollte sie sich noch besser in die Geschäfte einarbeiten. Sie brauchte die Osterferien auch für sich alleine, um eine Standortbestimmung zu machen. Klärende Gespräche standen an. Es war eine ständige Gratwanderung geworden, allen gerecht zu werden. Im Team brodelte es unterschwellig. Neulich hatte sie um sieben Ecken herum mitbekommen, dass sich Franz und Käthi beschwert hatten, weil sie immer um Ambers Sitzungen herum planen mussten.

Die Beziehung zu Frederik köchelte auf Sparflamme. Sie hatte ihn gebeten, noch ein letztes Mal mitzuziehen bis zur Wahl im Herbst. Falls sie gewählt würde, würde sie die Arbeitsstelle kündigen und nur noch die politischen Mandate weiterverfolgen. Und wenn sie nicht gewählt würde, würde sie sich einen neuen Teilzeitjob suchen. Sobald sie Klarheit hätte, wäre sie bereit, das Kinderthema anzugehen. Das hatte sie Frederik versprochen. Auf diese paar Monate komme es nun doch auch nicht mehr an. Diese Nomination war für sie eine große Ehre und ein Sprungbrett. Das musste er doch verstehen. Sie konnte ja auch nichts dafür, dass er außer dem Radsport und der Möbelschreinerei keine weiteren Ambitionen hegte, die ihn herausforderten. Was war aus dem jungen engagierten Unterschriftensammler geworden? Wohin hatte sich sein Engagement für die Welt verzogen? Die Freude über ihre Kandidatur für das Bundesparlament hielt sich bei Frederik in Grenzen, das spürte sie. Ihr Parteikollege Silvio hatte seine Enttäuschung, dass sie und nicht er als Kandidatin ins Rennen geschickt wurde, nicht ganz verheimlichen können und hatte das Lokal nach der Parteisitzung ungewohnt schnell verlassen.

Der Wind pfiff ihr schärfer entgegen, je sichtbarer und öffentlicher sie geworden war. Menschen mit einer anderen politischen Gesinnung nannten sie *„linke Socke"*, *„Gutmensch"*, *„Sozialschmarotzer"* oder *„Utopistin"*. Ein gewisser Konrad M. aus P. hatte sie als *„Nestbeschmutzerin"* und *„naive Träumerin"* beschimpft, als sie öffentlich ein Statement gegen die geplante Beschaffung von 22 Gripen-Kampfjets, die drei Milliarden Franken kosteten, abgegeben hatte. Sie hatte die Meinung vertreten, dass das Geld in der Bildung besser eingesetzt war. In den Anfängen empfand sie Kritik als persönlichen Angriff und brauchte oft tagelang, bis sie von einem Zeitungsartikel, in dem ein Journalist eine Rede zerpflückt oder eine Aktion zerrissen hatte, zum Tagesgeschäft übergehen konnte. Dann hatte Walter in einem Gespräch einen Satz fallen lassen. Es war im Grunde ein doofer Stammtischspruch und doch er brachte es auf den Punkt, er erheiterte sie und schaffte es, den

Giftpfeilen, die auf sie abgeschossen wurden, die Spitze zu brechen. Sie schrieb ihn sich als Bildschirmschoner in den Laptop: *„Was juckt es die Eiche, wenn sich die Sau an ihr reibt!"*

Mit Gegenwind umzugehen hatte sie in den vergangenen vier Jahren gelernt. Sie hatte sich eine dickere Haut zugelegt und war schlagfertiger geworden. Amber hatte sich in ihrer Partei und bei Umweltverbänden Anerkennung und auch in den Medien einen gewissen Achtungserfolg erarbeitet. So war sie von Presse, Radio und Fernsehen in der Atomkraftdebatte, bei der Gleichstellung und in Migrationsfragen immer wieder zu ihren Standpunkten befragt worden. Sie war präsent und hatte sich einen Namen gemacht. Diesen Status hatte sie sich erarbeitet und war nicht bereit, ihn für die Familienplanung aufzugeben. Und wenn, dann kam nur eine Sowohl-als-auch-Lösung infrage.

Es gab Themen, die Amber überhaupt nicht interessierten und die dennoch eine Stellungnahme von ihr verlangten. Wie der Ebolavirus, der in Westafrika ausgebrochen war und als neue Pandemiebedrohung in den Medien kreiste. Ein treuer Facebookfan fragte sie auf ihrer Seite, was sie davon hielte. Ob das nach SARS, der Schweine- und Vogelgrippe, nicht einfach wieder ein medialer Hype sei, um die Impfreserven, die die Länder auf Empfehlung der Pharmakonzerne lagerten, abzutoßen. Als Privatperson würde sie stöhnen: *„Was kratzt mich das Virus? Ich habe im Moment weiß Gott andere Prioritäten!"*

Doch stattdessen antwortete sie: *„Ich glaube nicht an den weltweiten Ausbruch des Virus. Ich vertraue den Medizinern. Allerdings würde ich nicht in die exponierten Länder reisen."*

Sie ignorierte wohlweislich die Anspielung aus der Illuminatenecke. Verschwörungstheorien waberten inflationär durch die Social-Media-Kanäle. Eine Theorie war zum Beispiel, dass Seuchen gezüchtet und ausgesetzt wurden oder medial aufgebauscht wurden, um den Pharmakonzernen einen Absatzmarkt zu generieren. Sich mit Followern aus diesen Kreisen einzulassen, war das reinste Minenfeld. Amber hatte gelernt, ihre Anliegen klar zu formulieren und zu vertreten, ihre Accounts mit dem Wichtigsten zu füttern und, soweit es möglich war, keinen Anlass für extreme Diskussionen und ausufernde Kommentare und Gegenkommentare zu geben. Sie hatte schlicht keine Ressourcen, alles zu prüfen und darauf zu reagieren. Die Pflege der Social-Media-Kanäle fraß überdimensional viel Zeit. Und dennoch war es ein wichtiges Instrument, den Wählern auf den Zahn zu fühlen und für sie greifbar zu bleiben. Aufschlussreich fand sie die Facebookaccounts der Kontrahenten. Jeder Politiker hatte eigenen Stil und eigene Sprache entwickelt, den Kontakt mit dem Publikum zu pflegten. Manche schienen sich ein Spiel daraus zu machen, einen polemischen Satz in die Runde zu werfen, worauf sich dann die Follower stürzten wie ein Rudel ausgehungerter Kampfhunde auf einen Knochen, sie geiferten und bissen sich an ihm fest und schnappten nach jedem, der versuchte, Besonnenheit oder ein anderes Argument in die Runde zu werfen.

Es hatte sich im letzten Herbst zugespitzt, dass Frederik immer öfter ausrastete, wenn sie nach dem Abendessen noch in ihr Arbeitszimmer ging, um noch schnell ein paar Dossiers durchzugehen. Er, den sie als gemütlichen, gechillten, witzigen

Nerd kennengelernt hatte, hatte sich zu einem Nörgler entwickelt. Es war wenige Tage vor Weihnachten, als sie eines Morgens wie immer etwas verpeilt aufgestanden und in die Küche geschlurft war und einen karierten Zettel auf dem Küchentisch gefunden hatte. Erst hatte sie gedacht, dass es einer der witzigen Tagesgrüße war, die sie sich in den ersten Jahren ihrer Partnerschaft auf einen Wisch gekritzelt hatten. Doch auf dem Papier hatte er in einer Exceltabelle minutiös aufgelistet, wie viele Stunden sie im Arbeitszimmer, für die Hausarbeit, in der Freizeit oder mit ihm verbracht hatte. Das Papier hatte in ihren Händen gezittert, so verblüfft war sie darüber, wie penibel er abgerechnet hatte. Und erschrocken darüber, wie wenig Zeit sie tatsächlich zu zweit noch verbrachten. Sie hatte eingesehen, dass sie ihm und seinen Projekten zu wenig Aufmerksamkeit geschenkt hatte. Die Lösung lag darin, Arbeit und Privatleben sauber zu trennen.

Schnell hatte sie einen Arbeitsplatz in der City in einem Co-Working-Space gefunden, von wo aus sie fortan alle politische Arbeit erledigte. Sie teilte sich den Büroraum mit einer Webdesignerin, einem Übersetzer und einem Wirtschaftsstudenten, der an seiner Masterarbeit schrieb. Der Austausch mit den Bürokollegen aus verschiedenen Berufszweigen war fruchtbar und inspirierend. Sie half Ines dann und wann mit einem französischen Ausdruck, diese gab ihr im Gegenzug Tipps, ihre Webseite zu pflegen. Meist war jeder in seiner Arbeit vertieft, es herrschte ein ruhiges, hoch konzentriertes Arbeiten, was den Energielevel hochhielt. Und der größte Wert dieser Lösung war, dass seitdem zu Hause Entspannung eingekehrt war.

Am Karfreitagmorgen hatte sich Amber erst ins Büro begeben. Doch nach drei Stunden ineffizientem Herumtrödeln, hatte sie gemerkt, dass sie sich im menschenleeren Gebäude verloren fühlte. Alle anderen hatten sich wie alle Normalsterblichen die Ostertage freigenommen. So verteilte sie den mächtigen Stapel an Unterlagen auf Rucksack und Mappe. Auf dem Nachhauseweg besorgte sie sich ihre Lieblingscroissants, die mit den Kürbiskernen, knallte in Schwammendingen angekommen die Fracht auf den Küchentisch. Mümi freute sich über ihre Gesellschaft und strich ihr um die Beine, während sie die italienische Espressomaschine mit Kaffeepulver bestückte und auf den Herd stellte. Wenig später waren alle Dossiers auf dem Tisch sortiert, gestapelt und mit einem gelben Post-it-Zettel beschriftet. Vier Tage, vier Stapel:

Leichte Kost
Laufende Geschäfte
Vertiefung & Hintergrundwissen
Kampagne Nationalrat

Das sollte locker, sogar mit ausgedehnten Pausen, mit ein paar Telefonaten und Spaziergängen zu schaffen sein. Sie setzte sich auf einen Stuhl und legte die Füße auf das Kissen des Nachbarstuhls. Mümi verstand dies als Einladung und hüpfte ihr auf den Schoß. Den dampfenden Cappuccino und die Croissants in Reichweite griff Amber zum ersten Stapel, der Prospekte, Zeitungsartikel, längere Mails, die sie sich ausgedruckt hatte, ungelesene Korrespondenz und Ähnliches enthielt. Sie strich beim Lesen immer wieder der schlafenden

Katze übers Köpfchen, was diese jeweils mit einem zufriedenen Schnurren quittierte, machte da und dort Notizen und legte diese auf den Tisch zum Weiterverfolgen. Der größte Teil der Lektüre segelte nach dem Lesen zu Boden. Die Makulatur wollte sie am Schluss bündeln und dem Altpapier zuführen.

Croissants waren längst gegessen, der Kaffee ausgetrunken, als Amber zum nächsten Papier langte. Es war ein schlichter, gefalteter Flyer, der schon durch manche Hände gegangen sein musste. Sie wusste nicht mehr, wer ihn ihr zugesteckt hatte. *„Zukunftsforum Berlin 12. –17. Mai: Gesellschaftswandel und Visionen für das 21. Jahrhundert“*. Amber regte sich und stellte ihre eingeschlafenen Beine auf den Boden. Mümi sprang protestierend vom Schoß und rannte beleidigt davon. Amber erhob sich und stampfte auf die Holzplanken, um das Kribbeln aus den Füßen zu schütteln, während sie den Prospekt studierte. Die Ameisen veranstalteten ein Wettrennen in ihren Beinen. Sie griff zu ihrem iPhone, checkte ihre Agenda und sah in der Auffahrtswoche die Lücke als ein Zeichen. Sie wollte dahin. Nach einer halben Stunde hatte Amber online zwei Eintrittskarten bestellt, eine Airbnb-Unterkunft gebucht und zwei Bahntickets reserviert. Sie war so überzeugt, dass Frederik sie begleiten würde, dass sie ihn gar nicht zu fragen brauchte. Sie sprachen seit Jahren von Berlin.

2015 – Sonntag, 10. Mai: Die Eisheiligen

Nach einem milden April und den ersten verheißungsvollen, frühsommerlichen Maitagen hatte am Samstag eine Front aus dem Westen Kälteeinbruch und Nieselregen gebracht. Amber hüpfte an diesem Sonntagmorgen früher als sonst aus dem Bett, um Nelly vor ihrem Kirchgang zu erwischen und um für Berlin zu packen. Frederik war wie gewohnt schon auf und machte sich gerade bereit, eine Runde zu joggen. Sie fröstelte, als sie ins Badezimmer huschte, um zu duschen. Nach der warmen Dusche schlotterte sie immer noch, streifte sich Wollsocken und einen zusätzlichen Pulli über und wickelte sich in die Decke auf das Sofa, als sie zum Telefon griff und Nellys Nummer wählte.

Ihre Großmutter lachte sie aus, als Amber sich über das Wetter beschwerte: *„Morgen fangen doch die Eisheiligen an. ‚Pankraz, Servaz, Bonifaz machen erst dem Sommer Platz.' Wusstest du das denn nicht? Meine Geranien kommen nie vor dem 15. Mai, der kalten Sophie, ins Freie. ‚Pankrazi, Servazi und Bonifazi sind drei frostige Bazi.' Und zum Schluss fehlt nie die kalte Sophie."*

Amber hatte tatsächlich vieles vergessen, was Nelly ihr über das Gärtnern mit den Bauernregeln erzählt hatte. Die beiden plauderten noch ein wenig über dies und das, bis Nelly mahnte, es sei Zeit für sie, sich für die Predigt zurechtzumachen. Der sonntägliche Kirchgang war ihrer Großmutter ein Fixpunkt in der Woche, der ihr, je älter sie wurde und je weniger sie aktiv am Dorfleben teilnehmen konnte, eine wohldosierte Portion sozialen Kontakt einbrachte.

Amber dachte noch über die Kirche und die Eisheiligen nach, als sie aus Frederiks Werkstatt Feuerholz ins Wohnzimmer holte und es im Schwedenofen aufstapelte. Sie brauchte jetzt dringend etwas mehr Wärme im Haus, wenn der Sonntag gemütlich verlaufen sollte. Die Zentralheizung blieb von April bis Oktober aus. Das war eine eiserne Regel im Haus. *Mamertus, Pankratius, Servatius, Bonifatius* und die *kalte Sophie*. Was waren das nur für lustige Namen. Sie schmunzelte darüber, wie es wäre, einen Sohn *Pankras* zu taufen, als sie das Streichholz entzündete und die Flamme an die wachsgetränkte Anzündhilfe aus der geschützten Werkstatt hielt. Die Scheite flackerten wenige Minuten später auf und strahlten sofort Wärme ab. Amber schloss die Glastür, blieb noch einen Moment in der Hocke vor dem Kamin sitzen und blickte versonnen in die Flammen. Das Knistern und Knacken des Holzes und das zischende Zündeln des Feuers erfüllten den Wohnraum. Mit einer Tasse Milchkaffee in der Hand stand Amber wenig später vor dem offenen Wandschrank im Schlafzimmer, überlegte sich, welche Garderobe in Berlin angesagt war, als sie Frederik an der Haustür hörte.

Er stampfte die Treppe hinauf und stand kurz darauf nassgeschwitzt im Türrahmen und bemerkte unwirsch: *„Welches Holz hast du genommen?“*

„Wie abgemacht vom Stapel mit den Buchenscheiten ...“ Sie begriff nicht, worauf er hinauswollte.

„Hmh ...“, grummelte Frederik, rührte sich nicht und starrte auf den Boden, als studierte er das Muster der Dielen. Amber trat zu ihm hin, streckte ihm ihre Tasse entgegen: *„Willst du? Bevor du duschen gehst? Sollen wir noch ein wenig kuscheln, bevor wir packen? Mir wäre es grad so ein wenig danach. So ein wenig Einstimmung? Ich freue mich nämlich sehr auf Berlin ...“*, Amber strahlte ihren Freund an. Frederik starrte immer noch den unsichtbaren Fleck an und als Amber ihn anstupste, brach es aus ihm heraus: *„Ich mag nicht mehr! Ich komme nicht mit nach Berlin. Ich bin ja auch da nur dein Escortservice. Es geht mir so auf den Sack, immer nur dein Lückenbüßer zu sein. Mir hängt der ganze Politikscheiß aus dem Halse heraus. Mir reicht es völlig, unser Leben auf die Reihe zu bekommen. Und das haben wir nicht. Es stimmt so für mich nicht. Es geht immer nur um dich und deinen Ehrgeiz. Nie um uns. Oder um mich. Ich habe dich begleitet, mich immer zurückgenommen, mich hintenangestellt und vertrösten lassen. Doch jetzt komme ich nicht mehr klar.“*

Frederik redete sich in Fahrt, gestikulierte mit den Händen und sah seine Freundin kein einziges Mal an.

„Ich habe gemerkt, dass ich Kinder und eine Familie möchte. Und dies am liebsten mit einer ganz normalen Frau, der es nichts ausmacht, eine Weile das Nest zu hüten. Du bist mir zu hyperaktiv und zu emanzipatorisch. Ich komme nicht klar mit deiner Dominanz. Du verdrängst mich.“

Er machte eine Pause und tigerte erregt im Raum auf und ab. Sein Blick war immer noch von Amber abgewandt. Amber hatte ihm erstarrt zugehört und war sprachlos. Sie rang immer noch um Fassung, als Frederik Luft holte und wie ein Torero dem Stier den letzten Stoß gab: *„Ich möchte nicht, dass du in den Nationalrat gewählt wirst!“*

Frederik rannte, ohne ihre Antwort abzuwarten, aus dem Schlafzimmer. Amber hörte die Dusche rauschen, als sie langsam an der Bettkante entlang zu Boden glitt. Sie konnte nicht sagen, wie lange sie in Schockstarre verharrt hatte, als Frederik zu ihr stieß und sich neben sie auf den Boden hockte. Arnika-Sport-Duschgel von Weleda: sein Duft, seit sie ihn kannte. Sie sprachen eine Ewigkeit keine Silbe. Keiner traute sich. Keiner war darin geübt, sich auf diesem Grat, auf dem sich links und rechts schroffe Abgründe auftaten, voranzutasten. In diesem Moment lag der alles entscheidende Fokus. Beide wussten, dass jedes falsche Wort der Absturz, das unwiderrufliche Ende ihrer Partnerschaft sein konnte. Das unselige Wort „Trennung“ stand im Raum wie ein Hologramm, doch sie vermieden es tunlichst, es auszusprechen. Sie rangen. Jeder mit sich. Neun Jahre warf man nicht so einfach vor die Hunde.

Irgendwann durchbrach Frederik die Stille und stammelte etwas von einer Auszeit. Amber atmete erleichtert auf. Faktor Zeit war immer gut. Nichts überstürzen, sich erst einmal zurückziehen und zur Besinnung kommen. Darin konnte nichts Falsches liegen. Sie war jetzt, an diesem Sonntagmorgen, in ihrem gemeinsamen Schlafzimmer zu keinem finalen Zugeständnis, keinem Gegenvorschlag, keiner Entscheidung in der

Lage und nickte nur billigend bei allem, was Frederik anbot. Erst später, als sie wieder klarer denken konnte, verstand Amber, dass ihr Freund schon sehr lange mit sich gerungen und Strategien zurechtgelegt haben musste. Er schlug ein Ultimatum bis Ende Mai vor, um dann über ihren weiteren Weg zu entscheiden. Amber stimmte zu. Frederik nahm Urlaub und beschloss, statt mit nach Berlin zu fahren, über München nach Österreich, der Donau entlang nach Wien und schließlich nach Budapest zu radeln. Am ersten Juni musste er zurück sein, weil er von einem angesagten Designer einen großen Auftrag an Land gezogen hatte. Amber stimmte zu.

2015 – Montag, 11. Mai: Mamertus

Am Montag eröffnete Mamertus die Woche der Eisheiligen. Ambers ganz persönliche Eiszeit brach an. Alles, was sie bis dahin lebendig gehalten hatte, war unter einer dicken Eisschicht erstarrt: ihre Freude auf Berlin, die Begeisterung für die Nationalratskampagne, die Motivation für die Arbeit, das lustvolle Schaffen im Co-Working-Space, das fröhliche Getratsche mit ihren Freundinnen. Selbst ihre Eltern und Großmütter, sichere Werte und ihr gutgesinnte Menschen vermochten sie nicht aufzutauen.

Frederik war am Sonntagnachmittag bereits mit Sven aufgebrochen. Mit ihm war eine verlässliche Wärmequelle versiegt. Er fehlte nicht nur nachts, weil sie zum Einschlafen ihre kalten Füße nicht mehr zwischen seine warmen Oberschenkel stecken konnte. Das Haus, sein Haus, war kalt ohne ihn. Und die reelle Möglichkeit, dass er für immer aus ihrem Leben verschwinden könnte, bestürzte und lähmte sie.

2015 – Dienstag, 12. Mai: Pankratius

Amber hatte zwei Nächte lang kaum geschlafen und sich am Montag irgendwie durch den Tag gewurstelt. Sie war froh, dass alle Tickets schon gebucht waren. Sie hätte Berlin wahrscheinlich sausen lassen, wenn sie sich noch für die Reise hätte anstrengen müssen. Frederiks Fahrschein und Eintrittskarte für den Kongress hätte sie sich wohl irgendwo hingesteckt, wenn Silvio nicht Wind davon bekommen und sie am Montagnachmittag angerufen hätte, um zu fragen, ob er die Tickets abkaufen und sie begleiten dürfte. Es war ihr einerlei. Sie war einfach froh, dass die Nachbarin sich um Mümi kümmerte und sie am Dienstagmorgen nur noch den Zug zu besteigen brauchte, um Schwammendingen und ihre alltägliche Fahrrinne durch die City, die an jeder verdammten Ecke vorbeiführte, die sie an Frederik erinnerte, hinter sich zu lassen.

Silvio und sie wollten sich unter der großen Anzeigetafel im Zürcher Hauptbahnhof treffen. Amber traf vor ihrem Kollegen ein. Sie kämpfte gegen die anrollende Müdigkeit und rang mit sich, ob sie sich einen Kaffee vom Kiosk holen sollte, was sie aus Prinzip nicht mehr tat – außer, wenn sie ihren Take-away-Becher mit sich führte, den sie aber in ihrer Verpeiltheit zu Hause vergessen hatte. Unzählige Businessgewandete, Rucksacktouristen, eine Gruppe Landfrauen aus dem Bernbiet, die der Anführerin folgten und ein Rudel Koreaner huschten an ihr vorbei. Mindestens ein Drittel der Menschen schob sich mit einem Einwegbecher mit Plastikdeckel in der Hand durch das Gewühl. Was das alleine im Zürcher Bahnhof schon für einen Abfallberg ergab! Den sollte man einmal sichtbar werden lassen, sinnierte Amber beim Warten. Das Dilemma der modernen Welt. So wie der Coffee-to-go gehörten Meditieren in Goa und ein Wochenendflug mit Shopping in New York zum modernen Menschen.

„Ach Scheiß drauf!“, murmelte Amber, machte sich zum nächsten Take-away auf und bestellte sich einen Cappuccino und ein paar *Gipfel* für die Fahrt. Sie erschrak, als sie sich im verspiegelten Glas, links der Theke auf die Ausgabe der Bestellung wartend, betrachtete. Sie sah aus wie ein Zombie mit den kraftlos herunterhängenden Haaren, den dunklen Augenringen und der blassen Haut. Wohin hatte sich ihre Frühlingsfarbe in den zwei Tagen verzogen? Silvio trat hinzu, nahm ihr die Tüte mit den Croissants ab und schielte besorgt zu ihr hinüber, als sie zum Perron schritten.

„Alles klar bei dir?“, fragte er.

„Na ja. Ging schon besser“, bemerkte Amber knapp und signalisierte damit, dass sie nicht in Plauderlaune war und er sie am besten in Ruhe lassen sollte. Silvio kapierte und bohrte nicht nach. Im wartenden Zug richteten sie sich in ihren Plätzen ein. Silvio kramte einen dicken Wälzer aus seinem Rucksack und ließ Amber in Ruhe an ihrem Kaffee nuckeln und aus dem Fenster starren. In Basel bestiegen sie ein Sechserabteil und breiteten sich aus. Amber lehnte ihren Kopf ans Fenster, zog sich ihren Parka wie eine Decke über den Körper und

schlief augenblicklich ein. In Kassel rieb sie sich die Augen, schaute aus dem Fenster und räkelte sich. Der Schlaf hatte Amber erfrischt. So allmählich erwachten ihre Lebensgeister wieder und ganz leise regte sich Vorfreude. Der Tapetenwechsel, Berlin und die neuen Impulse lockten und sie zwang sich, jeden Gedanken an Frederik wegzuwischen.

Wie sie Silvio ihr gegenüber mit offenem Mund, aus dem ein winziger kleiner Speichelfaden rann, dösen sah, musste sie schmunzeln. Das Buch hatte er zu Zweidrittel gelesen und es lag aufgeschlagen mit einer Hand bedeckt auf seinen Oberschenkeln. „*Eigentlich ist es ganz gut, dass Silvio mitkommt. So lernen wir uns besser kennen und wir können die Erkenntnisse aus dem Kongress gemeinsam in die Partei tragen. Gut, dass er bei Bekannten untergekommen ist! Mit ihm alleine in der Unterkunft ... Auf Komplikationen habe ich nun wirklich keine Lust. Er lässt überhaupt nicht durchblicken, wie er zu mir steht. Ein kauziger Zeitgenosse*“, sann Amber und musterte ihn eingehend. Alles an ihm wirkte schlaksig und überproportional lang. So schlafend sah er aus wie eine in sich zusammengesackte Marionette, die bis zur nächsten Darbietung im Regal ruhte.

Die letzte Etappe verging wie im Flug. Als Silvio erwacht war, hatte sich tatsächlich ein entspanntes Gespräch ergeben. Silvio hatte irgendwann Schweizer Jasskarten hervorgeholt und sie hatten einen *Schieber* mit je einem verdeckten Stapel gespielt. Diese Variante des Jasses hatte Amber nicht gekannt und war begeistert von dem neuen Zeitvertreib, der ihnen beiden Ende der Woche eine kurzweilige Rückreise in die Schweiz versprach. Frederik und die Eisheiligen waren für Stunden vergessen.

Nachdem sie ihre Unterkünfte bezogen und sich verpflegt hatten, verabredeten sie sich im Eingangsbereich des *Kosmos*. Das alte Kino aus der DDR-Zeit war zu einem Eventlokal umfunktioniert worden, im dem der Zukunftskongress tagte. Die Tagung war schon im vollen Gang. Das Entree glich einem Bienenhaus, in dem Menschen sich versammelten, verpflegten, Informationen beschafften und sich mit anderen austauschten. Einem Márkt ähnlich hatten in einer Ecke Anbieter Stände aufgestellt und boten ihre Dienstleistungen und Waren an. Dementsprechend war der Lärmpegel hoch, als Amber durch die gläserne Schwingtür die Halle betrat. Sie fand Silvio im Getümmel nicht auf Anhieb. Zum Glück ragte er über den Köpfen der anderen hinaus und so sah Amber ihn schließlich vor einer überdimensionalen Tafel stehen, an der alle Workshops und Vorträge angeschlagen waren, die er eingehend studierte. Amber begrüßte ihn mit einem kollegialen Klaps auf das Schulterblatt.

Die Themen waren vielfältig und spannend.

- *Gemeinwohlökonomie – eine ethische, lebensdienliche Wirtschaft ist möglich*
- *Cradle to Cradle/Zero Waste*
- *Permakultur – Selbstversorgung aus dem Garten/Wie 10 Mrd. Menschen ernähren?*
- *Earthguardians – Hüter der Erde*
- *Monsanto-Tribunal*
- *Lokalwährung*

– Bedingungsloses Grundeinkommen
– Human Connection – Vernetzung im digitalen Zeitalter
– Schule der Zukunft – Kultur der Potenzialentfaltung
– Quellen der Resilienz: Mediation, Yoga, Achtsamkeit, Waldbaden (Shinrin-yoku)
– Transition Town – Lokalinitiativen und globale Vernetzung, Zukunftsmodelle für Gemeinden
– Earthships/Autarkes Leben und Wohnen
– 2000-Watt-Gesellschaft/Energieversorgung 2050
– Visionen für die Zukunft
– Frieden zwischen den Geschlechtern – was die Genderdebatte mit dem Weltfrieden zu tun hat
– GEN – Global Ecovillage Network – neue Formen des Zusammenlebens
– Co-Creation und Partizipation von verschiedenen Interessengruppen (World Café, Dragondreaming, Schwarmintelligenz, Soziokratie)
– Das integrale Menschenbild
– Gewaltfreie Kommunikation

Amber war geplättet über die Fülle und wusste im ersten Augenblick gar nicht, woran sie sich orientieren konnte. Es irritierte sie, dass keines der Themen ihre politische Agenda abdeckte. Aus den Workshoptiteln war auf den ersten Blick nicht ersichtlich, wo sie Lösungen für die Abschaltung der AKWs, Handwerk für Anti-Kriegs-Kampagnen oder Schlüssel für die Gleichstellung oder Flüchtlingspolitik finden konnte. Sie ärgerte sich über sich selber, dass sie die Kongressausschreibung in ihrer österlichen, effizienten Aufräumlaune nicht sorgfältig studiert hatte. Sie hatte sich von der Lust, mit Frederik ein paar Tage in Berlin zu verbringen, leiten lassen. Der Kongress war nur Aufhänger gewesen. Sie trat ein paar Schritte zurück, um sich einen Gesamtüberblick über das Angebot zu verschaffen, rempelte eine Frau an, entschuldigte sich, las die Zeile unter dem Willkommensgruß und begriff, worauf die Tagung zielte: *„Man schafft niemals Veränderung, indem man das Bestehende bekämpft. Um etwas zu verändern, baut man Modelle, die das Alte überflüssig machen." (Buckminster Fuller)*

Silvio fasste sie am Arm und fragte: *„Hast du dich schon entschieden?"* Ohne ihre Antwort abzuwarten, fuhr er fort: *„Mich interessiert am meisten Gemeinwohlökonomie und Transition Town. Ich denke, es macht Sinn, wenn wir an verschiedenen Workshops teilnehmen, um den größten Gewinn aus dieser Tagung für unsere politische Arbeit zu ziehen. Dann können wir uns auf dem Heimweg austauschen."*

Amber erwiderte: *„Doch ja, du hast recht! Das macht Sinn."*

Silvio wollte sich mit den Kollegen noch auf ein Bier treffen, fragte Amber, ob sie ihn begleiten wollte. Als sie verneinte, verabschiedete sich Silvio bis zum nächsten Tag, schritt zum Tisch des Organisationsteams und schrieb sich ein. Amber blickte ihm nach und verlor ihn aus den Augen. Kurz stutzte sie, ihr Herz machte einen Hüpfer, als sie das Gesicht eines Mannes in der Menge erhaschte, der in ein Gespräch mit einer anderen Person vertieft war. Im Profil sah er aus wie Niklaus. Aber nein! Das konnte unmöglich sein! Was hätte er denn hier verloren? Sie musste dringend ins Bett und sich sortieren, bevor sie anfing zu halluzinieren. Amber fuhr sich mit der Hand über die linke Brust, unter der es heftig pochte. Das eingerostete Zahnrad ruckelte. „Bleib da, wo du bist Niklaus! Habe keine Energie für alte Geschichten!“, sprach sie sich leise zu. Als sie sich wieder dem Anschlagbrett widmete, verschwammen die Workshoptitel vor ihren Augen. Sie kämpfte gegen die Tränen. Wo mochte Frederik stecken? Er hatte sich seit Sonntag nicht gemeldet.

Sie schrieb sich später für die beiden Tageskurse „Permakultur“ und „Visionen“ ein. Die Quarantäne mit Frederik, die Hinfahrt mit dem seltsamen Silvio, das überwältigende Gedöns der Großstadt, Pankratius, der mit scharfem, kaltem Atem durch die Gassen zwischen den Häusern blies, der Pulk von Tagungsbesuchern, der den Kosmos mit abgestandener, schwüler Hitze erfüllte, und die Anonymität in diesem Gewusel fühlte sich an wie ein Ausnahmezustand, durch den Amber torkelte. Das einzig Verlässliche in ihrer Verlorenheit waren die Struktur der folgenden Tage, eine kindliche Neugierde, sich darauf einzulassen, ihre solide geheizte Unterkunft, die sich wenige Fußminuten vom Lokal entfernt befand. Und das Bett. Das war warm, rief sie jetzt und würde ihr letzter Programmpunkt des Tages werden.

2015 – Mittwoch, 13. Mai: Servatius

Amber hatte traumlos geschlafen. Sie fühlte sich einigermaßen aufgeräumt und reihte sich pünktlich und mit dreißig anderen Menschen in einem kleinen Nebensaal in die Konzertbestuhlung ein. Der nüchterne, fensterlose Raum wurde von sanfter Klaviermusik beschallt, auf einem Podium stand ein Stehtisch mit einem riesigen, zerzausten Frühlingsstrauß, als hätten irgendwelche Kinder eine Magerwiese geplündert. Ein Beamer projizierte die Weltkugel und eine Tabelle auf eine Leinwand. Amber musste die Augen zusammenkneifen, um die Zahlen zu erkennen, die im noch beleuchteten Saal zu wenig Tiefenschärfe hatten. Doch es gelang ihr zu lesen:

Jahr	**Epoche Weltbevölkerung**
0	0.3 Milliarden Menschen
1000	0.31 Milliarden Menschen
1500	0.5 Milliarden Menschen
1800	1 Milliarde Menschen
1950	2.5 Milliarden Menschen
2000	6.2 Milliarden Menschen
2015	7.35 Milliarden Menschen
2050	*9 Milliarden Menschen?*
2100	*10 Milliarden Menschen?*

Wie werden alle Menschen satt?

Amber formte mit den Lippen ein leises: „*Wow!*" Natürlich kannte sie die Zahlen. Sie erinnerte sich auch, dass zum Zeitpunkt ihrer Geburt 1986 nur 4.5 Milliarden Menschen auf der Erde gelebt hatten. Die Bevölkerungsexplosion war in der Tat mächtig beeindruckend und gehörte unbedingt auf die Agenda der Weltpolitik. Amber war gespannt, ob die Permakultur, der Inhalt des Workshops, einen Lösungsweg für die Welternährung bot. Sie blickte auf ihr Handy, um die Zeit zu checken, und stellte es auf Flugmodus. Frederik hatte sich immer noch nicht gemeldet. In den verbleibenden fünf Minuten schloss Amber die Augen und dachte an Nellys Garten. An die Blumenfülle im Herbst und die prallen Obstbäume. Sie musste sich eingestehen, dass sie als Kind die Gartenarbeit nicht so sehr gemocht hatte. Doch nirgendwo sonst schmeckten die Tomaten so wonnig und reif wie im Lindengarten. Nelly und Sepp hatten sich zu 80 Prozent selber versorgt. Alle ländlichen Sippen hatten sich um die letzte Jahrhundertwende noch selber versorgt. Amber wanderte in Gedanken weiter zurück zu ihren Ahnen. Sie hatte Wurzeln im Bernischen Emmental! Und ja, Trudes Eltern waren aus Existenzgründen ausgewandert und hatten in Estland eine Käserei betrieben. Amber erinnerte sich vage an die Erzählungen über ihre Urgroßmutter Trude, wie sie ohne Mutter unter kargen Umständen im Baltikum aufgewachsen war, bevor sie mit ihrer Familie nach Australien auswanderte. Wie musste das damals körperlich anstrengend gewesen sein, eine Familie zu ernähren!

„*Ich muss unbedingt mehr über meine Ahnen erfahren! Meine Herkunft ist ja hochinteressant!*" Amber richtete sich auf, als die beiden Dozenten das Podium betraten und die Teilnehmer begrüßten.

Am Ende der Tagung kehrte Amber mit vielen neuen Impulsen zurück in die Unterkunft. Sie hatte erfahren, dass Permakultur eine Anbaumethode und Philosophie war, die in den Siebzigerjahren vom Australier *Bill Mollison* begründet worden war. Ihn hatte nachdenklich gestimmt, dass die Monokultur der konventionellen Landwirtschaft die Böden auslaugte und viel mehr Energie verbrauchte, als sie hergab. Er studierte in der Folge indigene Anbaumethoden, was ihn auf die Idee brachte, Ökosysteme nachzubauen, die für Mensch und Tier Nahrung erbrachten, Humus aufbauten und ein Energiegleichgewicht herstellten. Die Natur wurde nicht länger passend gemacht, sondern der Mensch passte sich der Intelligenz der Natur und ihrer Kreisläufe an und lernte. Mit seinem Schüler *David Holmgren* klügelte Mollison weiter seine Vision aus, die seither weltweit Verbreitung fand.

Amber resümierte, dass Permakultur ein valider Ansatz sein könnte, um die Landwirtschaft neu zu entwerfen und eine regionale Ernährungssouveränität herzustellen. Die permanente Agrikultur, wie der vollständige Begriff lautete, war ein möglicher Weg in die autarke Selbstversorgung, raus aus der ressourcenverschwendenden Monokultur. Sie versprach eine Unabhängigkeit von Mineralölenergie und von Saat- und Düngemittelkonzernen. In der Auseinandersetzung, im Dialog mit den örtlichen Ressourcen konnte eine Mischkultur, ein nachhaltiges Ökosystem in jeder Klimazone etabliert werden. Die Dozenten berichteten von erfolgreichen Projekten in Afrika, im tibetischen Hochland, wie auch in der europäischen gemäßigten Zone. Völlig auf der Hand lag, das hatten die Dozenten mit Fakten untermalt, dass exzessive Fleisch- und Milchproduktion nicht zukunftsfähig war. Der Wasserverbrauch und der Landbedarf vom Futtermittelanbau standen in keinem vertretbaren Verhältnis zum Anbau pflanzlicher Ernährung. Eine zukunftsfähige Versorgung der Weltbevölkerung bestand aus mehrheitlich vegetarischer Nahrung. Nicht nur wirtschaftlich, auch sozial wäre die Ernährung ein relevanter Faktor für den gesellschaftlichen Wandel und den globalen Frieden. Fleischessen entstammte einem System der Rechtfertigung. Es wurde uns ein Leben lang drei *Ns* eingebläut: Fleisch essen wäre *normal, natürlich* und *nötig*. Die Menschheit dachte das auch über die Sklaverei, die männliche Dominanz, die Heterosexualität. Bewusstsein war der Schlüssel für den sozialen Wandel. Pflanzliche Ernährung war eine Wahl, die einen Unterschied machte. Permakultur ein möglicher Weg

Am Beispiel des erfolgreichen Permakulturhofes *Bec-Hellouin* in der Normandie zeigten die Dozenten auf, dass diese Anbaumethode durchaus wirtschaftlich funktionierte. Der Ertrag von Gemüse auf einem Quadratmeter war bis zu vier Mal größer als bei konventionellem Anbau und der finanzielle Gewinn bis zu zehn Mal größer. Dank wegfallender Betriebskosten für Maschinenpark, Düngemittel und Pestizide konnten fünfzehn Angestellte auf dem Hof arbeiten. Die Handarbeit erlaubte eine dichtere Bepflanzung von Mischkultur und dies steigerte den Ertrag.

Sie verstand den Workshop als Anregung, der sie inspirierte, die Permakultur weiterzuverfolgen. Der Ansatz, das Zusammenleben auf dem Planeten als ein System zu betrachten, war ein komplett anderer als der im Politzirkus. Sie hatte heute gehört, dass alles mit allem verbunden und einem organischen Plan angehörte. In der Politik, wie Amber sie erlebte, ging es vor allem ums Rechthaben und Gewinnen. Und die Mühlen malten langsam. Die jetzige Politik war eine der Verhinderung, der Rückschritte und der reinen Profitgier. Mollison hatte gesagt: *„Wenn du ein nicht funktionierendes System hast, versuche es nicht zu ändern. Stelle fest, was es braucht, und kreiere ein besseres. Wenn du gut genug und authentisch bist, werden die Leute zu dir kommen und das Alte wird vermutlich welken und sterben."*

Darüber grübelte Amber und fragte sich zum ersten Mal, ob sie eigentlich in der Parteipolitik am richtigen Ort war: *„Mache ich mir etwas vor, wenn ich glaube, dass ich als Grüne etwas für den Planeten und den sozialen Frieden bewirken kann? Bin ich unter dem Strich nicht einfach ein Figürchen in einem Strategiespiel?"*

Eigentlich wäre die Küche in der Unterkunft bestens ausgestattet. Doch Amber setzte nur heißes Wasser im Kocher auf, um eine Gersteninstantsuppe aufzugießen, die ein Vorgänger im Küchenschrank hinterlassen hatte. Die Wartezeit verkürzte sie sich, indem sie einen Proteinriegel mit Chiasamen, Cashewnüssen und Gojibeeren aus der Verpackung riss und gierig hinunterschlang. Sie hatte sich in der Mittagspause am vegetarischen Büfett den Bauch vollgeschlagen und die Instantsuppe war nach den heutigen neusten Erkenntnissen des Workshops und den Delikatessen der Tafel aus biologischer Landwirtschaft eigentlich ein Frevel. Doch Amber drückte sich vor dem Kochen. Walters Kochgene hatten es nicht bis zu ihren geschafft. Sie schlug eher nach Meilin und ihrer „Irgendwie-werde-ich-schon-satt-Devise“. Etwas wehmütig erinnerte sie sich an die WG-Zeiten, an Lea und Fabienne, die über Kochbüchern brüteten, mit Schönschrift kunstvolle Einkaufslisten schrieben, durch Märkte schlenderten, beim Biobauern des Vertrauens bei Vollmond gepflücktes Basilikum für die Pesto bestellten, wie sie ihre Freundinnen aufzuziehen pflegte, wie alle hingebungsvollst Gemüse schnippelten und neben siedend heißen Töpfen und zischendem Bratenfett größtes Vergnügen empfanden..

Amber liebte zweifellos gutes Essen und ließ sich von Herzen gerne bekochen. Doch die Zubereitung der Mahlzeiten stellte für sie ein notwendiges Übel dar, dessen Aufwand sich in ihrem getakteten Leben nicht rechnete. In fünf bis zehn Minuten war, wenn sie richtig hungrig war, der Teller leer geputzt. Dafür im Vorfeld ein Brimborium darum zu machen, war nicht ihres. So tigerte sie mit der heißen Instantsuppe in der Hand zwischen den genormten Möbeln herum. Als sie an Frederiks buttrigen, außen krossen, innen samtweichen Pfannkuchen dachte, lief ihr das Wasser in Mund und Augen zusammen. So ein kurzes *„Hallo wie geht es dir? Mir geht es gut an der Donau“* von ihm wäre schön gewesen. Amber war den ganzen Tag mit neuen Ideen und spannenden Menschen abgelenkt gewesen und jetzt in der fremden, leeren Wohnung rollte die Lawine an. Sie könnte Meilin anrufen. Ihre Mutter hatte es auch geschafft, die Trennung von Nathalie zu überleben. Nach neun Jahren hatte sich das Paar 2013 getrennt. Sie hätten sich leergelaufen und hätten, nachdem das Projekt Melbourne gestorben war, keine gemeinsamen Perspektiven mehr gehabt. Seither lebte Meilin alleine. Und sehr gut, wie sie immer zu sagen pflegte. *„Es gibt also ein Leben nach einer langen Kiste“*, grübelte Amber und verwarf die Absicht, zum Telefon zu greifen. *„Ich bin noch nicht so weit für ein Nachher! Noch sind wir zusammen. Herrgott noch mal, Fred! Du feiger Arsch, dich einfach aus dem Staub zu machen! Stell dich und rede mit mir!“*, fluchte Amber in die leeren Räume.

Die Ferienwohnung war ordentlich mit schwedischen Regalen und Stühlen ausgestattet und somit austauschbar mit irgendeinem urbanen Zimmer einer Metropole irgendwo auf der Welt oder in Thurtalen. Amber löffelte sich die Suppe kalt, nachdem sie sich erst die Lippen verbrannt und geflucht hatte. Endlich war die Brühe trinkwarm. Amber stürzte den Inhalt der Tasse hinunter und stellte sie danach unsanft in die Spüle. Frederik könnte sie vor das Haus – sein Haus – setzen, vor die vollendete Tatsache stellen, dass er sie keinen Schritt weiter auf dem politischen Parkett begleiten wollte. Und sie war sich selber ja auf einmal auch unsicher, ob sie überhaupt weitermachen wollte. Sie war unruhig, wütend, traurig, aus dem Lot, eigentlich in einer Stimmung, alles klein zu hacken, was sich ihr in den Weg stellte. Doch das machte sich nicht gut in einer IKEA-Wohnung. Das Billigmaterial hielte der Wucht, die sich in ihr Bahn brechen wollte, nicht stand. Und es konnte auch nichts dafür, dass sie so geladen war. Kurz war Amber versucht, sich an der nächsten Ecke Rotwein oder Bier zu besorgen und sich volllaufen zu lassen. In der Großstadt sollte es nicht allzu schwer sein, auch an etwas anderes heranzukommen. Alles schien recht, um diese lärmige Unruhe und die Endlosschlaufe im Kopf zu unterbrechen. Doch wollte sie sich wirklich mit einem Kater den vielversprechenden Visionskurs am nächsten Tag verderben?

Wenn nichts mehr half, Musik ging immer. Amber stöpselte sich die Kopfhörer in die Ohren und drehte den Regler am iPhone auf Maximum. Wie ein Derwisch begann sie, durch die Wohnung zu stampfen und sich zu verrenken. Sie war unbeobachtet und auch wenn jemand zugesehen hätte, jetzt war sie nicht mehr zu halten. Der Rhythmus ihrer Lieblingslieder lockte sie aus der Reserve. Nach einer Dreiviertelstunde sackte Amber schweißgebadet auf dem Läufer zusammen. Sie rang nach Atem und brachte ein Grinsen zustande.

„Oh yeah! Das hat gut getan! Das ist meine Medizin!", triumphierte Amber und streckte ihre Arme in Siegerpose Richtung Zimmerdecke. Später hockte sie sich an den Tisch, ein gestreiftes Duschtuch in Regenbogenfarben um den nackten und noch feuchten Körper geschlungen. Sie klappte ihren Laptop auf, öffnete ein Worddokument und haute ihre Gedanken in die Tasten:

Es rumort:

Fred

– Ich möchte KEINE Kinder, bis ich mir zu 200 % sicher bin (nicht verhandelbar!!!).

– Möchte *ich* überhaupt mit Frederik zusammenbleiben? Sei ehrlich!

– Was ist unsere Basis, auch ohne Kinder? Liebe? Gewohnheit? Komfortzone?

– Gibt es einen Plan B?

Politik

– Ich integriere die neuen Impulse …

– … und überprüfe meine politische Haltung.

– Will ich wirklich in den Nationalrat, auf Bundesebene politisieren?

– Gibt es einen Plan B?

Arbeit

– Ist Master/Fortsetzung Studium ein Thema?

– Wo, welches Pensum, mit welchen Menschen, in welchem Umfeld möchte ich arbeiten?

Auch noch

– ~~Ich lerne ordentlich zu kochen.~~ (Nö, keine Priorität)

– Haare kurz?

– Wo sind meine Wurzeln??!?!

– Dringend mit Annie und Maman skypen!

– Nelly besuchen!

– Ahnen, Emmental, Ururgroßmutter Marthe – WO SIND TRUDES TAGEBÜCHER????

Ein Tropfen platschte aus einer nassen Locke auf die M-Taste. Amber wischte ihn schnell mit dem Zipfel des Badetuches ab. Sie las ihre Worte noch einmal und drückte die Speichertaste. Danach rückte sie einen zweiten Stuhl heran, legte die bloßen Füße auf die gepolsterte Sitzfläche und lehnte sich zurück. Aus einem Impuls heraus griff sie zum Mobiltelefon und wählte die Nummer ihres Vaters. Beim Klang seiner Stimme huschte ein Lächeln über Ambers Gesicht. Nach den Begrüßungsfloskeln kam sie gleich zur Sache und fragte ihn nach dem Verbleib der Tagebücher. Anschließend berichtete sie ihm von den neusten Entwicklungen mit Fred und dass sie in Berlin war. Walter hatte ihr bestätigt, dass Trudes Aufzeichnungen seit Jahren unberührt auf seinem Dachboden lagerten, außer die Mäuse hätten sie gefressen. Während des Plauderns war ihr in den Sinn gekommen, dass sie sich in der Geburtsstadt ihres Großvaters Valentin befand und es eigentlich dumm wäre, seine Spur nicht aufzunehmen. Das Telefongespräch erinnerte sie auch daran, dass Lea, Fabienne, Cinzia noch nicht Bescheid wussten und informierte sie per WhatsApp. In einer weiteren Nachricht fragte sie Meilin und Annie, ob sie eine Ahnung hätten, wie die Adresse von Valentins Geburtshaus war. Ihre Mutter schickte ein nachdenkendes Emoji und zwei Fragezeichen. Annie schrieb, dass das Haus an der Friedrichstraße während des Zweiten Weltkrieges bombardiert worden war. Sie wüsste nichts von überlebenden Verwandten.

Haut und Haare hatten sich in der Zwischenzeit in der warmen Zimmerluft abgetrocknet. Amber wandte sich ins Schlafzimmer, um sich frische Kleider zu holen und anzuziehen.

Der Plan, die Ahnen aufzuspüren, hatte sich während des Telefongespräches vor ihr wie eine Landkarte ausgebreitet und beschwingte Amber. Sie fühlte sich plötzlich voller Energie, sodass sie Lust bekam, noch einmal auszugehen und ins Kosmos zurückzukehren. Während der Tagung legte jeden Abend ein DJ Mucke auf.

Als sie nach BH, Höschen und dem knielangen, schwarzen Kleid und den Strumpfhosen langte und im Begriff war, sich die Wäschestücke überzustreifen, fiel ihr Blick auf die stoppeligen Unterschenkel. Sie hob den linken Arm und fuhr mit den Fingern der rechten Hand durch die Achselhöhle. Amber nahm einen Satz, sprang leichtfüßig ins Bad, stellte sich erneut unter die Dusche, seifte sich ein und schabte mit dem Rasierer die störenden Härchen weg. Sie nahm die Melodie in ihrem Kopf summend auf und sang Taylor Swifts Refrain lauthals mit, während das lauwarme Wasser sie von oben berieselte und ihren Körper vitalisierte: *„Shake it off! Shake it off ... Hmhm ...“*

Eine halbe Stunde später ließ Amber die Tür hinter sich zuknallen, warf den Schlüssel in den Stoffbeutel und hängte ihn sich auf den Rücken. Wieder stöpselte sie die Kopfhörer ein. Sie trug das Smartphone in der rechten Hand und tänzelte zurück zum Kongresslokal. Ein entgegenkommender Radfahrer mit einem geringelten Matrosenshirt lachte breit, als ihm Amber übermütig *„Servus“* zurief und winkte. In dem Moment, als ihr der Gruß über die Lippen kam, erinnerte sie der Klang an den Schutzpatron des Tages. Servatius war bisher der Gnädigste unter den Eisheiligen. Der heutige Tag war etwas durchzogen, aber insgesamt eigentlich ganz freundlich gewesen. Sie würde sehen, was die anderen noch bringen würden.

Der große Saal im Kosmos kochte wie ein Hexenkessel. Amber tanzte wie im Rausch. Und das ohne Alkohol. Sie schüttete nur literweise Wasser nach, das binnen Minuten wieder herausgeschwitzt war. Sie war bis auf die Unterwäsche klitschnass. Alles klebte an ihr. Aber es spielte keine Rolle, weil alle um sie herum Schweiß verspritzten und in Trance zum Beat der lauten Musik abgingen. Eine Laser-Licht-Show sorgte für Ambiente. Amber verschmolz mit der wabernden Masse und rockte sich das Hirn leer. Es muss sich irgendein Hormon ausgeschüttet haben, denn sie fühlte sich selig und frei wie schon seit Äonen nicht mehr. Überhaupt verloren Raum und Zeit an Bedeutung. Es gab nur diesen einen Moment der Ekstase, des Fliegens. Meist hielt sie die Augen geschlossen. Sie war getragen von der Menschenmenge. Rempelte sie sich mit jemandem an, begrüßten sich die Tanznachbarn mit einem trunkenen Lächeln und jeder versank danach wieder in seinen eigenen inneren Kosmos. Endlich konnte sie mit Lea und Fabienne, die kaum einen Rave ausließen, mitreden und wusste jetzt, was die beiden meinten, wenn sie vom Trancetanzen wie von orgiastischem Gruppensex sprachen.

Amber reagierte vorerst nicht, als sie jemand von hinten auf die Schulter tippte. Sie hatte immer noch die Augen geschlossen und stampfte zu den afrikanischen Trommeln, während sie mit den Armen in der Luft wippte. Sie schmunzelte über den Scherz oder die Anbändelei des Nächsten, der ihr im Takt auf die Haut klopfte, hatte aber keine Lust, darauf zu reagieren und sich aus ihrem Glücksritt herauszuholen. Der oder die war jedoch hartnäckig und so riss Amber die Augen auf, entschlossen, einen anderen Platz zu suchen oder den Anmacher in seine Schranken zu weisen, und schnellte herum.

Niklaus stand vor ihr und gaffte sie an. Er war oberkörperfrei, der Schweiß rann ihm über die Brust. Er hatte die Arme zu einer fragenden Geste erhoben. Lila, weiße und orangefarbene Lichtstrahlen der Lasershow zogen über sein Gesicht. Amber gefror auf der Tanzfläche. Sie hatte die *Ice Bucket Challenge* nicht mitgemacht. Aber das musste es sein. Die Musik drang nicht mehr zu ihr durch, sie nahm die anderen Menschen nicht mehr wahr, sie blieb am Boden angewurzelt und starrte Niklaus wie einen Außerirdischen an. Der begann sich langsam zu regen und lud Amber mit einer Geste ein, mit ihm weiterzutanzen. Sie schüttelte ungläubig den Kopf, während sie sich ungelenkig und unsicher bewegte, als hätte sie von einer Sekunde auf die andere verlernt, wie das ging mit dem Tanzen.

Sie ließ Niklaus nicht aus den Augen. Er betrachtete sie ohne Unterlass und gestikulierte wild mit Armen und Händen, während seine Hüfte und Beine sich zum Rhythmus bewegten. Amber vermutete, dass seine Gesten so was in der Art von *„was machst du hier?“, „lange her!“, „wie geht es?“* bedeuten sollten. Doch eindeutig zu erkennen war es im unzuverlässigen Discolicht nicht. Irgendwann wurde es ihr zu blöd und sie deutete mit dem Kopf Richtung Ausgang. Niklaus folgte ihr und zog sich beim Gehen das T-Shirt über, das er sich in die Gesäßtasche der Jeans gesteckt hatte. Im unbarmherzigen Licht des Foyers standen sie sich nass geschwitzt und unvorteilhaft gegenüber und sahen sich mit einem verlegenen Grinsen an. Niklaus breitete seine Arme aus und lachte: *„Komm, lass mich dich richtig begrüßen!“* Amber unterdrückte ihren Impuls, an ihrer Achselhöhle zu schnuppern, überflog ganz kurz in Gedanken, wie sie wohl aussehen mochte, bedachte seine dunklen Schweißränder am T-Shirt und seine ergrauten Schläfen, und nickte.

Nach einem kurzen Abwägen, wo sie sich in Ruhe über die letzten elf Jahre unterhalten konnten und nicht nass geschwitzt durch die Eisheiligennacht durch Berlins Gassen ziehen mussten, kamen sie zur pragmatischen Entscheidung, in ihr Airbnb zu gehen, das einen Steinwurf vom Kosmos entfernt lag. Sie waren ja erwachsene Menschen. Sie duschten nacheinander und zogen sich trockene Sachen über. Niklaus hatte wohlweislich Ersatzkleider zum Wechseln nach dem Tanzen in seinem Rucksack mit. Kohldampf und Durst meldeten sich, also kochten sie sich einen Teller Pasta mit Fertigsugo und tranken Wasser. Etwas anderes war nicht da. Und sie redeten. Sie rollten auf, was in den letzten elf Jahren passiert war. Amber berichtete über ihr Studium und den politischen Werdegang. Niklaus bemerkte: *„Ich habe dich in den Medien verfolgt. Chapeau! Ich finde es toll, wie engagiert du bist! Meine Stimme hattest du immer!“*

Amber fuhr fort und ließ ihn an ihren Ideen und Menschen teilhaben. Als sie von der neusten Entwicklung mit Frederik berichtete, fühlte Niklaus mit, gab ihr aber keinen Rat. Weil er keinen wusste. Amber erfuhr, dass sie noch ein Mädchen bekommen hatten und der jüngste Sohn Epilepsie hatte. Die

Krankheit war dank Medikamenten gut eingestellt, forderte ihn und Nadja, überhaupt die ganze Familie, immer wieder heraus. Es hatte Momente gegeben, da hatte mal er, mal sie ausbrechen wollen. Doch sie hatten immer wieder zueinander gefunden. Er erzählte von seiner Arbeit in Bülach. Er hatte sich zum Schulleiter emporgearbeitet und unterrichtete nur noch wenige Stunden. Am Kongress nehme er teil, weil er hier endlich einen Workshop gefunden hätte, der die neue Strömung im Schulwesen aufgriff. *Die Schule der Potenzialentfaltung*, die wegkäme vom Frontalunterricht und sich hin zum intrinsischen Lernen bewegte, faszinierte ihn. Sie philosophierten über die ideale Schule und den gesellschaftlichen Wandel, der, wie sie auf der Tagung bestätigt bekommen hatten, von der Basis aus als *Grassroot*, Graswurzelbewegung, von unten nach oben erfolgen müsste.

Nach zwei Uhr blickte Niklaus auf sein Mobiltelefon und schob es wieder in die Jeanstasche. Er lehnte sich zurück im Stuhl, machte keine Anstalten aufzubrechen, sagte stattdessen: *„Gegen ein Glas Wein hätte ich jetzt nichts einzuwenden."*

Sie blickten sich an, lächelten und schwiegen. Beide spielten an ihren Wassergläsern herum und hingen ihren Gedanken nach. *„Ich höre dir gerne zu. Es ist wie ein wenig heimkommen bei dir",* getraute sich Amber zu sagen, hob die Beine vom Boden und setzte sich im Schneidersitz auf den harten Holzstuhl.

„Hmh, das geht mir auch so. Und ich mag mich irgendwie nicht losreißen. Ich habe oft an dich gedacht. Auch wenn ich wollte, ich kann dich nicht vergessen. Schau!" Niklaus zeigte

Amber seine Narbe am linken Mittelfinger. Amber stand auf, stellte sich neben Niklaus und betrachtete seine hingestreckte Hand auf der Tischplatte. Sie riss die Augen auf. *„Das gibt es doch nicht! Schau!“*

Sie legte ihren Finger zu seinem und sie verglichen ihre vernarbten Wunden. In der Berührung bleibend, schilderten sie sich den jeweiligen Unfallhergang. Ein Messer also und ein Bremskabel scherzten sie. Dann brach es aus Amber heraus: *„Weiß Nadja von uns?“* Niklaus umschloss mit seiner Hand Ambers und antwortete ruhig: *„Hmh. Ich habe es irgendwann drei-, vier Jahre später erzählt. Sie fühlte sich natürlich verletzt und es hatte einen Moment gebraucht. Doch mit den vier Kindern, der Epilepsie gab es einfach andere Prioritäten, als mir zu schmollen. Einmal wollte sie es mir heimzahlen. Nadja kam nach Hause und eröffnete mir, dass sie sich in einen anderen verliebt hätte. Sie war mit ihm ausgegangen und erzählte später, dass er eine perverse Sau gewesen war und sie keine Lust auf seine Spiele gehabt hätte. Ich glaube nicht, dass sie mit ihm ins Bett gestiegen war. Und wenn, dann wären wir quitt. Wir haben nicht mehr darüber geredet.“*

Niklaus zog Amber zu sich auf den Schoß, fuhr mit den Händen durch ihr Haar, schloss kurz die Augen und seufzte. Unter dem Duschmittel suchte er ihren Duft. Sie strich als Antwort mit den Fingerspitzen über seine grauen Schläfen und widerstand dem Impuls, ihn zu küssen. Ihr Herz pochte bis zum Hals. Und das eingerostete Zahnrad knarzte.

„Ich hätte nichts gegen ein Glas Wein einzuwenden ...“, seufzte Amber. *„Du kommst mir immer wie ein Meteorit vom*

Himmel vor die Füße gefallen. Sprichwörtlich im Kosmos!" Sie hielt inne und schüttelte lachend ihren Kopf. *„Hättest du nicht Lust, mit mir durchzubrennen und alles hinter dir zu lassen? Mir wäre gerade danach ... Australien stände zur Auswahl. Ziemlich weit weg von allem. Solide Distanz."* Nach einer Pause fuhr sie fort: *„Ich finde es einfach nur abgefahren. Das mit uns. Damals und heute hier. Würden wir uns in anderen Lebensumständen begegnen, würde ich keinen Moment zögern und dich nicht mehr hergeben. Aber ich weiß, wenn ich mich jetzt auf dich einlasse, ist mein Chaos perfekt. Ich muss unbedingt das mit Frederik auf die Reihe kriegen."*

Niklaus nahm den in Silber gefassten orange-roten Stein, den Amber über dem T-Shirt trug, in die Hand, befühlte ihn, drehte ihn um und fragte: *„Bernstein?"* Amber nickte und Niklaus fuhr mit sanfter Stimme fort: *„Ich kann nicht erklären, was es ist, das zwischen uns. Was es von Anfang an war. Warum wir uns hier in Berlin begegnen und wir hier an diesem Tisch zusammensitzen, als gäbe es kein Gestern und kein Morgen. Ich würde am liebsten alles vergessen, mich dir hingeben, mit dir verschmelzen. Den Nachmittag in Luzern zu erneuern, ist zu verlockend. Durchbrennen. Die Speicherplatte löschen und herausfinden, was zwischen uns noch nicht ausgelebt wurde, was möglich ist. Wie verführerisch ist der Gedanke, unser Spiel, unser Potenzial zu erforschen ... Doch auch ich möchte mein gutes Leben nicht wegwerfen."*

„Dann ist ja alles geklärt!" Amber veränderte ihre unbequem gewordene Position, wollte von seinem Schoß rutschen, als Niklaus mit beiden Händen ihren Kopf umschloss, ihn zu

sich zog und sie küsste. Sanft erst, tastend, dann erregt und verzweifelt suchend. Amber begrüßte seine Zunge, antwortete mit ihrer. Leidenschaftlich. Zähne, Lippen und Zungen suchten, fieberten, umschlossen, sogen, formten, bissen, was in ihrem Unterleib ein Inferno entzündete. Sie hätte gerne seine Hände auf ihren Brüsten oder weiter unten spielen gespürt. Es wäre ein Leichtes gewesen, einfach weiterzugehen. Seine Erektion, die sie unter ihrem Schoß durch die Stoffschichten spürte, zeigte Bereitschaft. Kurz steckte sie eine Hand zwischen ihre nasse Scheide, die den Slip schon durchtränkt hatte, und umfasste seinen Penis. Auch er rang mit sich, bemerkte Amber. Beide suchten den richtigen Moment. Noch ein letztes Mal die Oberkörper aufeinanderpressen, noch einmal die Möglichkeit, wie es sein könnte, zulassen. Doch dann streckte sich Amber durch. Niklaus reagierte sofort, löste sich von ihr, hielt inne. Seine Lippen kehrten noch einmal zu ihren zurück, berührten sie zärtlich und verabschiedeten sich. Niklaus und Amber sahen sich an, ihre Augen nickten sich zu. Dann erhob sich Amber, küsste Niklaus auf die Stirn und tappte ins Bad, um sich unter dem Hahn einen Schwall kaltes Wasser ins Gesicht zu spritzen.

Niklaus blieb. Die verbleibenden vier Stunden bis zur Öffnung des Kongresses zu seiner Unterkunft quer durch die Stadt zu hetzen und sich in den U-Bahn-Stationen mit Alkoholleichen herumzuschlagen, darauf hatte er keine Lust. Ein Powernap machte mehr Sinn, stimmte sie zu. Er schlief im Bett neben ihr. Angezogen. Sie waren ja erwachsene Menschen.

2015 – Donnerstag, 14. Mai, Auffahrt: Bonifatius

Sie hätten am Morgen verschlafen, wenn nicht Meilins Anruf sie geweckt hätte, die in der Zwischenzeit von Annie die Berliner Adresse in Erfahrung gebracht hatte, sie Amber mitteilen und überhaupt einfach einen kurzen Schwatz halten wollte. Ihre Mutter riss auf der anderen Seite der Erdkugel die Augen auf und blieb platt zurück, als Amber in den Hörer flüsterte, dass Niklaus neben ihr im Bett läge, sich für die Adresse bedankte und dabei nicht erwähnte, dass sie sie schon hatte. Sie beendete das Gespräch, weil sie auf dem Sprung war, um den Einlass für den Workshop nicht zu verpassen.

„*Give me a hug, Hug!*“, bat Amber Niklaus wenig später, nachdem sie im Foyer des Kosmos einen schnellen Kaffee getrunken und sich verabschiedet hatten. Sie besuchten an dem Tag verschiedene Vorträge, verabredeten sich jedoch noch einmal am frühen Abend, bevor Niklaus den Nachtzug in die Schweiz zurücknehmen wollte. Sie klammerten sich aneinander fest, um den anderen mit jeder Faser abzuspeichern, um ihn wenigstens in Erinnerung mitzunehmen. „*Bis zum nächsten Wiedersehen in elf Jahren*“, hatte Niklaus versucht zu scherzen. „*Können wir eigentlich auch einfach Freunde sein und uns gelegentlich sehen?*“, war als Frage aufgepoppt. Nein. Das konnten sie nicht. Einen Freundestatus hatten sie verworfen. Sie wollten sich auch nicht auf Social Media treffen, auf keinem Kanal austauschen. Der Zunder zwischen ihnen war zu explosiv und zu gefährlich, um ihn nebenbei in Niklaus' Familienleben und in Ambers politischer Karriere zu kultivieren. Sie kamen überein, dass sie es beide nicht schaffen würden, gegen diese große Anziehung anzukämpfen. Das Wort „Liebe" umschifften sie meisterlich, als könnte das bloße Aussprechen der fünf Buchstaben eine Detonation auslösen, die eine Erdplattenverschiebung und am Ende einen Tsunami auslösen könnte, der ihrer beider Lebenskonzepte einfach wegschwemmen würde.

Niklaus hauchte Amber einen Kuss auf die Wange, drückte seine Nase noch einmal in ihr Haar und löste sich langsam rückwärts. Amber blieb regungslos stehen, ließ seine Hände aus ihren gleiten, bis sich am Schluss nur noch die Fingerspitzen berührten. Als würde ein Stromschlag über ihre Kuppen durch die Arme in den ganzen Körper fahren, verharrten sie für einen Bruchteil einer Sekunde in diesem intimen Moment. Niklaus löste sich schließlich, formte mit den Lippen einen Kuss, drehte sich um und verschwand in der Menge.

Silvio trat wenige Minuten später auf Amber zu und fragte sie nach ihrem Ergehen bei der Tagung. Amber schreckte zusammen. Sie waren sich seit Dienstag nicht mehr über den Weg gelaufen und Amber hatte ihn völlig ausgeblendet. Jetzt fühlte sie sich ertappt und genötigt, eine Erklärung abzugeben. Sie hoffte inbrünstig, dass die Abschiedsszene im Pulk untergegangen war und Silvio nichts mitbekommen hatte. Es wird besser sein, am Abend auf Nummer sicher zu gehen und Niklaus auf Distanz zu begegnen. In den wenigen Minuten, die ihnen blieben, tauschten sich Silvio und Amber über die Tagung und das Befinden aus. Amber erwähnte Niklaus mit keinem Wort und nein, am Abend ginge sie auf Ahnensuche und mochte nicht mit ihm ausgehen. Aber am Freitag könnten sie doch den letzten Tag zusammen verbringen.

Das Licht im Saal wurde gerade gedimmt, als Amber wohl als Letzte durch die Tür schlüpfte. Beim Überfliegen der Reihen schätzte sie um die hundert Personen, die aus den Sitzen des alten Kinosaals erwartungsvoll auf die weiße Leinwand blickten. Es gab nur noch freie Plätze in der zweitvordersten Reihe. Amber drängte sich geduckt und Entschuldigungsfloskeln murmelnd an den Sitzenden vorbei und erntete dafür bei den einen verständnisvolles Lächeln und bei den anderen unwirsche „Muss-das-sein-Blicke“. Als sie sich erleichtert in das weiche Polster fallen ließ, setzte zeitgleich pathetische Synthesizermusik ein, die erst von sphärischen, glockenklaren Frauenstimmen begleitet und alsdann von schweren japanischen Trommeln abgelöst wurden. Intensität und Tempo legten von Takt zu Takt zu. Wechselnde Bilder aus fernen Galaxien und der Milchstraße, Planeten, die von Sternen umnebelt waren, krönten das akustische Spektakel. Als plötzlich die Erde ins Zentrum rückte und sie mit einem Zoom auf die Zuschauer zuflog, stellten sich Amber die Nackenhaare auf. Gleich darauf hatte sich ihr ganzer Körper mit Gänsehaut überzogen.

Die Dozentin betrat die Bühne und wurde als Schatten ein Teil der Projektion. Sie wartete die letzten Trommelschläge ab, ließ die Zuschauer für eine Sequenz das akustische Vakuum aushalten, bevor sie mit sonorer Stimme in den Raum sprach: *„Was ist deine Vision für uns als Menschheit?“* Amber erfasste eine weitere Gänsehautwelle. Sie schielte nach links und rechts und erkannte, dass ihre Sitznachbarn ebenso elektrisiert in den Sesseln klebten. Sie wusste keine Antwort. Sie fühlte sich wie damals als Schülerin, als Lehrer Freuler Blätter für eine unangemeldete Klausur verteilt und sie den Stoff nicht beherrscht hatte. Und sie war, wie sie erahnen konnte, damit in allerbester Gesellschaft in diesem alten Kinosaal aus der ehemaligen DDR.

Als das Licht anging, setzte sich die Dozentin auf den Bühnenrand, streifte ihre Schuhe ab und stellte sich vor. Jule Hoffmann war eine Frau um die sechzig, füllig in einem bequemen pastellfarbenen Hosenanzug, gemütlich, sympathisch, wie sie jetzt ins Publikum lachte, während sich die Kursteilnehmer sichtlich entspannten. Sie käme aus der Neurowissenschaft, fügte sie noch an, bevor sie sich von der Tribüne abstieß und barfuß auf dem Teppich landete.

„Es ist mir unangenehm, von oben herab zu sprechen. Leider ist für unseren Workshop kein anderer Saal zur Verfügung. Aber es passt zu meiner Devise, mit dem zu gehen, was da ist, und mit wachem Geist das Beste daraus zu machen. Wir werden sowieso viel in Bewegung kommen. Ihr werdet euch nicht in den weichen Sesseln einnisten können. Raus aus der Komfortzone und in die Bewegung kommen, gehört mit dazu, wenn wir eine neue Welt erschaffen wollen.“ Jules Blick blieb bei einzelnen Teilnehmern hängen, bevor sie fortfuhr: *„Wir alle wissen, dass wir an einem kritischen Wendepunkt angelangt sind. Der Klimawandel, die Ressourcenausbeute, die*

Kriegsherde und das Gefälle zwischen Arm und Reich destabilisieren sowohl das Ökosystem des Planeten wie auch den Zusammenhalt der gesamten Weltbevölkerung. Schwarzmaler sehen unsere Menschheit in einen offenen Abgrund rennen."

Raunen und schwere Seufzer gingen durch die Reihen.

„Was uns fehlt, ist eine neue, strahlende, gemeinsame Vision! Wir wissen nicht, wo wir hinwollen."

Die Dozentin machte eine weitere Pause, um den Satz wirken zu lassen.

„Die vom System Privilegierten werden nicht aus freien Stücken Veränderungen anstreben. Wir dürfen nicht von oben, von den Politikern erwarten, dass per Gesetz die Veränderungen erzwungen werden. Veränderungen können nur durch innere Einsicht erfolgen. Deshalb steht jeder in der Verantwortung, in sich selbst den Wandel, den Bewusstseinswandel zu vollziehen. Ich glaube, dass wir die Probleme nicht dort lösen können, wo sie entstanden sind, sondern dass wir eine andere Warte einnehmen müssen. Ich weiß aus der Hirnforschung, dass wir unser Potenzial noch lange nicht ausgeschöpft haben und noch längst nicht alle Möglichkeiten durchgespielt haben. Ich möchte euch heute dazu inspirieren, euren Geist zu weiten und groß zu denken, kühne Ideen für unsere Zukunft zu entwerfen. Und ich weiß, dass es geht, weil wir alle Genies sind, die nur einen Bruchteil dessen, was in uns angelegt ist, nutzen. Macht es Freude, zu resignieren und sich mit dem Weltuntergang zufrieden zu geben? Nein! Wir sind als Menschheit noch nicht am Ende der Fahnenstange. Ich sehe unsere Weltkrise als Challenge für die gesamte Menschheit, über uns hinauszuwachsen. Es

steht uns gut, wenn wir den unerschrockenen Pioniergeist der Eroberer in uns neu erwecken. Wenn wir hoffnungsvoll in eine unbekannte neue Welt aufbrechen."

Amber zückte ihr Notizheft und hielt Jules Worte fest. Sie war total gefesselt von der charismatischen Frau und wollte sich keinen Satz entgehen lassen. Jule sprach von einem Tagesbewusstsein und einem Unterbewusstsein. Und sie sprach vom freudvollen Lernen, bei dem neue Neuronen und Synapsen gebildet werden. Weiter sprach sie vom Unsinn, das Alte bekämpfen zu wollen.

„Allem, dem wir uns zuwenden, geben wir Aufmerksamkeit. Indem wir das Alte bekämpfen, nähren wir es und widmen ihm unbewusst weiterhin unsere Energie. Es macht viel mehr Sinn, einer neuen Idee unsere Begeisterung zu schenken. Energie ist wie eine Taschenlampe, die den Lichtstrahl bündelt. Stellt euch doch einmal die Frage, wem ihr den lieben langen Tag eure Aufmerksamkeit schenkt: euren Sorgen oder euren Plänen? Und was löst mehr Freude aus?"

Ein Teilnehmer aus den mittleren Reihen meldete sich zu Wort: *„Natürlich machen schöne Pläne mehr Freude. Aber das löst die Probleme nicht!"*

„Auf den ersten Anschein nicht. Es geht auch nicht darum, die Schwierigkeiten zu negieren. Sie sind Realität und lassen sich nicht wegzaubern. Aber wir können lernen, damit umzugehen, ihnen die Härte zu nehmen, wenn wir das in uns nähren, was in uns Freude und Begeisterung auslöst. Freude und Begeisterung lösen eine biochemische Reaktion im Körper und im Hirn aus und schenken uns Energie. Ein Leuchtturm

heißt nicht, dass der Sturm vorbei ist, aber du kannst dich an ihm orientieren. Eine gute Vision zu haben, heißt nicht, dass der Status quo einfach verschwunden ist, aber sie hilft dir, dass schwierige Situationen die Macht verlieren über dich. Es ist eine Frage des Fokus und der Perspektive: resignieren oder die Ärmel hochkrempeln?"

Dieselbe Stimme meldete sich erneut: *„Und wie soll das gehen?"*

Amber schmunzelte und drehte sich zum Fragenden um. Sie wusste aus unzähligen Tagungen, dass es in jeder Gruppe immer mindestens eine Person gab, die sich mit dem Dozenten anlegte. Entweder, um ihn zu zerlegen und die eigene Brillanz zu demonstrieren, oder weil sie einsam war und wenigstens einmal von einer Anzahl Menschen Aufmerksamkeit geschenkt bekommen wollte. Der schlanke Mann mit Brille und Retrotrainingsjacke aus den Siebzigerjahren war in ihrem Alter und sah aus wie einer aus dem Kulturbereich. Vielleicht war er Musiker? Unsympathisch war er jedoch nicht. Nach zwei Zwischenfragen schickte Amber ihn noch nicht in die Nervensägeschublade.

Jule griff seine Frage auf: *„Das Werkzeug, das ich euch anbiete, ist, eine Vision aus der Zukunft zu empfangen. Ich werde euch Impulse geben, wie ihr sie für euch selber und wie ihr sie in die Tat umzusetzen könnt, wie ihr euch mit anderen zusammenschließen könnt, um gemeinsame Visionen zu entwickeln. Es gibt eine ganz einfache Formel der Manifestation: Gedanken werden Worte. Worte werden Taten. Taten erschaffen eine neue Realität. Alles, was wir denken, ziehen* *wir nach dem Gesetz der Resonanz an. Wenn Gedanken mit starken Emotionen geladen sind, wie Freude und Begeisterung, ist das wie ein Turbobooster. Die Gefahr bei Wut besteht darin, dann die doppelte Ladung Ärger anzuziehen. Deshalb ist Vergeltung aus neurowissenschaftlicher und energetischer Sicht eine unkluge Strategie. Rache als Antwort zieht nur noch mehr Leid an. Wählt also eure Emotionen und Gedanken weise! Es ist eine Entscheidung und es liegt in eurer eigenen Macht, über euren Energiehaushalt und euer emotionales Wohlbefinden zu wachen."*

Amber sann noch über die Worte der Referentin nach, während diese einen Schluck Wasser trank. Dann fuhr sie fort: *„Lasst uns spielen, wie wir es als Kinder getan haben. Haben wir nicht alle ‚Was wäre wenn?' oder ‚Ich wäre die Prinzessin und du der König' gespielt und diese Spiele geliebt? Lasst uns vorstellen, wir sind die Schöpfer, die Mitschöpfer der Welt. Lasst uns ‚Der achte Tag' spielen. Der liebe Gott hat die Welt in sieben Tagen erschaffen, ist jetzt müde, hat sich wohlverdient zur Ruhe gesetzt und überlässt uns jetzt das Feld. Wie würden wir am achten Tag die Welt, wie sie sich jetzt präsentiert, weiter gestalten? Wollen wir sie uns schöner machen? Oder lassen wir es zu, wie sie von Spielverderbern zerstört wird?"*

Jule grinste spitzbübisch und fügte an: *„Lass uns Pippi Langstrumpf spielen: ‚Ich mach' mir die Welt, widewide wie sie mir gefällt!'"*

Sie klatschte in die Hände und forderte das Publikum auf: *„So! Raus aus der Komfortzone! Steht bitte auf! Schüttelt eure eingeschlafenen Glieder und euren Geist wach! Dann bitte ich* *euch, einen neuen Sitzplatz in einer anderen Reihe einzunehmen. Ein Ortswechsel bringt das Hirn aus der Routinerille und unterstützt dabei, eine neue offene Perspektive einzunehmen. Also los!"*

Durch den Saal ging ein Raunen, das mit einzelnem Kichern und Stöhnen durchsetzt war. Allmählich kam Bewegung in die Reihen. Die anwesenden Menschen schälten sich aus ihren Sitzen, schüttelten Füße aus, schlenkerten mit ihren Armen, kreisten Hüften, rafften schließlich die verstauten Taschen und Schuhe unter den Sitzen zusammen, rempelten sich an und entschuldigten sich. Es krabbelte und wuselte im Saal wie in einem Ameisenstock in Aufruhr, bis sich alles wieder neu sortierte.

„Ich werde euch nachher durch eine Trance, eine Art Traumzustand, leiten. In der geführten Meditation werdet ihr eure persönliche Vision für die Welt empfangen. In Trance versetzt schwingen wir auf einer anderen Bewusstseinsebene, die empfänglich ist für Bilder und Botschaften aus einer metaphysischen Ebene. Schon seit Jahrtausenden versetzen sich Schamanen, Priester, Geweihte in Trance, um mit den Anderswelten zu kommunizieren. Ich begrüße es, dass heute Normalsterbliche mit Meditation oder Kunst Zugang zu ihrer schöpferischen Instanz finden können und dass das Anzapfen von Wissen nicht mehr einer abgehobenen elitären Priesterschaft vorbehalten ist. Wir sind alle Schöpfer unseres Universums. Seid achtsam mit euch, mit dem, was sich vor euren inneren Augen sichtbar machen möchte. Geht danach in die Stille, schreibt für euch, ohne euch auszutauschen, damit die Magie nicht von

unachtsamem Geschwätz vertrieben wird. Geht alleine in die Mittagspause mit den Botschaften und hütet sie wie einen kostbaren Rohdiamanten, der euch anvertraut wurde. Es ist euer persönlicher heiliger Gral, den ihr nur denen zeigt, die würdevoll mit einer Kostbarkeit umgehen können. "

Jule stemmte sich mit erstaunlicher Leichtigkeit auf die Bühne, wo sie den bereitstehenden Flipchart ansteuerte. Sie griff zum Faserschreiber und drehte sich erneut zum Publikum, das an ihren Lippen klebte: *„Nach der Mittagspause werdet ihr Kniffe für die Umsetzung der Vision bekommen. Hier vorab, damit ihr wisst, worauf es hinausläuft und dass es nicht nur eine Luftblase ist. Die Umsetzung ist die Königsdisziplin und verlangt euer ganzes Commitment. Ich verspreche euch, eure Absicht und tägliche kleine Schritte führen euch über einen längeren Zeitraum zu den gewünschten Veränderungen."*

Der schwarze Stift quietschte auf dem Papier, während Jule die Stichworte aufschrieb und kommentierte:

„VERTRAUEN:

Vertraut den inneren Bildern! Denn sie entspringen einer tiefen Weisheit.

BEGEISTERUNG:

Fühlt die Begeisterung des Aufbruches. Sie ist der Motor. Prüft, ob die Vision Freude macht. Freude ist der Indikator für den Energielevel. Bringt euch die Idee Schwung, dann seid ihr auf gutem Kurs.

TEAM:

Die Zeit der „Lonesome Cowboys" ist vorbei. Sucht euch

gleichgesinnte Menschen, Netzwerke, Verbündete, um die guten Ideen und Bilder umzusetzen. Ihr braucht euch nicht alleine abzurackern.

TÄGLICHE ROUTINE:

Nicht die Absicht oder die Vision alleine, sondern die tägliche Aktion zählt. Das, was du täglich tust, ziehst du an. Was du täglich umsetzt, bringst du auf die Erde. Nimm dir täglich mindestens etwas, besser drei Dinge vor, die dich zu deiner Vision führen. Gewöhne dir eine neue Routine an und verpflichte dich, deine Herzensangelegenheit in die Tat umzusetzen. Es ist wie ein Muskel, der trainiert werden möchte. Nimm dir nicht zu viel auf einmal vor, damit du nicht daran zerbrichst. Teile dein Vorhaben in kleine, machbare Schritte ein. Richte deinen Fokus darauf, wo du hinmöchtest und bleibe dran.

Wie gesagt, ich werde heute Nachmittag ausführlich darauf eingehen und an praktischen, auch euren, Beispielen aufzeigen, wie ihr damit konkrete Schritte einleiten könnt. Doch jetzt legt alles zur Seite. Entspannt euch, lasst euch in die Sessel sinken und geht auf Empfang. Heute ist Auffahrt. Lasst uns zu den Sternen greifen und eine neue Welt empfangen und kreieren."

.....

Der Workshop hatte vielversprechend angefangen. Jules Schwung hatte sie angesteckt und sie war richtig in Fahrt gekommen bei der Idee, sich die Zukunft neu zu erdenken. Das Werkzeug und die Exkurse in die Neurobiologie und Psychologie hatten Amber begeistert und total eingeleuchtet.

Mit Neugierde und Offenheit hatte sie Jules Anweisungen gelauscht, die sie hätte in eine Trance versetzen lassen. Doch ihr Körper streikte, er entspannte sich nicht und es wollten sich trotz geschlossener Augen partout keine inneren Bilder einstellen. Sie hatte eine blanke, schwarze Leinwand in ihrem Kopf. Sonst nichts. Ungeduldig mahnte sie ihre angespannten Glieder loszulassen, doch je mehr sie sich selber anpeitschte, ruhig zu werden, desto mehr verspannten sich die Pobacken und verkrampfte sich ihr Unterkiefer. Jetzt vernahm sie auch noch Frederiks Stimme im Kopf, die allmählich Jules übertönte. Amber zwang sich, tief in den Bauch zu atmen und sich darauf zu fokussieren. Doch die Gesprächsfetzen der letzten Unterhaltung am Abend ihrer Trennung zischelten in ihrem Gehirn. Nun mischte sich auch noch Niklaus in die Diskussion in ihrem Kopf ein. Amber gab sich geschlagen. Sie riss entnervt die Augen auf. Mit diesen beiden Störenfrieden im Kopf war es ein Ding der Unmöglichkeit, in eine Tiefenentspannung abzusinken. Amber fühlte sich beraubt um eine neue Erfahrung, auf die sie sich gerne hatte einlassen wollen, und verfluchte die zwei Männer, die überhaupt ihr ganzes Leben über den Haufen warfen. Amber wollte jetzt nur noch raus hier.

Doch eingeklemmt zwischen Menschen in engen Kinostühlen, die in tiefer Trance abgetaucht waren, wagte sie nicht, ihrem Impuls zu folgen und aus dem Saal zu rennen. Ihr blieb nichts anderes übrig, als das Ende abzuwarten. Unruhig rutschte sie auf ihrem Sessel herum und erntete einen scharfen Blick von Jule. Nach dieser Zurechtweisung fand Amber auch Jule nicht mehr so cool wie eben noch.

Amber harrte eine endlose lange Viertelstunde aus, bis die Kursleiterin die Teilnehmer aus ihrer Trance zurückholte. In den glückseligen Blicken erkannte Amber, dass einige wohl wahre Paradiesvisionen erschaffen hatten. Raus hier! Als sich der schweigende Strom endlich in Bewegung setzte, stürzte sich Amber aus der Reihe und war innerhalb von einer Minute an der frischen Luft. Sie rannte um den Block zur Mietwohnung, warf sich außer Atem auf das ungemachte Bett, auf dem sie sich endlich ihre Wut, Ratlosigkeit und Verzweiflung aus dem Leib wälzte und Rotz und Wasser heulte. Am Nachmittag kehrte sie nicht zum Workshop zurück, sondern zappte sich durch die Programme und füllte sich ihren leer geweinten Schädel mit Stumpfsinn.

Der Himmel war bedeckt, als Amber mit Niklaus Stunden später untergehakt die Friedrichstraße abwanderte. Sie zog den Reißverschluss ihres Parka hoch und drückte sich etwas enger an den Mann an ihrer Seite. Niklaus trug eine Funktionsjacke und seinen Reiserucksack am Rücken. Amber war alles andere als in Auffahrtsstimmung, eher in Abfahrtsstimmung. Niklaus' Zug fuhr in zwei Stunden und in ihrem Inneren strudelte ihr Leben gerade aus ihr heraus wie gurgelndes Wasser durch den Badewannenabfluss nach dem gezogenen Stöpsel. Im Pulk der Touristen waren sie nichts weiter als ein beliebiges Pärchen, das sich von *Unter den Linden* bis zum

Checkpoint Charlie vom Strom mittragen ließ. Annie hatte beschrieben, dass auf diesem Straßenabschnitt Valentins Geburtshaus gestanden haben musste. Doch nichts an dieser Touristenmeile, die nach der Bombardierung am Ende des Krieges im Wirtschaftsaufschwung erbaut worden war, erinnerte auch nur ansatzweise an die Prachtbauten, in denen Urgroßvater Valentin aufgewachsen war.

In Amber arbeitete es. Ein wenig Halt gab ihr die Herausforderung, Valentins Geburtsstätte zu suchen. Es war unmöglich, den genauen Ort zu lokalisieren, weil mit Trude die letzte Brücke nach Berlin abgebrochen war und auf die Schnelle keine schriftlichen Überlieferungen von ihrem Urgroßvater Valentin aufzutreiben waren. Doch für einen ersten Eindruck genügte es Amber. Irgendwann würde sie sich die Zeit nehmen, die Großvaterlinie ausfindig zu machen. Meilin hatte aus Trudes Schilderungen erfahren, dass sich Valentins Eltern in der Entourage der SS aufgehalten hatten, eine Tatsache, für die sich Amber als Nachfahrin nicht rühmte. Und dennoch war dies ein Strang in die Vergangenheit, der zu ihr gehörte wie der ins Emmental zu ihren Ururgroßeltern, der in die Ostschweiz zu Nellys und Sepps Ahnen sowie der nach Australien und England zu Malcolms Wurzeln. Niklaus fragte sie, was ihr durch den Kopf ging. *„Ich stehe total neben den Schuhen. In Zürich droht mir der Boden unter den Füßen einzubrechen. Von Frederik habe ich immer noch keine Nachrichten. Ich bin mir, seit ich an der Tagung teilnehme, überhaupt nicht mehr sicher, ob ich in der Politik am richtigen Ort bin. Alles, was in der Schweiz war und mich ausmachte, rinnt mir durch die*

Hände wie Sand. Am heutigen Workshop hätte ich Zukunftsvisionen spinnen sollen. Doch meine Gegenwart ist das reinste Chaos und vernebelt mir das Hirn. Ich kann mich gar nicht auf morgen einlassen. Du wandelst neben mir wie ein Phantom, ein Versprechen, ein Geschenk, das ich nicht öffnen darf. Und gleichzeitig werde ich hier in dieser stark belebten Straße an meine Wurzeln erinnert. Es ist mir, als hätten sich die trennenden Vorhänge zwischen Vergangenheit, Gegenwart und Zukunft aufgerissen und ich stünde mittendrin in einem Vakuum von Zeitlosigkeit. Alle Fäden hängen in der Luft und warten darauf, gefasst und zu einem neuen Strang gebündelt zu werden. An ihm könnte ich mich herausziehen. Doch ich fühle mich handlungsunfähig ...“

Auf ihrer Zunge lag: *„... wegen euch beiden Männern ...“*, aber Amber pfiff die Worte zurück. Stattdessen sagte sie: *„Ich versuche mich gerade zu erinnern, was ich an Geschichten von früher gehört habe, um zu verstehen, was es mit mir macht. Überhaupt frage ich mich gerade, was mich ausmacht und welche Instanzen in mir über mich und mein Leben entscheiden.“*

Amber blieb abrupt stehen, stellte sich vor Niklaus hin, strich ihm mit dem Daumen die widerspenstigen Augenbrauen glatt und sagte etwas, was sie in ihren kühnsten Vorstellungen bisher nie ausgesprochen hätte: *„Kann es sein, dass wir uns aus einem früheren Leben kennen?“*

Niklaus steckte die Hände in die Hosentaschen und zuckte mit den Schultern, in seinem Gesicht lag ein Ausdruck wie bei einem Schuljungen, der bei einem Streich ertappt worden ist.

Amber wandte sich ab, als müsste sie sich schützen. Es würde sowieso höllisch wehtun, da nützte aller Schutz nichts, darauf konnte sie einen wetten. Sie riss sich zusammen und sagte mit gefasster Stimme: *„Ist es okay, wenn wir dort beim Floristen ein paar Blumen kaufen? Ich möchte für meinen Urgroßvater eine Gedenkminute einlegen."*

Auf der Höhe der Krausenstraße wuchs vor einer anonymen Häuserzeile in einem mit Pflastersteinen eingefassten Kreis Erde ein kümmerlicher Baum. Vielleicht war es eine Platane, doch die Rinde war von Touristen, Kindern und wahrscheinlich unsanft angeketteten Fahrrädern abgeschabt und machte eine Zuschreibung schwierig. Amber ließ sich vom Urin, der von Hund oder Mensch stammen konnte und der von den Grasbüscheln in die Nase aufstieg, nicht abhalten, genau an diesem Baum die zwei Rosen, eine gelbe für Valentin und eine weiße für Trude, niederzulegen. Niklaus hielt sich auf Abstand in ihrem Rücken und beobachtete, wie Amber die Augen schloss, die Hände faltete und sich ihre Lippen bewegten.

„Auch ihnen war kein langes Zusammensein beschieden ...", seufzte Amber und schlug sich die Hand vor den Mund, der zu beben begann. Tränen schossen ihr in die Augen und rollten über ihre Wangen. *„Niklaus, bitte geh! Es wird mir zu viel! Bitte geh!"*, ihre bettelnde Stimme überschlug sich. Niklaus nickte, trat auf Amber zu, schloss sie in die Arme und flüsterte: *„Ich werde dich immer lieben!"* Er eilte davon, beschleunigte und rannte beinahe. Sein Rucksack hüpfte auf und ab, während er sich durch den Menschenstrom boxte, bis er die U-Bahn-Station *Stadtmitte* erreichte und im Treppenschlund

verschwand. Amber sank auf den Bürgersteig, umfasste ihre Beine, legte den Kopf auf die Knie und gab sich den Höllenhunden hin, die sich hatten befreien können.

Silvio hockte etwa zur gleichen Zeit an der Theke eines vegetarischen Take-aways. Es war ihm nicht nach Smoothies und fleischfreien Wraps gewesen. Es war schlicht das nächstbeste Lokal, in das er hatte flüchten können. Der Typ war in einem Höllentempo direkt auf ihn zugelaufen und Silvio hatte befürchtet, dass er sich gleich auf ihn stürzen und zur Rede stellen wollte. Dann scherte er jedoch ab und verschwand in der U-Bahn. Was seine Kollegin auf dem Trottoir weiter vorne machte, war ihm schleierhaft. Doch er wollte sich besser vom Acker machen, bevor sie ihn entdeckte. Jetzt rührte er in der braunen Tunke und fuhr mit dem Zeigefinger über das Display seines Handys. Amber und der Fremde eng umschlungen im Menschentumult im Foyer des Kosmos. Dann händchenhaltend vor dem Checkpoint Charly. Auf einem küsste der Mann seine Parteikollegin. Wer war dieser Typ? Seit er seine Parteikollegin am Mittwochabend mit dem anderen hatte rummachen sehen, ritt ihn ein kleiner fieser Teufel. Es war ganz einfach gewesen, im Schutz der Menge das Telefon zu zücken und ein paar Bilder zu schießen. Am Donnerstagmorgen hatte sich schließlich bestätigt, dass da mehr war als nur eine Zufallsbekanntschaft. Die hatten doch bestimmt die Nacht miteinander verbracht. Und heute hatte es ihn gewurmt, dass sie ihn hatte abblitzen und noch einen Abend herumhängen lassen. Er war ihr nach der Tagung aufgelauert und hatte sich ihr an die Fersen geheftet. Von wegen Ahnenforschung!

Er trank aus, knallte die Tasse auf den Unterteller und bestellte noch einen Kaffee, obwohl er ihm nicht bekam. Eigentlich hätte er lieber etwas Richtiges getrunken, doch er musste den Kopf klar behalten. Er merkte jetzt in Berlin, wie rasend ihn diese Frau, ja, nennen wir es ruhig beim Namen, diese Schlampe machte. Er war an der Reihe gewesen mit der Nomination! Aber wegen dieser Scheißfrauenquote hatte sie den Stich gemacht. Nun gut. Irgendwann war es dann gegessen. Und sie hatten eigentlich ganz gut kooperiert in den letzten Monaten. Er war sogar überzeugt gewesen, dass es zwischen ihnen ein wenig gefunkt hatte. Und als er Wind davon bekommen hatte, dass es zwischen Fred und ihr nicht optimal lief, was ihm ein gemeinsamer Bekannter zugesteckt hatte, hatte er die Gelegenheit beim Schopf gepackt. Er war sich sicher gewesen, dass zwischen ihnen in Berlin etwas laufen würde.

Silvio schnaubte und überlegte. Er scrollte sich zum x-ten Mal durch die Fotos, zoomte sich Details heran, als würde sich darin zeigen, dass er sich irrte. Nein, es war unmissverständlich. Es waren Bilder eines Liebespaares. Und nicht er war der männliche Part, sondern so ein fremder Fötzel, der ihn vorhin fast über den Haufen gerannt hatte. Was hatte er noch im Vorbeirennen gesagt, *Äxgüsi?* War es womöglich ein Schweizer? Und die beiden hatten hier ein Liebesnest in Berlin? Silvios Hände zitterten – wegen des Kaffees, aber auch wegen der Erregung, die sich in seinem ganzen Körper ausbreitete.

„Nein, nein! Das ist übel. Diese Idee will ich gar nicht zulassen!", sprach er zu sich selber, als ihm ein gemeiner Gedanke durch den Kopf schoss. *„Nein, das kann ich nicht tun!"*

Silvio öffnete noch einmal seinen Fotoordner, tippte auf das erste Bild und kniff die Augen zusammen, als ihm die Rothaarige und der Fremde erneut entgegensprangen. Er legte die Fingerkuppe auf das Symbol mit dem Papierkorb und zögerte. Der ganze Finger bebte. Silvio kniff die Lippen zusammen, knallte die Lederhülle des Telefons auf das Display, warf ein paar Euromünzen auf den Tresen und verließ fluchtartig das Lokal. Der kühle Abendwind erfrischte ihn. Amber war verschwunden, stellte er erleichtert fest. *„Die Bordsteinschwalbe sitzt nicht mehr auf der Bordsteinkante"*, grinste Silvio hämisch und machte sich in die Richtung des Baumes auf, bei dem Amber sich aufgehalten hatte. Er wollte nachsehen, was sich dort abgespielt hatte, konnte sich aber keinen Reim darauf machen. Angewidert von der Hundepisse, deren ätzender Geruch in der Nase biss, kickte er mit der Fußsohle die blöden Blumen weg und steuerte auf die nächste Currybude zu. Ihm stieg die Magensäure vom Kaffee auf und er musste dringend etwas essen. Vier Bier später zückte er sein Handy erneut, wählte die Leserreporternummer der Redaktion, fügte drei Fotos aus seinem Ordner ein, zögerte und löschte die Nachricht wieder. Stattdessen wählte er die Direktnummer des Boulevardblattes und sprach zu der Person am anderen Ende der Verbindung: *„Wenn ich euch etwas Heißes einer hoch gehandelten Nationalratskandidatin zukommen lasse, sichert ihr mir Anonymität zu?"*

Als ihm diese anerkannt wurde, wiederholte er das vorhergehende Prozedere, suchte die eindeutigsten Fotos und schickte sie mit der Unterschrift *„Grüne Nationalratskandidatin hat* *ein Liebesnest in Berlin"* ab. Seinen süßen Racheakt begoss er mit zwei weiteren Pils. Danach torkelte Silvio beim Einbrechen der Dunkelheit zur U-Bahn, kotzte in einem Schwall den currygelben Mageninhalt an einen gefliesten Stützpfeiler und konnte sich danach kaum noch auf den Beinen halten. Angeekelte Fahrgäste machten einen weiten Bogen um den Penner und warteten ein Stück abseits auf ihren nächsten Anschluss.

.....

Wie immer war Kunz der letzte, der zur abendlichen Redaktionssitzung eintraf. Chefredakteur Randegger ging sein zuverlässiges „Auf-den-letzten-Drücker-Kommen" auf den Sack, er hatte ihn auch schon oft genug deswegen abgemahnt. Doch er lieferte immer wieder gute Storys. Also warteten alle, bis Kunz sich endlich am runden Tisch installiert und seine losen Notizzettel vor sich ausgebreitet hatte. Alle anderen hatten während des Nachmittags ihre Ausbeute auf einem Block notiert oder im PC gesammelt und sauber ausgedruckt zur Sitzung mitgebracht. Kunz hielt an seiner Zettelwirtschaft fest und nervte alle damit.

Randegger begrüßte die sechs Kollegen und zwei Kolleginnen und bat sie, ihre Vorschläge wie gewohnt kurz und prägnant vorzubringen. Er blickte verstohlen auf seine Rolex und überschlug, dass es ambitiös war, in eineinhalb Stunden umgezogen beim Eingang der Oper zu stehen. Melanie würde ihm wieder tagelang schmollen. Randegger klatschte in die

Hände und rief in die Runde: *„Also Leute, was gibt's Neues?"*
Die Praktikantin notierte die Storys, die die Redakteure der Reihe nach ins Plenum warfen und im Anschluss hinsichtlich Relevanz und öffentlichem Interesse diskutierten, auf dem Whiteboard mit einem blauen Faserschreiber, dem die Tinte allmählich ausging und der ein widerliches Geräusch auf der Tafel verursachte:

– **Erdbeben vom 25. April in Nepal**
Schülerin Lucie B. aus Kerzers hilft beim Aufbau.
(Reicht nächste Woche)

– **Absturz Airbus A320 Germanwings 24. März Haute-de-Provence**
Absichtlich herbeigeführter Absturz / Selbstmord des Kopiloten verdichtet sich.

– **Eurovision Contest in Wien 2015**
Österreicher Conchita Wurst Sieger 2014 Kopenhagen (will niemand mehr sehen)
Schweizer Teilnahme: Mélanie René – Titel: „Time to shine" / Indianerkostüm im Video (abgelutscht)
„Barbara Dex Award": Wer holt 2015 den Titel für das schlechteste Kostüm? (Notnagel)

– **Fifa-Skandal Sepp Blatter verhärtet sich.**
(Noch keine Fakten, verfolgen)

– **Eishockey-WM in Prag, Ausscheiden des Schweizer Teams** (Sportredaktion)

– **Mark Zuckerbergs Geburtstagsparty *1984** (kaum von Interesse)

Kunz brachte als letzter seine Story vor, die ihm im Verlauf des Abends zugespielt worden war. Aus Berlin hätte er Fotos von der Grünen Zürcher Nationalratskandidatin Amber S. bekommen. Sie habe nach außen hin an einem Kongress teilgenommen, sich aber insgeheim mit einem anderen Mann getroffen, während sich ihr langjähriger Lebenspartner auf einer Fahrradtour befand, wie ihm seine zuverlässige Quelle zugespielt hatte. Es wäre vielleicht interessant, die populäre, propere Kandidatin, der man bisher nichts hatte anhängen können, aus der Reserve zu locken?

Die Reaktion des Teams war durchwachsen. Müller meinte, das interessiere doch keine Sau, mit wem die Rothaarige in Berlin herummachte, sie sei ja noch nicht mal schweizweit bekannt. Die Frau aus der Lifestyle-Redaktion fand, man müsste mehr über den Seitensprung erfahren. Ein Foto alleine sei doch kaum aussagekräftig. Der Inlandredakteur seufzte und sagte nichts. Randegger zuckte die Schultern und forderte Kunz auf, ihm das Foto zu zeigen.

Er zog die Augenbrauen hoch. Der Mann auf dem Bild war der Schulleiter von Bülach und vierfacher Vater. Es kitzelte ihn in der Magengegend. Das tat es immer, wenn an einem Aufhänger etwas dran war. Nach dreißig Jahren im Business hatte er für auflagenstarke Geschichten eine Nase wie ein Bluthund. Diese Linke. Die engagierte sich doch für Migranten und legte sich mit der Energielobby an! Sein Kollege Fritz, den er später in der Oper treffen würde, hätte bestimmt nichts dagegen, wenn der Höhenflug der Kandidatin etwas abgebremst würde.

Vielleicht ließ sich der Verwaltungsrat der *NAGT* im Gegenzug etwas für ihn einfallen?

Randegger erstickte die sich anbahnende Ethik-Grundsatzdiskussion im Keim. Das war nicht in seinem Sinn. Auch wollte er vorwärtsmachen und brachte Kunzes Vorschlag zur Abstimmung. Vier stimmten für die Story, vier, davon die beiden Frauen, dagegen. Randegger gab den Stichentscheid: Das Foto der Nationalratskandidatin und des Schulleiters, die sich küssten (Checkpoint Charly kam als Erkennungsmerkmal mithilfe einer Fotomontage mit ins Bild), kam mit der doppelten Wochenendauflage am Samstag auf die Titelseite. Am Freitag würde die Redaktion die Rückkehr der Eishockey-Nationalmannschaft nach der Ausscheidung gut aufmachen und damit die Schweizerinnen und Schweizer erfreuen.

2015 – Freitag, 15. Mai: Die kalte Sophie

Amber ging am Freitag nicht zur Tagung ins Kosmos. Sie hatte sich, nachdem Niklaus aufgebrochen war, irgendwann aufgerafft und war in die Unterkunft zurückgekehrt. Ihr war alles andere als nach Kiez und Menschen gewesen, hatte sich zwei Flaschen Rotwein, eine Tüte Chips und ein paar Äpfel – mehr für ihr schlechtes Gewissen, als aus einem Bedürfnis heraus – besorgt und sich in der Wohnung verschanzt. 130 Sender empfing der Apparat in der Unterkunft. Durch diese zappte sie die ganze Nacht, zwischendurch nickte sie ein, erwachte jedoch immer wieder aufgewühlt, lenkte sich erneut ab mit Dokus, Nachrichten und Soaps. Einfach nicht an Niklaus denken, nicht zulassen, wie höllisch weh es tat. Keinen Gedanken an Frederik, der sich zu schade war, wenigstens eine Mininachricht zu simsen und auf einen ihrer unzähligen Versuche, ihn zu erreichen, zu antworten. Er schmollte und rächte sich, mutmaßte sie. Doch Amber wusste nicht einmal, wofür. Hätte er sich nämlich gemeldet, hätte sie Niklaus, das Gespenst aus der Vergangenheit, noch am Mittwochabend ohne Weiteres wieder fortgeschickt.

Am Freitagmorgen erwachte sie um zehn Uhr mit einem hämmernden Schädel und verquollenen Augen. Der Vortrag über das bedingungslose Grundeinkommen war schon eine

Stunde im Gang. Amber ging ins Bad, leerte die volle Blase und hielt ihren Mund unter den Wasserhahn. Sie spülte ihren schlechten Geschmack aus, trank gierig, um den Katerdurst zu löschen, kehrte zurück ins Bett, schrieb Silvio eine Nachricht, dass sie heute blau machte und sie sich später treffen konnten, zog das Kissen über ihren Kopf und schlief noch einmal eine Runde.

Es war nach eins, als sie endlich, von Hunger getrieben, in die Gänge kam. Sie duschte, zog sich an und verließ das Haus. Sie staunte nicht schlecht, als sie aus dem kühlen Plattenbau in die warme Gasse trat. Die kalte Sophie scherte sich nicht um ihren Ruf. Im Gegenteil, sie sorgte nach den markant kühlen Vortagen für frühlingshafte Temperaturen und einen wolkenlosen Himmel. Zum Glück hatte Amber ihre Sonnenbrille dabei, das grelle Licht schmerzte ihre strapazierten, geröteten Augen. Junges und altes Volk war in die Straßencafés und auf die Grünflächen geströmt, an denen Amber auf der Suche nach einem Italiener vorbeischritt. Sie hatte Lust auf Pizza.

Ihr Handy summte in der Stofftasche. Die seltsame Nachricht von Silvio machte sie stutzig. Sie wollten sich doch noch für einen Stadtbummel treffen. Gesellschaft wäre ihr nämlich total gelegen gekommen. Der Kollege nahm ihre Anrufe jedoch nicht entgegen und ließ sie verunsichert zurück. *„Mit den Männern scheint die Kommunikation zurzeit etwas schwierig“*, grummelte sie und las seine Zeilen ein weiteres Mal: *„Ich reise nicht mit dir zurück. Hänge noch ein paar Tage an, habe noch etwas in der Stadt zu erledigen. Tschau S.“*

2015 – Samstag, 16. Mai: Die Sintflut

Amber wurde vom Auf und Zu der Schiebetür und der Unruhe der vier Mitreisenden im Zugabteil aus dem Schlaf gerissen. Die Übermüdung und das monotone Ruckeln des Zuges hatten sie am Vorabend sehr bald nach Berlin eingelullt und ihr einen traumlosen Schlaf beschert. Jetzt rieb sie sich die Augen, richtete sich auf uns sah Felder, die im milchigen Morgenlicht in Pastelltönen vor dem Fenster vorbeiflogen. Häuser, Gärten, Industrie und bald Hochhäuser lösten die Äcker ab, während Amber langsam erwachte. Ihre Sitznachbarin zurrte ihren signalroten Rucksack zusammen und informierte, dass sie in einer Viertelstunde in Basel einfahren würden. Amber zog das Handy aus der Gesäßtasche, um die Uhrzeit und den Anschlusszug nach Zürich zu checken, bemerkte, dass es nur noch fünf Prozent Akku hatte, und schloss es mit dem Kabel an der Steckdose zwischen den Kopfstützen an. Sie erhob sich, um nach ihrem Gepäck in der Ablage zu greifen, und wunderte sich, dass ihr Handy im Sekundentakt summte. Sie runzelte die Stirn und fragte sich, ob ihr Gerät gerade gehackt worden war und sie mit einer Spamlawine überschüttet wurde. Der Rucksack landete unsanft auf dem Polster. Amber langte zum Telefon und stellte es auf lautlos. Sie riss die Augen auf, als sie die weißen Zahlen auf rotem Kreis als Neuzugänge auf dem Display erblickte: 21 verpasste Anrufe, 15 SMS, 32

WhatsApp- und 24 Messenger-Nachrichten, 19 Mails und 127 Facebookposts. *„What the f... !“*, zischte sie. Die Nachbarin, mit ihren verwaschenen Kleidern und Rastazöpfen vermutlich eine Weltenbummlerin, erkundigte sich besorgt, ob alles in Ordnung sei, als sie Ambers Gesicht sah, das auf einen Schlag kreideweiß wurde. Amber schluckte, es würgte sie im Hals, sie brachte nur ein Krächzen hervor: *„Hmh ..., ich glaube ..., ich werde gerade zur Schlachtbank geführt ...“*

Die Tramperin fragte noch etwas, doch Amber hörte sie nicht mehr. Jemand hatte sie auf ihrer Facebook-Timeline, die sie als Erstes geöffnet hatte, weil es so unerklärlich viele Eingänge gab, aufs Übelste beschimpft und sie persönlich angegriffen. Amber konnte sich keinen Reim darauf machen, was der Auslöser dafür gewesen sein mochte. Sofort schloss sie das Portal, scrollte durch die WhatsApp-Nachrichten und suchte, ob jemand aus ihrem engeren Kreis geschrieben hatte – denn zum Lesen aller Nachrichten blieb keine Zeit. Der Zug war im Begriff im Bahnhof einzufahren.

Cinzia schrieb: *„Melde dich! Im Vorstand ist der Teufel los. Dass du auch gleich auf die Frontseite musst! Amber! Ich will deine Stimme und deine Version hören! Melde dich!“*

„Frontseite? Zeitung? WAAASS???“, tippte Amber hastig, schnallte sich das Gepäck um, checkte fahrig ihren Sitzplatz, sackte beinahe ein, als sie sich erhob und sich in die Warteschlange beim Ausstieg einreihte. Einfach nur raus hier! Was war los? Wann fuhr der Anschlusszug? Als sie sich endlich auf dem Perron einen Weg durch den Menschenstrom geboxt hatte,

überlegte sie fieberhaft, was vorgefallen sein konnte, und sah dabei ihrer Sitznachbarin nach, die gemütlich hinter anderen, eiligeren Passagieren davontrottete. Amber nahm ein paar tiefe Atemzüge und wählte Cinzias Nummer. Diese antwortete nicht. Amber setzte sich in Bewegung, es blieben noch zehn Minuten Umsteigezeit.

Dann sah sie es. Das Bild. Darüber die fette Schlagzeile in Weiß und Gelb auf schwarzem Grund:

„Liebesnest in Berlin
Holt sich die Nationalratskandidatin so
Inspirationen für die Wahlkampagne?“

Amber blieb angewurzelt zwei Meter vor dem Kiosk stehen. Passanten eilten an ihr vorbei und versperrten ihr zeitweilig den Blick. Ein älterer Herr in grauem Sakko griff zum Stapel, betrachtete das Titelbild, reichte der Verkäuferin die Zeitung, steckte sie in die Arbeitsmappe und schritt geschäftig davon. Niklaus und sie auf dem Foto im Kosmos wurden gerade von irgendeinem unbekannten Basler davongetragen. Auf dem Stapel lagen noch fünfzig weitere Ausgaben. An jedem Kiosk warteten Zeitungsstapel auf Käufer. In Zürich, in Bern, in Chur, in jedem verfluchten Nest der Schweiz lag sie in Niklaus' Armen und strahlte. Ein Albtraum. Sie schaffte die wenigen Meter bis zum Kiosk nicht, um sich eine Ausgabe zu kaufen. Eine Gruppe Pfadfinder strömte lärmend an ihr vorbei, ein Mädchen mit Brille rempelte sie versehentlich an und entschuldigte sich. Das Telefon klingelte. Cinzia. Zum Glück. Amber schilderte in aller Kürze, was vorgefallen war, während sie unentwegt das Titelblatt der Boulevardzeitung anstarrte. Cinzia beendete das Gespräch und bestand darauf, Amber in Zürich auf dem Perron abzuholen.

Amber verpasste den Anschluss, denn sie hatte sich dann doch noch überwinden können, eine Ausgabe zu erstehen. Mit aufgesetzter Sonnenbrille bestellte sie bei der freundlichen Verkäuferin auch gleich noch einen Kaffee und einen Riegel – ein Versuch, den flauen Magen zu beruhigen. Auf dem Perron hockte sie sich auf den Boden, weil die spärlichen Bänke von den Pfadfindern belegt waren, und las den Artikel. Der Nationalratskandidatin und dem Schulleiter Niklaus H. wurde eine Lovestory angedichtet, die sich unter dem Vorwand des Kongresses in Berlin abgespielt haben soll. Sie zweifelte keinen Moment, dass Silvio die zuverlässige Quelle war. Amber verfluchte sich selber, dass sie ihn in Berlin ausgeblendet und nie an mögliche Konsequenzen gedacht hatte, als Niklaus und sie sich begegnet waren. Niklaus! Seine Familie! Heilige Scheiße! Nicht auszudenken, was bei denen sich jetzt gerade abspielte, sofern sie es überhaupt schon erfahren hatten!

Was war Silvio doch für ein hinterlistiges Arschloch! Was bezweckte er? Er nahm ihren Anruf nicht entgegen. Sie begann die Eingänge zu lesen. Lea, Fabienne und Maya drückten ihre Besorgtheit aus und fragten nach, was denn genau los war und ob sie etwas brauchte. Amber verfasste eine kurze Antwort: *„Bin in Basel auf Heimweg. Checke nicht, was los ist, melde mich. Danke für dein Dasein. Kuss.“* Sie kopierte die Nachricht und schickte sie allen drei Freundinnen zu.

Kolleginnen und Kollegen von der Arbeit und der Partei, ferne Bekannte fragten, ob sie den Artikel schon gesehen hätte, erbaten – je nach Absender freundlich, fordernd, zynisch – eine Stellungnahme oder hatten kommentarlos ein Foto der Schlagzeile zugeschickt. Medienanfragen waren eingetroffen. Medienanfragen?! Die konnten bis in Zürich warten. Wenn sie sich einen Überblick verschafft und sich mit Cinzia besprochen hätte, würde sie antworten. Und dann stellte sie sich den Facebookposts:

„Du blöde Fotze solltest dich schämen, eine Familie zu zerstören!“

„Rostiges Dach, feuchter Keller – was kann man von so einer denn anderes erwarten?“

„Die Hexe ist auf dem Besen geritten!“

„Der rote Teufel kann in Berlin bleiben und hat in unserer Politik nichts verloren!“

„Ganz sicher hat sie den armen Mann verführt.“

„Ehebrecherin!“

„Weißt du, was man früher mit Hexen wie dir gemacht hat? Man hat sie auf dem Scheiterhaufen verbrannt!“

„Arme Familie“

Die neunzehnte *Schlampe* konnte sie durch den Tränenschleier nicht mehr lesen. Tränen stauten sich erst in der Sonnenbrille und bahnten sich dann doch ihren Weg. Amber schmeckte den salzigen Geschmack auf den Lippen, die zu beben begannen, und hielt sich eine Faust vor den Mund, als könnte sie dem Beben Einhalt gebieten. Sie zitterte jetzt am ganzen Körper wie von Schüttelfrost erschüttert. Der Zug rollte ein. Es war ein kurzer verführerischer Gedanken, der ihr beim Anblick der grünen Lok durch den Kopf schoss. Man sagte, der Schmerz sei nur kurz, wenn man sterbe. Ihr Blick blieb am Mädchen auf dem gegenüberliegenden Bahnstein hängen, das gerade liebevoll ihre Puppe in den Buggy bettete, danach die Hand ihrer Grosi fasste und voller Vorfreude zu ihr hochschaute. Die Vorstellung, diesen kleinen Menschen ein Leben lang mit unseligen Bildern im Kopf zu peinigen, hielt Amber zurück. Frederik hatte stets von einem Mädchen geredet. Amber krümmte sich und hielt sich den Bauch, als könnte sie damit den Drachen aufhalten, der im Begriff war zu erwachen und zu wüten. Wie sie es nach Zürich schaffte, wusste sie später rückblickend nicht mehr. Es war ein Segen, dass Cinzia auf sie gewartet hatte. Womöglich hätte sie in Basel nach einer anderen Möglichkeit gesucht und sie gefunden, wenn sie sich alleine überlassen gewesen wäre.

Cinzia sah Amber als letzte der Passagiere aus dem Waggon schwanken. Amber konnte sich kaum auf den Beinen halten. *„Hatte sie sich in ihrer Not betrunken?“*, fragte sich Cinzia beunruhigt und stürzte herbei. Amber antwortete mechanisch und kühl auf ihre Fragen nach Reise und Befinden. Schnell war es der erfahrenen Frau klar, dass ihre Kollegin unter Schock stand und dringend in ärztliche Behandlung musste. Ungeachtet der Passanten, die sich nach ihnen umdrehten, griff Cinzia Amber unter die Arme und schleifte sie zum Hauptausgang. Dort winkte sie einem Taxi, das die beiden Frauen zu Cinzias

Hausarzt fuhr, den sie auf dem Weg kontaktiert und um Hilfe und Diskretion gebeten hatte.

Cinzia verfrachtete die mit Beruhigungsmitteln vollgepumpte Amber zu Walter, den sie von unterwegs informiert hatte und der sich selbstverständlich sofort bereit erklärt hatte, sich um seine Tochter zu kümmern, bis sich die ersten Wogen geglättet haben würden. Er hatte erst während des Notfalltelefonates vom Debakel erfahren. Das Boulevardblatt gehörte nicht zu seiner Lektüre und bis zum Nachmittag, als ihn Ambers Parteikollegin kontaktierte, hatte er noch keinen Fuß vor die Tür gesetzt gehabt. Christine war für ein paar Tage ausgeflogen und er hatte den Samstag wie zu seinen Junggesellenzeiten verbummelt. Er war ebenso erschüttert wie die befreundete Italienerin, die die apathische Amber, die wie ein Sack Kartoffeln in ihren Armen hing, in Walters Wohnung ablieferte. Sie würden in Kontakt bleiben und sich auf dem Laufenden halten, versicherten sich Vater und Freundin der Frau, die soeben den größten Albtraum ihres Lebens durchmachte und keine Minute alleine gelassen werden durfte. Cinzia verabschiedete sich, Amber in bester Obhut wissend.

2015 – Montag, 18. Mai: Papa kocht

Am Montagmorgen ließ Walter Amber ausschlafen. Nach diesem Wochenende war nichts mehr wie zuvor und dennoch war er froh, wieder zum normalen Alltag zurückkehren zu können. Inständig hoffte er, dass die Zeitungen vom Samstag sehr schnell im Altpapier landen und irgendwann in Vergessenheit geraten würden. Noch war nicht absehbar, welche Konsequenzen die Geschichte für seine Tochter, aber auch für ihn als Lehrer haben würde. Das würde sich heute und in den Folgetagen zeigen.

Er machte sich nach sieben auf den Weg zu seiner zweiten Realklasse. Walter nahm jeden Tag denselben Weg zum Oberstufenschulhaus. Die paar Kilometer fuhr er mit dem Rad. Er kannte jeden Pflasterstein, jede Verkehrsinsel und jedes Quartiergärtchen wie seine Hosentasche. Walter schwang sich auf sein Fahrrad und wappnete sich in Gedanken für das, was ihn erwartete. Welche Auswirkungen würden die Spuren des Wochenendes auf den Unterricht haben? Die Anzahl Stunden Schlaf oder die Art der Medien, die die Teenager, insbesondere die Jungs, konsumiert hatten, würden die Kooperation der ganzen Klasse beeinflussen. Je nach Aufnahmebereitschaft würde er in der ersten Stunde in Deutsch das Buch *Die Welle* einführen oder die Geschichtsstunde vorziehen und den Stoff der letzten Woche, die Landung der Alliierten in der

Normandie, repetieren. Vor zehn Uhr waren die Schüler meist nicht zu gebrauchen und er musste sie aus dem Dämmerzustand locken mit Stoff, der sie wach kitzelte. Walter begrüßte, dass Fachgremien und Bildungsdirektoren sich überlegten, den Schulbeginn in der Oberstufe eine oder zwei Stunden später anzusetzen. Er selbst würde allerdings nicht mehr in das Vergnügen kommen. Seine Ambitionen, sich für den Lehrplan 21 oder die Anpassung des Schulsystems an die Herausforderungen des digitalen Zeitalters und des veränderten Arbeitsmarktes zu engagieren, hielten sich in Grenzen. Er war auf der Zielgeraden vor der Pensionierung. Er hatte seinen Beruf geliebt. Doch jetzt spürte Walter gewisse Abnützungserscheinungen. Die Ausrichtung, alle Schüler in die engen Doktrinen der Wirtschaft anzupassen, widersprach seiner tiefsten pädagogischen Überzeugung. Aus jahrzehntelanger Erfahrung wusste er, dass man Wissen und Leistung nicht eintrichtern konnte, sondern dass Lernen nur mit Begeisterung gelingt und geistiges Wachstum intrinsisches Interesse voraussetzt. Dies hatten ja auch die neusten Forschungen aus der Hirnforschung belegt. Das Schulsystem müsste gänzlich neu ausgerichtet werden, um den Kindern gerecht zu werden.

Walter liebte das Radfahren. Es weckte seine müden Glieder und klärte seinen Geist. Die besten Ideen waren schon beim Velofahren geboren worden und es gelang ihm tatsächlich, während er durch den pulsierenden Stadtverkehr flitzte, für ein paar Minuten Ambers GAU zu vergessen.

Eine halbe Stunde später fuhr Walter über das aufgemalte Labyrinth auf dem Pausenplatz und sicherte sein Fahrrad an der Metallspirale des Unterstandes. Sein Stufenkollege Bruno war zeitgleich eingetroffen und wartete auf Walter, bis der seine abgeschossene Ledermappe vom Gepäckträger gelöst, den Fahrradhelm unter den Arm geklemmt hatte und einen Schritt auf ihn zutrat.

„Hoi, Walter. Häsch guet?", begrüßte Bruno seinen Kollegen mit Handschlag. Ohne eine Antwort abzuwarten fuhr er fort: *„Das war doch deine Tochter in der Zeitung, gäll?"* Walter nickte verkniffen. Die beiden schritten durch die Gasse der wartenden Schüler auf die Glastür des Sandsteingebäudes zu. Walter spürte die Blicke der Kinder auf ihn gerichtet. Alle wussten es.

Noch bevor er das Klassenzimmer betrat, griff er zum Mobiltelefon in der Brusttasche des Sakkos, tippte Meilins Nummer und schrieb: *„Landunter in Zürich. Bist du für eine Weile abkömmlich? Ich glaube, unsere Tochter könnte dich jetzt sehr gut gebrauchen! Walt."*

Amber schlug die Augen auf und realisierte sofort, wo sie war. Ihr Zimmer, die Festung ihrer Jugend, war ihr fremder als eine anonyme Absteige einer Großstadt geworden. Das Gästebett fand knapp Platz zwischen Christines Kleiderständern auf Rollen, einer Staffelei, auf der anhand einer halb fertigen Giraffe das Aquarellmalen geübt wurde, einem Regal mit Pinseln und Farben, Stößen von Reisemagazinen und Zeitungen, blauen IKEA-Taschen mit leeren Marmeladegläsern und einer ausladenden Yucca-Palme, die dringendst gegossen werden musste. Walter hatte kein Händchen für Pflanzen. Christine auch nicht. Vielleicht war die arme Pflanze ein Verlegenheitsgeschenk, das nun sein Dasein in einer Kammer fristen musste, die als Gästezimmer, Kunstatelier, Reisebüro, Recyclingstation und Garderobe diente.

Der Anblick der schlappen dürren Blätter war nicht auszuhalten. Amber schoss auf, tappte in die Küche und füllte einen Krug mit Wasser. Sie redete mit dem vernachlässigten Gewächs wie damals mit den Kindern in der Migros, die ihre Mamis verloren hatten: *„Ich bleibe bei dir, bis wir sie wiederfinden, gäll!“* Schlagartig waren sie wieder da. Alle die Bilder! Das Mädchen mit dem Puppenwagen auf dem Perron, die Schlagzeile, die Pfadfinder, das Foto, die Tramperin in Basel, Niklaus beim Tanzen, Niklaus neben ihr angezogen im Bett, Niklaus vor dem Baum, Silvio und sie beim Jassen. Frederik und sie im Schlafzimmer an die Bettumrandung gelehnt. Arnika-Sportdusche. Er hatte sich immer noch nicht gemeldet. Jeder Versuch, ihn zu erreichen, war gescheitert. Er musste sein Handy ausgeschaltet oder verloren haben. Amber hatte keine Ahnung, wo sich Frederik zurzeit genau aufhielt. Irgendwo zwischen München, Wien und Prag.

Niklaus hatte am Sonntag angerufen. Nadja hatte ihn vor die Tür gesetzt und er konnte bei einem Kollegen unterkommen. Am Montag musste er vor der kantonalen Bildungsdirektion Rede und Antwort stehen. Sie waren übereingekommen, dass es in ihrer beider Interessen war, den Ball flach zu halten und darauf zu hoffen, dass es nur ein einmaliges mediales Intermezzo gewesen war, das so schnell wie möglich wieder vergessen wurde. Die Folgewochen würden zeigen, in welche Richtung es ginge und ob sie rechtliche Schritte gegen Silvio in Erwägung ziehen wollten. Sie wollten sich auf dem Laufenden halten. Amber nahm seit Samstagnachmittag die Sedativa, die der Arzt verschrieben hatte, und erkannte während des halbstündigen Telefonates mit Niklaus, welch ein Segen die Medikamente für sie waren. Sie konnte wohl wie gewohnt scharf denken, aber auf emotionaler Ebene war tote Hose. Nichts. Nada. Sie spürte nichts. Es kam ihr seltsam vor, dass Niklaus' Stimme nicht zu ihr durchdrang und sie bewegte. Sie staunte darüber, dass das Drama sie intellektuell nach wie vor herausforderte, aber gefühlsmäßig gleichgültig ließ. Sie war Psychopharmaka gegenüber immer eine große Skeptikerin gewesen. Und jetzt erkannte sie, wie die Tabletten ihr halfen, die größte Katastrophe ihres Lebens Stunde um Stunde durchzustehen. Und Papa hatte sie den ganzen Sonntag umtüdelt. Er hatte ihr das Handy abgenommen und für sie die Eingänge beantwortet. Nur die Freundinnen hatte er zu ihr durchgestellt. Alles andere konnte bis Montag warten, fand er. Walter hatte auch alle Presseanfragen abgewimmelt und die Medien auf den späteren Montagnachmittag vertröstet, an dem die Partei eine öffentliche Stellungnahme abgeben würde. Cinzias Vertrauensarzt hatte sie eine Woche krankgeschrieben. Auch darüber war Amber heilfroh. Einzig für die Sitzung mit dem Parteivorstand, die für den Nachmittag einberufen wurde, musste sie das Haus verlassen. Das würde sie gerade noch schaffen.

Das Wasser, das aus dem Unterteller des Yucca-Topfes überquoll und auf ihre Zehen floss, brachte Amber schlagartig in die Gegenwart zurück. Sie eilte ins Bad und wischte mit einem Frottiertuch die Bescherung auf.

Um vier ging das Pressecommuniqué heraus: *„Die grüne Politikerin Amber S. tritt im gegenseitigen Einvernehmen mit ihrer Partei nicht mehr als Nationalsratskandidatin an. Über die Nachfolge wird noch parteiintern diskutiert.“*

.....

Walter hatte Ambers Teller randvoll mit hausgemachten Spätzli und Rotkohl gefüllt, in dem sie appetitlos herumstocherte. Unter anderen Umständen hätte sie diesen Berg innert weniger Minuten abgetragen. Sie hatte seit Tagen praktisch nichts gegessen – und doch brachte sie kaum einen Bissen herunter. Ihr Einvernehmen war es nicht gewesen. Der Vorstand hatte es ihr nahegelegt. Um dem Ruf der Partei nicht zu schaden. Das müsste sie doch einsehen. Ambers Kopf drohte zu platzen. Das Grübeln strengte sie an. Sie zwang sich, an etwas anderes zu denken, und plötzlich hatte sie einen Geistesblitz: *„Machst du eigentlich ein Fest zu deinem Runden? Hast du einen speziellen Wunsch?“*

Walter war verblüfft und gerührt, dass Amber in ihrem Schlamassel überhaupt einen Gedanken an seinen sechzigsten Geburtstag verschwendete, und antwortete: *„Ich bin mir noch nicht schlüssig. Du weißt ja, dass ich kein Partymensch bin.*

Am liebsten würde ich einen Monat unbezahlten Urlaub nehmen und alleine ein Stück auf dem Jakobsweg pilgern."

„*Was hindert dich daran?*", hakte Amber nach.

„*Dass ich in meiner Unentschlossenheit die Eingabefrist für das Gesuch an die Schulbehörde verpasst habe und dass heutzutage jeder in der Midlife-Krise pilgert, wellnesst oder ein Bewusstseinsseminar besucht. Ich bin mittelmäßig und angegraut, wie alle in meinem Alter."*

Amber kannte ihren Vater gut genug, bemerkte den zynischen Tonfall sofort und erkannte, dass eine leise Resignation mitschwang.

Sie legte die Gabel kaum hörbar an den Tellerrand, lehnte sich zurück in den Stuhl, griff zum Bernsteinanhänger, fuhr mit den Fingern der Silberfassung nach, während sie ihren Vater beobachtete. Der saß ihr wie immer am kleinen Küchentisch gegenüber und schenkte sich Rotwein nach, während seine Zunge die linke Wange ausbeulte, um Essensreste aus den Backenzähnen zu pulen. Amber fuhr mit den Fingerspitzen den Kerben auf der Tischplatte nach. An einer Stelle war das Holz mit unzähligen kleinen Löchern perforiert. Sie zeugten von ihrem Wutausbruch, als sie mit der Gabel die unschuldige Fichtenplatte malträtiert hatte, nachdem Walter ihr mit vierzehn verboten hatte, ein Piercing zu stechen. Weder an den Augenbrauen noch im Nasenflügel, auch nicht im Bauchnabel und schon gar nicht durch die Zunge. Er hatte seinen kategorischen Entschluss mit der Episode einer Schülerin dramatisiert. Diese war von ihrem Pferd abgeworfen worden, war mit einem Fuß im Steigbügel hängen geblieben und über mehrere Hundert Meter bäuchlings auf der Naturstraße nachgeschleift worden, bis sich das Tier endlich beruhigt hatte und zum Stillstand kam. Das Nabelpiercing hatte dem Mädchen auf der Vorderseite eine schöne Narbe eingebracht, als hätte ein Pathologe sie aufgeschlitzt und wieder zugenäht. Amber war damals die entstellte Bikinifigur von Walters Schülerin scheißegal gewesen und nur wütend, weil er ihrem dringenden Wunsch, sich mit der damaligen BFF Lucia ein Freundschaftspiercing stechen zu lassen, nicht stattgegeben hatte.

Jetzt huschte Amber ein Lächeln über das Gesicht und sie dankte ihrem Vater insgeheim. Die Freundschaft zu dem Mädchen hatte nicht einmal sechs Monate gehalten. Sie hatte zwar kürzlich Lucia auf Facebook wieder aufgestöbert, aber mit dem Schulortswechsel hatten sie sich aus den Augen verloren.

Mit einem Schluck Landwein spülte Walter die befreite Faser herunter, stellte das Glas zurück auf den Tisch und schnalzte mit der Zunge. In den schlimmsten Tagen ihrer Pubertät hatte sich Amber richtiggehend geekelt vor ihrem Vater. Er war kein anstößiger Mann. Da gab es ganz andere Kaliber. Sein Popeln, Rülpsen, Husten waren urmenschlich und in der Öffentlichkeit sehr diskret. In seinen vier Wänden ließ er sich kaum merklich etwas mehr gehen, was naturgegeben ein Zeichen des Wohlbefindens war. Ihr ging es schließlich genauso, wenn sie den Büstenhalter weit von sich schmiss und den Hosenbund öffnete, sobald sie die Eingangstür ihrer Wohnung hinter sich geschlossen hatte. Aber in ihren rebellischen Jahren, war ihr an ihm einfach alles peinlich und ekelhaft. Es wäre ihr am liebsten gewesen, er hätte in ihrer Anwesenheit den Atem angehalten und sich unsichtbar gemacht. Jetzt nahm sie sein Schnalzen zur Kenntnis, lächelte milde und durch ihr Herz flutete ein warmes Gefühl. Wie sie ihren Dad mochte! Und wie gut es war, jetzt bei ihm zu sein. Ihr schwante, dass sich irgendwann ihre Rollen umkehren würden und sie sich um ihn kümmern würde als Einzelkind. Ihr Vater wurde sechzig im Spätsommer. Eine abstrakte, weit abgerückte Zahl.

„Was ist eigentlich aus deinem Feuer geworden? Warum nimmst ***du*** *nicht mehr an Demos teil? Die Frage mit dem Atomendlager ist doch ungelöst und brandaktuell! Und die neusten Klimaberichte …!“*

Walter betrachtete seine Tochter und fragte, worauf sie hinauswollte und ob es geschickt war, zu diesem Zeitpunkt politische Grundsatzdiskussionen zu führen. *„Ich bin des Rechthabens müde. Nenn es altersmüde, wenn du möchtest. Ich sehe heute keinen Sinn mehr darin, um jeden Preis für das Rechthaben zu kämpfen. Es dient der Sache nicht und es dient dem Frieden nicht. Was haben wir davon, wenn wir den Wirtschaftsleuten die Bilder von absaufenden Eisbären um die Ohren schlagen und schreien: Schaut hin! Wir haben es schon immer gewusst! Wir sind die Guten und ihr die Bösen! Ich finde heute, dass wir so nicht weiterkommen.“*

Walter biss sich auf die Lippen und schweifte mit dem Blick zum Fenster. Als hätte er dort die richtigen Worte gefunden: *„In der Umweltsache waren Meilin und ich uns einig. Bei allem anderen klaffte ein unüberwindbarer Graben zwischen uns. Deine Mutter war mir immer ein Rätsel gewesen. Ich bin* *selten zu ihr durchgedrungen. Ich erkenne heute, dass es wie bei ihr um den richtigen Zeitpunkt und um das Zusammenstehen geht. Die Ökos und Sozis bewirken in ihren Wutprotesten gegen das Establishment rein gar nichts. Sie finden keine gemeinsame Stoßkraft. Sie pinkeln sich lieber gegenseitig ans Bein. Sie hauen sich an den Demos die Pflastersteine um die Köpfe, während die feinen Herren in Sicherheit an weißen Tafeln edle Weine kredenzen, Strategien aushecken und blöde Witze reißen über die erzürnten Bürger. Ich glaube heute, dass der Wandel und die Einsicht nur von innen heraus, aus einer tiefen Erkenntnis und Einsicht erfolgen können. Wir müssen erkennen, dass wir alle im selben sinkenden Boot sitzen und wir unseren Planeten nur vor dem Kollaps retten können, wenn das alle wollen wie ein übergeordnetes Ziel. Wie ein Masterplan. Ich habe mich während meiner politischen Jahre vorwiegend zwischen den linken Gruppierungen bewegt, die sich spinnefeind waren. Und ich habe mir nie die Mühe genommen, die tiefe Motivation der Rechtsparteien zu ergründen. Ich war der tiefen Überzeugung, auf der guten Seite zu sein, was mir die Legitimation gab, alles, was von der FDP oder SVP kam, zu bekämpfen. Heute finde ich das dumm.“*

Als Walter Wasser in Ambers Augen sah, bereute er sofort sein mangelndes Fingerspitzengefühl. Aber sie hatte ihn ja explizit gefragt. Amber schluckte die Tränen herunter und sagte: *„Es geht mir auch so. Und ich glaube, ich muss aufhören.“*

Walter nippte am Glas und sagte: *„Meinst du nicht, dass du erst einmal Gras über alles wachsen lassen solltest? Nur wegen eines lausigen Parteikollegen, eines schmierigen Journi* *und einer aufgebauschten Sache die Flinte ins Korn zu werfen, finde ich vorschnell. Und dass deine Partei dich jetzt hat fallen lassen, ist schwach und zeugt von wenig Rückgrat, ist aber noch lange kein Grund für dich, klein beizugeben. Du hast das Zeug zu einer guten Politikerin. Ich habe von einer neuen Partei gehört: der IP Schweiz. IP steht für integrale Politik. In meiner Zeitschrift ‚Zeitpunkt' lag neulich ein Flyer bei. Prüfe doch, ob die für dich stimmig wäre. Das Land braucht qualifizierte Frauen wie dich. Die Medien bauen auf. Die Medien zerstören. Das ist leider nun mal so. Als öffentliche Person musst du einen Weg finden, damit umzugehen."*

Sie starrten beide gedankenverloren in ihre Teller, bis Amber das Schweigen brach: *„Ich muss für ein paar Tage weg!"*

„Hmh", pflichtete Walter bei. *„Das kann ich verstehen. Ist vielleicht sogar eine sehr gute Idee."*

Wieder schwiegen sie lange. Bis Walter sich erhob, die Teller zusammenstellte, abtrug und sagte: *„Ich weiß jetzt, was ich mir von dir zum Geburtstag wünsche. Ich möchte eine Woche mit dir zusammen pilgern. Egal wo. Du darfst den Weg wählen. Ich möchte Zeit mit dir verbringen!"* Amber nahm das Glas entgegen, stürzte das Wasser in einem Zug herunter und erwiderte: *„Hmh. Das ist eine klare Ansage, Paps. Ich überlege mir etwas."*

Später lag sie im Bett und überlegte, wo sie hinfahren konnte, an Orte, an denen sie anonym und doch nicht alleine war. Das traute sie sich nicht zu. Irgendwann wollte sie schließlich wieder ohne Medikamente auskommen. Am liebsten wäre sie zu Meilin geflogen. Doch um den Globus zu umrunden, fühlte sie sich zu wenig fit. Sie brauchte, wie ein angeschossenes Reh, Rückzug und Schutz vor den Jägern, um die Wunden zu lecken. Zu Nelly konnte sie unmöglich diese Tage. Wie hätte sie ihrer Großmutter den Artikel erklären und die Beziehung zu Niklaus rechtfertigen können? Auch das überließ sie ihrem Vater, der sie abschirmte wie ihr Leibwächter und der für alle und alles die richtigen Worte zu finden schien. In Zürich in der Wohnung eingesperrt bleiben mochte sie jedoch auch nicht.

Plötzlich tauchten Bilder in Ambers Kopf auf. Es war ihr unerklärlich, warum, doch plötzlich sah sie sich als Mädchen auf dem Rücksitz des roten Volvos. Wie ein Film spielte sie die Szene in Südfrankreich ab: Sie wurde von einem sanften Klopfen an die Karosserie geweckt. Drachenzähmer Gérard lächelte mit seinem Lockenkopf hinter der Scheibe und danach tappte sie schlaftrunken mit Walter in das riesige Steinhaus, wo Giselle in der Küche zwei Blondschöpfen Marmeladebrote strich. Das war es!

2015 – Dienstag, 19. Mai: Abtauchen

Am nächsten Morgen suchte sie als erstes Gérards Nummer in den Kontakten. Sie hatte ihn tatsächlich abgespeichert. Über die Jahre hatten sie über Facebook und Instagram losen Kontakt behalten. Amber hatte seinen Kanu- und Fahrradverleih abonniert und manchmal Schnappschüsse mit Touristen gelikt, die er geschossen und auf Social Media gepostet hatte. Sie hatten sich zu Silvester Glückwünsche gesimst und Jahr für Jahr ein „Ich-freue-mich-auf-ein-Wiedersehen" erneuert, das keine Seite je umgesetzt hatte. Es hatte sich einfach nicht ergeben. Amber scrollte sich durch seine Bildergalerie. Auf einem Foto war er mit Giselle und den Kindern abgelichtet, die inzwischen über das Teenageralter hinaus zu einem stattlichen Burschen und einer bildhübschen jungen Frau herangewachsen waren. Eine entspannte, braun gebrannte Franzosenfamilie. Ein Stück heile Welt.

Wie ferngesteuert drückte sie auf seinen Namen, lauschte dem Klingelton und fragte sich, ob sie ihm je davon erzählt hatte, dass sie ihn als Kind heimlich *Drachenzähmer* genannt hatte. Und wie hieß *Drachenzähmer* gleich noch mal auf Französisch?

„Oui âllo", hörte Amber eine feste Männerstimme.

„Est-ce que je parle avec Gérard?", fragte Amber, weil die

Stimme zwar sympathisch, aber nicht nach ihrem Helden aus der Kindheit klang.

„Ah non. André à l'appareil. Vous cherchez mon père? Il est en route avec un groupe. Je peux lui laisser un message? Et de qui?", wollte der Mann am anderen Ende der Leitung wissen.

Amber erklärte, dass sie eine ferne Bekannte aus der Schweiz wäre, dass sie sich von früher kannten und sie einen kurzfristigen Urlaub in der Region plante. Nach dem kurzen Small Talk und einem Abschiedsgruß drückte Amber das Gespräch weg. Konsterniert, dass bereits der erste Strohhalm wegknickte, verwarf sie die Idee des Südfrankreichtrips sofort wieder. Sie war überzeugt, dass Gérard nicht zurückrufen würde, weil er sich bestimmt nicht an sie erinnern würde. *„Die heile Welt will mich nicht"*, bemitleidete sie sich selber. Nachdem sie sich Kaffee gebraut hatte und verloren in der Küche herumgetigert war, kehrte sie ins Zimmer zurück, setzte sich auf die Bettkante und zückte ihr Mobiltelefon. Sie wusste, sie sollte es nicht tun, doch die Neugierde war größer als der Selbstschutz …

247 Facebookmeldungen, 45 WhatsApp-Nachrichten, 57 Maileingänge, 20 Nachrichten, 17 verpasste Anrufe. Amber drückte auf den Facebookbutton.

„Gute Entscheidung! Ins Puff passt die Schlampe besser als ins *Parlament."*

„I manche Länder wördets ehebrächerinne we dech bes zum hals iibuddle und dir stei für stei s'liecht usknipse."

„Solche pillensüchtige, notgeilen, ehebrecherischen, labilen

gestalten wollen in die Landesregierung. Pfui teufel!"

„Armseligi Schlampe"

Sie starrte auf die Wörter, die auf ihrem öffentlichen Profil und in der Timeline der Partei unter dem Pressecommuniqué erschienen. Sie wischte mit dem Zeigefinger über das Display und scrollte einen Post um den andern nach oben. Ihr Magen verkrampfte sich, ihr Atem ging flach und das Mobiltelefon in ihren Händen begann zu zittern. Frauen und Männer, von denen sie noch nie etwas gehört hatte, geiferten auf ihr Account. Fiebrig suchte sie in den Einstellungen nach der Funktion, um Kommentare von außen nicht zuzulassen. Sie hatte Social Media immer als coole Plattform betrachtet, um mit Wählerinnen und Wählern in unkomplizierten Kontakt zu treten. Doch jetzt war ein Mob erwacht, Trolle kamen aus allen Löchern gekrochen. Der Shitstorm war perfekt.

Kurz war sie versucht, den Facebookaccount ganz zu löschen. Amber zwang sich zu Besonnenheit und dazu, wie Cinzia und Papa ihr geraten hatten, die Zeit, die alle Wunden heilt, walten zu lassen. Zeit! Noch immer keine News von Frederik. In knapp zwei Wochen wird er zurück sein. Amber atmete auf. In diesen Tagen könnte es ja bereits wieder vorbei sein und sich als Sturm im Wasserglas herausgestellt haben. In dieser schnelllebigen Zeit waren die Schlagzeilen von heute das Altpapier zum Anzünden für morgen. Oder auch schnell weggescrollt und vergessen. Das war Ambers Chance! Zehn Tage. Gute Tage, wertvolle Zeit, Gras über alles wachsen zu lassen. Ob Frederik ihr noch eine Chance gab?

Amber schrak auf und unterbrach das Scrollen, als das Telefon in ihren Händen vibrierte. Eine unbekannte Nummer mit der Vorwahl 0033 verriet, dass der Anruf nicht aus der Schweiz kam. Oh, bitte nein! Hatten die schon außerhalb der Landesgrenzen Wind bekommen? Amber befürchtete, paranoid zu werden, und beruhigte sich. Konnte ja gar nicht sein! Sie war doch nur eine kleine Lokalpolitikerin! Was interessierte schon das Ausland, wenn der Zürichsee überschwappte!

„Amber! Quel honneur! Ich habe mich riesig über deine Nachricht gefreut! Ich habe mich sofort an dich erinnert. Du kannst bei uns wohnen. Wir haben genug Platz in unserem Haus. Tu te souviens de notre maison?! Sois la bienvenue!“

Nach einer kurzen Plauderei war es beschlossene Sache. Gérards unkomplizierte Freude über ihren Besuch räumte alle Bedenken aus dem Weg. Amber hinterließ ihrem Vater eine Nachricht auf dem Küchentisch und klaubte seinen Wagenschlüssel vom Wandhaken im Flur. Sie ignorierte die Warnung des Arztes. Es brauchte niemand von den Beruhigungsmitteln zu erfahren, die sie sowieso, sobald sie in Frankreich war, absetzen wollte. Jetzt musste sie nur noch schnell im Haus vorbeigehen, um nach dem Rechten zu sehen.

Als sie den Vorgarten betrat und die Haustür aufschloss, fühlte sie sich wie ein Eindringling. Frederiks Haus. Er hatte es umgebaut, er hatte es eingerichtet. Es war sein Traum gewesen. Amber realisierte mit einem Schlag, dass sie wie ein Gast hier gehaust hatte und die Räume kaum von ihr durchdrungen waren. Sie hatte die Raumfarbe nicht mitbestimmt. Die Möbel hatte er selber gezimmert. Was hätte sie dem entgegensetzen können? Es hing kein einziges Bild von ihr an der Wand. Ein paar Lieblingspostkarten am Kühlschrank. Doch. Aber die waren schnell von den Magneten gelöst. War es das, was Frederik meinte, dass sie sich nie ganz eingegeben und sich immer eine Hintertür zur Flucht offen gelassen hatte? Auch neun Jahre machten nicht sesshaft. Mümi schabte wie eine Irre an der Verandatür. Amber strahlte und begrüßte ihre Katze, legte sich aufs Wohnzimmersofa, zog die Bernsteinkette über den Kopf und steckte sie in die Jeanstasche, machte sich bereit für ihre Katze und ihr Lieblingsritual. Mümi sprang freudvoll auf ihren Bauch. Amber liebkoste Mümi, die wie ein Motörchen schnurrte und im Katzenrhythmus die samtenen Vorderpfötchen im Wechsel auf ihrer Brust absetzte, die Krallen ausfuhr und ein klein wenig ihre Haut ankratzte. Es war ein vertrauter pieksender Schmerz, der gerade noch auszuhalten war.

Später klingelte sie bei ihrer Nachbarin, um sich für die Versorgung von Haus und Katze zu bedanken und die Folgetage zu regeln. Bei einer Tasse Kaffee erzählte sie ihr als erster außenstehenden Person von den Ereignissen. Wie wohltuend es doch war, frei von der Seele reden zu können, ohne dafür verurteilt zu werden, dachte Amber und wusste, dass sie ihre Nachbarin jetzt schon vermisste, falls es zur Trennung kommen sollte. Sie schrieb Frederik einen ausführlichen Brief, in dem sie ihre Sicht schilderte, nichts aussparte und nichts beschönigte, steckte ihn in einen Umschlag und lehnte ihn auf dem Küchentisch an den Kerzenständer aus Messing, den sie mit einer neuen Kerze bestückte. Danach pflückte sie ein

Kräutersträußchen im Garten, band es mit einer lila Schleife und legte es zum Brief.

Nachdem sie ihre Reisetasche mit dem Nötigsten bepackt hatte, verriegelte sie die Tür, strich Mümi über das Köpfchen und versicherte ihr, dass sie in einer Woche zurück sei, bestieg Walters in die Jahre gekommenes, aber immer noch straßentüchtiges und zugelassenes Auto und setzte es in Gang. Sie mied die zum Feierabend verstopfte Hauptachse Zürich – Bern und fuhr auf Nebenstraßen Richtung Westen in die Abenddämmerung hinein. Sie hatte die Strecke unzählige Male mit ihrem Dad hinter sich gebracht. So auch der Volvo, der behaglich vor sich hin schnurrte. Und mit jedem Ort und jedem Kilometer tauchten Kindheitserinnerungen auf.

Nach Valence wurde sie von einer Müdigkeitswelle übermannt. Es reichte nicht mehr, sich von Péage zu Péage zu hangeln und sich wach zu kämpfen. Amber ergab sich, parkte den Wagen auf einer Aire. Das überhitzte Auto seufzte erleichtert auf, als Amber den Motor abstellte. Amber tätschelte Papas alten Gefährten zärtlich auf das Armaturenbrett und dankte ihm, dass er sie auf diesem Trip begleitete, und bat ihn inständig, bitte nicht den Geist aufzugeben. Zehn monströse Trucks und ihre Fahrer aus Polen, Rumänien, Spanien, Portugal, Holland und England hatten denselben Ort für die Nachtruhe gewählt. Amber überlegte, ob das Sicherheit oder Gefahr bedeutete. Das Schweizer Nummernschild entlarvte sie als Ausländerin. Allein reisende Ausländerin. Sie gestand sich ein, dass sie keine Wahl hatte, denn sie zitterte am ganzen Körper. Der Cocktail der vergangenen Tage, eine Mischung aus Erschöpfung,

Hunger, Schock, Wut, Trauer und Übelkeit, übermannte ihren Körper. Sie spürte ein Würgen im Hals.

Schnell kurbelte sie das Fenster herunter, um die frische Nachtluft hereinzulassen. Die milde von Pinien und Gewürzen des Südens getränkte Frühlingsluft beruhigte Ambers Magen. Das monotone Rauschen der vorbeirasenden Autos besänftige sie. Amber verriegelte die Wagentüren, schlang appetitlos, aber der Vernunft wegen zwei Müsliriegel und eine Orange hinunter, die sie sich beim Tanken hastig eingesteckt hatte, und spülte alles mit abgestandenem Wasser nach, das sich auf dem Beifahrersitz erwärmt hatte. Danach kurbelte sie den Fahrersitz nach hinten in die Waagrechte. Als ihr Kopf eine bequeme Position auslotete, dachte sie an früher. Als kleines Mädchen war sie manchmal fast an den Kurbeln verzweifelt. Gerne hätte sie sich selber an den Fenstern zu schaffen gemacht. Doch der Kraftaufwand war für ihre kleinen Kinderhände zu groß, um die Position der Fenster oder Sitze zu verändern. Und es hatte sie sehr geärgert, von der Gunst und Hilfe der Erwachsenen abhängig zu sein. Ein flüchtiges Schmunzeln huschte ihr noch übers Gesicht – dann war sie weg.

2015 – Mittwoch, 20. Mai: Wanderwege

Ambers Gesichtshaut pochte und spannte, als sie erwachte. Das Auto stand in der prallen Sonne, die durch die Frontscheibe erbarmungslos auf ihre empfindliche Haut prasselte. Amber wollte hochschießen, doch die tauben Arme und Beine sowie ein steifer Nacken versagten ihre Dienste. Ächzend schälte sie sich langsam aus der unbequemen Position und brachte Bewegung in die eingeschlafenen Glieder. Auf Kommando machten sich Ameisenarmadas auf den Weg durch ihren ganzen Körper. Amber entriegelte die Autotür, sprang ins Freie und versuchte, sich mit albernem Herumhüpfen Erleichterung zu verschaffen. Sämtliche Trucks waren verschwunden. Kein Wunder, denn es war bereits zehn Uhr, wie das Display auf der Armatur verriet. Der Wagen mit dem Schweizer Kennzeichen stand alleine auf weiter Flur. Dies ermutigte Amber, sich hinter die Karosserie zu kauern und sich blitzschnell über den Wiesenbüscheln zu erleichtern. Natürlich gehörte es sich nicht. Selbstverständlich ekelte auch sie sich vor den verpissten Rasen der Raststätten. Doch Amber wusste, dass die Truckfahrer es nicht anders gehandhabt hatten und dass das öffentliche Pissoir im Häuschen weiter vorne seinem Namen alle Ehre machte und in einem so widerlichen Zustand anzutreffen war, dass ihre Körperöffnung sich verweigert hätte. Und sie wollte es nicht darauf ankommen lassen. Sie wusste nicht, wie lange sie es bis zur nächsten Tankstelle mit sauberen Toiletten aushalten konnte.

Der Blick in den Rückspiegel und auf ihre nackten Unterarme verriet, dass sie sich einen schönen Sonnenbrand eingefangen hatte. Das Thermometer zeigte bereits über 25 Grad und sie hatte bestimmt eine Stunde in der prallen Sonne geschlafen. So ein Mist! Es würde Tage, viel Schatten und jede Menge kühlen Joghurt brauchen, bis sich ihre Haut beruhigt haben würde. Amber griff zur Flasche und wusch sich mit dem Restwasser die Augen und das Gesicht frisch. Danach cremte sie sich dick mit Sonnencreme ein, streckte sich noch zwei-, dreimal durch und überlegte, das Handy einzuschalten. Sie hatte in der Eile kein Roaming für Frankreich gelöst und keinen Wi-Fi-Empfang. Sie hatte keinen Zugriff auf Onlinezeitungen und Social Media. Doch da waren immer noch unzählige ungelesene Eingänge. Die Idee gefiel ihr, sich bis zur Ankunft diesen vogelfreien Zustand zu bewahren, und sie legte das Smartphone wieder in ihren Rucksack zurück. Amber fuhr langsam bei offenem Fenster aus dem Parkplatz, ihre Augen schweiften über die Pinien, auf die vor ihr liegende Auffahrt zur Autobahn, den Verkehr, in den sie sich einreihen würde. Ein tiefes Stöhnen kaum aus ihrer Brust.

Sie hatte die Wahl. Die Kühnheit, alles, wirklich alles zu tun, was ihr jetzt in den Sinn käme, pustete ihren Kopf frei. Sie könnte mit Bleifuß auf das Pedal drücken, das Lenkrad auf die Gegenfahrbahn halten und mit einem Knall allem ein Ende setzen. Sie könnte die Autobahn nach Paris wählen, den nächsten Flieger nach Australien besteigen, sich bei Meilin, die wirklich Einzige, die in alles eingeweiht war und nie über sie gerichtet hatte, die Wunden lecken und nachher irgendwo im Outback untertauchen und eine Existenz als Straußenfarmerin aufbauen. Après moi la déluge!

Aber Amber ordnete sicht Richtung Avignon ein. Drachenzähmer stellten sich. Und hielten eine Abmachung ein. Und das wollte sie auch. Sie ging im Kopf die Bedeutungen der Wörter Ehre und Würde durch, während der Volvo Kilometer um Kilometer nach Süden fraß. Sie hielt nur einmal an einem *Autogrill*, füllte den Tank, trank einen Kaffee, besorgte sich frisches Wasser und Früchte und wechselte Münzen für die Péage.

Die Straßen, die durch Städte und Dörfer nach Avignon führten, kamen Amber vertraut vor, eine leise Freude flatterte in ihrem Brustraum. Mit dem Fahrtwind, der durch die heruntergelassenen Scheiben die Härchen auf ihren Unterarmen aufstellte, überkam sie sogar ein übermütiges Feriengefühl. Es war eine goldrichtige Entscheidung gewesen. Zehn Kilometer vor Uzès, dem Wohnort von Gérard und seiner Familie, fuhr Amber rechts an den Straßenrand. Sie hatten vereinbart, dass sie sich telefonisch ankündigte, wenn sie auf der Zielgeraden war. Amber griff nach ihrem Rucksack und suchte ihr Mobiltelefon. Zum Telefonieren stieg sie aus dem Wagen, lehnte sich mit dem Hintern an die Motorhaube, schreckte aber zurück, weil diese siedend heiß war. Es war früher Nachmittag, sie sollte sich nicht in die pralle Sonne stellen, erinnerte sie sich. Als sich nach drei Klingeltönen die Mailbox der Kanuagentur meldete, drückte Amber irritiert den Anruf weg. *„Machen sie Siesta?“*, fragte sich Amber und überlegte den nächsten

Schritt. Sie setzte sich ins Auto zurück und betrachtete durch die Windschutzscheibe die vor ihr liegende Landschaft. Links lagen Felder, die sich bis zum Fluss Gardon erstreckten. Rechts erhoben sich sanfte, bewachsene Hügel, zwischen denen sich da und dort einzelne Steinhäuser als kleine Siedlungen um eine herausragende Kirche ordneten, zu denen Sträßchen von der Hauptachse abzweigten. Sie schaute einer ambitionierten Vierergruppe Radfahrer nach, die unter der sengenden Mittagshitze in ihren engen, grellfarbenen Nylontrikots und den aerodynamischen Helmen eine steile Anhöhe erkämpften und nach einer Kurve hinter den Büschen verschwanden. Unwillkürlich musste sie an den Billardhelm denken. Frederik strampelte jetzt an den Donauauen entlang.

„Verdammt noch mal, Frederik! Soll es das wirklich gewesen sein? Habe ich es verbockt?“ Es flammte plötzlich höllisch in der Brustgegend. Die letzte Filmtablette hatte sie gestern in Walters Wohnung genommen. Jetzt ließ die Wirkung nach. Gut, dass sie sich nicht mehr in voller Fahrt auf der Autobahn befand, denn binnen Sekunden vernebelten Tränen ihre Augen. Sie legte die Hände auf das Steuerrad und senkte schluchzend den Kopf darauf.

Das Handy auf dem Beifahrersitz vibrierte. Amber rappelte sich auf, fand in der Jeansjacke ein gebrauchtes, zusammengeknülltes Tempo, pulte es auseinander und wischte sich mit dem staubigen, löcherigen Papier das Gesicht trocken. Sie las: *„Wir sind mit einer Gruppe unterwegs und gegen sechs Uhr zurück. Der Schlüssel zum Hintereingang hängt rechts hinter* *dem Fensterladen an einer roten Schnur. Das Zimmer im zweiten Stock ist bereit für dich. À tout à l'heure! Bisous! G&G"*

Noch viereinhalb Stunden. Amber schreckte die Vorstellung, alleine in dem Steinhaus auf die Franzosen zu warten, ab. Sie hatte gerade eben jegliche Lust verloren, alleine zu sein. Frederik fehlte ihr plötzlich sehr. Maya, Lea, Fabienne, die Arbeitskollegen, Paps. Niklaus. Irgendjemand zum Quatschen! Ein Mensch, der ihr sagen würde, dass alles nur ein Albtraum war. Amber wurde plötzlich sehr unruhig. Schweiß trat ihr auf die Stirn und das Herz begann zu rasen. Sie konnte unmöglich, weder im Auto noch in einem Café noch sonst wo, einfach sitzen und warten. Ohne weiter zu überlegen, startete Amber das Auto und fuhr die Anhöhe hoch, die die Radfahrer eben bezwungen hatten. Als sie einen Feldweg links abzweigen sah, lenkte sie den Wagen dorthin, fuhr ein paar Meter in das dichter werdende Gebüsch und ließ das Auto, als sich der Weg verengte und nicht mehr passierbar war, einfach stehen. Es kam ihr gar nicht in den Sinn, dass das gesetzeswidrig sein könnte.

Sie schnappte sich den Rucksack und die Wasserflasche, streifte sich ein langärmliges Shirt und einen Schlapphut über und verriegelte den Wagen. Getrieben von einer Ruhelosigkeit, einer sich aufbäumenden Dringlichkeit, die Amber weder als Wut noch als Frustration unterscheiden konnte, die aber ihre Beine antrieb, folgte sie dem schmalen Pfad, der in einen dichten Wald führte. Amber schritt, nein, sie eilte immer tiefer in das Dickicht hinein, dem Weg vertrauend, den irgendjemand vor ihr schon beschritten hatte. Sie verspürte überhaupt keine Angst, nur den Drang, vorwärtszulaufen, Lungen und Herz zum Pumpen zu bringen und dem Hirn einen Schritt vorauszueilen. Der Körper übernahm jetzt die Führung: Sie rannte. Äste peitschten ihr ins Gesicht und sie stolperte über Wurzeln und in vom Regen ausgeschwemmte Löcher. Dorniges Efeu und Zweige aus dem Unterholz zerkratzten ihre nackten Knöchel und Unterschenkel. Nur einmal hielt sie kurz an, weil sich Fragmente eines Liedes in den Kopf gesetzt hatten. Den gesuchten Song fand sie nicht auf Anhieb auf ihrem Smartphone. Mit Musik von ihrer Lieblingsplaylist in der durch die Kopfhörer maximal erträglichen Lautstärke rannte sie ohne Ziel auf dem Waldweg weiter. Es war wie ein Rausch.

Dann tauchte aus dem Nichts ein Mann auf einem Mountainbike um die Kurve. Seine Geistesgegenwart verhinderte eine Kollision. Ambers Herz machte einen Satz, sie blieb abrupt stehen, riss sich die Kopfhörer aus den Ohren und starrte den Fremden schwer schnaufend an. Der Mountainbiker entschuldigte sich überschwänglich. Amber winkte ab und versicherte ihm, dass alles in Ordnung war. Als der Sportler mit einem Blick zurück weitergefahren war, ließ sich Amber auf einen Stein sacken. Puls und Herz rasten immer noch. Ihr T-Shirt, der Slip in den Jeans und die Socken waren schweißnass und klebten unangenehm auf der Haut. Ein Windstoß fuhr durch die Kronen über ihr. Ein Schauder durchfuhr sie.

„Und jetzt?“, fragte sie sich. *„Ja. Und jetzt! Das war die Gretchenfrage! Et maintenant, que vais je faire?“* Als ihr die Liedzeile des französischen Chansons durch den Kopf ging,

dachte sie schmunzelnd an Walter, der das Lied oft auf den Fahrten im roten Volvo gespielt hatte.

Langsam rappelte sich Amber auf, trank gierig aus der Flasche und setzte sich in Gang. Sie wählte den eingeschlagenen Weg, weil Umkehren sich falsch anfühlte. Es war ihr unerklärlich, welche Instanz plötzlich ihr Handeln bestimmte. Es war mit Sicherheit nicht ihr pragmatischer Verstand, der ihr stets ein verlässlicher Gefährte war. Sie hatte wenig an Schicksal, Fügung und Hokuspokus geglaubt. Leas Tarotkarten waren ein lustiger Zeitvertreib wie ihre Lieblingsspiele *Der wahre Walter*, Pokern oder *Die Siedler von Catan*. Sie hatte es ihren Freundinnen gelassen, die die Botschaften der Karten sehr ernst genommen hatten. Doch Amber hatte damit nichts anfangen können. Nellys Engel hatten für sie ebenso wenig getaugt. Raffael hatte ihr auch nie Antworten gegeben. Das Einzige, was ihr wirklich Gänsehaut, so eine Art mystisches Gruseln beschert hatte, war die Begegnung mit den beiden Hornissen oder mit dem Stein, der ihr zugezwinkert hatte. Für Amber war es logisch, dass ein Mensch dieses eine Leben hatte und er in der Pflicht und in der Kür stand, daraus das absolut Bestmögliche herauszuholen und die Welt, die er vorgefunden hat, der Nachwelt im Optimalfall besser, aber bestimmt nicht schlechter zurückzulassen. Das war so simpel, wie die WC-Bürste auf dem Klo zu benutzen.

Doch jetzt hatte Amber keine Antworten mehr parat. Sie war Medien und Mächten ausgesetzt, die sie nicht im Griff hatte. Sie hatte immer alles dazu getan, dass weder Niklaus noch sonst jemand zu Schaden kam. Never ever wollte sie sich einen Vorteil aus etwas ziehen und nie wollte sie jemandem schaden. Diese Unfairness machte Amber fassungslos. Wie passend stand sie jetzt im Dickicht, völlig orientierungslos und verloren, von einem Radfahrer fast zu Tode erschreckt. Eine innere Stimme, die nicht im Kopf sprach, drängte sie, den Weg weiterzugehen, statt umzukehren. Was hatte sie noch zu verlieren?

Instinktiv umschloss Amber den Bernsteinanhänger mit ihrer linken Hand, um sich daran festzuhalten. Etwas, was sie in den letzten Tagen häufig gemacht hatte, ohne sich etwas dabei zu denken. Dann setzte sie einen Schritt vor den andern. Ohne Eile. Die Dringlichkeit hatte sich gelegt. Sie war in sich ganz ruhig. Erstaunlich. Sie nahm jetzt die Grüntöne der Blätter und die Strukturen der Rinden wahr, atmete die würzige Luft durch die Nase ein und ließ den Atem durch den Mund wieder ausströmen. Die Frische des Waldes klärte. Eine halbe Stunde später tat sich vor ihr eine Wegkreuzung auf, der Wald lichtete sich. Die erste Gabelung überhaupt, wie Amber feststellte. Doch welchen Pfad sollte sie jetzt nehmen? Sie stellte sich in die Mitte des Kreuzweges, breitete ihre Arme aus, drehte sich ein paar Mal um die eigene Achse und rief zum blauen Himmel: *„Hallo da draußen! Ist da wer? Leben? Schicksal? Gott? Ich weiß nicht mehr weiter!"*

Ein Windstoß plusterte ihr Haar auf. Sonst tat sich nichts Außergewöhnliches. Amber hatte auch nichts erwartet. Doch ihr kühner Anflug, mit dem Leben zu reden, hatte ihr eine kurze kindliche Freude bereitet. Mit dem Drehen hatte sie die Orientierung verloren, und wusste nicht mehr, von welchem Weg sie gekommen war. Doch dem Sonnenstand nach zu urteilen, musste Uzès vor ihr liegen. Warum nicht zu Fuß zu Gérard gehen? Es waren jetzt höchstens noch fünf Kilometer.

„Das schaffe ich locker und er kann mich nachher zum Auto fahren!", ermutigte sich Amber selber. Weil keiner der abführenden Wege beschriftet war, wählte sie aufs Geratewohl einen und schritt forsch auf ihn zu. Als ein kleiner gelber Schmetterling flatternd ihren Pfad querte, lächelte Amber. Die abergläubische Lea, die in allem, was ihr begegnete, Zeichen sah, würde das jetzt als gutes Omen deuten. Der Gedanke an Lea beflügelte Amber. Bei einer nächsten Abzweigung bog sie nach links ab. Verblüfft schaute sie einem weiteren gelben Schmetterling auf dem Vorbeiflug zu. Das musste ein launischer Zufall sein! Die Ranke mit herzförmigem Efeu, die sich am Saum des Weges um einen Baumstrunk schlang, nahm Amber belustigt zur Kenntnis.

„Efeu mit Herzblättern wird mich wohl nicht in die Irre führen, nicht wahr, Lea!", dachte Amber amüsiert.

Und als sie bei der dritten Weggabelung kurz innehielt, ohne zu überlegen intuitiv den Weg wählte und dort erneut einen gelben Sommervogel antraf, stellten sich ihr am ganzen Körper die Härchen auf. Nicht weil sie fröstelte. Und Gänsehaut log bekanntlich nicht. Nur wenige Meter später stieß sie auf einen Wegweiser, auf dessen gelbem Schild stand: *„Uzès 4.3 km."*

Von dem Moment an war es einfach. Bäume waren mit gelbem Anstrich gekennzeichnet, es war fast nicht mehr möglich, vom Weg abzukommen. Außer die Franzosen schlampten, wie ihr Vater es ihnen vielleicht zutrauen würde. Walter schwor auf die zuverlässigen Schweizer Wanderwege. Er wanderte tatsächlich nicht gerne im Ausland, wie er seiner Tochter einmal anvertraut hatte, weil er befürchtete, dass alle Kartografen außerhalb der Landesgrenzen es nicht so genau nahmen mit der Weg- und Kartenführung.

„Ach Paps! Ich mag dich trotzdem! Verdammt fest sogar", murmelte Amber beim Weitergehen und drückte sich eine Träne weg. Sie dachte über seinen Geburtstagswunsch nach. Warum nicht mit ihrem alternden Paps auf dem Schweizer Abschnitt des Jakobsweges pilgern? Warum nicht mit ihm ins Emmental nach Heinrichs und Marthes Spuren und nach ihren Wurzeln suchen? Wer war besser dafür geeignet, sie dabei zu begleiten, als ihr Vater, ein Schweizer Urgestein wie er eines war?

„Im Emmental sind die Wanderwege vorbildlich beschildert. Wir werden dort nicht vom Weg abkommen, lieber Dad!" Amber lachte laut auf. Während sie beim zügigen Voranschreiten über ihren Vater und Wanderwege sinnierte, tat sich plötzlich auf einer Anhöhe eine Lichtung auf. Nach wenigen Schritten stand sie oben auf einer Krete und sah auf dem nächsten Hügelkamm sich die Konturen der Burg und der Häuser von Uzès vom Himmel abheben. Amber streckte die Arme in die Luft und stieß einen Triumphschrei aus. Sie hatte es fast geschafft. Gelb hatte sie gut geführt!

Als sie eine Stunde später auf dem Place aux Herbes unter den Arkaden saß und am zweiten Glas *Citron pressé* nippte, schaute sie den Touristen zu, die sich beim Brunnen erfrischten und Selfies schossen. Den Mittwochmarkt hatte sie verpasst, die Marktstände waren schon längst abgebaut. Doch verriet der Menschenauflauf, dass heute viel los gewesen sein musste. Amber versuchte die Bilder aus der Erinnerung zusammenzuklauben. Sie war mit zwölf das erste und letzte Mal hier gewesen. Walter und sie waren durch die pittoresken Gässchen des Städtchens geschlendert am Tag nachdem sie Meilin die unselige Nachricht über Trudes Tod überbracht hatten und bevor sie sich wieder auf die Rückreise in die Schweiz aufgemacht hatten. 1998, in dem Jahr, als sich Meilin endgültig von ihr abgesetzt hatte. Die Jahre zuvor waren ein ständiges *„On and Off"* von Hoffen und Bangen gewesen. Wie hatte sie ihrer Maman doch Frieden gewünscht. Den sie dann tatsächlich in Australien wiedergefunden hatte. Den Schatten, dass es mit ihr, ihrem Kind in Europa nicht möglich war, konnte Amber nie ganz abschütteln. Und doch konnte sie jetzt aus der Erwachsenensicht die Zusammenhänge besser verstehen. Zumindest fühlte sie sich heute nicht mehr zuständig für Meilins Glück. Eigentlich wäre es schön, jetzt, da sie eine entspannte Mutter-Tochter-Kiste hatten, mit Meilin die unbeschwerten Momente in Südfrankreich, die es durchaus gegeben hatte, noch einmal aufleben zu lassen, dachte Amber, als sie an ihrem Glas nippte. Sie sollten Ardenciel gemeinsam besuchen bei Meilins nächster Europareise! Denn an Ardenciel hatte Amber, wenn man von der unsäglichen Silvesternacht absieht, nur gute Erinnerungen. Bis zu ihrer Rückreise am Sonntag blieben ihr drei volle Tage. Von Uzès bis zur Kommune lagen ungefähr zwei Stunden Autofahrt. *„Da fahre ich doch hin!“*, beschloss Amber spontan.

Überhaupt wagte, seit sich der Weg vorhin so einfach aufgetan hatte, etwas wie Aufbruchsstimmung in ihr zu keimen. Die würzige Luft, der laue Wind, die gut gelaunten Touristen, die Eiswürfel, die um den Strohhalm an der Glaswand klirrten, machten Sommer- und Ferienlaune. Der offene Beziehungsstatus mit Frederik, die peinliche Mediensache und die Unklarheit in Bezug auf ihren politischen Werdegang trug sie unverändert mit sich. Als trüge sie drei Handgranaten in ihrem Rucksack mit sich, die bei jeder Unachtsamkeit mit ihr in die Luft gehen könnten. Doch es gelang Amber, die auf dem historischen Marktplatz die Beine von sich streckte und dem Treiben zusah, tatsächlich, das Gefahrengut zu parken und für ein paar kostbare Momente zu vergessen.

Gérard holte Amber wie vereinbart gegen sechs Uhr bei der Kathedrale ab. Sie erkannte den Drachenzähmer auf Anhieb. Braun gebrannt, mit schulterlangen Haaren, darin die Sonnenbrille festgesteckt, stand er aufrecht neben seinem Geländewagen, einem modernen Citroën SUV mit Anhängerkupplung, und hielt nach ihr Ausschau. Sein T-Shirt hatte dieselbe Farbe wie der Wagen und trug denselben schwarz-orange-gelben Schriftzug, den sie auf der Autotür entzifferte: *CanoëPassion*. Ihr Herz hüpfte vor Freude, als stünde ihr das erste Date mit einer Internetbekanntschaft bevor. Sie zögerte den Moment heraus, sich zu erkennen zu geben, und betrachtete unverhohlen den Mann, der eigentlich schuld an allem war. Dieser Sonnyboy hatte seiner Mutter vor fünfunddreißig Jahren den Kopf verdreht und sie nach Europa verschleppt. War es nicht crazy, dass sie ihn jetzt traf und bei ihm für eine kleine Auszeit Obdach bekam?

Amber hob schließlich die Hand und winkte. Gérard breitete die Arme aus und hieß die junge Frau überschwänglich quer über den Parkplatz willkommen. Auch er freute sich sichtlich über die Laune des Schicksals, über das unverhoffte Wiedersehen mit der Tochter seiner Jugendfreundin. Auf Armeslänge Abstand betrachteten sie sich in Begeisterung und Staunen. Gérard fuhr Amber zum Volvo, der im Schutz des Gebüsches geduldig auf sie wartete.

Als Amber über die Küchenschwelle trat, ploppten in ihrem Kopf sofort Bilder von ihrem ersten Besuch auf. Sie schmunzelte, als sie sich daran erinnerte, dass sie damals am liebsten bei der idyllischen Familie eingezogen wäre. Sie fühlte sich wie damals auf Anhieb wohl und willkommen. Das Gepäck und ihre Sorgen stellte sie im Gästezimmer ab, duschte und gesellte sich später zu den beiden. Die Moule Frites und die Bratkartoffeln, die Giselle in der Zwischenzeit hingezaubert hatte, rochen appetitlich. Der knackige Blattsalat und der Rotwein sahen verführerisch aus. Sie hatte kaum etwas gegessen und hatte jetzt richtig Kohldampf. Sie deckte den Tisch und betrachtete aus den Augenwinkeln das Paar. Beide wirkten trotz der grauen Strähnen und Fältchen jugendlich und vital, als könnte ihnen das Alter nichts anhaben. Sie mussten ja beide auch irgendwo zwischen fünfzig und sechzig sein, wie ihre Eltern. Und sie flirteten miteinander! Das gab es doch nicht! Es versetzte Amber einen kleinen, fiesen Stich zu sehen, dass es möglich war, nach so vielen Jahren immer noch so unbeschwert zusammen zu sein. Die beiden verbrachten praktisch vierundzwanzig Stunden am Tag zusammen und zeigten überhaupt keine Abnützungserscheinungen. Worin lag ihr Geheimnis? Und genau damit platzte sie heraus, als sie sich zu Tisch gesetzt und Giselle angerichtet hatte.

Gérard lachte laut heraus, schielte kurz zu seiner Frau und antwortete: „*Es sieht vielleicht locker aus. Aber auch wir hatten unsere Tauchgänge. Jetzt paddeln wir in ruhigeren Gewässern, aber jede Stromschnelle ist ein neuer Kitzel. Wir schauen, dass wir nicht einschlafen. Bestimmt haben uns unsere Kinder zusammengehalten. Dann das Geschäft. Weil mich mein erster Geschäftspartner Paul übers Ohr gehauen hat, habe ich mir in der Ardèche als Tourguide ein eigenes Business aufgebaut. Dort haben Giselle und ich uns kennengelernt. Die Ardèche boomte in den Neunzigern als Touristenziel. Uns wurde es zu blöd, mit den Behörden und der Konkurrenz um die Lizenzen und Bootsplätze zu kämpfen. Deshalb haben wir beim Gardon, wo alles etwas beschaulicher zuging, neu angefangen. Und jetzt buhlen dort wieder Anbieter und Armadas von Plastikkajaks um die Touristen. Wir überlegen uns gerade, noch einmal etwas ganz Neues anzupacken. Und ich glaube, das ist es, was uns zusammenhält. Wir sind konstant und diszipliniert, an etwas dranzubleiben, und neugierig genug, wenn die Zeit reif ist, wieder aufzubrechen. Wir ticken ähnlich.“*

Gérard schenkte allen Rotwein und Wasser ein und fügte an: *„Weißt du, was mir die Angst vor dem Älterwerden oder dem Scheitern nimmt? Deine Urgroßmutter Trude! Ich hatte das Glück, sie persönlich in ihrer ganzen Größe und Vitalität kennenzulernen. Es gibt Menschen, die trifft man einmal und die verschwinden nie mehr aus der Erinnerung, weil sie einen so prägen. So eine Frau war Trude. Sie war 72, als sie unerschrocken und abenteuerlustig zu einem Roadtrip aufbrach. Ihr Auto hat vor ihr schlapp gemacht. In einer Kurve ist der Motor ihrer Rostbeule abgesoffen. Da haben sich unsere Wege gekreuzt. Wir nannten uns Harold & Maude. Das war total witzig. Wie habe ich sie verehrt, die Trude! An sie kommt nur Giselle heran!“*

Er warf seiner Frau einen anerkennenden Blick zu.

Giselle hakte ein: *„Auch wenn wir zusammen arbeiten, lassen wir uns Freiräume. Gérard klettert und fährt Motorrad. Soll er gerne mit seinen Kumpels, ich mag es gar nicht. Er kann dafür nichts mit meiner Töpferei anfangen. Vielleicht baue ich das aus und werde Marktgängerin. Wer weiß? Gérard möchte wieder einmal eine große Reise machen. Mich lockt das überhaupt nicht. Mir macht es keine Angst, ihn ziehen zu lassen. Er kommt ja immer wieder!“*

Sie stand auf, wuschelte ihren Mann durch die Haare, schmatzte ihm auf die Stirn und ging zur Anrichte, um das aufgeschnittene Baguette zu holen, das sie aufzutischen vergessen hatte. Beim Tisch lächelte sie schelmisch: *„Und ziemlich sicher werden uns André und Mado irgendwann zu Großeltern machen. Dann bleibt es spannend, nicht wahr Opa Gérard?!“*

Amber stapelte sich herrlich kross gebratene Kartoffelscheiben auf die Gabel, führte sie zum Mund und überlegte, ob sie den beiden von ihren Männern und dem Scherbenhaufen, der der eigentliche Fluchtgrund zu ihnen gewesen war, erzählen sollte, während sie mit vollen Backen kaute. Und tat es.

„Quel horreur! Ces medias!“ Giselle legte ihr Besteck auf den Tellerrand, folgte Ambers Erzählung und empörte sich über den reißerischen Artikel. Gérard hörte aufmerksam zu, ohne seine Mahlzeit zu unterbrechen. Er war abends hungrig wie ein Bär und musste dringend seine Kalorien, die er tagsüber auf dem Fluss verbrannte, wieder zuführen. Sonst könnte er ungemütlich werden. Amber sprach erst wirr und zusammenhangslos, bis sie einen Weg durch den Dschungel der Ereignisse und in einen französischen Sprachfluss gefunden hatte. Wie unendlich erleichternd war, sich alles von der Leber reden zu können und sich bei den beiden Unbeteiligten gut aufgehoben zu wissen. Amber erwähnte zum Schluss, dass ihr die Beruhigungsmittel geholfen hatten, die Tage unbeschadet zu überstehen, dass sie in der Schweiz noch welche vorrätig hätte und wahrscheinlich wieder darauf zurückgreifen würde, wenn sie zurückkehrte. Darauf trat eine Weile Stille in der Küche ein. Nur das hohle Kratzen der leeren Muschelschalen in

den Tellern und das Stochern der Gabeln im Salat waren noch zu hören.

Gérard tupfte sich mit der Serviette den Mund ab und durchbrach das Schweigen: *„Darf ich dir aus der Sicht eines alten Familienfreundes und aus der Distanz einen Ratschlag geben?“ – „Ja gerne, ich bitte darum!“ – „Nimm dir eine längere Auszeit! Du sagst es selbst, du hast hier eine Verschnaufpause von deinem Sturm. Nimm dir ein Sabbatical und kehre der Schweiz den Rücken zu. Dann löst sich vieles von selbst. Das, was nicht zu dir gehört, verschwindet aus deinem Leben. Und das, was wichtig ist, bleibt. Oder du wirst Klarheit und Entschlossenheit gewinnen, dass du dafür bereit bist zu kämpfen.“*

2015 – Donnerstag, 21. Mai: Trinkflaschen

Amber betrachtete ihre Füße, als sie aus dem seichten Fluss stieg. Sie streifte so gut es ging die Reste des Schlicks an einem Grasbüschel ab, doch die schlammgrünen Ränder unter den Zehennägeln blieben. Der türkisfarbene Nagellack war bereits an einigen Stellen abgeblättert und so wirkten ihre Füße ungepflegt. An den Unterschenkeln sprießten seit der letzten Beinrasur bereits wieder Härchen. In Zürich hätte sie niemals so nachlässig im Seefeld aufkreuzen und mit ihren Freundinnen abhängen können. Amber fiel erst jetzt auf, wie viel Konvention auch in ihren linken Kreisen gepflegt wurde. Sie lächelte, als sie sich abtrocknete, und freute sich, dass ihr der Kurztrip nicht nur den dringend benötigten Abstand zum Desaster, sondern auch eine kleine Sozialisationsfreiheit einbrachte. Niemand außer ihrem Paps wusste, dass sie hierher geflüchtet war. Im Gegensatz zu Zürich, wo sie öfters auf der Straße erkannt und angesprochen wurde, war sie in der okzitanischen Provinz ein No-Name. Es war einerlei, ob sie sich die Beine rasierte, einen Morgenatem hatte, der eine Ziege umhauen würde, oder am Vortag an der Zürcher Bahnhofstraße eine Bank ausgeraubt hätte. Die Anonymität in Südfrankreich bescherte ihr dieselbe Narrenfreiheit wie früher in den sorglosen Kindertagen. Amber beugte sich vornüber und knetete ihre langen, welligen Haare. Sie blickte dem Rinnsal nach, das vom Felsen über die Kante auslief. Über ihr Gesicht huschte ein Lächeln, als ein Bild vor ihrem geistigen Auge auftauchte. Praktisch alle Frauen der Kommune standen nach der Haarwäsche am Waschbecken kopfüber und wrangen das beachtliche Gewicht des Wassers aus ihren langen Haaren aus. Sie hatte als kleiner Knirps danebengestanden und die Pracht bewundert. Nur wenn Flöhe kursierten, hatten sich die Frauen die Haare geschnitten. Doch sonst trugen die Mütter und Töchter ihr Haar lang, wallend, der Natur den freien Lauf lassend – dort, wo sie ihre ersten Lebensjahre verbracht hatte. Erst in Zürich hatte sie gelernt, dass man aus einem präzisen Haarschnitt eine Religion machen konnte.

Amber ergatterte neben einer ankommenden Familie den letzten Schattenplatz unter einer ausladenden Weide und steckte mit der Tasche, den Kleidern und dem Strandtuch ihr Revier ab. Zwei Kindergartenkinder stürzten sich mit Schaufel und Eimer zur kleinen Sandbucht, die zwischen zwei Felsbrocken wahrscheinlich künstlich angelegt worden war. Der Knirps, der auf einem Schnuller herumkaute, welcher an einer Holzperlenkette an den prallen Pampers befestigt war, entwischte der Mutter beim Eincremen und stolperte über Ambers Strandtuch der Länge nach hin. Der Vater parkierte als Nachhut Kinderwagen, Schwimmreifen, eine überquellende IKEA-Tasche und eine Kühlbox. Schweißperlen rannen ihm über die Schläfen. Rücken und Halsausschnitt seines T-Shirts zeigten dunkle Flecken.

Amber strich ihr türkis-grün gemustertes Tuch an den Ecken wieder glatt und blickte der Mama, die ihr Kleinkind geschnappt und sich tausendfach entschuldigte hatte, anerkennend und gleichzeitig mitleidsvoll nach. Die Frau war Deutsche, was Amber am Akzent erkannt hatte, und kaum älter als sie selber. Amber nahm einen tiefen Atemzug. Sie und ihre Welt waren ihr im Moment mehr als genug. Wie hätte sie für eine Miniausgabe ihrer selbst sorgen können! Frederiks Ultimatum lag ihr wie eine Bleikugel im Magen. Sie beobachtete eine Ameise, wie sie aus der Wiese auf die Tuchkante kraxelte und über das indische Muster lief, stöpselte sich Kopfhörer in die Ohren und suchte auf dem iPod ihre Lieblingsplaylist. Sie hatte keinen Bock auf Kinderlärm, mochte aber auch den kostbaren Schattenplatz nicht verlassen.

Sie griff zu ihrem iPhone, ignorierte alle ungelesenen Eingänge und schrieb Walter eine WhatsApp: *„Hey Paps. Bin froh, dass ich dich habe. Bin bis Sonntag bei Gérard und Giselle. Bist mir der beste Dad, den ich mir vorstellen kann! Ever! Kuss."*

Die Antwort kam postwendend: *„Große! Bist mir die beste Tochter, die ich mir vorstellen kann! Drück dich! Lass mich wissen ..."*

Amber fischte die Club-Mate-Pulle aus ihrer Badetasche, die ihr als Trinkflasche diente. Das Originalgetränk war schon längst ausgetrunken. Durstig schlang sie das Wasser hinunter, als ein Signalton eine Nachricht ankündigte. Amber strich über das Display und erkannte, dass der Neueingang nicht wie erwartet das Ende des Satzes von Walters abgeklemmter Nachricht, sondern von Silvio war: *„Es tut mir sooo leid, Amber! Bitte melde dich! Ich schwöre, ich habe kein Geld dafür* *bekommen. Es war ein Fehler. B I T T E!"* Der Nachricht waren ein Smiley mit Tränen und das Symbol mit den gefalteten Händen angefügt.

„Verpiss dich! Huere Siech! Figgdi!", fluchte Amber scharf und löschte die Nachricht unkommentiert. Amber war versucht, Silvio aus den Kontakten zu entfernen, stellte aber stattdessen das Smartphone ganz aus und warf es unsanft auf die Stofftasche. Sie brauchte seine Kontaktdaten noch. Sobald sie wieder klar denken konnte, wollte sie sich rechtliche Schritte überlegen. Dieser Mistkerl hatte die Lawine schließlich losgetreten!

Amber spürte jetzt eine bleierne Müdigkeit sie ins Gras drücken. Kämpfen und einstecken, argumentieren, die Fassung bewahren, stets korrekt sein. Was hatte sie an Energie aufgewendet, um ihr Ziel zu erreichen. Sollte das alles für die Katz gewesen sein? Sie gestattete sich endlich, hier in der Namenlosigkeit der Urlauber und Einheimischen, denen sie so egal war wie die Nacktschneckenpopulation in Kamtschatka, sich zu entspannen. Amber drehte sich auf den Bauch, grub ihren Kopf in die Beuge des Ellbogens und begann hemmungslos zu flennen.

Auf dem Nachbarstuch hielt die Mutter ihren Kleinen mit aller Kraft zurück, der Amber sein Fläschchen zum Trost entgegenstreckte. Sie studierte die Fremde, während ihr Knirps protestierend in ihren Armen strampelte. Sie selber unterdrückte einen Impuls, der Rothaarigen aus Anteilnahme die Hand auf die Schultern zu legen, und bemerkte, dass sie sich eigentlich selber wieder einmal gründlich leerweinen mochte.

2015 – Freitag, 22. Mai: Sur les ponts

Am Freitag hatte eine skandinavische Reisegruppe alle dreißig Kajaks und drei Tourguides gebucht, weswegen André, der als selbstständiger IT-Berater seine Zeit frei einteilen konnte, als Springer aushalf. Hätte sie gewusst, dass der knapp jüngere Franzose bei seinen Eltern zu Briefing und Kaffee in der Küche sitzen würde, hätte sie sich etwas angezogen. Doch so tappte sie im Pyjama mit dem verwaschenen Rosenmuster in die Küche, wandte sich verlegen ab, als er sie mit einer unverschämten Zahnlücke anstrahlte. Er war seinem Vater wie aus dem Gesicht geschnitten und Amber begriff auf der Stelle, warum ihre Maman dem jungen Backpacker damals erlegen sein musste.

Als die drei aufgebrochen waren, brütete Amber über einer Landkarte, in die alle Straßen, Flüsse und Ortschaften zwischen der Provence, den Cevennen, der Ardèche und der Camargue eingezeichnet waren, und fuhr mit den Fingern die beste Route bis nach Ardenciel ab. Die Kommune Ardenciel war auf keiner Landkarte zu finden, doch sie wusste genau, wo sie lag, und als sie mit dem Finger auf den grünen Fleck tippte, pochte ihr Herz voller Vorfreude. Sie verzichtete auf Google Maps und orientierte sich auf die altmodische Art. Seit Silvios Lebenszeichen hatte sie ihr Mobiltelefon nicht mehr in Betrieb und spürte, wie wohl es ihr tat, offline zu sein. Sie hatte beschlossen, bis Sonntag nur noch ein Mal am Tag kurz die Nachrichten zu checken und an diesem Morgen noch ein paar Telefonate zu führen – und wie jeden Tag es auch ein weiteres Mal bei Frederik zu versuchen. Doch danach sollte das Gerät in der Tasche verschwinden und nur noch zum Notfall dabei sein. Alles konnte bis Montag warten. Gérard hatte recht, ihr bekam die Distanz unendlich gut. Sie hatte in der letzten Nacht gepennt wie ein Bär im Winterschlaf und war jetzt voller Tatendrang. Vielleicht fuhr sie heute kurz ans Meer nach Saintes-Maries-de-la-Mer zu den Flamingos und Wildpferden? War ja auch nur einen Katzensprung entfernt. Die Gegend war so umwerfend schön. Es wäre eine Überlegung wert, das Angebot der beiden anzunehmen, ein halbes Jahr hierherzuziehen und als Springerin bei den Touren mitzuhelfen. Doch der Gedanke an André verwirrte sie. Keine Komplikationen bitte, bevor zu Hause nicht alles klar Schiff war!

Sie stellte das Telefon an und räumte, während es hochfuhr, das Frühstücksgeschirr ab. Schon kündigte ein ununterbrochenes *„pling-pling-pling"* an, dass Nachrichten, Mails und verpasste Anrufe nur so reinpurzelten. Facebook, Instagram und Messenger ignorierte sie. Sie hatte mit ihren engsten Freunden ausgemacht, dass sie nur auf Mail oder Telefon reagierte. Amber checkte alle Eingänge und durchforstete sie nach Dringlichkeit und Personen. Für ihre Freundinnen inszenierte sie ein Selfie in der Franzosenküche. Es gelang ihr, eine komische Fratze zu schneiden, während sie ein Baguette auf dem Kopf balancierte. *„Bin gut aufgehoben. Bis Montag. Kuss"*, war die Bildunterschrift. An Niklaus' Antwort bastelte sie bestimmt eine halbe Stunde. Sie schrieb und verwarf. Es sollte aufmunternd, aber auch distanziert klingen. Sie wollte sich um keinen Preis weder selber Hoffnungen machen noch ihm in seiner schwierigen Situation zu viel Emotion rüberbringen. Jeder Gedanke an ihn brannte höllisch in der Brust. Sie liebte ihn. Aber das brauchte er nicht zu lesen und das brauchte nicht schriftlich festgehalten zu sein. Frederik. Es wird der neunundsiebzigste verpasste Anruf in seiner Anrufliste sein. Liebte sie ihn? Vermisste sie ihn? Konnte es sein, dass das, was war, langsam verblasste und an Tiefenschärfe verlor, wie die Entwicklung eines Polaroidbildes im Rückspulmodus?

Amber war gerade im Begriff, das iPhone wieder auszuschalten, als es klingelte. *Beds are Burning*. Meilin. *„Maman, quel surprise!"*, sprach Amber erfreut in das Gerät. *„Du wirst noch überraschter sein, wenn ich dir sage, wo ich bin!"*, antwortete die Mutter in Englisch. *„Nun sag schon, keine Ahnung!"*, drängte die Tochter.

„Ich stehe am Bahnhof in Avignon. Es wäre doch nett, wenn du mich abholen würdest."

„Amber? Bist du noch da?", bohrte Meilin nach, nachdem eine gefühlte halbe Minute keine Antwort kam.

„Mir hat es die Sprache verschlagen. Ich bin platt!"

.....

So kam es, dass sich Mutter und Tochter nach dem großen Hallo am Bahnhof am Samstagmorgen nach Ardenciel aufmachten. Amber fuhr, um ihrer vom Jetlag, nach dem feuchtfröhlichen Wiedersehensfest und von der kurzen Nacht gezeichneten Mutter noch eine Mütze Schlaf zu gönnen. Ihre Energie stieg von Tag zu Tag. Mit Meilins Ankunft waren Zürich und ihre damit verknüpften Sorgen noch einmal geschrumpft. Meilin hatte nach Walters Hilferuf das Geschäft in Brisbane und alle laufenden Projekte wegen dringender familiärer Angelegenheiten auf Eis gelegt, den nächsten Flug gebucht und die strapaziöse Reise auf sich genommen, um Amber in Südfrankreich aufzuspüren, sie in die Schweiz zurück- und durch die kommenden Wochen zu begleiten. *„Das bin ich meiner einzigen Tochter schuldig!"*, hatte Meilin nach der Ankunft gesagt.

Amber freute es aufrichtig. Das Timing war zu perfekt. Jetzt besuchten sie zu zweit die Städte ihrer Kindheit und konnten sich gegenseitig beistehen, falls der Ort irgendetwas auslösen sollte. Sie drehte das Radio auf, während ihre Mutter auf dem Beifahrersitz in der Tat innerhalb weniger Minuten eingedöst war, und fühlte sich wie in einem Hollywood-Road-Movie. Was für ein Unterschied zwischen der damaligen Trauerfahrt und jetzt! Ihre Maman strotzte, abgesehen von den Reisestrapazen, vor Lebendigkeit, Sinnlichkeit und Unerschütterlichkeit. Und genau der Halt einer starken Mutter kam ihr jetzt tatsächlich wie gelegen. Sie wollte bis September in der Schweiz bleiben.

Zwischen Uzès und Bagnols führte eine schmale Straße durch die Garrigue. Das Auf und Ab der buckeligen, löcherigen Überlandstraße, die von Gestrüpp und Bäumen gesäumt war, erinnerte Amber an das australische Outback. Sie dachte an die endlosen Straßen, die die spärlich besiedelten Ortschaften verknüpften. Amber begriff plötzlich, in welchen Dimensionen sie lebte. Es hinderte sie nichts daran, in Australien eine Auszeit zu nehmen, gar für immer in die Heimat ihrer mütterlichen Linie auszuwandern. Oder einzuwandern. Je nach Betrachtungsweise. Sie war nicht nur Schweizerin. Nein, sie war auch Australierin, im Grunde genommen war sie eine Kosmopolitin. Wie klein und belanglos erschienen ihr plötzlich ihre Nöte, ihr geschädigter Ruf, ihre Ambitionen, ihre Männergeschichten. Wenn sie es genau betrachtete: Sie war absolut narrenfrei. Sie drehte das Radio lauter und summte zu den französischen Charthits mit, die ihr nach drei Tagen Frankreich bereits im Ohr waren.

Ardenciel hatte sich in den letzten zwei Jahrzehnten verdoppelt. Das kleine Dorf von einst war kaum wiederzuerkennen. Der Pioniergeist war einer gut strukturierten und durchorganisierten Genossenschaft gewichen. Die Werkstätten, Gärten und Felder produzierten jetzt im großen Stil. Die Nachfrage nach Bio war seit den Neunzigern ums zigfache gestiegen. Ardenciel lag im Trend und bekam jetzt Fördergelder von der Regierung. Sie hatten sich bei der Rezeption registrieren müssen: eine Vorschrift des Staates, seit Frankreich wie alle Mittelmeerländer von Flüchtlingen überflutet wurde. Es war allerdings auch eine Sicherheitsmaßnahme wegen des Terrorismus. Die Kontrollen waren seit dem Anschlag auf *Charlie Hebdo* im Januar 2015 noch verschärft worden, hatte die Frau beim Empfang gesagt, während sie mit ihren Augen gerollt und ihnen ein Gästebändel ums Handgelenk gebunden hatte. Von den ersten Bewohnern, die Amber oder Meilin gekannt hätten, war niemand mehr da. Mutter und Tochter schlenderten zwischen den Häusern und suchten nach Spuren der Vergangenheit. Ihr ehemaliges Wohnhaus war nicht zugänglich – Privaträume. Auch zum Coeur hatten sie keinen Zugang, weil dort gerade eine Weiterbildung abgehalten wurde. Immerhin konnten sie im Café zu Mittag essen.

Alles in allem war der Besuch ernüchternd und befreiend zugleich, befanden sie beide, als sie bachaufwärts Ambers Lieblingsplatz aufsuchten. Der hatte sein Wesen kaum verändert. Einzig die Steineichen wirkten geschrumpfter, wie greise Menschen, die von der Schwerkraft des Alters Richtung Boden gedrückt werden. Doch die stolzen Bäume boten mit ihren ausladenden Ästen nach wie vor Schatten und Schutz. Der flache Felsen ruhte immer noch wie eine Insel in der Mitte des an dieser Stelle breiten Baches. Amber watete barfuß zum Stein, setzte sich und bespritzte übermütig ihre Mutter. *„Vieles verändert sich, das wirklich Gute bleibt“*, sinnierte Meilin und sprach mehr zu sich selber als zu ihrer Tochter, als auch sie ihre Sandalen abstreifte und die Füße ins Wasser tauchte. Amber hatte die gemurmelten Worte dennoch aufgeschnappt und sie erinnerten sie an den Satz, den ihr Walter nach dem Schock als Trostversuch zugesteckt hatte: *„Informationen sind schnell, Wahrheit braucht Zeit.“*

Amber legte sich flach auf den sonnengewärmten Stein, breitete die Arme aus und blinzelte durch die Kronen der Bäume zum blauen Himmel. Sie mochte nicht sprechen und das war in Ordnung so. Zwischen ihr und ihrer Mutter hatte sich mittlerweile eine ähnliche Übereinstimmung und Gelassenheit wie zwischen ihr und ihrem Paps eingestellt. Es war möglich, im Schweigen in der Gegenwart des andern zu entspannen. Ein Gefühl von Ruhe sackte noch ein Stück in ihr ab, als Amber die Augen schloss und so etwas Ähnliches wie ein stummes Dankesgebet zu formulieren versuchte.

IIIIIIIIII 2015 – Pfingstsonntag, 24. Mai: Tabula rasa

Amber fühlte sich nach den Tagen in Frankreich in Gesellschaft von Meilins Freunden, die nun auch ihre geworden waren, gestärkt, sich aufs Neue der Walze, die sie in der Schweiz erwartete, zu stellen. Mit Meilin an der Seite, die am Lenkrad saß und den Wagen am Pfingstsonntag in die Heimat steuerte, könnte sie locker einen Blick auf die Posts auf ihrer Facebooktimeline werfen. Locker, hatte Amber gedacht. Sie hätte es nicht tun sollen. Sie las die ersten Kommentare und erblasste:

„soll auf den strich dann ist sie nicht chronisch unterbumst ihr spatzenhirn ist zufrieden und haben ruhe vor der dummen kuh"

„die frau isch nöd nur chrank, sie isch extrem primitiv, verloge und zuedäm bösartig. Ich chönnt stundelang chotze, wänni die Kreatur nur scho gseh. Wird Ziit, dass das widerliche Subjekt äntli us de Medie verschwindet."

„Meine Waffe ist geladen"

„Bitte trete entlich zurück und gehe deinen nuttigen Hobbys nach"

„die Grünen sind genauso zum kotzen wie die Linken ... und dieser vertrocknete Grüntotsch müsste ja froh sein ... falls sie wirklich bestiegen wurde sonst würde ja diese Kuh in den Medien kein Hund mehr anpissen???!!!"

„da si kein hirn hat denkt sie halt mehr mit ihrer muschi was soll's"

„die ruft bei mir schon bald dieselben Kotzreize ab wie Frau Ferkel"

„das dumme Huhn ist selber Schuld sie hat sich zum Gespött gemacht"

Amber schaltete das Telefon aus, legte es in Zeitlupe in ihren Schoß und starrte auf die Fahrbahn. Sie zitterte am ganzen Körper und als sich der Mageninhalt aufwärtsbewegte, sie ihn mit heftigem Schlucken zurückdrängen konnte, bat sie ihre Mutter, langsamer zu fahren und kurbelte schleunigst das Fenster herunter. Der Fahrtwind fuhr ihr durch die Haare und dröhnte ohrenbetäubend im Wageninnern. Meilin fuhr herum, sah ihre Tochter und erschrak: *„Soll ich auf dem Pannenstreifen anhalten?"*

„Nein, fahr weiter. Ich packe es schon. Ich will nach Hause und das hinter mich bringen."

In Schwammendingen scharwenzelte Mümi freudig um ihre Beine, als Amber die Tür aufschloss und sich ihr eine Wand abgestandener Luft aus dem Wohnraum entgegenstemmte. Amber nahm Mümi auf den Arm, schmuste mit ihr und trat als Erstes in die Küche. Der Brief lag unberührt auf dem Tisch. Die Kräuter waren vertrocknet. Meilin trug das Gepäck ins Wohnzimmer, während Amber die Fenster aufriss. Nachdem sie Meilin das Gästebett bezogen und geduscht hatte, setzte sie sich an den Schreibtisch, klappte ihren Laptop auf und verfasste den ersten Brief:

„Liebe Parteikolleginnen und -kollegen. Mit sofortiger Wirkung trete ich aus der Partei aus und lege alle Ämter nieder. Ich danke für die bis dato gute Zusammenarbeit."

Ein zweiter Brief ging an den Kantonsrat. In einem dritten schrieb sie ihre Arbeitskündigung bei der Asylstelle. Alle druckte sie aus, unterschrieb sie, legte sie in ein Couvert zur Seite, um sie am Dienstagfrüh am Postschalter eingeschrieben aufzugeben. Auf den Stapel kam ein vierter, handgeschriebener Brief an Niklaus' Frau. Sie schilderte in einem Frau-zu-Frau-Ton die Ereignisse. Am Ende war sich Amber nicht sicher, ob ihr die Zeilen gelungen waren. Zumindest war es ein Versuch, ihren Respekt Nadja gegenüber zu zollen. Danach kam der größte Kraftakt. Erneut öffnete sie die Facebookseite und stellte sich den geifernden Kommentaren. Sie las einen nach dem anderen. Zwischendrin überlegte Amber, ob sie sich eine Tablette im Badezimmer holen und einwerfen sollte. Vielleicht war die ausgefahrene Gülle damit besser auszuhalten. Doch Amber hielt stand. Sie legte die Postkarte von Jeanne d'Arc, die ihr Lea zugeschickt hatte, neben die Tastatur, um sich an dem Bild der Heldin aufzurichten und zu erstarken, um diese Scheußlichkeiten besser zu ertragen. Sie stand im Feuer wie die Heldin von Orléans. Da musste sie durch. Amber machte von jedem einzelnen Eintrag einen Screenshot und speicherte ihn in einem externen Ordner. Nachdem sie die Ergüsse von sieben Tagen auf allen Social-Media-Kanälen gesichert hatte, löschte sie alle Einträge und schrieb:

„Stellungnahme zu den Ereignissen der letzten Tage: Niklaus H. und mich verbindet eine freundschaftliche Beziehung.

Was in den Medien über uns berichtet wurde, entspricht nicht der Wahrheit. Ich ziehe rechtliche Mittel in Erwägung, um die Verantwortlichen, die die Würde von Niklaus H. und seiner Familie, wie meiner, verletzt haben, zur Rechenschaft zu ziehen. Ebenfalls werde ich alle ehrverletzenden Kommentare, die in diesen Tagen auf meinen Plattformen gepostet wurden, mithilfe der Justiz ahnden. Die Übergriffe auf meine persönliche Würde haben mich zutiefst erschüttert und mein Wirken in der Öffentlichkeit infrage gestellt. Ich werde mich für ein Jahr aus der Politik zurückziehen, um mich neu zu orientieren. Ich danke allen, die mein öffentliches Wirken in den letzten Jahren unterstützt haben.“

Bis Ende des Monats war genug Zeit, bis diese Information die treuesten Follower erreicht haben würde. Danach würde sie ihre offizielle Facebookseite endgültig löschen. Man mochte es als Schwäche, als ein Einknicken beim ersten Sturm deuten. Doch Amber fand, dass die Öffentlichkeit nichts von ihren privaten Umbrüchen zu erfahren brauchte. Erschöpft und um Zentner erleichtert tappte sie ins Wohnzimmer, wo sie ihre Mutter mit einem Glas Rotwein in der Hand vor dem Fernseher sitzen sah. Sie holte sich ein Glas in der Küche, schnappte aus dem Vorrat eine Tüte Chips und plumpste neben Meilin aufs Sofa. Zwei Gläser später lag sie, den Kopf auf dem Oberschenkel ihrer Mutter ruhend, auf den Polstern der Länge nach ausgestreckt. Meilin strich Amber gelegentlich über das rote Haar, ohne jedoch den Blick vom Tatort abzuwenden, und hob die Mundwinkel zu einem Lächeln, als aus dem Rachen ihrer Tochter ein sanftes Schnarchen ertönte.

2015 – Pfingstmontag, 25. Mai: Die Tagebücher

Am Pfingstmontag erwachte Amber im großen Bett. Frederiks Decke hatte von ihrem nächtlichen Strampeln wenige Dellen abbekommen, doch seine Seite war nach wie vor unbenutzt, setzte womöglich schon eine Staubschicht an. Sie griff zu seinem Kopfkissen, hielt es sich an die Nase und glaubte, noch schwach seinen Geruch zu erkennen. Verflüchtigt, aus dem Staub gemacht, davongeschlichen. Ja klar, sie hatten den ersten Juni ausgemacht.

Der unberührte Brief auf dem Küchentisch war der Auslöser. Die Klarheit sackte ab wie ein gefallener Groschen, wie eine verklemmte Euromünze in einem schweizerischen Getränkeautomaten, wenn sie endlich ausgespuckt wurde und die Maschine wieder in Gang kam. Amber kapierte plötzlich, dass es gar nicht um die Kinderfrage ging, sondern um die Grundsatzfrage: *„Haben wir noch eine gemeinsame Vision oder nicht?“* Und Frederik hatte den Feinhaarriss in ihrer Partnerschaft – was durchaus passiert in einer langen Beziehung, in der gelebt und gerumpelt wird, der sich aber mit Ambers Hyperaktivität immer mehr vergrößert hatte – mit einem Kind kitten wollen. Wie war Amber jetzt froh, dass sie immer auf ihren inneren Widerstand gehört hatte, der immer lauter gepoltert hatte als der Verstand im Kopf, der stets einlenken wollte. Unbestritten, Frederik war ein patenter Mann, doch genügte das? Und auf einmal schlug ihr die Einsicht, dass es um Meilin und Walter am Anfang genauso gestanden hatte, mit einer Wucht um den Kopf, dass es ihr schwindelig wurde. Meilin war sich treu geblieben. Und darin lag nichts Falsches. Im Gegenteil, darin lag viel Würde – auch Walter gegenüber.

Amber hüpfte aus dem Bett, versuchte, in ihrem Aktionsdrang so leise wie möglich zu sein. Doch Meilin erwachte dennoch vom Stoßen und Kratzen der Kartons an den Treppenwänden, die Amber vom Keller in den ersten Stock schleppte.

„Was wird das jetzt?", fragte Meilin schlaftrunken und rieb sich die Augen. Es war noch nicht einmal acht Uhr. *„Wonach sieht es aus?"*, stellte Amber die Gegenfrage. Wenig später brachte Meilin ihrer Tochter einen Kaffee, setzte sich auf den Bettrand, schlürfte an ihrem Becher und sah Amber zu. Diese nahm Kleidungsstück um Kleidungsstück in die Hand, prüfte, legte es zusammen in den Karton oder warf es unordentlich in einen großen weißen Sack, auf dem *SwissAid* stand und der bei jeder Berührung knisterte. Meilin sah sich im Raum um, beim Blick auf das Kopfende musste sie an die Szene im Sommer vor vier Jahren denken. Ihre Augen schweiften zu Ambers Brust. Ja, sie trug den Bernstein unter dem schlabberigen T-Shirt. Bis zum Mittag hatte Amber alles gepackt, was in Kisten passte. Eigene Möbel besaß sie schon lange nicht mehr. Sie griff zum Telefon: *„Paps, darf ich den Volvo zwei Tage ausleihen? Ja? Super. Danke! Und eine andere Frage: Wo genau hast du meine Kiste mit dem Kram aufbewahrt? Die mit meinen Zeichnungen und Trudes Tagebüchern."*

„Sicher. Die liegt auf dem Dachboden neben dem Schulranzen, den Büchern und dem Stapel gebündelter Bravohefte, der Migrostüte voller Didlfiguren, beim Schlitten, der Snowboardausrüstung und den Schlittschuhen. Dann musst du für den Zugang noch die unzähligen Transparente deiner Demos wegräumen“, antwortete Walter mit einem scharfen Unterton, der Amber nicht entging. Ihr Vater hatte ihr immer in den Ohren gelegen, ihre alten Sachen zu sortieren und zu sich zu nehmen. Er hatte ihr mehrmals angedroht, dass er wenn er aus der Stadtwohnung auszog, alles entsorgen würde.

„Kann ich nachher zu dir kommen?“

„Klar, nimmst du dann den ganzen Plunder mit?“, hakte Walter nach.

„Ähm ...“, druckste Amber herum. *„Eigentlich wollte ich es dir erst nachher sagen. Ich ziehe aus und versuche bei Nelly unterzukommen, bis ich weiß, wie es weitergeht. Können wir den Kinderkram in einem nächsten Schritt erledigen? Paapss ...?!“*, säuselte Amber. Meilin stand daneben im Türrahmen und war Zeugin, wie die Tochter den Vater um den Finger wickelte. *„So lief das also“*, dachte sie verschmitzt.

Amber legte auf und erledigte noch ein zweites Gespräch. Nelly legte den Hörer auf den grauen Apparat, der auf dem Beistelltischchen auf einem gehäkelten Schoner neben dem Sofa stand. Sie entwirrte das Kabel, legte anschließend die runzligen, von Flecken übersäten und hervorstehenden, mit blauen Adern durchzogenen Hände in die Schürze und ließ sich auf die Sofarückwand gleiten. Sie schnaufte schwer. Es war ja keine Frage. Natürlich freute sie sich, ihre Enkelin zu beherbergen, natürlich war auch Meilin als Gast willkommen. Platz gab es ja genug. Doch was war da um Himmels willen los? Und was hatte das unselige Bild in der Zeitung zu bedeuten, die ihr die Nachbarin vor einer Woche in heller Aufregung vor die Nase gehalten hatte? Sie hatte Amber schon lange darauf ansprechen wollen. Mehr, als dass sie für ein paar Wochen bei ihr einziehen wollte, hatte Amber am Telefon nicht verraten wollen. Die alte Frau legte ihre Hand auf die Brust, um ihr wild pochendes Herz zu beruhigen.

Amber ließ Meilin, Walter und Christine alleine im Wohnzimmer zurück und ging auf dem Dachboden auf Spurensuche. Sie wurde fündig. Wie vermutet waren die schwarzen Hefte in der einen Kiste unter einem Stapel Zeichnungen, einer Sammlung missglückter, aber rührender Comics, die ihr Walter früher auf den Frühstückstisch mit einer Nachricht hinterlegt hatte. Sie schlurfte mit dem Karton zurück in die Küche, setzte sich Kaffee auf und lauschte kurz dem Gespräch der anderen. Tuschelten sie gerade über Niklaus? Amber zuckte mit den Schultern, setzte sich auf den Kokosläufer, während der Kaffee durch die italienische Espressomaschine sprudelte. Sie öffnete die Deckelklappen, griff nach dem Stapel gesammelter Botschaften ihres Paps, überflog die guten Wünsche und schmunzelte über ihr gemeinsames Morgenritual, schenkte sich Kaffee und einen Schuss Sahne ein und ließ sich darauf wieder auf den Boden plumpsen. Prompt schwappte der Kaffee auf ihre Jeans. *„Typisch!“*, war Ambers erster Reflex, doch als die heiße Flüssigkeit durch den Stoff gesickert war und auf der Oberschenkelhaut brannte, fluchte sie: *„Aaaautsch! So'n Scheiß aber auch!“* Schnell rannte sie ins Bad, zog die getränkte Hose aus und versorgte die verbrannte Haut mit Zinksalbe. Dann schnappte sie nach einem Frottiertuch und kehrte im Slip in die Küche zurück.

Sie kniete sich auf dem Tuch nieder und griff in die Wundertüte aus ihrem früheren Leben. Amber ließ sich nicht länger verlocken, an den alten Skizzen und Tagebüchern aus der Pubertät und auch nicht an den vergessenen Überbleibseln aus Frankreich hängenzubleiben. Rons einzigen Liebesbrief legte sie zur Seite und hob ihn für später auf. Forsch und zielsicher arbeitete sie sich durch die Schichten ihrer Vergangenheit und stieß am Grund der Schachtel auf die gesuchten Hefte ihrer Urgroßmutter Trude. Es waren vier schlichte Schulhefte mit kartoniertem Einband. Das Schwarz war durch die Jahre verblasst, die Seiten jedoch unversehrt. Ihre eigenen Schulsachen hatten weit mehr Eselsohren. Amber brauchte einen Moment, sich zu entsinnen, wann Trude die Lebensgeschichte ihrer Mutter aufgezeichnet haben musste. Um 1980 herum in der Zeit, als Meilin mit Trude im legendären Kuranda geweilt hatte. Zu einem Zeitpunkt, als Amber noch gar nicht geboren war. An die Übergabe in Brisbane erinnerte sich Amber haargenau. Als wäre es gestern gewesen, tauchten die Bilder auf, wie sie mit ihrer Mutter Meilin und der Granny Anne Trudes

Habseligkeiten nach ihrem Tod sortiert hatten, wie sie den Karton mit dem Nachlass in Trudes Schrank gefunden hatten. Meilin hatte sie entnervt zurechtgewiesen, weil sie damals als Zwölfjährige den Papierkram der Urgroßmutter todlangweilig gefunden hatte und viel lieber auf dem Altersheimbett auf und ab wippen wollte. Annie hatte aus dem Nachlass vorgelesen. Unvergesslich war die herbe Enttäuschung, die sie damals empfunden hatte, schnöde Notizen zu bekommen. Was hätte sie damals als Zwölfjährige nur damit anfangen sollen!

Doch jetzt war sie bereit und wach für die Geschichte ihrer Ahninnen. Wie großartig kam es ihr nun vor, dass ein Teil ihrer Frauenlinie aufgezeichnet war! Mit den Tagebüchern hatte sie eine symbolische Nabelschnur zu ihrer Vergangenheit in der Hand. Ein unermessliches Geschenk! Sie musste fast dreißig werden, um es zu begreifen, um den unschätzbaren Wert der Geste ihrer Urgroßmutter zu würdigen. Trude hatte die Lebensgeschichte ihrer Mutter weder an ihre eigene Tochter Anne noch an die geliebte Enkelin Meilin, sondern an sie, Amber, vererbt. Was für ein Glück, hatte Großmutter Anne geistesgegenwärtig Amber die Hefte abgenommen und irgendwann nach Zürich geschickt. Sie selber hätte die Hefte zerrissen oder unbemerkt und unwürdig noch vor der Rückreise nach Europa in einem Papierkorb auf dem Brisbaner Airport zurückgelassen. Ergriffen klappte Amber das Heft mit der Nummer eins auf. Zwischen Deckel und der ersten Seite war ein Brief eingeklemmt, den Amber als Erstes entfaltete. Die alte, geschwungene Schrift in englischer Sprache bereitete ihr anfänglich Mühe. So sprach sie leise Wort für Wort vor sich hin:

„Liebe Amber,

Dir als vorerst Jüngste in unserer Ahnenreihe möchte ich Marthes Geschichte überlassen. Deine Ururgroßmutter ist bei meiner Geburt gestorben. Ich hatte in Kuranda – frag deine Mama Meilin, wo und was das ist – eine eigenartige Erfahrung gemacht.

In einem Wachtraum habe ich das Leben meiner Mutter gesehen und ihre Geschichte danach aufgeschrieben. Du wirst vielleicht denken, dass ich mir das alles nur ausgedacht habe und alles meiner Fantasie entsprungen ist. Ich kann dir keine andere Erklärung geben, als dass ich es einfach so vor meinen inneren Augen gesehen habe, wie einen Spielfilm im Kino. Ob es stimmt oder nicht, kann ich nicht beurteilen. Mir gefällt die Geschichte meiner Mutter. Seit ich sie habe, fühle ich mich vollständig.

Ich wünsche Dir ein glückliches, erfülltes Leben mein Kind!

Deine Urgroßmutter Trude"

Der Brief war datiert mit *„Februar 1996"*. Da war sie zehn gewesen und hatte Trude kaum gekannt. Ergriffen legte Amber den Papierbogen offen neben ihre Oberschenkel auf den Boden und fuhr mit den Fingern der alten Schrift nach. Dann griff sie erneut zum ersten Heft und las. Ihre Augen hatten sich an das Schriftbild schon fast gewöhnt. Nur dann und wann stolperte sie über ein Wort, das sich ihr aber dann aus dem Zusammenhang erschloss.

„1898: Marthe war gerade mal mal zwanzig geworden in diesem Februar. Es wurde deswegen kein Aufhebens gemacht, denn es gab wichtigere Angelegenheiten auf dem Hof. Der Schneefall hatte an Marthes Geburtstag für einmal innegehalten. Die Tage zuvor hatte es pausenlos geschneit im Emmental. Das Heimetli lag etwas oberhalb, aber in Sichtweite vom Dorf. Sie waren schon seit Tagen abgeschnitten. Es war kein Durchkommen mehr mit Fuhrwerken. Es war höchste Zeit, an diesem kalten, windstillen Februartag die Zufahrtswege von den Schneemassen zu befreien. Marthe stand an ihrem Geburtstag auf dem frisch gepflügten Fußpfad. Sie schickte sich gerade an, das Pferd aus dem Stall zu holen, um es vor den Pfadschlitten zu spannen und den Weg bis zum Dorf zu ebnen. In dem Moment sah sie, wie Heinrich um den Stall bog, im tiefen, unberührten Schnee bis zu den Oberschenkeln versank, ihr zuwinkte und rief: „Ich dachte, ich komme euch helfen, den Schnee zu räumen. Im Dorf hat eine Dachlawine Gammeters Vreni um ein Haar verschüttet. Und beim Trachsel ist der Viehunterstand unter der Last zusammengebrochen. Und dein Vater wird wohl zwei Hände mehr gebrauchen können."

Amber versank in die Zeit um die vorletzte Jahrhundertwende. Sie hörte Pferde schnauben, schwere Stoffe rascheln und das Knirschen von Lederstiefeln. Der Februarschnee bescherte ihr Gänsehaut auf den nackten Schenkeln und Unterarmen.

Ein leiser Schrei entfuhr Ambers Kehle, als Walter sie auf die Schulter tippte und aus der Zeitreise riss. Die schwangere Marthe und ihr Mann Heinrich waren gerade dabei abzureisen.

Sie standen neben dem voll beladenen Fuhrwerk und waren soeben von der Blaskapelle des Dorfes verabschiedet worden, als Heinrich den herumspringenden Buben das Zeichen zum Aufbruch gab. Amber fuhr auf und blickte in die Gesichter von Walter, Meilin und Christine, die in der Küche um sie herumstanden und sie grinsend anstarrten. Was sie denn da halbnackt auf dem Boden mache. Amber sah an sich herunter. Erst jetzt merkte sie, wie es sie fröstelte. Das Malheur mit dem Kaffee war rasch erzählt. Doch es war die Geschichte aus dem Emmental, die die Neugierde der anderen weckte. Stolz ließ Amber den Brief und die Hefte kursieren und bemerkte, wie Meilin immer stiller wurde. Sie wusste, wie unendlich viel Trude ihr bedeutet hatte und wie sie sich nie hatte verzeihen können, dass sie sich in den letzten Lebensjahren ihrer Großmutter zu wenig um sie gekümmert hatte und sie darunter litt, dass sie sich nicht von ihr hatte verabschieden können. Die Zerrissenheit zwischen den Kontinenten und den verschiedenen Lieben war Meilins großes Lebensthema. Von einem zärtlichen Mitgefühl geflutet, trat Amber auf ihre Maman zu, schlang ihre Arme um ihre Schultern und flüsterte ihr ins Ohr: *„Danke, dass du gekommen bist. Das bedeutet mir sehr viel!“*, und schmatzte ihr einen Kuss auf die Schläfe. Meilin erwiderte die Geste mit einem Händedruck auf Ambers Unterarm und einem bemühten Lächeln. Sie wischte sich mit der freien Hand ein paar Tränen weg.

Zur selben Zeit rollte Frederik auf seinem Rad in den Vorgarten und bremste ab. Er setzte beide Füße links und rechts der Pedale auf den Kies und schnaufte laut auf. Endlich zu Hause. Was waren schon zwei Wochen. Doch ihm kam es vor, als wäre er soeben von einer jahrelangen Weltreise zurückgekehrt. Abgesehen von den üblichen Meinungsverschiedenheiten über die Routenwahl hatte er mit seinem Freund eine großartige Zeit gehabt, die ihm Klarheit gebracht hatte. Klarheit in Bezug auf seine Werte, Klarheit in Bezug auf seine Wünsche, Klarheit in Bezug auf Amber. Erst war er geflüchtet vor ihr und ihrer Dominanz. Es war ihm derart auf den Sack gegangen, dass sich alles immer um ihr Politding gedreht hatte. Er hatte sich die erste Woche einfach nur ausgekotzt, war in die Pedale getreten, hatte seinen Frust im Speed abgelassen. Sven war ihm nachgehechelt und hatte ein paar Mal wie ein Rohrspatz geschimpft, er möge doch bitte auf ihn Rücksicht nehmen.

Das Mobiltelefon war ausgeschaltet unter seinem Berg T-Shirts im Schrank versorgt zu Hause geblieben, um ja nicht in Versuchung zu kommen, unterwegs einen Blick auf mögliche Amber-Nachrichten zu werfen. Was war es für eine Wohltat gewesen, was für ein kostbarer Luxus, in dieser handyfixierten Gesellschaft abzutauchen und unerreichbar zu sein. Nur das Rad, der Weg, das Wetter, sein Freund und er. Mehr hatte es nicht gebraucht. Und genau das *„reduced to the max"* hatte ihn zu seiner Essenz und seiner Klarheit geführt. In der zweiten Woche hatte sich das Tempo wie von selbst verlangsamt. Sein Freund übernahm den Lead, was ihn entspannte und ihm ermöglichte, sich ganz in sich fallen zu lassen.

In diesem gemächlichen Trott, es muss irgendwo zwischen Brünn und Prag gewesen sein, wurde ihm klar, dass er Amber gehen lassen musste, wenn sie ihr Ding durchziehen wollte. Es war nicht seins und er war, wenn er sich selber treu bleiben wollte, nicht bereit dazu, in der zweiten Reihe stehen zu bleiben. Er liebte Amber wie eine gute Gefährtin, eine witzige Gespielin, eine verlässliche Gesprächspartnerin. Im Bett könnte seiner Meinung nach etwas mehr die Post abgehen, doch ihre Lustlosigkeit schrieb er auch der Scheißpolitik zu. Er hatte überhaupt keinen Bock, mit einer Frau zu schlafen, die den Kopf voller Männer in Anzügen hatte, mit denen sie bis spät in die Nacht weiterdebattierte. Da war es ihm lieber, wenn sie sich nur an ihn kuschelte, die kalten Füße zwischen seine heißen Oberschenkel steckte und wegdöste. Dass sie frei und wild sein konnte, das wusste er aus den unbeschwerten ersten Jahren und aus den Ferien. Und diese Amber wollte er. Diese liebte er.

Auf diese Frau hoffte er, als er den Schlüssel aus dem Rucksack klaubte und die Tür aufschloss. Mümi miaute ihm fröhlich entgegen. Er kniete zur Katze nieder und streichelte sie. Dann sah er die Kartons und wusste sofort Bescheid. Sie hatte entschieden. Mit einer Trennung als eine der möglichen Varianten war zu rechnen gewesen. Doch der höllische Schmerz, der in seiner Brust entflammte, überraschte ihn doch. Rasch klaubte er sein Gepäck vom Rad, knallte es im Eingang auf den Boden und rannte die Treppen hinauf ins Schlafzimmer. Ambers Seite im Schrank war leer gefegt. Das Handy hatte fast keinen Akku mehr, als er es aufstartete. Wo war das verfluchte

Kabel noch mal! Im Büro – auch da, als hätte ein Einbrecher mit einem akkuraten Schnitt die Hälfte ausgeräumt – fand er das Gesuchte. Hastig steckte er das Gerät an den Stecker und schon rasselten die Nachrichten und verpassten Anrufe ein. Tränen schossen ihm in die Augen. Amber hatte ihn Dutzende Male versucht zu erreichen. Er schämte und verfluchte sich, raufte sich die Haare, schlug mit der Faust gegen die Mauer und kickte mit den Füßen gegen den Papierkorb, der umkippte und zerknüllte Taschentücher – hatte Amber geweint? – auf dem Parkett ausleerte. Frederik unterdrückte den Impuls, an den Tempos zu riechen, rannte stattdessen ins Bad, zog seine verschwitzten Kleider aus und stellte sich unter die Dusche. Der lauwarme Strahl beruhigte ihn ein wenig. Das Wasser floss über seinen Körper und bildete Rinnsale auf seiner dicht behaarten Brust. Er seifte sich ein und stutzte wegen der Trennschärfe auf seinem Körper. Sonnengebräunte Waden, Unterarme, Gesicht und ein kreisrunder Halsausschnitt waren das Markenzeichen exzessiver Radfahrer in Grelltrikots, über die sich Amber und er immer lustig gemacht hatten und zu denen sich Frederik nie hatte zählen wollen. Er schluchzte hemmungslos unter dem Wasserstrahl.

2015 – Dienstag, 26. Mai: Ponyhof

Amber saß mit hängenden Schultern in Leas Büro. Sie hatte ihre Arbeit wieder aufgenommen und war nach Dienstschluss zu ihrer Freundin gefahren, die inzwischen die Frauenzentrale führte, um juristische Schritte gegen die Zeitung, Silvio und die ehrverletzenden Facebookkommentare zu erörtern. Lea stellte sich vor ihren Aktenschrank und zückte den türkisfarbenen Ordner, auf dessen Rücken mit schwarzem Edding *Hate Speech/Internetmobbing/Sexismus Social Media* geschrieben worden war, klappte ihn auf und legte ihn auf den Schreibtisch. Sie schrieb eine Telefonnummer und eine E-Mail-Adresse auf einen Notizzettel und reichte ihn Amber. *„Es ist schrecklich. Ich habe mittlerweile täglich mit Sexismus im Netz zu tun. Es scheint, als hätten sich die Stammtische ins Facebook verlegt. Eine grausige Kultur ist das. Schau, ich habe dir die Adresse von* ***Netzcourage*** *aufgeschrieben. Die Frauen kennen sich aus und wissen, wie man juristisch gegen Hetzer und Verleumder vorgehen kann."*

Lea klappte den Ordner wieder zu, stellte ihn zurück, ging um den Tisch zu ihrer Freundin und setzte sich vor sie hin auf die Schreibtischkante. *„Aber ganz ehrlich. Hat das nicht noch ein paar Tage Zeit? Das mit Frederik und dir ... Der Austritt aus der Partei, die Jobkündigung. Du scheinst richtig Tabula rasa zu machen! Brennen bei dir nicht gerade die Pferde* *durch? Was, wenn du etwas davon bereust und es nicht mehr rückgängig machen kannst?"*

Amber richtete sich auf, blickte ihre Freundin mit wässrigen Augen an und sagte: *„Natürlich frage ich mich das auch ... Frederik und ich haben uns ausgesprochen gestern Abend. Das mit Niklaus hat ihn schon irritiert, aber am Ende zählte für ihn mehr, dass ich mich gegen eine Affäre entschieden hatte. Wir standen uns so nahe wie schon lange nicht mehr. Kurz war ich versucht, die Kartons wieder auszupacken. Aber der Energieschub, den ich in Frankreich bekommen hatte, wog stärker. Ich muss es durchziehen. Ich muss. Ich bin es mir schuldig, mich leer zu machen von all den Gewohnheiten, ich muss aus der eingefahrenen Rille, um wieder frei zu entscheiden, was ich tief innen für richtig halte. Ich muss es jetzt tun, bevor ich Kinder habe, bevor ich eine große Verantwortung eines Amtes übernehme. Oder was auch immer."*

Amber machte eine Pause, erhob sich und setzte sich neben Lea. Beide starrten auf die geschlossene Bürotür, auf der ein weißes Plakat des internationalen Frauentages 2015 klebte. Unter einem stilisierten Globus, über den bunte Frauenfiguren flogen, stand der Slogan: *„Women on the march until we are all free"*.

„Vielleicht verliere ich gerade den perfekten Mann. Wer weiß. Wir haben uns noch ein letztes Mal geliebt. Es war der traurigste Sex, den ich je in meinem Leben hatte." Amber versuchte zu scherzen und stupste ihre Freundin mit dem Ellbogen an. Als ihr die Tränen über das Gesicht kullerten, legte sie

ihren Kopf auf Leas Schulter. Diese rückte ihren Kopf näher und ließ ein mitfühlendes *„Hmh ...“* verlauten. Nach einem längeren Schweigen fragte Lea: *„Und was sind deine Pläne?“*

„Ich habe gestern noch alles zu Nelly gebracht und bin mit Meilin vorerst dort gut untergekommen. Mein Mädchenzimmer steht voller Kartons! Ich muss ja noch bis Ende August arbeiten und räume bis dann alles auf, was noch zu erledigen und zu klären ist. Dann sehen wir weiter. Mir tun sich plötzlich viele Möglichkeiten auf, aus denen ich wählen kann. Mich reizt es, Marthes Reise vom Emmental nach Estland nachzufahren. Papa möchte mit mir pilgern. Australien lockt, ich könnte mit Maman zurückreisen und dort neu anfangen. Gérard und Giselle haben mir einen Job angeboten. Sie meinten, ich könnte einsteigen und mit ihrem Sohn André, der das Geschäft übernehmen wird, frischen Wind bringen. So etwas in Richtung nachhaltiger Tourismus.“

Amber war nicht entgangen, dass Lea bei Andrés Namen aufgehorcht hatte. *„Nein, da ist nichts gelaufen. Ach, was du immer gleich denkst!“* Dass Lea nicht ganz falsch lag und sie André tatsächlich interessant fand, aber gerade deswegen das verlockende Angebot seiner Eltern ausgeschlagen hatte, erwähnte sie allerdings nicht. Sie wollte einfach nur frei sein. Frei. Aus diesem Grund kam für sie auch die letzte Option nicht ernsthaft infrage, erwähnte sie aber trotzdem:

„Nelly möchte früher oder später ins Altersheim. Das Haus in Thurtalen steht bald leer. Da könnten wir eine richtig schöne Mädels-WG daraus machen!“

„Oder du gönnst dir eine richtig schöne Zeit in Australien. Lässt keinen schönen, freien, unkomplizierten Mann aus. Kommst richtig erholt und inspiriert zurück, ziehst mit Frederik ins Haus. Er hat es in der Zwischenzeit saniert. Dann heiratet ihr, macht ein Kind nach dem andern, adoptiert noch zwei Kriegswaisen aus Syrien. Frederik zimmert weiter und baut euer Gemüse in Permakultur an und du wirst Gemeindepräsidentin von Thurtalen."

Jetzt prustete Amber los, herzte ihre Freundin und sagte, immer noch lachend: *„Ein Leben auf dem Ponyhof! Ich bin doch eher der ‚Ritt-auf-dem-Einhorn-durch-die-Galaxie-Typ'! Komm! Wir trommeln Fabienne und Maya zusammen und betrinken uns heute Abend. Mir ist grad danach."*

Amber hatte jetzt einen neuen, längeren Arbeitsweg. Was vorher mit dem Fahrrad in einem Sprint quer durch die Stadt erledigt war, dauerte jetzt knapp zwei Stunden von Haus zu Haus. Auch das sprach gegen den Wohnort auf dem Land. Sie konnte sich nicht vorstellen, auf die Dauer jeden Tag in überhitzten Zügen zwischen müden, gestressten, gelangweilten, laut telefonierenden, nach Schweiß oder zu viel Parfüm stinkenden Pendlern eingepfercht so viel Zeit zu vergeuden. „Dichtestress" nannten die rechten Politiker die Pendlerströme auf Straße und Schiene, der ihnen Grund genug schien, die Schweiz für Ausländer dichtzumachen. Ambers Lösungen wären flexible Arbeitszeiten, Homeoffice, Ausbau der Radwege, eine App für Fahrgemeinschaften, um die Ballungszentren verkehrstechnisch zu entlasten. Dafür würde sie sich einsetzen, wenn sie noch aktiv wäre. Aber das war Schnee von gestern. Sie hatte gerade in Zürich den Zug nach Winterthur bestiegen und wie immer nur einen Stehplatz ergattert. Dann sah sie eine Lücke im anderen Wagen und steuerte darauf zu. Beinahe hätte sie auf dem Absatz kehrt gemacht, als sie einen der Mitfahrer erkannte. Oh nein. Ihr größter Widersacher aus dem Rat. Zwicky, der eingefleischte Autofahrer, war auf den Zug umgestiegen! Er hatte sie erkannt und eine Umkehr wäre jetzt reine Unhöflichkeit. Was hatten sie sich im Rat für Debatten geliefert!

Amber setzte sich ihm widerwillig gegenüber. Sie war es gewohnt, erkannt und angesprochen zu werden. Besonders nach dem unseligen Artikel. Meist verstand sie routiniert, mit einem höflichen, kurzen Schwatz die Person zufriedenzustellen, angesprochen auf den Artikel die Sachlage klarzustellen und ihren Weg oder die Lektüre, in die sie vertieft war, wieder aufzunehmen. Doch jetzt fiel ihr einfach nichts ein. Sie war platt im Kopf und starrte verlegen zum Fenster hinaus. Zwicky war einer derjenigen, die sie am meisten angegriffen und auseinandergenommen hatten. Er war ein brillanter Rhetoriker und Beobachter gewesen. Und alles, was sie geäußert hatte, hatte er zerpflückt, verdreht und gegen sie verwendet. Sie hätte sich nicht zu ihm setzen sollen. Nach diesem langen Arbeitstag, überhaupt in ihrer Auflösungsphase, hatte sie überhaupt kein Verlangen, keine Standfestigkeit für einen Schlagabtausch.

Doch Zwicky überraschte sie: *„Ich bedauere es sehr, dass Sie zurückgetreten sind! Dieser Artikel war doch kein Grund, alles hinzuschmeißen. Auch wenn wir politisch das Heu nicht auf derselben Bühne haben, ich habe Sie sehr geschätzt!"*

Die Begegnung hatte noch lange nachgeklungen. Walter hatte recht gehabt, als er neulich beim Essen davon gesprochen hatte, dass es sich vielleicht lohnte, den Gegnern richtig zuzuhören. Auch Nelly erstaunte sie an diesem Abend. Seit sie eingezogen war, war die Schlagzeile nie zur Sprache gekommen, alle drei hatten darum einen weiten Bogen gemacht. Ermutigt durch die Begegnung im Zug wollte Amber das leidige Thema, das noch im Raum zwischen ihnen hing und dem richtigen Ankommen bei Nelly im Weg stand, endlich auf den Tisch bringen. Auf den Tisch, auf dem eine kross braun gebratene, perfekte Rösti und eine volle Schüssel mit frischem Salat und Gartenkräutern stand, was Meilin und Amber das Wasser im Mund zusammenlaufen ließ. Von Nelly bekocht zu werden, kam dem Paradies auf Erden gleich.

Amber schlug sich den Bauch voll, beglückwünschte sich, mit Mutter und Großmutter am selben Tisch zu sitzen. Sie war entschlossen, alles, was früher gut gewesen war, ins Jetzt zu retten, und alles, was damals nicht gelungen war, nicht gelingen konnte, neu zu überschreiben.

Jetzt oder nie, dachte sich Amber und fragte Nelly geradeheraus: *„Hast du eigentlich mitbekommen, dass ich neulich mit einem Bild mit meinem früheren Lehrer und einem reißerischen Titel in der Zeitung war?"*

„Na sag mal, was denkst du denn! Ich bin doch nicht hinter dem Mond!“ Nelly war erleichtert, dass ihre Enkelin endlich von sich aus darauf zu sprechen kam. Sie legte die Gabel zur Seite und wischte sich mit dem Handrücken den Mund ab. *„Ja, ich habe ihn zu lesen bekommen und ich habe mir gedacht, dass auf dem Bild ja gar nichts Verwerfliches zu sehen war. Man darf doch einmal einen in die Arme nehmen, ohne dass daraus ein Gschiss gemacht werden muss. So wie ich dich kenne, würdest du niemandem aus Absicht Leid zufügen wollen. Oder?“*

„Nein, das will ich wirklich nicht!“ Amber brachte die Worte fast nicht zustande, so sehr steckte ihr der Kloß im Hals aus Rührung.

„Also! Dann ist die Sache vom Tisch! Wen kratzt es! Meilin, sei so lieb und hole den Nachtisch.“

Karamellisierte Apfelschnitze mit Schlagsahne.

LIMINALITÄT

2015

&...

Just Amber

2015 – Juli: Nicht mehr da und noch nicht dort

Das große Haus war unheimlich ohne Nelly. Meilin hatte ihr zigmal gesagt, sie solle sich endlich neue Finken kaufen. Doch Nelly, stur, wie sie war, bestand darauf, die abgelatschten Treter auszutragen, bis sie auseinanderfielen. Und dann war sie nachts bei einem Toilettengang gestolpert und gestürzt. Zum Glück hatten Meilin und Amber, die vom ohrenbetäubenden Scheppern im Bad geweckt wurden, Nelly sofort geborgen und versorgt. Nun lag die alte Dame mit einem Oberschenkelhalsbruch schon seit Wochen im Spital. Amber hatte ihr den Engel Anniel im Spitalbett über dem Galgen aufgehängt und besuchte sie so oft wie möglich. Wie gut war es doch zu wissen, dass in einer großen Verwandtschaft die Sorge und die Unterstützung auf viele Menschen aufgeteilt werden konnten. Nelly hatte täglich Besuch von einem ihrer Kinder oder Enkel. Aber auch die Dorfbewohner strömten zu ihr wie zu einer Heiligen in Gips.

Das altehrwürdige, stolze Haus *Zur Linde* machte Amber nach Einbruch der Dunkelheit Angst. Es war leer und seelenlos, nur noch eine Hülle ohne Nelly. Schon in der ersten Nacht nach dem Unfall bestätigte sich Amber erneut, dass sie niemals ohne ihre Großmutter in diesem alten Gebäude bleiben mochte. Ihr ganzes Leben war ihr unter den Füßen weggeschwemmt worden. Die Linde hatte ihr kurz Zuflucht geschenkt. Doch in Wahrheit war es Nelly gewesen. Nun brach auch dieser Leuchtturm, der Amber Orientierung und Halt gewesen war, mit der Klippe ab und versank. Nelly würde nicht mehr ins Haus zurückkehren können.

Manchmal half ein schlichtes Wort, einem Zustand den größten Schrecken zu nehmen. *Liminalität* wurde Ambers Wort. Nicht mehr da und noch nicht dort. Sie befand sich in einem Schwellenzustand, hatte alles verlassen, was über viele Jahre Sicherheit und Orientierung geschenkt hatte. Jetzt wusste sie noch nicht, wohin die Reise gehen sollte. Nun schleckte sie an dem Begriff *Liminalität* wie auf einem Hustenbonbon, das kurzzeitig Linderung schenkte.

Der Traum: *Amber blickte von der Anhöhe, unter dem Felsvorsprung einer Höhle, der sich wie eine gewölbte Hand über sie legte, auf das Meer. Das milde Mondlicht färbte die sanften Wellen in gelbe Schaumkronen. Dann und wann tauchten die Schatten von Delfinen und Walen auf, die sich in der geschützten Bucht tummelten. Hier und da durchbrach das Prusten einer Fontäne die nächtliche Ruhe. Es zog Amber zum Strand zu den Tieren, sie wollte mit ihnen schwimmen. Doch sie war im Rücken festgehalten, mehr noch, es war, als würde sie wie von einem unsichtbaren Magneten in das Innere, in die dunklen Eingeweide der Höhle angesogen. In Amber sträubte sich alles, sich umzudrehen, um die Quelle, die Macht, die sie festhielt, zu ergründen. Im schwarzen Loch in ihrem Rücken spielte sich etwas Widerliches ab, sie brauchte es nicht zu betrachten, sie spürte die finstere Energie. Die Wand der*

Vorhöhle war vom Mondschein erhellt und mit Millionen von bunten Strass- oder sogar Edelsteinen geschmückt. Menschenhände hatten die Wände mit hellem Lehm getüncht und die Steine eingelassen. Es war ein menschgemachter Ort, ein Eingang in eine Unterwelt, in die Amber nicht freiwillig absteigen mochte. Sie wollte lieber zu den Tieren in die Freiheit. Doch sie wurde nicht mehr gefragt. Sie saß fest. Ihr Verstand sagte ihr, die einzige Lösung aus der Pattsituation war, sich dem Abgrund zu stellen. Oder für immer verharren zu müssen. In dem Moment, als sie beschloss, lieber die Gefahr, den möglichen Tod, in Kauf zu nehmen, als bis in alle Ewigkeiten in einem Nichtszustand gebunden zu sein und wenige Meter vor sich die Freiheit ausgebreitet zu wissen, befand sie sich schon mittendrin.

Die Macht hatte sie ins Innere der Höhle portiert. Und sie wurde Zeugin, sie konnte die Augen nicht mehr abwenden. Das Zentrum der Höhle glich einer überdimensionalen, überdachten Arena. Von den Rängen grölte und stampfte es. Der tobende Pöbel geiferte und ereiferte sich, ob dem Spektakel, das sich in der Mitte abspielte. Mit ihrem inneren Gehör vernahm Amber schrille, metallische Schreie, die durch Mark und Bein gingen. Die Gaffer waren keine Menschen, es waren Mutanten, Wesen mit Insektenköpfen, Menschenkörpern und Panzern von Gürteltieren. Rostfarbene Soldaten. Einer sah dem andern gleich. Amber wusste instinktiv, dass von einem Einzelnen keine Gefahr ausging. Doch die Masse machte ihr Angst, es waren gegen dreitausend Mutanten, die schrille Töne und stampfende Laute von sich gaben und die unterirdische Halle zum Beben brachten.

In der Mitte des Platzes wurden in einer gewaltigen Feuerschale Menschen geopfert. Einer nach dem andern. Unter der schwarz gegrillten Haut zerfielen die Knochen, das Fleisch wurde weiß wie gegartes Huhn und gleichzeitig flüssig wie das Innenleben eines Insekts. Amber verspürte Übelkeit und Brechreiz und doch konnte sie den Blick nicht abwenden. Sie schaute angewidert und gleichzeitig gebannt der Szene zu. Als man sie entdeckte, wurde sie hingeführt und zur Wahl gestellt. Entweder du isst von diesem gegarten Menschenfleisch oder du bist die Nächste. Es gab keinen Zeremonienmeister. In Amber regte sich eine Frage und sie richtete sie in Gedanken an den Pulk: ‚Warum tut ihr das?'

Die Einheit der Mutanten antwortete unisono in ihrem Kopf: ‚Wir müssen Gott gnädig stimmen.'

Amber fand das Unterfangen unsinnig. Sie war nicht bereit zu sterben. Alles bäumte sich in ihr auf. Mit aller Anstrengung und Kraft suchte sie in sich nach Instanzen und Kräften, die ihre Hinrichtung abwenden könnte. Da war eine Aufruhr im ihrem Leib, der sie antrieb, sich zu erheben und in den Raum zu treten. Und dann hörte sie sich selber durchdringend rufen: ‚NEIN! Ihr irrt Euch! Es gibt keinen Gott im Außen! Ihr müsst Euch gnädig stimmen! Ihr müsst selber gnädig sein!'

Und dann, wie von Zauberhand, war der Spuk von einer Sekunde auf die andere vorbei. Die Mutanten waren verschwunden. Amber fand sich in der riesigen Erdhöhle alleine, aus der Feuerschale stieg eine letzte Schwade auf, die Luft roch nach kaltem Rauch. Statt den Ort zu fliehen, trat Amber näher. Eine innere Stimme hieß sie dazu. Um den Ritualplatz hatten sich menschliche Überreste, Knochen und Asche zu Bergen getürmt. Und da unter den grauen, staubigen Rückständen regte sich etwas. Amber trat noch näher und blickte in zwei dunkle Augen, die Amber erschöpft und vorsichtig hoffnungsvoll aus dem Ascheberg anblinzelten. Beherzt trug Amber Gebeine und Rußklumpen ab und legte die verschüttete, erschütterte, stark abgemagerte Gestalt frei und fragte sie: ‚Was brauchst du?‘

Die Person hauchte: ‚Wasser!‘

Amber, die sich jetzt wieder frei bewegen konnte, holte in einem Lederbeutel frisches Quellwasser, das der ausgemergelte Mensch gierig trank, bis er allmählich zu Kräften kam. Er wusch sich unter dem nicht versiegenden Wasserschwall aus der Trinkflasche, die ihm Amber hinhielt, mit den knochigen Händen immer und immer wieder das Gesicht sauber, als müsste er das, wovon er Zeuge gewesen war, abwaschen. Jetzt erkannte sie, dass es eine Frau war.

Die Szene wechselte. Amber sah sich der Unbekannten, die erfrischt in weiten, weißen Gewändern wie neugeboren wirkte, am Eingang der Höhle gegenübersitzen. Erst blickten beide auf die Bucht. Dann wandte sich die Fremde mit den weißen, langen Haaren ihr zu und betrachtete sie aus ihren braun-grünen Augen. Unter dem Blick der anderen richtete sich Amber auf und hielt ihm stand. Ihre Augen ruhten ineinander. Ambers Herz weitete sich, ein tiefer Friede flutete ihren Brustraum. Sie sprachen in Gedanken. Die Frau dankte ihr für ihren Mut und ihre Standhaftigkeit und segnete sie, indem sie ihre Hand auf Ambers Schultern legte. In dieser schlichten Geste lag eine Güte, die Amber Gänsehaut bescherte. Von der Fremden ging ein Strahlen aus, das Amber noch bei keinem Menschen gesehen hatte. Sie fühlte sich in der Präsenz der anderen geborgen wie noch kaum in ihrem Leben. So sprach Amber voller Vertrauen: ‚Was muss ich noch lernen? Was soll ich tun, wenn ich wieder vor die Menschen trete und mich die Angst überkommt, das Falsche zu tun oder angegriffen zu werden?‘

Die Weise antwortete sanft: ‚Du brauchst nichts zu tun, als dich mit deinem Herzen zu verbinden. Genauso, wie du eben dem Ruf gefolgt bist, mich gefunden hast und mir auf die Beine geholfen hast. Solange du verbunden bist, kann dir nichts passieren. Du wirst jeden nächsten Schritt intuitiv wissen.‘“

Amber fuhr auf und brauchte einen Moment, bis sie realisierte, wo sie war. Sie lag in ihrem Kinderzimmer in Thurtalen. Sie tastete zum Kopfende und bekam ihren alten Plüschhund zu fassen. Meilin schlief im Nebenzimmer. Dieser Traum. Amber strich sich die Strähnen aus dem Gesicht, die vom Schweiß an Wangen und Stirn festgeklebt waren. Sie war hellwach, wie schon die vielen Nächte zuvor, und wusste, dass es keinen Sinn machte, sich zu wälzen. Die vierte Stufe der Holztreppe knarzte. Amber war sich sicher, dass sie Meilin, der, seit sie in Thurtalen wohnten, ein bemerkenswerter Tiefschlaf vergönnt war, deswegen nicht wecken würde, und gab nicht acht, sondern schritt forsch hinunter in die Küche, um ihren Durst zu stillen. Die Worte *„Güte“*, *„Schlichtheit“*, *„Verbundenheit“* und *„Segen“* kurvten wie auf einer unsichtbaren Umlaufbahn durch ihren Kopf. Die verwirrenden, schauderhaften Bilder der Mutanten und des Opferrituals verblassten nach und nach. Amber überlegte sich, ob sie den Traum aufschreiben sollte, um ihn bei Gelegenheit mit Lea zu besprechen, und schaute sich in der Küche nach Papier und Schreibzeug um. Nellys gelbe Wolljacke hing noch am selben Ort. Amber streifte sie sich über, obwohl ihr warm genug war in dieser milden Nacht. Sie roch an der Wolle und erschauderte. Als stünde Nelly neben ihr.

Sie setzte sich an den Küchentisch, zog geistesgegenwärtig an der Schublade. Darin lagerte Nelly neben gebrauchter Alufolie und milchigen Klarsichtbeuteln ihre Kreuzworträtselheftchen, Briefumschläge und jegliche Informationszettel von Kirche und Gemeinde, deren leere Rückseiten früher für ihre Zeichnungen und als Einkaufszettel allemal noch taugten. Unter der Leselupe fand sie den Kugelschreiber. Amber nahm einen Stapel Makulatur und schrieb drauflos. Sie hatte gerade die Worte „Güte, Schlichtheit, Segen, Verbundenheit" als Überschrift gesetzt, als sie Meilins Schritte im Gang hörte. Ihre Mutter tappte in Slip und Trägerhemd in die Küche, blieb aber, um sich an das grelle Neonlicht zu gewöhnen, blinzelnd im Türrahmen stehen. Mit belegter Stimme raunte sie: *„Es ist vier Uhr morgens? Kannst du wieder nicht schlafen?"*

Amber schüttelte den Kopf. Meilin trat näher, strich Amber übers Haar, was sie in letzter Zeit häufig tat, und betrachtete ihre Tochter milde. *„Magst reden?"* Amber nickte. Meilin huschte ein Lächeln übers Gesicht, als sie unter der Wolljacke die Silberfassung der Bernsteinkette hervorblitzen sah. Das war eine gute Idee gewesen, den Stein fassen zu lassen. Und als Meilin mit zwei Tassen Tee am Tisch Platz genommen hatte, schilderte Amber ihrer Mutter den seltsamen Traum.

Meilin lauschte, ohne sie zu unterbrechen, runzelte die Stirn, hielt sich an der Stelle des Opferrituals die Hand vor den Mund und nickte, als ihre Tochter die Güte, die von der geretteten Frau ausging, umschrieb. Als Amber fertig war, sah sie auf und fragte ihre Mutter irritiert, warum sie denn lächelte.

„Verzeih, ich lache dich nicht aus. Es erinnert mich nur an den Traum, den meine Trudy, deine Urgroßmutter, mir erzählt hatte. Sie hatte irgendwann von Jesus geträumt, wie er sie gerufen hatte und sie ihn im Outback mit einem leuchtenden, roten Herzen gefunden hatte. Sie war ebenso tief berührt gewesen wie du.“

Amber schüttelte kaum merklich den Kopf und erwiderte: *„Ganz ehrlich? ... Mein erster Gedanke war, dass die Frau aus der Bibel entsprungen sein musste. Ich habe als Erstes an Jesus' Mutter Maria gedacht. Aber du weißt ja, wie kitschig ich diesen ganzen Jesus-und-Maria-Kult finde. Und mit Religion musst du mir nicht kommen!“*

Sie nahm einen Schluck Tee, verbrannte sich die Lippen und ihr entfuhr ein *„Shit!“*

Nachdem sie sich erholt hatte, fuhr sie fort: *„Mit den Religionen ist es genau wie im Traum. Menschenmassen opfern in einem blinden, dogmatischen Wahn Menschen, Leben, um einen Gott gütig zu stimmen, statt selber einfach gütig zu sein!? Ich verstehe diese Logik nicht. Doch eines muss ich zugeben: Es lässt mich nicht los ... Ich fühlte mich erhaben, rein und leicht. Dieses Strahlen, das von dieser Frau, wer immer es war und was immer sie in meinem Traum zu suchen hatte,* *ausging, war nicht von dieser Welt. Und was sie mir gesagt hat auch nicht.*"

Die beiden Frauen schwiegen.

„*Und was machst du jetzt?*", fragte Meilin dann in die Stille hinein, setzte ihre Tasse an den Mund, hielt noch einmal inne und linste neugierig zu ihrer Tochter. Diese schnupperte am abgewetzten Jackenärmel, stützte danach ihren Kopf in die linke Hand und rührte mit der rechten in der Tasse. Schließlich sagte sie: „*Ich schreibe jetzt den Traum auf, solange er noch warm ist. Dann lege ich mich wieder hin. Morgen denke ich gründlich nach. Über den Traum. Über meine Liminalität. Über den nächsten Schritt.*"

Amber richtete sich auf, betrachtete ihre Hände und ergänzte: „*Oder ich lausche, ob ich eine Stimme in meinem Herzen höre.*" Ihre Augen wanderten zum gekippten Küchenfenster, durch das frische, kühle Morgenluft einströmte. Sie zog die Jacke enger, pulte die Kette hervor und umschloss den Bernstein mit beiden Händen. Noch war es stockdunkle Nacht. Eine Amsel brach die Stille und kündigte mit ihrem unbekümmerten Gesang die Morgendämmerung an. Meilin betrachtete ihre Tochter und nickte.

GLOSSAR

Schweizer Idiome, Fremdwörter und ungewohnte Ausdrücke

Aire: Französisch, Raststätte

Ämtliplan: Aufgabenliste

Ardenciel: Fiktiver Ort. Der Name setzt sich aus dem Fluss Ardèche und dem französischen Wort für Regenbogen Arc-en-Ciel zusammen.

Aromat: Streuwürze, die sich in jedem Schweizer Haushalt befindet, bis zu dem Zeitpunkt, bis man herausfindet, dass das gelbe Pulver eine Glutamatbombe ist, und sofort verbannt wird

Äxgüsi: Entschuldigung

Begrüßungsapéro: (kleiner) Willkommensempfang mit alkoholischen und nichtalkoholischen Getränken und Häppchen

Beiz: Kneipe, Lokal

BFF: Best friends forever

Blache: Plane, textile Abdeckung

Box Jelly Fish: hochgiftige Qualle

Brockenhaus: Trödelladen, Secondhandladen, meist einer gemeinnützigen Institution, wie z. B. Heilsarmee

Bünzlig: bieder, brav, konservativ, spießig

Büsi: Schweizer Mundart, Kosewort für Katze oder kleines Kätzchen

Charlie Hebdo: Französische Satirezeitschrift. Bei einem Terroranschlag auf die Redaktion kamen am 7. Januar 2015 zwölf Menschen ums Leben.

Citron pressé: Frisch gepresste Zitronenlimonade

Coop: Der Detailgroßhandel in der Schweiz hatte, bis die deutschen Läden Lidl, Aldi und Konsorten kamen, nur einen Konkurrenten: die Migros. Schweizer Knirpse wuchsen entweder als Migros-Kinder oder als Coop-Kinder auf. In meinem Fall haben meine Eltern sowohl Migros als auch Coop als böse Verdränger der lokalen genossenschaftlichen Volg-Läden boykottiert.

Dött: da, dort

Elna: Nähmaschinenmarke

Ennet: über, nach, hinter

Estrich: Speicher, Dachboden

Eine Fahne haben: Mundgeruch nach exzessivem Alkoholgenuss

FourX: australisches Bier

Fötzel: Wisch, Stück Papier

Fremder Fötzel: Ausländer*in, Zugezogene*r, alles andere als Vertraute*r

GA: Generalabonnement, Fahrkarte, die auf dem Schweizer Bahnnetz gültig ist

Gäll: Mundartausdruck, um etwas zu bekräftigen, im Sinne von „nicht wahr?“

Gipfeli: Croissant, Hörnchen

Glump: wertlose Dinge

Gräbli: Besucherritze im Ehebett

Grosi: Kosewort für Großmutter

Guetzli: Kekse

Handy: Mobiltelefon

Handörgeli: Akkordeon

Hegemonie: Vorherrschaft, Vormachtstellung, Überlegenheit

Im Fall: wahrlich, wahrhaftig, wirklich. Begriff, um etwas zu betonen

Jass/Jassen/Schieber: traditionelles Schweizer Kartenspiel

Jotütü: Erwachsenengebrabbel, wenn sie mit Babies oder Kleinkindern sprechen

Keine Falle machen: Kein Hingucker sein

Kein Leider/kein Leidiger: im Aussehen und/oder charakterlich nicht besonders auffälliger aber passabler Mann; eigentlich eine gute Partie

Krete: Gebirgskamm, Grat

Landjäger: typische Schweizer Trockenwurst mit Kümmel, kantig

Ländler und Schottisch: volkstümlicher Tanz, Musikstil

Liminalität: Schwellenphase, Zwischenphase, Austritt aus der gesellschaftlichen Ordnung

Lueg: Schau

Merde: Französischer Kraftausdruck: Scheiße

Migros: Der Detailgroßhandel in der Schweiz hatte, bis die deutschen Läden Lidl, Aldi und Konsorten kamen, nur einen Konkurrenten: den Coop. Schweizer Knirpse wuchsen entweder als Migros-Kinder oder als Coop-Kinder auf. In meinem Fall haben meine Eltern sowohl Migros als auch Coop als böse Verdränger der lokalen genossenschaftlichen Volg-Läden boykottiert. Einen mächtigen Migros-Schokoladen-Osterhasen von meinem Paten aus der Großstadt hütete ich aus diesen Gründen wie eine Trophäe.

NAGT (frei erfunden): Nukleare Abfälle in geologischen Tiefenlager, Gesellschaft für Tiefenbohrung und atomare Endlager

Nuggi: Schnuller

Patriarchat: Gesellschaftsform, in der der Mann eine bevorzugte Stellung in Staat und Familie hat

Péage: Autobahnzahlstelle in Frankreich

PTT: Staatlicher Post-, Telefon- und Telegrafenbetrieb bis 1998, heute staatliche Post und private Telefonanbieter

Rekognoszieren: auskundschaften, ausforschen (in der Regel vor einer geplanten Gruppenreise)

Rösti: Schweizer Nationalgericht: Rohe oder gekochte Kartoffeln werden mit einer Reibe klein geraffelt, mit Butter in der Pfanne angebraten und zu einem „Kuchen" geformt. Varianten mit Speck, Zwiebeln und Käse

Rössli Hü: populäre schweizerische Kindererzählung von einem Holzpferdchen, das auf Reisen geht

Rösseler: Pferdenarr

Rötschelig: rothaarig

Rütli: die Schweizer Nationalwiese am Vierwaldstättersee, auf der die Eidgenossenschaft begründet wurde

Samichlaus und Schmutzli: der heilige Nikolaus und Knecht Ruprecht

Secondos: Migranten zweiter Generation

Servelat oder Cervelat: die heilige Schweizer Wurst. Im Ausland vermissen die Schweizer am meisten ihren Servelat und Aromat*.

Schipfe: Quartier in Zürich

Schoppen: Trinkflasche für Säuglinge

Spätzli: Schweizer Teigwaren: Ein Eier-Mehl-Teig, wird durch ein Lochsieb oder über ein Brett geschabt und in heißem Wasser ausgekocht. Wird mit Röstzwiebeln oder in brauner Butter mit geröstetem Paniermehl angerichtet. Auch in Süddeutschland als Spätzle bekannt.

Sünd und Schad: jammerschade, eine Verschwendung

Stubby Holder: Flaschen- oder Dosenkühler aus Schaumstoffgewebe

Thur: Fluss, der durch die Ostschweiz fließt

Trennschärfe: exakte, trennscharfe Abgrenzung

Volg: Verband Ostschweizerischer Lebensmittelgeschäfte, Dorfladen, den es praktisch in jedem Dorf in der Ostschweiz gibt

Vous m'f'chier: Französischer Kraftausdruck, wörtlich: Ihr bringt mich zum Scheißen. Sinngemäss: Ihr kotzt mich an!

Zuger Attentat: Am 27. September 2001, nur 16 Tage nach dem Terroranschlag auf die Twin Towers, ist ein Täter ins Zuger Parlament eingedrungen und hat 14 Menschen getötet.

Znüni: Imbiss für die Morgenpause

Zvieri: Imbiss für Nachmittagspause

10vor10: Nachrichtenformat im Schweizer Fernsehen

ORGANISATIONEN*

Es gibt sie bereits.

Feministische, humanitäre und ökologische Organisationen, Aufklärer, Utopisten:

Probleme werden nie auf der Ebene gelöst, auf der sie entstehen, es braucht eine höhere, visionäre Warte. Es gibt sie schon, die Organisationen, die Lösungsansätze gefunden haben und die sich für eine nachhaltige, positive, solidarische Welt einsetzen. Der Wandel erfordert Wissen und Bewusstsein. Die folgenden Adressen habe ich in den letzten Jahren über verschiedene Wege kennengelernt. Ich empfehle sie zur Inspiration und Unterstützung:

Frauen & Gleichstellung

• http:/www.bettina-a-mueller.de

Selbst ist Frau Bettina Müller, Tiny Houses, Selbstversorgerin außerhalb vom Mainstream

---

* Haftung für Links

In diesem Kapitel finden Sie Links zu Webseiten, auf deren Inhalte weder Verlag noch Autorin irgendeinen Einfluss haben. Deshalb können wir für diese fremden Inhalte auch keine Gewähr übernehmen. Für die Inhalte dieser Webseiten ist stets der jeweilige Anbieter oder Betreiber der Seiten verantwortlich. Die Webseiten wurden zum Zeitpunkt der Veröffentlichung dieses Buches (Dezember 2018) auf mögliche Rechtsverstöße überprüft. Rechtswidrige Inhalte waren zum Zeitpunkt der Veröffentlichung nicht erkennbar. Eine inhaltliche Kontrolle der Webseiten nach der Veröffentlichung ist ohne konkrete Anhaltspunkte einer Rechtsverletzung nicht zumutbar. Bei Bekanntwerden von Rechtsverletzungen werden wir derartige Webseiten bei den nachfolgenden Auflagen des Buches umgehend entfernen.

• https://frauenbusiness.biz

Katrin Luty inspiriert und unterstützt Frauen in ihrem Business

• www.irisseng.com

Iris Seng: Potenzialentfaltung für Frauen

• www.geldheldinnen.de

Frau, Geld und Werte

• www.frauenzentrale.ch

Gleichstellung von Frau und Mann in Arbeitswelt, Gesellschaft und Politik

• www.terre-des-femmes.ch

Frauenrechte sind Menschenrechte

• www.sgb.ch / www.vpod.ch / www.unia.ch

Gewerkschaften, Lohngleichheit , Gleichstellung
Gibt es am 19.06.2019 einen 2. Generalstreik der Schweizer Frauen?

Ernährung, Landwirtschaft, Klima

• www.solidarische-landwirtschaft.org/www.solawi.ch

Versorgungsgemeinschaft, Konsumenten und Landwirtschaftsbetriebe wirken zusammen.

• www.biovision.ch

Stiftung für ökologische Entwicklung

• www.klimaallianz.ch

Informationsportal, das von siebzig Schweizer Organisationen getragen wird.

• www.permakultur.ch

Permakultur, Anbaumethode und Ethik für eine ökologische Ernährungssouveränität

• www.1millionwomen.com

Frauen initiieren eine Lifestyle-Revolution gegen den Klimawandel.

• www.umuntu.ch

Sauberes Wasser ist ein Menschenrecht.

Gesellschaft, Wohnen, Zusammenleben

• www.gen-suisse.ch/www.ecovillage.org/www.gen-europe.org

Global Ecovillage Network – Gemeinschaften und Ökodörfer

• www.transition-initiativen.de/www.transitionnetwork.org/ www.umweltnetz-schweiz.ch

Netzwerke der Gemeinschaftsbildung, Lokalinitiativen und globale Vernetzung

• www.regenvillages.com

Autarke Dörfer weltweit

Kommunikation, Vision, Vernetzung, holistisches Weltbild, Kokreation

• www.pioneersofchange.org

Für den Wandel braucht es Pioniere und Pionierinnen, Netzwerk für den Wandel.

• www.humantrust.com

Größte Vernetzungs- und Bildungsplattform Europas

• http://www.holon-net.net

Netzwerk für integrale Entwicklung

• www.soziokratie.org

Eine Organisationsform für Gruppen verschiedener Größe, auf dem Prinzip der Gleichwertigkeit

• www.friedenskraft.ch

Aktiv für eine gewaltfreie Zukunft

Information, Medien, Bildung, Jugend

• www.be-the-change.de

Aktiv werden für den Wandel

• www.earthguardians.org

Jugendliche, holistische Aktivisten und Musiker: Sie sind diejenigen, auf die wir gewartet haben.

• www.schulen-der-zukunft.org

Initiative für eine Kultur der Potenzialentfaltung an Schulen, mündige Schüler*innen = mündige Bürger*innen

• www.akademiefuerpotentialentfaltung.org

Transformation der Beziehungskultur

• www.filmsfortheearth.org / www.FILMEfürdieERDE.org

Bildungsfilme für globale Zusammenhänge und Nachhaltigkeit

• https://reset.org

Informationsplattform und Aktionsvorschläge für den Wandel

• www.ecosia.org

Die Web-Suchmaschine, die Bäume pflanzt

Politik, Wirtschaft, Konsum

• www.operation-libero.ch

Chancenland Schweiz verwirklichen, für eine weltoffene Schweiz

• www.nachhaltigleben.ch

Anregungen für nachhaltigen Konsum

- www.integrale-politik.ch

Politik aus der Intelligenz des Herzens, für eine Gesellschaft zum Wohl aller

- www.sonnenseite.com

Bildungsportal, ökologische Kommunikation

- www.ecogood.org/de

Gemeinwohlökonomie, ein Wirtschaftsmodell der Zukunft

- https://epeaswitzerland.com/Cradle to Cradle

Produktionsverfahren, die Rohstoffe für mehrere Lebenszyklen und Abfälle verwerten

- https://zerowasteswitzerland.ch/de/https://zerowastehome.com

Reduktion von Abfall, Sensibilisierung der Bevölkerung zur nachhaltigen Abfallreduktion

- www.grundeinkommen.ch/www.mein-grundeinkommen.de

Einkommen, das an keine Leistung geknüpft ist, sozialpolitisches Finanztransferkonzept

- www.publiceye.ch

Ehemals Erklärung von Bern, globale Gerechtigkeit beginnt bei uns

DANK

Ich danke
diesen Menschen aus meinem Feld für die umwerfende Unterstützung rund um die Bernsteinsaga:

* immer noch und immer noch nicht selbstverständlich: Matthias
* dem Covergirl und meiner allerliebsten und allerbesten Tochter ever: Rahel Joy
* Rahel, Jaromir, Ruben, dass sie ausgerechnet mich auserkoren haben für dieses Mutterding
* den Perlen: Sabine und Svenja, die mich im Hause während des Schreibprozesses entlastet haben
* den treuen Buddys und Spiegeln: Ute, Jeanet, Christian
* Heidy Müller und dem Obwaldner Fanclub
* Serge Tischler für die Seelenreise
* Monika Stolina-Wolf für das Lektorat
* Cornelia Linder vom Sheema Medien Verlag für das Vertrauen
* den Trude-Agentinnen und Erstleserinnen für das wertvolle Feedback: Barbara Zauberding Eberhard und Barbara Prinz
* Tobias Berndt, dem Buchstaben-Mann für die originelle Location des Foto-Shootings: www.letterman.ch
* Jolanda Spiess-Hegglin, Netzaktivistin (Winkelried & Töchter GmbH/www.netzcourage.ch) für die erschreckenden und aufklärenden Hintergrundinformationen. Die sogenannten *Hate Speeches*, die in Amber vorkommen, stammen im Original von Wutbürgern, die sie auf der Timeline

exponierter linker Politikerinnen zwischen 2014 und 2017 in den sozialen Medien öffentlich gepostet haben.

* diesen Zeitzeug*innen und Politiker*innen für das Interview:
  Tamara Funiciello, Juso-Präsidentin, Bern (www.tamara-funiciello.ch)
  Martin Frischknecht, Verleger Winterthur (www.spuren.ch)
  Köbi Hirzel und Helen Zehnder, Aktivisten Schaffhausen (www.koebihirzel.ch)
  Jonas Fricker, ehemaliger Nationalrat der Grünen, Baden
  Mattea Meyer, Nationalrätin SP, Winterthur (www.mattea-meyer.ch)

* diesen Dozent*innen für die inspirierenden Vorträge:
  Lothar Höfler (www.attac.de/www.waffenvombodensee.de)
  Daniele Ganser, Historiker und Publizist (www.danieleganser.ch)
  Eva Bührer, Permakultur, Netzwerk Natur (www.permakultur.ch)

* diesen Autor*innen für ihre Werke:
  Jean Ziegler (Der Hass auf den Westen. Wie sich die armen Völker gegen den wirtschaftlichen Weltkrieg wehren; Ändere die Welt! Warum wir die kannibalische Weltordnung stürzen müssen)
  Sahra Wagenknecht (Couragiert gegen den Strom. Über Goethe, die Macht und die Zukunft)
  Clemens G. Arvay (Der Biophilia-Effekt. Heilung aus dem Wald)
  Hg. Llewellyn Vaughan-Lee (Spirituelle Ökologie. Der Ruf der Erde)

Michael Lüders (Wer den Wind sät. Was westliche Politik im Orient anrichtet)
Marthe Gosteli für ihr Lebenswerk, das Frauenarchiv in Bern (www.gosteli-foundation.ch)

VITA

Rose Marie Gasser Rist ist 1966 in Schaffhausen geboren und als jüngste von fünf Geschwistern auf einem Mehrgenerationenhof aufgewachsen. Spuren der Weltkriege, Existenzfragen und festgefahrene Geschlechterrollen haben sie als Kind geprägt. Ihren Erstberuf als Kauffrau wählte sie, weil in einem dörflichen Universum nur tote Künstler vorkommen. Eine Reise nach Australien 1988 wurde zum Befreiungsschlag. Das Vorhaben auszuwandern ist zwar gescheitert, doch die Sehnsucht nach der Welt, die Neugierde, was in und zwischen Menschen geschieht, und die Faszination für Kulturen und Mystik blieben wach.

Sie hat neben ihrer Erziehungsarbeit mehrere Jahre als Kunsttherapeutin und Interkulturelle Mediatorin gewirkt. Heute ist Rose Marie Gasser Rist Schriftstellerin. Als Liedermacherin und Sängerin tritt sie mit ihrem Mann Matthias Rist in verschieden Formationen öffentlich auf.

Die Autorin lebt mit ihrer Familie am Bodensee.

www.rose-marie-gasser-rist.com

BAND I der BERNSTEIN SAGA

Rose Marie Gasser Rist ist mit ihrem Werk ein großartiger Roman gelungen: TRUDE ist eine Frau, die Anfang des 20. Jahrhunderts in einer männerdominierten Welt ihren Weg findet und sie wächst einem sofort ans Herz.
Ihre Geschichte umfasst 90 Jahre pralles Frauenleben und sie lässt nichts aus: die ganz große Liebe, Mutterschaft, Migration, Erotik, Mystik, Weltgeschichte, Abschied und Neubeginn.
TRUDE berührt und fasziniert.
Von der ersten bis zur letzten Seite!

Die tiefe, wahrhaftige Kraft dieser Geschichte zieht einen unweigerlich in ihren Bann.
(Bettina Sahling)

Ein Werk, das viel zur Frauenheilung beitragen kann. Trudes unterhaltsam beschriebenes Leben führt unweigerlich zu: „Wilder Denken, freier L(i)eben!"
(Rita Fasel)

Rose Marie Gasser Rist schafft mit ihrer klaren, präzisen Sprache Stimmungen und Bilder einer aufwühlenden, mit dem Leben versöhnenden Story.
(Carolin von Kameke)

Hardcover, Leseband, 480 Seiten, ISBN 978-3-931560-54-6
Auch als E-Book erhältlich.

Rose Marie Gasser Rist ist mit ihrem Werk ein großartiger Roman gelungen: TRUDE ist eine Frau, die Anfang des 20. Jahrhunderts in einer männerdominierten Welt ihren Weg findet und sie wächst einem sofort ans Herz.
Ihre Geschichte umfasst 90 Jahre pralles Frauenleben und sie lässt nichts aus: die ganz große Liebe, Mutterschaft, Migration, Erotik, Mystik, Weltgeschichte, Abschied und Neubeginn.
TRUDE berührt und fasziniert.
Von der ersten bis zur letzten Seite!

Die tiefe, wahrhaftige Kraft dieser Geschichte zieht einen unweigerlich in ihren Bann.
(Bettina Sahling)

Ein Werk, das viel zur Frauenheilung beitragen kann. Trudes unterhaltsam beschriebenes Leben führt unweigerlich zu: „Wilder Denken, freier L(i)eben!"
(Rita Fasel)

Rose Marie Gasser Rist schafft mit ihrer klaren, präzisen Sprache Stimmungen und Bilder einer aufwühlenden, mit dem Leben versöhnenden Story.
(Carolin von Kameke)

Empfehlungen aus dem Sheema Medien Verlag

Michael Weger: **OCTAGON – Am Ufer der Seele**

Roman

Ein Abenteuer in heilenden Worten

Dieses Buch ist magisch. Es berührt tief, verändert und lässt einen wachsen. Es versammelt tiefe Weisheit in sich und wirkt weit über das Erzählte hinaus. Mit Kraft und Sanftmut, mit Bedachtsamkeit und Humor, mit Berührung und Einkehr. Es ist ein wesentliches, ein heilendes Buch, kurzum ein Roman mit Tiefgang – spirituelle Weisheiten charmant verpackt in eine Abenteuer- und Liebesgeschichte.

Hardcover, Leseband, ISBN 978-3-931560-61-4

Auch erhältlich als **E-Book** und **Hörbuch** (MP3-CD)

Michael Weger: **SHARE – Die Teile der Liebe**

Roman

Ein Buch, das man gerne wieder und wieder zur Hand nimmt: Fesselnde Geschichte, beeindruckende Bilder, Lesevergnügen pur.

Michael Weger ist wahrlich ein Erzähler - und hier erzählt er vom wahren Wesen der Liebe, von der wahren Natur der Seele. Es sind quasi drei Bücher in einem: Ein Science-Fiction-Roman, so aufwühlend wie hoffnungsvoll und beruhigend. Eine Liebesgeschichte, gleichermaßen berührend wie spannend. Ein Lebens- und Liebesratgeber, der Gänsehaut auslöst.

Hardcover, Leseband, ISBN 978-3-931560-63-8   Auch als **E-Book** erhältlich!

Michael Weger: **Die Wiederauferstehung der Löwen / Roman**

Tausend Kilometer voneinander entfernt: Eine greise Malerin und ihr Enkelsohn stehen dem Tod gegenüber. Wie durch ein Wunder überleben beide und kehren aus einer jenseitigen Welt zurück. Mit einem Auftrag: Findet euch!

Eine Begegnung der Generationen: Der junge Mann lernt durch seine Großmutter, den Glauben und die Freude am Leben wiederzuerlangen.

Hardcover, Leseband, ISBN 978-3-931560-63-8

VITA

Rose Marie Gasser Rist ist 1966 in Schaffhausen geboren und als jüngste von fünf Geschwistern auf einem Mehrgenerationenhof aufgewachsen. Spuren der Weltkriege, Existenzfragen und festgefahrene Geschlechterrollen haben sie als Kind geprägt. Ihren Erstberuf als Kauffrau wählte sie, weil in einem dörflichen Universum nur tote Künstler vorkommen. Eine Reise nach Australien 1988 wurde zum Befreiungsschlag. Das Vorhaben auszuwandern ist zwar gescheitert, doch die Sehnsucht nach der Welt, die Neugierde, was in und zwischen Menschen geschieht, und die Faszination für Kulturen und Mystik blieben wach.

Sie hat neben ihrer Erziehungsarbeit mehrere Jahre als Kunsttherapeutin und Interkulturelle Mediatorin gewirkt. Heute ist Rose Marie Gasser Rist Schriftstellerin. Als Liedermacherin und Sängerin tritt sie mit ihrem Mann Matthias Rist in verschieden Formationen öffentlich auf.

Die Autorin lebt mit ihrer Familie am Bodensee.

www.rose-marie-gasser-rist.com

BAND I der BERNSTEIN SAGA

Uwe Pettenberg: AM ENDE. LIEBE.
Systemische Erzählung

Eine berührende Erzählung, entstanden aus systemischen Shortcuts, garniert mit den lehrreichen Erfahrungen eines erfolgreichen Lebenstrainers. In diesem Sinne nicht nur eine Geschichte und auch kein Ratgeber, sondern ein – auch manches Mal humorvoller – Herzimpulsierer.

Im Erleben der beiden Protagonisten finden wir uns wieder, unsere möglichen Themen und Anliegen. Familienbande werden sichtbar. Und wir erhalten Antworten auf so manche Frage nach dem Sinn des Lebens.

Hardcover, ISBN 978-3-931560-53-9

Nada Devi: DATE IN DER UNENDLICHKEIT
Poetische Erzählung

Nada Devi nimmt uns mit auf eine episch-lyrische Reise, in der es um innere Führung und Vertrauen geht. Lyrik und Prosa sind kunstvoll miteinander verwoben und entfalten sich zu einem „Weckruf des Seins".

Ungewöhnlich beginnt ihr Weg in den schneebedeckten Bergen des Schwarzwalds. Fernab jeglicher Vernunft folgt sie der inneren Stimme bis nach Nepal, wo sie viele Monate bei Schamanen lebt und lernt. Sie ist bereit, die Schleier der Illusion zu lüften und alle Konzepte oder Vorstellungen loszulassen.

Hardcover, ISBN 978-3-931560-56-0

Nina Konitzer: Am Feuer der Mondfrauen
Eine sinnlich-poetiche Reise zur weiblichen Essenz

Nina Konitzer ist eine sanfte Poetin, eine Reisende zwischen den Welten, eine freie Mondtänzerin, eine Liebende, die Brücken baut. Ihre Texte sind tiefgründig und berührend, poetisch und voll tiefer Weisheit. Sie lädt uns ein, uns am Feuer der Mondfrauen zu wärmen, uns zusammenzufinden, um zu lauschen, uns wiederzuerkennen und zu erinnern ... Im Vertrauen auf die eine *Kraft.*

Hardcover, ISBN 978-3-931560-29-4

Besuchen Sie unsere Homepage,
dort finden Sie weitere Bücher, Hörbücher und CDs.
Wir freuen uns auf Sie!

www.sheema-verlag.de

KONTAKT

Sheema Medien Verlag
Bücher. Aus Liebe.

Hirnsbergerstr. 52
D - 83093 Antwort

Tel.: +49 (0)8053 - 7992952
Fax: +49 (0)8053 - 7992953

E-Mail: info@sheema.de
https://www.sheema-verlag.de

SHEEMA

MÖGEN ALLE WESEN GLÜCKLICH SEIN